CORRENTES HISTÓRICAS
NA FRANÇA SÉCULOS XIX E XX

FUNDAÇÃO EDITORA DA UNESP

Presidente do Conselho Curador
Herman Jacobus Cornelis Voorwald

Diretor-Presidente
José Castilho Marques Neto

Editor-Executivo
Jézio Hernani Bomfim Gutierre

Assessor editorial
João Luís Ceccantini

Conselho Editorial Acadêmico
Alberto Tsuyoshi Ikeda
Áureo Busetto
Célia Aparecida Ferreira Tolentino
Eda Maria Góes
Elisabete Maniglia
Elisabeth Criscuolo Urbinati
Ildeberto Muniz de Almeida
Maria de Lourdes Ortiz Gandini Baldan
Nilson Ghirardello
Vicente Pleitez

Editores-Assistentes
Anderson Nobara
Fabiana Mioto
Jorge Pereira Filho

CORRENTES HISTÓRICAS
NA FRANÇA SÉCULOS XIX E XX

Christian Delacroix, François Dosse e Patrick Garcia

Copyright © 2005 Armand Colin

1ª edição — 2012

Impresso no Brasil | *Printed in Brazil*

Todos os direitos reservados à EDITORA FGV. A reprodução não autorizada desta publicação, no todo ou em parte, constitui violação do copyright (Lei nº 9.610/98).

Os conceitos emitidos neste livro são de inteira responsabilidade dos autores.

TRADUÇÃO: Roberto Ferreira Leal

PREPARAÇÃO DE ORIGINAIS: Luiz Alberto Monjardim
REVISÃO: Fatima Caroni, Marco Antônio Correa, Adriana Alves.
DIAGRAMAÇÃO: FA Editoração
CAPA: André Castro
FOTO DE CAPA: Place de la Nation, Le Triomphe de la République (1899), Paris.
(Acervo pessoal: Renato Franco)

Ficha catalográfica elaborada pela
Biblioteca Mario Henrique Simonsen/FGV

Delacroix, Christian
    As correntes históricas na França: séculos XIX e XX / Christian Delacroix, François Dosse, Patrick Garcia; tradução Roberto Ferreira Leal. - Rio de Janeiro: Editora FGV, 2012.
    478 p.

    Coedição com a Unesp.
    Tradução de: Les courants historiques en France, 19-20e siècle.
    Inclui bibliografia e índice.
    ISBN: 978-85-225-0939-3 (FGV), 978-85-393-0144-7 (Unesp)

    1. França – Historiografia – Séc. XIX. 2. França – Historiografia – Séc. XX. I. Dosse, François, 1950- . II. Garcia, Patrick, 1958- . III. Fundação Getulio Vargas. IV. Título.

CDD – 907.20944

EDITORA FGV
Rua Jornalista Orlando Dantas, 37
22231-010 | Rio de Janeiro, RJ | Brasil
Tels.: 0800-021-7777 | 21-3799-4427
Fax: 21-3799-4430
editora@fgv.br | pedidoseditora@fgv.br
www.fgv.br/editora

FUNDAÇÃO EDITORA DA UNESP (FEU)
Praça da Sé, 108
01001-900 – São Paulo – SP
Tel.: 11-3242-7171
Fax: 11-3242-7172
feu@editora.unesp.br
www.editoraunesp.com.br
www.livrariaunesp.com.br

Sumário

Introdução 11

Capítulo 1 | **O nascimento da história contemporânea** 13
    Por que a história? 15
        Entre "abismos" e "progressos": uma nova visão da história 15
        A invenção do arquivo 17
        A invenção do patrimônio 18
        Um princípio organizador do devir: o progresso 20
    Um século na história 21
        As incertezas da história 21
        O que está em jogo na escrita da história 23
    Qual história? 35
        O processo da velha história: o programa da primeira parte do século XIX 36
        Uma perspectiva renovada 40
        A filosofia como recurso 51
    Escrever a história da Revolução Francesa 55
        O rearranjo da interpretação liberal 55
        Interpretações democráticas 58
        As fraturas de 1851 63

Capítulo 2 | **O momento metódico** 69

Introdução 69

Os questionamentos do modelo "romântico" 70

A afirmação do horizonte científico 71

No espelho da Alemanha 73

A mutação metódica da historiografia francesa 80

Uma conjuntura historiográfica e política 80

A Revue Historique: *um editorial fundador* 82

Definir uma profissão 87

Redes para a história 92

A codificação dos estudos históricos 95

A obra dos historiadores metódicos 105

A história como magistério cívico 105

A produção historiográfica 115

O modelo metódico contestado 124

O eco dos debates alemães 124

O surgimento da sociologia 126

A Revue de Synthèse Historique 133

Capítulo 3 | **O momento da história-ciência social (da década de 1920 à década de 1940)** 137

A história entre crise e renovação 137

"A história no mundo em ruínas" (Lucien Febvre) 137

Um ofício em crise? 142

O momento da década de 1920: uma renovação da história 143

Os *Annales d'Histoire Économique et Sociale*: uma revista de debates e de combate 148

Uma revista de duas cabeças e quatro mãos 149

Os Annales: *história, análise do presente e ação* 156

Os *Annales:* "uma espécie de pequena revolução intelectual" 163

A reconstrução de uma identidade disciplinar e de uma legitimidade científica 163

Uma história problematizadora e não automática   170

A história, um conhecimento por meio de rastros   173

A história como ciência social   176

A centralidade da história econômica e social   177

Representações coletivas, mentalidades e psicologia histórica   186

Uma rejeição da história política?   191

Capítulo 4 | A história social "à francesa" em seu apogeu: Labrousse/Braudel   197

A institucionalização das ciências sociais   197

Um crescimento planificado   197

Um New Deal *das ciências sociais*   199

Uma disciplina-farol: a demografia histórica   201

A construção do Império Braudel   202

Ventos novos   203

Braudel, o empresário   205

Predomínio da história econômica   209

Camille-Ernest Labrousse e sua escola   211

Simiand traduzido para os historiadores   211

O debate Labrousse versus *Mousnier*   213

Uma geração labroussiana   215

A longa duração e a pluralização do tempo   220

O desafio estruturalista   220

A defesa da identidade historiadora   222

A resposta de Braudel a Lévi-Strauss   223

O modelo: estrutura/conjuntura/evento   227

Vitalidade da história econômica   231

Crescimento, crises, rupturas: interpretações em debate   231

O desafio quantitativo: métodos controversos   235

Uma história das relações internacionais em busca de profundezas   237

Um renovador da velha história diplomática: Pierre Renouvin   238

As "forças profundas"   239

A história presentista e política   243

O envolvimento subjetivo do historiador   243

A *incompletude da objetividade historiadora*   245

A *manutenção de uma história política sensível ao evento*   248

A *"sociabilidade" política*   251

Materialismo histórico e história nova   252

As *lições de Althusser*   253

Uma história antiga renovada   256

O *debate Vilar* versus *Althusser*   257

Capítulo 5 | Expansão e fragmentação: a "nova história"   261

Uma "nova história"   261

A *etnologia interior*   261

Sob a mudança: o passado   263

O *estruturalismo bem temperado dos historiadores*   265

Da história às histórias: a fragmentação   268

O *sol não mais se põe no território do historiador*   269

A história das mantalidades   271

Do social ao mental   272

As mentalidades: uma noção estratégica   273

Um pioneiro   274

As mentalidades segundo Georges Duby   276

As mentalidades segundo Robert Mandrou   280

As mentalidades segundo Jacques Le Goff   282

As mentalidades segundo Philippe Ariès   284

Os jogos do mental e da ideologia segundo Michel Vovelle   285

Para acabar com a história das mentalidades   287

A antropologia histórica   289

A *escola de antropologia histórica da Antiguidade grega*   289

Quantificar o cultural   291

A *promoção da civilização material*   294

Cultura erudita/cultura popular   296

A história seriada   298

O *luto pela história total*   299

Construir séries   301

A *embriaguez estatística*   303

Da história da religião à antropologia do crer   307

O *crer como componente do "fato social total"*   307

O Grupo de la Bussière 310
Um francoatirador: Alphonse Dupront 311
Em busca da linguagem mística: Michel de Certeau 313
Os questionamentos do romance nacional 314
A sobrevivência da história à Lavisse 314
A descolonização abala o mito nacional 316
A ebulição de 1968 317
As roupas novas da Reforma Haby 319

Capítulo 6 | **Uma crise da história? (as décadas de 1980/1990) 321**
Do "retorno à narrativa" à "virada crítica" 321
Declínio dos Annales? 322
Redefinições da história social, renovações da história econômica: uma nova "sensibilidade teórica" 327
A radicalização das críticas contra os Annales *e o lançamento da "virada crítica"* 336
As renovações da história política 346
A "nova história política": um projeto de história global? 347
A história do tempo presente 350
A história conceitual do político e a história social do político 354
A história sob o risco da memória e da identidade 359
A constituição de uma história da memória 359
O lugares de memória: do nacional ao patrimonial 362
A história ante os "passados que não querem passar" 368
A história no fim da década de 1990: o pluralismo interpretativo 375
Uma reflexão renovada sobre o enraizamento e a função social da história 375
Uma "era epistemológica" da historiografia francesa? (Pierre Nora) 379
Uma convergência historiográfica rumo à história cultural? 391
A galáxia central da história sociocultural 396
Conclusão 409

Bibliografia 411

Índice onomástico 467

Introdução

D e alguns anos para cá, a história vem debruçando-se sobre si mesma, não para ceder a alguma autocelebração ou autocomemoração, mas para interrogar as noções e as práticas do ofício de historiador e alcançar, assim, um segundo grau, um nível reflexivo que implica, tanto da parte do autor quanto do leitor de história, uma melhor compreensão do que quer dizer fazer história.

Essa interrogação tem ela mesma uma história, e a operação histórica já não pode ser ingênua. Sentimos sempre mais a necessidade do desvio historiográfico para melhor apropriarmo-nos do que constitui a originalidade, a singularidade da escrita historiadora. Tentamos captar a disciplina em suas múltiplas dimensões e em sua historicidade, não mais numa perspectiva instrumentalista, mas transpondo Clio para o outro lado do espelho.

O objeto deste livro é, portanto, convidar o leitor a um itinerário que o leve a se interrogar sobre a excepcionalidade francesa, traduzida pelo lugar central atribuído à história desde a Revolução Francesa de 1789 até hoje, resgatando a série de diversos momentos da construção de uma unidade disciplinar e de seus rearranjos.

Esse itinerário estende-se por dois séculos: os séculos XIX e XX, e mostra a história na encruzilhada de três dimensões, como já evidenciara Michel de Certeau em *A escrita da história*, em 1975, quando definia a operação historiográfica como o produto, por um lado, de um lugar social marcado pela instituição histórica e, de modo mais amplo, por sua relação com o corpo social; por outro lado, como uma técnica que configura um espaço de pensar e, assim, dependente de um fazer, de uma prática científica. Por fim, como uma escrita, o que implica estarmos atentos às regras narrativas, sem, porém, trancarmo-nos unicamente na dimensão da linguagem.

A história intelectual não é mais apenas uma história das ideias, está hoje atenta ao que está em jogo no plano institucional dos debates, à sociologia dos meios profissionais e às condições sociais das produções intelectuais. Este livro tenta entrecruzar a análise das obras, a reflexão dos historiadores acerca de seu ofício e as inscrições sociais da operação histórica.

É na dialética passado/presente que a história pode retomar de maneira crítica as apostas que a atravessaram e ainda a atravessam, manifestadas por suas relações, que se nutrem ao mesmo tempo de diálogo e de confronto com o polo científico, o literário e o das ciências sociais, sem esquecer suas relações não raro implícitas com a dimensão filosófica. Expor as modalidades dessas alianças sucessivas no tempo permite compreender melhor o estatuto epistemológico fundamentalmente instável da história e a ambição historiadora atual de pensar essas relações múltiplas, não numa vontade de hegemonia, mas para retomar, cada vez de um modo diferente, interrogações que permitam ver o futuro do passado.

Capítulo 1

O nascimento da história contemporânea

Ao sair do período revolucionário e do Império, quando a coalizão dos exércitos europeus restaurou a monarquia, a interpretação da Revolução Francesa se tornou uma questão central. Como, com efeito, integrar à história da França essa ruptura reivindicada que subitamente ab-rogou instituições centenárias? É ela um acidente, um parêntese que se poderia fechar, como afirmam os ultras, ou o produto do movimento da sociedade, a consequência de uma evolução necessária e irreversível que todo governo deve levar em conta, como creem os seus adversários liberais?

Durante os 15 anos que se passam da queda do Império à Revolução de 1830, a atualidade política dessas questões não é desmentida. O que está em jogo é, nem mais nem menos, a legitimidade das elites burguesas em participarem do governo da França e a validade do compromisso constitucional esboçado na Carta.

Num século, porém, marcado pela afirmação do sentimento nacional, as questões colocadas pela descontinuidade revolucionária não se reduzem a esse único aspecto. Para além do lugar reservado às "capacidades", é o modo de pensar a França como nação que está em causa. Pois se a Revolução é um momento fundador a que se referem tanto os liberais quanto os democratas, ela permanece também, durante a maior parte do século XIX, um fator de divisão que parece dever incansavelmente instigar "os mesmos homens" contra "os mesmos inimigos", para usar os termos empregados em 1891 por Georges Clemenceau.

A partir daí, conceber uma história que explique a ruptura revolucionária e consiga articular as partes disjuntas da história da França é uma tarefa primordial. Espera-se da história que ela permita compreender tanto os conflitos que dividem os franceses quanto aquilo que os une. Ante a fragilidade dos governos e das instituições políticas, da repetição compulsiva do gesto revolucionário que opõe os próprios herdeiros da Revolução uns aos outros, os historiadores veem lhes ser reconhecido um formidável magistério: o de dizer a verdade da França. Por uma singular reviravolta, o especialista do passado aparece como profeta.

A magnitude da tarefa, a sua importância, o que nela está em jogo são um poderoso encorajamento à renovação da maneira de escrever a história. Esta não pode mais contentar-se em ser a crônica das altas façanhas, nem uma produção erudita amadurecida ao abrigo das paixões, nem sequer uma grande síntese moral. Para convencer os leitores, ela deve unir à penetração das molas propulsoras do movimento histórico novas formas de credibilidade e um novo tipo de exposição.

A produção histórica suscitada por essa necessidade de história não deixou de chamar a atenção das gerações posteriores. Esse interesse constante manifesta-se tanto durante o momento metódico (Jullian, 1897; Moreau, 1935) como quando a história se institui como ciência social (Febvre, 1942/1943) ou quando se afirma o "momento memorial" (Gauchet, 2003; Nora, 1984-1993). Todavia, muda o estatuto reservado a esses autores. Assim, para os fundadores da revista dos *Annales*, Michelet não é só um *grande* antepassado: é reconhecido como o *verdadeiro* ou até o único antepassado.

> Michelet, esse literatista, como dizem da ponta dos lábios tantos pobres diabos, tantos profissionais da história, organizados em sociedades de capacidade limitada — os chefes de fila, os atrasados, hoje, da triste geração de 1870 a 1890: geração de impotentes (...) que, durante anos, não se cansaram de trabalhar para encolher a história, nivelá-la em todos os sentidos da palavra, trazê-la de volta ao ponto onde Michelet a tomou (Febvre, 1982:53).

É de Michelet que se deve tornar a partir para reconstruir uma história ambiciosa. O momento metódico torna-se um parêntese que podemos saltar para "recarregar as baterias" em problemáticas e obras muito mais vivificantes. Essa convicção é retomada pela "nova história", que faz de Michelet sua figura tutelar. Em 1971, Paul Viallaneix se alegra em empreender a publicação das obras completas desse historiador, quando "se esboroa a ordem positivista que o havia excluído". Jacques Le Goff, ao mesmo tempo em que escreve que Michelet "não pode mais ser um modelo", mostra o interesse que ele tem para os medievalistas contemporâneos, mesmo que seja só pela atenção por ele dedicada às margens da sociedade medieval, tão caras aos pesquisadores da década de 1970 (Le Goff, 1974a). Michelet, ainda que ocupe um lugar excepcional, sublinhado pela publicação interrompida de suas obras, não é o único autor que se torna objeto desse interesse prolongado. Assim, François Furet fundamenta em ampla medida o seu reexame do período revolucionário nos historiadores do século XIX, qualificados como "grandes intérpretes". Para forjar suas análises, privilegia a leitura deles, em detrimento dos arquivos revolucionários (Furet, 1978, 1988). Já Marcel Gauchet insiste no diálogo travado nas primeiras décadas do século XIX entre a história e a filosofia, o que contrasta com a desconfiança, ou mesmo hostilidade, em relação a esta última, elevada à condição de regra pelos historiadores metódicos (Gauchet, 2003).

Três contribuições importantes são creditadas aos historiadores liberais e românticos:

- ☐ a definição do que são o olhar e as ambições da história, que marca uma ruptura decisiva com as concepções e as práticas anteriores, a tal ponto que podemos datar dessa época o verdadeiro "nascimento da história" (Furet, 1979);
- ☐ as tentativas de casar ciência e arte e a vontade de nutrir de filosofia a história, que dão a suas obras um estatuto de obra literária e as elevam ao nível de uma reflexão fundamental acerca da história e da maneira de escrevê-la;
- ☐ o magistério reconhecido na época aos historiadores, que os transforma nos artesãos da consciência nacional.

Por que a história?

A história [é] filha da Revolução (Febvre, 1942:74).

Admite-se e repete-se que o século XIX é o século da história (Monod, 1876b). Tudo o testemunha, tanto os temas utilizados pela pintura, pela literatura ou pela escultura quanto, é claro, o florescimento da produção histórica propriamente dita. Por que essa característica?

Entre "abismos" e "progressos": uma nova visão da história

Que tempos os nossos! Já se passaram 10 séculos (carta de Molé a Barante acerca da correspondência de Voltaire, 1º de setembro de 1824).

Como a historiografia (isto é, a maneira de escrever a história) é uma produção social, portanto situada e datada, devemos voltar-nos para a história e, em primeiro lugar, para a história do evento inaugural desse século: a Revolução Francesa, para compreendermos o lugar ocupado pelas referências históricas no início do século XIX.

Com efeito, a Revolução assinala uma ruptura fundamental na consciência histórica. Produz uma modificação do regime de historicidade, ou seja, uma mudança do lugar e do valor relativos atribuídos ao presente, ao passado e ao futuro na percepção dos contemporâneos (Koselleck, 1990 e 1997; Hartog, 2003).

Até a Revolução, o passado jamais é pensado como ultrapassado. A história permanece, quanto ao essencial, conforme a sua antiga concepção de *magistra vitae* (mestra da vida). Constitui um depósito de experiências sempre vividas como atuais e, portanto, diretamente transferíveis. Numa sociedade ainda amplamente regida pelo costume, a ideia de devir, no sentido de que este abole a configuração anterior e produz o irreversível, é muito pouco difundida. Por isso, é concebível exigir o pagamento, no fim do século XVIII, de dívidas atestadas muitos séculos antes e caídas no esquecimento, assim como invocar a tradição para opor-se a toda mudança, como ilustra a defesa dos bens comunais, em nome do costume, pelas comunidades aldeãs. Só parece incontestavelmente legítimo o que sempre foi, e daí a preocupação dos genealogistas principescos em fazer datarem de tempos imemoriais as famílias cuja linhagem eles estabelecem.

Nessa configuração, até 1879 o termo "revolução" continua a conservar a sua acepção astronômica. Significa mais um retorno do que uma superação, não um horizonte a alcançar, mas um passado a reencontrar. É através dessa chave que são lidas e comentadas as revoluções da Inglaterra. Reside nessa definição a chave do paradoxo, encarnado por Edmund Burke, que leva a apoiar sucessivamente os *insurgents* americanos e a combater a Revolução Francesa. Segundo ele, os americanos combatem para restaurar direitos adquiridos, de que foram despojados, ao passo que os franceses querem fazer tábula rasa do passado. Ora, só a primeira atitude é legítima (Burke, 1790). E quando a história é invocada para estabelecer as pretensões nobiliárias e combater tanto o absolutismo quanto as ambições da burguesia (Boulainvilliers, 1732; Dubos, 1742), a concepção que preside essas construções refere-se ainda a uma "revolução-restauração" (Goulemot, 1996).

Sem dúvida, essa concepção da história vacila no século XVIII, à medida que se afirma a noção de progresso, mas a história é ainda muitas vezes considerada fonte de corrupção. "Comecemos descartando todos os fatos", escreve Rousseau nas primeiras páginas de seu discurso sobre as "origens da desigualdade entre os homens" (1754). A história não tem virtude explicativa; ocupa espaço demais e não permite apreender as verdadeiras questões — Sébastien Mercier vê nela até uma fonte de erros, parece-lhe um "esgoto dos crimes humanos" que exala "um fedor de cadáver" (apud Moreau, 1935:11).

Assim, o passado mobilizado para reconstruir as cenas originais não é senão um *trompe l'oeil* (Poulot, 1997). Não invoca um verdadeiro processo historiador.

Desse ponto de vista, a Revolução Francesa e, muito especialmente, a experiência política vivida tanto na assembleia quanto nas ruas de Paris ou nos campos durante o verão de 1789 abalam a consciência histórica e produzem uma "revolução dos espíritos" (Tackett, 1997). Já no mês de setembro de 1789 se espalha a denominação "Antigo Regime", que significa que o passado foi definitivamente abolido. Esse sentimento de uma ruptura radical com o passado é experimentado diversas vezes e se exprime tanto na mudança de origem (ano I da Liberdade, depois ano I da República) quanto nas múltiplas sentenças que afirmam, como Barère, que a história está sendo refeita. A tradição, valor fundamental da sociedade do Antigo Regime, torna-se bruscamente caduca. "A história não é o nosso código", resume o convencional Rabaut Saint-Étienne. O novo código está fora da história, fundamenta-se nos direitos naturais do homem e do cidadão solenemente proclamados em 26 de agosto de 1789. O quadro de Jean-Baptiste Regnault *A liberdade ou a morte* (1793) dá conta dessa concepção prometeica da Revolução. O homem novo, regenerado pela Revolução, nela aparece iluminado pela razão, elevando-se nos ares acima do globo terrestre, a desafiar, qual moderno Ícaro, a gravidade dos tempos, para inaugurar nova era da história universal: nova fundação, a Revolução é vivida como extirpação.

Ao fim das crises revolucionárias e do período napoleônico, firma-se essa convicção. "As sociedades antigas perecem; de suas ruínas nascem sociedades novas: leis, costumes, hábitos, práticas, opiniões e até princípios, tudo mudou" (Chateaubriand, 1831:7). O termo recorrente para designar as duas décadas passadas, desde a implosão do Antigo Regime, não é senão o abismo.

A escrita da história não pode deixar de ser afetada por tal reviravolta. Também para ela a Revolução é o tempo da ruptura, da invenção.

A invenção do arquivo

A Revolução cria o arquivo, no sentido em que ainda o entendemos, ou seja, o documento rastro de um passado distante, "uma massa enorme de papéis de Estado (…) caduca e (…) posta livremente à disposição" (Fueter, 1919). Tais documentos se tornam, pelo novo olhar lançado ao passado, elementos do patrimônio. Para responder a essa exigência patrimonial vai surgindo progressivamente a concepção contemporânea dos arquivos nacionais.

Já em 1790, a Constituinte cria os arquivos nacionais e departamentais, em que são depositados notadamente os títulos das propriedades que se tornaram bens nacionais. A lei de 7 de Messidor do ano II (25 de junho de 1794) amplia o seu âmbito de competência e institui uma comissão encarregada de fazer a triagem dos documentos coletados e de destruir tudo o que não pertença à "classe dos monumentos históricos". Antes de se colocar a questão da conservação, está na ordem do dia a destruição "daquilo que traz a marca da servidão", quer quando tal gesto se faz espontaneamente durante as revoltas rurais, quer quando é solicitado na tribuna da assembleia.

> Hoje é o aniversário desse dia memorável em que a Assembleia Constituinte, ao destruir a nobreza, deu acabamento ao edifício da igualdade política. É hoje que, na capital, a Razão queima aos pés da estátua de Luís XIV esses imensos volumes que atestavam a vaidade dessa casta. Ainda subsistem outros vestígios disso nas Bibliotecas públicas, nos tribunais de contas, nos capítulos de prova e nas casas dos genealogistas. É preciso englobar esses depósitos numa destruição comum. Não fareis que, às custas da nação, se conserve essa ridícula esperança, que parece ameaçar a igualdade (Condorcet, Discurso de 1º de junho de 1792).

A assembleia adota o decreto proposto por Condorcet, segundo o qual "todos os departamentos são autorizados a queimar os títulos que se encontrem nos diversos depósitos". Todavia, a lentidão do processo de triagem, as reviravoltas políticas da época, assim como a sensibilidade dos funcionários contratados para executar a tarefa, levam a prevalecer uma atitude de conservação. O que fora concebido, segundo a expressão contemporânea, como uma necessária "depuração" transforma-se num resgate dos documentos que têm valor histórico segundo os critérios da época (Pomoan, 1992b). Assim, de todos os artigos da lei de 7 de Messidor do ano II, apenas aquele que define os princípios fundamentais da organização dos arquivos — entre os quais o livre acesso para todo cidadão — é efetivamente posto em prática. Os próprios Arquivos Nacionais, sob a direção de Armand Camus e, depois, de François Daunou, afirmam a sua vocação de gerir o todo, de se tornar um "depósito central para toda a República", o que não cessará de ser confirmado (ordenação de 1846, decreto de 1855, depois Lei de 1911).

A invenção do patrimônio

Prevalece a mesma atitude ante os monumentos e as obras de arte. Muito antes da Revolução, decerto já existiam colecionadores. A reflexão para transformar o Louvre em museu permanente e aberto ao público data de meados da década de 1770, em meio ao entusiasmo causado pela fundação em Roma, por Pio VI, do primeiro grande museu europeu (1770). O período revolucionário, porém, faz muito mais do que seguir a inclinação do século.

Como no caso dos arquivos, a exigência de aniquilar os símbolos do Antigo Regime é formulada antes do gesto de conservação. Já em 14 de agosto de 1792, a Legislativa decreta que os "monumentos, resto da feudalidade, [devem ser] imediatamente destruídos". A ambição é "apagar [tudo o que] dos reis traz de volta a apavorante lembrança" (Barère). Logo, porém, em reação às destruições ligadas à campanha de descristianização, a Revolução inventa o termo vandalismo — "criei a palavra para destruir a coisa", declara em 1793 o *abbé* Grégoire — e estende o de patrimônio para abranger os bens herdados coletivamente do passado.

> A Convenção nacional ordenou sabiamente a destruição de tudo o que trazia a marca da monarquia e da feudalidade [...]. A estas medidas [ela] deve somar outras, para garantir a conservação das inscrições antigas cuja existência o tempo respeitou.
>
> Os decretos promulgados a esse respeito parecem insuficientes, e não podemos inspirar nos cidadãos um horror excessivo por esse *vandalismo* que só conhece a destruição. Os monumentos antigos são medalhas sob outra forma, devem ser conservados em sua totalidade; e que homem sensato não estremece à mera ideia de ver expostas ao martelo as antiguidades de Orange ou de Nîmes? Quanto aos da Idade Média e dos tempos modernos, cujas inscrições não apresentem nada de contrário aos princípios da igualdade e da liberdade, também devem ser conservados; suprem muitas vezes os arquivos pelos fatos de que são depositários; definem as épocas da história; destruí-los seria uma perda [...] vós reprimireis, sem dúvida, a barbárie contrarrevolucionária que gostaria de nos empobrecer, desonrando-nos (Grégoire, *Rapport sur les inscriptions des monuments publics*, 22 de Nivôse do ano II/10 de janeiro de 1794).

O que prevalece, em definitivo, é uma "política da posteridade" (Poulot, 1997), ou seja, um olhar ordenado e um gesto justificado em função de um futuro esperado. A nova consciência patrimonial articula-se ao redor do imperativo moral de conservação do legado das gerações anteriores e de sua transmissão às gerações futuras. O patrimônio não é uma propriedade de que os homens podem dispor à vontade, mas sim um depósito.

O museu francês é simbolicamente inaugurado no Louvre, a 10 de agosto de 1793, aniversário da derrubada da monarquia. No mesmo espírito, Alexandre Lenoir funda o Museu dos Monumentos Franceses, nos Petits-Augustins (Poulot, 1986). Também nesse caso o papel original do museu é fazer a triagem, entre os objetos de culto transformados em bens nacionais, dos que devem ser conservados para servir de modelo aos artistas e dos que devem ser destruídos durante as festividades ou reciclados depois de fundidos. Ao contrário das tendências iconoclastas que consideram a destruição um gesto de purificação, Lenoir trabalha para salvaguardá-los. Já em 1793, consegue abrir ao público o depósito que lhe fora confiado em 1791. Dois anos mais tarde, em 1795, o museu é oficialmente reconhecido. De modo muito inovador, a história é o princípio organizador desse museu, a exposição é concebida segundo um percurso cronológico que tenta restituir a "cor" específica de cada período. Assim, os salões consagrados à Idade Média são mergulhados numa semiescuridão, ao passo que os que reúnem obras dos séculos XVII e XVIII se banham numa luz deslumbrante (Baczko, 1988). Devia ser forte a impressão produzida por essa *mise-en-scène*. Jules Michelet, que era um visitante assíduo, certifica ter sido lá iniciado na "religião do passado". Em seu diário, observa que, ao contrário dos outros museus em que, classificados por escola, os quadros se ofuscam reciprocamente, eles ali se viam "na companhia de seu tempo e segundo o coração, sob uma doce luz de vitral" (apud Viallaneix, 1998:258). O museu de Lenoir torna-se um "museu-Panteão" (Poulot, 1986), um lugar de memória da arte francesa que presta homenagem a cada momento artístico. É fechado em 1816, por ordem de Luís XVIII, e suas coleções se dispersam, o que é deplorado por Augustin Thierry, que vê nisso um indício da atitude da Restauração para com o passado e um passo na direção do "declive irresistível" que conduziu tal regime à ruptura com o país (1840:140).

Um princípio organizador do devir: o progresso

> Quando acontecia uma revolução no mundo antigo, a barbárie submergia outra vez a terra, e os homens que sobreviviam ao dilúvio eram obrigados, como os primeiros habitantes do globo, a (...) percorrer de novo todos os degraus de seus predecessores. (...) O mesmo não acontece conosco; seria impossível calcular que alturas a sociedade pode alcançar hoje, que nada poderia perder-se: isto nos lança no infinito (Chateaubriand, 1978:256).

O novo olhar dirigido ao passado não basta para caracterizar a consciência histórica que se forja no momento revolucionário. Porque o passado é considerado caduco, o porvir mostra-se sob outra luz. Torna-se uma promessa que cabe aos homens realizar. "Chegará, pois, o momento em que o sol só iluminará na terra homens livres, que só reconhecem como senhor sua própria razão" (Condorcet, 1971:259). É laicizada a antiga perspectiva

O NASCIMENTO DA HISTÓRIA CONTEMPORÂNEA

do tempo orientado da escatologia cristã, o progresso humano torna-se o seu motor, e o seu movimento parece tão inevitável como irreversível. Como ressalta Chateaubriand, a história é doravante percebida como um processo cumulativo. François Guizot faz dele, em 1828, o conceito organizador de sua abordagem da história. A ideia de progresso é identificada com a própria *civilização*, constituindo o seu princípio dinâmico. Impõe-se um horizonte de expectativa (Koselleck) que conduz, como o sentimento de ruptura, a se reconsiderar o passado. Nascem no momento revolucionário os primeiros projetos de um ensino da história que já não seja mero auxiliar das humanidades (Garcia e Leduc, 2003).

Não é fácil, porém, o exercício. No momento mesmo da Revolução, como mostram os trabalhos sobre as festas revolucionárias (Ozouf, 1976), a fixação da história, mesmo que seja só a dos eventos memoráveis, faz imediatamente sentido e, portanto, constitui problema. Assim, o significado atribuído às jornadas de 31 de maio — 2 de junho de 1793 (os deputados "girondinos" são postos fora da lei) — depende estritamente da visão de conjunto do processo revolucionário. Elas podem ser concebidas quer como uma etapa na direção do aprofundamento da Revolução, quer como um atentado contra a representação parlamentar. Festejado em 1794, o evento é condenado em 1795. Nenhuma leitura pode realmente se impor enquanto a Revolução ainda se desenvolve, enquanto sua conclusão, continuamente anunciada, é sempre questionada novamente. A questão, então, de propor uma história desse período, de pôr lado a lado cada uma das experiências que o compõem e de lhes dar um sentido é deixada como herança ao século XIX. Para além do tratamento da década revolucionária, escrever uma história da França que integre o velho e o novo, ou seja, compreender o que aconteceu em função do que deve ocorrer, torna-se uma exigência fundamental. É a essa tarefa que se dedicam os historiadores do século XIX.

Um século na história

> Os tempos em que vivemos são tempos tão intensamente históricos, que deixam a sua marca sobre todos os gêneros de trabalho. Traduzimos as antigas crônicas, publicamos velhos manuscritos (...). Tudo hoje assume a forma de história, polêmica, teatro, romance, poesia (Chateaubriand, 1831:45-46).

As incertezas da história

A instabilidade política não é própria do período revolucionário. Ela afeta a maior parte do século XIX, que parece incansavelmente repeti-la, tanto e tão bem que, dirigindo-se ao movimento socialista, Marx denuncia em 1870 "as *grandes recordações*" como "a desgraça dos franceses, e até dos operários", precisa ele, pois obscurecem a realidade presente e impedem a transformação dela.

Para abordar esse período, importa fazer abstração da visão teleológica de um século XIX voltado para o advento da República como um rio para o mar e tentar resgatar esses presentes do passado, compostos de incerteza, que se sucedem durante 60 anos.

A instabilidade política tem uma dimensão biográfica que ajuda a forjar o olhar lançado à história. Assim, Jules Michelet (1798-1874) viveu três invasões estrangeiras (1814, 1815 e 1870), duas revoluções vitoriosas (1830 e fevereiro de 1848), duas insurreições esmagadas (junho de 1848 e 1871), um golpe de Estado (1851) e seis regimes políticos, para não mencionar o eco da Revolução e de suas lutas, transmitido pela memória familiar e pelos testemunhos recolhidos! Resume assim Michelet o movimento do século, que se confunde com a sua própria vida: "nasci no meio da grande revolução territorial e terei visto nascer a grande revolução industrial. Nascido sob o terror de Babeuf, vejo antes de morrer o da Internacional" (apud Barthes, 1954:9).

O que se revela para a geração de 1820 como um cabedal de experiências — "não há ninguém entre nós, homens do século XIX, que não saiba mais do que Velly ou Mably, mais que o próprio Voltaire, acerca das rebeliões e das conquistas, do desmembramento dos impérios, da queda e da restauração das dinastias, das revoluções democráticas e das reações em sentido contrário" (Thierry, 1867a:3) — provoca na década de 1860 a dúvida ou mesmo o mal-estar.

Cada momento histórico define uma configuração específica que imprime a sua marca sobre o modo de ler e de escrever a história.

Como muitos de seus contemporâneos, Chateaubriand tenta, no fim do século XVIII, apreender a especificidade da Revolução Francesa em comparação com as revoluções antigas e modernas (Ensaio sobre as revoluções, 1797; Hartog, 1994).

Os historiadores liberais (Guizot, Mignet, Thierry, Thiers etc.) lutam por uma interpretação constitucional da Carta e acolhem a Revolução de 1830 como uma adequação da história da França ao sentido que lhe conferiram. Jules Michelet, na época sob esse encanto, logo o insere na *Introduction à l'histoire universelle* (1831b) como modelo de uma revolução sem herói, senão "todo um povo", e é sob a invocação do "fulgor de julho" que ele coloca a sua *Histoire de France*: "naqueles dias memoráveis, fez-se uma grande luz e eu vi a França" (Michelet, 1869:11). Augustin Thierry, fiel até o fim à monarquia de julho, viu a revolução de fevereiro de 1848 como uma catástrofe, porque ruptura, reviravolta do sentido da história.

O NASCIMENTO DA HISTÓRIA CONTEMPORÂNEA

Senti o seu choque de duas maneiras, primeiro como cidadão e também como historiador. Por essa nova revolução, cheia do mesmo espírito e das mesmas ameaças que os piores momentos da primeira, a história da França parecia tão perturbada quanto a própria França. Interrompi o trabalho, num desânimo fácil de compreender (Thierry, 1850, prefácio).

A história não é menos pesada depois do fracasso da segunda República, quando esta parece não poder ser senão um regime efêmero e dever sempre, depois da reiteração de 1793, acabar como ditadura. Edgard Quinet relê, então, o episódio revolucionário para nele procurar o que impede a República de se arraigar (Furet, 1986b).

Escrever a história da França é tentar compreender as múltiplas peripécias da conjuntura política e, apesar dessa história entrecortada, sincopada, extrair a inteligência de um movimento. É por isso que uma classificação em termos de escolas (liberal, romântica etc.) parece preferível à abordagem por meio da noção de geração, que leva em conta a distância temporal que separa da Revolução e registra o efeito das experiências políticas do século XIX, ficando entendido que cada obra tem a sua própria inércia e não pode ser reduzida a uma conjuntura (Walch, 1986).

O que está em jogo na escrita da história

"A história nasceu de novo, não do tranquilo trabalho de gabinete, mas da luta dos partidos" (Jullian, 1897:xiv).

Entre os numerosos autores que marcam a historiografia do século XIX, dois deles, Augustin Thierry e François Guizot, são particularmente representativos do que está em jogo na escrita da história.

Uma historiografia de combate

A motivação que atrai para a história a geração que chegou à maturidade depois da queda do Império é clara e amplamente reivindicada; é de ordem política. Confessa-o Augustin Thierry (1795-1856).

Em 1817, com um vivo desejo de contribuir, por meu lado, para o triunfo das opiniões constitucionais, comecei a procurar nos livros de história provas e argumentos a favor das minhas crenças políticas.

Mas apressa-se em acrescentar:

> Ao me entregar a este trabalho com todo o ardor da juventude, logo me dei conta de que gostava da história por ela mesma, como quadro do tempo passado e independentemente das induções que dela tirava para o presente (Thierry, 1867a:1).

Tendo entrado em 1811 na Escola Normal Superior (fundada em 1808 e suprimida como centro de oposição em 1822), Augustin Thierry torna-se secretário de Saint-Simon de 1814 a 1817 — cargo em que é sucedido por Auguste Comte. Frequenta os círculos liberais e colabora no *Censeur Européen* e em seguida no *Courrier Français*. Oriundo da pequena burguesia de Blois, frui da ajuda material de grandes notáveis liberais, como o banqueiro Laffitte, o duque de Broglie ou La Fayette. Seus artigos são a oportunidade de elaborar uma doutrina histórica. Em suas nove *Lettres sur l'histoire de France* no *Courrier Français* em 1820 (a edição de 1827 contém 25 cartas), ele martela a sua convicção de que "chegou a hora em que o público vai tomar mais gosto pela história do que por qualquer outra leitura séria. [Pois] talvez esteja na ordem da civilização que depois de um século que agitou muito as ideias venha um século que agite os fatos" (1820, carta VI, 51). Em 1821, renuncia à carreira de publicista para levar adiante o programa de estudos históricos por ele definido. Se depois que os ultras assumiram o comando do governo (ministério Villèle, dezembro de 1821 a janeiro de 1828) ele se envolve por algum tempo com as redes dos *carbonari*, é à história que ele consagra o resto da vida. Podemos, sob esse aspecto, falar de uma verdadeira conversão à história: "eu havia feito a promessa de passar a só escrever sobre matérias históricas" (1834:318). Em 1825, publica *L'histoire de la conquête de l'Angleterre par les normands*; em 1840, *Récits des temps mérovingiens*; e em 1856, o *Essai sur la formation et les progrès du Tiers-État*. Atingido precocemente pela cegueira em consequência de uma doença incurável — já em 1825, segundo a sua biógrafa Anne Deneuil-Cormier (1996) —, desempenha o papel de Homero da história da França (Chateaubriand).

A obra de Augustin Thierry é engajada. Reivindica altivamente a qualidade de plebeu. Sua ambição é "reabilitar as classes médias e inferiores" (1867a:317), ou seja, fundamentar, pela história, a legitimidade de suas exigências políticas. Diante das genealogias nobiliárias, que sempre justificaram, por sua antiguidade, pelos serviços prestados ao rei e ao país, as pretensões da aristocracia de exercer o poder político, ele procura estabelecer a história do Terceiro Estado. Esse projeto leva-o a ampliar o quadro temporal dos seus estudos, a reler toda a história da França, em busca das origens dessa ordem.

A história do Terceiro Estado que decorre dessas pesquisas confunde-se com a de uma França que nasce com a Gália, de que seu irmão, Amédée, se torna o historiador, apresentando os gauleses como os antepassados de "dezenove vigésimos de todos nós" (Thierry:1828, introdução). No que se refere à antiguidade do Terceiro Estado, do seu papel no desenvolvimento do país, as genealogias nobiliares pouco mais são do que "anais domésticos" (Thierry, 1867a:11). Ao identificar a França e o Terceiro Estado, a história apresentada por Thierry desqualifica a nobreza.

> Não, não é de ontem que a nossa França viu homens valerem-se da coragem e de todas as faculdades da alma para fundarem para si mesmos e para seus filhos uma existência ao mesmo tempo livre e inofensiva. Eles nos precederam de longe, para nos abrirem uma ampla estrada, esses servos fugidos da gleba, que reergueram há 700 anos os muros e a civilização das antigas cidades gaulesas. Nós, que somos os seus descendentes, cremos que eles tiveram o seu valor e que a parte mais numerosa e mais olvidada da nação merece reviver na história. Se a nobreza pode reivindicar no passado as altas façanhas guerreiras e a fama militar, há também uma glória para a plebe, a da indústria e do talento. Era um plebeu que cuidava do cavalo do fidalgo e juntava as placas de aço da sua armadura. Os que alegravam as festas dos castelos com poesia e música eram também plebeus; enfim, a língua que falamos hoje é a da plebe; ela a criou numa época em que a corte e as torres dos castelos ecoavam os sons rudes e guturais de um dialeto germânico (Thierry, 1820, Carta I, 524).

O tom é parecido com o de Sieyes, que escrevia: "por que [o Terceiro Estado] não mandaria de volta às florestas da Francônia todas essas famílias que conservam a doida pretensão de terem origem na raça dos conquistadores e de terem herdado *direitos de conquista*?" (Sieyes, 1789:44). Como Sieyes, Thierry inverte o argumento aristocrático a que Montlosier tenta, em 1814, dar novo brilho, acusando a monarquia absolutista de estar na origem da Revolução de 1789 em razão de suas ações antiaristocráticas. Mas Thierry, em vez de formular as suas teses à maneira de um panfletário, esforça-se em fundamentá-las em fatos, em estabelecer, por exemplo, a cronologia da penetração das instituições francas, em medir a resistência da herança municipal romana e a coexistência dos dois sistemas até que a monarquia se apoie nas monarquias municipais, nas comunas. Relê a história da Inglaterra, depois a da França, em termos de "guerras de raças" — a "longa persistência de duas nações inimigas sobre o mesmo solo" (Thierry, 1834) — que põem às voltas, desde a conquista da Gália romana ou a da Inglaterra saxônica, conquistadores e vencidos (para a França, germanos e galo-romanos). Ao mesmo tempo que lê as velhas crônicas, Thierry se faz historiógrafo. Nas *Lettres sur l'histoire de France* (1810), assim como nas *Considérations sur l'histoire de France* (1840), ele expõe e critica os trabalhos dos historiadores modernos, de Mézeray, Boulainvilliers, Velly, Dubos, Mably, Sieyes, Montlosier etc. E conclui: "no fundo, nenhum progresso (...), sempre suposições construídas à margem dos fatos" (1840:135). Quanto aos beneditinos, em quem reconhece uma espantosa sagacidade na prática da erudição, ele os censura por não terem compreendido a natureza dos fenômenos descritos pelos documentos cuja autenticidade estabelecem, por não compreenderem o movimento da história. No quadro da sua leitura global em termos de oposição das raças, desenvolve uma segunda linha de argumentação. Cada manifestação de resistência dos oprimidos, cada vitória parcial ante a arbitrariedade feudal anunciam e preparam a emergência e a afirmação do Terceiro Estado. Esta conclui o processo inaugurado pela conquista.

> Somos os filhos dos homens do Terceiro Estado; o Terceiro Estado teve origem nas comunas, as comunas foram o asilo dos servos; os servos eram os derrotados da conquista. Assim, de fórmula em fórmula, através do intervalo de quinze séculos, somos levados ao termo extremo de uma conquista que cumpre obliterar (Thierry, 1867b:505).

Assim, longe de ser um enigma, uma comoção inesperada, a Revolução Francesa é a consequência lógica desses múltiplos confrontos. Étienne Marcel é o antepassado de Mirabeau. A Revolução, "desfecho natural" da história da França, inscreve-se na linha direta das sobrevivências do direito municipal romano. É o fruto de uma temporalidade de longa duração. É a verdade do movimento da França.

> Se a filosofia moderna proclamou como eternamente verdadeiro o princípio da soberania nacional, a vida dos municípios formou as velhas gerações políticas do Terceiro Estado. A igualdade perante a lei, o governo da sociedade por si mesma, a intervenção dos cidadãos nos negócios públicos são regras que as grandes comunas praticavam e conservavam com energia; as nossas instituições presentes acham-se na história delas e talvez também nas instituições do futuro. A Revolução de 1789 nada criou; o pensamento da Assembleia Constituinte não ergueu sem matéria-prima a ordem social de hoje; a experiência dos séculos, as recordações históricas, as tradições de liberdade local conservadas isoladamente vieram, com a sanção da ideia filosófica dos direitos humanos, fundir-se no grande símbolo da nossa fé constitucional, símbolo cuja letra pode variar, mas cujo espírito é imutável (Thierry, 1867c:200).

O NASCIMENTO DA HISTÓRIA CONTEMPORÂNEA

A inteligibilidade da história constrói-se em Thierry a partir do presente (Foucault, 1976). Esse processo regressivo, característica comum dessa nova história francesa, permite conferir sentido a cada um dos eventos passados. Chateaubriand tem consciência disto.

> Vimos depois da queda da monarquia; escrutamos em terra o colosso quebrado; vemos que tem proporções diferentes das que parecia ter quando de pé. (...) Os historiadores do século XIX nada criaram; só têm um mundo novo diante dos olhos, e este mundo novo lhes serve de escala retificada para medir o velho mundo (Chateaubriand, 1831:26-27).

Se puderam ser publicados artigos tão densos e especializados como as *Lettres sur l'histoire de France*, mesmo que só durante um ano, por um jornal de opinião (Thierry explica, porém, em 1834, que sua publicação foi interrompida por medo, da parte da direção do *Courrier Français*, de que ela provocasse a deserção dos leitores), é porque o passado, assim esclarecido, ilumina por sua vez o futuro.

A história da França de Thierry é toda ela uma caminhada para a consagração do Terceiro Estado que 1789, segundo ele, representa. Mas essa caminhada só terá fim quando as instituições políticas da França forem plenamente adequadas aos princípios liberais. Essa análise construída a partir do presente e que faz da luta (no caso, a luta entre as raças) o motor da história e a parteira do futuro chama a atenção de Karl Marx. Este agracia Thierry com o título de "pai da luta de classes na historiografia" (Marx, 1854) e provoca o interesse da historiografia marxista pelos historiadores franceses da década de 1820 (Reizov, 1930; Rignol, 2002).

Se, no entanto, defende uma concepção agonística da história, esta só ganha sentido na unidade da nação. O lugar concedido à Guerra dos Cem Anos e à batalha de Bouvines, já na *Primeira carta* (1820) é, sob esse aspecto, exemplar. Com efeito, "a última ordem da nação" não é só "grande e generosa" nas "guerras intestinas", durante as "invasões estrangeiras (...) [ela] jamais ficou para trás".

> De onde veio o socorro que expulsou os ingleses e reergueu o trono de Carlos VII, quando tudo parecia perdido e a bravura e o talento militar dos Dunois e dos Lahires só serviam para fazer retiradas em boa ordem e sem grandes perdas? Não foi de um ímpeto de fanatismo patriótico nas fileiras dos pobres assoldadados e da milícia das cidades e das aldeias? O aspecto religioso assumido por essa gloriosa revolução é apenas a forma: era o sinal mais enérgico da inspiração popular (Thierry, 1867a:12-13).

Mais adiante, ao mencionar a presença em Bouvines de "cento e cinquenta sargentos a cavalo do vale de Soissons, todos eles plebeus", lembra que a vitória foi o fruto do "concurso de todas as vontades nacionais". Não só o Terceiro Estado possui uma antiguidade que nada tem a invejar à da nobreza e defende desde sempre ideais emancipadores, mas também é o verdadeiro vetor da energia nacional, ele encarna a França. Certo dessa legitimidade, dessa autoridade, dos seus títulos, ele está, pois, em condições de "pôr fim à cisão" da França e de permitir que a "chaga" aberta pela Revolução "cicatrize" (Thierry, 1840:99).

Sem dúvida, como afirma Marcel Gauchet (1986), a obra de Thierry não pode ser reduzida a esse *parti pris*, a seu engajamento político, na medida mesma em que, para sair do círculo das teorias, ele recorre à ciência, à pesquisa, a uma nova maneira de escrever a história da França. Mas esse combate só assume o seu pleno significado em relação aos objetivos políticos. Escrever a história numa perspectiva que una passado, presente e futuro é também um meio de fazê-la.

Reencontram-se essa característica e essa convicção igualmente em François Guizot, que, ademais, como Adolphe Thiers, é ao mesmo tempo historiador, professor e político de primeira linha.

A monarquia de Julho: uma política da memória

Com a monarquia de Julho, mudam radicalmente as condições de produção da história. Com efeito, pela primeira vez na França, um regime político reivindica uma dupla filiação: a tradição monárquica e os ideais de 1789. Enquanto o termo "restauração" evocava a ideia de retorno, para não dizer, em sua versão ultra, de reação (a Carta de 1814, em seu preâmbulo, associa de maneira ambígua a vontade de "reatar a cadeia dos tempos" e o desejo de que se possam "apagar da história" os "males" de que padeceu o país), a monarquia de Julho tenta inscrever-se plenamente na continuidade da história nacional. O justo meio pretende ser, ao mesmo tempo, um compromisso, uma síntese e a conclusão da história nacional. O regime nascido da insurreição de 1830 ambiciona tornar-se o equivalente francês da *Glorious Revolution* inglesa de 1688, a revolução que termina a Revolução.

Luís Felipe, cuja legitimidade não vem nem da hereditariedade, nem da sagração, nem da eleição, tenta fundamentar o seu poder no movimento da história. Exprime-se essa vontade em boa medida na ordem simbólica: mudança de titulatura (Luís Felipe é rei dos franceses e não mais da França), adoção da bandeira tricolor ("a França recupera as suas cores" — *Carta Constitucional de 1830*, art. 67), coluna de Julho erguida no lugar da Bastilha, em Paris, ou a coluna erigida em Lille, em 1845, em honra da resistência da cidade diante dos austríacos em 1792. Mas a história mobilizada pela monarquia de Julho não se reduz ao mero gesto revolucionário, ela o mescla a uma narrativa da França que agora passa a começar com os gauleses tais como foram retratados por Amédée Thierry (Lacoste, 1982). O galo gaulês torna-se o emblema oficial da França. Símbolo dessa continuidade recuperada, o grupo de Rude, colocado sobre o arco do triunfo em 1836 e dedicado aos Voluntários de 1792, representa-os em vestimentas gaulesas, um modo de dizer que, no próprio instante da ruptura, são as mais antigas qualidades francesas que se manifestam. Essa necessidade de história, em harmonia com o gosto pessoal de Luís Felipe pelas escavações arqueológicas, ganha, graças a Guizot, a forma de uma política da memória.

Um mestre de obras: François Guizot

Confunde-se a história pessoal de François Guizot (1787-1874) com a história política da França. Nascido em Nîmes, em ambiente protestante, concluiu a sua formação em Genebra, depois que o seu pai, advogado próximo aos girondinos, foi guilhotinado em 1794. Nomeado professor na Sorbonne em 1812 — ele acaba, então, de estabelecer uma edição da *História da queda e da decadência do Império Romano* de Gibbon —, dedica seu curso à noção de civilização. Guizot une-se a Victor Cousin e a Prosper de Barante, que o acompanharão ao longo de toda a vida. Já na primeira restauração, ele se engaja na vida política e ocupa diversas funções, enquanto os partidários de uma interpretação constitucional da Carta dominam o governo. De 1820 a 1822, afastado dos negócios pelos ultras, volta a lecionar, até que o seu ensino, bem como o de Villemain e de Cousin, seja suspenso. Dedica-se, então, à história (*Essai sur l'histoire de France*, 1823; *Histoire de la révolution d'Angleterre*, 1826), ao mesmo tempo que continua a publicar artigos políticos no jornal liberal *Globe*. Em 1828, após a queda de Villèle, retoma triunfalmente o ensino. É eleito deputado em 1829.

As Três Gloriosas reconduzem-no aos negócios públicos. Guizot, ministro do Interior em 1830, da Instrução Pública de 1832 a 1837, em seguida dos Negócios Exteriores de 1840 a 1847, encarna melhor do que ninguém o espírito do justo meio. É presidente do Conselho quando irrompe a revolução de 1848.

Começa um terceiro período de sua vida, que ele dedica de novo à história, aliás nunca totalmente deixada de lado. Termina, em particular, a *Histoire de la révolution d'Angleterre* (1856).

Esse vaivém entre história e política leva Guizot a explicitar a sua concepção da função social da história. Através de seus escritos e do seu ensinamento, a história aparece como um instrumento essencial para enfrentar tanto o conservadorismo dos legitimistas que rejeitam em bloco o período revolucionário quanto a exaltação da ruptura radical por parte da extrema esquerda, que repudia, de maneira simétrica, o passado monárquico. Diante dos dois partidos, Guizot se instala, antes mesmo que Luís Felipe chegue ao poder, numa posição de compromisso que prefigura o justo meio e sustenta, como a Carta, que cumpre "reatar a cadeia dos tempos", mas recusa toda amputação da história nacional.

Contra a esquerda, denuncia a apologia da ruptura, que fragiliza a sociedade e abre as portas aos excessos da "multidão". A inscrição na duração constitui, segundo ele, a força principal dos governos. Só ela pode conferir a legitimidade necessária para garantir a estabilidade política e social. "A sociedade, para crer em si mesma, precisa não ser de ontem" (Guizot, 1820:210). Cumpre, pois, encarar o passado com "um sentimento de justiça e de simpatia". Este é um legado, uma etapa da civilização; renunciar a ele equivale a condenar a sociedade francesa a reviver continuamente a Revolução.

Contra os ultras, já em 1817, ele não cessa, ao contrário, de sustentar que nenhum regime pode construir-se ocultando a recordação da Revolução, que todo governo deve doravante integrar.

Guizot assenta, assim, os fundamentos da concepção da história que se imporá na década de 1880: assinalar o laço que une as gerações, assimilar a fratura revolucionária, evitar tanto a tentação de fazer tábula rasa das tradições quanto de recusar as evoluções. Nesse sentido, a história é um aprendizado da moderação política. Permite, ao levar em conta os movimentos longos e a necessidade das mudanças sociais, relativizar o sentimento de ruptura. Mostra, assim, que o compromisso político é preferível a uma resistência teimosa ante uma evolução inevitável e que, em definitivo, o único conservadorismo consequente é um conservadorismo dinâmico (Rosanvallon, 1985a).

Esta concepção esteia-se numa visão da história cujo motor é a luta de classes, "o mais enérgico, o mais fecundo princípio da civilização europeia" (Guizot, 1828:182). Mas, para Guizot, esse confronto não se conclui com a vitória de uma classe sobre a outra, o que arruinaria a possibilidade do progresso e levaria à imobilidade. "A necessidade de vencer, sem conseguir levá-la a cabo", é a característica da luta de classes na Europa e reforça, também ela, a necessidade de se chegar a um compromisso entre as elites.

Nessa perspectiva, a Revolução deve ser reintegrada numa história longa e não mais ser apreendida isoladamente.

Quer as celebremos, quer as deploremos, para abençoá-las ou amaldiçoá-las, todos concordam em tudo esquecer na presença dessas revoluções [da Inglaterra e da França], em isolá-las absolutamente do passado, em torná-las responsáveis pelo destino do mundo, em fulminá-las com o anátema ou com a glória.

Já é hora de escapar a essas declamações mentirosas e pueris.

Longe de ter rompido o curso natural dos eventos na Europa, nem a revolução da Inglaterra, nem a nossa nada disseram, nada quiseram, nada fizeram que não tivesse sido dito, feito ou tentado cem vezes antes de sua eclosão.

Cessemos, pois, de pintá-las como aparições monstruosas na história da Europa; que não mais nos falem de suas pretensões inauditas, de suas invenções infernais: elas conduziram a civilização na estrada que ela segue há 14 séculos; elas professaram as máximas, avançaram os trabalhos aos quais o homem deve, desde sempre, o desenvolvimento da sua natureza e o melhoramento da sua sorte; elas fizeram o que, um após o outro, fez o mérito e a glória do clero, da nobreza e dos reis (Guizot, 1997:2-3).

A iniciação na arte e na política do compromisso, em certo pragmatismo, não é a única virtude que Guizot encontra na história: como para Thierry — mas de maneira ainda mais explícita —, esta possui, além disso, uma função terapêutica para as elites burguesas. Ela lhes deve permitir vencer a timidez e a humildade excessivas por ele diagnosticadas e lhes dar confiança em sua capacidade e em sua legitimidade para dirigir o país. Conhecer a história se assemelha, então, a um processo de segurança identitária. Dirigindo-se aos seus estudantes em 1828, evoca a pintura da burguesia de Liège oferecida por Walter Scott em *Quentin Durward* e a recusa:

Ele os transformou em autênticos burgueses de comédia, gordos, moles, sem experiência, sem audácia, ocupados unicamente em levar a vida comodamente. Os burgueses daquela época, senhores, tinham sempre a cota de malha sobre o peito, a lança na mão; suas vidas eram quase tão tempestuosas, tão guerreiras, tão duras quanto as dos senhores que eles combatiam. Foi naqueles perigos contínuos, lutando contra todas as dificuldades da vida prática, que adquiriram esse caráter másculo, essa energia obstinada que se perderam um pouco na mole atividade dos tempos modernos (Guizot, 1985:185).

Imbuída do conhecimento das suas origens, a burguesia deve tomar consciência de si mesma enquanto classe social participante da luta de classes e abordar sem receio o futuro. A confiança reencontrada é a condição da sua hegemonia futura, o que leva Pierre Rosanvallon a chamar Guizot de "Gramsci da burguesia" (1985b).

Esse papel estratégico atribuído por Guizot à história o leva, assim que chega ao poder, a desenvolver uma verdadeira política da memória.

AS INSTITUIÇÕES DE MEMÓRIA

Já nos primeiros meses da monarquia de Julho, Guizot confia a François Mignet a direção dos arquivos dos Negócios Estrangeiros e a Jules Michelet a da seção histórica dos Arquivos Nacionais. Concede uma pensão a Augustin Thierry, nomeia seu irmão, Amédée, prefeito de Haute-Saône. Essas medidas, de que se beneficiam também Prosper de Barante, Adolphe Thiers e Abel-François Villemain, não são só as habituais prebendas que todo governo distribuía a seus partidários. O que Guizot espera dos amigos é que prossigam em seu trabalho, amplificando-o. Uma vez ministro da Instrução Pública, ministério ainda embrionário cujas competências ele define, trata de dar um quadro institucional aos estudos históricos.

A École des Chartes, fundada em 1821 — cujo fechamento em 1823, seguido da reabertura em Dijon em 1829, demonstra a dificuldade da Restauração em definir uma política em matéria de história —, é definitivamente reimplantada em Paris, em 1836. Tem a sua função definida com precisão. Em conformidade com o voto de Chateaubriand — "a pátria de Mabillon terá a vergonha de ir buscar na Alemanha intérpretes de nossos diplomas?" (1831:23) —, ela se torna um verdadeiro lugar de formação para os métodos da crítica de documentos, sob a direção de professores reconhecidos, como Jules Quicherat. É-lhe atribuída uma missão de pesquisa, de estudo e de conservação dos "monumentos" originais da história da França. Aos arquivistas-paleógrafos formados por essa escola é confiada a guarda dos arquivos departamentais.

Em 1833, Guizot cria, a exemplo da "sociedade para a pesquisa e a publicação dos documentos da história germânica antiga" (fundada em 1819 e que edita os *Monumenta Germaniae*), a Société d'Histoire de France, "dedicada à publicação dos documentos relativos à nossa história nacional e à difusão (...) do conhecimento dos trabalhos esparsos e ignorados". Presidida por seu amigo Barante, até sua morte em 1866 (data em que Guizot o substitui), ela publica 70 volumes em 25 anos, entre os quais cinco tomos do processo de Joana d'Arc reunidos por Jules Quicherat (1841). Em 1844, com 400 membros, é a maior sociedade científica da França.

O NASCIMENTO DA HISTÓRIA CONTEMPORÂNEA

Em 1834, é instituído por sua vez aquilo que mais tarde será o Comité des Travaux Historiques et Scientifiques (Bergès, 2005). Também ele deve contribuir para a publicação dos documentos relativos à história nacional. Mas enquanto a sociedade é uma estrutura semioficial que vive das cotizações de seus membros, o Comitê dos Trabalhos Históricos goza de importantes subvenções públicas. Foi a primeira estrutura de pesquisa científica francesa financiada pelo Estado. Fortemente ligado à Société d'Histoire de France, de que vários responsáveis figuram em sua direção, o comitê deve unificar e orientar o ímpeto de pesquisa histórica que percorre o país.

Augustin Thierry é encarregado em 1835, com o auxílio de jovens cartistas, de recolher os "monumentos inéditos da história do Terceiro Estado". Dirigindo-se oficialmente aos representantes do Estado no interior, recorda-lhes que "é preciso que cada qual se transforme num conservador da herança de nossos avós [essas famílias sem nome, mas não sem glória, de onde saíram os homens que fizeram as revoluções de 1789 e 1830], como o é de seu patrimônio particular" (Charmes, 1886, v. 2, p. 79). Em dois anos, 18 mil peças são coletadas, articula-se uma rede de correspondentes, multiplicam-se os inventários das bibliotecas ou dos arquivos, tanto em Paris quanto nos departamentos. Os documentos coletados no interior são copiados e transmitidos a Thierry. Prossegue o esforço de coleta até 1842. O primeiro dos três grossos volumes que reproduzem os *Monuments inédits* é publicado em 1850.

A ação de Guizot atinge também o ensino. Desde 1818, por instigação de Royer-Collard, a história é uma disciplina ensinada do sexto ano até a retórica (primeira série). O programa é essencialmente consagrado à história bíblica e à Antiguidade (quatro anos em seis). O percurso cronológico conclui-se antes de 1789. Essa matéria, porém, parece suspeita aos ultras, dotada de uma forte carga política. Tão logo os constitucionais são afastados do governo, algumas circulares ministeriais lembram que a história ensinada deve limitar-se "à simples exposição dos fatos históricos, na ligação natural que eles têm entre si, [e que o professor deve] principalmente evitar tudo o que poderia atrair os alunos para o campo da política e servir de alimento para as discussões entre partidos" (4 de julho de 1820). Impõe-se a mesma ordem aos livros de história que, para serem aprovados pelo ministério, não devem acrescentar nenhum comentário à exposição dos fatos. Autor do *Tableau chronologique d'histoire moderne* (1825) e dos *Tableaux synoptiques d'historie moderne* (1826), Michelet, então professor no Colégio Sainte-Barbe, embora se distinga pelo cuidado em fornecer no início de cada desenvolvimento um ou vários princípios explicativos, é obrigado a se curvar a essa regra.

II 1570-1577: os protestantes atraídos a Paris pelo casamento do rei de Navarra. 1572: São Bartolomeu. A corte dá aos protestantes tempo para retomar coragem e constata a fraqueza deles, cercando inutilmente La Rochelle. 1573: criação do partido dos *políticos*, que logo se torna o auxiliar dos protestantes. Dos dois irmãos do rei, o mais velho é afastado da França por um ano (por sua realeza da Polônia), e o mais jovem coloca-se no comando dos *políticos*. 1574: morte de Carlos IX. 1574-1589: Henrique III. Fuga de Henrique de Navarra e do duque de Alençon (Michelet, 1825:115).

Essa prudência não impede que tanto os constitucionais quanto os ultras atribuam ao ensino da história uma função política essencial, já que ele deve "fazer com que os alunos amem o governo monárquico sob o qual têm a felicidade de viver" (Conselho Real da Instrução Pública, outubro de 1820, apud Garcia e Leduc, 2003:42). Também nisso a monarquia de Julho marca uma ruptura. A concepção da história como mero complemento das humanidades é novamente questionada. A história não deve apenas esclarecer o aprendizado dos textos gregos e latinos, ela tem as suas próprias finalidades e se torna um ensinamento nacional. O programa de 1838, promulgado por Salvandy, efetiva essa inflexão nacional do ensino da história. A classe de *troisième* é consagrada à Idade Média; a *deuxième*, aos tempos modernos, de 1453 a 1789, e a de *première*, à história da França de 406 a 1798. "[As] lembranças gloriosas da antiga monarquia francesa nada ficam a dever às repúblicas de Atenas e de Roma, com as quais talvez sobrecarreguem vocês um pouco demais", declara, em 1838, Luís Felipe a alguns colegiais (apud Furet, 1979:116). Aumentou o número de professores especializados em história, corpo constituído em 1827, embora sua presença ainda permaneça limitada aos grandes liceus parisienses ou provincianos. A criação da diplomação em história em 1831 fortalece esse esboço de especialização. Victor Duruy, que publica em 1840 um dos primeiros manuais escolares de história realmente destinados aos alunos, é exemplar quanto a essa nova geração de professores (Gerbod, 1984). Ernest Lavisse é testemunha dessa inovação:

> Alfred Rambaud e eu pertencemos à primeira geração de leitores [dos livros de Duruy] e conhecemos os livros de antes, pequenas histórias elementares em que se viam os retratos dos reis de França desde Faramundo e perguntas e respostas como esta: "por que Felipe IV era chamado o Belo? Porque tinha um físico agradável". Estudamos em manuais espantosos, que os autores tratavam de rechear com o maior número possível de fatos. (…)
>
> Foi para nós uma alegria encontrarmos nos livros do sr. Duruy a clareza, um ritmo veloz, o discernimento do útil e do inútil, e, sobretudo, sentirmos nele um homem vivo e pensante, com a emoção da história (Lavisse, 1895a:164-166).

O NASCIMENTO DA HISTÓRIA CONTEMPORÂNEA

Enfim, elementos de história e de geografia da França adentram o ensino primário superior, instaurado pela Lei de 1833.

A política da memória levada adiante pela monarquia de Julho afeta também o patrimônio monumental. Em 1830, é criado o cargo de inspetor dos monumentos históricos. A partir de 1834, ele é confiado a Prosper Mérimée (Fermigier, 1986). Em 1837, o Ministério do Interior cria uma Comissão de Monumentos Históricos encarregada da salvaguarda dos monumentos e de sua restauração. Conta sobretudo com Viollet-le-Duc, encarregado especialmente dos edifícios diocesanos (Foucart, 1986). Em Paris, é fundado o Museu das Termas de Cluny, que acolhe coleções medievais. Também nesse campo a monarquia de Julho inova e imprime um ímpeto que não mais se desmentirá.

Se a originalidade dos anos 1830-1948 é a constituição de um sistema de pesquisa e de ensino da história nacional, tal preocupação não é exclusiva. Em 1838, a Escola das Línguas Orientais, criada em 1795, é reorganizada, e em 1846 é fundada a Escola Francesa de Atenas.

Vemos, pois, até que ponto o esforço de pesquisa, de registro e de conservação se torna uma preocupação de Estado. Ele é amplamente transmitido às iniciativas associativas ou individuais, quer no desenvolvimento de sociedades científicas, quer pelas escavações de amadores, retratadas de maneira tão saborosa em *Bouvard e Pécuchet* de Flaubert (1880). A história, "filha dileta" da monarquia de Julho (Furet, 1979), impôs-se como a disciplina que permite compreender a sociedade presente, passada e futura. O que não impede que os cursos de Mickewicz, Michelet e Quinet sejam suspensos em janeiro de 1848, como haviam sido os de Cousin e Guizot em 1822. O magistério reconhecido à história numa sociedade que se lê na história, como outras antes dela se haviam lido na Bíblia, torna-a uma disciplina sensível. Prova disso é a juventude que se acotovela nos cursos de Guizot na década de 1820, como, mais tarde, nos de Michelet, para aplaudir ou contestar os oradores. "O curso de Michelet é nosso grande campo de batalha", lembra Jules Vallès (1881:87), que descreve uma de suas aulas antes da segunda suspensão pelo governo em fevereiro de 1850.

O papel social que cabe à história implica uma mutação na maneira de escrevê-la e concebê-la. É o que está em jogo nos programas formulados nos 50 primeiros anos do século.

Qual história?

"Fez-se uma grande revolução, prepara-se uma grande revolução; a França deve recompor os seus anais, para os fazer acompanhar o progresso da inteligência" (Chateaubriand, 1831:7).

Levando-se em conta a importância atribuída à história, a renovação da historiografia é uma tarefa indispensável. Inaugurando uma postura que não cessará de se reproduzir, os novos historiadores formulam seu programa e, ao mesmo tempo, se entregam à crítica da historiografia anterior.

O processo da velha história: o programa da primeira parte do século XIX

A produção histórica erudita, embora desestabilizada pela dispersão das ordens religiosas e pela supressão das academias durante a Revolução, goza de algum apoio institucional: Volney (1757-1821) ensina no ano III (1795) na Escola Normal, e em seguida é nomeado para o Instituto Nacional das Ciências e Artes, Ciências Morais e Políticas; Anquetil (1723-1816), ex-membro da Academia das Inscrições, também se integra ao instituto; François Daunou (1761-1840) sucede a Armand Camus na chefia dos Arquivos (1804-1816), e em seguida leciona no Collège de France (1819-1830). Todos pretendem, em sentido diverso, é verdade, reatar com a tradição historiográfica, quer a da história filosófica (Volney), quer a da erudição (Daunou), quer, para Anquetil, a das histórias da França produzidas no século XVII (Mézeray) e no século XVIII (Velly).

> Uma vez que dispomos de histórias gerais que abarcam a primeira e a segunda idade (merovíngios e carolíngios) e se prolongam até a nossa, tudo está feito, dir-se-á. Não, não ouso pronunciá-lo; ainda resta aperfeiçoar, e esta é uma tarefa bastante longa e difícil.
>
> Por mais estimáveis que sejam as histórias gerais de que acabamos de falar, só podemos gabar-nos de ter uma história da França completa com o auxílio das histórias particulares. (…) Cabe-nos fazer duas coisas pela história: (…) continuar os trabalhos duros, mas felizes, dos que nos precederam no desenvolvimento da primeira idade e da Idade Média da história da França, e começar a desbastar as ruínas com que a ignorância armada cobriu os monumentos da nossa história moderna (Louis-Pierre Anquetil, 1796, apud Leterrier, 1997:18-19).

Até a década de 1820, a história na França permanece essencialmente a dos príncipes, de que os historiadores fazem retratos "psicológicos", não raro anacrônicos. Anquetil, que é tido como um dos seus mestres — Napoleão encomendou-lhe uma história da França —, situa-se em linha reta em relação a Mézeray e a Velly.

> Um e outro [Clóvis e Clotilde] unidos pelos sagrados laços do matrimônio, e ainda mais estreitamente pelo amor divino, viveram numa felicidade contínua, experimentando que

a verdadeira felicidade é um dom do céu (François Eudes de Mézeray, 1640, apud Ehrard e Palmade, 1965:127).

Childerico foi um príncipe de grandes aventuras. Era o homem mais bem apessoado do reino; tinha inteligência, coragem; mas, tendo nascido com um coração mole, entregava-se demais ao amor; esta foi a causa de sua perda (Paul Velly, 1755, apud Jullian, 1897:iv).

O primeiro ano de Childerico no trono foi o de um libertino audacioso que, zombando com igual independência tanto da honra do sexo como do descontentamento dos grandes, provocou contra si mesmo a indignação geral e se fez expulsar do trono (Louis-Pierre Anquetil, 1805, apud Jullian, 1897:xi).

Ante essa tradição que repercute as *Histórias universais* e outros *Sumários*, incansavelmente reeditados, que veicula um sem-número de mitos como o de Faramundo, o pretenso antepassado troiano dos reis de França (Beaune, 1985), a rejeição da geração de 1820 é total. Thierry formula a exigência de uma ruptura completa para que aconteça a "reforma histórica" por que anseia:

Já nos primeiros meses de 1820, eu havia começado a ler a grande coleção dos historiadores originais da França e das Gálias. À medida que avançava na leitura, à viva impressão de prazer que me causava a pintura contemporânea dos homens e das coisas da nossa velha história somava-se uma segunda reação de cólera contra os escritores modernos, que, longe de reproduzirem fielmente esse espetáculo, deturparam os fatos, desnaturaram os caracteres, impuseram a tudo uma cor falsa ou imprecisa. A minha indignação aumentava a cada nova comparação que eu fazia entre a verdadeira história da França, tal como a via cara a cara nos documentos originais, e as chãs compilações que haviam usurpado o seu título e propagavam pelo mundo e pelas escolas, como artigos de fé, os mais inconcebíveis equívocos. Curioso de levar a cabo o exame desse estranho contraste (...), eu abordava todas as questões, enumerava todos os erros e dava total liberdade ao meu pensamento, no vasto campo da erudição e da controvérsia histórica. Na serenidade de espírito com a qual eu percorria esse labirinto de dúvidas e de dificuldades, achei que acabava de encontrar a minha verdadeira vocação. Essa vocação que eu abraçava então com todo o entusiasmo da juventude era, não a de trazer isoladamente um pouco de verdade em algum canto mal conhecido da Idade Média, mas a de plantar, para a França do século XIX, a bandeira da reforma histórica. Reforma nos estudos, reforma na maneira de escrever a história, guerra aos escritores sem erudição que não souberam ver, e aos escritores sem imaginação que não souberam pintar; guerra a Mézeray, a Velly, a seus continuadores e discípulos; guerra, por fim, aos historiadores mais bajulados da escola filosófica, por causa de sua secura calculada e de sua desdenhosa ignorância das origens nacionais: tal foi o programa da minha primeira tentativa (Thierry, 1867:41).

Em contraposição ao ceticismo ostentado por Volney acerca dos meios de chegar a conhecimentos históricos certos, Thierry e os historiadores renovadores são animados pela convicção de que chegou a hora de elevar a história à condição de ciência. O sentimento de que o olhar lançado sobre a história é mais seguro, graças à experiência acumulada, e de que a ruptura que se produziu permite evitar cair no anacronismo, levando em conta a alteridade do passado, serve de esteio a essa certeza. Thierry e seus contemporâneos compartilham a mesma certeza acerca da capacidade da "personalidade moderna" de apreender melhor o passado do que todas as gerações anteriores.

> Cumpre admitir que, quanto às duas primeiras raças [merovíngios e carolíngios], Velly é por vezes ridículo; ele, porém, pintava ao estilo do seu tempo. Khlovig, em nossos anais de antes da Revolução, assemelha-se a Luís XIV; e Luís XIV, a Hugo Capeto. Tinha-se na cabeça uma grave monarquia, sempre a mesma, a caminhar resolutamente com três ordens e um parlamento de toga longa; daí essa monotonia das narrativas, essa uniformidade dos costumes, que torna insípida a leitura da nossa história geral. Os historiadores eram então homens de gabinete que jamais haviam visto os negócios ou lidado com eles (Chateaubriand, 1831:25-26).

Cada qual repete *ad nauseam* que a história nova deve fundamentar-se nas crônicas e nos documentos originais, e não nas compilações retomadas de autor em autor. "Esta história não é, como muitas outras, uma compilação feita com compilações" garante Jean-Charles de Sismondi em seu prefácio à *Histoire des Français* (1821). Dito isto, eles não imaginam que os textos conservados falem por si mesmos. Eles devem ser "esgotados" (Thierry). A história exige erudição.

> Mas será que há lugar para o novo nesse gênero? O fundo da história não foi descoberto há muito tempo? Não, sem dúvida. Sabemos atribuir a cada acontecimento uma data precisa; a arte de verificar as datas está mais ou menos descoberta; mas tal descoberta não foi capaz de banir completamente da história o falso. Em matéria de história, há mais de um tipo de inexatidão, e se o trabalho dos cronologistas já nos protege da falsidade material, é necessário um novo trabalho, uma nova arte, para afastar também a falsidade da cor e do caráter. Não cremos que só nos reste fazer julgamentos morais sobre os personagens e os acontecimentos

históricos; trata-se de saber se os homens e as coisas foram realmente tais como nos são apresentados; se a fisionomia que lhes atribuímos lhes pertence de verdade e não foi falsamente transposta do presente para o passado, ou de um grau recente do presente a outro grau mais antigo. Eis aí a dificuldade e o trabalho; eis aí os abismos da história, abismos algumas vezes despercebidos dos escritores frívolos e satisfeitos, sem proveito para eles, com os trabalhos obscuros de uma erudição que desdenham (Thierry, 1820, carta V, p. 51).

Nesse sentido, esses historiadores retomam a tradução erudita das congregações dos séculos XVII e XVIII. Atraídos à história pela paixão, alheios a uma tradição crítica cuja transmissão foi interrompida pela Revolução, eles a aprendem pela prática, ao decifrar os manuscritos. Cumpre "mudar a rota e voltar, *para nos tornarmos historiadores*, às fontes mesmas da história", escreve Thierry (1820, carta 1:11 — grifo nosso). O estudo dos textos é seu título de glória, é um autêntico sacerdócio. É à leitura contínua dos manuscritos que se atribui, então, a cegueira de Thierry. Sem poder valer-se da pertença a uma comunidade institucional, cada historiador se apressa em indicar os lugares que frequentou como garantias da veracidade do seu discurso. "Galerias glaciais" da Biblioteca Nacional, bibliotecas do Arsenal, de Sainte-Geneviève ou do Instituto, às quais acorre, uma após outra, Augustin Thierry, e das quais às vezes obtém que fiquem abertas por mais tempo. Arquivos em que Michelet absorve "a poeira do tempo" até tornar-se "um familiar desse estranho mundo" e perceber os murmúrios dos mortos que se deixam ouvir por aquele que dedica a vida ao estudo desses papéis. Lugares da história, lugares para a história, cuja frequentação inicia o historiador na decifração do passado, verdadeiros retiros onde se mede e confirma a solidez da vocação. Lugares milagrosos, enfim, onde a história se revela e onde, ao fim da ascese representada pelo estudo dos textos, os mortos aparecem ao historiador.

> Nessa espécie de êxtase que me absorvia interiormente, enquanto a minha mão folheava o livro ou tomava notas, eu não tinha nenhuma consciência do que se passava ao meu redor. A mesa a que estava sentado enchia-se e esvaziava-se de trabalhadores; os funcionários da biblioteca ou os curiosos iam e vinham pela sala; eu nada ouvia, nada via; via apenas as aparições evocadas em mim pela minha leitura (Thierry, 1867:319).

Assim, esses historiadores não apenas retomam e prolongam a tradição crítica ilustrada por Mabillon, eles a integram numa perspectiva nova, que não só estabelece os fatos, mas também os interpreta. Para explicar em que consiste o novo olhar do historiador,

Prosper de Barante explica que não basta seguir à letra as memórias originais. O historiador enriquece-as de seu ponto de vista, pois "é preciso estar fora do quadro para saber bem quais são os seus pontos salientes e característicos" (Barante, 1824, apud Gauchet, 2003:89). No meio da batalha, como Fabrice em Waterloo, nada se distingue: "o soldado que faz a narrativa de um combate será bem capaz de dizer o que se passou diante dos seus olhos. [Mas] ele combateu o que havia à sua frente e não viu, nem compreendeu o objetivo de tudo o que se fazia". "Será que somos", pergunta ele, "tão contrários aos antigos, que consideravam que só a narrativa das testemunhas oculares e ativas merecia o nome de história?" A resposta é afirmativa: impõe-se um novo modelo de conhecimento histórico. A valorização das fontes e do olhar lançado sobre elas pela perícia historiadora constitui uma autêntica ruptura epistemológica (Walch, 1988).

Uma perspectiva renovada

A mudança preconizada não se limita ao recurso às fontes originais, de que Barante dá o exemplo em *L'histoire des ducs de Bourgogne de la maison de Valois, 1364-1477* (1824), baseando-se em Commynes e Froissard, como Thierry em Gregório de Tours (1840). Manifesta-se também por um deslocamento dos centros de interesse. Os historiadores ambicionam, então, escrever uma história vista de baixo, uma história total, que abarque todos os aspectos da sociedade de que tratam, e que seja, segundo o desejo de Chateaubriand, uma enciclopédia, e não mais apenas a crônica das peripécias dinásticas e das intrigas de corte.

> Antes da revolução, só se interrogavam os manuscritos relativamente aos sacerdotes, aos nobres e aos reis. Nós só investigamos o que diz respeito aos povos e às transformações sociais: ora, isto permaneceu sepultado nas cartas (Chateaubriand, 1831:27).

Cumpre, pois, que a história revele o povo antes oculto sob "os mantos da corte" (Thierry, 1820:10), que ela ponha em evidência os mais humildes, os obscuros, os esquecidos, e estabeleça a genealogia de todas as famílias da França, em vez de só se interessar pela das velhas famílias reinantes. Exprime-se tal convicção de maneira recorrente nos prefácios e nos textos metodológicos. Ela assume a forma de uma constatação que logo se torna um lugar-comum — "não temos ainda uma história da França" — que fundamenta e marca o horizonte de cada empreendimento, de Thierry a Michelet. Para os historiadores do século XIX, a história total é uma história nacional. Michelet leva tal lógica a seu termo quando, para caracterizar sua *Histoire de France*, em 1869, ressalta a sua pró-

O NASCIMENTO DA HISTÓRIA CONTEMPORÂNEA

pria grandeza de perspectiva. "Ninguém havia penetrado no pormenor infinitesimal dos desenvolvimentos de sua atividade (religiosa, econômica, artística etc.). Ninguém havia ainda abrangido [na França] com o olhar a unidade viva dos elementos naturais e geográficos que a constituíram. Fui o primeiro a vê-la como uma alma e como uma pessoa" (Michelet, 1869:11).

Ora, como devolver a cor aos tempos passados? Como escrever uma história que não se reduza à enfadonha enumeração dos altos feitos? A resposta é mais uma vez quase unânime: o historiador deve valer-se dos recursos da narrativa.

A referência onipresente a Walter Scott, saudado por Thierry como "o maior mestre que jamais houve em matéria de adivinhação histórica", basta para mostrar o estatuto ocupado na época pela literatura, segundo esses historiadores.

> Um homem genial, Walter Scott, acaba de apresentar uma visão real desses acontecimentos [a conquista da Inglaterra e suas consequências], tão desfigurados pela fraseologia moderna; e, coisa singular, mas que não surpreende os que leram as suas obras precedentes, foi num romance que ele tratou de esclarecer esse grande ponto de história e de apresentar viva e nua essa conquista normanda que os narradores filósofos do século passado, mais falsos do que os cronistas iletrados da idade média, igualmente sepultaram sob as fórmulas banais de *sucessões*, de *governo*, de *medida de Estado*, de *conspirações reprimidas*, de *poder* e de *submissão social* (Thierry, 1834:407).

A atração exercida por Walter Scott e suas obras sobre Thierry e essa geração de historiadores reside na capacidade que o romancista tem de fazer com que os seus personagens fictícios, os heróis da sua fábula, não obstante a distância dos tempos, pareçam vivos e "sirvam para tornar ainda mais impressionante a grande cena política, (...) o teatro real e verdadeiramente histórico". A ficção e as técnicas romanescas devem, portanto, ser postas a serviço da verdade, para melhor captá-la. O historiador, como o romancista, deve ser dotado de uma "*segunda visão*" para dar vida ao passado, mas esta se funda num trabalho "minucioso (...) pois só o verdadeiro pode devolver-lhe o sal e o interesse" (Thierry, 1820:519). É o programa adotado por Thierry.

> Eu queria pôr em prática o que acabava de aconselhar e tentar, assumindo todos os riscos, a experiência da minha teoria: numa palavra, eu tinha a ambição de fazer ao mesmo tempo arte e ciência, ser dramático com o auxílio dos materiais fornecidos por uma erudição sincera e escrupulosa (Thierry, 1867:319).

Essa preocupação não se refere apenas ao estilo, como poderia parecer pela vontade expressa de produzir simultaneamente arte e ciência. De fato, os dois termos são indissociáveis. A arte, o combate com as palavras, as páginas rasuradas, eliminadas, esse trabalho executado "dez horas por dia", conta Thierry, e que ele descreve como uma obra de Penélope, a cada dia feito e desfeito, tem um valor heurístico. Só ele permite responder ao desafio que o historiador se impôs de "pintar os homens de outrora com a fisionomia de seu tempo, mas falando eu a linguagem do meu tempo" (1867b:321). A escrita, então, que, como para Michelet, é um parto doloroso e incerto, se torna em si mesma, baseada nos textos originais, uma técnica de exploração do passado, a única que permite abolir o tempo, exumar o passado que a velha história sepultava sob seus clichês anacrônicos. A escrita não é só, portanto, um meio de expor agradavelmente as informações extraídas dos velhos manuscritos; é um método de conhecimento. Quanto ao aspecto dramático, para Thierry ele não é de modo algum acrescentado artificialmente. O drama é a verdade da história, no sentido de que cada personagem, à imagem do herói de Walter Scott, se torna exemplar de uma classe, de uma atitude, de uma situação que o ultrapassa e que participa do movimento da história. O drama é a história narrada, pois a narração esclarece o sentido da história e põe sob sua luz a grande intriga que a anima: a luta das raças e a afirmação progressiva do Terceiro Estado.

Os *Récits des temps mérovingiens* (1840) oferecem um exemplo da maneira como Thierry se serve da narrativa. São numerosas as descrições que tentam fazer reviver a época. Elementos pictóricos e nomes próximos da linguagem então em uso, tanto para os personagens — Merowig em vez de Mérovée (Meroveu), nome cujo signficado, recorda Thierry, é "eminente guerreiro" — quanto para os títulos (*rex francorum* traduz rei dos francos, como é justo, e não mais rei dos franceses), reforçam o seu exotismo e o seu encanto.

> Compunham-se os batalhões de escol da população franca menos civilizada e menos cristã, a que habitava junto ao Reno; e o grosso das tropas era uma horda de bárbaros no sentido mais forte da palavra. Eram daquelas figuras estranhas que haviam percorrido a Gália no tempo de Átila e de Chlodowig (Clóvis) e que só se encontravam ainda nas histórias populares; daqueles guerreiros de bigodes pendentes e de cabelos puxados para cima em penacho que lançavam a machadinha no rosto do inimigo ou os arpoavam com a lança de ganchos (Thierry, 1840:78).

Como a sua ambição era produzir uma história total, Thierry torna-se pintor das mentalidades. Mostra-se atento às crenças e tenta recolocar no universo mental dos me-

O NASCIMENTO DA HISTÓRIA CONTEMPORÂNEA

rovíngios os inúmeros milagres descritos nas crônicas. A narrativa da fuga de Modestus é exemplar quanto a essa atitude e quanto à vontade de, ao mesmo tempo em que conserva certa distância das fontes, não identificar, em nome da ciência, as convicções religiosas e as meras superstições.

> Por volta da meia-noite, adormeceram os dois soldados que o vigiavam, e logo ele começou a rezar com todo o fervor da alma, pedindo a Deus que o assistisse na desgraça e o libertasse pela presença junto a ele dos santos bispos Martinho e Medardo. A oração foi seguida de um desses fatos estranhos, mas comprovados, em que a crença dos velhos tempos via milagres, e que a ciência de hoje tentou explicar atribuindo-os ao estado de êxtase. Talvez a íntima convicção de ter sido ouvido proporcionou de repente ao prisioneiro um aumento extraordinário de força e de agilidade; talvez não houve em sua libertação nada mais do que uma série de acasos felizes; mas, nas palavras de uma testemunha, ele conseguiu romper os ferros, abrir a porta e fugir. O bispo Gregório, que aquela noite velava na basílica de Saint-Médard, viu-o entrar, para sua grande surpresa, e lhe pedir, em pranto, a bênção (Thierry, 1840:232).

Thierry tenta, porém, precaver-se da acusação de ceder à tentação romanesca. O autor, o historiador leitor das fontes, manifesta não raro a sua presença. Comenta e explica aquilo sobre o qual se baseia a narração. "Não sabemos", "provavelmente" marcam o limite da sua documentação. Quando esta falta, ele formula, em virtude da frequentação dos documentos, uma hipótese verossímil.

> A ata dessa doação perpétua e irrevogável logo foi redigida em língua latina; ela não chegou até nós; mas podemos reproduzir até certo ponto o seu teor, segundo as fórmulas consagradas e o estilo usados nos outros monumentos da época carolíngia (Thierry, 1840:54).

Numerosas citações de documentos ou de narrativas antigas dão crédito ao seu texto. A vontade de narrar uma narrativa, ao mesmo tempo em que dota a história de uma forma própria, coloca o discurso histórico em tensão entre a arte e a ciência. Às vezes o historiador-narrador se insinua, à maneira de um romancista, no foro íntimo de um dos indivíduos que ele põe em cena. Mas as suas narrações pretendem não ser apenas uma história de aventuras. Ao cabo de seu desenvolvimento, Thierry dá aos destinos dos personagens um alcance geral, que tem o valor, não de moral, mas de ensinamento histórico. Por meio deles ou das situações que descreve, ele mostra tipos.

44   As correntes históricas na França

Outros pontos de controvérsia histórica terão sido, pelo menos é o que espero, excluídos de todo debate sério pelas narrativas que precedem. Embora cheios de pormenores e de traços essencialmente individuais, todas essas narrativas têm um sentido geral, fácil de exprimir para cada um deles. A história do bispo Praetextatus é o quadro de um concílio galo-franco; a do jovem Merowig mostra a vida de proscrito e o interior dos asilos religiosos; a de Galeswinthe pinta a vida conjugal e os costumes domésticos nos palácios merovíngios; enfim, a do assassínio de Sighebert apresenta, em sua origem, a hostilidade cada vez mais nacional entre a Austrásia e a Nêustria (Thierry, 1840:311).

O historiador Édipo

Michelet, com sua personalidade e sensibilidade próprias, leva ao apogeu essa teoria da narrativa, dando ao historiador todo espaço, como autor, mediador, piloto entre os tempos e gerações. Ele lhe atribui uma função ligada ao sagrado: garantir o repouso dos mortos, fazendo-lhes justiça, permitindo-lhes escapar do olvido e dando sentido às suas vidas. A história torna-se magistratura da memória; o historiador, "o administrador dos bens dos falecidos" (1872 apud Barthes, 1954:80; Cabanel, 2003).

Nascido em Paris no ano de 1797, em ambiente modesto — seu pai, impressor republicano, arruinou-se com as restrições impostas à indústria editorial por Napoleão I —, Jules Michelet diplomou-se em letras em 1821. Ocupa, então, diversos postos no ensino. Para compensar a mediocridade das rendas, redige diversos manuais de 1825 a 1833. Ao mesmo tempo, ele se interessa pela filosofia da história, traduz e comenta Vico (1827). É como mestre de conferências de filosofia e de história que é nomeado para a École Normale em 1827. A despeito de suas esperanças, cabe-lhe o ensino da história. Em 1830, Michelet rompe com a atitude prudente que adotara durante a Restauração. Toma o partido da Revolução de Julho, que o nomeia para a chefia da seção histórica dos Arquivos. Esse cargo permite-lhe aprofundar o trabalho, e ele se lança à redação da *Histoire de France*, cujos últimos tomos são publicados em 1869. Reconhecido, substitui Guizot na Sorbonne, antes de ser eleito, em 1838, para o Collège de France. Em seguida, Michelet afasta-se da monarquia de Julho. Em 1845, pede demissão, ao mesmo tempo que Quinet, do Collège de France. Interrompe o fio cronológico da *Histoire de France* em 1846, para se consagrar a uma *Histoire de la Révolution Française* (1847-1853). Em janeiro de 1848, é suspenso o seu curso na Sorbonne, considerado ocasião de manifestações de hostilidade ao regime. Michelet apoia a revolução de fevereiro. É tal a sua popularidade nos ambientes democráticos, que aparece por um momento na lista dos membros do governo pro-

O NASCIMENTO DA HISTÓRIA CONTEMPORÂNEA

visório. Mas não pode admitir a evolução conservadora da segunda República. Do alto da cátedra, ataca os jesuítas e os clericais. Em 1850, é de novo suspenso e em seguida, em 1852, destituído. Recusando-se a prestar juramento ao imperador, tem de afastar-se dos Arquivos. Despojado da docência, continua a exercer o magistério, com seus numerosos livros. Consagra o fim da sua vida a escrever uma história do século XIX.

Como para todos os novos historiadores do século XIX, o recurso aos documentos originais é constitutivo da prática historiadora de Michelet. Auxiliado, contudo, por sua posição nos Arquivos e pelo trabalho de classificação e de publicação inaugurado pela monarquia de Julho, ele inova e introduz o arquivo no centro do trabalho do historiador. Diante de seus detratores, ele gosta de lembrar que tem o apoio de peças inéditas. Entrega-se até à descrição material de tais documentos. É exemplar a dos requerimentos enviados a Paris para a festa da federação de 1790:

> Encontrei tudo isto, inteiro, ardente como ontem, ao cabo de 60 anos, quando, recentemente, abro estes papéis que pouca gente havia lido. Ao abri-los pela primeira vez, fui tomado de respeito; senti uma coisa singular, única, sobre a qual não podemos enganar-nos. Estas narrativas entusiastas dirigidas à pátria (que a Assembleia representava) são cartas de amor. (…) Muito se preocuparam com o pormenor material; nenhuma caligrafia era boa o bastante, nenhum papel era magnífico o bastante, sem falar das suntuosas fitinhas tricolores que uniam os fascículos (Michelet, 1847:326).

Este trecho, muito comentado (Rancière, 1992), é capital. Por que, com efeito, deter-se na materialidade do arquivo? Sem dúvida, para dar crédito à narrativa, provar que ela provém de pesquisas ainda pouco ordinárias e que, baseando-se em peças autênticas que "pouca gente leu", renova a história do episódio. Mas tal motivo não esgota a questão. A descrição do documento equivale à interpretação. No caso, ela substitui a palavra consignada, da qual Michelet diz ao leitor que é estereotipada como a do rapaz que, para declarar sua paixão, não tem outra escolha senão "usar as palavras dos romances". O aspecto do documento, o cuidado dispensado na sua confecção exprimem melhor, segundo Michelet, que as próprias palavras, a verdade do arquivo. Ele se impregna dessa verdade até sentir o odor da época em que os requerimentos foram redigidos. "Estas atas de comunas rurais são flores selvagens que parecem ter brotado no seio das messes. Nelas respiramos os fortes e vivificantes odores do campo, nesse belo momento de fecundidade. Passeamos em meio ao trigo maduro" (1847:329). Ao contato dos arquivos, Michelet sente o passado, o rastro torna-se relíquia. "A poeira dos tempos permanece. É bom respirar, ir, vir, através destes papéis, destas pastas, destes registros. Eles não são mudos, e tudo isto não está tão morto como parece" (1868:45).

Sob muitos aspectos, Michelet eleva a prática historiadora dos arquivos, que ele em boa medida inaugura, à condição de experiência mística. Àquele que consagra a vida a tirá-los do esquecimento, os mortos se mostram e falam. Num texto notável da *Histoire de France*, ele desenvolve este diálogo com os mortos. Sob a sua pluma, as galerias dos Arquivos Nacionais borbulham de vida.

> Para mim, quando entrei pela primeira vez nessas catacumbas manuscritas [os Arquivos Nacionais], nessa necrópole dos monumentos nacionais, (...) não demorei para perceber no silêncio aparente das galerias que havia um movimento, um murmúrio que não era de morte. Aqueles papéis, aqueles pergaminhos deixados ali há muito tempo só queriam voltar à luz do dia. Aqueles papéis não são papéis, mas vidas de homens do interior, de povos. Primeiro as famílias e os feudos de brasão, em sua poeira, reclamavam do esquecimento. As províncias rebelavam-se, alegando que injustamente a centralização acreditara aniquilá-las. As ordenações dos nossos reis pretendiam não terem sido canceladas pela multidão de leis modernas. Se quiséssemos escutar a todos, como dizia aquele coveiro no campo de batalha, não haveria mais nenhum morto. Todos viviam e falavam, cercavam o autor de um exército de cem línguas que fazia rudemente calar-se à grande voz da República e do Império.
>
> Devagar, senhores mortos, vamos com ordem, por obséquio. Todos vocês têm direito à história, o individual é belo como individual, o geral como geral. O feudo tem razão, a monarquia ainda mais, e ainda mais a República!... (...)
>
> E à medida que eu soprava a sua poeira, via-os erguerem-se. Levantavam do sepulcro, um a mão, outro a cabeça, como no juízo final de Michelangelo, ou na Dança dos Mortos. Tentei reproduzir neste livro essa dança galvânica que eles faziam ao meu redor (Michelet, 1833:613-614).

A história, para Michelet, como ressaltou Roland Barthes, está ligada à obra da justiça, o escrever equivale a quitar uma dívida contraída para com os mortos, é um dever imperioso. "Aceitamos a morte por uma linha que escrevas!", exclamam-lhe estes (1869:24). O historiador é investido de uma magistratura social e sagrada. Ao seu *Diário* Michelet confia, em 1842, que o historiador é o Édipo que "explica [aos mortos] seu próprio enigma, cujo sentido eles não captaram, que lhes [ensina] o que queriam dizer suas palavras, seus atos, que eles não compreenderam" (apud Monod, 1923, v. 2, p. 73). É essa

O NASCIMENTO DA HISTÓRIA CONTEMPORÂNEA

palavra que, por fim, os tranquiliza e lhes permite repousar. Da instauração da ordem nesse reino de sombras depende a quietude do reino dos vivos.

Assim absorvido pela história, Michelet a "ressuscita". Faz dela o seu programa, ostenta a vontade de operar uma *"ressurreição da vida integral"*. Aos que o acusam de envolver-se muito na escrita da história, de não se manter suficientemente a distância, ele responde:

> Minha vida aconteceu neste livro, ela nele transcorreu. Ele é o meu único acontecimento. Mas esta identidade do livro e do autor não implica um perigo? Não é a obra colorida pelos sentimentos do tempo, daquele que a fez?
>
> É o que vemos sempre. Não há retrato tão exato, tão conforme com o modelo, que o artista nele não ponha algo de si. Nossos mestres de história não escaparam a esta lei. (…) Thierry, ao nos narrar Klodowig, Guilherme e a sua conquista, tem o fôlego interior, a emoção da França invadida recentemente, e sua oposição ao reinado que parecia ser estrangeiro.
>
> Se isto é um defeito, cumpre admitir que ele nos presta muitos serviços. O historiador que não o tem, que pretende apagar-se ao escrever, não existir, seguir por trás a crônica contemporânea (como Barante fez com Froissard) não é de modo algum um historiador. O velho cronista, muito encantador, é absolutamente incapaz de dizer ao seu pobre criado que o segue em seus calcanhares o que é o grande, o sombrio, o terrível século XIV. Para sabê-lo, são necessárias todas as nossas forças de análise e de erudição, é necessário muito engenho, que penetre os mistérios inacessíveis ao contador. Que engenho, que meio? A personalidade moderna, tão poderosa e tão magnificada.
>
> Ao penetrar cada vez mais o objeto, nós o amamos, e a partir daí o olhamos com um interesse crescente. O coração emocionado à segunda vista vê mil coisas invisíveis ao povo indiferente. A história e o historiador misturam-se neste olhar. Será um bem? Um mal? Ali se opera algo que não foi descrito e que devemos revelar:
>
> É que a história, no progresso do tempo, faz muito mais o historiador do que é feita por ele. Meu livro criou-me. Sou eu a sua obra. Este filho fez o seu pai. Se primeiro ele saiu de mim, de minha tempestade (ainda turva) de juventude, ele me devolveu muito mais sob forma de força e de luz, e até de calor fecundo, de potência real de ressuscitar o passado. Se nos parecemos, muito bem. Os traços que ele tem de mim são em grande parte os que eu lhe devia, que dele recebi (Michelet, 1869:13-14).

O historiador é, assim, colocado no centro da "operação historiográfica" (Certeau, 1974). Saturado com a leitura dos arquivos, impregnado das imagens do tempo, imerso nos arquivos, ele não é o diretor teatral da história que conta, ele perde o domínio sobre ela. Ele inverte a relação tradicional do criador com a sua obra: "este filho fez este pai". É a história mesma, o povo das sombras que fala com a sua voz. Não só o trabalho histórico educa o historiador, mas o transforma. Ele teoriza essa postura. "Na verdade (...) eu não era *autor*. Estava a cem léguas de pensar no público, no sucesso; eu amava, e isto é tudo. Ia para lá e para cá, irritado e ávido; aspirava, escrevia esta alma trágica do passado" (1858:45). Isto não significa que o historiador nada mais faça do que relatar o que colheu nos arquivos. Ao contrário, o papel dele é essencial, pois deve dar sentido aos destinos humanos que, sem ele, permaneceriam sem coerência, absurdos. Por isso Michelet o situa na intersecção dos dois mundos, convocado a "*viver* a morte" (Barthes, 1954). A escrita da história é perpétuo dilaceramento, é preciso, para ser bem-sucedido, ter, como ele, o "dom das lágrimas" (1869:17) e o gosto pela morte, que ele chama de "bela doença"; confessa que ela se manifestava muito precocemente em sua vida, durante as suas visitas ao cemitério de Père Lachaise ou ao Museu dos Monumentos Franceses.

Michelet vive no ritmo de sua narrativa e dos episódios que relata. Está nas nuvens quando evoca a festa da federação, deprimido quando o Terror avança. Em dezembro de 1852, só abre o diário para escrever: "completamente absorto e sem respirar pelo nó mesmo do livro: novembro de 1993, a tentativa religiosa e o papado de Robespierre". Vive, como ele mesmo diz, "fora do tempo".

> Pouco a pouco, saio do inferno e me acostumo à luz, mas os meus olhos estão tão habituados às trevas da região sombria, que recuam. Vocês não podem imaginar a irritação com que sempre tornava a cair nesta dor. No momento em que precisei passar violentamente para a luz, ou seja, para a batalha de Valmy, sofri cansaço quase igual para voltar à luz e à alegria (junho de 1849, carta a Alfred, apud Viallaneix, 1998:347).

A frase "minha vida aconteceu neste livro, transcorreu nele" não é uma metáfora. A escrita da história absorve a sua vida. "Robespierre come a minha medula e os meus ossos", escreve ao filho. Ela o deixa mais de uma vez à beira da exaustão, presa de "enxaquecas históricas" (Barthes, 1954:21), de náuseas que o afastam da mesa de trabalho. "Bebi demais o sangue dos mortos", confessa ele. Sua narrativa conta esse sofrimento e tenta restituir a sua percepção do episódio até em sua decupagem.

> Há ali os gritos infernais e as vozes heroicas; pouco importa, o tumulto é terrível. Para reproduzi-lo, seria necessária uma voz de ferro, o mais agudo timbre de aço. Ignoro absolutamente

O NASCIMENTO DA HISTÓRIA CONTEMPORÂNEA

os instrumentos novos que preciso inventar para dar a ouvir algo desta sinfonia diabólica e divina. Já comecei mudando o ritmo da minha história. Não são mais grandes capítulos; são pequenas seções, apertadas, lançadas uma contra a outra. A prodigiosa aceleração do pulso é o fenômeno dominante do Terror (carta de 2 de julho de 1852 a Noel, apud Viallaneix, 1998:377).

Essa característica não se limita à história da Revolução Francesa. A história de Michelet está sempre sendo reescrita, tão ligadas estão as suas interpretações à sua vida e à sua própria evolução. Sua obra assume às vezes a forma de autobiografia, em conformidade com a sua vontade de "biografar a história, como de um homem, como de mim". Assim distingue Jacques Le Goff quatro Idades Médias em Michelet (Le Goff, 1974). Uma "bela" Idade Média, de 1833 a 1844, idade da fé, que coincide com o nascimento da nação, com a infância da França. Uma Idade Média sombria, pintada no prefácio da edição de 1855, que introduz um texto retocado: é doravante um período de trevas, lido sob a perspectiva do Renascimento, em que a Igreja, com a qual Michelet rompeu, é julgada com severidade. Uma Idade Média luciferiana, que ganha forma na *Feiticeira* (1862), em que a liberdade e a ciência encontram refúgio na mulher perseguida pela instituição eclesiástica. E por fim uma Idade Média mais serena, novamente marcada com o sinal da infância.

A fé contra a Igreja, como a Revolução contra os jacobinos, nada ilustra melhor esse antagonismo estruturante da obra de Michelet do que o retrato que ele faz de Joana d'Arc (que ele grafa Jeanne Darc, para dissipar qualquer equívoco sobre a sua origem plebeia). Baseado nas crônicas e nas atas do processo, o historiador consagra-lhe o livro X da *Histoire de France*. Inicialmente, ele não usa as visões da heroína como o elemento central de sua narrativa, não que duvide da fé de Joana ou ostente uma distância irônica em relação a ela, como Voltaire, mas essa fé ele a transfigura numa religião maior: a da pátria: "nela se manifestaram ao mesmo tempo a Virgem... e já a Pátria" (1841:120). Se a revelação de Joana d'Arc assume a forma de uma mensagem cristã, é porque se trata da única forma disponível, na época, para dizer a França. Pois é a aventura maravilhosa de uma francesa que ele conta, "uma alemã, uma inglesa jamais se haveria arriscado tanto" (ibid., p. 67). Joana d'Arc associa dois temas centrais na obra de Michelet: o povo e a mulher.

Joana d'Arc é humilde e simples, ainda quase uma criança, uma filha do povo. Não se cansa de se chocar contra os grandes e os eclesiásticos, sempre prontos para suspeitar dela e que finalmente, em favor dos Armagnacs, a abandonam e, em favor dos borguinhões, aliados dos ingleses, a matam. Só o povo a reconhece e lhe é fiel, porque em definitivo só ele tem o senso da pátria.

Mulher, ela encarna, aos olhos de Michelet, a sensibilidade, a caridade, a ternura. É o mistério renovado da vida que o fascinou durante toda a existência, até por seu ritmo periódico.

O salvador da França tinha de ser uma mulher. A própria França era mulher. Tinha dela a mobilidade, mas também a amável doçura, a piedade fácil e encantadora, a excelência pelo menos do primeiro impulso. Mesmo quando se comprazia nas vãs elegâncias e nos refinamentos externos, permanecia, no fundo, próxima à natureza (Michelet, 1841:121).

Por meio do personagem de Joana d'Arc, Michelet efetua uma transferência de sacralidade do cristianismo para a nação, cujo vigário é o povo, lento movimento que desemboca na grande cena das federações de 1790, que funda a nova religião.

Quer isto dizer que a prosa de Michelet pode confundir-se com a de um romancista? Ele se defendeu contra isso com veemência durante toda a vida. A Taine, que publica uma resenha em que elogia o seu estilo, Michelet envia a seguinte carta:

Você me enche de elogios como *escritor*, e o seu artigo é muito sólido e muito sério, salvo por ser parcial em certo sentido.

Novato na crítica, você ainda ignora que esse nome de *poeta* que me adjudica é justamente a acusação com que imaginaram destruir o historiador. Essa palavra respondeu a tudo.

Por mais que eu tenha dado à história uma base séria e positiva num sem-número de pontos. Exemplos: a história do banco (em meu livro *A Reforma*), o orçamento de Felipe (nas guerras de Religião etc.). A eleição de Carlos V, tratada politicamente por Mignet, foi tratada por mim *financeiramente*, ou seja, na verdade.

Nem por isso deixaram de escrever em toda parte que eu era um historiador de *feliz imaginação* (Carta a Taine, cerca de 1855, apud Barthes, 1954:79).

Novamente, no prefácio de 1869, ele rejeita a qualificação de escritor e sustenta que "o *método histórico* é muitas vezes o oposto da *arte propriamente literária*". O artista busca "efeitos" onde o historiador busca apenas "explicar", pois esta é a sua missão específica. A preocupação do escritor é surpreender o leitor; a do historiador é fazer "justiça". Explica sua indulgência inicial para com a Idade Média pelo fato de ser na época "bem mais artista e escritor, do que historiador".

O NASCIMENTO DA HISTÓRIA CONTEMPORÂNEA

Mas o século XIX não se limita a esse enfrentamento entre história e literatura e à vontade dos historiadores de valer-se da narrativa e de pensar suas relações pessoais com a história, ao mesmo tempo em que afirmam a especificidade de sua abordagem. A originalidade dessa história está ligada também ao lugar reservado a um segundo recurso que alimenta e marca em igual medida o discurso da história: a filosofia.

A filosofia como recurso

A escola histórica moderna divide-se em dois sistemas principais: no primeiro, a história deve ser escrita sem reflexão; deve consistir na simples narração dos acontecimentos e na pintura dos costumes; deve apresentar um quadro ingênuo, variado, repleto de episódios, dando a cada leitor, segundo a natureza de seu espírito, a liberdade de tirar as consequências dos princípios e de extrair das verdades particulares as verdades gerais. É o que chamamos história *descritiva*, por oposição à história *filosófica* do século passado.

No segundo sistema, cumpre narrar os fatos gerais, suprimindo parte dos pormenores, substituir a história do indivíduo pela história da espécie, permanecer impassível diante do vício e da virtude, como diante das mais trágicas catástrofes. É a história *fatalista* ou o *fatalismo* aplicado à história.

O segundo sistema da história moderna tem seu lado de verdade, como o primeiro. É certo que hoje não podemos omitir a história da *espécie*; que há realmente revoluções inevitáveis, porque se deram nos espíritos antes de se realizarem exteriormente; que a história da *humanidade*, da sociedade *geral*, da civilização *universal* não deve ser mascarada pela história da *individualidade social*, pelos eventos *particulares* a um século ou a um país. A perfeição seria unir os três sistemas: a história filosófica, a história particular e a história geral (Chateaubriand, 1831:28-30).

Esse texto dá conta do questionamento maior que perpassa o século XIX historiador: como aliar a preocupação com a erudição, a vontade de dar vida à história e a de compreender o seu movimento? Desse ponto de vista, há realmente uma tentativa "de unificação do campo histórico" (Gauchet, 2003) que dá esteio à ambição de produzir uma história total, ou seja, uma história que liga o conjunto das dimensões sociais, pois, como afirma Michelet, "tudo influi em tudo" e, portanto, nenhum elemento pode ser isolado.

Esta última assume, segundo cada um dos autores, uma forma diferente. Em Thierry, ela se traduz pela adoção da luta como princípio motor da história e pela vontade, ao término das narrativas em que os indivíduos desempenham um papel importante, de se elevar ao coletivo e de definir tipos. Guizot adota, por seu lado, o objetivo de estudar não só os fenômenos materiais e visíveis, mas também dar espaço aos "fatos morais, ocultos, que nem por isso são menos reais", aos fatos gerais, aos quais é impossível atribuir uma data precisa e não podem ser excluídos da "história sem mutilá-la" (Guizot, 1828:58). Ele dá como exemplo seus desenvolvimentos acerca da mentalidade burguesa ou da luta de classes. "O que costumamos chamar de parte filosófica da história, as relações entre acontecimentos, o laço que os une, suas causas e seus resultados, são fatos, é história, tanto quanto as narrativas de batalhas e dos eventos visíveis" (p. 58). A história deve, pois, para ser ela mesma, incorporar o que antes era da alçada só das preocupações da filosofia. Essa vontade de compreensão global do movimento da história não está menos presente em Quinet ou em Michelet, que dão os seus primeiros passos com a publicação das traduções de filósofos da história, Herder por Quinet e Vico por Michelet. Este último se esteia numa visão orgânica da sociedade que pressupõe a solidariedade do todo. Assim, o seu interesse pela natureza, que o leva a publicar sucessivamente *L'oiseau* (1856), *L'insecte* (1857), *La mer* (1861) e *La montagne* (1868), assim como a atenção que ele presta aos trabalhos dos biólogos ou dos químicos, em especial os de Marcelin Berthelot ou de Feliz-Archimède Pouchet (que defende a ideia da geração espontânea contra Pasteur), não são anedóticos em comparação com a sua obra histórica; ele alimenta com isso a sua concepção da sociedade e do seu vir a ser.

O debate teórico que divide os historiadores dessa primeira parte do século XIX não é, pois, a oposição entre a história e a filosofia, uma vez que esta não é mais um ensinamento moral desistoricizado, à maneira do século XVIII ou de um sistema teológico à maneira de Bossuet. É o debate entre contingência e liberdade, determinismo (fatalismo) e ação criadora, uma discussão de base claramente filosófica.

O mestre do determinismo histórico é Victor Cousin, que introduz na França — sem chamá-la pelo nome e adaptando-a — a filosofia da história de Hegel, a quem conheceu em 1817 e de cujos cursos recebeu comunicação durante a sua estada em Berlim, em 1824/1825. Dele recebe a inspiração para a sua *Introduction à la philosophie de l'histoire*. Segundo Cousin (1991:216), a história obedece a um desenvolvimento necessário: "a humanidade jamais volta atrás". Em seus cursos de 1828, propõe um sistema de inteligibilidade completa da história. A história da humanidade divide-se em três épocas, que correspondem a etapas do desenvolvimento espiritual e se desenrolam em três teatros geográficos sucessivos. "Têm os lugares também as suas leis, e quando um lugar tem determinado caráter, traz consigo irresistivelmente determinado desenvolvimento humano, ou, para me exprimir mais exatamente, coincide necessariamente com determinado desenvolvimento humano" (p. 215). Os grandes homens ao redor dos quais se articula a história tradicional são logros e se enganam a si mesmos ao crerem fazer a história, acreditam realizar suas intenções pessoais quando não passam de agentes da necessidade. "O grande homem não é uma criatura arbitrária que possa existir ou não" (p. 253). Na verdade, por intermédio deles, o "povo se fez homem" (p. 262). Com efeito, "um grande homem não é um indivíduo, enquanto grande homem; sua fortuna é representar melhor do que qualquer outro homem de seu tempo as ideias desse tempo, os seus interesses, as suas necessidades" (ibid.).

Cousin dá muita atenção aos primeiros momentos da carreira de Quinet e de Michelet, de quem saúda os respectivos trabalhos sobre Herder e Vico. Apesar de seu relativo esquematismo — ou em razão dele —, as concepções deles oferecem um quadro para se pensar o devir histórico e conhecem um amplo sucesso junto aos historiadores.

É precisamente essa concepção determinista que Michelet rejeita a partir de 1827.

Exprime-se o desacordo ao redor das teses de Thierry sobre a guerra das raças e o fatalismo professado pelos historiadores liberais. A perenidade do confronto de dois elementos guindados ao estado de princípios não pode satisfazer Michelet. Já em 1831, ele convida a considerar a França "como uma pessoa que vive e se move. (…) A fusão íntima das raças constitui a identidade da nossa nação, a sua personalidade (…). A França age e raciocina, decreta e combate; abala o mundo; faz a história e a narra. (…) A França não é uma raça como a Alemanha. Sua origem é a mistura, a ação é a sua vida" (Michelet, 1931b:247-254). De resto, a própria civilização resulta da miscigenação das raças e das influências; se a França se situa no topo da escala das nações, como afirma Michelet, é que mais do que qualquer outra ela se beneficiou de contribuições diversas, por ela amalgamadas. A geografia é o cadinho em que se aliam e se modificam esses diversos elementos constitutivos da nação. É ao cabo desse *trabalho de si mesmo sobre si mesmo* (1869:17) que a França se torna um ser coletivo, uma pessoa, uma alma. A França não é um dado, é um movimento. É por isso que o *Tableau de la France* (1833) não é colocado no início da *Histoire de France*, mas na hora do seu verdadeiro nascimento, quando o historiador aborda a Idade Média (livro 3). Não se concebe a geografia de Michelet sem os homens. No começo é o Verbo. Igualmente, afirma a primeira frase do *Tableau*, "a história da França começa com a língua francesa". "O verdadeiro ponto de partida da nossa história deve ser uma divisão política da França, formada segundo a sua divisão física e natural. A história é primeiro completamente geográfica" (Michelet, 1833:331). Mas a geografia de Michelet é ela própria completamente histórica, descreve a fusão do local no nacional. Se a França não é um império, como a Inglaterra, ou um país ou uma raça, como a Alemanha, mas uma pessoa, ela o deve, segundo Michelet, à sua unidade, ao trabalho de uma "centralização poderosa" que reduziu as disparidades primitivas.

Pressuposto isto, a história é liberdade. "*O homem é seu próprio Prometeu*" (Michelet, 1869:13). É, aliás, "o seu princípio da força viva, da *humanidade que se cria*" que ele retém de Vico, o único mestre por ele reconhecido, em 1869, quando a ruptura com Cousin já está há muito consumada (ibid., p. 14).

Já no fim da década de 1820, recusa o fatalismo de Augustin Thierry, pois "se admitirmos que a história é o desenvolvimento necessário de um princípio necessário, a liberdade é aniquilada" (apud Bénichou, 1977). Ele faz dessa busca da liberdade o princípio de sua *Introduction à l'histoire universelle* (1831). Essa convicção profunda leva-o a rejeitar as teses de Cousin, que, além do mais, como Guizot, teoriza uma relação estreita entre a força e o direito e se satisfaz com a monarquia de Julho. A liberdade criadora não é apenas, para Michelet, um princípio explicativo da história, é a sua essência e a condição do futuro. O justo meio não é o fim da história.

> O ator da história é o homem, a liberdade moral. Esta liberdade, porém, vive no tempo e no espaço. O homem, a luta da liberdade, seu triunfo sobre este mundo e, portanto, o desenvolvimento da humanidade é o drama da história; eis aí a grande tragédia que se desenrola há tantos séculos. Devemos perder a esperança de conhecer inteiramente as molas motoras deste drama admirável, mas devemos buscar compreender a sua intriga. Defino, pois, a história como o desenvolvimento da humanidade, desenvolvimento que não pode deter-se (Michelet, 1828, apud Villaneix, 1988:101).

As ressonâncias do debate entre fatalidade e liberdade são, portanto, também políticas. Ao fatalismo, racionalização do passado e do presente, Michelet contrapõe o seu "humanitarismo" (Bénichou, 1977), ou seja, a sua confiança na humanidade e nas suas capacidades de invenção, que valem tanto para o passado quanto para o presente e para o futuro.

Inscreve-se a historiografia da primeira parte do século XIX numa relação complexa entre três polos que podemos chamar de recursos: a erudição, a literatura e a filosofia. Cada obra oferece deles um entrelaçamento particular. Essa configuração é fonte de riqueza, mas também de fragilidade, pois leva os historiadores a se situarem em debates teóricos em que sua prática documentária não garante por si só sua legitimidade. Ela se

O NASCIMENTO DA HISTÓRIA CONTEMPORÂNEA

mostra, porém, fundadora de uma concepção que outorga ao historiador um papel essencial: dizer a nação, ordenar seu passado para antecipar seu futuro. Através das diversas figuras que enumeramos, o historiador aparece como um profeta.

Escrever a história da Revolução Francesa

Porque a Revolução é a matriz da vida política francesa, a sua história é a aposta maior de todo o período. Assim, a historiografia da Revolução permite ver como os historiadores mobilizam os diversos recursos de que se valem para tentar dar a ela uma interpretação.

O rearranjo da interpretação liberal

Inaugurado já em termidor e no Diretório, tanto por liberais como Benjamin Constant (1797) ou madame de Staël (1818) (Gauchet, 1988a e 1988b), quanto por autores contrarrevolucionários, como Louis de Bonald (1796), Joseph de Maistre (1797) ou o *abbé* Augustin Barruel (1797-1799) (Gengembre, 1989), o debate sobre a interpretação da Revolução Francesa é primeiro teórico e político.

Apesar da dificuldade em discernir uma verdadeira doutrina contrarrevolucionária (Martin, 1998), podem-se mencionar duas interpretações mais notáveis: uma visão mística da Revolução, que dela faz um castigo divino (Maistre), e uma teoria da conspiração, que atribui a sua responsabilidade aos maçons e ao Iluminismo (Barruel). Impõe-se um denominador comum, porém: a hora não é de inventários. Obra da providência, fruto da intriga ou das ilusões, a Revolução forma um bloco, é uma coisa só.

A partir da derrubada de Robespierre, a problemática dos republicanos é nitidamente diferente (Baczko, 1989). Trata-se, ao contrário, de dissociar 1789 de 1793, de separar o trigo do joio. Benjamin Constant empenha-se nisto e se "propõe provar que o terror não foi necessário à salvação da república, que a república foi salva apesar do terror, que o terror criou a maior parte dos obstáculos cuja derrubada lhe é atribuída..." (Constant, 1797:167). Madame de Staël defende teses análogas: a república em 1792 era prematura, o despotismo é provocado pelo hiato entre a difusão das Luzes e o projeto político republicano. O poder político deve voltar aos que são capazes de tê-lo, à classe "instruída", ou seja, aos proprietários, como defende em 1795 Boissy d'Anglas.

Essa atitude, próxima das posições majoritárias dentro da Assembleia Constituinte, retorna com força depois da queda do Império. Mas a rejeição por parte dos ultras do compromisso constitucional esboçado pela Carta de 1814 a torna insustentável. Pouco mais resta aos liberais, então, do que assumir a globalidade do período revolucionário.

As obras de Thiers e de Mignet, que começam a ser publicadas em 1823 e 1824, são uma das primeiras formulações históricas da recusa de inventário promovida pelos termidorianos. De maneira significativa, elas englobam a Revolução e o Império. Diante da Restauração, regime instalado pelo estrangeiro que traz os estigmas da humilhação da derrota e da ocupação, o Império — assim como a Revolução — é uma página de glória nacional.

Ambas transmitem uma imagem negativa do povo, chamado de "multidão" (Mignet) ou até de "bárbaros, por falta de luzes e de instrução" (Thiers).

> Desde aqueles tempos em que Tácito o viu aplaudir os crimes dos imperadores, o vil populacho não mudou. Sempre brusco em seus movimentos, ora ergue o altar da pátria, ora arma cadafalsos; só é belo e nobre quando, arrastado nos exércitos, se precipita sobre os batalhões inimigos (Thiers, apud Jullian, 1897:223).

O melhor, sem dúvida, seria deixar à margem dos negócios públicos esse povo ainda selvagem e dar-lhe acesso a uma vida política à medida das suas faculdades. A Revolução, porém, não é o resultado de uma escolha; é a consequência da recusa das classes privilegiadas do Antigo Regime de fazer justiça às reivindicações do Terceiro Estado. Assim que a crise se abre, o encadeamento é fatal. Não é possível, lamenta Mignet, fazer a revolução "amigavelmente". É por isso que, já na introdução da sua *Histoire de la Révolution Française*, à maneira de um discurso de defesa, Mignet (1892:4) apresenta o seu empreendimento como uma procura de responsabilidades: "veremos por culpa de quem, depois de se abrir sob tão felizes auspícios, [a Revolução] degenerou tão violentamente" (p. 4). Em seguida, ele ressalta o princípio que organiza a sua narrativa: "estas diversas fases foram quase todas obrigatórias, tal a potência irresistível dos acontecimentos que as produziram! (...) Com as causas que a conduziram e as paixões de que se serviu ou provocou, tinha [ela] de ter essa marcha e esse resultado" (p. 4). Única resposta possível à intransigência — que funda a sua necessidade —, a Revolução é uma tempestade que, desencadeada, não pode mais ser detida. "Quando se torna necessária uma reforma e chegou o momento de executá-la, nada a impede e tudo a serve" (ibid., p. 3).

Sem dúvida, tanto para Mignet quanto para Thiers, nem tudo tem o mesmo valor no processo revolucionário. O 10 de agosto de 1792 é uma "catástrofe".

O NASCIMENTO DA HISTÓRIA CONTEMPORÂNEA

A realeza acabava de sucumbir de fato em 10 de agosto, nessa jornada que foi a insurreição da multidão contra a classe média e contra o trono constitucional, como o 14 de julho fora a insurreição da classe média contra as classes privilegiadas e o poder absoluto da coroa. O 10 de agosto inaugurou a época ditatorial e arbitrária da revolução. Tendo as circunstâncias se tornado mais difíceis, iniciou-se uma vasta guerra que provocou um ganho de energia; e esta energia, desordenada porque popular, tornou nervosa, opressiva e cruel a dominação da classe inferior. A questão mudou completamente de natureza: já não tinha como meta a liberdade, mas sim a salvação pública. (...) Era possível que as coisas se tivessem ocorrido de modo diferente? (Mignet, 1892, v. 1, p. 286-287).

Nessa mesma lógica, as jornadas de 31 de maio-2 de junho de 1793, que levam à acusação dos deputados girondinos, são justificadas pela incapacidade de salvar a França sem recorrer a medidas de exceção, por eles rejeitadas. Com efeito, a Revolução, até em suas violências condenáveis, os seus "excessos", é redimida por suas obras: "três anos de ditadura da salvação pública, se foram perdidos para a liberdade, não o foram para a revolução", afirma Mignet. Evocando o período terrorista, Thiers vai além: "não é sem grandes dores que se age tão rapidamente e se salva um Estado ameaçado" (Thiers, 1823-1827, apud Jullian, 1897:222). Assim, a violência é colocada como condição necessária da história, quando certas resistências entravam as evoluções indispensáveis. É legítima para salvar o país da invasão estrangeira. Por certo, a liberdade sofreu com isso, mas o bom êxito dependia desse recuo momentâneo da liberdade. Em definitivo, as violências da Revolução são, para esses historiadores, como as dores do parto: inevitáveis. Forçoso é, pois, assumi-las sem hesitar.

Essa visão da história não é apenas da esfera da constatação, vale também como advertência: toda nova tentativa de impedir o movimento necessário da sociedade terá como preço uma nova crise e novas violências, cuja responsabilidade recairá apenas sobre as forças reacionárias (ou seja, os ultras). Este é o sentido da conclusão do livro de Mignet.

O governo de um partido [os ultras] contra a Carta [é] um movimento retrógrado. Doravante não é possível reger a França de maneira duradoura senão satisfazendo a dupla necessidade que a fez empreender a revolução. No governo, é preciso haver uma liberdade política real, e na sociedade, o bem-estar material que o desenvolvimento continuamente aperfeiçoado da civilização produz (Mignet, 1892, v. 2, p. 350).

"É preciso" hoje faz par com a reiterada afirmação "era preciso" que pauta as narrações de Thiers e de Mignet. O recurso à necessidade é ao mesmo tempo princípio explicativo da história e argumento político. A visão fatalista dos historiadores liberais não pode ser isolada de seus objetivos políticos e de seu combate para que se forme um verdadeiro compromisso constitucional que dê acabamento à Revolução, integrando as elites burguesas e suas concepções políticas ao governo da França.

Interpretações democráticas

A Revolução de Julho muda a distribuição das cartas, mas em nada acalma as paixões. Para os liberais, ela assinala um termo, coloca-se como conclusão do processo revolucionário e realização do tão esperado compromisso. Imbuído desse sentimento, Thiers apresenta a sua obra quando, em 1834, é recebido na Academia Francesa.

> Dediquei 10 anos de minha vida a escrever a história da nossa imensa revolução; escrevi-a sem ódio, sem paixão, com um vivo amor da grandeza do meu país; e quando essa revolução triunfou naquilo que tinha de bom, de justo, de honroso, vim depor aos vossos pés o quadro que tentara traçar de suas longas vicissitudes. Agradeço-vos por o haverdes acolhido, por haverdes declarado que os amigos da ordem, da humanidade, da França podiam aceitá-lo.

"A ordem, a humanidade, a França", esta hierarquia é um programa. Todavia, as desilusões provocadas pelo regime de Luís Felipe reacendem as reivindicações democráticas. Uma historiografia radical, ligada às primeiras formulações do socialismo, ganha então impulso. Robespierre "começa a sua vida póstuma" (Gérard, 1970:37). Com fortes matizes cristãos, extrai-se de muitos textos dessa historiografia uma leitura messiânica do processo revolucionário.

> A Revolução Francesa é a consequência derradeira e mais avançada da civilização moderna, e a civilização moderna saiu inteiramente do evangelho. (...) Igualdade, fraternidade, unidade [são] princípios há muito ensinados, há muito seguidos e que se aproximam da realização (Buchez, 1834).

Albert Lapponeraye, editor das obras de Robespierre, associa-o a Jesus e Rousseau numa "trindade santa e sublime". A associação entre cristianismo e Revolução supera as fileiras dos ambientes radicais, ela perpassa a narrativa, "vivificada pela imaginação, refletida e julgada pela sabedoria", que Lamartine faz da *Histoire des girondins* (1847).

Em 1848, Victor Hugo dá mostras do mesmo sincretismo, ao identificar a árvore da liberdade, que planta na place des Vosges no dia 2 de março de 1848, à "cruz sobre a qual Jesus Cristo se ofereceu em sacrifício pela liberdade, pela igualdade e pela fraternidade do gênero humano". A assimilação da Revolução a uma religião, a um cristianismo autêntico e integral, profundamente igualitário, a associação do universalismo cristão com o universalismo revolucionário fazem da França "uma nação-cristo" (Esquiros). Tal religiosidade não é só retórica, ela inspira o gesto político. Em Sainte-Pélagie, os presos políticos republicanos entoam a *Marselhesa* de joelhos.

Essa visão religiosa, mística, da Revolução não impede, é claro, o progresso da erudição. Buchez e Roux publicam de 1834 a 1838 os 40 volumes dos *Documents parlementaires*, que permitem acompanhar, por meio de peças autênticas, os debates da Assembleia. Mas a historiografia democrática impregnada de romantismo tem dificuldades para se transformar em história. Como a vida política francesa, ela permanece segmentada. Contrariamente ao desejo de Thiers, que achava que o momento em que os atores falecem podia permitir o desabrochar de uma historiografia desapaixonada, as múltiplas *memórias* e testemunhos dos atores da Revolução publicados nessa época (entre os quais a *Conspiration pour l'égalité* de Philippe Buonarroti (1828), que expõe a vida e a doutrina de Babeuf) exibem paixões intactas, em que se moldam os escritos de vocação histórica, assim como, aliás, a cultura e os gestos políticos.

O prefácio escrito por Michelet em 1847 para a primeira edição da *Revolução Francesa* é marcado por esse contexto.

> Muitos criaram um sistema de depuração progressiva, de minuciosa ortodoxia, que visa a fazer de um partido uma seita, uma igrejinha. Rejeita-se isto e depois aquilo; abunda-se em restrições, distinções, exclusões. Descobre-se a cada dia alguma nova heresia.
>
> Por favor, discutamos menos sobre a luz do Tabor, como fazia Bizâncio sitiada, Maomé II está às portas.
>
> Assim como, com a multiplicação das seitas cristãs, houve jansenistas, molinistas etc., e não houve mais cristãos, as seitas da Revolução anulam a Revolução; há constituintes, girondinos, montanheses; não mais revolucionários (Michelet, 1847:34).

Para além da repugnância de Michelet pelas igrejas e as seitas, sejam elas quais forem, que o levou a se manter à parte dos saint-simonianos, o que importa aqui é o olhar unitário que ele pretende lançar sobre essa Revolução fragmentada.

60 AS CORRENTES HISTÓRICAS NA FRANÇA

Para escapar às "lúgubres sombras" dos grandes atores, inspirado pela Revolução de Julho, que ele viveu como a de "todo um povo" e cuja espontaneidade admirou, no mesmo espírito que abordou a epopeia de Joana D'Arc, ele fez do povo o verdadeiro herói da sua história.

A comparação da maneira como Thiers, Mignet e Michelet apresentam a jornada de 5 de outubro de 1789 é significativa quanto a essa parcialidade.

O 5 de outubro de 1789 descrito por Thiers:

No dia 5, os ajuntamentos recomeçaram já de manhã. As mulheres foram às padarias; faltava pão, e elas correram ao Hôtel de Ville para se queixarem com os representantes da comuna. (…) Alguns homens se juntaram àquelas mulheres; elas, porém, os repeliram, dizendo que os homens não sabiam agir. Elas se precipitaram, então, sobre o batalhão, e o fizeram recuar a pedradas. Neste momento, tendo sido arrombada uma porta, o Hôtel de Ville foi invadido, os bandidos com lanças nele se precipitaram com as mulheres e quiseram incendiá-lo. Conseguiram afastá-los (…) mas eles soaram o alarme. Os subúrbios então se puseram em movimento. Um cidadão chamado Maillard, um dos que se haviam destacado na tomada da Bastilha, consultou o oficial que comandava o batalhão da guarda nacional, para procurar um meio de livrar o Hôtel de Ville daquelas mulheres furiosas. O oficial não ousou aprovar o meio proposto por ele: era o de reuni-las sob o pretexto de ir a Versalhes, mas sem levá-las para lá. Maillard, no entanto, se decidiu, pegou um tambor e as conduziu atrás de si. Elas carregavam bastões, cabos de vassoura, fuzis e facas. Com este singular exército (…) ele chegou aos Camps-Élysées. Ali, ele conseguiu desarmá-las, fazendo-as compreender que era melhor apresentar-se como suplicantes do que como fúrias armadas. (Thiers, 1872, v. 1, p. 163-164).

O 5 de outubro de 1789 descrito por Mignet:

Uma jovem entrou numa caserna, apossou-se de um tambor e percorreu as ruas batendo nele e gritando: *pão! pão!* Logo ela se viu cercada de um cortejo de mulheres. (…) Logo o povo em massa se pôs a clamar a mesma palavra de ordem, e o grito: *Para Versalhes!* se generalizou. As mulheres foram as primeiras a partir, sob a liderança de Maillard, um dos voluntários da Bastilha. O povo, a guarda nacional, as guardas francesas pediam para segui-los. La Fayette durante muito tempo opôs-se à partida; mas em vão, e nem os seus esforços, nem a sua popularidade puderam vencer a obstinação da multidão. Durante sete horas ele discursou e a deteve. Por fim, impaciente com tantos adiamentos, ignorando a voz dele, ela ia

O NASCIMENTO DA HISTÓRIA CONTEMPORÂNEA

pôr-se em marcha sem ele, quando, sentindo que seu dever era conduzi-la para poder contê-la, como inicialmente para poder pará-la, obteve da comuna a autorização para a partida e deu o sinal (Mignet, 1892:129).

O 5 de outubro de 1789 descrito por Michelet:

Na segunda-feira, nas Halles, uma jovem pegou um tambor e com seu repique arrastou todas as mulheres do bairro.

Estas coisas só se veem na França; nossas mulheres mostram-se valentes e o são. O país de Joana d'Arc e de Joana de Monfort e de Joana Hachette pode citar cem heroínas. (...) As mulheres estiveram na vanguarda da nossa Revolução. Isto não é de admirar; elas sofriam mais. (...) Havia no 5 de outubro uma multidão de criaturas infelizes que não comiam havia 30 horas (Michelet, 1847, v. 1, p. 226-227).

Michelet traça, então, o quadro da situação das mulheres, e em seguida o retrato de algumas desconhecidas de que os arquivos conservaram o gesto, às vezes o nome, como essa Louison Chabry, de 17 anos, balconista no Palais-Royal, "bonita e espiritual", escolhida pelas mulheres como sua oradora e que desmaia diante do rei ao pedir pão. Depois retoma a sua narrativa do repique do tambor, descreve a chegada do cortejo ao Hôtel de Ville: "nem Bailly, nem La Fayette haviam chegado. Maillard vai encontrar o oficial responsável e lhe diz que só há um meio de acabar com aquilo: que ele, Maillard, conduza as mulheres até Versalhes" (ibid., p. 229).

O cortejo dirige-se, então, para as Tulherias, e, em seguida, chega a Versalhes, onde está reunida a Assembleia Nacional: "por volta das sete horas soube-se que o sr. de La Fayette, arrastado pela guarda nacional, marchava sobre Versalhes" (ibid., p. 234).

Estas três narrativas comportam, como devido, muitos pontos em comum, mas, afinal, são narradas três histórias diferentes.

Em primeiro lugar, dois pontos de vista, no sentido quase topográfico: Thiers e Michelet caminham com o cortejo, ao passo que Mignet permanece ao lado de La Fayette. Enquanto para Michelet o comandante da guarda nacional prima pela ausência no momento decisivo, na narrativa de Mignet ele é, apesar do fracasso, o ator principal e não poupa esforços.

Se Michelet e Mignet não mostram a mesma cena, situando-se cada qual em lugares geográficos diferentes, o contraste entre Thiers e Michelet é ainda mais eloquente. Ambos se concentram nas manifestantes, mas estas pouco se assemelham.

Para Thiers, tal exército é "singular", tem algo de inversão carnavalesca, ao excluir os homens, a quem negam toda capacidade de agir — toda masculinidade, em suma. Elas são "fúrias", se precipitam, arrastam em seu rastro "bandidos com lanças", logo se tornarão "horda". É preciso usar de astúcia para tentar fazer com que escutem, e só a duplicidade permite poupar o Hôtel de Ville.

Inversamente, as mulheres de Michelet assinalam-se pela força; encarnam o elã vital. A narrativa, tão impetuosa quanto em Thiers ou Mignet, detém-se para recordar as suas qualidades, sua sorte, quer sejam mães de família, quer vivam sozinhas. Michelet usa de alguns *close-ups* das rebeldes, que têm como efeito humanizá-las, devolvendo a dignidade a essas mulheres castigadas pela vida e pela fome — ou até, no caso de Louison, a beleza. Não são fúrias, mas heroínas, como Joana d'Arc ou Joana Hachette o eram. Enfim, não são enganadas, mas elegem Maillard para conduzi-las até onde pretendiam ir, a Versalhes. Elas são o povo. Ora, a verdade da Revolução, como a verdade da França, é o povo. Cada manifestação espontânea desse povo é "comunhão". A apoteose da Revolução, segundo Michelet, continua sendo "o ímpeto das Federações", entendido como gesto de amor que manifesta a unidade voluntária da França, conclui e consagra o movimento iniciado já na Idade Média e que é descrito no *Tableau de la France*. A Revolução é, então, para si mesma a sua própria religião, o povo reunido é o seu celebrante.

Essa visão do povo contrapõe a historiografia liberal e Michelet, ela se nutre, neste último, do arquivo, que permite escapar às atas do *Moniteur* para explicar os heróis anônimos.

Michelet, porém, não compartilha a admiração dos historiadores socialistas, como Louis Blanc ou Ernest Hamel, por Robespierre e o período do Comitê de Salvação Pública. Como desconfia das igrejas, denuncia a ação dos jacobinos, que chama de "seita". Robespierre, mais do que nenhum outro dirigente revolucionário, não é o seu grande homem. O "Incorruptível", além disso, é-lhe suspeito. Parece-lhe querer elevar-se ao papado, ou até aspirar ao trono, como acusavam certos boatos em termidor. Michelet estigmatiza a sua "desconfiança doentia". Censura-lhe sobretudo ter rompido a mobilização popular. O diagnóstico de Saint-Just, segundo o qual "a revolução se congelou" torna-se, sob a sua pluma: "o povo de 93 voltou para casa; antes do fim desse ano, será preciso assalariá-lo para que volte às seções" (Michelet, 1847, v. 2, p. 127). A partir daí, a Revolução se acaba, ela é exaurida, como indica o título do livro décimo oitavo e último. Ele interrompe, porém, a sua narrativa com a derrubada de Robespierre, que assinala o início de uma "reação violenta, imensa" (ibid., p. 893). Nem Robespierre, nem termidor. Encerra-se o último tomo com o anúncio dos massacres das guerras napoleônicas e, num estilo quase babeufista, com um elogio de 1793 e 1794, em nome da justiça social.

O NASCIMENTO DA HISTÓRIA CONTEMPORÂNEA 63

Paris voltou a ser muito alegre. Houve a fome, é verdade, mas a escadaria da Sainte-Chapelle fervilhava; o Palais-Royal estava cheio; os espetáculos, lotados. Em seguida, abriram aqueles *bailes das vítimas*, em que a luxúria impudica reinava na orgia do falso luto.

Por esse caminho, fomos ao grande túmulo em que a França encerrou 5 milhões de homens. Poucos dias depois de termidor, um homem que hoje ainda vive e na época tinha 10 anos foi levado pelos pais ao teatro, e na saída admirou a longa fila de carruagens brilhantes, que via pela primeira vez. Gente em mangas de camisa, chapéu baixo, dizia aos espectadores que saíam: "precisa de um carro, *meu mestre?*" A criança não entendeu bem aquelas palavras novas. Pediu explicações e só lhe disseram que tinha ocorrido uma grande mudança com a morte de Robespierre (ibid., p. 896).

Em definitivo, o que importa acima de tudo para Michelet é a unidade da Revolução. "Não gosto de romper a unidade da grande Igreja" (1868:50). Voltando às lições de 1848, condena a fragmentação dos republicanos em grupos identificados com heróis tutelares da Revolução e trata de fazer prevalecer o seu sentimento: "sem dúvida, conservamos hoje as nossas simpatias por este ou aquele herói da Revolução. Mas os julgamos melhor. Vemo-los juntos e de mãos dadas" (ibid., p. 40). No prefácio de 1869 à *Histoire de la Révolution Française*, intitulado "O tirano" e colocado no início do livro 5, ele radicaliza o ponto de vista. O período do Comitê de Salvação Pública "foi um *tempo de ditadura*" que acarreta a deserção da vida pública sobre a qual reinam os jacobinos, um organismo, uma facção, e não mais *o povo*. Robespierre é comparado a Bonaparte, um é a causa do outro: "o tirano falastrão e jacobino traz o militar" (ibid., p. 365).

Este último prefácio é amargo: a Revolução e a Segunda República misturam-se inextricavelmente para forjar o juízo de Michelet. Ele traz significativamente como epígrafe a frase: "França, cura os indivíduos", que resume a concepção da história de Michelet, em que só o coletivo é valorizado.

As fraturas de 1851

A partir daí a história se tornou essa bela confusão que vemos hoje, onde mal conseguimos nos orientar.

(Edgar Quinet, *Philosophie de l'histoire de France*, 1855, apud Nathalie Richard, 2004a:63.)

Dois livros dão testemunho da renovação das questões da historiografia da Revolução Francesa no período inaugurado pelo golpe de Estado de 2 de dezembro de 1851:

o de Alexis de Tocqueville, *O Antigo Regime e a Revolução* (1856) e o de Edgar Quinet, *A Revolução Francesa* (1865).

Apesar da hostilidade que compartilham em relação ao Império, esses dois autores não estão próximos e jamais se ligam. Contudo, ambos interrogam, sob novas perspectivas, o processo revolucionário, e, para tanto, num espírito mais próximo de Guizot do que de Thiers, Mignet ou Michelet, renunciam à narração literária demasiado carregada de emoções, saturada demais de imagens, para adotar uma posição deliberadamente teórica.

Alexis de Tocqueville: o questionamento da Revolução como ruptura

Alexis de Tocqueville (1805-1859) foi o primeiro, com *O Antigo Regime e a Revolução* (1856), a reinserir a Revolução na longa duração. Enquanto a maioria dos seus antecessores, com exceção de certos pensadores contrarrevolucionários, herdeiros da crítica aristocrática do absolutismo, se fecha no período revolucionário, Tocqueville busca no Antigo Regime a explicação das *modalidades* da Revolução e das concepções políticas que ela veicula, e não apenas a de suas causas. Ele faz disso um princípio metodológico. A Revolução só pode ser "trevas [se não quisermos] considerar nada mais do que ela; é nos tempos que a precedem que devemos procurar a única luz que pode esclarecê-la" (Tocqueville, 1856:320). Deste exame, ele conclui que em 1789 a Revolução já está feita, que os cadernos de queixas de 1789 são o testamento da sociedade do Antigo Regime. Ao contrário de Michelet, que traça o retrato de uma Revolução filha da miséria — "vede (…) este povo deitado no chão, pobre Jó" —, foram, segundo ele, as esperanças geradas pelas reformas que engendraram a crise revolucionária: "nem sempre é quando se vai de mal a pior que se cai na Revolução. O mais das vezes, acontece de um povo que suportara sem se queixar, e como sem sentir, as leis mais esmagadoras rejeitá-las violentamente tãologo o peso delas diminui" (ibid., p. 277). A verdadeira subversão foi levada adiante, sob a máscara da tradição, pelo absolutismo. Analisando a sociedade camponesa na França no século XVIII e comparando-a com a condição dos camponeses alemães ou ingleses, ele chega à conclusão (livro 2) de que foi o acesso à propriedade fundiária, sua fragmentação e o desmantelamento da feudalidade que exacerbaram os antagonismos sociais.

A Revolução conclui o Antigo Regime, está em continuidade com ele. Nessa perspectiva, ganham sentido a arbitrariedade e o despotismo do período robespierrista, explicados pela força das circunstâncias pelos historiadores liberais, sob muitos aspectos inexplicáveis para Michelet senão pela desvitalização da Revolução e pelo confisco do poder popular — o "mal jacobino". Eles são, como o centralismo, a manifestação do Antigo

O NASCIMENTO DA HISTÓRIA CONTEMPORÂNEA

Regime na Revolução, seu prolongamento: "morto o governo [da monarquia absoluta], sua administração continuou a viver" (ibid., p. 319).

Tais avaliações, Tocqueville as faz sem amargura, de um modo decididamente explicativo, de que são testemunhas os muitos "comos" que figuram no título dos capítulos. Por isso, *O Antigo Regime e a Revolução* é um dos primeiros ensaios de sociologia política.

A análise da Revolução não perturba Tocqueville. Sua aceitação da democracia nada tem de afetiva. Tal não é o caso de Quinet.

Edgar Quinet: reler o passado para permitir a chegada do futuro

As razões que levam Edgar Quinet (1803-1875) a empreender a redação de sua própria história da Revolução são mais diretamente políticas. Exilado desde o golpe de Estado de 2 de dezembro de 1851, a meta da sua meditação é compreender por que fracassou a República e perguntar-se se ela está condenada a renovar tal fracasso. Quinet une inextricavelmente a representação do futuro e a representação do passado.

> Imagino que a primeira coisa que deva acontecer depois que um povo se desenganou do futuro é desenganar-se também do passado. Entendo com isso que ele deve desgostar-se de sua própria história. (…) Ao perder o futuro se perderia o passado (Quinet, 1987:785).

A leitura do passado é, pois, uma condição do futuro. Para que se dissipe a resignação ante o Império e surja um novo horizonte de expectativas, cumpre reexaminar o período revolucionário "trazendo uma alma livre em sua história". O empreendimento de Quinet é deliberadamente iconoclasta; recusa a tradição histórica que postula a unidade do processo revolucionário e justifica o período do Comitê de Salvação Pública e o Terror pelas circunstâncias e pela obra realizada: a defesa da França e das conquistas da Revolução. Quinet retoma, assim, a postura dos primeiros liberais: estabelecendo uma demarcação nítida entre a Revolução de 1789, "a verdadeira Revolução", e a de 1793, permitir que a primeira possa, enfim, ser bem-sucedida e assumir a forma de um regime político estável.

Nessa perspectiva, o livro volta-se para a análise do período terrorista, a que consagra Quinet um capítulo intitulado "A teoria do terror" (livro 17). De maneira clássica, ele o apresenta como o produto do choque de "dois elementos inconciliáveis, a França velha e a França nova", e acrescenta: "foi quase sempre a França velha que provocou a outra" (Quinet, 1987:497). Mas em vez de ficar por aí e ver na violência uma simples resposta pontual, ele denuncia a transformação em princípio de governo do que era o resultado da "força das coisas". A partir daí, a Revolução cessa de estar prenhe de futuro, reintroduz no coração do novo regime as práticas repressivas e as concepções políticas do absolutismo que ela antes abolira.

> O Terror foi o legado fatal da história da França.
>
> Retomou-se a arma do passado para defender o presente. As gaiolas de ferro (...) de Luís XI, os cadafalsos de Richelieu, as proscrições em massa de Luís XIV, eis o arsenal a que recorre a Revolução. Pelo Terror, os homens novos tornam a ser subitamente, sem que o saibam, homens velhos (ibid., p. 505).

Nenhuma justificação é admissível:

> A ilusão persistente dos terroristas é invocar o bom êxito para se defenderem diante da posteridade. Com efeito, só ele podia absolvê-los. Mas onde está esse bom êxito? Os terroristas devorados pelos cadafalsos que eles mesmos ergueram, a República não só perdida, mas execrável, a contrarrevolução política vitoriosa, o despotismo no lugar da liberdade pela qual toda uma nação havia jurado morrer: é esse o bom êxito?
>
> Por quanto tempo ainda repetireis esse estranho absurdo de que todos os cadafalsos eram necessários para salvar a Revolução que não foi salva?
>
> (...) E eu, depois de uma experiência de 80 anos, pergunto hoje, com a posteridade: que nos podia acontecer de pior? (ibid., p. 534).

Como ressalta François Furet (1986b:69), para Quinet "o terror não é só um desvio infeliz da Revolução, é a sua negação mesma".

Uma polêmica

É fácil entender que o livro de Quinet, sob a auréola de seus combates contra a monarquia de Julho e da sua constância na oposição ao Império, foi um acontecimento (Furet, 1986b).

A oposição republicana acolhe-o de maneira contrastada, que prefigura a divisão entre radicais e oportunistas.

Alphonse Peyrat, publicista, torna-se o porta-voz dos primeiros em *L'avenir national*. Segundo ele, o livro de Quinet é uma traição, pois alimenta e cauciona a argumentação dos adversários — um diário monarquista não publica em 21 de janeiro de 1866 trechos do livro de Quinet acerca do processo e da morte de Luís XVI? É uma falsificação da história, uma obra de "filósofo", lamentável, aliás, e não de historiador. Numa série de 13 artigos publicados de novembro de 1865 a fevereiro de 1866, Peyrat se dedica a desmontar, ponto por ponto, a argumentação de Quinet, para reafirmar o caráter circunstancial do Terror e os méritos dos jacobinos.

Louis Blanc, historiador socialista da Revolução, intervém por sua vez em fevereiro de 1866. Como Peyrat, argumenta que o Terror não foi um sistema, mas "uma imensa desgraça, nascida de prodigiosos perigos". A violência da Revolução é a de um parto, é o produto dos "séculos de opressão". 1793 é um "prodígio" que permite a uma França "a que tudo faltava" repelir o assalto da Europa em coalizão. Longe de ser um tirano, Robespierre é a alma desse reerguimento. É um dirigente clarividente, que advertira a Assembleia sobre os riscos de despotismo que a guerra acarretaria. Sua queda marca a interrupção da Revolução. Para relativizar o olhar comovido dirigido às violências do período terrorista, Louis Blanc se vale da indiferença que cercou a repressão exercida pelos ingleses na Índia e na Jamaica. Se a violência colonial quase não comove, é que a verdadeira origem da indignação da opinião liberal ante as práticas terroristas deve ser procurada alhures, nos valores democráticos defendidos pelos jacobinos e que estão inscritos na Constituição de 1793. "O que divide *realmente* hoje [não é a admiração por este ou aquele revolucionário], mas a natureza das ideias, das aspirações, das tendências que estes nomes representam."

Nas fileiras do outro componente da oposição republicana, a acolhida das teses de Quinet é, ao contrário, muito calorosa. Jules Ferry e Émile Olivier dedicam-lhe vários artigos. Defendem as análises de Quinet, valorizando os girondinos e termidor; felicitam-se pela condenação de Robespierre e pela reprovação do Terror como sistema de governo. A leitura deles é política. A doutrina da Salvação Pública, que postula a necessidade do Terror e o justifica, é uma "cadeia" (Ferry), uma bola de ferro que entrava o progresso da democracia. "Desde que [esta] tiver renunciado ao jacobinismo, estará fundada a liberdade na França" (Olivier, 1866:231).

Michelet, por seu lado, se cala, ofendido pessoalmente com a ausência de referências à sua obra no livro de Quinet (só uma nota o menciona) e em desacordo com certos aspectos da análise proposta, em especial a tese de que a Revolução deveria ter adotado o protestantismo. Essa reação, porém, permanece de ordem privada, e Michelet não declara suas reservas nem no prefácio de 1867, nem em seu texto definitivo de 1869, "O tirano", em que concentra os ataques contra Louis Blanc. O livro acaba provocando o fim de uma amizade iniciada 40 anos antes.

O interesse da polêmica ao redor do livro de Quinet não se deve tanto à natureza dos argumentos aventados por uma ou outra parte, que nada têm de muito original, quanto à impossível historicização da Revolução que ela testemunha. Depois de 46 anos de esforços, ela manifesta a fragilidade persistente da história na França. Não que a polêmica deva ser *a priori* excluída do campo da história, mas porque tal debate se exprimiu imediatamente, e quase exclusivamente, em categorias políticas. As sombras dos grandes antepassados impregnam demais a vida política para que as paixões e os conflitos da época revolucionária possam ser considerados a distância. Na verdade, a referência à Revolução Francesa é a base mesma da política francesa, ela é constantemente mobilizada para se compreender o presente e preparar o futuro. Ela impregna o gesto político — às vezes, até a caricatura, como observava Marx, a propósito da Revolução de 1848 e do golpe de Estado de 1851, quando, retomando uma fórmula de Hegel segundo a qual a história se repete, ele explicava: "a primeira vez como tragédia, a segunda como farsa" (Marx, 1852:15). Sem dúvida, o caráter passional de todo debate ao redor da Revolução não é exclusividade do século XIX, mas nele assume um destaque especial que está ligado à indistinção dos gêneros. É essa impossível dissociação entre a interpretação histórica do passado e o posicionamento político que explica ao mesmo tempo a extraordinária vitalidade da historiografia francesa da primeira parte do século XIX e a sua incapacidade de delimitar, apesar do uso de novos materiais (crônicas, arquivos etc.), um espaço propriamente científico, ou seja, um lugar regido pela vontade que realiza uma demarcação entre a opinião e a prova segundo modalidades reconhecidas e aceitas por todos: um espaço profissional.

Daí, apesar das muitas tentativas, a impossibilidade de se escrever *uma* história da França (e, com mais forte razão, a da Revolução Francesa). A ênfase dada à formalização e aos procedimentos específicos de produção da história, à sua tecnicidade — a ponto de exagerá-la e empobrecê-la —, que vai caracterizar o período metódico, surge como reação contra esse estado de coisas.

Capítulo 2

O momento metódico

Introdução

Durante muito tempo, em razão das críticas formuladas pelos Annales, os historiadores metódicos serviram de "contraste" (Prost, 1994). Foram considerados o símbolo de uma história a banir; uma história "feita com tesouras e um pote de cola", segundo a fórmula de Robin G. Collingwood (apud Marrou, 1954:50), ignorante de sua própria construção, segura demais de seus fatos, implicada demais na glorificação da nação, presa demais à política e comprometida com a colonização.

Foi preciso aguardar a tese de Charles-Olivier Carbonell, publicada em 1976, e em seguida os trabalhos de Gérard Noiriel e de Antoine Prost para que fosse possível um reexame.

A reavaliação contemporânea dos historiadores metódicos, que corresponde a uma recomposição da memória disciplinar, dá-se em três planos principais:

❏ seu papel fundador na profissionalização da história é reconhecido e acarreta um novo interesse, no momento em que os historiadores se interrogam de novo sobre a definição de seu ofício;
❏ suas teses epistemológicas provocam um novo interesse;
❏ enfim, seu envolvimento com a cidade, especialmente em favor do capitão Dreyfus, que contrasta com o descompromisso político dos *Annales*, conta pontos para eles, na hora em que as funções e as responsabilidades sociais dos historiadores são revalorizadas.

Assim, as atuais releituras dos historiadores metódicos inscrevem-se num contexto que favorece uma emancipação em relação aos juízos emitidos pelos *Annales* e participam das interrogações contemporâneas que ocupam os historiadores.

A evolução dos termos utilizados para designar esse grupo é um indício. Enquanto durante muito tempo eles foram qualificados como "positivistas", esta designação, ainda presente no *Dictionnaire des sciences historiques* (Burguière, 1986b), tende justamente a desaparecer. Para designar essa corrente, optamos pelo termo "metódico". Este é, com efeito, utilizado pelo próprio Charles Seignobos (1901:188) e nos pareceu preferível ao de "metodista" (Gérard Noiriel) ou ainda de "metodologista" (François Simiand e Lucien Febvre).

A denominação "positivista" remete, por seu lado, às teses defendidas por Auguste Comte (Carbonell, 1976a e 1978). Ora, este último inscreve a história numa teleologia, ao passo que, precisamente, a rejeição de toda filosofia explícita da história é um dos elementos fundamentais da postura metódica.

> A teoria do caráter racional da história baseia-se na ideia de que todo fato histórico real é ao mesmo tempo "racional", ou seja, conforme um plano de conjunto inteligível. (…) É, sob um disfarce laico, a velha teoria teológica das causas finais, que supõe uma Providência ocupada em dirigir a humanidade para os seus melhores interesses. (…) A teoria do *progresso* contínuo e necessário da humanidade, embora adotada pelos positivistas (…) não é mais do que uma hipótese metafísica. (…) O progresso não é senão uma expressão subjetiva para designar as mudanças que concordam com as nossas preferências. (…) O estudo dos fatos históricos não mostra *um* progresso universal e contínuo da humanidade, mostra *alguns* progressos parciais e intermitentes, e não dá nenhuma razão para atribuí-los a uma causa permanente inerente ao conjunto da humanidade, mais do que a uma série de acidentes locais (Langlois e Seignobos, 1992:232-233).

As noções de "fato positivo", de "estudo positivo", sob a pluma desses historiadores, não significam de modo algum a adesão ao comtismo, mas se opõem ao que é de ordem especulativa. O fato positivo é aquele cuja existência é atestada por uma documentação ela mesma autentificada e garantida pela crítica.

Os questionamentos do modelo "romântico"

> Acusaram-me às vezes de ter citado muito raramente. Eu teria citado muitas vezes, se as minhas fontes ordinárias tivessem sido peças soltas. Mas o meu esteio habitual são as grandes coleções, em que tudo se segue em ordem cronológica. Uma vez que eu tenha datado um fato, pode-se reencontrar instantaneamente este fato com a sua data precisa no regis-

tro, no cartão em que o tomei. Assim, tive de citar raramente. Para as coisas impressas e as fontes vulgares, as remissões pouco úteis têm o inconveniente de cortar a narrativa ou o fio das ideias. É vã ostentação rechear constantemente as páginas com essas citações de livros conhecidos, de folhetos de pouca importância e chamar a atenção para isso. O que dá autoridade à narrativa é a sua sequência, a sua coesão, mais do que a multidão de pequenas curiosidades bibliográficas (Michelet, 1871:44-45).

Essa advertência metodológica, ausente da introdução da primeira edição de 1847, mostra como, em 20 anos, evoluiu profundamente a maneira de se conceber a escrita da história. Michelet bate pé e insiste, decerto. A autoridade de suas palavras está sempre ligada ao contato pessoal que estabeleceu com os arquivos — "copiei de meu próprio punho (e sem me valer de ninguém)" —, à coerência de sua narrativa, que, "idêntica às próprias atas", reproduz a realidade passada. Mas doravante ele tem de se justificar, explicar por que o seu texto não contém a indicação das fontes e de trabalhos de outros historiadores. Se ele ataca esse novo hábito como uma vã ostentação, uma armação preparatória que devemos subtrair aos olhos do leitor, e censura as citações pela quebra do ritmo da narrativa, nem por isso deixa de se ver obrigado a responder a tais acusações...

A passagem, todavia, de um modelo literário ou "romântico" para o modelo metódico não assume a forma de uma "revolução científica", no sentido que Thomas S. Kuhn atribui ao conceito, a saber, o de uma mudança total e rápida de paradigma (Walch, 1978). De fato, muitos temas desenvolvidos pelos historiadores metódicos já estavam presentes na década de 1820, em especial a vontade de fundamentar a história em documentos de primeira mão (textos ou arquivos). Mais do que fruto de uma revolução científica, o momento metódico impõe-se progressivamente, através da superação de sucessivos limiares, dos quais o primeiro se situa nas décadas de 1820/1830, e cada um deles contribui para redefinir a maneira de fazer, de ensinar ou de pensar a história.

A afirmação do horizonte científico

O primeiro fator de abalo do modelo literário é o aumento do poder da ciência, que deixa a sua marca na segunda parte do século XIX. A torre Eiffel, erguida em 1889, constitui o símbolo do triunfo do modelo científico. É uma verdadeira coluna trajana elevada em sua honra, onde se podem ler em letras de ouro sobre a grande frisa do primeiro andar, como se fossem batalhas vitoriosas, os nomes dos cientistas franceses, de Lavoisier a Pasteur. Com os seus 1792 degraus, esse monumento associa inextricavelmente progresso, ciência e república.

As concepções do trabalho científico transmitidas pelos pesquisadores das ciências experimentais (física, química, biologia) impõem-se progressivamente como modelo de toda atividade de conhecimento, inclusive na literatura. Assim, Émile Zola (1890) sustenta que o "romancista [executa] uma autêntica experiência, valendo-se da observação". Tais concepções se baseiam na confiança na experimentação e reivindicam a filiação a Bacon, Copérnico ou Galileu. A passagem da metafísica para a física moderna, da alquimia à química, é concebida como universal, é uma transformação necessária, o caminho que toda ciência deve percorrer. Nessa visão muito amplamente indutiva da atividade científica, a verdade decorre de observações e de experiências repetidas que são elas próprias "observações provocadas" (Claude Bernard). É o que afirmam não só Claude Bernard, mas Louis Pasteur ou Marcelin Berthelot. A *Introdução à medicina experimental* (1865) de Claude Bernard, que conhece um sucesso imediato, rejeita toda inserção do processo científico em qualquer sistema filosófico.

> O método experimental (…) é impessoal; destrói a individualidade pelo fato de reunir e sacrificar as ideias particulares de cada qual e de fazê-las servir à verdade geral estabelecida com o auxílio do critério experimental. (…) A medicina experimental (como aliás todas as ciências experimentais) não sente a necessidade de se vincular a nenhum sistema filosófico. O papel do fisiologista, como o de qualquer cientista, é buscar a verdade por si mesma, sem querer fazê-la servir de controle a este ou aquele sistema de filosofia. Quando o cientista leva adiante a sua investigação científica tomando como base um sistema filosófico qualquer, ele se perde em regiões muito distantes da realidade, ou então o sistema dá a seu espírito uma segurança ilusória e uma inflexibilidade que se adapta mal às liberdades e à agilidade que o experimentador deve sempre conservar em suas pesquisas. (…) Para achar a verdade, basta que o cientista se coloque diante da natureza e a interrogue de acordo com o método experimental e com a ajuda de meios de investigação cada vez mais perfeitos. Acho que, nesse caso, o melhor sistema filosófico consiste em não ter nenhum sistema filosófico (Bernard, 1966:305-306).

Quadros como o que representam Jean-Martin Charcot a examinar uma paciente diante dos discípulos (Pierre-André Brouillet, 1887) difundem a imagem de uma comunidade científica constituída, capaz de se reproduzir. Essa situação, que contrasta com a desorganização dos estudos históricos e com a dificuldade de se ministrar uma prova definitiva e encerrar um debate, só pode dar o que pensar aos historiadores. A partir da década de 1860, impõem-se as referências aos procedimentos científicos da fisiologia e da patologia (Hippolyte Taine) — já observados em Guizot — ou ainda aos da química e da geologia (Fustel de Coulanges). Multiplicam-se os discursos "cientificistas", que convidam a romper com a dupla tradição literária e filosófica que condena a historiografia à instabilidade e a reduz a ser apenas um conhecimento de estatuto científico diminuto e portanto contestável.

Colocado já na década de 1860, esse problema assume outra dimensão depois de 1871 e do trauma representado pela derrota e pela anexação da Alsácia-Lorena, choque redobrado pela insurreição da Comuna de Paris, que parece condenar a França a não sair jamais das réplicas da guerra civil que a abalam desde 1789.

Se o cientificismo ostentado por Fustel de Coulanges depois de 1870 transforma-o realmente num "caso" (Hartog, 1988), a vontade de uma estabilização política do país é, em compensação, a expressão de uma atitude mais difundida. Ante uma historiografia que é "uma guerra civil permanente, que nos entrega ao inimigo de antemão" e de que podemos dizer que se assemelha às assembleias legislativas, com centros e alas esquerda e direita (Fustel, 1872), espera-se, em primeiro lugar, da ciência uma pacificação da história nacional e a constituição de uma autêntica disciplina histórica que possa servir de fermento nacional, e não mais de alimento para a luta dos partidos. O debate sobre o método histórico remete às modalidades dessa pacificação.

Ora, essa mutação disciplinar e científica parece já ter acontecido além do Reno. Já em 1867, Victor Duruy lança um estudo comparado sobre as instituições universitárias estrangeiras (em especial alemãs) e francesas. Isso leva à criação, em julho de 1868, da École Pratique des Hautes Études. Esta deve aclimatar os métodos alemães e, em especial, a realização de seminários especializados, para garantir a transmissão dos saberes técnicos e instaurar uma relação de mestre a discípulo entre professores e estudantes. Deve permitir um aprendizado em laboratório que comporte manipulações ou, no que se refere aos literários, trabalhos sobre documentos. "Escola Prática de Altos Estudos", comenta Ernest Lavisse (1895a:81), ou seja, "não verbosa, que trabalha com a natureza e com documentos". Significativamente, "ciências históricas e filológicas" formam uma única e mesma seção dentro da escola.

No espelho da Alemanha

Foram as universidades alemãs e os cientistas alemães que formaram o espírito público na Alemanha. Que divisa gravaram, pois, no frontispício de sua obra estes homens de Estado e estes cientistas que se uniram na crença de que era preciso reerguer a Alemanha humilhada, difundindo o conhecimento e o amor à pátria, colhido nas fontes da história da Alemanha?

É esta a divisa: *sanctor amor patriae dat animum* ["o amor sagrado da pátria dá ânimo"]: é a primeira página do in-fólio dos *Monumenta Germaniae*, rodeada por uma coroa de carvalho (Lavisse, 1885:40-41).

Na França, é complexo o estatuto da referência aos estudos históricos e ao sistema universitário alemão: está ligado ao mesmo tempo à análise descritiva e a uma argumentação destinada a provocar o apoio dos poderes públicos à corrente reformadora. Já no meio do século, Ernest Renan (1849, 1857 e 1890) multiplica os elogios à erudição alemã, em especial à gramática comparada e à filologia, mas também ao sistema educativo de além-Reno. Instaura-se um jogo de espelhos, que é retomado por Victor Duruy e depois se generaliza imediatamente após a guerra franco-prussiana, quando a superioridade do sistema educativo alemão se torna uma das explicações da derrota francesa. Para os partidários da reforma do sistema educativo, a França deve, como a Prússia depois da derrota de Iena (1806), refundar-se intelectualmente.

A comparação com a Alemanha torna-se um lugar-comum, e a estada nas universidades alemãs, já encorajada por Victor Duruy, uma etapa necessária do currículo dos mais brilhantes estudantes franceses, a começar por Ernest Lavisse, Gabriel Monod, Charles Seignobos ou Camille Jullian, para nos limitarmos apenas aos historiadores. Essa tradição conservar-se-á durante muito tempo, como demonstram os muitos relatórios e livros que se dedicam aos quadros comparativos. Assim, cerca de 18% dos professores da faculdade de letras de Paris estudaram na Alemanha de 1879 a 1939 (Charle, 1994a).

Impõe-se como norma a presença de referências a trabalhos alemães. Das 149 notas de rodapé da *Introduction aux études historiques* de Charles-Victor Langlois e de Charles Seignobos (1898), 33% remetem a publicações alemãs, contra 13% a trabalhos anglo-saxônicos e 49% a trabalhos franceses. Entre as 35 referências a artigos de revistas, dos cinco títulos estrangeiros, cinco são alemães.

As referências aos trabalhos alemães fundam uma legitimidade e permitem entregar um espelho ao leitor francês, convidando-o a rivalizar com a ciência germânica. É nesse espírito que é preciso abordar os múltiplos estudos franceses sobre o sistema universitário alemão.

Um ensino superior estruturado e dinâmico

O que primeiro impressiona os franceses em visita à Alemanha é a propagação de numerosas universidades, ao passo que na França é esmagador o peso da Sorbonne, sem

O MOMENTO METÓDICO

que ela constitua, porém, um polo inovador. Essa característica da geografia universitária germânica é o produto paradoxal da fragmentação desse espaço, durante a maior parte do século XIX, numa pluralidade de Estados, de que cada soberano se empenhou em desenvolver um centro universitário. Daí decorre um "mercado acadêmico" (Charle) caracterizado pela mobilidade (Stichweh, 1994). Esse nomadismo dos professores e dos estudantes em busca de uma situação melhor ou de uma melhor formação não cessa de impressionar os universitários franceses, seduzidos por esse liberalismo temperado. Oriundos de um sistema em que a tutela do Estado, e portanto do poder político, se exerce sobre a nomeação dos professores e pesa até na definição do programa abordado, eles ressaltam que "as universidades alemãs são ao mesmo tempo livres e organizadas. Não há programa: liberdade da ciência, liberdade dos métodos, liberdade para o professor, liberdade para o estudante, *Lehrfreiheit* e *Lernfreiheit*", de que resulta não a anarquia, mas uma "harmonia superior" (Lavisse, 1884: 214).

Ao contrário da França, onde os estudantes são ouvintes livres, onde os cursos atraem um público de motivações variadas e onde os próprios campos disciplinares são pouco definidos, na ausência de programas específicos, as universidades alemãs operaram precocemente uma mutação disciplinar.

Victor Duruy, em 1868, e em seguida Ernest Lavisse contrapõem o público não raro mundano da Sorbonne ao das universidades alemãs:

Vi no alto do anfiteatro da Faculdade [de Letras, em Paris] um bolsista desta Faculdade ao lado de dois valetes cujas patroas estavam na primeira fila: o bolsista estava de pé, e os valetes, sentados (Lavisse, 1879:60).

Ao passo que do outro lado do Reno:

Os óculos resplandecem sobre o nariz da maioria dos presentes; o corte dos cabelos varia entre o penteado à ovelha e os cachos à Rafael; aqui não se tem a ambição de preceder a moda, mas a má sorte de exibir uma coleção quase completa das modas dos últimos 15 anos (Lavisse, 1884:217).

Além desse público assíduo, que se dedica à ciência como a um sacerdócio, o que é sublinhado na descrição de Lavisse pela pobreza dos trajes, a força da universidade alemã é formar um corpo. Seignobos mostra-se atento a tudo o que concorre para a formação do sentimento de constituir um grupo específico. Assim, ressalta que, ao saírem dos seminários, que acontecem na casa do professor, os estudantes têm o hábito

76   As correntes históricas na França

de ir juntos à cervejaria, com o que se estabelece uma ligação pessoal entre os alunos de um mesmo professor. A sociabilidade não é, naturalmente, o único benefício dos seminários. Sua primeira virtude é ensinar aos estudantes o manejo dos métodos críticos. "O seminário (...) é na Alemanha a verdadeira escola dos historiadores. Alguém é aluno de um professor não por ter assistido a seu curso, mas por ter acompanhado o seu seminário. É, pois, ali que convém buscar a verdadeira medida do ensino histórico atual" (Seignobos, 1881:90).

Regulamentada a partir da década de 1860, a carreira de professor é, naturalmente, o objeto do interesse dos visitantes estrangeiros. Os cursos, nota Seignobos, são ministrados por professores que defenderam uma tese e foram habilitados por seus pares como *privat-docent* (livre-docente). Para serem recrutados, devem distinguir-se aos olhos de seus pares pela qualidade do ensino, das publicações e dos trabalhos de pesquisa. "Predomina na Alemanha a opinião de que ninguém é digno do nome de cientista se não tiver, por estudos pessoais, feito avançar a ciência, e ninguém deve ser admitido numa universidade senão enquanto cientista" (Seignobos, 1881:68). Seignobos censura nesse sistema a extrema especialização em que confina os *privat-docenten* e a mediocridade dos salários.

Acrescentemos que todos esses relatos, quadros e artigos ressaltam a importância dos recursos consagrados além-Reno à universidade, que contrasta com a mediocridade dos que lhe são destinados na França. Lavisse compara a ausência de biblioteca na Universidade de Nancy para "guardar as poucas centenas de volumes de que dispõe (...) e a biblioteca de 500 mil volumes [instalada num palácio em Estrasburgo] com a qual a econômica Alemanha gastou, sem hesitar, 11 milhões" (Lavisse, 1884:237). Nota Gabriel Monod (1874:35), por seu lado, que "não se gasta na França, para o ensino superior inteiro, um quarto do que custa à Alemanha uma única das suas universidades".

Clio como Valquíria

O ensino e o papel nacional da história chamam também a atenção dos historiadores franceses. Antoine Guilland afirma que os historiadores foram os verdadeiros promotores do novo Império alemão (Guilland, 1899). Ele menciona, em apoio ao que diz, o editorial do número inaugural da *Revue de Schmidt* (1843) — de que Leopold von Ranke é um dos fundadores —, publicado por ocasião dos mil anos do tratado de Verdun — celebrado pela Prússia como a certidão de nascimento da Alemanha —, que eleva Clio à condição de "mãe e mestra" da política nacional (Guilland, 1899:28). Da mesma forma,

O MOMENTO METÓDICO

Guilland apresenta *A história romana* de Berthold Georg Niebuhr (1811) como um modo de "mostrar aos alemães como se podia criar esse Estado de que careciam" (ibid., p. 49). Esse papel de fermento nacional não podia deixar de fascinar os historiadores franceses no momento em que ambicionam desempenhar a mesma função em seu país. Impressionam-se também, apesar das numerosas críticas formais, com a potência e o rigor da historiografia alemã. Assim, Ranke é chamado "escravo da verdade histórica" (ibid., p. 87). "Primeiro historiador, depois cristão", cita Guilland (ibid., p. 69), relatando as palavras do professor berlinês ao rejeitar a qualificação de historiador cristão. Acima de tudo, a organização e a codificação dos estudos históricos forçam o respeito dos franceses. A erudição alemã, que se baseia no domínio das ciências auxiliares (filologia, paleografia, numismática, diplomática etc.), parece ser a única via para fundar a história. Sua transmissão garante a possibilidade dessa clausura disciplinar a que aspiram os reformadores franceses.

Mas a história alemã não é só uma organização e um fermento nacional; é um método.

O método histórico alemão inscreve-se na continuidade da tradição erudita do século XVIII. É redefinido por Wilhelm von Humboldt (1767-1835), cientista e estadista, fundador da Universidade de Berlim em 1810 e irmão do geógrafo Alexander von Humboldt.

Inicialmente, a sua obra *As tarefas do historiador* (1821) reafirma o alvo de conhecimento que, desde Tucídides, fundamenta o contrato de verdade que rege a história: "a tarefa do historiador é expor o que se produziu" (Humboldt, 1821:67). No entanto, explica imediatamente: "mas o que se produziu só é visível no mundo sensível por uma parte, o resto deve ser sentido, concluído, adivinhado em acréscimo" (ibid.).

> Assemelha-se em certa medida a verdade histórica às nuvens, que só ganham forma a certa distância dos olhos. E é por isso que os fatos históricos, nas circunstâncias particulares em que se encadeiam, são pouco mais do que os resultados da tradição e da pesquisa, que concordamos em aceitar como verdadeiros, porque eles mesmos possuem a maior verossimilhança, e também se inserem da melhor maneira na conexão do todo. Mas a simples triagem do que se produziu na realidade pouco mais fornece do que o esqueleto do que aconteceu. Obtemos, assim, a base necessária da história, sua matéria-prima, mas não a própria história. (...) A verdade de tudo o que se produziu baseia-se no acréscimo da parte que em cada fato permanece invisível; o historiador deve, portanto, operar esse acréscimo. Considerado desse lado, ele tem uma atividade autônoma e até criadora (...). O historiador que não alcança em sua exposição a verdade do que se produziu senão completando e reunindo as peças e as ruínas oferecidas pela observação imediata só pode ser bem-sucedido, como o poeta, pela imaginação (Humboldt, [1821] 1985:68).

Humboldt emprega mais adiante a palavra analogia. Inscreve a prática historiadora numa tensão entre a investigação rigorosa, imparcial e crítica, que é um elemento constitutivo de seu ofício — sua "tarefa profissional" —, e a necessidade de operar uma síntese que mobilize a intuição do todo. A base da disciplina é fornecida pela filologia, à qual dedica longas análises. Mas a operação mais arriscada é o estabelecimento da conexão (*Zusammenhang*). A história, longe de ser concebida como mera cópia do real, é apresentada como uma imitação, à imagem da criação artística. Todavia, o objetivo é diferente, pois a história é animada pela ambição de tender para a verdade. Para alcançar tal objetivo, a história deve emancipar-se da filosofia.

> A filosofia impõe uma meta ao que acontece, e essa busca das causas finais, mesmo se quisermos deduzi-las da essência do homem e da mesma natureza, perturba e falseia todo livre exame da ação específica das forças. A história teleológica não atinge nunca a verdade viva dos destinos do mundo, porque o indivíduo deve sempre encontrar seu apogeu no curso mesmo de sua efêmera existência (Humboldt, 1985:77).

Esse texto constitui a certidão de nascimento do *historicismo*, ou seja, de uma história voltada ao particular para tentar dar conta da ação humana. Humboldt inspira profundamente o historiador alemão Leopold von Ranke.

Leopold von Ranke (1795-1886) é uma figura capital da historiografia alemã. Professor da Universidade de Berlim de 1825 a 1871, é, a partir de 1841, o historiógrafo oficial da Prússia. Sua obra histórica centra-se na Reforma na Alemanha, na França e na Inglaterra, mas a sua influência ultrapassa amplamente o campo da história moderna. Com efeito, como observa Louis Halphen (1924:336), é "um chefe de escola em cujo 'seminário', a partir de 1833, veio a aprimorar-se na crítica e no método históricos a maioria dos eruditos e historiadores alemães". Droysen, que foi seu aluno, fala de *Ranke-schule* (escola de Ranke).

Como Humboldt, Ranke recusa, em razão das suas convicções religiosas, a inscrição da história num vir a ser cujas leis pudessem ser definidas. Com efeito, o determinismo histórico que marca tanto o positivismo de Auguste Comte quanto a concepção do devir histórico de Hegel, de quem é colega na Universidade de Berlim, conduz, segundo ele, a recusar todo valor às escolhas e às ações dos homens. Tais teorias que rejeitam a liberdade humana parecem-lhe "totalmente indignas de Deus", não sendo, então, a liberdade humana mais do que uma "enganação" (Ranke, 1994:336). Repele a ideia de um desenvolvimento linear e pautado pelos progressos sucessivos da humanidade, ideia que

O MOMENTO METÓDICO

contradiz a experiência de numerosas civilizações, citando, em especial, a Ásia, que "depois de períodos de altíssimos florescimentos caiu de novo na barbárie" (ibid., p. 337).

Consequentemente, o historiador deve ser modesto, evitar os raciocínios abstratos e gerais demais, para ater-se estritamente aos fatos. "Atribuímos ao historiador a missão de julgar o passado, de ensinar o mundo contemporâneo para servir aos anos futuros: nossa tentativa não se inscreve em missões tão altas; busca apenas mostrar como as coisas realmente foram" (Ranke, 1824, apud Noiriel, 1997:52-53). Essa afirmação estabelece uma separação entre história e filosofia. Com Ranke, a história não é mais um gênero moral, não é mais *magistra vitae*. Ela se revela uma prática empírica e positiva, ao contrário da filosofia, voltada para a teoria e para o especulativo. A ambição não é nem mais nem menos do que destronar, em favor da história, a filosofia como síntese dos conhecimentos acerca dos homens. É, em suas próprias palavras, uma "ciência livre e objetiva" a que Ranke (1871, apud Koselleck, 1997:80) pretende fundar.

A corrente historicista liderada por Ranke não resume toda a historiografia de além-Reno. Por seu lado, Johann Gustav Droysen, em seu *Précis de théorie de l'histoire* (Sumário de teoria da história; 1858, Droysen, 2002), defende uma história reflexiva, que rompa com a teoria do reflexo especular tão do gosto de Ranke. Ele problematiza, segundo Alexandre Escudier, seu prefaciador e tradutor, "a historicidade fundamental de toda investigação histórica" (Droysen, 2002:18) e convida o historiador a formular explicitamente as questões que ele coloca aos rastros conservados e a se interrogar sobre as questões que o conduzem a colocá-las. Nessa diversidade, a historiografia alemã demonstra o seu valor e se impõe como referência em muitos setores da história. Citemos quanto à Antiguidade grega e romana as obras de Friedrich August Wolf ou August Böckh, que colocam a filologia a serviço da história, a de Johann Gustav Droysen (Grécia helenística) ou a de Theodor Mommsen (Roma). Assim, Michelet dedica a Niebhur um desenvolvimento elogioso — embora crítico —, onde classifica a história romana como uma das "conquistas" alemãs, a tal ponto que ela lhe parece uma "colônia germânica". Camille Jullian, que cita esse texto em sua coletânea sobre os historiadores do século XX, comenta: "esta apóstrofe de Michelet tem ainda hoje a sua razão de ser. Ao longo de todo este século, os alemães conservaram sobre nós a superioridade nos estudos de história romana (…). [Suas] publicações das inscrições da Gália e [suas] traduções dos tratados de direito romano reinam soberanas em nossas escolas" (Jullian, 1897:304, nota 3).

É fácil compreender como a Alemanha pode aparecer aos olhos dos historiadores franceses, no início da década de 1870, como uma espécie de terra prometida da história. Sem dúvida, cada um deles se empenha em também achar defeitos no sistema alemão. Afinal, observa Lavisse (1879:48), "não nos proibimos a ambição de fazer melhor do que os nossos vizinhos". Mas a atração é manifesta, tanto que os ambientes nacionalistas franceses não terão palavras duras o bastante para estigmatizar essa germanofilia, que consideram contra a natureza; em especial quando a maior parte dos chefes da escola metódica toma o partido de Dreyfus. Em meio a esse concerto de elogios, Fustel de Coulanges (1875, apud Hartog, 1988:340) ostenta a sua diferença, ao afirmar que "o método que alguns hoje chamam de alemão (...) é francês há dois séculos".

A mutação metódica da historiografia francesa

Uma conjuntura historiográfica e política

Já no fim da década de 1860, o movimento de renovação da historiografia pode ser percebido em diversos campos. As descobertas dos cientistas que Bonaparte leva consigo em sua expedição ao Egito e, depois, os trabalhos de Jean-François Champollion (1790-1832) suscitam uma verdadeira paixão pelas escavações. "A invenção da pré-história" é uma ilustração disso (Richard, 1992).

Já no primeiro terço do século XIX, multiplicam-se as descobertas de ossadas humanas e de utensílios. Num primeiro momento, estes são atribuídos aos celtas ou aos gauleses, mas a posição dessas jazidas no meio das camadas geológicas indica maior antiguidade. Não seriam vestígios de um homem antediluviano? Jacques Boucher de Crèvecoeur de Perthes, que dedica seus tempos de lazer ao estudo deles, desliga, em 1857, as suas hipóteses de qualquer referência à Bíblia. Chama-o de "homem terciário", para ressaltar a sua antiguidade, e busca chaves explicativas no transformismo lamarckiano, mais do que no catastrofismo adaptado do *Gênesis*, de que se servia Cuvier para dar conta das rupturas entre as espécies que estudava.

Se a obra de um amador como Boucher de Perthes permaneceu amplamente ignorada dos ambientes científicos, o debate foi retomado no último terço do século XIX pelos naturalistas, a quem as ideias de Darwin (*A origem das espécies*, 1859) fornecem um quadro teórico. "A pré-história foi inventada sob o reinado desse transformismo rígido. Foi o princípio organizador da maioria dos grandes debates fundadores do primeiro paradigma pré-histórico" (Richard, 1992:23). A partir daí, segundo um esquema que encontraremos para cada seção da história, a questão colocada passa a ser a da profissionalização dos pesquisadores que substituem os amadores, ainda que estes permaneçam muito numerosos nessa área, e as sociedades científicas locais, muito ativas. A partir de 1864, uma revista, *Matériaux pour l'Histoire Positive et Philosophique de l'Homme*, que

O MOMENTO METÓDICO

passa a ser, em 1889 *L'Anthropologie*, dá guarida aos debates dos especialistas, e em 1868 são abertas as primeiras salas dedicadas, na França, à Pré-História, no museu de antiguidades nacionais em Saint-Germain-en-Laye.

O cuidado de promover uma erudição crítica exprime-se no projeto fundador da *Revue des Questions Historiques*, criada em 1866. Essa revista é contemporânea da *Revue Critique d'Histoire et de Littérature*, produto da École Pratique des Hautes Études, dirigida pelos linguistas Gaston Paris e Paul Meyer e de sensibilidade política diametralmente oposta. Ela representa, como esta última, uma das primeiras tentativas de adaptação da historiografia francesa às normas contemporâneas. Inspira-se nas revistas alemãs e adere aos cânones de uma história erudita e crítica: "estamos todos de acordo quanto a submeter os fatos a uma fiel análise e caminhar com passo firme nas estradas da erudição, para chegar à verdade" (Henri d'Épinois, apud Carbonell, 1976a:329). Apesar dessa afirmação, a *Revue des Questions Historiques* (*RQH*) é antes de tudo uma revista militante, e os seus autores, ao contrário de Ranke, "católicos primeiro, depois historiadores" (Carbonell, 1976a:333). São eles o reflexo da École des Chartes, onde o sentimento monarquista permanece amplamente dominante.

A decisão de acabar com o "fetiche" da Revolução, de confundir as teses dos historiadores liberais e republicanos pela ciência e de tornar esta última uma arma da reconquista católica pouco resiste ao uso. Assim, as controvérsias acerca da Pré-História são, para certos redatores, uma ocasião de defender a tradição: "não é possível alegar", escreve um deles, "nenhuma tradição em favor da existência do homem durante a época glacial. *Portanto* nunca houve um homem glacial" (*RQH*, v. 18, p. 265). Eles dão o tom da revista, mesmo se outros nela praticam uma "defesa elástica" (Carbonell), lembrando que "os problemas cronológicos deixados na sombra por nossos livros são entregues pela Igreja à livre pesquisa dos cientistas" (Henri d'Épinois, apud Carbonell, 1976a:482).

Depois de 1870, a *RQH* se mobiliza em favor do conde de Chambord. De católica e monarquista ela se torna, depois de Sedan, ultramontana e legitimista. Prisioneira da sua escolha política, ela se restringe a ser apenas "a arma de uma seita" (Carbonell, 1976b:335). A evolução de Roma isola-a progressivamente no seio do próprio mundo católico (encíclica *Rerum Novarum*, 1891). Essas tomadas de posição não a impedem de constituir uma referência. É para ela que Fustel de Coulanges se volta para publicar os seus artigos, durante a polêmica com Gabriel Monod (1886).

A sua existência e a sua difusão mostram a vontade dos intelectuais católicos de não entregar a ciência aos "racionalistas" e, ao mesmo tempo, os limites impostos aos mais ousados pelo peso do setor mais conservador desse ambiente. Se a maior parte dos grandes nomes do século XIX hoje lembrados é liberal, ou até democrata, a *RQH*, por seu caráter inovador, deve lembrar que o tecido científico estimulado e organizado por Guizot é dominado pelos notáveis legitimistas que ocupam essas sociedades científicas, bem como as sociedades de agricultura. Na década de 1870, na França, "um historiador em cada seis [é] membro do clero católico, uma obra histórica em cada quatro [trata] da história do cristianismo" (Carbonell, 1978:177).

Por gosto pela simetria, é tentador traçar, ante a *Revue des Questions Historiques*, o retrato de uma historiografia protestante e republicana encarnada pela *Revue Historique*, fundada em 1876. Não faltam os argumentos a favor dessa tese, em especial a pertença de um de seus fundadores, Gabriel Monod, a uma família com um grande número de pastores e a origem confessional de muitos dos seus redatores (Carbonell, 1976a:223). Sem dúvida, o cofundador da *Revue Historique*, Gustave Fagniez, é cartista e católico, mas, irritado com os ataques contra a Igreja, ele deixa o periódico em dezembro de 1881, para colaborar na *Revue des Questions Historiques*. Além disso, se existe cofundação, o peso respectivo dos dois fundadores está longe de ser idêntico. Já em 1873, Monod dirigia — aos 33 anos — a *Revue Critique*, seguindo uma brilhante carreira inaugurada com sua nomeação, por Victor Duruy, em 1868, como repetidor na École Pratique des Hautes Études.

O paralelo traçado entre a *Revue des Questions Historiques* e a *Revue Historique* não carece de fundamento e remete ao compromisso liberal de numerosos protestantes. Não é, porém, completamente convincente e subestima o ponto de vista específico da *Revue Historique*, o deslocamento do partidário para o nacional. Essa característica é perceptível já no editorial do primeiro número, em 1876.

A Revue Historique: *um editorial fundador*

Decompõe-se esse texto-manifesto de Monod em três grandes momentos. O primeiro é uma narrativa "do progresso dos estudos históricos na França desde o século XVI", para retomar o título do artigo, que se desenrola do Renascimento até o século XIX. O segundo apresenta uma análise da conjuntura historiográfica. O terceiro empenha-se em definir o programa que deve ser o dos historiadores no último terço do século XIX.

A principal preocupação que permeia o artigo de Gabriel Monod é permitir compreender e articular as diferentes facetas da produção historiográfica francesa, para definir as perspectivas dela. O olhar lançado à historiografia é análogo ao dirigido à nação. Assim como a França é composta de "legitimidades sucessivas", cada momento da historiografia contribuiu para o edifício comum, que cumpre prolongar e aprimorar.

O MOMENTO METÓDICO

Uma narrativa "do progresso dos estudos históricos na França desde o século XVI"

O objetivo da primeira parte do texto de Gabriel Monod é atestar a riqueza da tradição historiográfica francesa, demonstrada pelas dezenas de historiadores nomeados, e inscrevê-la num movimento contínuo de aperfeiçoamento. Mesmo se o historiador evoca em algumas linhas os cronistas medievais e lhes presta homenagem, a opção por começar a narrativa no Renascimento estabelece uma relação forte entre a história, tal como ele a entende, e a tradição crítica que se desenvolve então. "A história, quer a consideremos como um ramo da literatura, quer como ciência, data para nós do Renascimento." O espírito de livre-pensamento e o de investigação científica caminham de mãos dadas, são estimulados pelo humanismo italiano e depois pela Reforma. Contudo, apesar dos seus méritos, essa historiografia não produz "nada de definitivo", a erudição exigida pela história não tem boa convivência com as paixões partidárias, políticas e religiosas que animam esses historiadores. É, pois, a monarquia absoluta que, nos séculos XVII e XVIII, ao garantir o retorno à estabilidade política, permite o verdadeiro desabrochar de Clio. Paciência, método, regularidade, minúcia são os qualificativos usados para saudar os méritos dos eruditos e em especial dos beneditinos, que se dedicam ao estabelecimento e à edição dos textos ou esteiam suas obras no domínio da numismática, da diplomática ou da epigrafia. O clero não tem o monopólio da homenagem assim prestada, pois também se faz menção à Academia das Inscrições e Belas-Letras e, com ela, aos doutos leigos que participam do desabrochar da erudição. Longe de prejudicá-la, o questionamento filosófico que se impõe no século XVIII amplia as suas perspectivas. A ambição de compreender a marcha da humanidade, como os debates sobre as origens do Terceiro Estado ou da aristocracia, coloca, ao contrário, a história no centro das preocupações. Enfim, depois da Revolução e do Império, o abismo que separa agora a sociedade francesa do Antigo Regime permite compreendê-lo melhor e examiná-lo com maior imparcialidade.

Ao fim desse primeiro momento, o conjunto das tradições historiográficas francesas é, pois, reunido, e elas se completam umas às outras. Contrariamente aos balanços historiográficos estabelecidos por Augustin Thierry, Gabriel Monod dá ênfase à harmonia, ao lento processo cumulativo que, de época em época, conduz a uma história mais segura. Na aurora do século XIX, são definidas as qualidades que o historiador deve ter: modéstia, prudência, erudição, recusa das paixões. Em razão das reviravoltas políticas e do lento amadurecimento da disciplina, a história ocupa um lugar central: "o nosso século", afirma Monod, "é o século da história".

A conjuntura historiográfica e a herança da primeira parte do século XIX

Ao abordar o segundo momento da sua exposição, até então repleta de notas e carregada de listas de autores, Monod muda de tom e encara, um após o outro, os diversos elementos da conjuntura.

Presta inicialmente homenagem às ciências auxiliares que fundam a ciência moderna. Graças a elas, é possível "descobrir, se não sempre a verdade completa, pelo menos determinar exatamente sobre cada ponto o certo, o verossímil, o duvidoso, o falso". Os historiadores estão, pois, armados para responderem à sua missão, contanto que se curvem às regras do método e adotem esses instrumentos.

Em seguida, considera Monod a situação da historiografia alemã. De maneira já clássica, os bons êxitos da ciência histórica alemã são atribuídos à sua organização universitária, aos laços que unem os estudantes a seus professores e permitem a transmissão dos saberes: "podemos comparar a Alemanha a um vasto laboratório histórico, em que todos os esforços são concentrados e coordenados e em que nenhum esforço é baldado". Como contraponto, ele traça o quadro dos historiadores franceses, "todos *autodidatas* [que] não tiveram mestres e não formam alunos". Decorre dessa característica o fato de "imporem à história a marca do seu temperamento, de sua personalidade. Costumam ser, mesmo os mais eruditos, escritores antes de serem cientistas". Esse é o ponto culminante da demonstração de Monod. É por não estarem inscritos num meio profissional e não conhecerem as suas regras que, como os humanistas e também eles movidos pelas paixões políticas, "imaginaram [que] havia chegado a hora de escrever de maneira definitiva a história geral da França"; para uns e outros, essa tentativa era prematura.

Monod, porém, não se propõe rejeitar a historiografia francesa do século XIX. Ela mesma contribuiu para o enriquecimento da história na França. Ante a frieza, a minúcia ou até a mesquinhez da historiografia alemã, os historiadores liberais e românticos esforçaram-se, com efeito, para introduzir a vida na história, buscaram "o homem em lugar dos fatos". Monod, organizador dos funerais de Michelet e um de seus biógrafos (1923), não contrapõe história e literatura. O progresso não se faz pela rejeição da herança, mas por uma síntese-ultrapassagem. Assim, ele saúda a preocupação de todos os grandes historiadores do século XIX em basear suas análises numa documentação segura. Observa que o próprio Michelet buscava "conter a sua imaginação, não aventando nada que não pudesse apoiar com textos e [que ele] considerava os arquivos verdadeiros laboratórios do historiador". De maneira simétrica, ele reserva as suas críticas aos literatos despreocupados com a erudição e aos eruditos que demonstraram uma "aversão insensata pelas ideias gerais".

O MOMENTO METÓDICO

Um programa

Com a solidariedade que estabeleceu entre os diferentes momentos da historiografia francesa e com as lições que extraiu daí, Monod define o que deve ser o programa da nova geração e a orientação da *Revue Historique*.

Contra o espírito de sistema, de generalização apressada, Monod defende a prudência. Os progressos do trabalho histórico são lentos, só avançando gradualmente do particular ao geral. Assim, a modéstia do artesão deve ser de rigor: "publicação dos textos, crítica das fontes, estudo paciente e minucioso" devem constituir suas únicas ambições. O momento que se abre é um momento de fundação definitiva. Mais tarde, sobre materiais seguros, virá o tempo das sínteses.

Ele reivindica a constituição de uma comunidade historiadora que una esforços para o progresso da ciência histórica e a reorganização dos estudos históricos. Nessas duas frentes, a *Revue Historique* pretende dedicar-se inteiramente a servir de elo entre os pesquisadores e a dar o exemplo do "bom método" às jovens gerações.

Enfim, ele trata de definir a posição da *Revue* em relação à nação e aos conflitos que a permeiam. O ponto de vista por ele defendido é unitário; sendo o historiador "o depositário das tradições do seu povo e da humanidade", não pode conduzir o processo de um momento da história em nome de outro. Ao contrário, ele "sente melhor do que ninguém os mil laços que nos ligam aos antepassados". Artesão da memória nacional, o historiador não pode nem deve desligar-se dela. Seu olhar é filial, cheio de respeito, sua tarefa é "explicar e compreender, não louvar ou condenar". Como Monod dá o exemplo em sua narrativa da historiografia, os historiadores devem, pois, mostrar os elos necessários que unem os diversos momentos da história do país, devem sublinhar a sua solidariedade, mostrando que a mudança é irresistível e irreversível. Só esse ponto de vista é, segundo Monod, científico. Não há, portanto, antagonismo entre a atitude científica e a vocação nacional atribuída à história. É, em definitivo, nessa tese que reside a mutação metódica que postula a possibilidade de se escrever uma história de toda a nação e de reconciliá-la consigo mesma. É ainda maior a sua atualidade por Monod estar convencido de que a República, à qual aspira, é conforme aos progressos da razão e que todo avanço da ciência só pode servir a ela, assim como ela serve a mesma França. Melhor ainda, em razão da relação singular entre a França e o universal, o amor da pátria sustentado pelo amor da ciência, longe de produzir um nacionalismo agressivo e cego, serve ao "progresso do gênero humano". Estabelece-se uma circularidade natural entre ciência, pátria e universal. É a quintessência do que a Terceira República ensinará nas escolas.

O ponto de vista estritamente científico em que nos situamos bastará para dar à nossa [revista] a unidade de tom e de caráter. Todos os que se situam nesse ponto de vista experimentam um mesmo sentimento em relação ao passado: uma simpatia respeitosa, mas independente. O historiador não pode, com efeito, compreender o passado sem certa simpatia, sem esquecer os seus próprios sentimentos, suas próprias ideias, para apropriar por um instante os dos homens de antigamente, sem se colocar no lugar deles, sem julgar os fatos no ambiente em que eles se produziram. (...) Há algo de filial no respeito com que busca penetrar na alma deles: considera-se o depositário das tradições de seu povo e da humanidade.

Ao mesmo tempo, o historiador conserva, porém, a perfeita independência de espírito e não abandona de modo algum seus direitos de crítico e de juiz. O tesouro das tradições antigas é composto dos mais diversos elementos, elas são fruto de uma série de períodos diferentes, até de revoluções, que, cada qual em seu tempo e por sua vez, tiveram todos a sua legitimidade e sua utilidade relativas. O historiador não se arroga o papel de defensor de uns contra os outros; não pretende apagar uns da memória dos homens para dar aos outros um lugar imerecido. (...) Não faz o julgamento da monarquia em nome da feudalidade, nem de 89 em nome da monarquia. Mostra os laços necessários que ligam a Revolução ao Antigo Regime, o Antigo Regime à Idade Média, a Idade Média à Antiguidade, notando, sem dúvida, os erros cometidos e que é útil conhecer para evitar que se repitam, mas sempre lembrando-se de que o seu papel consiste antes de tudo em compreender e em explicar, não em louvar ou condenar.

(...) O verdadeiro historiador é o que, elevando-se acima desses *parti pris* apaixonados e excludentes, concilia tudo o que há de legítimo no espírito conservador com as exigências irresistíveis do movimento e do progresso. Sabe que a vida e a história são uma perpétua mudança; mas que tal mudança é sempre uma transformação de elementos antigos, jamais uma criação completamente nova. Dá às gerações presentes o sentimento vivo, a consciência profunda da feliz e necessária solidariedade que as une às gerações anteriores, mas fazendo-as sentir ao mesmo tempo que essas tradições, que são uma força para ir adiante, se tornariam funestas se quiséssemos nelas nos aprisionar como em formas imutáveis.

(...) No que se refere especialmente à França, os acontecimentos dolorosos que criaram em nossa pátria partidos hostis, cada qual ligado a uma tradição histórica especial, e aqueles que mais recentemente mutilaram a unidade nacional lentamente criada pelos séculos colocam-nos no dever de despertar na alma nacional a consciência de si pelo conhecimento aprofundado de sua história. Somente com isso podem todos compreender o vínculo lógico que une todos os períodos do desenvolvimento do nosso país e até todas as suas revoluções; é com isso que todos se sentirão rebentos do mesmo solo, filhos da mesma raça, sem renegar nenhuma parte da herança paterna, todos filhos da velha França e ao mesmo tempo todos igualmente cidadãos da França moderna.

O MOMENTO METÓDICO

É assim que a história, sem propor-se *outro objetivo e outro fim senão o proveito que se tira da verdade*, trabalha de maneira secreta e certa para a grandeza da pátria e, ao mesmo tempo, para o progresso do gênero humano (Monod, 1876b).

Esse texto fundamental permite avaliar o que está em jogo em todo recurso à genealogia; a narração dos diversos avatares da história na França tende à conclusão de que existe, sim, uma obra francesa, uma unidade da França, para além das suas divisões políticas. O nacional transcende as dilacerações políticas e sociais, e a primeira tarefa do historiador é evidenciar essa continuidade nacional. A República é o fruto maduro do movimento da história da França; o passado monárquico, sua infância; denegrir um em nome do outro é, portanto, tão inconcebível como querer voltar atrás.

Esse é exatamente o discurso de que os republicanos oportunistas, que triunfam em 1879, precisam para fundamentar a ideia de que a República é o regime natural da França; o único regime que, assumindo toda a história do país e, portanto, por isso mesmo livre de todo espírito de desforra interna, pode oferecer a ele a estabilidade política, condição de seu reerguimento.

Desse ponto de vista, a escola metódica é realmente a historiografia dos republicanos oportunistas, ou seja, dos republicanos governamentais, que se empenham em praticar uma política do possível que alie princípios e pragmatismo (Nicolet, 1982). Tendo os historiadores metódicos muito a oferecer à República, esta se mostra generosa para com eles e permite, para garantir a estabilidade política, que até a historiografia se estabilize. A hora é da profissionalização dos historiadores franceses.

Definir uma profissão

A profissionalização dos historiadores provém, em primeiro lugar, de uma operação de fechamento: a definição de uma norma legítima que marque os contornos de uma comunidade científica capaz de garantir a validade do saber histórico. Efetua-se esse fechamento em dois planos: a organização da formação e a codificação do método.

Um mestre de obras: Ernest Lavisse

Ao contrário dos responsáveis políticos, como Jules Ferry, Ernest Lavisse (1842-1922) nem sempre foi republicano. Admitido na École Normale Supérieure em 1862, diplomado em história em 1865, chama a atenção de Victor Duruy, que o chama em seu gabinete e faz dele um dos preceptores do príncipe imperial. Homem fiel, Lavisse não cessa de invocar o aval desse ministro, de quem traça um retrato atraente e em cujos passos inscreve a sua ação (Lavisse, 1895a). De resto, depois de Sedan e da queda do Império, Lavisse permanece durante muito tempo fiel ao Império. Não se alia realmente à República senão no ano de 1878 (Nora, 1984a). Como Adolphe Thiers, Lavisse é um republicano na falta de algo melhor. Sua adesão dá-se em nome da nação. Uma República bem-comportada, conservadora e oportunista parece-lhe então a única capaz de reunir os franceses e evitar novas comoções internas, de que a Comuna de Paris é o último exemplo.

Sua carreira é brilhante e rápida. Entra na Sorbonne em 1880 como suplente de Fustel de Coulanges. Participa de todos os combates para a reforma da universidade: reforma da licenciatura, da agregação, instituição do diploma de estudos superiores, formalização da tese etc. Mas, em sua mente, tais reformas só têm sentido se permitirem inflectir em profundidade o ensino da história em todos os níveis, pois "as três ordens da universidade francesa são solidárias umas com as outras, e o efeito salutar do que fazemos aqui na Sorbonne será um dia notado na mais humilde escola do mais humilde vilarejo" (Lavisse, 1881, apud Dumoulin, 1998:8). Ele mesmo dá o exemplo. Define o programa do ensino primário e do secundário (1890). É ao mesmo tempo o redator do célebre *Petit Lavisse*, destinado ao primário, e o coordenador de uma monumental *Histoire de France*. Toma a palavra tanto na Sorbonne quanto na distribuição dos prêmios da escola de seu vilarejo natal, Nouvion-en-Thièrache. De 1881 a 1913, publica nada menos de 65 artigos sobre as questões de ensino só na *Revue Internationale de l'Enseignement* (Hery, 1999). A República é-lhe reconhecida. Depois de ter obtido uma cátedra na Sorbonne em 1888, é nomeado em 1904 diretor da École Normale Supérieure, posto que só deixa três anos antes da morte. Em 1892, a Academia Francesa lhe abre as portas. Através de sua obra de historiador, bem como de seu papel de organizador dos estudos históricos, Lavisse torna-se um autêntico "reitor do sentimento nacional" (Nora) e ocupa um lugar central na definição da função social da história.

A reorganização da universidade

A reforma do ensino superior e o estabelecimento de um autêntico currículo universitário são as primeiras tarefas assumidas pelos historiadores metódicos. O ensino superior francês comporta, sem dúvida, em 1880, polos de excelência: a École Normale Supérieure (rua d'Ulm), a École des Chartes e a École Pratique des Hautes Études. Mas só nestas duas últimas instituições é ministrado um ensino dos métodos críticos. A faculdade de letras, por seu lado, permanece dominada pelo método retórico e sofre de uma indistinção dos estudos literários, assim como da ausência de estudantes assíduos.

A profissionalização dos historiadores passa, portanto, por uma refundição dos estudos históricos que permite aos estudantes obterem uma cultura disciplinar específica, em especial pelo domínio das ciências auxiliares. Assim, eles interiorizam, ao longo de sua formação, as regras do ofício de historiador.

Para Lavisse, como para Monod, o primeiro objetivo é favorecer o estabelecimento de uma relação de transmissão do saber entre professores e estudantes. Em 1883, Lavisse obtém a institucionalização da inscrição dos estudantes de letras e a criação na Sorbonne de cursos fechados, ao lado dos cursos livres, abertos ao público. Esses cursos devem permitir ao professor a difusão de um saber técnico, sem a preocupação de ter de lidar com um público heterogêneo, às vezes pouco interessado no conteúdo da aula, e aos estudantes, a apresentação de exposições sem as limitações impostas pela presença de um auditório estranho. Lavisse congratula-se por tal reforma e afirma que a universidade, que "não reconhecia nenhuma existência legal aos seus alunos perdidos na multidão, tem hoje alunos organizados num corpo regular" (Lavisse, 1885:58).

Tornamos a encontrar uma vontade idêntica na instituição de conferências inaugurais, que têm como objetivo, segundo a sua expressão, "definir o estudante" (Lavisse, 1890a:xx). Cada alocução é uma oportunidade de assinalar os progressos realizados e de traçar as perspectivas do futuro. Da mesma forma, já em 1884, Lavisse encoraja a constituição de uma associação de estudantes da faculdade de letras, que é fundada no ano seguinte. Ele prestigia o seu banquete anual, ao lado de outras personalidades, como Émile Zola, em 1893, e os presidentes da República Casimir Périer, em 1894, e Émile Loubet, em 1899. São claras as suas expectativas em relação a essa associação. Em 1886, declara aos estudantes reunidos:

> Louvados sejais pelo simples fato de existirdes. No momento em que a lei começa a favorecer o espírito de associação (Lei Waldeck-Rousseau de 1884 sobre o sindicalismo), em que todas as profissões têm o seu sindicato, quisestes que a *profissão* de estudantes não permanecesse mais por muito tempo na banalidade em que definhava. (...) Não pude evitar a comoção a primeira vez que vi carregada por um de vós a bandeira ornada com a gravata violeta; somar a cor universitária às cores nacionais é bom; mostrais com isso que pretendeis ter uma *pequena pátria* dentro da grande, e as pequenas pátrias como essas, em que ganham energia as forças intelectuais e morais, preparam para melhor servir a pátria grande (Lavisse, 1910:187).

Essa comparação merece ser ressaltada, por assimilar a universidade a uma dessas regiões que fazem a diversidade e a riqueza da França, e lhe atribuem a mesma função identitária. Em 1890, Lavisse (1890a:xx) triunfa: "uma família constituiu-se".

Já em 1877, são concedidas bolsas para preparação da licenciatura, e depois, a partir de 1880, para a *agrégation*. Estas devem acarretar a transferência dos estudantes e constituir, segundo Louis Liard, "núcleos de cristalização que [os] atraem e os fixam" (apud Moulinier, 2003:135). A licenciatura progressivamente vai especializando-se. Em 1880, são propostas três opções (literatura, filosofia e história, e depois, alguns anos mais tarde, línguas) aos estudantes de letras. Em 1907, a licenciatura em história torna-se independente. Em 1886, é instituído um diploma de estudos superiores (DES). Antepassado do atual mestrado, ele privilegia o trabalho com documentos originais, que exercita o estudante nas técnicas da história e substitui as compilações de rigor até então. Deve permitir, segundo Lavisse, que se "façam coisas novas" (apud Noiriel, 1997:218). Em 1894, o DES torna-se obrigatório para se apresentar a *agrégation* de história.

Esta última é o objeto de toda a atenção dos reformadores. Até 1894, nenhum programa a rege. A preparação das provas orais desenvolve-se em 24 horas no domicílio do candidato, o que dá nítida vantagem aos que dispõem de contatos em Paris que lhes possam ser úteis. De fato, a *agrégation* quase só é acessível aos estudantes da capital e, entre eles, os alunos da École Normale Supérieure, que são preparados para ela pelos professores.

As queixas a seu respeito são muitas. Censuram-na por ter, em razão dos temas demasiado gerais, um conteúdo científico reduzido (os estudantes preparam-na com os manuais do liceu) e por apelar principalmente — se não exclusivamente — para a memória. Além disso, ela não permite julgar as aptidões profissionais dos candidatos, sendo, porém, um concurso de recrutamento de docentes (o único até a instauração do Caec,[1] antepassado do Capes,[2] por Vichy).

As suas sucessivas reformas servem de laboratório e de modelo para a redefinição de todas as *agrégations* (Chervel, 1993). Em 1885, introduz-se, para reforçar a natureza profissional do concurso, uma prova baseada na correção de um pacote de velhas cópias do concurso geral, correção esta que o candidato deve completar em 45 minutos, e é criada uma prova oral que deve ser uma "aula de liceu". Essa primeira tentativa não é muito

---

[1] *Certificat d'aptitude à l'enseignement dans les collèges* (certificado de aptidão ao ensino nos colégios). (N. do T.)
[2] *Certificat d'aptitude au professorat de l'enseignement du second degré* (certificado de aptidão ao professorado do ensino de segundo grau). (N. do T.)

conclusiva. O exercício de correção é abandonado, ao passo que a aula pedagógica se torna mais uma conferência.

Em 1894, por recomendação do júri presidido por Lavisse, é instaurado um programa limitativo, definido a cada ano por decreto ministerial, para a prova escrita. Em 1906, a duração da preparação de todas as provas orais é fixada em seis horas. Elas se realizam, a partir daí, no lugar dos concursos.

A vontade, porém, de dar mais espaço à pedagogia acaba em fracasso. O DES, durante certo tempo avaliado pelo júri da *agrégation* e defendido ante este pelos candidatos, não consegue impor-se como uma preparação científica suficiente. Em 1906, a aula pedagógica é definitivamente abandonada e, no ano seguinte, substituída por um certificado de estudos pedagógicos, que atesta a assiduidade a conferências pedagógicas — entre as quais as lições sobre a pedadogia, de Émile Durkheim, ministradas ao conjunto dos candidatos à *agrégation* — e que o estudante assistiu a algum curso de um professor de liceu e deu ele mesmo algumas aulas.

A função de reconhecimento social, de título, sobrepujou a função profissional. A *agrégation* assume então, visivelmente, a forma que ainda hoje tem (Garcia e Leduc, 2003:287-95).

Enfim, a própria tese, que permite postular um cargo no ensino superior, é progressivamente redefinida. Em 1903, símbolo da ruptura com a tradição herdada das humanidades, a tese latina ("a pequena tese") cede o lugar a uma tese secundária de erudição. Já na década de 1890, não tem mais nada a ver com a de Michelet sobre Plutarco, defendida em 1819, com suas 26 páginas. Trata-se agora da obra mestra — o rito "iniciático" (Nora) — com sua abundância de notas, sua bibliografia crítica. As notas não se contentam mais apenas em remeter às fontes, como já era o caso em Fustel de Coulanges. Constituem um autêntico paratexto, no qual os trabalhos dos outros historiadores são não só citados, mas discutidos (Dumoulin, 1993).

Essa norma estende-se ao conjunto da produção histórica. Impõe-se um novo modo de escrever a história, progressivamente assimilado do DES à tese. Ela afeta também o estilo dos historiadores, que são convidados a romper com a retórica e dar a seus trabalhos — e, em primeiro lugar, aos trabalhos exigidos para superar as etapas do curso — o tom desenvolto e austero da ciência.

Estou convencido de que a revolução na concepção e no método da história deve ser acompanhada de uma revolução no estilo histórico. A história sofreu muito por ter sido um gênero oratório. As fórmulas da eloquência não são ornamentos inofensivos; elas escondem a realidade; desviam a atenção dos objetos para dirigi-la às formas; debilitam o esforço que deve consistir (tanto na história como em todas as outras ciências) em representarmos as coisas e em compreendermos as suas relações. Agora que a história começou a se constituir como ciência, chegou a hora de romper com a tradição oratória romana e acadêmica e adotar a língua das ciências naturais (Seignobos, 1906:39).

O capítulo "Exposição" da *Introduction aux études historiques* termina com a enunciação desta regra: [o historiador] "deve *sempre* escrever bem e jamais se endomingar" (Langlois e Seignobos, 1898:252), ao passo que Charles-Victor Langlois (1902:229) não hesita em sair à caça dos "micróbios literários [que] se escondem de preferência nas extremidades e nas charneiras dos livros de história".

Assim, de 1880 a 1906 são definidos os caminhos de acesso à profissão de historiador. Esta passa a formar daí em diante um verdadeiro corpo, uma comunidade científica, com as suas regras, o seu currículo, os seus ritos de diplomação e de reconhecimento. Os estudos históricos tornaram-se um "adestramento regular" (Langlois e Seignobos, 1898:59).

O número de estudantes continua sendo modesto, sem dúvida. No fim do século, há mil estudantes de história em Paris, outros tantos no interior. Mas com a nova Sorbonne, inaugurada em 1889, eles agora dispõem de salas adaptadas ao ensino, novos anfiteatros e bibliotecas, autênticos laboratórios da história, que contrastam com os locais anteriores.

Do lado docente, inicia-se um processo de autonomização administrativa (relativa) das faculdades, favorecida por Louis Liard, diretor do ensino superior de 1884 a 1902. É abandonada a aprovação ministerial dos programas dos cursos. É criado em 1877 o estatuto de mestre de conferências, enquanto dobra o número de cadeiras de história na Sorbonne, passando de 57 a 74 entre 1895 e 1905. O recrutamento dos mestres de conferência e dos professores baseia-se, a partir de 1890, na cooptação.

Redes para a história

A multiplicação das revistas e das sociedades científicas constitui outro indício da formação de uma comunidade de historiadores. Tal como definida com base no modelo da *Historische Zeitschrift* fundada em 1859, uma revista científica tem de satisfazer diversos critérios. É dirigida por um comitê de redação que examina os artigos, os avalia, autoriza ou não a sua publicação e, eventualmente, solicita correções. Compreende diversas rubricas: artigos que devem obedecer às normas da cientificidade em vigor, com um aparato crítico abundante, o eco dos debates, da vida da comunidade e de suas manifestações (colóquios, reuniões, atas de defesas de tese etc.) e resenhas críticas. A função destas últimas é essencial. Algumas revistas, como a *Revue Critique d'Histoire et de Littérature*,

O MOMENTO METÓDICO

consagram a elas a totalidade dos seus números. Langlois e Seignobos (1992:120) não hesitam em atribuir-lhes o papel de polícia dentro da comunidade:

> [Os fundadores da *Revue Critique*] operaram execuções memoráveis, não por prazer, mas com o firme propósito de criar uma censura e, por conseguinte, uma justiça, por meio do terror, no terreno dos estudos históricos. Os maus operários foram então perseguidos e, sem dúvida, a *Revue* não alcançou as camadas espessas do grande público, porém exerceu a sua polícia num raio bastante amplo, para inculcar, quisessem ou não, na maioria dos interessados o hábito da sinceridade e o respeito pelo método.

Trata-se de estabelecer uma linha de demarcação entre os profissionais da história e os outros. Instituindo uma norma legítima, os autores das resenhas críticas "conseguem (…) impedir que tenham acesso à sua profissão os incapazes e os amadores, que pouco antes abundavam" (Langlois e Seignobos, 1898:119).

A revista é, portanto, um instrumento de trabalho essencial, cujo campo de especialização vai precisando-se à medida que avança a estruturação dos estudos históricos. Constitui, segundo Camille Jullian (1897:cxxv), um indício dos seus progressos. Depois das revistas generalistas, como a *Revue des Questions Historiques* ou a *Revue Historique*, surgem revistas consagradas a um período específico, como *La Revue d'Histoire Moderne et Contemporaine* (primeiro número, maio/jun. 1899) ou *La Révolution Française* (depois de 1887). Pode-se perceber o mesmo movimento no interior, onde as faculdades criam as suas próprias revistas.

A revista permite a constituição de uma rede. Esta exprime um posicionamento científico *e* político. Se a *Revue Historique* é uma resposta política *e* científica à *Revue des Questions Historiques*, a Société d'Histoire Moderne nasce em 1901 para contrabalançar a Société d'Histoire Contemporaine, "católica" (Caron, 1904:244). Pierre Caron não nega esta dimensão. O que reúne os membros da Société, além do fato de serem "trabalhadores" (termo recorrente para designar os historiadores profissionais), é sua opção racionalista. Esta não reproduz totalmente a oposição direita/esquerda: "entre os racionalistas e seus adversários se interpõe atualmente uma categoria (…) de historiadores que têm simpatias sentimentais e relações de direita, mas que são experientes na prática do método, bem informados e sabedores de como trabalhar". Explica, porém, que essa categoria intermediária é pouco numerosa (ibid., p. 245).

Como as revistas, as sociedades especializam-se. Assim, dentro da Société d'Histoire Moderne, a comissão consagrada à Revolução de 1848 torna-se uma sociedade autônoma em 1904.

Os argumentos propostos para justificar a criação da revista e da sociedade são sempre de ordem científica:

A Sociedade tem por objeto contribuir para os progressos dos estudos críticos de história moderna. É recrutada entre os trabalhadores preocupados acima de tudo com as pesquisas científicas e decididos a recusar qualquer explicação que não seja exclusivamente científica e racional. [Os trabalhos das sessões devem, segundo os estatutos, satisfazer a quatro exigências]: 1. Estudar as questões precisas presentes na ordem do dia. 2. Ouvir memórias originais, resenhas críticas de obras importantes, de notas bibliográficas. 3. Instituir discussões sobre as novas concepções históricas. 4. Submeter ao exame questões profissionais e pedagógicas (Estatutos da Société d'Histoire Moderne, 1901).

Não se trata de constituir uma "academia, [mas] antes um lugar para conversar e ao mesmo tempo uma oficina de pesquisas" (Mathiez, 1ª sessão da Société d'Histoire Moderne, 22 jul. 1901). A publicação da lista dos aderentes, com a indicação precisa de seus títulos, atesta o peso da Société. A lista publicada em 1904 pela Société d'Histoire Moderne traduz a sua implantação nacional (15 academias representadas, além de Paris) e internacional (18 professores estrangeiros de 10 países diferentes, cinco dos quais alemães). Mostra também a adequação entre a Société e o meio profissional. A adesão é feita por cooptação, após apresentação por dois membros. O efetivo, voluntariamente reduzido, corresponde a uma preocupação com a "homogeneidade" (Caron, 1904:245).

As sociedades desempenham também um papel de editor científico, ao publicar textos ou arquivos pouco acessíveis, além de repertórios. Assim, a Société d'Histoire Moderne edita a cada ano um *Répertoire méthodique de l'histoire moderne et contemporaine*, sob a direção de Gaston Bière, Pierre Caron e Henri Maistre, que constitui um "extrato metódico e crítico dos livros e artigos de periódicos publicados na França e no estrangeiro acerca da história da França de 1789 até hoje". A partir de 1902, ela se empenha também na publicação de uma *Bibliographie de l'histoire de France depuis 1789*, levada adiante sob a direção de Caron e que é, ao mesmo tempo, uma "bibliografia e uma bibliografia das bibliografias".

Além dos debates internos à comunidade científica e da produção de instrumentos de trabalho, a difusão dos bons métodos, ou seja, de "uma disciplina livremente estabelecida [que] é a condição [da fecundidade] do trabalho histórico" (Caron, 1904:46), constitui uma das questões recorrentes levantadas durante os debates dessa sociedade. Ela afeta sobretudo dois setores: o ensino e as relações com as sociedades científicas, que são, em 1902, cerca de 250, 50 das quais dedicadas exclusivamente à história e à arqueologia. O quadro delas, pintado por Caron, mostra tudo o que as separa dos universitários republicanos:

> Elas são recrutadas por cooptação, sobretudo na nobreza e na burguesia; nelas encontramos os eruditos locais e a maioria das pessoas que possuem na região, a qualquer título, certa influência social. Os funcionários e os universitários têm por vezes dificuldade de serem nelas admitidos; por isso muitas vezes se abstêm de candidatar-se (Caron, 1904).

Para remediar essa situação, a Société d'Histoire Moderne preconiza uma política de subvenções dos trabalhos, da parte do Comité des Travaux Historiques. Este, reformado em 1884 e 1885, deve tornar-se o "tutor" das sociedades científicas. Deve levar as sociedades a consagrarem-se exclusivamente ao gênero monográfico e à publicação crítica de documentos. É preconizada uma divisão do trabalho entre os eruditos locais e os pesquisadores universitários, a qual permita a estes últimos produzirem sínteses com base numa documentação e em estudos locais confiáveis. Mas a salvação, segundo o parecer unânime dos membros da sociedade, reside sobretudo na proliferação das faculdades de província, com as suas revistas e a multiplicação de cadeiras e de cursos de história local, estimulados pela necessidade de enquadrar os DES.

A codificação dos estudos históricos

Os primeiros avatares do método: Fustel de Coulanges e Taine

Entre as grandes figuras da historiografia do fim do século XIX, Numa Denys Fustel de Coulanges (1830-1889) e Hippolyte Taine (1828-1893) aparecem, cada um à sua maneira, como os campeões de uma mutação científica da história. Para além das diferenças que os separam, são muitas vezes considerados pelos partidários da história-ciência no fim do século como exemplo de uma história ambiciosa, que não se contenta em enumerar os acontecimentos, mas procura captar as múltiplas facetas dos fatos sociais. Têm em comum, além disso, ao contrário dos mestres metódicos, o fato de permanecerem mais reservados ante a República oportunista — e a democracia —, sem porém pertencerem à oposição católica. Para cada um deles, os anos de 1870/1871 representam um trauma que convida a reler a história da França e a recusar o sufrágio universal que levou ao Império, à derrota e à Comuna.

Como a da maioria dos historiadores do século XIX, a obra deles não pertence a um campo de especialidade definido.

Normalien, de origens pequeno-burquesas e sem fortuna pessoal, Taine é primeiramente atraído pela filosofia. Debruça-se sobre a literatura depois de 1851, quando a *agrégation* de filosofia é suprimida. Volta-se, em seguida, para a história. A redação da sua principal obra histórica, *Les origines de la France contemporaine*, é iniciada logo após a proclamação da Comuna, em 18 de março de 1871 — ele evoca o seu projeto em sua correspondência com a mulher, em 4 de abril de 1871, e o primeiro painel é publicado em 1876 —, e permanece inacabada ao morrer. Seus trabalhos sobre as literaturas francesa (*Essai sur les fables de La Fontaine*, 1852) e inglesa (*Histoire de la littérature anglaise*, 1856-1863) são já marcados pela convicção de que os textos literários permitem captar a psicologia dos povos e são, portanto, materiais primordiais para o historiador.

A carreira de Numa Fustel de Coulanges é menos eclética. Também ele *normalien*, aluno da escola francesa de Atenas, Fustel é nomeado em 1860 para a faculdade de Estrasburgo. Dedica-se inicialmente à Antiguidade grega e romana (tese sobre Políbio, *A cidade antiga*, 1864), antes de se tornar medievalista (*Histoire des instituitions de l'ancienne France*, 1874, *La monarchie française*, 1888). É, aliás, na Sorbonne, primeiro professor (suplente) de história antiga (1875), depois professor (titular) da primeira cadeira de história medieval (1878).

Se Fustel de Coulanges não compartilha a admiração que Taine tem pela Alemanha na década de 1860, e valoriza quase exclusivamente os historiadores franceses, ambos se empenham em definir o seu método histórico por analogia com as ciências experimentais ou de observação. Taine (1875:5) não hesita em comparar o ofício de historiador com o de naturalista: "estava diante do meu objeto como diante das metamorfoses de um inseto". A anatomia e a fisiologia, que ele estuda durante quatro anos, depois de 1852, fornecem-lhe um recurso de que ele se serve para compreender a sociedade e a história: "rumino cada vez mais essa grande pasta filosófica (…) que consistiria em fazer da história uma ciência, dando-lhe, como no mundo orgânico, uma anatomia e uma fisiologia" (carta de 1852 a Prévost-Paradol, apud Hartog, 1988:116). Já na década de 1860, inicia a realização de tal programa e teoriza que, "no fundo, a história é um problema de psicologia" (Taine, 1863:xliii). Depois de 1871, é a Revolução que ele examina como para uma "consulta médica" (carta de 1878 a Ernest Havet, apud Ozouf, 1988:1061). A ciência deve permitir desencantar as raízes do mal de que sofre a França. Com efeito, assim como há patologias individuais, instintos, perversões, existem, segundo ele, pulsões coletivas que só aguardam o momento certo para se exprimir. A descrição que ele faz das festas de 14 de julho de 1790 é um exemplo dessa aplicação da medicina à história. Em conformidade com a documentação existente, ele admite num primeiro momento, a exemplo de Michelet, a bonomia da jornada: "em Paris, os donos de albergues e de hotéis mobiliados baixaram os preços por conta própria..." (Taine, 1875, v. 1, p. 469). Contudo, ao longo da sua descrição, a sociabilidade, a simpatia e a expansão que se manifestam em todas as ocasiões são qualificadas como instintos e consideradas demonstrações de "fraternidade primitiva" de um "povo criança". Na verdade, essa bonomia é uma aparência enganadora. Ao querer remodelar *ex nihilo* a sociedade, a Revolução ameaça quebrar o verniz de civilização e libertar forças até então contidas.

> O esforço [dos franceses durante as cerimônias de 14 de julho de 1790] deu tudo o que podia dar, ou seja, um dilúvio de efusões e de frases, um contrato verbal e não real, uma fraternidade de ostentação e de epiderme, uma mascarada de boa-fé, uma ebulição de sentimento que se evapora ao se exibir, em suma, um simpático carnaval que dura um só dia. [Na verdade, a fraternidade revolucionária é uma ilusão.] Isso porque, na vontade humana há duas camadas, uma superficial, de que os homens têm consciência, e a outra profunda, de que não têm consciência: a primeira, frágil e vacilante como uma terra fofa; a segunda, estável e fixa como uma rocha, que suas fantasias e agitações não atingem. Esta determina sozinha o declive geral do solo, e toda a impetuosa corrente da ação humana corre necessariamente sobre a vertente assim preparada. Sem dúvida, eles se abraçaram e fizeram juramentos; mas, depois como antes da cerimônia, são o que deles fizeram séculos de submissão administrativa e um século de literatura política. Conservam a ignorância e a presunção, os preconceitos, os rancores e as desconfianças, os hábitos inveterados de espírito e de coração (Taine, 1986, v. 1, p. 471).

O curso ulterior da Revolução nada mais é do que a manifestação dessa lei ignorada pelos filósofos e pelos revolucionários, que acaba por se encarnar no sistema terrorista: [os jacobinos] "nascem na decomposição social, assim como os cogumelos no estrume em fermentação" (Taine, 1986, v. 1, p. 575). Para estudá-los, Taine torna-se "zoólogo moral", tão semelhantes são eles, a seu ver, a "crocodilos sagrados", venerados por um povo "demente". O objeto da historiografia científica, segundo Taine, é mostrar as determinações — por vezes inconscientes — que pesam sobre a história dos homens e estão ligadas tanto à natureza quanto à história. A conclusão prática desse axioma é que todo projeto político deve levar em conta a realidade do corpo social e suas reações. Para Taine, como para Destutt de Tracy, Guizot e toda a corrente liberal-conservadora, a solução é entregar o poder político àqueles que, sendo os mais civilizados, têm maior domínio de si mesmos. Só o sufrágio censitário corresponde ao estado de cultura que corrige o estado de natureza. Vemos assim, através de Taine, como o recurso à ciência pretende fundar a acuidade de um olhar que se pretende distanciado e na contracorrente das ideias admitidas.

Embora próxima, a posição de Fustel de Coulanges é visivelmente diferente. Já em *A cidade antiga*, também ele pretende fazer uma obra desmistificadora. É contra a leitura dos filósofos — em especial de Jean-Jacques Rousseau — e dos revolucionários que ele redige essa obra, cuja principal meta é mostrar que o laço social antigo se ata ao redor da religião, da família e da propriedade. Ao mesmo tempo, essa cidade perpetuamente agitada pela *stasis* (os conflitos que opõem os cidadãos uns aos outros) fascina-o: "a Grécia parecia um país onde só havia duas cidades, mas duas cidades sempre em guerra. Antes de ser cidadão ou de ser grego, era-se aristocrata ou democrata" (in: *Polybe ou la Grèce conquise par les Romains*, apud Hartog, 1988:26). Ele medita a superação desse antagonismo pelos romanos, cujo segredo crê ler na constituição mista de Roma, que proclama a lei em nome do povo romano, mas entrega o poder efetivo ao Senado. A problemática de Fustel de Coulanges é em si mesma muito inovadora; para captar o papel da religião na cidade antiga, ele não hesita em esboçar uma abordagem comparativa, valendo-se de todos os trabalhos de que dispõe. A morte e o culto dos antepassados parecem-lhe um importante operador de sociabilidade (Hartog, 1988:34), e ele compara as formas que estes assumem no mundo greco-romano com as que exibem no Japão, na China e/ou entre os índios da América.

Os desastres de 1870, a que consagra um *Essai historique*, assinalam uma ruptura tanto nos trabalhos quanto na vida de Fustel. Ele se coloca, então, como fundador de um método histórico inspirado nas ciências e na observação. O objetivo explícito é duplo: por um lado, a história deve cessar de servir a fins partidários; por outro, a verdade histórica, enfim estabelecida, deve dissipar as más interpretações e ajudar a estabilizar a vida política, permitir-lhe sair da *stasis* que mina, desde 1789, a sociedade francesa, como corroía Atenas. Formula tal método já em seu discurso inaugural na Sorbonne, em 1875:

> A história não é uma arte; não consiste em narrar com encanto. Não se assemelha nem à eloquência, nem à poesia. O historiador pode ter imaginação; é preciso até que a tenha; pois é necessário que tenha no espírito uma imagem exata, completa, viva das sociedades de antigamente; mas a história não é uma obra de imaginação. (…)
>
> A história é uma ciência pura, uma ciência como a física ou como a geologia. Visa unicamente a encontrar fatos, a descobrir verdades. Estuda o ser humano em suas inúmeras diversidades, em suas incessantes modificações, como a fisiologia estuda o corpo humano ou como a geologia observa e conta as revoluções do globo. (…)
>
> De minha parte, não sei se a história se tornará algum dia uma ciência aplicável; duvido muito; mas, em todo caso, para que isso ocorra, ainda é preciso que ela comece por ser uma ciência exata. Conheceis as maravilhas que hoje a química nos dá; mas antes de tirar aplicações da química, foi preciso constituí-la como ciência; e antes, por mais que durante séculos

O MOMENTO METÓDICO

lhe pedissem a pedra filosofal e muitas outras coisas, ela nada dava. O mesmo deve ocorrer com a história (apud Hartog, 1988:341-342).

A preocupação primordial de Fustel é dissipar as ilusões nas quais se baseou a ideia de ruptura e retomar o fio da tradição: "o verdadeiro patriotismo não é o amor do solo, é o amor do passado, é o respeito pelas gerações que nos antecederam" (Fustel, 1872). Uma viva polêmica o contrapõe ao fundador da *Revue Historique*, que critica o seu trabalho diversas vezes e a quem ele responde nas colunas da *Revue des Questions Historiques*, bem como em *La monarchie franque*. O assunto é o peso respectivo das influências da Germânia e de Roma na história francesa, no coração das polêmicas históricas do século XVIII, e que serviu, depois de ter fundado a legitimidade das pretensões de uma aristocracia que supostamente descendia dos conquistadores germânicos (Boulainvilliers), para justificar a sua exclusão, em razão de sua exterioridade em relação à nação francesa, formada por descendentes dos gauleses (Sieyes). Ao contrário de Augustin Thierry, Fustel defende a existência de uma continuidade romana e argumenta invocando o pequeno peso numérico dos germanos, a conservação de uma propriedade fundiária gaulesa e o fato de o regime feudal não ser importado por esses conquistadores. Apoia o que diz na leitura de Gregório de Tours. É essa leitura que Monod contesta, preferindo-lhe as teses defendidas pela historiografia alemã (G. Waitz), que estuda conjuntamente os textos de Gregório e a lei sálica. Em resposta, Fustel afina seus argumentos sobre o método, aconselha permanecer o mais perto possível dos textos e desenvolve as suas teses sobre a imparcialidade. Longe das ambições dos jovens historiadores, acusados de lerem mal os textos, defende uma tradução literal dos textos.

O documento histórico encontra-se, pois, no fundamento do método tal como Fustel o define, nessa controvérsia. "A única habilidade [do historiador] consiste em extrair dos documentos tudo o que eles contêm e em nada acrescentar-lhes do que eles não têm" (Fustel, 1888:33). Mais do que na química, em que a experimentação é permitida e necessária, ou na geometria, que é uma ciência dedutiva, ele baseia a sua epistemologia na geologia, que é, como a história, uma ciência de observação. A exatidão, a imparcialidade do historiador em relação ao seu objeto são os fundamentos da objetividade histórica, por ele louvada contra o método subjetivo que ele reprova em Monod e que consiste em "colocar as ideias pessoais no estudo dos textos [e em neles descobrir] a cor e os sentidos que o espírito quer [que eles tenham]" (ibid., p. 32).

Como para todos os historiadores do século XIX, a salvação e a pacificação da França residem num novo olhar sobre o passado e exigem os rigores do método. Mas por trás das invocações à cientificidade amadurecem projetos contraditórios, que, como mostra Nathalie Richard (2004b), não podem resumir-se a um simples projeto de alinhamento da história ao modelo das ciências da natureza. Embora a obra de Taine e a de Fustel encontrem, em razão da vontade de seus promotores de abranger todos os aspectos da vida social, um novo eco na primeira década do século XX, suas definições do método histórico são, no momento, superadas por uma definição mais pragmática da história: a que é oferecida por Charles-Victor Langlois e Charles Seignobos.

Os mestres do método: Charles-Victor Langlois e Charles Seignobos

O discurso do método histórico é consignado em 1898 por Charles-Victor Langlois e Charles Seignobos na *Introduction aux études historiques*. Ambos são *agrégés* de história e doutores em história medieval. O primeiro, nascido em 1863, é também cartista. Foi para transmitir os conhecimentos adquiridos nessa escola que ele se tornou mestre de conferências e depois professor na Sorbonne. Assume, em 1913, a direção dos Arquivos Nacionais. O segundo, *normalien*, torna-se em 1913 suplente de Lavisse em história moderna e mestre de conferências em pedagogia na Sorbonne, antes de ser nomeado professor de método histórico em 1907. Obtém em 1921 uma cadeira de história política dos tempos modernos.

Um e outro pertencem ao ambiente dos universitários republicanos. Charles-Victor Langlois casa-se com a filha do cientista Marcelin Berthelot, senador republicano, ministro da Instrução Pública em 1886/1887 e dos Negócios Estrangeiros em 1895/1896. Charles Seignobos vem de uma família protestante republicana — seu pai foi diversas vezes deputado republicano por Ardèche, e o seu avô participou da Assembleia Legislativa de 1849. Partidário de Dreyfus, entrou, já em sua criação, em 1898, no comitê central da Ligue des Droits de l'Homme (Rebérioux, 1976).

A *Introduction* é fruto de seu ensino na Sorbonne. Insere-se numa série de trabalhos e artigos que sobre o assunto redigem os dois universitários, entre os quais *La méthode historique appliquée aux sciences sociales*, publicada só por Seignobos em 1901.

Antes de examinar a teoria do conhecimento histórico desenvolvida por Langlois e Seignobos, cumpre antes explicar a originalidade do projeto da *Introduction*.

Como ressalta o prólogo do livro, a *Introduction* pretende, ao contrário de todos os trabalhos consagrados à filosofia da história, dedicar-se à "história prática" (1898:18). Os autores desejam expor "a teoria dos procedimentos realmente racionais, desde já garantidos em algumas de suas partes" (ibid., p. 18). É um ensaio sobre o método das ciências históricas, cuja necessidade se baseia nas particularidades do conhecimento

O MOMENTO METÓDICO

histórico, em que "os procedimentos de trabalho instintivos não são procedimentos racionais, [pois] diferem dos [utilizados por] todas as outras ciências já constituídas" (ibid., p. 22). Para atingir esse objetivo e interessar tanto aos noviços quanto aos eruditos, o processo de exposição é didático e se empenha em decompor cada operação efetuada pelo historiador, assinalando ao mesmo tempo todos os possíveis vícios de método. Como os *Handbücher* e os *Grundrisse* alemães, a *Introduction* é um manual de metodologia, o primeiro com essa amplitude em francês e capaz de fazer concorrência ao *Compêndio de ciência da história* de Johann-Gustav Droysen, traduzido e publicado na França em 1887 (Droysen, 2002). As indicações são precisas e não desdenham entrar em considerações muito materiais, como a recomendação de tomar notas em fichas, e não em cadernos. Para além desse aspecto prescritivo que define, como vimos, até o estilo que convém ao historiador, Langlois e Seignobos tentam abranger o conjunto das etapas da elaboração da história.

Eles começam expondo a pesquisa das fontes, depois passam à apresentação das diversas críticas. A crítica externa ou de erudição determina a autenticidade do documento, define a sua origem e permite datá-lo, com base nas ciências auxiliares. É ela uma condição necessária da história — "sem erudição, não há história" —, mas de modo algum suficiente. A crítica interna tenta estabelecer "primeiro [o que o autor do documento] quis dizer; segundo, se ele acreditava no que dizia; terceiro, se tinha boas razões para acreditar no que acreditou" (1898:68). Ao cabo desse processo, "o documento vê-se reconduzido a um ponto em que se assemelha a uma das operações científicas pelas quais se constitui toda ciência objetiva: torna-se uma observação; só resta tratá-lo segundo o método das ciências objetivas" (1898:68). O livro interessa-se em seguida pelas modalidades da passagem dos fatos assim estabelecidos à síntese produzida pelo historiador, às questões que ele deve colocar para agrupar esses fatos (boa parte do segundo capítulo do livro 3 é dedicada a um questionário recomendado por Seignobos) e à exposição deles. A *Introduction* dá conta das exigências do momento sobre a classificação das fontes e defende uma divisão do trabalho entre os eruditos encarregados de estabelecer os textos e os historiadores que devem explorá-los.

Ao mesmo tempo, o livro define uma deontologia, uma ética da história e uma epistemologia. Charles Seignobos dá-lhe uma versão mais apurada em 1901:

> Desde que buscamos delimitar praticamente o terreno da história, desde que tentamos traçar os limites entre uma ciência histórica dos fatos humanos do passado e uma ciência atual dos fatos humanos do presente, percebemos que tal limite não pode ser estabelecido, pois na realidade não há fatos que sejam históricos por natureza, como há fatos fisiológicos ou

biológicos. No seu emprego vulgar, a palavra "histórico" ainda é tomada no seu sentido antigo: digno de ser contado; diz-se nesse sentido "uma jornada histórica", "uma frase histórica". Mas deve-se abandonar essa noção da história; todo incidente passado faz parte da história, tanto a roupa vestida por um camponês do século XVIII quanto a tomada da Bastilha; e os motivos que fazem com que um fato pareça digno de memória são infinitamente variáveis. A história abrange o estudo de *todos* os fatos passados, políticos, intelectuais, econômicos, a maior parte dos quais tendo passado despercebida. (...) No entanto, ser presente ou passado não é uma diferença de caráter interno, ligada à natureza do fato, não é senão uma diferença de posição em relação a um dado observador. (...) Não há, pois, fatos históricos por natureza; só há fatos históricos por *posição*. É histórico todo fato que não mais podemos observar diretamente, porque cessou de existir. Não há caráter histórico inerente aos fatos; de histórico só existe a maneira de conhecê-los. A história não é uma ciência, nada mais é do que um procedimento de conhecimento. (...) Se os atos que cumpre conhecer não tivessem deixado nenhum vestígio, nenhum conhecimento seria possível. Mas não raro os fatos desaparecidos deixaram vestígios, às vezes diretamente, sob forma de objetos materiais, o mais das vezes indiretamente, sob a forma de escritos redigidos por pessoas que viram elas mesmas esses fatos. Tais vestígios são os *documentos*, e o método histórico consiste em examinar os documentos para chegar a determinar os fatos antigos, de que tais documentos são os vestígios. Ele toma como ponto de partida o documento observado diretamente; daí ele retorna, por uma série de raciocínios complicados, até o fato antigo que se trata de conhecer. Difere, portanto, radicalmente de todos os métodos das outras ciências. Em vez de *observar* diretamente os fatos, ele opera indiretamente, *raciocinando* sobre documentos. Como todo conhecimento histórico é indireto, a história é essencialmente uma ciência de raciocínio. O seu método é um método *indireto*, pelo raciocínio (Seignobos, 1901:2-5).

Esse texto põe em evidência diversas noções fundamentais. Em primeiro lugar, a história não é uma ciência no mesmo sentido em que o são a química, a biologia ou a física. Essa afirmação, reiterada ao longo de toda a *Introduction* e de *La méthode historique appliquée aux sciences sociales*, baseia-se na natureza mesma do conhecimento histórico, que é definido como *conhecimento por meio de rastros*, ou seja, que não provém nunca da observação direta, nem da experiência repetível. Distingue os rastros materiais e o que chama de "rastros psicológicos", ou seja, documentos escritos, aos quais ele se dedica quase exclusivamente, sendo estes a matéria-prima mais frequentemente utilizada pelos historiadores da época. É no estudo deles que se baseia a formação dos estudantes. O objetivo é, portanto, primordial; por isso Langlois e Seignobos (1992:178) ressaltam a particulari-

O MOMENTO METÓDICO

dade do processo histórico: "na história, *não vemos nada* de real, senão o papel escrito" (1898:178), sublinhado no texto. Assim, o termo "análise histórica" nada mais é do que uma metáfora, pois os historiadores só têm palavras para dissecar. E o que é pior, tais rastros não são o real, mas abstrações. São rastros produzidos, que exprimem a psicologia dos autores. São imagens, representações. Esses materiais são, pois, sempre subjetivos. Toda a epistemologia de Langlois e Seignobos decorre daí. Para chegar a "construir" a história, uma vez estabelecidas a autenticidade e a origem dos documentos, o historiador deve imaginar o que o autor queria dizer, ou seja, para além dos eventuais problemas de tradução e de transcrição, o que as palavras representavam para ele. A crítica, longe de entregar uma história já pronta, permite apenas estabelecer o valor dos documentos. Tem uma função negativa: "os únicos resultados sólidos da crítica são resultados *negativos*" (1898:162). Para abordar o assunto de que trata, o historiador procede então por analogia.

> Supomos que os seres, objetos, atos, motivos que não pudemos observar, mas conhecemos indiretamente pelos documentos, são análogos aos que conhecemos pela observação do mundo atual. É o postulado necessário de todas as ciências documentais; se os fatos relatados nos documentos não tivessem sido análogos aos que observamos, não poderíamos compreender nada a respeito deles. (...) Só podemos (...) imaginar [suas relações] por *analogia* com as relações entre os fatos que conhecemos diretamente. Imaginamos, pois, uma humanidade análoga à que conhecemos, ou seja, homens e objetos análogos, unidos entre si por relações de analogia (Seignobos, 1901:120).

A ênfase dada à natureza psicológica e subjetiva dos rastros, à analogia, à imaginação de que se vale o historiador não é uma licença literária qualquer. "Subjetivo não é sinônimo de irreal." E explica Seignobos (1901:119): "pode haver uma relação precisa entre uma imagem subjetiva e uma realidade; é o caso da lembrança. [Ora], ninguém confunde uma lembrança com uma quimera" (1901:119). Para visar à verdade dos fenômenos estudados, o historiador deve retificar gradualmente as suas imagens suscitadas por analogia, substituindo-as por traços exatos: "assim, a imagem histórica acaba sendo uma combinação de traços tomados de empréstimo a diferentes experiências" (Langlois e Seignobos, 1898:184). A imaginação controlada do historiador, baseada na crítica, é o cimento das construções por ele produzidas. Decorre desse processo, o único possível para o historiador, segundo Seignobos, uma inferioridade constitutiva da história em relação às outras ciências e a impossibilidade de aplicar no campo histórico os métodos aprovados em outros setores da ciência. E mesmo que o valor dos documentos de que se vale seja garantido, vê-se o historiador na "situação de um químico que conheceria uma série de experiências só pelos relatórios do seu auxiliar de laboratório" (ibid., p. 68). Langlois e Seignobos denunciam assim, diversas vezes, as ilusões de Fustel de Coulanges e convidam os historiadores a "defender-se da tentação de aplicar à história os métodos das ciências já constituídas" (1898:22). A invocação quase ritual da necessária prudência, da fragilidade dos vestígios, das lacunas que a documentação deixa subsistir, da incerteza dos resultados leva os autores da *Introduction* a definirem a história como um "misto indeciso entre uma ciência das generalidades e uma narrativa de aventuras" (ibid., p. 196).

A evocação das insuficiências da história "situada no ponto mais baixo da escala das ciências" é levada ao apogeu em *La méthode historique appliquée aux sciences sociales* para se contrapor às pretensões durkheimianas. Seignobos ali persegue as metáforas antropomórficas ou biológicas, como a noção de evolução, tomada de empréstimo à biologia. Afirma que o estudo da evolução dos governos ou das burguesias de um mesmo país em diferentes momentos sucessivos não passa de uma "metáfora ao quadrado. [Pois] não há nenhum laço biológico entre eles, não há nenhum ser que seja o governo ou a burguesia" (Seignobos, 1901:230). Os resultados desse tipo de estudo são, portanto, menos confiáveis do que os dos trabalhos consagrados a casos individuais. Da mesma forma, em nome da particularidade de cada fenômeno histórico, ele recusa a possibilidade de uma abordagem quantitativa. As realidades sociais são por essência subjetivas: são relações entre indivíduos, conhecidas por documentos eles mesmos subjetivos, uma vez que produzidos por indivíduos e tornados acessíveis pela subjetividade do historiador. Não podemos tratá-los como coisas, segundo a concepção objetivista proposta por Durkheim. Recorrer aos números significa confundir "a medida e a enumeração" (ibid., p. 127). Quando Seignobos quer, em 1933, fundamentar a sua narrativa da história da França, é em última instância a sua sinceridade que ele apresenta: "disse com sinceridade como compreendo o passado" (Seignobos, 1933:7). Essa posição, que podemos qualificar de subjetivista e que ressalta, ante os sociólogos, a fragilidade do conhecimento, permite *in fine* estabelecer o estatuto central da história, que ocupa assim um lugar inconteste nas ciências sociais. Enfim, as insuficiências de toda história social, obrigatoriamente levada a generalizar, a multiplicar as metáforas etc., fundamentam a preeminência da história política, a mais preocupada em restituir a dimensão psicológica consciente dos fatos históricos, a menos incerta (porque a menos ambiciosa) quanto aos resultados.

Em definitivo, são possíveis duas leituras desse conjunto de textos, as quais correspondem a dois empregos distintos: um interno, outro externo.

No primeiro emprego, dirigido aos estudantes, os autores ressaltam as dificuldades que apresentam a elaboração do conhecimento histórico e o fato de a aplicação rigorosa do método histórico ser o único penhor do estatuto científico da história. Essa concepção é muitas vezes reafirmada nos textos dirigidos ao corpo docente — por exemplo, Seignobos (1906). É nesse tipo de argumento que se fundamentará a crítica levada adiante pelos *Annales*, tanto mais que, como provam os escritos de Louis Halphen (1946), ele se mostrou o mais assimilável pela comunidade de historiadores e o mais aplicável ao ensino.

No segundo emprego, que permite solapar as ambições dos sociólogos, a ênfase é dada à subjetividade necessariamente ativa, tanto nos documentos estudados quanto nas análises propostas pelos historiadores. Presentes desde 1898, os argumentos subjetivistas não cessam de ser enriquecidos por Seignobos, durante a controvérsia que o contrapôs aos sociólogos, para preservar o campo dos estudos históricos de toda absorção e continuar garantindo o primado da história no concerto das ciências humanas. É nessas teses que se esteiam as releituras de Seignobos, em especial a de Antoine Prost (1994), para mostrar que, em suma, os historiadores metódicos já combatiam o cientismo que marca certos desenvolvimentos da escola dos *Annales* nos anos 1960-1975.

Essa pluralidade de leituras mostra que é difícil isolar uma concepção da epistemologia da história das obras a que ela subjaz, da maneira como ela se encontra estabilizada numa tradição, de seu contexto de elaboração, assim como do contexto dos olhares a ela lançados. Observa ela, evidência primeira da história, que até as proposições teóricas devem ser encaradas em sua historicidade. Mas reflete também a singularidade de toda definição da história, que deve precaver-se tanto contra o relativismo absoluto, recordando a coerência e o rigor da sua metodologia, quanto contra uma abordagem estritamente objetivista que negue a especificidade do conhecimento por meio de rastros.

A obra dos historiadores metódicos

A obra dos metódicos não se limita à definição da profissão de historiador e do seu método. Ela também se exprime pela definição dos quadros da história escolar e por uma importante produção que diz respeito essencialmente, mas não exclusivamente, à história nacional.

A história como magistério cívico

Na concepção dos historiadores metódicos, o ensino primário e secundário não é só um lugar de difusão dos saberes amadurecidos na Sorbonne, mas uma preocupação constante e fundamental. Abundam as menções a esse vínculo íntimo entre a universidade e o sistema escolar. Os dois apêndices da *Introduction aux études historiques* são consagrados um ao ensino secundário (Seignobos) e o outro ao ensino superior (Langlois). A maioria dos historiadores reconhecidos participa da *Revue Internationale de l'Enseignement* criada em 1878 pela Société de l'Enseignement Supérieur, de que fazem parte, além de Ernest Lavisse, Émile Boutmy — fundador da École Libre des Sciences Politiques —, Ernest Renan, Paul Bert — ministro da Instrução Pública de 1881 a 1882 —, Louis Pasteur e Marcelin Berthelot. Em 1907, conta Monod que ele mesmo escreveu 37 artigos referentes ao ensino nas colunas da *Revue Historique*. Um sinal desse investimento é o compromisso dos universitários com a redação de manuais escolares (tanto da escola primária quanto do ensino secundário), até então a cargo dos professores dos grandes liceus de Paris. Aliás, são convergentes os efeitos esperados das reformas e da codificação do trabalho do historiador: trata-se de produzir novos professores. O processo de "profissionalização e de professoralização" (Gérard, 1983:81) forma um casamento indissolúvel. Debruçar-se sobre as questões pedagógicas não é, para esses historiadores, sinal de fracasso. Muito pelo contrário, é a justificação última do trabalho do historiador, pois, segundo Seignobos (1907b:273), essa disciplina tem "primordialmente um valor pedagógico". Ela é essencialmente útil enquanto método "muito higiênico para a mente, que ela cura da credulidade" (Langlois e Seignobos, 1992:256) e porque permite compreender o presente. Traduzida em termos escolares, ela "é um instrumento de educação política". *Aggiornamento* científico e reivindicação de um magistério cívico são inseparáveis e se exprimem, em particular, na produção e na difusão de uma história nacional.

Uma "teoria da França" (Lavisse, 1890a:183)

A ação da Terceira República em matéria de ensino da história inscreve-se na continuidade do ministério Duruy, que introduzira essa matéria em 1863 na escola elementar (em associação com a geografia), e depois, em 1867, na classe de filosofia (terminal) (Garcia e Leduc, 2003; Leduc, 2005). A partir dos programas de 1880, o ensino da história é, em princípio, garantido, do curso preparatório (atual CE2) até o fim dos estudos secundários. Resta definir o espírito e a prática de tal ensino, tarefa a que se dedicam as *Instructions* de Octave Gérard (1882) e, depois, as de Ernest Lavisse (1890).

Foi naturalmente a escola elementar, em virtude da obrigatoriedade instaurada pelas leis Ferry, que primeiro chamou a atenção de Lavisse. Segundo ele, o ensino da história é um ensino nacional que deve fazer prevalecer uma visão continuísta da França.

O MOMENTO METÓDICO

Quem, pois, ensina na França o que é a pátria francesa? Não é a família, onde não há mais autoridade, disciplina, ensinamento moral, nem a sociedade, onde só se fala dos deveres cívicos por zombaria. Cabe, portanto, à escola dizer aos franceses o que é a França, e dizê-lo com autoridade, com persuasão, com amor. (...) Ela rejeitará, porém, aqueles que dizem: "deixem de lado as velharias. Que nos importam os merovíngios, os carolíngios e até os capetianos? Mal completamos um século de existência. Comecem com a nossa data de nascimento". Belo método para formar espíritos sólidos e calmos, o de aprisioná-los num século de lutas acaloradas, onde todas as necessidades e todos os ódios querem ser satisfeitos imediatamente! Método prudente este de dar a Revolução como ponto de partida e como conclusão, de expor à admiração das crianças o espetáculo único das revoltas, mesmo legítimas, e induzi-las a crer que um bom francês deve tomar as Tulherias pelo menos uma vez na vida, duas se possível, de modo que, uma vez destruídas as Tulherias, tenha vontade de um dia tomar de assalto, para não fazer feio, o Élysée ou o palais Bourbon!

Não ensinar o passado. Mas há no passado uma poesia de que precisamos para viver. O homem do povo, na França, sobretudo o camponês, é o homem mais prosaico do mundo. Não tem a fé do protestante da Pomerânia, de Hesse ou de Wurtemberg, que traz em si a poesia das lembranças bíblicas e esse sentimento elevado propiciado pelo contato com o divino. Esquece-se das nossas lendas e de nossos velhos contos e substitui por refrões obscenos vindos de Paris as árias melancólicas em que o eco do passado se prolongava (...) nada nele canta. É um mudo ocupado com a matéria, numa perpétua busca de meios de se furtar a deveres que não entende e para quem todo sacrifício é uma corveia, uma usurpação, um roubo. É preciso derramar nessa alma a poesia da história. Contemos-lhe sobre os gauleses e os druidas, Rolando e Godofredo de Bulhão, Joana d'Arc e o grande Ferré, Bayard e todos estes heróis da velha França antes de lhe falar dos heróis da França nova. Mostremos-lhe (...) que há legitimidades sucessivas ao longo da vida de um povo e que podemos amar toda a França sem faltar com as nossas obrigações para com a República (Lavisse, 1885:39-40).

É clara a vontade que anima esse texto: o conhecimento da história introduzido por anedotas e biografias de homens ilustres, e depois construído de ano escolar em ano escolar, deve ajudar a estabilizar a vida política francesa. O ensino do romance nacional é um ato de amor, que justifica *decorar* certos resumos, pois se trata de fazer compreender "que um laço nos liga aos que viveram, aos que viverão nesta terra; que os nossos antepassados somos nós no passado; que os nossos descendentes seremos nós no futuro. Há, portanto, uma obra francesa, contínua e coletiva: cada geração tem nela a sua parte e, nesta geração, todo indivíduo tem a sua" (Lavisse, 1885:209).

Se as posições teóricas da escola metódica levam-na a rejeitar toda teleologia, esta é reintroduzida, como na Alemanha, pelo viés da narrativa nacional que se desenrola desde as origens (os gauleses) até a Terceira República, num percurso ascendente. Propriamente falando, há uma narrativa maravilhosa da França, ilustrada pela coragem e pela grandeza desses heróis, de Vercingetorix a Joana d'Arc e Bara. Tal história cauciona a conquista colonial, que compensa a humilhação sofrida em 1870, atenua a nostalgia das "províncias perdidas" e permite à França recuperar a condição de grande potência mundial. A história mesma da França demonstra a sua pertinência, pois foi frequentando a escola dos colonizadores romanos que os gauleses entraram na civilização. O paralelo entre Vercingetorix e Abdel Kader é impressionante (Gérard, 1982). Tanto um quanto outro são valentes, ambos dirigem um povo fogoso, mas muito pouco disciplinado. Suas derrotas estão inscritas no sentido da história. Permitem a passagem para uma etapa superior. Essa aprovação do colonialismo — ou até a sua exaltação — valeu muitos opróbrios à escola metódica. Decorre do posicionamento cívico da disciplina que a leva a naturalizar, em nome da necessidade histórica, o regime político republicano e suas ambições internacionais (Dumoulin, 2003:148-187).

No entanto, em conformidade também nesse caso com a norma ideológica republicana da época, a narrativa da França produzida pelos metódicos não pretende ser nacionalista, ou seja, agressiva (em relação às nações europeias) ou revanchista, mas apenas patriótica. Corresponde à concepção — defendida por Ernest Renan em 1882 — que, ante os historiadores alemães que identificam a nacionalidade com a raça ou a língua, nega à nação qualquer fundamento natural. Ao contrário, produto da história, princípio espiritual, ela, tal como a concebe Renan, se fundamenta na adesão individual ou coletiva. Ela é "um plebiscito de todos os dias, como a existência do indivíduo é uma afirmação perpétua de vida" (Renan, 1882:55). Por essência, a nação francesa não está, pois, fechada sobre si mesma. A lei sobre o direito do solo votada em 1889 — por iniciativa do Estado-maior, que deseja que os filhos da imigração sirvam o Exército (Noiriel, 1988:71-86) — registra essa visão da nação, fundada ao mesmo tempo na vontade e na partilha de uma história comum. As capacidades de assimilação da França são ainda mais consideráveis porque, por herança da "Europa francesa" dos séculos XVII e XVIII, o seu horizonte e os seus valores são universais.

> Nenhum país sofreu mais do que a França a ação vinda de fora, pois é uma mistura de raças e em sua origem recebeu de Roma e da Germânia educações diversas. Em contrapartida, ne-

nhum país teve uma ação maior do que a nossa sobre o mundo. Jamais fomos particularistas. Faz parte de nossa profissão de franceses amar a humanidade e servi-la. O conhecimento da história geral é-nos indispensável (Lavisse, 1890b:49).

Esse ensino patriótico, enfim, não poderia ser reduzido à caricatura de um jacobinismo opressivo e nivelador, que liquida as identidades regionais. Como mostraram trabalhos recentes, o professor primário é convidado a escolher exemplos na história local. Já nos anos 1885, os professores primários são incentivados a estudar a Revolução na localidade em que trabalham. Em 1900, é organizado um grande concurso de monografias locais. Em 1911, o ministro da Instrução Pública, Maurice Faure, sublinha a importância desse enraizamento local: "tanto maior é o nosso apego ao nosso país quanto mais numerosas forem as razões para o amarmos, para nos sentirmos de certo modo solidários com as gerações passadas; o amor da terra natal é o mais sólido fundamento do amor da pátria" (apud Thiesse, 1997:9).

É no âmbito dessa função eminente de fermento nacional que se opera a união entre a história e a geografia, que permanece como uma característica do ensino francês.

História-geografia: um casamento na França

Por certo, a associação da história com a geografia não é nova. Há muito a geografia, com seus mapas, suas descrições, suas narrativas, é considerada o "olho da história" (Nordman, 1998; Hoock, 1998). Todavia, a constituição desse par, com o que ele implica de relações privilegiadas, não está totalmente firme antes do início da Terceira República. Já em 1871, Émile Levasseur e Auguste Himly traçam um quadro do ensino da história e da geografia recheado de propostas que tendem a promover o ensinamento desta última. Tal projeto vai aos poucos ganhando corpo e em 1890, pela primeira vez, as *Instructions officielles* incluem dois desenvolvimentos distintos: um consagrado à história, o outro à geografia. Que se espera da geografia? Sem dúvida, o domínio da leitura dos mapas, que fez cruelmente falta aos franceses durante a guerra de 1870 e que funda o exercício canônico do comentário do mapa de Estado-maior. A função da geografia, porém, vai além desse aspecto técnico. Como o manual de leitura *Le tour de la France par deux enfants* (Ozouf, 1984), que pretende tornar "a pátria visível e viva, contando a corajosa viagem de dois lorenos", a geografia escolar descreve, em termos próximos da linguagem amorosa, as formas da França. Ela permite assentar a narrativa histórica e dá um corpo à alma francesa, exaltada pelo romance nacional. Nessa perspectiva, a geografia de que precisa

110   AS CORRENTES HISTÓRICAS NA FRANÇA

a história escapa aos vínculos do tempo. É essencialmente rural, está ligada aos relevos e às paisagens. O *Tableau de la géographie de la France* (1903) encomendado por Ernest Lavisse a Paul Vidal de La Blache e que introduz a sua *Histoire de France* deve, segundo o caderno de encargos, significativamente, abranger a França de antes de 1789 (Guiomar, 1986). Termina ele com estas palavras, que dão conta do papel atribuído na época à geografia e que esta aceita:

> Nem o solo, nem o clima mudaram: por que, no entanto, esse quadro parece caduco? Por que não corresponde mais à realidade presente? (...) Revoluções econômicas como as que se desenvolvem atualmente imprimem uma agitação extraordinária na alma humana; põem em movimento uma multidão de desejos, de ambições novas; inspiram em uns saudades, em outros, quimeras. Mas essa agitação não nos deve deixar escapar o fundo das coisas. Quando uma rajada de vento agita a superfície da água clara, tudo vacila e se mistura; ao cabo de um momento, porém, a imagem do fundo de novo se delineia. O estudo do que é fixo e permanente nas condições geográficas da França deve ser ou tornar-se mais do que nunca o nosso guia (Vidal de La Blache, 1903:546-547).

Dedicada à descrição do "fixo e do permanente", à intemporalidade, a geografia desempenha essencialmente o papel de ambiência. São mobilizadas as descrições do relevo e dos climas da França, assim como as narrativas dos diversos períodos, para fazer prevalecer o sentimento de uma unidade na diversidade, de uma harmonia francesa.

> Nós, franceses, temos muito orgulho do nosso país, desta terra privilegiada, banhada por três mares, flanqueada pelas duas maiores cadeias montanhosas da Europa, regada por belos rios, que goza de todos os matizes de um clima temperado, produz todos os frutos da terra, ornamentada por todas as flores (Lavisse, 1895b).

O que se extrai desses quadros repetidos *ad nauseam* nos manuais escolares é a imagem de um país equilibrado, autêntico resumo de todos os países europeus. Quando se vive num país "em que a natureza (...) derramou a mancheias o que em outros lugares só deu separadamente" (Gaston Paris, 1895, apud Thiesse, 1997:4), não é concebível nenhuma concupiscência em relação aos vizinhos, mas também nenhuma amputação é aceitável.

Esse casamento combinado é desigual. A geografia não contribui "no mesmo grau para o desenvolvimento das faculdades do aluno" (Lavisse apud Dumoulin, 1998:9). No entanto, os efeitos sociais esperados de seu ensino justificam o seu lugar na universidade e definem em ampla medida o seu espírito. É a necessidade de ensinar geografia que está na origem da sua institucionalização universitária (Lefort, 1992). Ainda que Langlois, em 1898, conteste, como Albert Demangeon em 1903, a naturalidade da associação história-geografia e considere, tendo a geografia se tornado integralmente uma ciência, a possibilidade de uma ruptura dessa "união artificial" (Langlois e Seignobos, 1889:52), torna-se a geografia, para o conjunto da comunidade dos historiadores, uma componente maior da maneira francesa de escrever a história (Dosse, 1998).

Com efeito, a geografia vidaliana, que se define no fim do século (os *Annales de géographie* são fundados em 1891), rejeita o determinismo natural mecânico dos geógrafos alemães, em favor de um determinismo ponderado (Berdoulay, 1981).

> A individualidade geográfica não resulta de meras considerações de geologia e de clima. Não é algo dado de antemão pela natureza. Cumpre partir desta ideia de que uma região é um reservatório onde dormem as energias cujo germe a natureza depositou, mas cujo emprego depende do homem. É ela que, dobrando-o à sua utilidade, revela a sua individualidade (Vidal de La Blache, 1994:20).

Ela se revela ao mesmo tempo como ciência dos lugares e ciência dos homens, o que permite, do ponto de vista dos historiadores, pensá-la em complementaridade com a história. Lucien Febvre, responsável, a partir de 1903, pela crônica dos trabalhos de geografia na *Revue de Synthèse Historique*, ressalta o interesse dessa "geografia humana" (Vidal de La Blache, 1903:20). O quadro regional das teses vidalianas parece-lhe capaz de fornecer à história matéria para renovar o seu discurso, ancorando os estudos históricos no concreto dos territórios, sem, porém, negar o caráter criador das atividades humanas. Tanto que, quando retoma, depois de 1914, o essencial das críticas dirigidas contra a história metódica por François Simiand, rejeita as que este faz contra a geografia. Esse processo, perceptível nas resenhas publicadas antes de 1914 na revista de Henri Berr, é formalizado em 1922 em *La Terre et l'évolution humaine*, quando Febvre define a geografia vidaliana como "possibilista".

Em reação contra essa dupla definição utilitária, em relação ao ensino, por um lado, e à história, por outro, os geógrafos tentam reforçar os seus laços com as ciências naturais, dispostos a ampliar, no par homem/natureza, o lugar reservado a esta última (Wolff, 1998). Permanece, porém, assegurada a fundação de uma nova disciplina.

Um instrumento de educação política

Passados os anos de incerteza — ainda em 1889, quando Lavisse redige as suas *Instruções*, o triunfo da República não está garantido, como mostra o caso Boulanger — o ensino da história pode ganhar novas finalidades. São as que foram propostas, em 1907, durante uma conferência no Musée Pédagogique, pelo radical-socialista Seignobos, num contexto político que evoluiu em razão do caso Dreyfus. Seignobos faz da história uma propedêutica à mudança social, em vez de sublinhar, como Lavisse 20 anos antes, a permanência e a continuidade:

> A história mostrará [ao aluno] o mundo social. Assim, o ensino histórico é uma parte da cultura geral, porque faz o aluno compreender a sociedade em que vai viver e o tornará capaz de participar da vida social. (...)
>
> Vivemos num tempo de rápidas transformações, e os nossos alunos certamente verão outras acontecerem ao seu redor. Se o estudo da história lhes tiver dado o conhecimento preciso das transformações, estarão muito mais preparados para acolher as mudanças do que se tivessem conservado a tendência natural da humanidade. O homem para quem a sociedade parece parte da natureza imutável fica confuso e espantado quando vê alguma coisa mudar, como diante de um terremoto. Instintivamente, compara a sociedade a um edifício; se mexer, é que vai cair.
>
> O homem instruído pela história viu no passado um tão grande número de transformações e até de revoluções, que não mais se assusta quando dá com elas no presente. Viu muitas sociedades sofrerem mudanças profundas, daquelas que as pessoas competentes chamam de mortais, e nem por isso estarem em pior situação. Isso basta para curá-los do medo irrefletido da mudança e do conservadorismo teimoso, à maneira dos *tories* ingleses. (...)
>
> O homem instruído pela história sabe por que procedimentos pode obter mudanças. Sabe (...) que a sociedade pode ser transformada pela opinião, que a opinião não se modificará sozinha e um só indivíduo não é capaz de mudá-la. Sabe, porém, que muitos homens, agindo em conjunto no mesmo sentido, podem modificar tal opinião. Esse conhecimento (...) ensina-lhe o processo mais eficaz, que é o de se entender com outros homens animados pelas mesmas intenções, para trabalhar organizadamente para transformar a opinião (Seignobos, 1934:109-132).

Para além da defesa da ação sindical e política, que é nova, esse texto mostra as mesmas certezas quanto à utilidade da história que as expressas por Lavisse. O ensino da

O MOMENTO METÓDICO

história é justificado pela função social, e isso só pode redobrar a atenção prestada aos meios de transmiti-la (Hery, 1999).

O imperativo pedagógico

O BOM SUCESSO DESTE ENSINO É UM DEVER

Ensinamento moral e patriótico: eis aonde deve chegar o ensino da história na escola primária. Se só tiver de deixar na memória nomes, ou seja, palavras, e datas, isto é, números, mais vale dedicar mais tempo à gramática e à aritmética, e não dizer palavra sobre a história. Rompamos com os hábitos adquiridos e transmitidos; não ensinemos a história com a calma que cabe ao ensino da regra dos particípios. Trata-se aqui da nossa carne e de nosso sangue (Lavisse, 1885:209-210).

Os líderes da corrente metódica, na diversidade de suas sensibilidades e de seus engajamentos, não cessaram de ressaltar a importância da reflexão pedagógica, que "não é popular entre nós, [embora] seja um ato de fé no futuro" (Lavisse, 1890a:166). Exprime-se tal convicção no *Dictionnaire pédagogique* de Ferdinand Buisson (1882), endereçado aos alunos das escolas normais. Este associa artigos dos melhores especialistas, que mostram os últimos avanços da disciplina, com outros que tratam da escolha das plumas, dos tinteiros, da função do quadro-negro etc. (Nora, 1984b). Reeencontra-se também essa convicção na redação de novos manuais, tanto para o primário (*Le petit Lavisse* chega à 75ª edição em 1895) quanto para o secundário (a coleção de Seignobos). Essa nova geração de manuais escolares, concebidos especialmente para o ensino, propõe exercícios, multiplica as narrativas curtas, as vinhetas ou as reproduções, próprias para estimular a imaginação do aluno (Nora, 1984a).

Nas *Instructions* de 1890, Lavisse desenvolve a teoria dessa pedagogia intuitiva, que estimula a imaginação e a atividade do aluno e deve substituir os cursos recheados de datas e voltados unicamente para a memorização passiva. Convida os docentes a partir do que sabem os alunos para mobilizar a capacidade deles de compreender o passado por analogia com o presente. Assim, no discurso de abertura do curso de história medieval da Sorbonne, em 1881, ele conta uma visita a uma sala de aula parisiense do *faubourg* Saint-Antoine, com um professor "que não entendia o seu ofício" e enchia os alunos de noções abstratas. Chega o diretor da escola, que assume a responsabilidade pela classe. Imediatamente este se apoia no conhecimento que todas aquelas crianças têm do castelo de Vincennes, para fazê-las descrevê-lo e descobrir as suas funções. A partir daí, ele as faz traçar um quadro das guerras que opunham uns aos outros os senhores da Idade Média e cujas vítimas eram os camponeses e as suas colheitas. Sugere aos alunos a ideia de que tal situação era insustentável, que era preciso limitar essa violência, e assim introduz a Igreja e a paz de Deus e em seguida a restauração do poder monárquico... Conclui Lavisse (1885:31-34): "formemos professores como este. Coloquemos em suas mãos livros em que se encontrem, expostos com simplicidade, os principais fatos da história".

Lavisse defende, ademais, um ensino dividido em um número suficiente de anos e adaptado à força intelectual do aluno. Denuncia a multiplicidade de fatos e pormenores como o flagelo desse ensino e convida os professores a romperem com o enciclopedismo tradicional das aulas de história e escolherem os elementos que retêm nos cursos. Explica que cada aula é uma demonstração que deve, além disso, ser "pitoresca, ou seja, pintar os personagens e descrever os fatos". É, como frisa Seignobos (1906:14) ao comentar os programas de 1902 a cuja redação preside, fazer corresponder uma "revolução" no ensino, essencialmente caracterizado pela "participação ativa do aluno", à revolução que se produziu na maneira de conceber a história erudita.

> O ponto de partida são as *imagens*; o aluno deve, antes de qualquer outra operação, *representar-se* os homens e as coisas (...). É preciso, pois, fornecer-lhe primeiro as representações. (...) O aluno deverá fazer sobre essas imagens um trabalho pessoal; o exercício ativo consistirá, para ele, em *analisar* gravuras, narrativas, descrições. Essa análise vai obrigá-lo a se dar conta com precisão dos traços característicos do aspecto externo dos homens ou das coisas e se representar os sentimentos internos (Seignobos, 1906:15).

A preocupação pedagógica que anima os mestres da história metódica permite mudanças notáveis nas práticas docentes, ainda que não devamos superestimá-las. O estudo das sucessivas diretrizes ministeriais, que se repetem sem cessar, mostra que a esperada revolução pedagógica muitas vezes se deparou com a inércia dos hábitos. A análise das provas para obtenção dos diplomas (Somme, 1918-1926) leva a relativizar a eficácia delas, uma vez que o desempenho dos alunos — mesmo os que foram melhor no exame do certificado de conclusão de curso e sobre períodos tão canônicos quanto a Revolução Francesa — dá mostras de uma profunda disparidade (Dancel, 1996). Enfim, essa ênfase na pedagogia provoca reservas no mundo universitário. Assim, Gustave Glotz (1907:485), professor de história na Sorbonne, recusa o primado concedido à pedagogia:

O MOMENTO METÓDICO

Se é legítimo que se constitua uma ciência do ensinamento e da educação, ela tem o direito de acomodar para os seus fins tudo o que é suscetível de ser ensinado, de imprimir a sua forma em todos os resultados adquiridos, mas não de impor a sua forma e os seus fins próprios a todas as matérias de pesquisa. A história é da alçada da pedagogia, como todas as outras disciplinas; [mas] esta não a absorve. Ela serve para isto; mas não deve propor isso como objetivo exclusivo ou supremo (...).

A produção historiográfica

A produção dos historiadores metódicos, hoje muito mal conhecida e pouco re-editada, diz respeito essencialmente à história nacional e, mais precisamente, à história política da França.

Tal predileção não impede os historiadores franceses de se interessarem por outros campos que não a França, como demonstram os trabalhos suscitados pelas escolas francesas no estrangeiro, fundadas com base no modelo da Escola Francesa de Atenas (1846): as de Roma (1876), do Cairo (1890), do Extremo Oriente (Hanói, 1901), de Florença (1908), de Madri (1909), de São Petersburgo (1912) ou de Londres (1913). A geografia dessas escolas desenha a da expansão colonial, assim como a das alianças feitas pela França, e sublinha o interesse dedicado às raízes da civilização ocidental (Atenas, Roma e Egito), campos em que a rivalidade com os eruditos alemães é particularmente intensa. Essa presença historiográfica fora da história nacional não carece de figuras célebres, como Gaston Maspero (1846-1916), que retoma a tradição aberta pelos eruditos do Diretório, impõe-se na egiptologia e redige uma *Histoire des peuples de l'Orient classique* (1892-1900), que se torna uma referência na matéria.

Mas o interesse central continua sendo a história da França, que o progresso na classificação dos arquivos, a publicação de inventários de fontes e de impressos permite renovar e fundamentar na erudição. Georges Duby (1973:18-19), retomando o dossiê de Bouvines, pode basear-se na documentação acumulada de 1856 a 1914. Conclui ele: "tudo, pois, foi dito, e dito bem, acerca do desenrolar-se do combate e sobre a rede de intrigas de que ele é, ao mesmo tempo, o ponto de chegada e de partida. O que dispensa de examinar aqui, mais uma vez, no mesmo espírito, essas fontes de informação e de retomar a sua pesquisa: nada de novo sairia daí".

Além da Antiguidade e da Gália (*Histoire de la Gaule*, em oito volumes, de Camille Jullian — 1905-1926), esse trabalho erudito diz respeito em especial à Idade Média. O estudo dos títulos e de outros cartulários permite provar o domínio do método e fundamentar a legitimidade do pesquisador. Essa característica é flagrante no que se refere às teses, cujo número decresce à medida que nos afastamos dos primeiros tempos do período moderno. Em 1900, mais da metade dos historiadores universitários são medievalistas; na École Pratique des Hautes Études, em 50 seminários, só dois são consagrados ao período posterior a 1500 (Noiriel, 1998:13).

Ora, em razão do magistério cívico reivindicado pelos historiadores e da necessidade de fornecer "bons livros" aos professores do secundário que devem tratar da época contemporânea (o programa de 1890 vai até 1889), a história moderna e contemporânea não pode ser deixada de lado. É a essa tarefa que se dedicam as grandes coleções históricas. Também nesse caso, Lavisse desempenha papel decisivo. Coordena com Alfred Rambaud *L'histoire générale du IVe siècle à nos jours*, publicada em 12 volumes, de 1890 a 1901, e sobretudo dirige sozinho uma monumental *Histoire de France*, que conta, em sua conclusão e somando as duas séries, 27 volumes.

A *Histoire de France* de Lavisse

A primeira série da *Histoire de France* editada pela editora Hachette a partir de 1903 é exemplar no que se refere à preocupação de fornecer um relato o mais fundamentado possível da história nacional. Iniciada pelo *Tableau de la géographie de France* de Paul Vidal de La Blache, ela comporta 18 volumes, que abrangem um período que vai das "origens" à Revolução. Uma segunda série, editada a partir de 1920 e intitulada *Histoire de la France contemporaine*, encerra-se com os tratados de paz da I Guerra Mundial (1920).

Apesar da idade, Lavisse permanece até o fim como comandante do empreendimento, cujas provas corrige incansavelmente (Nora, 1986). Tão certa é a sua preeminência, que a maioria dos colaboradores, com exceção de Vidal de La Blache ou de Henry Lemonnier, foram seus alunos. Ele mesmo se encarrega da redação dos dois volumes do tomo 7, consagrado a Luís XIV. Reencontramos entre os colaboradores tanto Philippe Sagnac, que participa do volume acerca do "Reinado de Luís XVI" e redige aquele sobre a Revolução de 1789 a 1792, quanto Langlois, que se encarrega do período que vai de 1226 a 1328 (De São Luís aos últimos capetianos), ou ainda Gustave Bloch, que trata das "origens" até a Gália Romana. Seignobos fecha o cortejo com os quatro últimos volumes (de 1848 a 1920).

A decupagem corresponde aos acontecimentos políticos, sobretudo aos reinados. Os nomes dos soberanos e sua sucessão ou, no caso da época contemporânea, dos regimes servem de título à maioria dos volumes.

O MOMENTO METÓDICO

Os diversos tomos apresentam-se como uma narrativa que nenhuma nota vem perturbar. Um dos colaboradores, o medievalista Achille Luchaire, confessa numa carta a Lavisse que teve de "sacrificar muito os [seus] hábitos de historiador erudito" (apud Nora, 1986:347) para se dobrar às exigências de escrita do mestre. É que, como ressalta Nora (1986:347), a história contida nesses volumes é "afirmativa e autoritária, fecha a porta à dúvida, à problemática, à curiosidade lateral, ao estado da questão, à historiografia de um problema".

Em primeiro lugar, essa história é a de uma França "sempre já presente", uma França que existe antes da França como uma tela pronta para recebê-la, o que explica a posição inaugural do *Quadro* de Vidal de La Blache. Em segundo lugar, é uma história descritiva, apoiada no enunciado dos fatos e que concede um amplo lugar aos retratos físicos e morais dos grandes atores. É, por fim, uma história teleológica, voltada para a Revolução e o advento da República. "O mais claro sucesso de Luís XIV foi ter obtido a obediência política. Isso não ocorreu sem dificuldade. Cada ano teve as suas revoltas, algumas das quais gravíssimas. Será preciso fazer a história exata dessas insurreições, dos motivos invocados, das injúrias e das ameaças que então se clamaram, se quisermos conhecer claramente os pródromos da Revolução" (Lavisse apud Nora, 1986:359); a *Histoire de France* corresponde de fato a uma "republicanização da memória" (Nora).

A prova pela Revolução Francesa

Ao mesmo tempo herança e horizonte de expectativa — "todas as histórias são a história do passado... A história da Revolução é a história do futuro" (Victor Hugo, *Actes e paroles*, 1875) —, a Revolução goza, como já vimos, de um estatuto excepcional. Determinar a sua narrativa pela ciência e pô-la ao abrigo dos adversários é uma necessidade imperiosa para os republicanos.

A historiografia da Revolução Francesa é, portanto, um laboratório privilegiado para a observação dos efeitos da mutação metódica, para explicitar o jogo complexo que se trava entre o progresso da erudição e do método e as convicções políticas.

❑ A história da Revolução entra na Sorbonne

Na década de 1880, não existe nenhum ensino desse período na universidade francesa. Ele é, segundo Alphonse Aulard (apud Gérard, 1970:67), "no mundo oficial, acadêmico e universitário (…), marcado por uma espécie de descrédito". Ora, o centenário está

118   As correntes históricas na França

chegando (Ory, 1984). Três municípios radicais tomam a iniciativa de inaugurar o ensino da Revolução (Paris, 1886; Lyon, 1887; e Toulouse, 1889). Entre esses cursos, perpetua-se o confiado na Sorbonne a Alphonse Aulard, para, finalmente, tornar-se em 1891 *a* cátedra de história da Revolução Francesa.

A iniciativa é, portanto, em primeiro lugar, política e militante. Participa da mobilização dos meios republicanos — sobretudo radicais — para a obtenção de uma comemoração à altura de suas esperanças. Já em 1881, os comitês do Centenário da Revolução publicam uma revista, *La Révolution Française*, dirigida por Étienne Chavaray, cujos artigos visam promover iniciativas comemorativas (museu da Revolução, monumento do Centenário etc.) e dar a conhecer as atividades dos comitês locais. Naturalmente, a história da Revolução, declinada em chave militante, ocupa boa parte dela.

A entrada de Alphonse Aulard (1849-1928) na liça causa rapidamente uma mudança no espírito da revista. Aluno da École Normale Supérieure, professor de letras — defende em 1877 uma tese sobre Leopardi —, republicano radical, próximo dos ambientes maçônicos, publica em 1882 *Les orateurs de la Révolution*. Além disso, colabora no jornal de Clemenceau, *La Justice*, onde assina, a partir de 1884, uma crônica sob o pseudônimo de Santhonax (seu primeiro artigo é uma crítica severa do método histórico de Taine). Esse percurso o qualifica para o curso municipal de história da Revolução. Já na sua aula inaugural, porém, em 12 de março de 1886, afirma uma linha de conduta que, sem nada renegar de suas convicções, se pretende científica. Seu curso não será uma tribuna política.

> Senhores, talvez vos pergunteis o que devemos entender por imparcialidade histórica, de que falamos sem defini-la e que reivindicamos. Até que ponto um francês que expõe, em 1886, a história da Revolução Francesa pode ser imparcial? Com certeza, não pode ser questão, em matéria de história nacional, no país de Michelet, dessa clássica e ideal abstração de si mesmo, sonhada por Luciano e por Fénelon, e ainda aguardamos esse verdadeiro historiador que não é de nenhum tempo nem de nenhum país. Diante de um fato cujas consequências formam a nossa vida política atual, é difícil ostentar uma alma indiferente e impassível e expor a crise vital da França com a mesma indiferença que se se tratasse das vicissitudes do Egito antigo (...).
>
> Essas lições virão, pois, de um filho respeitoso e reconhecido da Revolução, que emancipou o homem e a ciência. Mas esse reconhecimento — será preciso dizer? — jamais se traduzirá por uma apologia sistemática. Nossa ambição será menos julgar do que fazer conhecer. Leremos, analisaremos documentos. A lenda recobriu esse período da nossa história de incrustações, de que a maior parte ainda está intacta: empenhar-nos-emos em arrancá-las e

O MOMENTO METÓDICO

em colocar-vos na presença da realidade clara e nua. Se vier a este curso um inimigo da Revolução, convencido de que ela foi, no desenvolvimento da França, um acidente infeliz e evitável, gostaríamos que tal pessoa, se tiver o gosto pela ciência, pudesse encontrar em nossas pesquisas satisfação para a sua curiosidade; gostaríamos que ela se sentisse segura, estimulada ao estudo pela sinceridade do nosso método; e se nesta sala de trabalho alguém concebesse a ideia de um livro sério, fundamentado em bons documentos, ainda que tal livro exprimisse opiniões contrárias às nossas, esse efeito de nosso ensino seria para nós um título de honra e o mais sólido dos triunfos (Aulard, 1886:878-880).

Em 1887, Aulard assume a direção de *La Révolution Française*, na qual imprime com tanta força a sua marca que os publicistas que constituíam a maioria de seus redatores do primeiro período deixam de colaborar. No ano seguinte, é fundada a Société d'Histoire de la Révolution Française. Beneficiando-se da ajuda financeira do Estado, Aulard leva adiante, então, a edição de numerosas fontes: *Recueil des actes du Comité de Salut Public* (26 volumes, de 1889 a 1923), *Procès-verbaux de la Société des Jacobins* (seis volumes, de 1889 a 1897) etc.

Em 1901, Aulard publica uma *Histoire politique de la Révolution Française*, na qual explicita a sua abordagem do período. Esta se caracteriza pela importância por ele atribuída às instituições, aos debates parlamentares e à vida política. François Furet e Michel Vovelle unem-se no parecer de que ele dá toda a sua coerência à teoria (dita) "das circunstâncias" (Furet, 1979), ou seja, o afastamento entre uma direção de intenção definida pelas duas declarações dos Direitos do Homem e do Cidadão (1789 e 1793) e a possibilidade de pô-las em prática nas condições históricas da época. A agressão estrangeira e as insurreições internas justificam, *in fine*, o Terror, que portanto não se deve, como afirma Taine, ao princípio democrático.

Para escrever essa história, Aulard sustenta que não devemos ver "nem pelos olhos de Marat, nem pelos de Madame Rolland, [nem] nos tornarmos apologistas apaixonados e exclusivos de nenhum dos partidos revolucionários". Ele não é, porém, inteiramente fiel a essa profissão de fé científica e se encarrega pessoalmente do dossiê da reabilitação de Danton, a quem procura inocentar das acusações de corrupção que justificaram a sua execução. Por que Danton? Porque ele é o símbolo mesmo do que os republicanos pretendem reter da Revolução: um homem de convicções, que cristaliza a energia nacional na hora do perigo, um democrata, mas também um "indulgente" e um mártir. Em suma, um dirigente plenamente republicano, distante tanto da moleza atribuída à Gironda quanto do extremismo de Robespierre, julgado, aliás, clerical em razão da promoção do culto do ser supremo. Contudo, nem ele, nem a Société d'Histoire de la Révolution assistem à inauguração da estátua de Danton instalada em 1891 no *carrefour* do Odéon, recusando-se a caucionar "o utilitarismo filosófico ou político que 'desfigura' a história" (Wolikow, 1991:456).

O que não impede que ao longo de toda a sua carreira ele leve adiante simultaneamente os seus compromissos científicos e republicanos, que considera indissociáveis. A partir de 1898, milita na Ligue des Droits de l'Homme, de que se torna vice-presidente de 1921 até a morte, em 1928. Livre-pensador, escreve em 1903, em pleno combismo, *La Révolution Française et les congrégations*.

História republicana, portanto. Aulard não esconde isso. Faz disso até uma condição necessária ao conhecimento desse período: "para compreender a Revolução, é preciso amá-la". Mas também história baseada em arquivos e na erudição, capaz de sustentar a crítica argumentada dos que não se reconhecem nessa profissão de fé.

Alguns anos mais tarde, a historiografia revolucionária passa por nova mutação, sob o impulso de Jean Jaurès.

❏ A historiografia socialista: Jean Jaurès

A *Histoire socialiste de la Révolution Française* a que Jean Jaurès se dedica entre dois mandatos políticos, de 1898 a 1903, responde, como a de Aulard, a um imperativo político. Ao contrário de Paul Lafargue e da maioria dos socialistas, que viam no tríptico liberdade, igualdade, fraternidade "gruas metafísicas", trata-se de mostrar que o movimento operário prolonga o ímpeto da Revolução de 1789 [que] "preparou indiretamente o advento do proletariado". É, portanto, um elemento do seu patrimônio. O que está em jogo é importante, pois condiciona a possibilidade, para os socialistas, de saírem da marginalidade política e se colocarem como um partido nacional. A *Histoire socialiste de la Révolution Française* é uma captação de herança e de legitimidade que permite, em compensação, uma reinserção do proletariado na nação. É também uma obra estratégica, que fundamenta a possibilidade de uma passagem democrática ao socialismo, rompendo com a tradição blanquista, ainda viva no movimento operário. Para Jaurès, a Revolução Francesa foi bem-sucedida: o sufrágio universal já dá poder ao povo. Assim, a mudança social depende, em primeiro lugar, da educação das classes trabalhadoras e não precisa do recurso à violência.

Jaurès renova a maneira de entender o próprio processo revolucionário. Como a nação segundo Lavisse, a Revolução de Jaurès é feita de legitimidades sucessivas. Seus

O MOMENTO METÓDICO

atores essenciais são as classes sociais, o que não significa olvidar o papel dos indivíduos, mas concebê-lo como inscrito nas configurações complexas e móveis.

> A história é uma estranha batalha em que os homens que se combatem servem muitas vezes à mesma causa. O movimento político e social é a resultante de todas as forças. Todas as classes, todas as tendências, todos os interesses, todas as ideias, todas as energias coletivas ou individuais procuram aparecer, desenvolver-se, submeter a história. E nessa universal ação e reação é impossível definir o esforço próprio de cada um (Jaurès, 1972:201-202).

Escrutando, porém, a ascensão das reivindicações democráticas, espreitando as "antecipações" (Ernest Labrousse) dos combates contemporâneos, o próprio Jaurès (1972:203) escolhe: "aqui, ao sol de junho de 93 que aquece a nossa dura batalha, Republicanos, estou com Robespierre, e é ao lado dele que vou sentar-me no clube dos jacobinos".

A *Histoire socialiste de la Révolution Française*, no entanto, não poderia ser reduzida aos compromissos políticos do autor. A primeira no campo dos estudos revolucionários, uma das primeiras na produção histórica francesa, ela tenta levar em conta o conjunto dos elementos que definem a configuração revolucionária. Ela visa a ler, sob a invocação de Karl Marx, os conflitos políticos em termos sociais e a traduzir a ideia de determinação econômica na história: "o fundo da história não consiste no desenvolvimento exterior das formas políticas. É certo que é o jogo dos interesses econômicos, das forças sociais, que lhe dá um sentido" (discurso na Câmara, em 27 de novembro de 1903, apud Godechot, 1983:265). Assim, longe do entusiasmo de Michelet ou da sombria presciência das forças ocultas nas trevas de Taine, Jaurès descreve o 14 de julho de 1790 como um espetáculo dado pelo "país legal" e mostra, em contraponto, os "proletários" empenhados em arrumar o Campo de Marte, movidos pelo desejo de igualdade e cantando "aquele que se eleva será rebaixado, aquele que se rebaixa será elevado". Através dos capítulos que consagra aos bens nacionais e aos benefícios dessa transferência de propriedade, por suas leituras dos cadernos de queixas, ele abre novos caminhos para a história do período revolucionário: os de sua interpretação econômica e social. Apoiando-se em Barnave, considera que a Revolução é o produto do dinamismo do século e da prosperidade burguesa.

A contribuição de Jaurès para a historiografia revolucionária não se resume à sua contribuição pessoal. Em 1903, de volta ao parlamento, ele faz aprovar os créditos necessários para se começar a classificação e a publicação dos documentos de arquivos relativos à vida econômica desse período. A comissão encarregada desse trabalho, por ele

122 — AS CORRENTES HISTÓRICAS NA FRANÇA

presidida até a morte, favorece a criação de comitês departamentais, alguns dos quais permaneceram ativos por mais de 60 anos.

❏ Albert Mathiez

Podemos encontrar o mesmo deslocamento de problemática e de centro de interesse em Albert Mathiez (1874-1932), a segunda grande figura — juntamente com Aulard, embora jamais ocupe a cadeira da Sorbonne — dessa história universitária da Revolução.

Agrégé de história em 1897, consagra-se, a conselho de Aulard, ao estudo dos cultos revolucionários. Sua tese principal trata da *Teofilantropia*, e a tese secundária, das *Origens dos cultos revolucionários*. Sua defesa, em 1904, dá lugar a vivas discussões com a banca. Se Aulard defende o discípulo, este se afasta da abordagem da questão religiosa do mestre. Aulard vê nos cultos revolucionários um "expediente do patriotismo" e submete as festas revolucionárias a uma leitura exclusivamente política, que as reduz apenas ao instrumento da facção dominante. Mathiez, apoiando-se nas análises de Durkheim, desloca o debate do político para o social. Propõe considerar o conjunto das festas dependente de um mesmo ciclo e resposta a uma idêntica necessidade: a necessidade religiosa.

> O erro dos historiadores está ligado (…) ao método ou, antes, à ausência de método com a qual abordaram o estudo [dos cultos revolucionários]. Até hoje [estes] só foram estudados do ponto de vista político, jamais do ponto de vista religioso. Historiadores de direita e de esquerda só examinaram o culto da razão como um empreendimento partidário. (…) Fizeram do culto do ser supremo um capítulo da história de Robespierre e do partido robespierrista. Negaram a um e a outro desses cultos o sentimento religioso que os animava pelo menos tão profundamente quanto as velhas igrejas já fossilizadas (Mathiez, 1973:160).

Além disso, ao contrário de Aulard, Mathiez, que adere à SFIO[3] e depois, em sua criação, à SFIC[4] (durante alguns meses), se faz o defensor de Robespierre, que representa para ele, como para Jaurès, "toda a extensão da democracia". Assim como Jaurès depõe a pluma uma vez encerrado o capítulo sobre termidor, a história da Revolução de Mathiez segue um crescendo até a queda de Robespierre e se encerra, assim, em julho de 1794,

---

[3] Section Française de l'Internationale Ouvrière, partido político que mais tarde se transformará no Partido Socialista francês. (N. do T.)

[4] Section Française de l'Internationale Communiste, que mais tarde se transformará no Partido Comunista. (N. do T.)

quando "em Robespierre [os termidorianos] mataram, por um século, a República democrática" (Mathiez, 1922:374). Esse corte simbólico deve, é verdade, ser relativizado pela continuação da *Histoire socialiste de la Révolution Française* para além de termidor por Gabriel Deville (1904) e pelas notas esparsas deixadas por Mathiez acerca do Diretório, que serão, em seguida, publicadas por Georges Lefebvre.

O engajamento político e historiográfico traduz-se pela criação, em 1908, da Société des Études Robespierristes e dos *Annales Révolutionnaires*. Os primeiros números não propõem nenhuma profissão de fé especial. Mas a crítica do livro de Aulard consagrado a Taine, as reações do seu autor e um artigo que denuncia a usurpação por Pierre Caron da Société d'Histoire Moderne, de que Mathiez foi o primeiro secretário-geral, atestam o clima passional em que se efetua a ruptura entre Aulard e Mathiez. Em janeiro de 1920, a conferência "Por que somos robespierristas?" explicita, de novo, a escolha do seu herói tutelar. Associa o rigor histórico e a retidão moral e política de Robespierre: "ele gostaria que a política fosse uma moral em ação. Evidentemente, não podia ser compreendido pelos grandes homens da República dos camaradas" (Mathiez, 1920a:34). Convida a aplicar à França de 1920 o "elixir Robespierre". Essas tomadas de posição levam-no a traçar, a pedido de Marcel Cachin, um paralelo entre "jacobinismo e bolchevismo" (1920b) que justifica, em especial, a violência dos revolucionários russos pelo precedente do Terror. No capítulo das inovações, notaremos também que, inspirado pelos problemas de subsistência durante a Grande Guerra, ele publica, a partir de 1915, uma série de artigos reunidos em 1927 sob o título de *La vie chère et le mouvement social sous la Terreur*, em que é o primeiro a explicar a política do governo revolucionário pela pressão popular e pelas dificuldades do abastecimento.

Através da obra de Jaurès ou de Mathiez, entrevemos no seio mesmo da tradição instaurada pela escola metódica uma renovação das problemáticas e dos objetos na qual se inscreverão tanto Georges Lefebvre quanto Ernest Labrousse, e isso sem que seja necessária nenhuma nova profissão de fé epistemológica ou metodológica.

Longe de ser um mundo fechado e autista, senão pelos efeitos próprios dos pesadumes universitários que atestam sempre uma separação entre a pesquisa que se renova e o que podemos chamar de pesquisa estabelecida, a história metódica mal se definiu e já vê os seus canteiros de obras e as suas problemáticas se diversificarem. Mas agora, e esta não é a menor das conquistas do período, ocorre no interior da corporação um debate entre profissionais da história que compartilham, para além das divergências, uma cultura disciplinar e princípios comuns. O debate da década de 1900 é uma nova demonstração disso.

O modelo metódico contestado

Nos anos 1890-1910, a história metódica entra numa zona de turbulência. Vê-se no cruzamento de dois fogos: por um lado, os que lhe censuram o culto da objetividade e sua pouca atenção aos processos específicos do conhecimento histórico; por outro, os que denunciam um arraigamento excessivo no particular e no individual, o que provoca um déficit científico. Em ambos os casos, é a definição muito amplamente empírica das práticas históricas que é atacada com violência.

O eco dos debates alemães

Na Alemanha, o debate tem início já na década de 1890. Contrapõe, de um lado, os defensores de uma mutação científica da história, que deveria operar-se mais ou menos com base no modelo das ciências da natureza e levar em conta — de diferentes modos — a noção de vínculo, quer para construir leis do devir histórico (Karl Marx), quer para definir tipos ideais (Max Weber); e de outro, os que definem a história como ciência do espírito (Wilhelm Dilthey).

No seio da comunidade de historiadores, Karl Lamprecht (1900:26) defende precocemente o comparatismo e questiona o fundamento individual da história, defendido por Ranke e sua escola: "o indivíduo não possui, portanto, uma liberdade absoluta, ele se move fechado em seu tempo (...) não tem liberdade senão a que tem um passageiro a bordo de um navio". Pretende fundar a história na noção englobante cultural. Outros autores, não raro filósofos, ressaltam, ao contrário, o fato de o conhecimento histórico ser conhecimento do particular. A história é "a ciência do individual, do que acontece uma vez, por oposição às ciências naturais, que têm por objeto o universal, o que reaparece sempre o mesmo, com as mesmas características" (Rickert, 1901:123). Eles dão ênfase, como antes deles Humboldt, à subjetividade em ação na escrita da história, ao entendimento (*verstehen*) que pressupõe o diálogo entre duas subjetividades: a do passado, tal como transparece através dos documentos, e a do próprio historiador. Aprofundam a noção antiga de hermenêutica (interpretação) e sublinham que a especificidade das "ciências do espírito" em relação às ciências naturais está ligada justamente ao entendimento da ação humana como ação dotada de sentido. Essa filosofia crítica da história, chamada "historicismo", é formulada, com matizes diversos, por filósofos como Wilhelm Windelband, Georg Simmel, Wilhelm Dilthey e Heinrich Rickert.

Esses debates têm certa repercussão na França, onde alguns artigos dos principais protagonistas são regularmente publicados, assim como sínteses que expõem as teses em questão. A *Revue de Synthèse Historique* de Henri Berr, em especial, abre as suas colunas para Lamprecht (1900 e 1905), Rickert (1901), Windelband (1904), Ernst Bernheim (1905) etc. Em 1905, Henri Berr estabelece um quadro dessas controvérsias ante a Société d'Histoire Moderne. Identifica dois debates fundamentais: o primeiro, travado na década de 1890 ao redor da obra de Lamprecht, caracterizado, segundo ele, "pela luta entre a velha concepção *individualista* e uma nova concepção *coletivista* da história" (Berr, 1905:370); o segundo, que se lhe segue, onde ele observa o papel importante desempenhado pelos filósofos historicistas, cujo "ponto de vista estreitamente lógico" ele critica e sublinha "o risco de [voltar] à filosofia da história" (ibid., p. 372). Note-se que as teorias de Marx são muito pouco evocadas e só aparecem nas resenhas francesas de maneira ocasional. Assim, durante o debate de 1907 diante da Sociedade de Filosofia, de que falaremos mais adiante, René Berthelot (1907:308) apresenta Marx como exemplo das "teorias que (…) têm um caráter científico bastante acentuado", mas só o evoca como o autor do *Manifesto Comunista*.

Ao contrário do que acontecia na década de 1870, é, portanto, antes uma reserva que se manifesta ante as teorias alemãs. Berr (1905:371) ressalta isto em sua exposição:

> Na França, os filósofos, os pensadores que se ocupam da história e buscam dar-lhe um caráter científico, consideram em geral a história tradicional um trabalho balbuciante e preparatório (Lacombe, Durkheim, Simiand, Bourdeau anteriormente). Na Alemanha, a coisa é muito diferente.

Assim, a virada do século é marcada por uma relativa autonomização em relação à Alemanha (*EspacesTemps*, 1993), cujos debates são lidos através dos confrontos que opõem, na França, durkheimianos e metódicos. Essa instrumentalização, que mistura posições muito diferentes para reconstruir uma oposição simples entre partidários de uma ciência monotética baseada nas ciências da natureza e historicistas idiógrafos, obscureceu por muito tempo a complexidade das questões levantadas além do Reno. Como observa Alexandre Escudier (2004:139), "a substância teórica que presidiu ao nascimento [dos textos teóricos alemães, ainda que estes tenham sido traduzidos e publicados na França] não passou de um quadro conceitual ao outro". Agora é o "estilo nacional da historiografia" (Dumoulin, 1995), tal como se constitui no momento de fundação disciplinar, que se impõe e sobredetermina os intercâmbios entre historiadores dos diversos países.

O surgimento da sociologia

O acontecimento mais importante da cena francesa é o surgimento da sociologia e, em especial, da sociologia durkheimiana.

O projeto sociológico, é claro, enquanto vontade de estabelecer regras do funcionamento social e do devir histórico, é anterior ao finalzinho do século XIX. Tal projeto de fazer da sociologia uma ciência no sentido pleno do termo (Auguste Comte fala de "física social") é parente do que vimos em ação na história com Taine e Fustel de Coulanges. Tal parentesco é, aliás, reivindicado por Durkheim (1898:ii) no prefácio do primeiro número de *L'Année Sociologique*: "Fustel de Coulanges gostava de repetir que a verdadeira sociologia é a história". Entre outros, Louis Bourdeau, autor de um ensaio cujo subtítulo era *Sur l'histoire considérée comme science positive*, encarna esse horizonte cientificista:

> A aritmética como fronteira: a imaginação de um lado, a certeza do outro. Os historiadores do futuro serão (...) levados pela necessidade das coisas a mudar de caminho e de método. (...) O campo da história, sempre crescente, atenuará, pela grandeza mesma de seus horizontes, a importância ilusória dos personagens e dos acidentes; (...) dados estatísticos, cada vez mais abundantes, lançarão mais luz sobre a ordem da vida universal. Haverá, pois, menos a contar e a descrever, mais a enumerar e a calcular. Os funcionários dos escritórios de estatísticas desempenharão, então, o ofício de historiógrafos, e os literatistas cederão o lugar aos cientistas (Bourdeau, 1888:318).

São, pois, numerosas as tomadas de posição em favor de uma história entendida como ciência do social, da questão social, em suma, uma história sociológica (Leroux, 1998; Mucchielli, 1998). Essa vontade comum de certos historiadores e sociólogos de levar em conta os grupos sociais e o econômico é muitas vezes associada a compromissos ou simpatias socialistas (Durkheim, Simiand etc.). Conviria notar aqui o papel importantíssimo de Lucien Herr, bibliotecário da École Normale Supérieure, na difusão das ideias socialistas entre várias gerações de *normaliens* (Andler, 1932; Lindenberg e Meyer, 1977).

Embora tenha sido fundada por Littré em 1872 uma escola francesa de sociologia, é lento o surgimento da sociologia. Enfrentam-se correntes rivais. Émile Durkheim (1858-1917), constituindo uma verdadeira escola, consegue marginalizar tanto René Worms, que defende uma interpretação naturalista, organicista dos fenômenos sociais, quanto Gabriel Tarde, que recusa o modelo naturalista e coloca no centro da sua abordagem a psicologia coletiva. Aluno da École Normale Supérieure, *agrégé* de filosofia, encarregado de cursos de "ciência social e educação" na universidade de Bordeaux em 1887, Durkheim define a sua própria doutrina (*As regras do método sociológico*), que aplica

O MOMENTO METÓDICO

à divisão do trabalho (1893) e ao suicídio (1897). Funda em 1898 *L'Année Sociologique*, de que participam Célestin Bouglé, Maurice Halbwachs, Marcel Mauss, François Simiand etc. Essa revista torna-se o polo de aliança dessa nova corrente que se impõe como representante da sociologia.

Uma nova disciplina e suas ambições

A abordagem de Durkheim caracteriza-se, em primeiro lugar, pela vontade de fundar uma ciência social objetiva, inspirada na epistemologia das ciências naturais. Para tanto, propõe primeiro *tratar* "os fatos sociais como coisas", atribuindo-lhes o mesmo grau de existência que os fatos materiais e se situando numa posição de exterioridade diametralmente oposta à abordagem hermenêutica.

Em segundo lugar, afirma Durkheim a autonomia dos fatos sociais em relação ao indivíduo. Recusa todo estudo dos fatos sociais que se funde na consciência dos indivíduos. "A mentalidade dos grupos não é a dos indivíduos" (Durkheim, 1901:xvii). A ciência social não pode, pois, ser edificada sobre a psicologia individual e introspectiva; cumpre considerar "a sociedade em si mesma, para si mesma". Menos que atores, os indivíduos são "agentes" que padecem vínculos que lhes escapam, conformando-se a eles. Como o meio físico, a sociedade, por suas instituições, impõe "crenças e práticas". Se há realmente individualização destas últimas, ela se efetua "no campo de variações permitidas [e que] é limitado" (ibid., p. xxii). A sociologia é, portanto, "a ciência das instituições, de sua gênese, de seu funcionamento" (ibid.).

Ao aplicar suas teses ao suicídio, Durkheim mostra que este, longe de ser a expressão última da liberdade humana, é um fenômeno social que resulta das deficiências do processo de socialização. O suicídio apreendido como uma coisa, de fora, torna-se sintoma da ruptura entre o indivíduo e o grupo e leva, em contrapartida, à interrogação sobre a natureza do laço social numa dada sociedade.

A partir dessas posições teóricas que permitem ler o conjunto dos fatos sociais, Durkheim define as ambições da sociologia, que deve tornar-se *a* ciência social. Nessa perspectiva, todos os outros conhecimentos empíricos sobre as sociedades se tornam os materiais de que se serve o sociólogo, e as disciplinas que os coletam são reduzidas à condição de ciências auxiliares. Resta garantir a confiabilidade desses materiais e, portanto, proporcionar a essas disciplinas uma abordagem científica de seu objeto.

Sem ser o único centro de interesse dos durkheimianos (*L'Année Sociologique* interessa-se pela totalidade do campo científico), a história é, no entanto, vista como um laboratório privilegiado. Na mente de Durkheim, história e sociologia não são disciplinas distintas, mas apresentam apenas dois pontos de vista diferentes. A história tem a vocação de se integrar à sociologia. Em eco, François Simiand (1906:282) sublinha "que, no fundo, [os] preceitos especiais [da história enunciados por Seignobos] não existem; (...) creio que, certamente não como disciplina auxiliar e agrupamento de materiais, mas como ciência autônoma que seria completa por si mesma, a história não tem sua razão de ser e está destinada a desaparecer". É a essa convicção, muitas vezes reiterada, que reage Seignobos.

Seria, porém, redutor não ver no debate Simiand *versus* Seignobos nada mais do que a concorrência de duas disciplinas candidatas à hegemonia (Rebérioux, 1983:227). O espaço que a corrente sociológica tenta resgatar, que por certo podemos ler em termos de território, não é só um espaço de poder, mas também um espaço de saber, um espaço para o saber. Seu projeto intelectual, ou seja, a definição do que pode ser uma ciência da sociedade, não é um pretexto para a exibição de estratégias, mas o elemento primeiro que conduz, em contrapartida, a desenvolver estratégias.

Uma apcteose: o debate Seignobos *versus* Simiand

A iniciativa do confronto entre historiadores e sociólogos deve-se a Charles Seignobos, que pretende arruinar, em nome da natureza específica do conhecimento histórico como conhecimento por meio de rastros, toda inflexão sociológica da história, ou até o projeto sociológico em si. A principal reação às teses da história narrativa vem de François Simiand, que se faz, repetidas vezes, o arauto do grupo durkheimiano.

François Simiand (1873-1935), *normalien, agrégé* de filosofia, colabora em *L'Année Sociologique*, onde dirige, até 1912, a seção econômica. É também responsável, de 1903 a 1906, pela rubrica "Notas de método" das *Notes critiques de sciences sociales*, boletim de que é o secretário de redação. Bibliotecário do Ministério do Comércio desde 1901, defende em 1904 uma tese de direito (disciplina à qual estava vinculada a economia na época) intitulada *O salário dos trabalhadores das minas de carvão na França*. Diante de Seignobos, Simiand é, portanto, um jovem cuja posição institucional é fraca, como, aliás, a de toda a comunidade sociológica. Dispõe, porém, de trunfos proporcionados por sua formação plurifacetada em filosofia, economia, estatística, sociologia e direito, palheta de competências teóricas — e retóricas — de que se vale com brio. Nem tudo, porém, contrapõe os dois principais atores desse debate. Pertencem ao mesmo "serralho" — ambos vieram da École Normale Supérieure — e são relativamente próximos ideologicamente — ambos são partidários de Dreyfus. Essa característica explica, provavelmente, o tom e até a possibilidade do debate. Assim, Seignobos evoca com interesse, em 1907, a tese de

Simiand, ainda que, afirma ele, seja impossível elevá-la à condição de metodologia, em razão da riqueza excepcional das fontes de que dispunha seu contraditor.

O debate dura cerca de sete anos. Em resposta a *La méthode historique appliquée aux sciences sociales*, publicada em 1901 por Seignobos, Simiand redige em 1903 dois longos artigos na *Revue de Synthèse Historique*, intitulados "Méthode historique et science sociale". A controvérsia reacende-se em 1904 diante da Société d'Histoire Moderne. Ocupa, em seguida, três sessões da Société Française de Philosophie, em 1906, 1907 e 1908. O debate final envolve Seignobos e o próprio Durkheim. Embora *L'Année Sociologique*, a *Revue de Synthèse Historique* e a *Revue Universitaire* o comentem, ele se desenrola na periferia das principais instituições históricas.

❑ A argumentação de François Simiand

As intervenções de Simiand baseiam-se nas suas leituras e nas suas notas críticas. É a partir dos trabalhos teóricos ou das produções dos historiadores (Bernheim, Hauser, Seignobos e Lacombe) que ele elabora a sua argumentação, a qual pretende situar-se no terreno da prática histórica. Para desenvolver as suas críticas, ele se entrega a autênticos comentários de textos, em especial de obras de Seignobos.

A ambição fundamental de Simiand é provocar uma mutação científica da história, para "constituir uma ciência dos fenômenos sociais análoga às ciências positivas já constituídas" (Simiand, 1903a:115). Para tanto, a história deve romper com o individual e com a introspecção psicológica, com a busca dos "motivos" dos atores. Rejeita a identificação feita por Seignobos entre psicológico e subjetivo. Podem-se tratar os fatos psicológicos coletivos de maneira objetiva, e é para a objetividade que deve tender a ciência.

> Objetividade dos resultados da ciência positiva [que] nada mais é do que a independência em que eles se estabelecem em relação à nossa ação própria e à nossa espontaneidade pensante; as regularidades de coexistência e de sucessão entre os fenômenos que a ciência isola e exprime impõem-se a nós, não procedem de nós e disso tiram o seu valor objetivo. (...) *Objetivo* nada mais significa do que independente da nossa espontaneidade individual (Simiand, [1903a] 1987:117-118).

Por isso, é científico um processo que busca as regularidades — o que não quer dizer somente as repetições puras e simples —, que se empenha em distinguir as causas das condições, as hierarquiza e cujas explicações tendem a assumir um valor geral. Para desenvolver essa exigência, Simiand mostra como a história ou a geografia vidaliana só se valem de explicações *ad hoc*, ou seja, que não têm um alcance particular e são formuladas para as necessidades da causa.

> O essencial das explicações [fornecidas...] pela geografia consiste, em suma, em reduzir [os fatos ou as instituições que ela estuda] a certas condições técnicas (matérias-primas, instrumentos de produção, etc.) e em mostrar que essas condições técnicas se reduzem às condições físicas da região observada ou dela dependem estreitamente (Simiand, 1909:249).

Esse exemplo ilustra um dos princípios que presidem aos raciocínios de Simiand: para que uma proposição seja verdadeira, é preciso também que o seu contrário seja falso. A ciência supõe certo grau de *generalidade*; não pode ser unicamente *idiográfica*, isto é, uma descrição do particular, mas, pelo contrário, deve tender para a *nomologia*, a produção de leis. Para conseguir formular explicações que tenham um valor geral, tanto o historiador quanto o geógrafo são obrigados a inscrever-se num processo comparatista: "limitar-se a um único caso de observação é condenar-se de antemão a nada poder provar" (Simiand, 1909:252). Essa asserção é também utilizada contra as tentativas de história "total", segundo a expressão de Henri Hauser — "a evolução social total de um povo num dado momento" (apud Simiand, 1903b:145) —, que procuram captar o *zusammenhang*, o conjunto dos laços de interdependência que se tecem numa sociedade e as quais Simiand (p. 147) censura por "misturar causas sociais próprias, contingências e ações individuais".

Todas essas prescrições são formalizadas em 1906 sob a forma de quatro preceitos que devem fundamentar as práticas históricas:

❏ "definir em termos gerais o efeito preciso proposto para explicação" (Simiand, 1906:262);
❏ "entre os diversos antecedentes de um fenômeno, é a causa aquele que pode ser ligado pela relação mais geral" (ibid., p. 263);
❏ "sempre 'explicitar' o antecedente imediato" (ibid., p. 266);
❏ "sempre visar a estabelecer proposições explicativas cuja recíproca seja verdadeira" (ibid., p. 266).

A história e a geografia devem, portanto, mudar de "direção de espírito". Para a história, tal mudança deve traduzir-se pelo abandono dos "três ídolos da tribo dos historiadores, que são a política, o individual e o cronológico.

O "ídolo político", isto é, o estudo predominante da história política ou pelo menos a preocupação perpétua com ela, com fatos políticos, com guerras etc., que dá a esses acontecimentos uma importância exagerada e, como a contingência tem talvez nessa categoria de fatos a parte maior, retarda com isso a aceitação da atitude científica, tornando mais dificilmente admissível e praticável a eliminação metódica das influências contingentes, menos concebível e possível o estabelecimento de regularidades e de leis. Os fatos políticos não devem ser ignorados, mas devem perder o lugar eminente, completamente injustificado, que conservam até mesmo nas pesquisas dos outros ramos da história.

O "ídolo individual" ou o hábito inveterado de entender a história como uma história dos *indivíduos* e não como um estudo dos *fatos*, hábito que normalmente leva a ordenar as pesquisas e os trabalhos ao redor de um homem, e não ao redor de uma instituição, de um fenômeno social, de uma relação que estabelecer. (...)

O "ídolo cronológico", ou seja, o hábito de se perder em estudos sobre as origens, em investigações de diversidades particulares, em vez de se estudar e compreender *em primeiro lugar* o tipo normal, buscando-o e determinando-o na sociedade e na época em que se encontra (...). O ídolo cronológico leva consequentemente a considerar igualmente importantes todas as épocas, a conceber a história como um rolo ininterrupto em que todas as partes seriam estabelecidas de modo semelhante, a não se dar conta de que tal período é mais característico, mais importante do que tal outro, que tal fenômeno "crucial" merece um estudo aprofundado, ao passo que em outro lugar repetições sem interesse de um tipo conhecido formam apenas uma matéria estéril e inútil de se desenvolver; consiste, em suma, em considerar todos os fatos, todos os momentos indiferentemente dignos de estudo e suscetíveis de um mesmo estudo (Simiand, 1903b:166-168).

A história deve ser regressiva, ou seja, inversa ao processo cronológico, partir dos estados normais, mais desenvolvidos e mais conhecidos de um fenômeno para compreender a sua gênese. É, portanto, um verdadeiro programa de reorientação dos estudos históricos o que propõe Simiand, cujo *leitmotiv* é a rejeição do contingente em favor do regular, do individual pelo coletivo, do particular pelo geral, da monografia pela abordagem comparatista.

❑ A argumentação de Seignobos

Ante essa argumentação, Seignobos aprofunda aquela que expôs com Langlois em 1898 e depois, sozinho, em 1901. Durante um dos debates que o opõem a Simiand em

1901, ele garante que gostaria de seguir o caminho traçado por este último, o caminho da ciência, mas a natureza mesma do objeto histórico o impede. Sublinha mais uma vez as condições do conhecimento histórico, necessariamente imperfeitas: "com pedras, posso construir uma casa, não posso construir a torre Eiffel" (1907b:268). Traça um retrato do historiador como artesão, como "trapeiro" do passado — "ah! O trabalho do historiador é mesmo sujo!" (ibid., p. 305). Assim, as produções históricas estão fadadas à empiria e não podem corresponder ao ideal de perfeição dos "filósofos". O emprego deste qualificativo, constante em 1907, permite a Seignobos classificar o interlocutor como especulativo e reivindicar o empirismo das práticas de conhecimento histórico: "não foram os autores das grandes especulações, os filósofos, que criaram a ciência moderna; foram os empíricos" (ibid., p. 289) Definitivamente, Seignobos afirma que só o individual é acessível e, mesmo assim, este escapa ao historiador, que só pode apreender uma parte dos fenômenos conscientes e nenhum dos que são da alçada do inconsciente. Desloca o debate para o tema do "desconhecido e do inconsciente na história" e reafirma que na história são os "fenômenos psicológicos [conscientes] que alcançamos mais facilmente" (1908:224). Como prova lhe basta a seguinte: quando só restam objetos materiais, como em Micenas, os historiadores têm muita dificuldade para compreender o funcionamento da sociedade em questão. Acantonando-se nas posições do racionalismo francês — "se nada vejo é porque nada há" —, recusa a atitude "mística" dos historiadores alemães e sua tentativa de apreender o que na vida social ultrapassaria "infinitamente o alcance da ação individual". Rejeita a determinação por "uma força superior e exterior que se impõe [aos indivíduos] e os domina" (ibid., p. 227). Opõe-se Seignobos igualmente às teorias dos "filósofos contemporâneos" (isto é, os sociólogos), tentados também eles a explicar a sociedade recorrendo à noção de vínculo, quer seja a "ação do *meio* social, da organização *coletiva* ou até [uma] *consciência coletiva* transcendente em relação aos indivíduos" (ibid., p. 228). Por fim, reenvia o coletivo para os lados do inconsciente, do que se move sem que possamos apreendê-lo, o que só pode permanecer obscuro. Explica imediatamente que é difícil traçar a fronteira entre "o ato *voluntário*", "o ato *irrefletido*" e "o ato *automático*", o que constitui um limite objetivo para os progressos do conhecimento histórico. A conclusão do discurso é uma negação fundamental de todo o projeto sociológico:

> Os indivíduos em sociedade sofrem, é verdade, o vínculo dos costumes que não criaram; tudo o que podemos concluir é que o indivíduo se submete conscientemente a um vínculo que não pode evitar: não quer entrar em conflito com as forças sociais que o empurram,

O MOMENTO METÓDICO

porque sente ser o mais fraco. Não vejo aí nada que não possa ser explicado por motivos individuais (ibid., p. 229).

A reação de Durkheim durante o debate de 1908, de que Simiand não participou, está à altura do desafio. Ante a vontade de Seignobos de só ver indivíduos conscientes, ele reafirma o primado do coletivo e frisa que "a consciência está cheia de ilusões" (1908:230). O historiador assim como o sociólogo estão na posição do médico que escuta o que o paciente diz, mas não baseia o diagnóstico apenas nessas indicações. Desenvolve Durkheim uma autêntica teoria da suspeita perante as testemunhas:

> Não aceitamos tais quais as causas que nos são indicadas pelos próprios agentes. Se forem verdadeiras, podemos descobri-las diretamente pelo estudo dos próprios fatos; se forem falsas, tal interpretação inexata é ela mesma um fato que explicar (ibid., p. 244).

Recusa-se a levar em conta o inconsciente, que é para ele "apenas uma consciência menor" (ibid.).

Para além da comunidade sociológica, o "ceticismo" ostentado por Seignobos quanto às possibilidades de se progredir na estrada de um conhecimento histórico mais garantido não é compartilhado pela unanimidade dos historiadores. Ele lhe é energicamente censurado por Gustave Bloch durante o debate de 1907. Desse ponto de vista, Simiand tem razão em pensar que as suas palavras impressionaram "a nova geração" (1903b:169). É o que, de certa maneira, já está produzindo-se por meio da *Revue de Synthèse Historique*.

A Revue de Synthèse Historique

A *Revue de Synthèse Historique* é particularmente atenta aos debates metodológicos e epistemológicos que permeiam a história e o conjunto das ciências. Criada em 1900 pelo filósofo Henri Berr (1863-1954), tem o projeto explícito de aproximar os pesquisadores de diversas disciplinas, de levá-los a colaborar para permitir a síntese dos conhecimentos dispersos. A ambição de superar a análise pela síntese constitui a maior originalidade de Berr, que não se cansa de afirmá-la ao longo de toda a vida. Desenvolvida já em sua tese de filosofia defendida em 1898, *La synthèse des connaissances et l'histoire*, é retomada, além de em inúmeros artigos, em 1911, em *La synthèse en histoire: son rapport avec la synthèse générale* e se prolonga depois da guerra.

Essa abordagem original leva Berr a associar pesquisadores que defendem ideias muito diferentes e a transformar a sua revista num verdadeiro "campo fechado", segundo a expressão do historiador romeno A. D. Xénopol. Este defende as teses de história narrativa ligadas ao particular e à sucessão: vê-se com frequência em oposição, ao longo dos números da primeira década, ao historiador Paul Lacombe, autor de *L'histoire considérée comme science* (1894), que exprime concepções próximas às de Simiand. Esse espaço só pode prosperar, segundo Berr, fora da universidade, onde a defesa dos territórios disciplinares impede todo autêntico diálogo e, *a fortiori*, toda síntese (Revel, 1997).

Embora qualificada de "cavalo de Troia dos sociólogos" (Siegel, 1983:206), a *Revue de Synthèse Historique* não se alinha às posições durkheimianas. O interesse que lhes dedica Berr e se traduz pelo lugar que lhe é reservado não é uma adesão. Com efeito, para o artesão da síntese, a sociologia de Durkheim padece de reducionismo, ao só levar em conta a dimensão social, embora "o fator social [não seja] o fator explicativo único" (Berr, 1911b:127). Ante os sociólogos, defende a necessidade de levar em conta "o papel dos indivíduos [e] das grandes individualidades históricas" (Berr, 1900:5) — a síntese não pode ser feita sem se levar em conta a psicologia.

De certa maneira, a vontade de iniciar uma espécie de diálogo que permita em seguida progredir em direção à tão esperada síntese leva Berr a optar, em sua revista, por um "centrismo científico" (Prochasson, 1997:62) cujo resultado prático é um ecletismo inteligente nas colaborações. Assim, as colunas da revista estão abertas tanto para Langlois quanto para Durkheim, tanto a Monod quanto a Célestin Bouglé, a Simiand tanto quanto a Halphen. Nelas predominam, todavia, os jovens pesquisadores; a maioria dos colaboradores tem menos de 40 anos quando publica nela o seu primeiro artigo (Lucien Febvre tem 27). Dos autores das 34 teses defendidas entre 1892 e 1914 selecionadas por Langlois como as mais importantes, 14 colaboram na revista de Berr (Fugler, 1997). A ambição primeira é, portanto, estar em dia com a pesquisa tal como está sendo feita. Ressalta Berr (1911:121), na discussão que o contrapõe em 1911 ao cunhado Louis Halphen, que sempre esteve "mais preocupado em fundar a ciência [do que em] defender um sistema".

As resenhas participam da mesma orientação e não exprimem a ortodoxia durkheimiana. Assim, a *Histoire politique de la Révolution* de Aulard é saudada nos seguintes termos: "[este livro] é para a época revolucionária o que o livro do sr. Seignobos é para a Europa contemporânea: um excelente instrumento de trabalho, um guia claro e confiável, ao mesmo tempo que um modelo de ciência, probo e fecundo" (1911:251). Desse ponto de vista, não será redutivo considerar a *Revue de Synthèse Historique* apenas como uma "espécie de pré-história teórica dos *Annales*"? (Berguière, 1983). Sem dúvida, ela permitiu aos futuros fundadores dos *Annales* contrair alianças (em especial com a geografia

O MOMENTO METÓDICO

vidaliana), afirmar suas próprias posições contra "a história historicizante", mas a importância da *Revue de Synthèse Historique*, o reconhecimento que ela acabou adquirindo, não podem ser resumidos por esse percurso ainda individual. Ela é a caixa de ressonância dos debates que permeiam as ciências sociais no começo do século XX e dos quais Lucien Febvre e Marc Bloch tirarão por sua conta seus próprios ensinamentos, o primeiro deles a romper com a atitude ecumênica de Berr em proveito de uma linha de intervenção claramente definida. Mais do que a *Revue de Synthèse Historique*, é *L'Année Sociologique* que, desse ponto de vista, constituirá o modelo dos *Annales*. De qualquer modo, a existência da *Revue de Synthèse Historique* mostra até que ponto o momento metódico é fundador, uma vez que os debates, mesmo os mais acesos, podem agora ser conduzidos dentro de uma comunidade e segundo as normas que esta define.

Capítulo 3

O momento da história-ciência social (da década de 1920 à década de 1940)

A história entre crise e renovação

Em 1914, no balanço que propõe da *História na França nos últimos cem anos*, Louis Halphen, secretário da *Revue Historique*, nota que a história econômica e financeira, a história social, a história religiosa, a história dos costumes, a história artística e intelectual atraem tanto os historiadores, ou mais, do que a história política ou constitucional, e faz a constatação global de que "[o] espírito crítico reina soberano". Evoca, todavia, também o mal-estar de que padece a história, por ele imputado à sua especialização, e constata que os historiadores e os sociólogos não encontram com facilidade terrenos de entendimento. Assinala, enfim, que a concepção da história como ciência dos fatos sociais de Paul Lacombe e Henri Berr não fez muitos adeptos, produziu pouco e, na melhor das hipóteses, traduz a inquietude dos historiadores quanto aos fins e aos métodos da história. O balanço, estabelecido por um dos mais autorizados representantes da corrente metódica, ressalta, portanto, a generalização dos métodos críticos e científicos em história. Muda a guerra de 1914-1918 alguma coisa nesse balanço historiográfico?

"A história no mundo em ruínas" (Lucien Febvre)

O olhar dirigido à história imediatamente após a guerra não é unívoco. Da parte dos historiadores metódicos, no texto de abertura de um número de jan./abr. 1919 da *Revue Historique*, os dois diretores da revista, Charles Bémont e Christian Pfister, convidam a uma reorganização do trabalho científico depois dos quatro anos de guerra. Trata-se, segundo eles, de perseverar no "*self control*" que permitiu à revista ater-se à "evidência dos fatos mais bem verificados" em sua denúncia das "mentiras" e dos "crimes" do governo alemão. A guerra, portanto, não parece ter comprometido fundamentalmente, para os historiadores metódicos, o laço entre a função de conhecimento da história e a sua função cívica e nacional. Louis Halphen (1927), por seu lado, evoca o abalo causado pela guerra, mas acrescenta logo em seguida que as lições dela proporcionaram aos historiadores até um suplemento de experiência.

Para Lucien Febvre, nomeado em 1919 para a cátedra de história moderna da faculdade de letras de Estrasburgo — que voltara a ser francesa —, a guerra deve, ao contrário, levar a um exame de consciência dos historiadores. A aula inaugural do seu curso, intitulada "A história no mundo em ruínas", constitui uma análise alternativa da conjuntura historiográfica francesa e um balanço do combate conduzido sobretudo pela *Revue de Synthèse Historique*, de Henri Berr, em favor da história científica e ao qual Febvre ainda está muito ligado no início da década de 1920.

> A história que presta serviço é uma história serva. Professores da Universidade francesa de Estrasburgo, não somos os missionários civis de um evangelho nacional oficial, por mais belo, mais grandioso e mais bem-intencionado que ele possa parecer. Não trazemos a Estrasburgo, nas pregas das nossas togas doutorais, nem provisões de antídotos cientificamente combinados para destruir os últimos efeitos da farmacopeia histórico-providencial dos nossos predecessores, nem nenhuma contraprova engenhosamente maquilada e travestida à francesa desta verdade de capacete e couraça, com falsos ares de Bellone ou Germânia, única e verdadeira deusa do que era, ontem, um templo oficial — do que é hoje um centro livre de pesquisas. Não trazemos a verdade cativa em nossas bagagens. Nós a buscamos. Nós a buscaremos até o nosso último dia. Ensinaremos a procurá-la depois de nós, com a mesma angústia sagrada, aqueles que vierem a frequentar a nossa escola. Vesti-la à moda de um país, ao gosto de uma época, ao sabor de nossas paixões? Na ausência da nossa consciência de cientista, a nossa prudência nacional no-lo proibiria; nosso amor consciente pela França, nosso senso de seu interesse evidente, aguçado por tantos perigos, tantos temores e comoções muito recentes, nos mostrariam os inúmeros perigos de tal aventura. O que perdeu a Alemanha não foi justamente ter fabricado para seu uso exclusivo uma verdade à sua semelhança e à sua conveniência? Não foi ter-se hipnotizado na contemplação dessa figura imaginária e ter finalmente acreditado, por uma espécie de sugestão voluntária, que ela era a imagem da realidade, quando simplesmente traduzia o sonho malsão dos mais monstruosos dos egoísmos nacionais?

O MOMENTO DA HISTÓRIA-CIÊNCIA SOCIAL

A perpétua inquietude de um espírito sempre desperto, sempre em ação, tão incapaz de se deixar trancar em fórmulas, de se tornar prisioneiro de suas atitudes, de seus preconceitos — quanto capaz, a cada instante, de se adaptar com presteza e facilidade às situações novas e mutáveis; essa mobilidade, essa agilidade de um pensamento sempre pronto para acolher as sugestões vindas dos cantos mais diversos do horizonte — não é só a atitude mesma da pesquisa inteligente e fértil; é, atesta-o todo o nosso esforço de ontem, todo o nosso esforço de guerra, tão engenhoso e variado, quanto tenaz e decidido — é, para o nosso ideal nacional, para a nossa civilização, para a nossa independência e a nossa vontade de paz e de liberdade, a melhor, a mais eficaz, a mais segura das garantias.

A história é uma ciência. Não é uma rabulice. Na imensa e múltipla investigação que avança, ao mesmo tempo sobre o mundo e sobre este outro mundo que é o homem, pelo efeito comum e convergente de todas as ciências e de todos os cientistas — ela tem o seu lugar, o seu papel, a sua província. E o seu campo ainda está tão pouco, tão miseravelmente desbravado, que há até mesmo, entre aqueles que deveriam trabalhá-lo, homens incapazes de abrangê-lo com os olhos em sua imensidão, mas contentes, sem mais, por escavarem silenciosamente o solo sob seus pés, ao acaso da picareta de que se valem; se há homens que zombam dos trabalhadores de boa vontade que, não se resignando a enterrar o seu esforço numa trincheira estéril, tentam, por menor e mais fraco que ele seja, harmonizá-lo aos esforços vizinhos e fazê-lo servir de antemão à realização do grande plano que consideram possível e necessário — é porque a história é, muito simplesmente e muito imensamente, esta coisa formidável, este frontão enorme de um edifício de que nem sequer as primeiras fundações estão ainda bem estabelecidas e assentadas para o futuro: a ciência, não das sociedades humanas, como dizia, não sem intenções polêmicas, Fustel de Coulanges em seu prefácio ao *Alleu* — mas a ciência do desenvolvimento dos homens, estando, na verdade, condicionado pelo agrupamento dos homens em sociedade (Febvre, 1920).

Levanta Febvre, depois da pavorosa catástrofe que dizimou duas gerações, a pergunta: tenho o direito "de retomar hoje o meu trabalho de historiador"? Denuncia a "farmacopeia histórico-providencial" dos seus antecessores, a instrumentalização da história a serviço da grandeza nacional por parte dos metódicos: "a história que presta serviço é uma história serva". Sobre esse ponto, Febvre distancia-se também de Berr (1910), que louva na mesma época a superioridade do espírito francês e desenvolve posições antialemãs.

O tom do texto é um tanto cientificista. Febvre defende que a meta da história é a busca de leis e rejeita a concepção da história como conhecimento do individual e do particular. As formulações são muito próximas de certas posições de Simiand durante a polêmica de 1903-1907 contra Seignobos. Mas para Febvre a constituição de um corpo de leis históricas continua a ser uma meta longínqua, uma meta ideal. O seu cientificismo continua a ser, portanto, antes uma ideia reguladora ou até um método. Caracteriza a história que quer fazer como analítica, nem coletivista, nem individualista, mas idealista, pois para ele os fatos econômicos, como todos os outros fatos sociais, são fatos de crença e de opinião. Retoma aí propostas da sociologia durkheimiana, segundo a qual a vida social é feita de representações (Mucchielli, 1994).

Em Estrasburgo, Lucien Febvre encontra Marc Bloch, que leciona história da Idade Média. Os dois homens foram — como todos os das gerações combatentes — muito marcados pela experiência da guerra. Mas nem por isso adotarão o espírito de ex-combatentes, nem aderirão ao pacifismo (Bloch, Étienne, 1997).

A guerra como matriz teórica?

O tema da falência e da inutilidade da história, que foi incapaz de prever o desastre, é comum a numerosos balanços intelectuais da guerra. Em 1923, ante o V Congresso Internacional de Ciências Históricas em Bruxelas, o historiador belga Henri Pirenne declara que a guerra "foi para os historiadores o que um cataclismo cósmico seria para um geólogo" (apud Fink, 1997:97). Para Febvre, ela revela a crise da história; ela o fez tomar consciência de maneira aguda de sua responsabilidade de cientista e da urgência de se organizar o trabalho de transformação da história.

Para Bloch, a guerra foi uma experiência que ele viveu, do mesmo modo que Febvre, como combatente patriota (terminou a guerra com a patente de capitão) e também como historiador. Interessou-se particularmente pela psicologia do testemunho e pela psicologia coletiva dos combatentes. A guerra é uma "vasta experiência natural", uma "imensa experiência de psicologia social, de riqueza inaudita", escreve Bloch (1921a). Reencontramos mais uma vez aí alguns temas durkheimianos: psicologia social e representações coletivas. As trincheiras constituem uma zona de formação e de expansão de falsas notícias, onde predomina a tradição oral que dá a impressão de nos levar de volta a um passado muito remoto. O historiador italiano Carlo Ginzburg (1973) e Jacques Le Goff (1983) ressaltaram o papel dessa experiência da guerra na compreensão da gênese de *Os reis taumaturgos*, que Bloch publica em 1924.

O historiador Ulrich Raulff (1995) desenvolveu uma interpretação mais ambiciosa e mais radical do vínculo entre a experiência da guerra e a prática historiadora de Bloch.

Segundo ele, este último ilustraria o processo que na década de 1920 desloca o olhar do historiador dos textos para os indícios materiais, para os elementos corporais e físicos, para as práticas, edificando uma ciência da observação que parte do presente. A experiência da guerra desempenharia um papel essencial nesse processo; seria a fonte de um novo modo de conhecimento que se afastaria da atenção prioritária aos discursos para se dedicar à crítica dos testemunhos, à utilização das fontes visuais, aos objetos visíveis (Wessel, 1997; Mastrogregori, 1997).

A retomada das atividades dos historiadores logo depois da guerra inscreve-se, para além do traumatismo da guerra, ainda amplamente na continuidade de quadros conceituais e institucionais de antes da guerra. As "crises da razão" e dos fundamentos teóricos das ciências da virada do século permanecem sendo traços pertinentes para a caracterização da conjuntura epistemológica das décadas de 1920 e 1930 na França (Castelli-Gattinara, 1998a).

"Uma grande crise do espírito humano" (Lucien Febvre)

A célebre frase de Paul Valéry (1919): "nós outros, civilizações, sabemos que somos mortais" resume bastante bem o sentimento de crise intelectual experimentado por muitos na França depois da guerra. É toda uma atmosfera intelectual dominada pelos temas da incerteza, da instabilidade, do indefinido e também pelo da falência da ciência, que marca o período entreguerras. A desconfiança em relação à história exprimida em particular por Paul Valéry (1931) e Julien Benda (1934) e o tema da crise da história que se desenvolve durante a década de 1930 participam dessa atmosfera intelectual. Febvre (1936a), por seu lado, evoca uma "crise geral e profunda das ideias e concepções científicas".

Febvre e Bloch não separam a crise da história e sua vontade de renovar a história das reviravoltas teóricas que atingem as ciências. Entre essas reviravoltas científicas há em primeiro lugar "este grande drama da relatividade, que veio sacudir, abalar todo o edifício das ciências tal como um homem da minha geração o imaginava durante a juventude" (Febvre, 1943:27). Com a revolução einsteiniana da física e o indeterminismo da teoria dos quanta do fim da década de 1920, a ideia de causalidade e, portanto, a teoria do determinismo, pilar da história clássica, são questionadas. Febvre (1936a:143) tira daí a seguinte conclusão para a história: "sabemos que as nossas ideias, fundadas numa filosofia científica caduca, devem ser revistas". Da mesma maneira, em *Apologia da história* (1941-1943), Bloch ressalta a mudança de "atmosfera mental" provocada pela mecânica einsteiniana e pela teoria quântica para justificar a necessidade de fazer uma história diferente da dos historiadores da geração de Seignobos, presos a uma caduca concepção comtiana da ciência.

A crise da história, segundo eles, deve-se justamente ao fato de os historiadores não terem absorvido os avanços das revoluções científicas das ciências da natureza.

Um ofício em crise?

Essa crise da história não é redutível a seu imobilismo, é também uma crise profissional que, em contraste com o dinamismo das novas ciências sociais, se traduz em muitos historiadores por "um desencanto, uma desilusão total — o sentimento amargo de que fazer história, ler história é hoje perda de tempo" (Febvre, 1943:25). A história vê a sua posição hegemônica contestada pelo desenvolvimento da geografia, da sociologia ou da psicologia. O historiador marxista Pierre Vilar evoca assim a orientação para a geografia de muitos estudantes de história entre 1925 e 1930 (apud Dumoulin, 1990).

Durante o entreguerras se acentua o movimento de profissionalização da história iniciado no século XIX. Os historiadores profissionais assumem o controle de instituições como a Académie des Inscriptions et Belles Lettres ou o Comité des Travaux Historiques et Scientifiques ou de associações novas como o Comité Français de Sciences Historiques. Olivier Dumoulin (1893, 1896) analisou, quanto ao período entreguerras, essa profissionalização que reforça a autonomia da disciplina. Na universidade, a história separa-se das humanidades clássicas, com a instauração da licenciatura por certificados em 1921, o que estabelece o controle do recrutamento e da formação pelos próprios historiadores.

A contração do mercado universitário depois da guerra afeta especialmente a história: a restrição das contratações universitárias e a falta de postos atiçam as rivalidades. Essa crise do recrutamento em história é pouco favorável à inovação e reforça o conservadorismo e a esclerose dos ensinamentos, tantas vezes denunciados por Febvre e Bloch. A redução do número de postos e a idade tardia da aposentadoria provocam um envelhecimento do corpo de historiadores. Será preciso aguardar a segunda metade da década de 1930 para que a aposentadoria da geração anterior abra lentamente o caminho a recém-chegados — como Bloch, nomeado para a Sorbonne em 1936.

A crise atinge também as edições históricas científicas; depois da idade de ouro da história universitária de 1880 a 1910, a redução da produção editorial histórica se confirma depois da guerra (Tesnière, 1990). O enrijecimento da profissionalização também é uma reação de defesa — de tipo corporativo — ante a crise do ensino da história que se desenvolve durante o período, tanto na universidade quanto no secundário.

O MOMENTO DA HISTÓRIA–CIÊNCIA SOCIAL

Mal-estar no ensino de história

É claramente perceptível o sentimento de crise, de mal-estar e de insatisfação entre os professores de história do ensino secundário durante as décadas de 1920 e 1930, e isso constitui um dos componentes do debate intelectual e social acerca da crise da história.

Já em 1921, no *Bulletin de la Société des Professeurs d'Histoire et Géographie*, Bloch (1921b) critica a supressão do estudo da Idade Média e a ausência de toda abertura à história da Ásia, da África e de certos países europeus nos programas de história do secundário em 1902. O aprendizado dos alunos quanto ao "senso do diferente" parece-lhe indispensável. Em 1937, Febvre e Bloch assinam juntos um texto sobre a *agrégation* e a favor da renovação do ensino da história em sua revista, os *Annales d'Histoire Économique et Sociale* (n. 44). Ali os dois autores denunciam o "despotismo da *agrégation*", a esterilização da pesquisa em razão do peso da "preparação-abafador" para esse concurso, a importância demasiada das questões de história política e institucional nos temas externos ao programa (mais de três quartos dos temas!), em contradição com as tendências da pesquisa viva. Bloch, em 1938 e 1943, intervém de novo no ensino secundário; defende, contra o parecer da imensa maioria dos docentes de história, assim como dos universitários, uma proposta da Inspeção Geral que visava a substituir o tratamento enciclopédico e cronologicamente contínuo de todos os períodos por uma amostragem a partir de documentos. Propõe, por outro lado, introduzir no ensino noções de economia, coerentemente com a concepção da história que defende juntamente com Febvre, a saber, a história econômica e social (Dumoulin, 1984; 2005, em Amalvi, 2005:321-323).

O momento da década de 1920: uma renovação da história

Até meados dos anos 1930, Febvre se associa estreitamente aos empreendimentos de Henri Berr, para criar novos laços de sociabilidade científica e favorecer encontros entre representantes das ciências naturais e representantes das ciências históricas.

Os empreendimentos de Henri Berr pós-I Guerra

Depois da guerra, Berr retoma as atividades de empresário cultural (Biard et al., 1997). Já em 1920 acontece o lançamento da coleção *L'évolution de l'humanité*, onde é publicada em 1922 *La Terre et l'évolution humaine* de Febvre. Em 1924, Berr convida Bloch, que finalmente proporá em 1933 a redação de *La société féodale*, cujo primeiro tomo é publicado em 1939.

Mantém Berr as prioridades de antes da guerra da *Revue de Synthèse Historique*: "teoria da história e organização do trabalho histórico". A correspondência entre Berr e Febvre atesta o empenho deste último nesta revista (Febvre, 1997). Nela Febvre defende uma concepção do trabalho histórico centrada numa crítica bibliográfica, nos moldes da desaparecida *L'Année Sociologique*. Escreve sobretudo artigos de fundo e "revisões críticas" prioritariamente consagradas à geografia e à história intelectual (Aguet e Müller, 1985).

Em 1925, Berr cria a Fondation "Pour la science" — Centre International de Synthèse, cujo objetivo é unificar as ciências históricas, as ciências naturais, para explicitar os problemas do que chama "interciência", ou seja, a unificação dos dois tipos de ciência (Berr, 1925). O centro inclui uma Seção de Síntese Histórica, dirigida por Berr e Febvre, uma Seção de Ciências Naturais, dirigida por Abel Rey e depois por Paul Langevin, e uma Seção de Síntese Geral. A Seção de História das Ciências, dirigida por Aldo Mieli, tem certa independência e seu próprio órgão, *Archeion*. O centro organiza, a partir de 1929, as "Semanas de síntese", colóquios interdisciplinares anuais consagrados a temas científicos, como a evolução biológica, a civilização (a palavra e a ideia), as origens da sociedade, a individualidade, a multidão, a evolução da física e a filosofia, ciência e lei etc. O centro lança, ademais, a elaboração de um *Vocabulaire historique* que tem como objetivo definir rigorosamente os termos de que se servem os historiadores. Febvre também se empenha nesses dois empreendimentos.

Em 1931, a revista de Berr muda de fórmula e se transforma na *Revue de Synthèse*, órgão do Centre International de Synthèse, cujo programa se distancia dos interesses dos historiadores (Müller, 1997a). Naquele ano, Febvre e Bloch, ainda professores em Estrasburgo, lançaram os *Annales d'Histoire Économique et Sociale*.

O espírito de Estrasburgo

O ambiente da Universidade de Estrasburgo e o "espírito de Estrasburgo" são, a partir de então, classicamente associados à criação dos *Annales* (Carbonell e Livet, 1983). A escolha dos professores para a Universidade de Estrasburgo assinalava a vontade do governo francês de fazer da universidade uma vitrina da reconquista francesa. Entre os professores da Faculdade de Letras estão o geógrafo Henri Baulig, o psicólogo Charles Blondel, o sociólogo (durkheimiano) Maurice Halbwachs e Gabriel Le Bras (sociologia religiosa); entre os historiadores, além de Febvre e Bloch, temos André Piganiol (Antiguidade), Charles-Edmond Perrin (Idade Média), Georges Pariset e — mais tarde — Georges Lefebvre. O que faz o clima intelectual desta universidade é sobretudo a origina-

O MOMENTO DA HISTÓRIA-CIÊNCIA SOCIAL   145

lidade, a ênfase dada à colaboração entre professores de diferentes disciplinas, à pesquisa interdisciplinar. Para Berr (1921, 1922), Estrasburgo é um exemplo do espírito de síntese no ensino superior. As "reuniões de sábado" reúnem professores de diversas disciplinas para "livres conversas"; nelas, Febvre e Bloch tratam frequentemente de história social. É durante esse período estrasburguense que afirmam sua concepção da história, produzem obras-chave como *La terre et l'évolution humaine* e *Un destin: Martin Luther* (Febvre) e *Os reis taumaturgos* (Bloch), e tomam juntos as medidas que levam à criação dos *Annales d'Histoire Économique et Sociale*, em 1929.

Os *Annales* antes dos *Annales*: estratégia epistemológica e estratégia disciplinar

Em 1921, Febvre e Bloch planejam criar uma revista para suprir o desaparecimento em 1919 da revista de história econômica alemã *Vierteljahrschrift für Sozial-und Wirtschaftsgeschichte*, que fora antes da guerra um fórum de debates internacionais. Dirigem-se a Henri Pirenne, internacionalmente reconhecido, para dirigir uma *Revue d'Histoire Économique et Sociale* interaliada, posta sob a autoridade do Comité International des Sciences Historiques. Para Febvre, essa revista deve centrar-se nos debates críticos e metodológicos e destinar-se a todos os historiadores, bem como aos sociólogos, filósofos, juristas e economistas. O projeto, porém, não dá certo. Segundo Bertrand Müller (1994), a tentativa, no entanto, permitiu a Febvre e a Bloch definirem o que constituirá a matriz intelectual dos futuros *Annales* e atar com Pirenne laços privilegiados e estabelecer contatos que fornecerão os primeiros colaboradores dos *Annales*.

Em 1922, Febvre publica na coleção de Berr, que redige o seu prólogo, *La Terre et l'évolution humaine: introduction géographique à l'histoire*. Preparado antes da guerra, o livro representa uma etapa decisiva na redefinição por Febvre de uma identidade histórica perante as outras ciências sociais. O livro pretende-se um estudo "em ação" do problema das influências geográficas sobre as sociedades humanas e uma reflexão sobre os métodos de duas disciplinas rivais, a geografia humana (vidaliana) e a "morfologia social" (sociologia durkheimiana, representada por Simiand, Mauss e Halbwachs). Febvre intervém como representante de uma disciplina, a história, que "ainda nem sequer crê, toda ela, em sua qualidade de ciência", e se propõe levar adiante uma crítica de método, uma crítica de resultados, que ele distingue do puro debate acadêmico sobre metodologia. Isso lhe permite situar-se numa posição de exterioridade em relação aos dois concorrentes. Há aí um jeito ao mesmo tempo *polêmico* e *pragmático* de recompor uma identidade epistemológica para a história. Mas o procedimento de Febvre é igualmente uma *estratégia disciplinar*, de *polícia de fronteiras*, que coloca a história na posição de árbitro numa controvérsia que ele contribui amplamente para construir.

> Um grande, um profundo mal-entendido separa geógrafos e sociólogos. Enquanto os primeiros se esforçam cada vez mais para evitar em suas pesquisas tudo o que seja dedução sistemática; enquanto buscam simplesmente analisar as situações de fato que lhes interessam, sem espírito preconcebido e sem *parti pris* de simplificação teórica; enquanto todos os seus esforços vão para se livrarem da concepção estreita de um determinismo rigoroso e por assim dizer mecânico; os segundos, façam ou digam o que for, não conseguem libertar-se de certa concepção "passivista" das ações e reações mútuas entre o meio e o homem. Erro, exagero? Mas quando o sr. Mauss, por exemplo, nos concede que é legítimo, é útil, é científico perguntar em que medida "a configuração do solo, a sua riqueza material, a sua fauna e a sua flora afetam a organização" dos homens — ou quando o sr. Durkheim, mui desdenhosamente, reconhece que se "da fauna e da flora dependem *certas particularidades* da vida econômica, é ao economista que cabe conhecê-las" — que concepção exprimem eles, então?
>
> Linguagem materialista, na verdade, e concepção materialista. Vejo bem que eles não são os únicos que as têm. Estão em boa companhia, com a maioria dos historiadores que se preocupam com tais questões — como dissemos — e até, ocasionalmente, com geógrafos mais ou menos qualificados. É na *Géographie humaine* do sr. J. Brunhes que podemos ler o seguinte trecho: "conforme os grupos humanos são colocados neste ou naquele quadro geográfico, são obrigados a empreender certas culturas, aqui as palmeiras, ali o arroz, lá o trigo; são obrigados a criar aqui cavalos e éguas, como nas estepes herbáceas da Ásia central; ali, animais de espécie bovina, como nas montanhas da Europa central ou nas ilhas do lago Tchad ou às margens do lago Rodolfo; também aí, cordeiros e ovelhas, como nos altiplanos secos da Ibéria ou da Berbéria". Bela aplicação, como vemos, da teoria eminentemente criticável da adaptação passiva — se a fórmula "ser obrigado a" na realidade não traísse o autor. Mas para quem acompanha o esforço da grande maioria de seus confrades (e o seu próprio, aliás, quase sempre), é legítimo falar, por contraste, de uma espécie de "espiritualismo geográfico" — no sentido em que se fala, acerca de Karl Marx, de Engels e sua teoria do valor, desse "espiritualismo econômico" que é, na verdade, o marxismo.
>
> Iniciativa e mobilidade dos homens: eis aí o que os geógrafos, hoje, se empenham, antes de tudo, em ressaltar (Febvre, 1970:87-88).

Febvre julga que por trás das críticas dos sociólogos contra a geografia humana haja uma concepção rígida, absoluta, da causalidade por ele rejeitada. Ergue-se contra os sistemas deterministas, em que "tudo se encadeia e nada se explica". Constata, ao se referir ao tema da potência criadora da vida, desenvolvido pelo filósofo Henri Bergson, o retorno do vitalismo na biologia e, com ele, da "noção fecunda e nada anticientífica de acaso". Ora, a geografia de Paul Vidal de La Blache, contra o *determinismo geográfico* do geógrafo alemão Friedrich Ratzel, rompe com a ideia de um vínculo necessário e mecânico entre meio e gênero de vida. À noção de influências, demasiado mecanicista, Febvre (1970:257) prefere a de possibilidades, mais dócil: "em nenhuma parte necessidades. Em toda parte possibilidades", escreve ele. A geografia dos "possibilistas" vidalianos é para ele o exemplo de uma observação dos fatos que edifica uma geografia humana prudente, sadia e fértil.

Um dos objetivos essenciais do livro está na ruptura com um determinismo sociológico rígido, demasiado alinhado com as ciências naturais. Constata o mal-entendido entre geógrafos e sociólogos para defender a maioria dos geógrafos, que, sem *parti pris* de simplificação teórica, se livram da concepção estreita de um determinismo rigoroso e mecânico. Em contrapartida, Febvre censura aos sociólogos durkheimianos (cita Marcel Mauss) uma concepção "passivista" das ações e reações mútuas entre o meio e os homens, que ele qualifica de materialista. Essa acusação de materialismo é energicamente rejeitada por Halbwachs (1925a), que observa a Febvre que a morfologia social explica fatos sociais por outros fatos sociais, ou seja, pelas representações que deles têm os homens.

Febvre (1970:73) atribui à geografia humana, ciência em via de constituição, o seu campo, estritamente circunscrito: "as relações complexas que mantêm os homens, atores e criadores da história, com a natureza orgânica e inorgânica, com os fatores múltiplos do meio físico e biológico". Dá como exemplo dessa geografia humana *modesta*, que define como ciência dos lugares e não como ciência dos homens, Vidal de La Blache. Para Febvre, a geografia humana não deve ter a ambição de propor um modelo unificante, fora de seu alcance, ou coisa pior, o que seria uma filosofia da geografia, à qual tende parte da obra de Ratzel.

Para defender as monografias regionais dos geógrafos franceses, Febvre (1970:93) censura ao procedimento de Simiand (1909) o risco de "passar ao lado do particular, do individual, do irregular — ou seja, em suma, do mais interessante". Para ele, o fato deve ser estudado em si mesmo, verificado cuidadosamente fora de todo sistema, pela observação e a experimentação, sem ser deformado pela "mania categorizante" (expressão que Febvre toma de Vidal de La Blache). A geografia vidaliana oferece a Febvre um modelo de pesquisa aberta e dinâmica: "certa geografia humana talvez nada mais seja do que uma história revivificada em suas fontes, rejuvenescida em seus métodos e felizmente renovada em seus assuntos" (Febvre, 1970:381).

Mas *La Terre et l'évolution humaine* é também uma operação de captação de uma dinâmica disciplinar concorrente da história. O livro não é, aliás, bem recebido pelos geógrafos, que lhe censuram ser uma tentativa de estrangulamento da geografia, tomando-lhe emprestado o "fatal laço" (Febvre, 1923). A geografia inauguraria com isso um novo ciclo de dependência em relação à história (Claval, 1964; Dosse, 1998).

Por outro lado, depois da morte de Durkheim, o durkheimismo do pós-guerra já não tem a mesma vitalidade e unidade de antes da guerra (Hailbron, 1985), seu enfraquecimento modifica a configuração das ciências sociais de entreguerras e abre para a história perspectivas mais favoráveis em termos de atração intelectual.

Bloch, por seu lado, na década de 1920 se empenha de maneira decisiva em dois inovadores campos de trabalho: o da análise histórica das representações coletivas e o do emprego histórico do método comparativo, referindo-se a Pirenne (Sewell, 1967; Aymard, 1990). Afirma Bloch que o método comparativo é muitas vezes deixado à filosofia da história ou à sociologia geral. Trata-se, pois, de integrar no trabalho do historiador as conquistas da metodologia comparativa em uso em outras ciências sociais, como a geografia, a linguística, a sociologia, a antropologia. Essa é a sua maneira de completar o procedimento de Febvre: redefinir praticamente uma identidade historiadora com forte legitimidade científica numa relação de colaboração/demarcação com as ciências sociais mais inovadoras da época.

A criação dos *Annales*, em 1929, inscreve-se também amplamente numa dinâmica de renovação, que se enraíza nos combates da história-ciência, nas reflexões epistemológicas nascidas das reviravoltas das ciências na virada do século e na afirmação de novas ciências sociais, em cuja linha de frente aparecem a sociologia durkheimiana e a geografia vidaliana. Acelera-se essa dinâmica na década de 1920, em proveito da história, que se beneficia, sem dúvida nenhuma, das aberturas das ciências naturais em relação à história e da debilitação do durkheimismo.

Os *Annales d'Histoire Économique et Sociale*: uma revista de debates e de combate

Um novo "fazer da história" está em ação na década de 1920, como o atesta uma série de iniciativas convergentes: primeiro volume de *L'Évolution de l'humanité* em 1920; Centro Internacional de Síntese em 1925; *Semanas Internacionais de Síntese* a partir de 1929; criação dos *Annales d'Histoire Économique et Sociale* em 1929; *I Congresso Internacional de História das Ciências* em Paris, em 1929; lançamento da coleção *Actualités scientifiques et industrielles* em 1929; e, no começo da década de 1930, a *Encyclopédie française* (Gattinara, 1998b).

Essa dinâmica da renovação contrasta com a tranquila autoconfiança do balanço de certo modo oficial feito em 1927 por Halphen no âmbito de um livro coletivo sobre a *História e os historiadores de 50 anos pra cá*. Esse balanço pouco difere daquele proposto pelo mesmo autor em 1914: consolidação do espírito crítico, reforma benéfica do ensino superior, diversidade das produções, desenvolvimento dos trabalhos de síntese etc. Observa Halphen (1927:166) que existe um problema entre os historiadores, por um lado, e os sociólogos, por outro, que, desconcertados com o empirismo dos historiadores, sonham com uma história realmente científica, mas acrescenta que "não há na produção francesa nem desaceleração grave nem perda de ímpeto".

Mas o balanço muito crítico que Febvre e Bloch fazem da obra de seus antecessores metódicos é também visivelmente diferente do proposto em 1930 por Berr no artigo "Au bout de trente ans", que aparece na *Revue de Synthèse Historique*. Berr (1930:17) apresenta um balanço um tanto otimista da ampliação e do aprofundamento da história desde o início do século. Constata uma superação da luta entre historiadores historicizantes e historiadores cientificistas, entre historiadores puros e sociólogos. Para Berr, em toda parte "a síntese (...) ganhou a causa", e a história historicizante "tende naturalmente a resultados explicativos", escreve ele, citando os exemplos de Charles-Victor Langlois e de Louis Halphen. A diferença muito nítida de tonalidade com o balanço de Febvre reflete, talvez, o voluntarismo metodológico e epistemológico de Berr, a que Febvre não mais adere, mas revela também objetivos disciplinares e institucionais diferentes para Berr e para os diretores dos *Annales*.

Uma revista de duas cabeças e quatro mãos

Depois do fracasso da tentativa de 1921, Bloch retoma a iniciativa em 1928, para relançar o projeto de uma nova revista de história econômica e social. Febvre e Bloch, apoiados sobretudo por Albert Demangeon, diretor dos *Annales de Géographie* e amigo de Febvre, negociam com a editora Armand Colin. A correspondência entre Febvre e Bloch (1994) permite ter uma ideia das discussões com a editora: problemas materiais, mas também de concepção da revista. O título finalmente escolhido é: *Annales d'Histoire Économique et Sociale (Annales HES)*, por analogia com os *Annales de Géographie* já publicados pela mesma editora.

Marc Bloch e Lucien Febvre (apresentados como professores da Faculdade de Letras da Universidade de Estrasburgo) são os diretores da revista; o comitê de redação compreende: Albert Demangeon, professor de geografia humana na Sorbonne, Paris; Georges Espinas, arquivista do Ministério dos Negócios Estrangeiros, Paris; Maurice Halbwachs, professor de sociologia na Universidade de Estrasburgo; Henri Hauser, professor de história econômica na Sorbonne, Paris; André Paganiol, professor de história romana na Universidade de Estrasburgo; Henri Pirenne, professor de história na Universidade de Gand; Charles Rist, professor de economia política na Faculdade de Direito de Paris, subgovernador da Banque de France; André Siegfried, professor na École des Sciences Politiques, Paris. O primeiro número aparece em janeiro de 1929. Cumpre acrescentar a essa lista do Comitê de Redação o nome de Paul Leulliot, que se encarrega sozinho do secretariado da revista até 1945.

Aos nossos leitores

Graças à ampla visão de um grande editor, graças ao concurso de colaboradores franceses e estrangeiros, cuja solicitude foi para nós uma alegria e um encorajamento, os nossos *Annales*, projeto longamente amadurecido, podem hoje ser publicados e tentar ser úteis. Nós agradecemos aos seus verdadeiros autores.

Mais um periódico e, ademais, um periódico de história econômica e social? Decerto, nós o sabemos, a nossa revista, na produção francesa, europeia ou mundial, não é a primeira a aparecer. Cremos, porém, que, ao lado de suas gloriosas irmãs mais velhas, terá seu lugar reservado ao sol. Ela se inspira nos exemplos delas, mas exibe um espírito que lhe é próprio.

Historiadores um e outro, tendo tido visivelmente as mesmas experiências e delas tirado as mesmas conclusões, há muito nos impressionamos com os males engendrados por um divórcio que se tornou tradicional. Ao passo que aos historiadores do passado aplicam seus bons e velhos métodos já testados e aprovados, um número cada vez maior de homens consagra, por vezes não sem ardor, sua atividade ao estudo das sociedades e das economias contemporâneas: duas classes de trabalhadores feitas para se compreenderem e que, normalmente, estão muito próximas, sem se conhecerem. Isso não é tudo. Entre os próprios historiadores, assim como entre os pesquisadores preocupados com o presente, há muitas outras divisões estanques: historiadores da Antiguidade, da Idade Média e da Idade Moderna; pesquisadores dedicados à descrição das chamadas sociedades "civilizadas" (para nos valermos de um velho termo cujo sentido a cada dia se modifica mais) ou atraídos, ao contrário, por aqueles que cumpre, na falta de melhores palavras, chamar ou de "primitivos" ou de exóticos... Nada melhor, é claro, se cada qual, ao praticar uma especialização legítima, cultivando laboriosamente o seu próprio jardim, se esforçasse, porém, em acompanhar a obra do vizinho. Mas os muros são tão altos, que muitas vezes impedem a visão. Quantas sugestões preciosas, porém, sobre o método e sobre a interpretação dos fatos, quantos ganhos de cultura, quantos progressos na intuição nasceriam, entre esses diversos grupos, de intercâmbios intelectuais mais frequentes! O futuro da história econômica depende disso, e também a correta inteligência dos fatos que amanhã serão a história.

É contra esses temíveis cismas que nos pretendemos erguer. Não com artigos de método, dissertações teóricas. Pelo exemplo e pelo fato. Aqui reunidos, trabalhadores de origens e de especialidades diferentes, mas todos animados de um mesmo espírito de exata imparcialidade, exporão o resultado de suas pesquisas sobre assuntos de sua competência e de sua escolha. Parece-nos impossível que de um tal contato as inteligências conscientes não extraiam rapidamente as lições necessárias. Nosso empreendimento é um ato de fé na virtude exemplar do trabalho honesto, consciencioso e solidamente estruturado (Bloch e Febvre: texto de abertura do primeiro número dos *Annales d'Histoire Économique et Sociale*, 15 jan. 1929).

Febvre e Bloch dão ênfase à necessidade de fazer colaborarem duas categorias de pesquisadores que com demasiada frequência se ignoram: os historiadores, que tratam do *passado*, e os que se consagram ao *presente*, ao estudo das sociedades e das economias contemporâneas (sociólogos, economistas etc.). Trata-se, portanto, em primeiro lugar, de um apelo a uma colaboração permanente entre história e ciências sociais. Representantes eminentes das ciências sociais na França aceitam participar de uma revista de história.

Ao unir o estudo do passado e o estudo do presente, os *Annales HES* propõem-se ajudar os *homens de ação*, oferecendo-lhes uma melhor compreensão de seu tempo. A orientação reivindicada pelos dois diretores é explicitamente *pragmática*, centrada na compreensão do presente e na *ação*. Bloch e Febvre falam como *praticantes da história*: é "pelo exemplo e pelo fato" que querem intervir, e não por meio de dissertações teóricas. Essa ênfase dada à dimensão prática do empreendimento mostra uma vontade de se distinguir em relação a um estilo mais filosófico (Henri Berr), mas igualmente um jeito de construir um perfil profissional compatível com a identidade disciplinar da história — assinalada, em particular, pela desconfiança em relação à teoria.

Marc Bloch e Lucien Febvre: "uma equipe que surpreende" (Marc Bloch)

Lucien Febvre (nascido em 1878) defendeu em 1911 uma tese sob a orientação de Gabriel Monod: *Philippe II et la Franche-Comté; la crise de 1567, ses origines et ses con-*

séquences. Étude d'histoire politique, religieuse et sociale. Marc Bloch (nascido em 1886) defende a sua tese sob a orientação de Charles Seignobos, segundo um protocolo mais leve, em razão do seu estatuto de ex-combatente: *Rois et serfs: un chapitre d'histoire capétienne.* Bloch e Febvre são, portanto, em 1929, profissionais reconhecidos, de trajetórias intelectuais próximas. Estão perfeitamente integrados ao sistema universitário, e suas publicações são referência entre os historiadores. Vindos ambos de ambientes universitários, foram admitidos na École Normale Supérieure (Ulm) e seguiram os cursos dos mesmos professores. Os laços de amizade estabelecidos durante esse período estudantil constituirão parte das redes de afinidade intelectual ao redor dos *Annales*: os psicólogos Henri Wallon e Charles Blondel, Albert Thomas, futuro diretor da Organização Internacional do Trabalho, o geógrafo Jules Sion — entre outros — para Febvre e para Bloch, o sinólogo Marcel Granet, o helenista Louis Gernet ou o sociólogo Georges Davy. Através desses itinerários, Bloch e Febvre adquiriram referências intelectuais comuns que são as principais fontes de seu projeto de renovação da história: a história econômica (Henri Pirenne), a sociologia durkheimiana, a geografia vidaliana, a *Revue de Synthèse Historique*, a psicologia coletiva (Blondel, Wallon), a linguística histórica (Antoine Meillet).

Bloch e Febvre fazem tudo nos *Annales*: concepção dos números, escolha dos temas, escolha dos artigos, correção, às vezes a reescrita, distribuição das resenhas etc. E sobretudo escrevem muito para a revista. Mas à parte os editoriais e um artigo sobre a *agrégation* (1937), não assinam em comum os artigos. Bloch fala da "essência de uma verdadeira colaboração" entre ele e Febvre (Bloch e Febvre, 1994:199). Apesar das dificuldades e da posição de irmão mais velho que Febvre sempre conservará, a parelha científica por eles formada se mantém, ainda que sempre tenham guardado entre si certa distância no plano humano. Os *Annales* permanecem no centro das preocupações de Bloch e de Febvre durante o período, e é esse empenho intelectual comum que dá à revista a sua unidade.

Todavia, existem diferenças de interesse entre os dois diretores. Bloch é mais claramente preocupado em desenvolver a história econômica. Febvre, por seu lado, volta-se, no fim da década de 1920, para a história religiosa e a história intelectual; propõe a Berr em 1928 o lançamento de uma revista de história das ideias e participa ativamente da elaboração da nova fórmula da *Revue de Synthèse*, que se inaugura em 1931.

Essa colaboração muito estreita entre Bloch e Febvre também passa por crises. A partir de 1934 e com o estabelecimento de Bloch em Paris em 1936 (é nomeado para a Sorbonne), os desacordos sobre artigos ou sobre a organização da direção tornam-se mais frequentes. O lugar ocupado por uma nova assistente de Febvre, uma jovem historiadora austríaca emigrante, Lucie Varga, irrita Bloch (Schöttler, 1991). A crise pessoal e familiar por que passa Febvre em consequência da ligação e da ruptura com Lucie Varga

O MOMENTO DA HISTÓRIA-CIÊNCIA SOCIAL

e a saída da revista da editora Armand Colin depois do número de 1937, consagrado à Alemanha, marcam esse período difícil das relações entre os dois diretores.

O ano de 1938 representa uma grave crise entre Bloch e Febvre. Este último propõe um "resgate urgente" da revista, que, segundo ele, é decepcionante; é a própria concepção da revista e de sua ação que estão no centro do desacordo. Para Febvre, que quer uma revista "de ideias", há nos *Annales* um número excessivo de artigos de erudição "de curto raio", de Idade Média e de pedagogia. Além disso, ele diagnostica uma inflexão política da revista para o "conformismo universitário centro-esquerda", críticas muito duras que irritam Bloch (Müller, 2003a). Essa nova tensão se desenrola enquanto a situação internacional se degrada: as questões dessas "crises" entre Bloch e Febvre irão se radicalizar ainda mais com o início da II Guerra.

Estratégias profissionais

As preocupações propriamente profissionais e de carreira ocupam também um lugar importante nas preocupações dos diretores dos *Annales*. A busca por postos em Paris explica-se em boa medida pela vontade de serem mais eficazes em relação à revista. Essa estratégia profissional é, por outro lado, contrariada pela crise do mercado universitário francês entre as duas guerras. Febvre, depois de ter sido recusado pela Sorbonne em 1926, é eleito em 1932, depois de duas tentativas, para o Collège de France, com a cadeira de história da civilização moderna; nesse meio-tempo, foi escolhido pelo novo ministro da Educação Nacional, Anatole de Monzie, para dirigir a elaboração de uma *Encyclopédie française*. Bloch, por seu lado, não consegue fazer-se eleger para o Collège de France e se volta para a Sorbonne, onde concorre novamente com Halphen, como no Collège de France, seu "inimigo declarado, furioso e feroz" (segundo as palavras de Febvre), antes de obter a cadeira de história econômica deixada vacante por Henri Hauser. Graças a essas nomeações parisienses, podem empenhar-se em atividades profissionais variadas, ganhar um reconhecimento profissional mais seguro e desempenhar um papel intelectual e social mais conforme com a imagem de reformadores da disciplina histórica. É, aliás, a partir desses anos que Febvre endurece a sua polêmica contra a história historicizante e em particular contra Seignobos.

A *Encyclopédie française* ocupa na década de 1930 um lugar importante nas atividades de Febvre, e esse empenho contribui para o divórcio intelectual com Henri Berr, que vê na *Encyclopédie* um empreendimento concorrente de suas próprias iniciativas, como o jornal científico e enciclopédico *Science*, por ele lançado em 1936 (Gemelli, 1986). Para Febvre, a *Encyclopédie* deve ser um inventário metodológico da *civilização* na data de 1935, um esforço para compreender e fazer compreender o mundo contemporâneo. A *Encyclopédie* não adota uma classificação alfabética, mas se organiza em função de problemas. Febvre retoma para a *Encyclopédie* e para o conjunto das ciências o objetivo que esteve na origem dos *Annales*: "derrubar os muros" entre os pesquisadores.

Uma amizade intelectual à prova da guerra e da ocupação

Foram as divergências quanto à continuidade da publicação dos *Annales* durante a ocupação que provocaram a crise mais grave nas relações entre os dois diretores. Na zona ocupada, os *Annales*, com um diretor judeu, correm o risco de interdição, e por isso Febvre pede a Bloch que se retire e o deixe sozinho no comando da revista. Num primeiro momento, Bloch recusa: "a supressão de meu nome seria uma abdicação", escreve a Febvre. Este exprime então a sua amargura diante do que considera uma deserção e uma "sentença de morte" contra a revista e defende a continuidade da publicação. Apesar da intensidade dramática das discussões, Bloch não rompe com Febvre e por fim cede; continua a escrever na revista (cujo novo título é *Mélanges d'Histoire Sociale*, e o subtítulo, *Annales d'Histoire Sociale*) sob o pseudônimo de Marc Fougères. Bertrand Müller, embora lembrando que as duas posições permanecem incompatíveis e "em grande parte inconciliáveis", acrescenta que "uma não condena a outra" e defende "que é preciso considerar a 'continuidade' dos *Annales* como uma decisão e uma ação comuns a L. Febvre e a M. Bloch, mesmo se, e é importante notar isto, este último [M. Bloch] ao fim de seu confronto, não estivesse '*de modo algum convencido*' pelos argumentos do primeiro [L. Febvre]" (Müller, 2003a:xxxiii).

Travou-se uma polêmica acerca desse episódio; alguns historiadores, como Daniel Lindenberg (1990) e Alain Guerreau (1980), acusaram Febvre de complacência, de oportunismo em relação ao regime de Vichy ou de ter consentido com "um horizonte de que os judeus teriam desaparecido" (Burrin, 1995:328). Peter Schöttler (1995), Bertrand Müller (1995) e Marleen Wessel (1996) em especial reexaminaram minuciosamente o dossiê para infirmar essas acusações e demonstrar que Febvre não tivera nenhuma complacência para com Vichy. A amizade e a confiança entre os dois homens resistirá a essa dura prova, e Bloch dedicará a Febvre a *Apologia da história*, redigida entre 1941 e 1943. Como escreve Bertrand Müller: "Nem o compromisso, nem o silêncio, nem a ciência acima de tudo, nem a ciência a serviço do poder: este foi o espaço dentro do qual L. Febvre e M. Bloch procuraram seu caminho. De maneiras diferentes" (Müller, 2003a:xlvii).

Rubricas e colaboradores

São difíceis os primeiros tempos dos *Annales*: a situação material é precária, e a forma e o conteúdo da revista não satisfazem os seus diretores. A tiragem da revista passa de 1.300 exemplares em 1929 a mil em 1933 e a 800 entre 1935 e 1938, e o número de assinaturas não passa de 300. Inicia-se uma reforma da revista ao fim de um ano: prioridade para os artigos de atualidade, para a crônica científica e para a parte de crítica bibliográfica — à qual Febvre atribui grande importância —, ênfase dada às "enquetes" (proposta de Bloch) e à criação de novas rubricas, que logo se tornam emblemáticas da revista: "problemas de conjunto", definida como resenhas de "grupos de livros ou de artigos constituídos ao redor de alguns temas de estudo particularmente preocupantes", e "questões de fato e de método", que são breves análises de um ou dois livros (de que participam com muita frequência Bloch e Febvre) e que se tornará em 1946 "debates e combates" (*Annales HES*, 1930). As enquetes — como as dedicadas aos planos parcelares, à nobreza, à organização racional das empresas ou ainda ao problema dos preços — revelam a preocupação que os *Annales* têm de promover formas de trabalho coletivo e internacional. A orientação crítica — e polêmica — da revista é claramente reforçada, para "policiar os maus livros" (Bloch apud Müller, 1996:439).

O quadro analítico dos artigos (que certamente não os inclui todos) de 1929 a 1948 divide os artigos por rubricas principais e por sub-rubricas. Sem discutir a pertinência dos critérios que presidiram a escolha da divisão, podemos, porém, tirar desse quadro indicações que revelam certas escolhas mostradas pela revista.

1. Teoria, método e organização da ciência histórica: 552 entradas, ou 13,8% do total das entradas.

2. Sociedades: 1.232 entradas (32,7%).

3. Economias: 1.382 entradas (36,7%).

4. Civilizações: 481 entradas (12,7%).

5. Homens: 103 (2,7%).

A preponderância dos artigos incluídos nas duas rubricas — muito equilibradas — *Economias* e *Sociedades* é muito clara (pouco mais de dois terços do todo).

Na rubrica *Sociedades*, a sub-rubrica *Grupos sociais* representa sozinha cerca de 80% das entradas.

Na rubrica *Civilizações*, a sub-rubrica *A vida mental* reúne 62% das contribuições.

Na rubrica *Teoria, método...*, dos 153 artigos da sub-rubrica "ciências sociais e auxiliares", Febvre e Bloch escreveram três quartos (83 contribuições de Febvre e 28 de Bloch).

Uma das preocupações que aparecem com maior frequência na correspondência entre Bloch e Febvre é o recrutamento dos autores. Queixam-se também muitas vezes da mediocridade de muitos artigos que lhes são propostos. A rede de colaboradores não constitui um grupo homogêneo, e escrever na revista não implica aderir às suas orientações. Certos colaboradores têm um estatuto privilegiado, como Henri Pirenne, que se associa estreitamente ao progresso da revista e serve de conselheiro, ou Albert Thomas, diretor da Organização Internacional do Trabalho e pessoa ligada a Febvre.

Krzysztof Pomian (1986) observa que o núcleo dos autores (cerca de 15) é em sua maioria quinquagenário no início da revista, majoritariamente historiadores, trabalham com todas as épocas e sobretudo se dedicam à história econômica e social; entre os países estudados, deixando de lado a França, o primeiro lugar pertence à Alemanha, seguida da Inglaterra, da Itália, dos Estados Unidos e da União Soviética.

Os Annales: história, análise do presente e ação

A penúria de colaboradores atinge em especial a história contemporânea e a atualidade, tanto mais que Bloch e Febvre praticamente não intervêm nessa área e o recrutamento de colaboradores nos meios econômicos permanecerá muitas vezes infrutífero.

Os Annales face à atualidade e ao presente

A atenção aos problemas da atualidade e ao presente, em conformidade com as orientações anunciadas, é uma das características fortes dos *Annales* entre as duas guerras. Até 1939, segundo Bertrand Müller (1997b), cerca de um terço dos artigos trata de assuntos da atualidade. Os temas dos artigos da atualidade referem-se sobretudo à crise do sistema bancário e financeiro internacional (a crise da década de 1930), às consequências da crise sobre a agricultura, à URSS, aos Estados Unidos, ao nazismo, às colônias, aos estudos de morfologia social, como os de Maurice Halbwachs sobre Chicago (1932), ou de política social e econômica francesa, como os de Georges Friedmann sobre a aprendizagem e a mão de obra qualificada (1939). Não há, porém, uma abordagem comum que pudesse constituir uma orientação compartilhada sobre essas questões, o que reflete a heterogeneidade dos autores.

As análises da crise têm, por exemplo, um tom de dominante liberal, que contrasta com o dos estudos claramente mais engajados sobre o nazismo. Mas, por outro lado, as análises da evolução econômica da URSS ou as que se referem às colônias nada dizem das perturbações sociais, dos crimes e dos dramas que acompanham ambos os fenômenos.

As questões da atualidade política e social da França não são abordadas nos *Annales*; explica-se esse silêncio em parte pelas relações difíceis com um editor de opções políticas conservadoras. Mas isso se deve sobretudo à concepção compartilhada por Bloch e Febvre de uma ciência autônoma em relação aos engajamentos políticos. Mais geralmente, uma nova relação da história com a sociedade estabelecer-se-ia depois da I Guerra Mundial, no sentido de uma "deontologia do desengajamento", segundo a expressão de Olivier Dumoulin (1993b).

A posição de Bloch sobre a historiografia alemã contemporânea, marcada pela ideologia nazista, é representativa dessa separação entre o científico e o político. Em sua resenha de 1937 de um livro alemão que defende uma interpretação racial da história alemã, Bloch (apud Müller, 1997b:169), embora rejeitando o racismo, não deixa de reconhecer que se podem tirar do livro "úteis estímulos científicos". A questão do nazismo, porém, é abordada na revista. Entre as intervenções sobre a atualidade e o presente, o número "alemão" de 1937 ocupa um lugar especial. É esse número abertamente antifascista que provoca a ruptura com o editor Armand Colin, que desejava incluir no número um artigo pró-nazista, o que Bloch e Febvre recusaram. Em 1939, os *Annales* tornam-se sua própria editora. O número é aberto por um artigo de Lucie Varga: "A gênese do nacional-socialismo. Nota de análise social". Lucie Varga vale-se em especial da noção etnográfica de "honra social" e ressalta a experiência de perda dessa honra, comum a muitos simpatizantes do partido nazista (Schöttler, 1991). Nele aparece também uma análise marxista do nazismo, de autoria de Henri Mougin. Outros artigos dos *Annales* tratam do nazismo, em especial os publicados em 1934 e 1935, de Franz Borkenau, ex-responsável pelo Partido Comunista Alemão, intelectual marxista próximo à Escola de Frankfurt e marido de Lucie Varga.

A polêmica acerca da atitude de Febvre durante a ocupação, o lugar da análise do nazismo nos *Annales* e o fato de a revista evitar os problemas políticos e sociais franceses contemporâneos colocam a questão do engajamento da revista na ação política e social — e para além da história tal como a concebem os diretores da revista. O período que precede imediatamente a guerra e sobretudo a guerra mesma, desse ponto de vista, marcam uma ruptura muitas vezes ressaltada. Contudo, a atenção ao presente, a vontade de que a história possa servir para a compreensão do presente e ajudar os homens de ação são características constantemente reivindicadas do projeto dos *Annales*, mas não incluem a ação política partidária.

Os estudiosos e a política

Lutz Raphaël (1992) distingue, a partir da análise dos artigos de atualidade dos *Annales*, três modelos básicos da ação política em ação na revista e aplicáveis aos pesquisadores de ciências sociais:

1) o modelo do pesquisador como conselheiro para os dirigentes políticos, fundado na confiança liberal na capacidade das elites e das instituições de encontrar soluções para os problemas sociais ou políticos; os estudos sobre a crise pertenceriam a esse modelo;
2) o modelo dos emigrados políticos, como Lucie Varga e Franz Borkenau, politicamente engajados, que não se dirigem às elites políticas e tentam explicar sociológica e historicamente os fenômenos que estudam;
3) o modelo da perícia social ou do comentário científico, destinado a encontrar soluções racionais para os problemas da sociedade.

Bloch e Febvre parecem mais próximos deste último modelo; sua vontade de ajudar os homens de ação, fornecendo-lhes pistas para a compreensão do presente, parece corresponder a essa figura do cientista-*expert*. Tal modelo está em tensão entre o reformismo social e a promoção do ideal científico. Albert Thomas, do lado da ação política reformadora, e François Simiand, do lado da perícia científica, são representativos de cada um desses polos (Prochasson, 1993). As redes de afinidades intelectuais dos *Annales* reproduzem, aliás, em parte, as da corrente do reformismo social e da esfera republicana de esquerda (Müller, 1997b). É talvez essa sensibilidade política reformista que Febvre ironiza ao falar do "conformismo universitário de centro-esquerda" para o qual deslizam lentamente os *Annales* na década de 1930. Febvre pertenceu à SFIO antes da guerra, mas depois da guerra — como Simiand — não tem mais filiação política, mas se permanece — como Bloch — um homem de esquerda, republicano e laico, reivindica antes de tudo um estatuto social de cientista.

A questão das relações entre ciência e ação constitui um dos objetivos das recomposições disciplinares durante o período entreguerras.

A crise do durkheimismo depois da guerra de 1914-1918 traduz-se por uma divisão dessa corrente entre, por um lado, os durkheimianos "universitários", preocupados com o reconhecimento social e institucional e atentos às questões morais; por outro lado, os durkheimianos "pesquisadores", que, ao contrário, visam a reforçar sua legitimidade científica, sem se comprometer com as responsabilidades administrativas ou políticas. Simiand e Halbwachs, promotores de uma sociologia econômica durkheimiana e ambos próximos dos *Annales*, são muito representativos deste segundo grupo (Heilbron, 1985).

O MOMENTO DA HISTÓRIA-CIÊNCIA SOCIAL

Em seu estudo do durkheimismo entre as duas guerras, Johan Heilbron evoca, por outro lado, a respeito da sociologia, uma "nascente demanda social" na França da década de 1930 em relação às ciências sociais, ligada à crise do liberalismo econômico e que atribuiria às ciências sociais um papel na gestão da sociedade.

Simiand (1925), por seu lado, distingue rigorosamente disciplina normativa ou prática (marcada pela definição de fins práticos), por um lado, e "disciplina positiva" (análise dos fatos, estudo científico), por outro, sem nenhum objetivo prático, nenhuma "teleologia social". Segundo ele, só com essa condição a ciência pode iluminar a ação. Tornamos a encontrar em Febvre (1934a) essa distinção entre a ordem da ação e a ordem do conhecimento. Do mesmo modo, em sua resenha do curso de economia política de Simiand, Bloch (1934) frisa a separação em Simiand entre juízo de fato e juízo de valor, que lhe permite alcançar essa objetividade "propriamente admirável". Na mesma perspectiva, em sua correspondência com Bloch, Febvre em 1935 condena severamente o uso da metáfora do historiador como juiz, que ele relaciona ao "seignobismo": "e volto ao juiz de instrução. Pouco importa a imagem? Será mesmo? A imagem importa mais do que tudo. (…) Ela é perigosa porque nos faz cair no seignobismo integral, o historiador para o caso Dreyfus, a história reduzida às dimensões de um conflito de pessoas. Ela me dá um frio na espinha" (apud Dumoulin, 2000:283-284).

Explica-se em boa medida a abstenção política dos *Annales* pela proximidade intelectual com essa concepção da relação entre ciência e ação política que é um dos objetivos envolvidos no debate sobre os valores que se desenvolveu no seio das ciências sociais europeias a partir da virada do século. Para resolver a questão da incompatibilidade entre os valores (morais) e a impossibilidade de resolver seus conflitos (o "politeísmo dos valores"), Max Weber, na Alemanha, propõe uma distinção rigorosa "entre o que é da ordem da argumentação científica, por um lado, e o que é da ordem do engajamento político, por outro" (Colliot-Thélène, 1990). Para ele, trata-se de adotar uma "neutralidade axiológica" (isto é, sobre as questões éticas) que deixe *de fora* da racionalidade científica o mundo dos valores e da ação política. Acerca do mesmo problema, na França, Durkheim (1911), embora distinguindo entre juízos de valor e juízos de realidade, não os pensa como radicalmente heterogêneos. Defende a ideia de que a ciência pode não só analisar e explicar os juízos de valor (como Weber), mas que ela pode também determinar objetivamente os valores, trazer respostas racionais às questões normativas e éticas.

Na perspectiva de Febvre e Bloch, a separação entre ciência e ação política traduz sua vontade de romper com os metódicos, que, segundo eles, subordinam a história à política, operando uma "deificação do presente com o auxílio do passado" (Febvre, 1934a:9).

Mas o tema da história-ciência da mudança e o do vínculo entre a história e a vida são também para Bloch e Febvre um jeito de escapar da ilusão de traduzir completamente a vida em linguagem científica. Sobre a questão das relações entre história e ação, adotam, portanto, uma posição pragmática, segundo os contextos de suas intervenções. Recorrem à separação entre conhecimento e ação para garantir a autonomia científica da história e recusar confundir política e história. Mas defendem também a utilidade da história para a ação, a fim de preservar a história do dogmatismo cientificista e manter a abertura da história para a vida.

A abordagem da guerra e a própria guerra põem à prova essa vontade de manter separadas a atividade científica e a ação política, a tensão entre distanciamento científico e engajamento cidadão (Müller, 1997b). Adere Febvre a organizações antifascistas, como os Amis de l'Espagne e o Comité de Vigilance des Intellectuels Antifascistes (Candar e Pluet-Despatin, 1997), cujo manifesto de 1934 é assinado também por Bloch.

"Fomos bons cidadãos?" (Marc Bloch)

> Como não éramos profetas, não havíamos adivinhado o nazismo. Mas prevíamos que, sob uma forma cujos contornos nos confessávamos incapazes de desenhar com precisão, o sobressalto alemão viria um dia, alimentado pelos rancores cuja semente as nossas loucuras multiplicavam, e que a sua irrupção seria terrível. Se nos tivessem interrogado sobre o resultado provável de uma segunda guerra, teríamos respondido, sem dúvida, pela esperança de uma segunda vitória. Mas sem nos dissimular que nessa tormenta renovada a civilização europeia corria o risco de naufragar para sempre. Sentíamos, por outro lado, na Alemanha da época, a ascensão ainda tímida das boas vontades, abertamente pacíficas, sinceramente liberais, que só dependia de nossos chefes incentivar. Sabíamos tudo isto. E no entanto, preguiçosamente, covardemente, deixamos o barco correr. Tememos a reação da multidão, os sarcasmos de nossos amigos, o desprezo incompreensivo de nossos mestres. Não ousamos ser na praça pública a voz que clama, primeiro no deserto, mas pelo menos, seja qual for o sucesso final, pode sempre reivindicar ter clamado a sua fé. Preferimos confinar-nos na temerosa calma de nossos escritórios. Possam os mais jovens do que nós perdoar-nos o sangue que há em nossas mãos! (Bloch, 1946:204-205).

Num texto em homenagem a Bloch, de 1945, Febvre observa que "Marc Bloch jamais fizera política" e reafirma: "eu me pergunto sempre como um verdadeiro historiador poderia fazê-la". Acrescenta, porém, que nem por isso Bloch era menos profundamente cidadão e que a partir de 1936 ambos ficam seriamente preocupados: "Munique foi a

O MOMENTO DA HISTÓRIA-CIÊNCIA SOCIAL

grande catástrofe que anunciava o destino (...).Tomamos partido: mas que fazer diante de tantas forças em coalizão — que fazer, senão salvar platonicamente a honra?" (Febvre, 1947:402). Em seguida, recorda o engajamento de Bloch na Resistência como representante do movimento Franc-Tireur no diretório regional dos Mouvements Unis de Résistance em Lyon, a prisão pela Gestapo e a execução em 16 de junho de 1944.

Já em 1936, Bloch escreve a Febvre: "entregamo-nos a tristes pastores. Vendemos a nossa alma pelo repouso, pelo trabalho intelectual (...)" (apud Müller, 1997b:182). Em 1940, em *Létrange défaite*, Bloch (1946:204-205) denuncia a inação dos pesquisadores da sua geração e acusa uma concepção fatalista das ciências sociais: "talvez tenhamos sido também distanciados da ação individual por uma espécie de fatalismo, inerente à prática das nossas disciplinas. Elas nos acostumaram a considerar em todas as coisas, tanto na sociedade quanto na natureza, o jogo das forças maciças. Diante desses vagalhões, de uma irresistibilidade quase cósmica, que podiam os pobres gestos de um náufrago?". Coloca a questão: "... fomos bons trabalhadores. Fomos bons cidadãos?" E a *Apologia da história ou o ofício de historiador*, que começa a redigir em 1940, se inicia com a pergunta do filho para o pai historiador: "papai, explique para mim, então, para que serve a história?". Será que essa revisão abala a concepção da história de Bloch, a ponto de ser um "repúdio" por parte dele da história dos *Annales* das décadas de 1920 e 1930? (Lyon, 1985). Para Olivier Dumoulin, o engajamento na Resistência marca para Bloch "uma mudança decisiva" e o fim da "dupla linguagem" da ciência e da ação, o fim da tensão entre distanciamento científico e compromisso cidadão: "assim, o poder das palavras teria cedido o lugar aos poderes da ação. Marc Bloch teria cortado o nó górdio" (Dumoulin, 2000:294).

Em seu curso no Collège de France de 1945/1946, concebido em 1943 e consagrado ao sentimento nacional a partir de uma análise semântica histórica da divisa "honra e pátria", Febvre opõe a noção de honra, identificada com a obediência "sem murmurar" ao chefe, à de pátria, que representa a "igualdade dos laços sociocívicos" (Wessel, 1996). Esse curso, depois da prova da ocupação e da morte de Bloch, demonstra a dificuldade que Febvre sentiu em encontrar um equilíbrio entre a pura história científica e a tentação da parte do historiador de tomar partido num contexto em que a neutralidade em relação ao passado recente de Vichy é difícil de defender. Na resenha feita por Febvre da *Apologia da história* em 1949, ele aborda, a partir da prática mesma da história, a questão da função social da história, que consiste em organizar o passado em função do presente; questão inquietante, segundo Febvre, que ameaça comprometer a objetividade da história. Ao pôr em tensão a função de conhecimento e a função social da história, não se aproxima Febvre do Bloch de *L'Étrange défaite*?

162   As correntes históricas na França

Em *L'Étrange défaite*, Bloch exprime a sua confiança na história como ciência da experiência para explicar os fenômenos; para ele, a história pode até tentar penetrar no futuro, e na *Apologia da história* ele reconhece que tendemos a pedir à história que nos ajude a *viver melhor*. Os sucessivos planos do livro indicam que Bloch devia abordar o problema da *previsão histórica*, questão evidentemente decisiva quanto à utilidade da história para a ação.

Na *Apologia da história*, Bloch reafirma, contudo, a distinção entre o problema da *utilidade* da história e o da sua *legitimidade* propriamente intelectual. Observa, em continuidade com as suas posições anteriores, que a postura dos positivistas de estrita observância, que medem o valor da história por sua aptidão a servir à ação, permanece para ele inaceitável. O *juízo de valor* não está ligado á ciência, mas à preparação para a ação e a um sistema de referências morais relativo a um país, a um grupo ou a um indivíduo. Continua a ser, pois, antinômico em relação ao objetivo de compreensão da história: "de tanto julgar, acabamos quase fatalmente perdendo até o gosto de explicar", observa Bloch. Na mesma época, Georges Lefebvre (1940) exprime um ponto de vista muito parecido: a história é um conhecimento positivo e explicativo, independente dos juízos morais e das hipóteses metafísicas, inverificáveis por natureza.

Bloch subordina a questão da utilidade da história ao exame da sua *legitimidade intelectual*, e esta depende das capacidades *explicativas* da história, que lhe garantem um estatuto de conhecimento científico. É por isso que ele decide expor na *Apologia da história* como e por que um historiador pratica o seu ofício: "cabe ao leitor decidir, em seguida, se tal ofício merece ser exercido".

Os sucessivos títulos dos *Annales*, de 1929 a 1994

Annales d'Histoire Économique et Sociale (A. Colin), 1929-1938.

Annales d'Histoire Sociale (ex-*Annales d'Histoire Économique et Sociale*, Paris (143, rue du Four), 1939.

Annales d'Histoire Sociale, Paris (13, rue du Four), 1940 e 1942.

Mélanges d'Histoire Sociale, Paris (*Annales d'Histoire Sociale*, 13, rue du Four), 1942.

Annales d'Histoire Sociale (Hommages à Marc Bloch, Paris, A. Colin), 1945.

Annales Économies Sociétés Civilisations (Revue trimestrielle fondée en 1929 par Lucien Febvre et Marc Bloch, Paris, A. Colin), 1946.

Annales Histoire, Sciences Sociales (fondateurs: Lucien Febvre et Marc Bloch. Revue bimestrielle publiée depuis 1929, Paris, A. Colin), 1994.

Os *Annales*: "uma espécie de pequena revolução intelectual"

"Os historiadores, por seu lado, objetavam que só o individual é real (Seignobos), que só o singular é interessante (Febvre)". Assim se exprime o jovem Raymond Aron em sua contribuição sobre a sociologia no livro-balanço *Les sciences sociales en France. Enseignement et recherche*, publicado em 1937 pelo Centre de Documentation Sociale (CDS) — dirigido pelo sociólogo Célestin Bouglé — da École Normale Supérieure (ENS).

A referência conjunta a Seignobos e Febvre pode surpreender, mas é representativa da imagem da história vista, por assim dizer, de fora. Jean Meuvret (jovem historiador bibliotecário adjunto da ENS), na parte consagrada à história, resume o conflito entre historiadores e sociólogos pelo lugar concedido à psicologia individual e aos indivíduos na história, grande demais segundo os sociólogos. Para Meuvret (como para Aron), esses conflitos entre historiadores e sociólogos se atenuaram: *Un destin: Martin Luther* (1928a) de Febvre e *Sylla ou la monarchie manquée* (1931) de Jérôme Carcopino ilustram a vontade dos historiadores de tratar os indivíduos em sua relação com as forças coletivas e sociais de sua época. Entre os 20 historiadores do século XX citados, há seis "annalistas" ou pessoas ligadas a Febvre, Bloch e Lefebvre. Os *Annales HES* e seus diretores são apresentados como exemplo de coordenação das pesquisas no campo da história econômica e social.

O lugar ocupado pelos *Annales* e os historiadores próximos a eles nesse balanço são um indicador do impacto de suas iniciativas e de suas produções no fim da década de 1930.

A questão do lugar dos *Annales* na historiografia francesa tornou-se um objetivo historiográfico importante a partir da década de 1950, chave para a construção de uma memória disciplinar ancorada no acontecimento fundador de 1929. Essa construção contribuiu em muito para fabricar uma "escola dos *Annales*" que teria imposto pela sua combatividade um novo modelo historiográfico (um novo paradigma) na disciplina. A ideia de uma "escola dos *Annales*" homogênea está hoje abandonada pela maioria dos analistas; esse abandono não deve, porém, transformar-se num argumento para proibir toda tentativa de pensar o momento historiográfico dos *Annales* em sua dimensão epistemológica.

A reconstrução de uma identidade disciplinar e de uma legitimidade científica

As intervenções de Febvre e Bloch para mudar a história não passam prioritariamente por dissertações teóricas, mas pelo "exemplo e pelo fato". Essa escolha de uma *mudança prática* pode explicar o caráter composto das reflexões teóricas dos *Annales*. Será preciso, porém, interpretar tal escolha como uma evitação da epistemologia? Será preciso defender um ecletismo teórico dos *Annales* ou a ausência de uma referência teórica comum (Müller, 1997a)?

A vontade de não depender da filosofia (mais precisamente, de uma filosofia da história) não significa para Febvre e Bloch a rejeição das teorias e da reflexão epistemológica. Se Febvre (1949:422) faz uma distinção rigorosa entre história e filosofia, faz votos para o fim da tradicional desconfiança que os historiadores têm com a filosofia e o manejo das ideias: "os filósofos continuam sendo, em certa medida, vítimas dos historiadores — ou seja, dos preconceitos que muitos deles continuam a propagar: preconceitos herdados de um passado distante, aceitos sem discussão por técnicos pouco inclinados a manejar ideias". Uma das maiores censuras que Febvre (1933a, 1949) faz aos historiadores metódicos é que, ao definirem a história apenas pelo método, e não pelo *objeto* e pelo *conteúdo*, eles a fizeram desaparecer como disciplina particular.

Como, então, avaliar a "espécie de pequena revolução intelectual" — segundo a expressão de Bloch — operada pelos *Annales* e como caracterizar o "espírito dos *Annales*" reivindicado por Febvre? "Revolução historiográfica"? "Ruptura epistemológica"? Como distinguir, no trabalho dos *Annales*, as polêmicas, as continuidades e as descontinuidades em relação a seus predecessores metódicos (Dosse, 1994)?

Muitas vezes Febvre apresentou a história como uma disciplina de estatuto científico baixo e de autonomia epistemológica ainda incerta. Para ele, a história é "uma Gata Borralheira sentada ao fundo da mesa" que, no fim da década de 1930, ainda não integrou as contribuições da nova filosofia científica (Febvre, 1936a:143). Mas tal inferioridade tem suas vantagens: a história não está presa a doutrinas preconcebidas que limitariam a liberdade de julgamento do historiador. Da mesma maneira, para Bloch (1941-1943:78), a história continua sendo uma ciência na infância, mas tais "irresoluções de nossa ciência", escreve ele, "fazem o frescor de nossos estudos" e dão à história a sedução do inacabado.

O que está em jogo nessa relativa indeterminação epistemológica da história é o estatuto da ciência, ele próprio fortemente abalado pelas reviravoltas científicas e em via de redefinição, num sentido menos determinista, menos objetivista. As posições de Febvre e de Bloch, atentos aos debates científicos, inscrevem-se nessas evoluções teóricas e delas *participam*, ainda que não deem conta disso nos termos e nas formas do debate puramente epistemológico.

O que dá certa coerência e unidade ao projeto de Bloch e de Febvre é sua vontade de traduzir e desenvolver de maneira crítica *para a história* as inovações e evoluções das outras ciências, mesmo se, é claro, as *inflexões* possam ser diferentes numa e noutra, segundo os contextos de intervenção. Mas o que eles visam a reconstruir é uma identidade epistemológica para a história que a vincule às outras ciências *e ao mesmo tempo a singu-*

O MOMENTO DA HISTÓRIA-CIÊNCIA SOCIAL

larize. Tal objetivo passa por uma análise da *especificidade do conhecimento histórico* em relação às outras ciências e por uma reflexão sobre o *objeto* da história e seus métodos.

A história, ciência dos homens no tempo

Tanto Bloch quanto Febvre não são muito propensos a encerrar a história numa definição, mas frisam a especificidade do objeto da história: os homens, os fatos humanos no tempo. A história é a "ciência dos homens, sim — mas dos homens no tempo" (Febvre, 1949:426). E o que caracteriza os fatos humanos e o tempo é a mudança, a fluidez: a história é a ciência da mudança perpétua das sociedades humanas. Bloch (1937:34) escreve igualmente: "numa palavra, provavelmente não há melhor definição da história do que esta: a história é a ciência de uma mudança e, sob muitos aspectos, uma ciência das diferenças". Se a história é uma ciência inteiramente voltada ao movimento é porque a evolução humana é "um fluxo contínuo", e o mundo está "perpetuamente deslizando" (Febvre, 1946). Bloch (1941-1943:185) reivindica também para a história — referindo-se a Bergson — uma plasticidade que é a única coisa que lhe permite "adaptar as duas classificações às 'linhas mesmas do real': o que é propriamente o fim último de toda ciência".

A história estuda os homens no tempo e não no passado, explica Bloch (1949), pois é absurda a ideia de que o passado possa ser objeto de ciência. O tempo dos historiadores não é uma mera medida, como para as outras ciências; ele é para a história "o plasma onde se banham os fenômenos" e o lugar de sua inteligibilidade: uma realidade concreta e viva, "devolvida à irreversibilidade de seu elã". Num dos planos preparatórios para *Apologia da história*, indica Bloch três erros dos "positivistas" a respeito da questão do tempo histórico: a obsessão pelas origens; as lições da história; a história do passado não precisa conhecer o presente.

Bloch diferencia-se energicamente dos metódicos, hipnotizados, segundo ele, pelo evolucionismo biológico e pela explicação do mais próximo pelo mais distante. Retoma de Simiand a célebre expressão de "ídolo das origens" da tribo dos historiadores e a sua denúncia da confusão entre origens e causas: o perigo é considerar as origens "um começo que explica. Pior ainda: que basta para explicar". Para Bloch, a história dos "positivistas", centrada na busca das origens, serve sobretudo para justificar melhor o presente ou para condená-lo. Rejeita a redução dos fenômenos históricos às meras sobrevivências. Febvre (1949), por seu lado, denuncia o peso do passado sobre o presente: os vivos não devem deixar-se esmagar por essa pressão irresistível dos mortos.

Mas, inversamente, Bloch e Febvre atacam aqueles que analisam o presente como separado do passado. Ainda que Bloch aceite entender o presente como o passado próximo, essa noção de proximidade é difícil de determinar: a fronteira entre o presente e o passado desloca-se constantemente. Os historiadores, porém, não devem deixar o estudo do passado para as disciplinas do presente, como a sociologia e a economia, ou para o jornalismo. Contra a pretensão de estudar o presente separado do passado, Bloch recorda desta vez a "força de inércia própria a tantas criações sociais" de que o homem permanece cativo. Bloch, portanto, defende os vínculos *nos dois sentidos* entre o presente e o passado: não há compreensão do presente se há ignorância do passado, mas tampouco há compreensão do passado se nada se sabe do presente. Bloch defende o método regressivo em história — já exposto por Simiand (1903) — que consiste em ir do mais conhecido ao mais obscuro, ou seja, dos fenômenos desenvolvidos ao seu estado anterior. Vale-se do exemplo da paisagem rural: a primeira condição para o seu estudo histórico é observar, analisar a paisagem de hoje.

Essa defesa da história regressiva e do papel do conhecimento do presente na compreensão do passado não deve, no entanto, ser confundida com o *anacronismo*, pecado irremissível e imperdoável para o historiador. É em *Le problème de l'incroyance au XVIe siècle. La religion de Rabelais* que Febvre (1942) aplica essa ideia; procura demonstrar que Rabelais não podia ser livre-pensador e precursor no século XVI dos ateus do século XVIII, porque as crenças e o *instrumental mental* do século XVI não permitiriam ser ateu: "a cada momento de seu desenvolvimento, as crenças da humanidade são o que podem ser". Para além da tese propriamente histórica sobre Rabelais, hoje criticada, a posição de Febvre está neste caso próxima de um relativismo dos valores, das crenças e dos modos de pensar (Rancière, 1996; Dosse, 2005). Mas a sua demonstração continua sendo exemplar, por lembrar ao historiador, como escreve Denis Crouzet (2003), que ele "deve armar-se de precauções, deve fazer-se o antropólogo da variabilidade, deve desenvolver suas interrogações a partir do axioma da diferença"; continuando o problema para o historiador a ser o de "diferenciar o que é 'possível' do que é 'impossível' na compreensão histórica retrospectiva". Por seu lado, Bloch lembra, por exemplo, que não se deve forçar demais a aproximação — que ele mesmo propôs — entre a propagação de notícias falsas durante a guerra e o peso da tradição oral na sociedade medieval. No presente, o historiador não busca a reprodução exata do passado, mas simplesmente os meios para compreendê-lo melhor (Bloch, 1941-1943:139). Tanto para Bloch quanto para Febvre, o uso do presente para a compreensão do passado não consiste em atribuir aos homens do passado categorias de pensamento e de sensibilidade contemporâneas, mas deve servir essencialmente para renovar o questionário do historiador.

Compreender os fatos humanos

A lição do desenvolvimento intelectual da humanidade é, porém, clara: as ciências sempre se mostraram tanto mais férteis e, por conseguinte, tanto mais úteis, enfim, à prática quanto mais deliberadamente abandonavam o velho antropocentrismo do bem e do mal. Riríamos hoje de um químico que separasse os gases malvados, como o cloro, dos bons, como o oxigênio. Mas se a química em seus primórdios tivesse adotado essa classificação, teria corrido o grande risco de nela se afundar, em grande detrimento do conhecimento dos corpos. Evitemos, porém, levar muito adiante a analogia. A nomenclatura de uma ciência dos homens sempre terá as suas características particulares. A das ciências do mundo físico exclui o finalismo. As palavras sucesso ou fracasso, inépcia ou habilidade nela só poderiam desempenhar o papel de ficções, sempre prenhes de perigos. Pertencem, ao contrário, ao vocabulário normal da história. Pois a história lida com seres capazes, por natureza, de fins conscientemente perseguidos.

Podemos admitir que um comandante de exércitos que trava uma batalha se esforce, normalmente, para ganhá-la. Se a perde, sendo as forças, de uma parte e de outra, aproximadamente iguais, será perfeitamente legítimo dizer que ele manobrou mal. Era-lhe habitual tal acidente? Não sairemos do mais escrupuloso juízo de fato ao observarmos que, sem dúvida, não era um estrategista muito bom. Seja ainda uma mutação monetária, cujo objetivo era, suponho, favorecer os devedores à custa dos credores. Qualificá-la de excelente ou de lamentável seria tomar partido de um dos dois grupos; por conseguinte, transportar arbitrariamente, para o passado, uma noção completamente subjetiva do bem público. Mas imaginemos que, porventura, a operação destinada a aliviar o peso das dívidas tenha provocado, na prática — como já se viu —, um resultado oposto. "Ela fracassou", dizemos, sem com isso nada mais fazermos do que constatar, honestamente, uma realidade. O ato falho é um dos elementos essenciais da evolução humana. Como de toda psicologia. (...)

Para resumir, uma palavra domina e ilumina os nossos estudos: "compreender". Não digamos que o bom historiador seja estranho às paixões; pelo menos esta ele tem. Palavra, não nos iludamos, grávida de dificuldades, mas também de esperanças. Palavra, sobretudo, carregada de amizade. Até na ação, julgamos excessivamente. É cômodo gritar "ao paredão!". Jamais compreendemos o bastante. Quem difere de nós — estrangeiro, adversário político — passa quase necessariamente por mau. Mesmo para travar as inevitáveis lutas, seria necessário um pouco mais de inteligência; com mais forte razão para evitá-las, quando ainda é tempo. A história, com a condição de renunciar ela mesma a seus falsos ares de arcanjo, deve ajudar-nos a curar esse defeito. É uma vasta experiência de variedades humanas, um longo encontro dos homens. A vida, como a ciência, tem tudo a ganhar quando esse encontro é fraternal (Bloch, 1949:158-159).

Para Bloch, o bom historiador é parecido com "o ogre da lenda. Onde sente o cheiro da carne humana, sabe que ali está a sua presa", escreve sugestivamente. "Os homens, os únicos objetos da história", os "homens sempre apreendidos no quadro das sociedades", repete com frequência Febvre. Podemos, é claro, interpretar essa definição como uma profissão de fé humanista. Mas é sobretudo uma tomada de posição sobre a natureza dos objetos históricos. Porque estuda fatos humanos, fatos psicológicos, a história não pode alinhar-se completamente com as ciências naturais. Bloch (1949:163) observa isto em *Apologia da história*: "desconfiemos da postulação, entre as ciências naturais e uma ciência dos homens, de algum paralelismo falsamente geométrico (...) as dificuldades da história são ainda de outra essência (isto é, do que as das ciências naturais). Pois ela tem por matéria justamente, em última análise, as consciências humanas". Ele parece aqui próximo de Max Weber e da sociologia *compreensiva* alemã, cujo objeto é a ação humana dotada de sentido — o que as distingue das ciências da matéria. Para Bloch e Febvre, a história pode servir a vida pela *compreensão* que permite. Para o primeiro, ela é, assim, um longo encontro com os homens, e "a vida, como a ciência, tem tudo a ganhar quando tal encontro é fraternal". O tema da *intersubjetividade* é explicitamente vinculado por Bloch ao da compreensão. Para Febvre (1941a), mais do que o conhecimento, o termo mesmo do esforço científico parece-lhe ser a compreensão que fundamenta a ideia de uma história total.

Será preciso, então, interpretar a presença desse tema recorrente como uma adesão ao "dualismo" que separa na tradição alemã "ciências do espírito" compreensivas e "ciências da natureza" explicativas? Febvre e Bloch conhecem os debates alemães, em especial pela *Revue de Synthèse Historique* e por Maurice Halbwachs (1929), que apresentou os trabalhos de Max Weber nos *Annales* (Oexle, 1990). Mas tanto para Bloch quanto para Febvre o termo "compreensão" não pode ser relacionado com a função que ele tem na tradição hermenêutica alemã. Compreender é praticamente um sinônimo de explicar e se opõe, para eles, a *julgar*. Para Febvre (1933a:235), compreender é "apreender ligações, dependências recíprocas, encadeamentos"; quando se vale do termo "interpretação", é em relação com o papel das abstrações e das hipóteses na história, contra a ideia de uma observação passiva, e não numa lógica hermenêutica do deciframento do sentido.

As referências à sociologia durkheimiana e ao combate da história-ciência travado pela *Revue de Synthèse Historique* permanecem, de qualquer modo, marcantes demais

O MOMENTO DA HISTÓRIA-CIÊNCIA SOCIAL

(identitárias demais) para que os fundadores dos *Annales* adotem um dualismo do tipo "ciências do espírito"/"ciências da natureza". Defendem eles a unidade viva da ciência, sem porém esmagar a especificidade da história, o que é também um jeito de defender certa unidade das ciências da natureza e das ciências sociais. Abel Rey (1931:123) exprimiu bem esse *monismo relativo*; para ele as ciências históricas, psicológicas e sociais podem pretender, "superando-a, uma racionalidade, uma exatidão de outra ordem, mas de natureza semelhante à que encontramos no estudo da matéria".

Uma epistemologia mista

O vínculo necessário da história com a vida é o tema privilegiado pelos dois diretores dos *Annales*, para abrandar o determinismo que permanece comum a todas as ciências. Bloch (1949:188), na *Apologia da história*, lembra que o "positivismo" quis eliminar da ciência a ideia de causa. O emprego da relação causal, porém, deve ser crítico: rejeita a superstição da causa única para buscar "séries de ondas causais múltiplas" conformes ao que a vida oferece. A sociedade é feita de interações constantes: "o verdadeiro realismo é saber que a realidade humana é múltipla" (Bloch, 1938:838). Tanto Febvre quanto Bloch rejeitam o determinismo rígido ligado a uma concepção e a uma prática da ciência ultrapassadas. A história, "uma ciência com leis?", pergunta Febvre (1934a:15). "Se vocês se referem a essas fórmulas comuns que, agrupando fatos até então separados, formam séries com eles — por que não?", responde ele, e é isso o que liga a história às demais ciências. Essa *posição nomológica restrita* é também a de Bloch (1937:14), que, em relação às capacidades que a história tem de propor leis evolutivas, explica: "deverá ser sempre claramente especificado que a lei só é válida para um meio que satisfaça a certas condições dadas e que, se tais condições fundamentais vierem a faltar, a periodicidade cessa de se aplicar". Os desenvolvimentos de Bloch (1928) sobre o *método comparativo* vão também no sentido de uma flexibilização da pesquisa das regularidades, cara a Simiand. O método comparativo deve caçar menos as semelhanças do que as diferenças, e a história comparada deve revelar a originalidade de cada sociedade. Mais geralmente, para reconstruir uma identidade epistemológica própria à história, nem Febvre, nem Bloch retomam estritamente as posições mais cientificistas da sociologia durkheimiana; é assim, por exemplo, que defendem com constância a ideia de uma interdependência dos fenômenos, o *Zusammenhang* dos historiadores, denunciado por Simiand em 1903: "numa sociedade, seja ela qual for, tudo está ligado e tudo se comanda mutuamente: a estrutura política e social, a economia, as crenças, tanto as formas elementares como as mais sutis da mentalidade. Esse complexo tem a cada vez a sua tonalidade própria" (Bloch, 1941-1943:185).

O procedimento de Febvre e de Bloch está ligado a uma *epistemologia mista*, que se mantém em tensão entre um procedimento objetivante, que trata os fatos sociais como independentes da vontade humana (é a filiação durkheimiana), e um procedimento mais singularizante e compreensivo, que reconhece os fatos históricos como fatos de consciência (Iggers, 1975:44). Tal epistemologia goza de certa indeterminação adaptada à especificidade da história e conserva, portanto, um caráter equívoco, ambíguo. É a partir dessa prática do compromisso, do misto, do entre-dois, do tensionamento, que se devem explicar os traços distintivos da nova história dos *Annales*.

Quando atacam o que consideram o coração da concepção da história dos metódicos, Febvre e Bloch frisam de preferência o que aproxima das outras ciências a história. A história que defendem é o oposto do registro passivo e automático dos fatos fornecidos — indiretamente — pelos documentos escritos, e que é, segundo eles, a prática da história por parte dos metódicos. Dois pontos são particularmente desenvolvidos nessa perspectiva: a história é problemática, construtiva e não automática; e a história não se reduz a um conhecimento indireto baseado nos "testemunhos voluntários".

Uma história problematizadora e não automática

Febvre e Bloch defendem o papel das hipóteses, das teorias, das abstrações na história, contra o que consideram ser o empirismo dos metódicos, contra o "positivismo mal compreendido". O que é também um jeito de defender as generalizações controladas e de não se trancar no estudo do único e do individual. O historiador, como qualquer outro cientista, não vai "vagueando ao léu pelo passado", mas parte tendo à frente um problema a resolver, uma hipótese de trabalho a verificar. A história é "uma ciência dos problemas por colocar" (Febvre, 1936b:60).

Rejeitam a divisão que os metódicos estabeleceram entre dois momentos do trabalho do historiador: estabelecer os fatos e depois explorá-los, pois ela não dá conta da prática efetiva do historiador. Essa "história-problema" como tentativa de análise opõe-se à história automática dos metódicos, registro passivo e ilusão de reprodução do passado. Os fatos não são dados; são construídos pelo historiador. Para Febvre (1936b:58), cumpre abandonar esse "realismo ingênuo de um Ranke, que imaginava poder conhecer os fatos em si mesmos". Cumpre reservar um lugar à *imaginação construtiva* no trabalho do historiador. Este tema da *construção do objeto,* dos fatos, torna-se um dos principais temas polêmicos dos *Annales* contra os metódicos.

O MOMENTO DA HISTÓRIA-CIÊNCIA SOCIAL

Lucien Febvre, O historiador e os fatos (1941)

Naquele tempo, os historiadores viviam num respeito pueril pelo "fato". Tinham a convicção, ingênua e comovente, de que o cientista era um homem que, pondo o olho no seu microscópio, logo apreendia um monte de fatos. Fatos a ele dados, fatos para ele fabricados por uma Providência complacente, fatos que só lhe faltava registrar. Teria bastado a qualquer um destes doutores em método ter colocado o olho, por mais rapidamente que fosse, na ocular de um microscópio e ter olhado um preparado de histologia, para logo dar-se conta de que para o histologista não se tratava de *observar*, mas de *interpretar* o que devemos chamar de abstração. Cinco minutos e ele teria medido, na tomada de posse por parte do cientista do que ele primeiro preparou demoradamente, dificilmente — em virtude de uma ideia preconcebida — toda a parte pessoal do homem, do pesquisador, que só age porque colocou um problema e formulou uma hipótese.

O mesmíssimo se passa com o historiador. Com o historiador, a quem nenhuma Providência fornece fatos brutos. Fatos dotados, coisa extraordinária, de uma existência de fato perfeitamente definida, simples, irredutível. Os fatos históricos, até os mais humildes, é o historiador quem os chama à vida. Os fatos, estes fatos diante dos quais tantas vezes nos intimam a nos inclinar devotamente, sabemos que são abstrações — e que, para determiná-los, cumpre recorrer aos testemunhos mais diversos e, por vezes, mais contraditórios — entre os quais necessariamente fazemos a nossa escolha. Assim, esta coleção de fatos que tantas vezes nos apresentam como fatos brutos que comporiam automaticamente uma história transcrita no momento mesmo em que os acontecimentos se produzem — sabemos que tem ela mesma uma história — a história dos progressos do conhecimento e da consciência dos historiadores. Assim, para aceitar a lição dos fatos, temos o direito de exigir que primeiro nos associem ao trabalho crítico que preparou o encadeamento desses fatos na mente de quem os invoca.

E, da mesma forma, se o historiador não levanta problemas ou se, tendo colocado problemas, não formula hipóteses para resolvê-los — em matéria de ofício, de técnica, de esforço científico, tenho razões para dizer que está um pouco atrasado em relação ao último de nossos matutos: pois eles sabem que não convém lançar seu gado, todo misturado, no primeiro campo que aparece, para que ele paste a esmo: eles o encerram num cercado, prendem-no aos postes, fazem-no pastar aqui, e não lá. E sabem por quê (Lucien Febvre, 1943:22-23).

Ao desenvolver o tema da construção do objeto e do papel das hipóteses, Febvre e Bloch estão completamente de acordo com as reflexões dos cientistas e dos filósofos de

172 AS CORRENTES HISTÓRICAS NA FRANÇA

seu tempo, que renovaram a questão da relação entre o sujeito e o objeto do conhecimento no sentido em que a exprimia já em 1906 Henri Poincaré, em *A ciência e a hipótese*: "dizem muitas vezes que é preciso experimentar sem ideia preconcebida. Isso não é possível; não só seria tornar estéril toda experiência, como também, mesmo que o quiséssemos, não poderíamos" (apud Castelli-Gattinara, 1998a:206). O filósofo Émile Meyerson vai no mesmo sentido quando escreve, em 1921: "todo verdadeiro trabalho científico implica uma escolha, o exercício por parte do pesquisador de suas faculdades de imaginação, de julgamento e de penetração racional" (apud Sée, 1928:155). As evoluções das ciências e a reflexão epistemológica entre as duas guerras nada mais fizeram do que reforçar essa concepção racional e *construtiva* da ciência; o princípio de indeterminação da mecânica quântica, em particular, afirma que, no mundo das partículas elementares, os fenômenos observados são determinados pelo ato de observação; a teoria é que decide o que pode ser observado.

"O cavalo de Troia da subjetividade" (Lucien Febvre)

Febvre, porém, tem plena consciência de introduzir o "cavalo de Troia da subjetividade" no trabalho do historiador, ao desenvolver esse tema. Mesmo quando declara que a história faz para si mesma o passado de que precisa, não se trata, para ele, de radicalizar esse caráter construtivo de toda ciência, no sentido de um subjetivismo. As posições da "filosofia crítica alemã da história", que ressaltam o papel da subjetividade no conhecimento histórico, sendo retomadas num sentido explicitamente antipositivista na França por Raymond Aron em sua tese *Introduction à la philosophie de l'histoire. Essai sur les limites de l'objectivité en histoire*, de 1938, não são evocadas enquanto tais por Febvre e Bloch. Em vez de aceitarem a maneira filosófica de colocar a alternativa subjetividade/objetividade, preferem tratar essa questão como praticantes da história.

Para eles, o historiador deve velar pela utilização de ferramentas que não sejam arbitrárias, mas *úteis* para o conhecimento dos fatos; assim, cumpre prová-las para revisá-las e sobretudo para *torná-las flexíveis*, segundo a expressão de Bloch. As categorias, as noções, as classificações utilizadas pelo historiador e suas hipóteses devem calcar-se na experiência (Bloch, 1937). Quando trata da questão da nomenclatura — na *Apologia da história* —, por exemplo, observa Bloch que o historiador não dispõe de uma linguagem formalizada, como as ciências exatas, e deve valer-se da linguagem ordinária para encontrar os termos, as aproximações, para dar conta das "fluidas realidades sociais". Ao abordar o problema da periodização e dos cortes cronológicos, explica, no mesmo sentido, que nos devemos regrar, a cada vez, pela natureza do fenômeno considerado e que cada fenômeno tem a sua periodização específica.

Há aí um aspecto *indutivo* na elaboração das categorias e das teorias, que reequilibra, de certo modo, o caráter construído de toda história, segundo Febvre e Bloch, para que a história continue sendo uma ciência do real. Não se trata, para eles, de defender o empirismo da rotina erudita dos metódicos, mas de uma síntese pragmática entre procedimento construtivo e procedimento empírico. Essas posições estão próximas das desenvolvidas no mesmo momento por filósofos e cientistas como Émile Meyerson ou Abel Rey no quadro dos *racionalismos flexíveis*, para os quais "razão e realidade não existem de modo independente, mas são função uma da outra" (Castelli Gattinara, 1998c:16).

Como frisa Bloch (separando-se, talvez, de Febvre nesse ponto), uma ciência define-se não só pelo objeto, mas também pelos métodos e pelas técnicas. Uma parte da reflexão epistemológica (sobre a natureza do conhecimento e dos objetos) passa, na verdade, pela exposição metodológica (dos meios), que ocupa um lugar decisivo na *Apologia da história*.

A história, um conhecimento por meio de rastros

Bloch é que faz na *Apologia da história* o exame crítico da tese metódica da história como conhecimento indireto, ou seja, conhecimento relatado por observadores outros que não o historiador. Mostra, em primeiro lugar, que não só o conhecimento do passado é indireto, mas também boa parte dos conhecimentos das disciplinas do presente — ele cita a economia — provém de "coisas vistas por outros". Mais ainda, reduzir todo conhecimento do passado a um conhecimento indireto vale sobretudo para um conhecimento dos eventos, dos atos, palavras e atitudes de alguns personagens, ou seja, para a história segundo os metódicos. O conhecimento do passado nem sempre é indireto, os vestígios materiais colocam o historiador na mesma situação do geólogo ou do físico. Não há nesse caso *interposição de outro observador* além do historiador. Contra os metódicos, Bloch quer aproximar o conhecimento histórico dos outros conhecimentos científicos. Essas observações possibilitam-lhe ressaltar o papel dos *testemunhos não escritos*, estes "verdadeiros indícios, em suma, no sentido judiciário da palavra", que permitem um "acesso no mesmo plano" ao passado (Bloch, 1936:51). Segundo Bloch, a obsessão dos historiadores metódicos pela narrativa e pelo acontecimento é que os afastou da arqueologia e os atou a uma "observação eternamente dependente". Bloch não limita aos documentos materiais o privilégio de poderem ser apreendidos de primeira mão. Cita também uma característica idiomática, uma regra jurídica, um rito como exemplos de realidades, de resíduos de experiências captados sem intermediário.

Depois dessa crítica, Bloch se empenha em definir as particularidades da observação histórica. Ela é, em primeiro lugar, um conhecimento por meio de *rastros*, aventa ele, sob a autoridade de Simiand (a mesma definição, vinda de Seignobos, é ignorada). A noção de *rastro* serve para designar tudo o que foi deixado por um fenômeno, em si mesmo impossível de se captar. Mas os historiadores não são livres, pois o passado é seu "tirano" e as lacunas são, para certos períodos, irremediáveis. A história, porém, não está completamente desarmada para estudar certos fenômenos coletivos, se dispuser de relatos de testemunhas. Entre os testemunhos, Bloch privilegia não os que são voluntários, destinados à informação dos leitores, como o eram os documentos escritos retidos pelos metódicos, mas os "testemunhos contra a vontade": moeda, inscrições, cartas comerciais etc., o que permite ao historiador não depender dos preconceitos e das miopias dos contemporâneos. Febvre desenvolve a mesma ideia:

> Faz-se a história com documentos escritos, sem dúvida. Quando eles existem. Ela, porém, pode ser feita, deve ser feita, sem documentos escritos, se eles não existirem. Com tudo o que a engenhosidade do historiador pode permitir-lhe utilizar para fabricar o seu mel, na falta das flores habituais. Portanto, com palavras. Signos. Paisagens e telhas. Formas de campos e ervas daninhas. Eclipses da lua e cangas. Perícias de pedras executadas por geólogos e análises de espadas de metal por químicos. Numa palavra, com tudo o que, sendo do homem, depende do homem, serve ao homem, exprime o homem, significa a presença, a atividade, os gostos e os jeitos de ser do homem. Não consiste toda uma parte, e a mais apaixonante, sem dúvida, de nosso trabalho de historiador num esforço constante para fazer falarem as coisas mudas, fazê-las dizer o que não dizem por si mesmas acerca dos homens, das sociedades que as produziram — e constituir, por fim, entre elas, essa vasta rede de solidariedades e ajuda mútua que supre a ausência do documento escrito? (Febvre, 1949:428).

O historiador busca menos informações factuais no estudo desses testemunhos involuntários do que materiais para estudar as maneiras de viver ou de pensar particulares às épocas em que foram produzidos. Essa capacidade que o historiador tem de fazer falarem, mesmo contra a vontade, essas fontes depende da direção dada à investigação

O MOMENTO DA HISTÓRIA-CIÊNCIA SOCIAL

histórica, do questionamento histórico, que deve permanecer flexível e "aberto a todas as surpresas". Graças a essa noção de testemunhos involuntários, torna-se quase infinito o registro documentário da história: essa é incontestavelmente uma das conquistas mais inovadoras dos *Annales*. Tendo partido das características do conhecimento histórico, Bloch desenvolve longamente a questão das técnicas do historiador e do método crítico. Tais desenvolvimentos são um jeito de explicitar cada vez mais a originalidade da história entre as ciências, sem recorrer a desenvolvimentos puramente epistemológicos.

O método crítico, uma "técnica de verdade" (Marc Bloch)

Insiste Bloch na continuidade do esforço dos historiadores no desenvolvimento do método crítico, que se mostra tão eficaz para analisar os testemunhos involuntários quanto o fora para os testemunhos voluntários. Presta homenagem a este método crítico, o da tradição erudita e do século XIX — da escola alemã, de Renan, de Fustel de Coulanges —, que reconduziu "o historiador ao estabelecido". Para Bloch, o método crítico é uma "técnica de verdade"; toda afirmação do historiador deve poder ser verificada. O historiador deve "expor o pescoço, de antemão, à refutação", e essa exposição à refutação passa pela indicação precisa das fontes. Bloch desenvolve minuciosamente na *Apologia da história* a questão da crítica dos testemunhos: crítica da impostura e análise das razões que levam a testemunha a mentir, crítica dos "remanejamentos dissimulados", das interpolações e outros "bordados sobre um fundo grosseiramente verídico", crítica das deformações da imprensa e de sua "fúria do pitoresco", ou ainda erros de total boa-fé das testemunhas e das formas patológicas de inexatidão. A cada vez, cita Bloch exemplos dessas manipulações e erros, valendo-se das contribuições da *psicologia do testemunho* que já usara no artigo de 1921 "Réflexions sur les fausses nouvelles de la guerre", do qual retoma certos desenvolvimentos na *Apologia da história*. Essas longas análises técnicas visam a demonstrar a originalidade da observação e da análise histórica que trabalham com "realidades psíquicas". A partir de exemplos, Bloch explicita o equilíbrio que o historiador deve manter entre a comparação dos testemunhos — para investigar as semelhanças de um testemunho com os testemunhos vizinhos — e a consideração da originalidade, da dessemelhança, do documento surpreendente, porque diferente. A crítica histórica é essa dialética da observação das semelhanças e das divergências, arte dificultada na história pela extraordinária complexidade dos dados, os fatos humanos, não raro rebeldes a toda tradução matemática. Mas, observa Bloch (1949:153): "ao restringir a sua parte de segurança, ao dosar o provável e o improvável, a crítica histórica não se distingue da maioria das ciências do real senão por um escalonamento dos graus provavelmente mais matizado".

Para ele, a contribuição da história para o conhecimento científico geral é o surgimento de um método racional de crítica aplicado ao testemunho humano. O método crítico é uma das glórias mais manifestas da história, pois abriu aos homens um "caminho novo para o verdadeiro e, portanto, para o justo" (1949:155). Do verdadeiro ao justo: é necessário esse longo desvio para a defesa da legitimidade intelectual da história, para garantir a sua capacidade de guiar a ação. É por ser uma técnica de verdade que a história pode ser uma técnica da conduta justa. A história em ação é também uma história para a ação. Uma história que é para os *Annales*, por definição, uma história social.

A história como ciência social

O quadro que o próprio Febvre compôs de seus laços intelectuais demonstra a importância das ciências sociais, como a sociologia, a geografia humana, a psicologia coletiva, a linguística, a etnologia, no projeto intelectual dos *Annales*.

A vontade de Bloch e Febvre de colaborar com as outras ciências sociais não está ligada apenas a uma estratégia disciplinar de "captação" e de distinção em relação aos metódicos. É essa abertura às ciências sociais que alimenta a renovação das ferramentas, das noções, das questões e dos métodos da história. Para garantir seu lugar entre as ciências sociais, a história deve ela mesma se pensar e se praticar como uma *ciência social*.

Boa parte da legitimidade do empreendimento de Febvre e Bloch está ligada ao fracasso dos metódicos em se oporem aos sociólogos durkheimianos que, segundo Febvre, na virada do século, se assenhoreavam da história. Mas, ao mesmo tempo, tanto Febvre quanto Bloch não se cansam de recordar o que devem à sociologia durkheimiana: "devem muito a esse grande esforço os nossos estudos. Ele nos ensinou a analisar em maior profundidade e com maior precisão os problemas, a pensar, ouso dizer, de um jeito menos barato" (Bloch, 1949:76). É essa análise mais aprofundada e essa ampliação do questionário e dos métodos a partir das outras ciências sociais que os *Annales* vão pôr em prática, defendendo e desenvolvendo uma história que se apresenta em primeiro lugar como *econômica e social*.

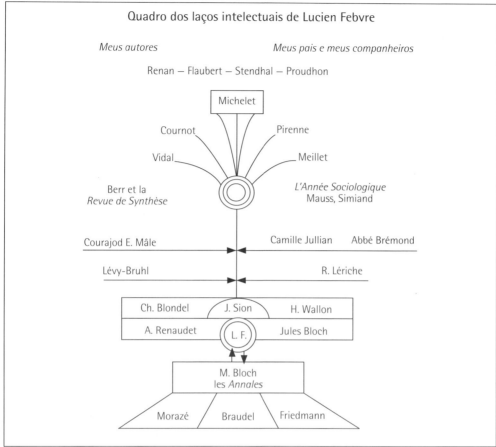

Fonte: Dosse, 1987:43.

A centralidade da história econômica e social

Os *Annales*, desde o lançamento, reivindicam a história econômica. Esta tem na França uma legitimidade já garantida no início do século XX, em particular pela obra de Pirenne (Lyon, 1974).

Mas o nome por assim dizer identitário da história segundo os *Annales* é *história social*. Observa Febvre (1943) que o hábito de ligar econômico e social é uma herança das discussões (que duram um século) sobre o materialismo histórico e que o adjetivo *social* foi retido porque "enfim ele não quer dizer mais quase nada". É o próprio caráter vago da palavra que faz paradoxalmente a sua pertinência, segundo ele, para promover uma história aberta e viva. Não há, para ele, propriamente falando, uma história econômica e social, mas "a história pura e simplesmente, que é totalmente social por definição". Essa reivindicação de história total sob o nome de história social não pode, no entanto, fazer ignorar as realidades intelectuais e institucionais de uma história econômica que se constituiu na França na virada do século e se desenvolveu nas décadas de 1920 e 1930.

A história econômica na França da década de 1930

Podemos, é claro, relacionar o desenvolvimento da história econômica a partir do fim do século XIX com o contexto econômico e social contemporâneo. Mas é uma redução explicar o nascimento dos *Annales* a partir da conjuntura econômica de 1929; a atenção de Bloch e Febvre às realidades do presente, e em particular às realidades econômicas, não datam de 1929, como tampouco a afirmação de uma história econômica ou de uma sociologia econômica.

Na *Revue Historique* de set./dez. de 1931, Henri Hauser, membro do comitê de redação dos *Annales* e um dos líderes da história econômica na década de 1930, apresenta uma avaliação do ensino da história econômica na França. Mostra o contraste entre as publicações e estudos numerosos de história econômica e o pequeníssimo número de cadeiras universitárias nominativamente consagradas à disciplina (a sua, em Paris, e a de Paul Masson, em Aix-Marselha).

Explica-se essa carência de cátedras, segundo Hauser, pela reticência dos historiadores franceses em conceber a existência de uma história econômica autônoma. Na verdade, Hauser, ao mesmo tempo em que denuncia a falta de cátedras, constata antes o "lugar considerável, alguns dirão invasivo, tomado pelas questões econômicas em nosso ensino histórico". Menciona seis historiadores nas universidades do interior (entre os quais Febvre e Bloch em Estrasburgo, Henri Sée em Rennes, Marcel Blanchard em Montpellier e Prosper Boissonnade em Poitiers) e quatro em Paris (entre os quais Albert Mathiez e Gustave Glotz) que fazem história econômica sem ocupar cadeiras que lhes sejam consagradas. Hauser cita os *Annales HES* como um novo periódico de história econômica. A estes cursos na universidade cumpre acrescentar os do Collège de France (duas cadeiras de história econômica, a de Marcel Marion e a de Georges Renard), da École Pratique des Hautes Études (entre os quais Simiand), das faculdades de direito (entre os quais Albert Aftalion e Charles Rist), do Conservatoire des Arts et Métiers, da École Libre des Sciences Politiques, da École des Hautes Études Sociales, do Collège Libre des Sciences Sociales e do Musée Social. E, muito significativamente, ele inclui, da mesma maneira que os historiadores, os geógrafos vidalianos, como Albert Demangeon, Jules Sion ou Raoul Blanchard. Conclui com um apelo aos estudantes para que sigam o curso de Simiand ou os do Institut de Statistique para adquirirem uma "tecnicidade que às vezes lhes falta um pouco".

A este recenseamento cumpre somar Georges Lefebvre, ativíssimo colaborador dos *Annales*, que leciona em Estrasburgo, em Toulouse e depois, em 1935, na Sorbonne, e cuja tese *Les paysans du Nord pendant la Révolution Française* foi publicada em 1924. Segundo Gérard Noiriel (1998a), essa tese representa uma autêntica "virada historiográfica": nela a economia aparecia como o fundamento da evolução social. Lefebvre — que invoca em seu favor o testemunho do marxismo —, com seus trabalhos e intervenções, contribui com Bloch e Febvre para dar identidade a uma história econômica e social que se pretende mais explicativa e centrada no estudo dos *grupos sociais* (Buzzi, 2002).

O estudo do conteúdo dos artigos da *Revue Historique* feito por Alain Corbin (1983) confirma o interesse crescente da historiografia francesa pela história econômica: a parte dos artigos de história econômica passa de 6,30% no período 1901-1925 para 16,75% no período 1926-1950. Em comparação, a percentagem do número de páginas dedicadas à história econômica nos *Annales* para o período 1929-1945 é superior a 50%, enquanto para a história social é de 26% (Dosse, 1987, apud J.-L. Oosterhoff).

Este rápido censo permite recolocar o empreendimento dos *Annales* na historiografia da história econômica do início da década de 1930. Para os *Annales*, não se trata de somar uma nova revista à já longa lista dos periódicos de história econômica, mas de combater certa maneira de conceber e de fazer a história econômica. Na resenha de um livro de Prosper Boissonnade sobre a indústria na França na época moderna, publicado em 1927, Febvre (1928b) indica claramente a história econômica que ele rejeita, ou seja, uma história sem ideias diretrizes bem claras, sem hipóteses de trabalho formuladas com rigor, sem a preocupação permanente com as comparações e que permanece em quadros puramente políticos. Censura Boissonnade sobretudo por multiplicar os anacronismos e ser incapaz de entrar na intimidade dos homens de outrora, para reconstituir os seus sistemas de ideias e de crenças. Por seu lado, Bloch (1942) convida a rejeitar "certo exclusivismo no ponto de vista jurídico" que "fez muito mal aos estudos rurais".

Contra o materialismo econômico simplista

O debate mencionado por Febvre sobre o materialismo histórico e o marxismo diz respeito diretamente à história econômica e social, ainda que não haja uma história econômica marxista propriamente dita (tampouco uma história marxista, pura e simplesmente) antes da década de 1930 na França (Suratteau, 1983). Em 1927, Henri Sée publica *Matérialisme historique et interprétation économique de l'histoire*, que, ao mesmo tempo em que criticava a doutrina marxista como metafísica e unilateral, reconhece que o materialismo histórico "contribuiu para fazer a história entrar no quadro das ciências".

Febvre e Bloch, sem terem uma hostilidade de princípio contra Marx e até — como escreve Bloch, por exemplo, em *L'étrange défaite* — admirando-o, rejeitam, como Henri Sée, o lado metafísico e dogmático do materialismo histórico, de "certo materialismo histórico ao mesmo tempo sedutor e grosseiro", que, para Febvre, impõe ao passado categorias de origem econômica inadaptadas às sociedades antigas. Este último explica, em 1935, sua relação com Marx na resenha que faz de uma coletânea de exposições feitas por pesquisadores marxistas diante do Círculo da Rússia Nova, em 1933/1934, e do qual participam seu amigo Henri Wallon, que se diz marxista, e Georges Friedmann, que colabora nos *Annales* desde 1935 e na época era um jovem filósofo marxista, especialista em maquinismo e em psicotécnica. Para Febvre, essas contribuições constituem um esforço interessante, mas excessivamente teórico, "não positivo o bastante". Enquanto denuncia sem cessar os eruditos que pesquisam sem ideias-diretrizes, desenvolve ali uma concepção do conhecimento histórico mais empírica: os conhecimentos devem ser tirados não de leituras teóricas (de Marx), mas de um estudo atento dos fatos históricos concretos. O trabalho do historiador deve partir dos fatos; ele é, para Febvre, uma lenta cristalização das reflexões a partir de "longas sessões de trabalho solitário no documento". Essa posição ilustra ainda uma vez o pragmatismo de Febvre, que, ante o que considera um dogmatismo, não hesita em fazer a apologia de certo empirismo histórico.

Convida a uma volta ao "verdadeiro Karl Marx", que não deve ser uma "revelação intangível", e à leitura também de Lênin. Pede aos conhecedores do pensamento de Marx que forneçam aos historiadores, que não são filósofos, métodos úteis de traduzir Marx em trabalhos concretos. Se ele pode reconhecer que a estrutura econômica da sociedade é que, determinando as formas políticas, comanda também os costumes sociais e até as forças espirituais, denuncia igualmente o materialismo "infantil", de sentido único, para o qual a superestrutura ideológica da sociedade pode ser deduzida imediatamente da base econômica. Febvre (1934b:365) defende a noção de interdependência dos fenômenos que, segundo ele,

O MOMENTO DA HISTÓRIA-CIÊNCIA SOCIAL

a ciência contemporânea impõe. Os *Annales* desenvolveram com constância um pensamento das interações e das inter-relações, rejeitando todo determinismo hierarquizante simplista entre base e superestrutura. É, portanto, o *emprego* do marxismo para os historiadores — tratado como qualquer outro recurso intelectual — que interessa a Febvre.

Os *Annales* e a história econômica de François Simiand

Entre os recursos não históricos, uma obra aparece como referência para Febvre e Bloch, mas também para Hauser e Camille-Ernest Labrousse: é a de Simiand, principal representante, com Halbwachs, da sociologia econômica durkheimiana entre as duas guerras. Publica Simiand em particular durante esse período (ele morre em 1935): *Statistique et expérience. Remarques de méthode* (1922), *Cours d'économie politique* (1929/1930 e 1930/1931) — trata-se de seu curso ministrado no Conservatoire Nationale des Arts et Métiers — e sobretudo *Le salaire, l'évolution sociale et la monnaie. Essai de théorie expérimentale* (1932). Embora Febvre tenha cogitado associá-lo em 1930 ao comitê de redação dos *Annales*, Simiand jamais colaborou diretamente na revista.

Na resenha do curso de economia política de Simiand, Febvre (1930) recomenda calorosamente o livro aos historiadores, como uma obra "fundada num poderoso esforço de análise do real". Entende que o trabalho de Simiand se faz por deduções fornecidas por métodos semelhantes aos das ciências indutivas, em particular pelo uso da estatística, que Simiand considera um método experimental. Febvre vê o futuro da história no recurso aos métodos estatísticos, não podendo mais os historiadores contentar-se com a paleografia e a diplomática como ciências auxiliares da história. Tanto Febvre quanto Bloch (1931) julgam que Simiand define as *classes sociais* a partir do "que dá a consideração e comporta a potência, a autoridade, os meios de ação numa dada sociedade". Resume Bloch a contribuição de Simiand que lhe parece nesse ponto essencial: a ideia de que a vida social é um caso de representações coletivas, o que é um importante tema durkheimiano. É o programa de uma *psicologia social* de Simiand — e de Halbwachs — que chama particularmente a atenção de Febvre e Bloch.

A resenha feita por Bloch (1934) de dois trabalhos de Simiand publicados em 1932, *Le salaire, l'évolution sociale...* e *Fluctuations économiques à longue période*, é talvez refreada por considerações de prudência ligadas à candidatura de Bloch ao Collège de France, onde Simiand ocupa a cátedra de história do trabalho desde 1932; não deixa, porém, de expimir certas reticências. Bloch explica longamente (30 páginas da *Revue Historique*) o método e os resultados de Simiand. Defende para as ciências sociais e a história a possibilidade de *experiência*, que ele define — a partir de Simiand — como "operação com os fatos, de onde

182 As correntes históricas na França

a mente do operador extrai uma relação entre esses fatos ou alguns deles" (ibid., p. 892). Expõe, em seguida, os resultados de Simiand: um ritmo alternado de fases A, de alta acentuada dos salários, e de fases B, de desaceleração, mais do que de baixa. Expõe a teoria de Simiand do "jogo de tendências" psicológicas entre o grupo operário e o grupo patronal, ao mesmo tempo antagonistas e unidos, a qual explica essas flutuações, um dos aspectos mais originais da tentativa de Simiand de constituir uma psicologia social dos comportamentos econômicos e uma teoria da ação (Gislain e Steiner, 1995; Steiner, 1996). Bloch expõe, enfim, a explicação proposta por Simiand das flutuações de longo prazo dos salários e dos preços pelas variações das disponibilidades monetárias.

Em seguida, prudentemente, Bloch passa às questões e às reticências. A primeira é a rejeição de toda ideia de lei de evolução, para sugerir que a consideração das causas propriamente *sociais*, como a penúria dos meios de pagamento, foi negligenciada por Simiand. Censura-o sobretudo por ter recusado valer-se dos documentos não numéricos, de "caráter psicológico", como os testemunhos, os escritos públicos ou privados, as cartas, as tentativas de contabilidade etc. Para Bloch, as realidades psicológicas explicativas dos comportamentos coletivos, os desejos, os temores, os preconceitos, as ideias e os sentimentos não podem ser apreendidos só pelos números. O método estatístico não poderia bastar para esgotá-los, ainda que os historiadores devam imperativamente aprender a dominar tal método. Defende Bloch a *crítica do testemunho* como "ferramenta fiel das ciências humanas", o instrumento original das experiências em ciências humanas e em história em particular. E compara explicitamente a interpretação dos fatos sociais à interpretação de textos. A divergência não se refere à natureza psicológica dos fatos sociais (de que Simiand também está convencido), mas à redução quantitativista e estatística dos métodos das ciências sociais defendida por Simiand, a qual não pode explicar realmente as *razões* da ação e do comportamento dos homens. Distinguindo-se de Simiand, Bloch defende, portanto, uma concepção das ciências sociais que leva também em conta a dimensão interpretativa da análise da ação humana guiada por motivos e que não se alinha estritamente com as ciências naturais. Podemos comparar essa posição de Bloch às críticas de Hauser contra Simiand. Ao censurar a Simiand o fato de isolar a história dos preços das outras séries históricas e violar a complexidade dos fatos sociais, Hauser parece próximo das críticas de Bloch. Mas Bloch não retoma a posição "historicizante" de Hauser, segundo a qual, em história, não há "ciência senão do particular" (apud Bouvier, 1989:508).

Labrousse, introdutor e propagador da obra de Simiand

As intervenções de Febvre e Bloch para transformar os trabalhos de Simiand em livros "de cabeceira" para os historiadores parecem ter sido pouco ouvidas, em especial acerca do emprego da estatística na história. Camille-Ernest Labrousse, historiador durante certo tempo pertencente às fileiras comunistas, antes de voltar à SFIO em 1938, economista de formação e seguidor dos cursos de estatística de Simiand na École Pratique des Hautes Études, torna-se o introdutor e o propagador de Simiand entre os historiadores (Bouvier, 1974). Como nota Maria Novella Borghetti (2002), "a ambição de obter reconstruções estatísticas capazes de garantir 'a melhor moldagem do real' continua a ser uma constante na reflexão labroussiana". Em 1933, ele publica a sua tese de economia defendida na faculdade de direito, *Esquisse du mouvement des prix et des revenus en France au XVIIIe siècle*, a partir da exploração dos documentos estatísticos da administração do Antigo Regime e, em 1944, a sua tese de letras *La crise de l'économie française à la fin de l'Ancien régime et au début de la Révolution* (Borghetti, 2005). Para Labrousse, que colabora nos *Annales*, o recurso aos trabalhos de Simiand foi um jeito de introduzir um procedimento marxizante na história e de buscar relações estáveis na história das flutuações econômicas (Labrousse, 1980).

A partir de séries locais de dados (preços agrícolas, industriais, produção industrial etc.), Labrousse constrói séries regionais, depois nacionais, por produto (trigo, vinho, aveia etc.), recorrendo a técnicas estatísticas simples, como as médias móveis ou os mínimos quadrados. Retoma de Simiand e dos outros analistas dos movimentos cíclicos a ideia de que a vida econômica é uma "sucessão de desequilíbrios", uma cadeia de flutuações de períodos mais ou menos longos, alternadamente de alta e de baixa. Distingue a flutuação sazonal (altas de conexão, como as de 1770 e 1789) da flutuação "intradecenal" de Simiand, que Labrousse chama de ciclo, aquele que dá ritmo à vida econômica ordinária, sendo a crise um acidente do ciclo (como a de 1789/1790). Além disso, há flutuações intracíclicas, de 10 a 20 anos, de alta ou de baixa, e os movimentos de longa duração, mal conhecidos, formados por uma série de ciclos decenais, fundamentalmente orientados para a alta ou para a baixa, cobrindo o conjunto cerca de meio século (como a alta de 1851 a 1873, seguida da baixa de 1873 a 1896). E acima desses movimentos de dois tempos, o movimento de longa duração de alta, de 1732 e 1735 até 1817, que por sua vez se integra numa tendência maior, a alta dos preços agrícolas do século XVI até o último quarto do século XIX.

Constata Labrousse que os salários do século XVIII não passaram por uma alta tão expressiva quanto os preços. A Revolução de 1789 acontece no momento em que se conjugam o movimento cíclico, o movimento sazonal e o máximo da tendência secular: numa economia debilitada, má safra de cereais em 1788, alta brutal dos preços, inatividade industrial e queda acentuada da produção têxtil encadeiam-se até a reversão conjuntural, com a boa safra de 1790. A tese de 1944 estuda a regressão "intercíclica" de 1778 a

1787 e a crise cíclica de 1789/1790 que se segue — uma crise "de velho tipo" consecutiva a uma alta brutal dos preços provocada por uma safra ruim — para se dedicar à descrição da condição material dos homens e em seguida tratar das causas e consequências desse longo mal-estar econômico. A interpretação de Labrousse é clara: a Revolução é uma "Revolução da miséria". Não tem como causa única um fato político — qual seja, a convocação dos Estados Gerais, tornada inevitável pela crise financeira que se seguiu à guerra da América. A Revolução provém também de um "fato econômico de consequências financeiras": a regressão econômica pré-revolucionária e a crise cíclica, que impedem a solução da crise financeira e acarretam um agravamento da carga fiscal, levantando contra ela "a massa da nação".

Mas esse trabalho permanece bastante isolado até a década de 1950, não sendo ainda muito numerosos os historiadores dos anos 1930 com uma cultura econômica e estatística (Debeir, 1996). Diante da assembleia-geral da comissão de pesquisa e de publicação dos documentos relativos à vida econômica da Revolução, em 1939, Georges Lefebvre apresenta um texto que é uma defesa de caráter programático de uma história econômica e social que reivindica explicitamente os trabalhos de Simiand e de Labrousse: "no campo econômico e social, parece, portanto, que o principal progresso viria do recurso aos métodos que a estatística elaborou e que conviria introduzir na formação do historiador um ensino que o acostumasse a praticá-los", escreve Lefebvre (1947:150), explicando, porém, que o recurso à estatística não basta para esgotar o real histórico.

Febvre e Bloch não efetuaram, como Labrousse, esta tradução dos métodos de Simiand em trabalhos empíricos. A concepção da história econômica e social por eles defendida renova-se de preferência a partir das contribuições da obra de Pirenne, da sociologia durkheimiana, da geografia vidaliana, da psicologia coletiva ou social, desenvolvendo o método comparativo (criticado por Simiand) e dando uma atenção especial à história das técnicas.

Já antes da guerra Bloch se empenhara na história social do mundo rural, com suas pesquisas sobre a servidão na Île de France. Reforçam essa orientação a leitura da historiografia inglesa e alemã, de *L'Année Sociologique* e a experiência, em 1909, do seminário interdisciplinar de Leipzig (Toubert, 1988). No prólogo que redige para a reedição dos *Caractères originaux de l'histoire rurale française* de Bloch (1 ed., 1931), Febvre menciona o estado dos trabalhos históricos nesse campo no início da década de 1930. Constata nesses trabalhos a "falta de vida", a ausência de qualquer estudo de *técnica agrícola* e lembra que escreveu em 1932 sobre esses "camponeses que só lavravam cartulários, com cartas à guisa de arados" (Febvre, 1932a). Outra lacuna decisiva, segundo Febvre, é a total ausência de perspectiva comparatista. O que Bloch traz de novo para essa história rural é, para Febvre, o procedimento comparativo, o estudo das técnicas agrícolas ("saber o que é um boi, um arado e um afolhamento"), o sentido das realidades econômicas, a preocupação com o modo de existência dos homens de antigamente e um conhecimento da historiografia estrangeira.

Essa concepção da história social é desenvolvida em especial por Bloch em sua grande síntese *La société féodale*, cujo primeiro tomo, *La formation des liens de dépendance*, é publicado em 1939, e o segundo, *Les classes et le gouvernement des hommes*, em 1940, na coleção de Berr, *L'évolution de l'humanité* (eram previstos dois outros volumes sobre a economia).

> Na primeira parte do tomo 1, intitulada *O meio*, Bloch, depois de ter recordado as invasões dos séculos IX e X, apresenta "As condições de vida e a atmosfera mental". Os subtítulos dessa parte e sua ordem traduzem a importância das considerações de psicologia coletiva: 1. As condições materiais e a tonalidade econômica — 2. Maneiras de sentir e de pensar — 3. A memória coletiva — 4. O renascimento intelectual na segunda idade feudal — 5. Os fundamentos do direito.
>
> As divisões da parte sobre as "Maneiras de sentir e de pensar" permitem avaliar a novidade das contribuições de Bloch: 1. O homem ante a natureza e a duração — 2. A expressão — 3. Cultura e classes sociais — 4. A mentalidade religiosa.
>
> Bloch aborda em seguida "Os vínculos de homem para homem" e, em primeiro lugar, "Os laços de sangue", a linhagem, a vida familiar e o parentesco, e depois "A vassalagem e o feudo" e "Os laços de dependência nas classes inferiores". Em seguida, são abordadas no tomo 2 as classes sociais e a hierarquia dos comandos.

No capítulo consagrado à "Vassalagem e o feudo", Bloch apresenta uma "visão geral europeia" (França, Alemanha, Itália, Inglaterra, Espanha). O método comparativo não agrada à unanimidade dos historiadores, mas é defendido por um historiador de tanto prestígio como Pirenne e, na França, por historiadores economistas, como Henri Sée, pouco apreciado por Febvre, embora reivindique a autoridade de Pirenne, para quem só o método comparativo pode transformar a história numa verdadeira ciência. A história econômica e social comparativa, segundo Sée (1923), é uma história mais científica, em razão dos seus vínculos com ciências como a geografia, a sociologia e a economia política. Graças ao método comparativo, segundo ele, a história cessa de ser descritiva para tornar-se explicativa e se encaminha para a síntese, no sentido que lhe dão Berr e Lacombe.

Bloch já traçara, em seu grande artigo de 1928, *Pour une histoire comparée des sociétés européennes*, ou ainda em seu projeto de curso no Collège de France, em 1934 (republicado em Bloch, 1995), as grandes linhas de um método comparativo para a história, o qual deve permitir não "atribuir um valor explicativo a pequenos fatos particulares", o que é um risco quando nos limitamos ao quadro nacional ou local. O método comparativo permite chegar às causas gerais que, em muitos sistemas sociais, se encontram na raiz dos mesmos efeitos, para não só assinalar as semelhanças, mas sobretudo as *diferenças* entre tais sistemas. Essa renovação dos métodos pelo comparatismo parece essencial a Bloch, não apenas para garantir à história o seu estatuto de conhecimento científico, mas também para lhe devolver o atrativo junto às jovens gerações. Várias ideias defendidas por Bloch em *La société féodale* foram por certo discutidas e criticadas mais tarde, mas, como escreve Dominique Barthélémy (2003): "apesar disso, *La société féodale* continua sendo, para o leitor neófito, uma evocação vivíssima e marcante e, para o historiador sociologizante, uma formidável reserva de ideias".

Representações coletivas, mentalidades e psicologia histórica

Já em 1922, em *La Terre et l'évolution humaine*, Febvre observa — com Simiand — que os fatos econômicos e sociais não estão nas coisas, mas "no espírito dos homens ante essas coisas", retomando a tese durkheimiana dos fatos sociais como representações. A noção durkheimiana de representação coletiva, o projeto de uma psicologia de Charles Blondel (1924) e de Henri Wallon (1930), os trabalhos sobre a mentalidade primitiva de Lucien Lévy-Bruhl (1922), os trabalhos de psicologia social dos comportamentos econômicos de Simiand, as reflexões de Halbwachs (1925b) acerca da memória coletiva, tudo são recursos para Febvre e Bloch no estudo dos fatos históricos como fatos de representações coletivas e de mentalidades, e, no caso de Febvre, para pensar e praticar a história como *psicologia histórica*.

A percentagem de artigos ligados à "história das mentalidades" e à história cultural nos *Annales* no período 1929-1938 (3,7%) é, porém, inferior à das outras revistas históricas: *Revue Historique* (17,2%), *Revue d'Histoire Moderne et Contemporaine* (5,5%), *Revue d'Histoire Économique et Sociale* (5,6%) (Dumoulin apud Burguière, 1983).

O estudo dos fatos sociais como fatos de representações coletivas

Já em 1924, *Les rois thaumaturges* haviam constituído um marco importante no campo do estudo das mentalidades, ao analisar a crença no poder curativo dos reis em

O MOMENTO DA HISTÓRIA-CIÊNCIA SOCIAL

termos (muito durkheimianos) de representações coletivas, de consciência coletiva, mas também em termos de imagens simbólicas e num tom racionalista, ao classificar tal crença como um erro coletivo. O livro abre também pistas para uma história do corpo, próximo nisto dos trabalhos antropológicos (Le Goff, 1983). *La société féodale* tem início com a exploração da atmosfera mental da época feudal. Bloch ressalta, nesse livro, a perpétua precariedade da existência, marcada pelas epidemias, pelas violências diárias, pelas catástrofes, que explicam a instabilidade de sentimentos, tão característica da mentalidade da era feudal, sobretudo em seu primeiro momento, toda aquela "emotividade" de uma civilização difícil de captar para os historiadores.

Em *Les transformations techniques comme problème de psychologie collective*, Bloch (1948) insiste na necessária colaboração entre historiadores e psicólogos. A partir do exemplo das resistências camponesas à revolução agrícola do século XVIII, ele coloca particularmente o problema da recepção das invenções. Segundo ele, as condições da vida social é que explicam a aceitação ou rejeição das técnicas novas: "creio que conviria considerar a estrutura interna da sociedade e a ação dos diversos grupos que a compõem, uns sobre os outros" (ibid., p. 797). Bloch não quer limitar os fatores de explicação aos fatores econômicos, aos hábitos mentais e à educação, e sim levar em conta pelo menos igualmente os "fatos de estrutura social".

Lucien Febvre: a psicologia contra o esquematismo sociológico

As resenhas críticas feitas por Febvre (1940 e 1941b) de *La société féodale* permitem avaliar as inflexões às vezes divergentes na prática da história social dos dois historiadores. Febvre censura a Bloch ter ignorado ou negligenciado em seu estudo as atividades artísticas e religiosas. Em sua resenha do segundo tomo, torna mais dura a crítica, censurando Bloch por ter ignorado o indivíduo. Não que a psicologia esteja ausente do livro, escreve Febvre, mas se trata sempre de psicologia coletiva. Pergunta ele: "por que não, de quando em quando, um homem que se destaque da massa? Ou, se for pedir demais, pelo menos um gesto de homem? Gestos de homens, de homens particulares?" (Febvre, 1941b:424). Bloch (1925) exprimira, todavia, certas reticências quanto ao emprego não crítico do epíteto durkheimiano "coletivo". Em sua resenha (favorável) do livro de Halbwachs *Les cadres sociaux de la mémoire*, observa que empregamos o epíteto "coletivo" com termos tomados da psicologia individual; ora, para ele, não podemos colocar sob o nome de memória coletiva, por exemplo, as mesmas realidades que sob o nome de memória individual. Com suas críticas, Febvre (1941b:425) alerta Bloch contra o "temível moinho da abstração" que espreita *La société féodale*. O historiador deve fazer compreender, ou seja, mostrar, ao mesmo tempo que explicar: "não hesitemos em dar a ver, em mostrar indivíduos em ação (...) e não apenas demonstrar a mecânica do homem feudal". Os feudais de Bloch são pouco sensíveis demais para Febvre. Completa ele a crítica com a censura de "retorno ao esquemático" operado por Bloch, ou seja, para o sociológico, "que é uma forma sedutora do abstrato".

Podemos medir nessas observações críticas de 1941 o que, a partir de sua visão comum da história, separa Febvre de Bloch: maior apego de Febvre às expressões conscientes da atividade humana (a arte, a religião) e aos indivíduos, e, para Bloch, a prioridade dada às representações e às maneiras de fazer coletivas e menos conscientes. Comparando os dois projetos de ensino no Collège de France apresentados por Bloch em 1929 e 1934, Georges Duby (1974), no prefácio à reedição de *Apologia da história*, ressaltou essas diferenças entre Febvre e Bloch, afirmando que Bloch acentuara em 1934 o caráter econômico de seu projeto historiográfico, em detrimento do estudo das ideias, dos sentimentos e das mentalidades, e que deslocara as perspectivas de suas pesquisas na direção do marxismo. André Burguière, num artigo de 1983, nota a mesma evolução em Bloch e observa concepções sensivelmente divergentes acerca da noção de mentalidade nos dois historiadores: uma concepção centrada nos fenômenos mentais mais distantes do pensamento refletido em Bloch (o que anuncia a história antropológica) e uma concepção que se empenha "em integrar numa mesma totalidade os fenômenos intelectuais e os fenômenos psicológicos" em Febvre (Burguière, 1983).

> Dissemos o bastante para mostrar que, se nos proibirmos projetar o presente, nosso presente, no passado; se nos recusarmos ao anacronismo psicológico, o pior de todos, o mais insidioso e o mais grave; se pretendermos esclarecer todos os procedimentos das sociedades, e antes de tudo os procedimentos mentais, pelo exame de suas condições gerais de existência, é evidente que não poderemos considerar válidas, para esse passado, as descrições e as constatações dos nossos psicólogos, que operam com os dados que a nossa época lhes fornece. Não é menos evidente que uma verdadeira psicologia histórica só será possível pelo acordo, negociado às claras, entre o psicólogo e o historiador. Este orientado por aquele. Mas aquele dependendo estreitamente do primeiro e obrigado a confiar a ele o cuidado de criar as suas condições de trabalho. Trabalho em colaboração. Trabalho de equipe, para falar mais claro.
>
> E, com efeito, inventariar primeiro em pormenor, depois recompor, para a época estudada, o material mental de que dispunham os homens dessa época; por um potente esforço de erudição, mas também de imaginação, reconstituir o universo, todo o universo físico, intelectual e moral em meio ao qual se moveu cada uma das gerações que a precederam; conseguir ter um

sentimento claro de que, por um lado, a insuficiência das noções de fato sobre este ou aquele ponto e, por outro lado, a natureza do material técnico em uso em tal data na sociedade em questão engendravam necessariamente lacunas e deformações nas representações que tal coletividade histórica forjava do mundo, da vida, da religião, da política; dar-se conta, enfim, para usar da observação de Henri Wallon, de que um universo "onde só a força muscular do homem está às voltas com os seres concretos que aparecem à sua frente" não é, não pode ser o mesmo universo em que o homem domina a eletricidade conforme as suas necessidades — e, para produzir essa eletricidade, domina as forças da natureza mesma; compreender, em suma, que "o Universo" não é mais um absoluto do que "o Espírito" ou que "o Indivíduo" — mas vai sempre transformando-se com as invenções, com as civilizações que as sociedades humanas engendram: eis o fim último do historiador — que não será atingido, porém, por pessoas isoladas, mesmo se tiverem a preocupação de se unirem aos psicólogos.

Para os historiadores, a tarefa é enorme, se quiserem fornecer aos psicólogos os materiais de que estes precisam para elaborarem uma psicologia histórica válida. Tão enorme que ela não só supera as forças e os meios de um só homem: ela ultrapassa o campo de uma só ciência ou de duas. Pressupõe, para ser levada a bom termo, a negociação de toda uma rede de alianças (Febvre, 1938:218-219).

Lucien Febvre: o instrumental mental

Febvre (1936a) recusa, é claro, a concepção de culturas unificadas e totalitárias, que todos os homens que vivem na mesma época compartilhariam indistinta e semelhantemente, seja qual for sua condição social, tais como as apresenta Oswald Spengler, duramente criticado por ele. Mas nem por isso rejeita as manifestações psicológicas coletivas e o estudo do material mental de que dispunham os homens de determinada época. Define como meta da história reconstituir todo o universo físico, intelectual e moral das gerações passadas. A noção de *instrumental mental* (título do primeiro tomo da *Encyclopédie française*, confiado por Febvre a Abel Rey) reflete esse interesse pelas realidades coletivas psicológicas e de sensibilidade. O instrumental mental, segundo Febvre, é formado por todas as ferramentas mentais à disposição dos homens de uma sociedade; essa concepção, que coloca a existência dessas ferramentas fora de seus empregos, pode levar a uma "reificação das funções e dos funcionamentos culturais" (Revel, 1996). Em 1941, propõe Febvre um grande programa de história da vida afetiva, uma vasta investigação coletiva sobre os sentimentos fundamentais dos homens, abrindo caminho para uma história da sensibilidade: história da morte, da piedade, da crueldade, da alegria etc.

190   AS CORRENTES HISTÓRICAS NA FRANÇA

Sempre preocupado em evitar o anacronismo psicológico ("o anacronismo do instrumental mental") e pondo-se sob a autoridade de Blondel e de Wallon, Febvre (1938) coloca o problema da psicologia histórica: a impossibilidade de usar a psicologia dos homens do século XX para compreender os homens de antigamente. Cumpre, pois, apreender os sistemas mentais próprios de cada grupo humano. Para ele, não se trata nem de um problema de teoria, nem de subordinar a história a um "o psicológico em primeiro lugar", mas sim de integrar a psicologia à prática mesma da história.

Para Febvre, a história não é só obra dos indivíduos, mas dos indivíduos e dos grupos. O personagem histórico não é uma potência autônoma, isolada do meio social, pois o homem recebe as suas determinações da sociedade. Por isso, se distinguirmos a pessoa caracterizada pelo que lhe pertence propriamente e que aprendemos no âmbito de uma determinada sociedade, "o contraste atenua-se singularmente entre o indivíduo e a sociedade, de modo que não mais cabe opor esquematicamente um ao outro" (Febvre, 1938:212). Os estudos de Febvre sobre Lutero (1928a), Rabelais (1942) e Margarida de Navarra (1944) ilustram amplamente a sua vontade de não separar do meio social as individualidades, de não tentar monografias de personagens, e sim colocar e explorar um complexo de problemas históricos, psicológicos e metodológicos. Acerca de Rabelais, explica que não se trata de apreender um homem, um escritor do século XVI, isolado dos seus contemporâneos, isolado das maneiras de querer, de sentir, de pensar e de crer do século XVI.

Tornamos a encontrar essa vontade de não separar o individual do social na concepção da história intelectual defendida por Febvre (1934c:749), uma história das ideias, dos pensamentos, dos preconceitos e das modas em sua influência, sua ação sobre as diferentes camadas da sociedade. Uma história intelectual que não é um "joguinho de conceitos que se engendram mecanicamente no éter imponderável do pensamento puro" (Febvre, 1934c:749). Como ressalta Bertrand Müller (2003b): "essa história social das ideias que insiste ao mesmo tempo nas condições sociais de produção das ideias e das obras, mas também nos seus usos, sua difusão e sua recepção, contradiz uma história interna da filosofia, da literatura ou da arte". É, portanto, parte integrante de uma história social, uma história que não está ligada nem ao único, nem ao raro, mas ao comum, ao feito em série, ao banal.

Georges Lefebvre e a mentalidade coletiva: *La grande peur de 1789* (1932)

La grande peur de 1789, publicado em 1932, logo foi saudado como um grande livro por Febvre e por Bloch. Para Bloch (1933), a originalidade do livro foi ter estudado "o erro coletivo" do "grande medo" como um sintoma capaz de revelar o estado do corpo social e nos fazer penetrar no coração da sociedade francesa da época. Para Febvre (1933b), trata-se de uma contribuição de primeira grandeza para os historiadores interessados em psicologia coletiva e no estudo da consciência coletiva de uma sociedade. Distingue Lefebvre entre o *medo dos ladrões* nas campanhas do verão de 1789 e o *grande medo*. O "grande medo" caracteriza-se pelos pânicos e pelos alarmes que não se limitam ao local, mas se propagam até bem longe. Lefebvre distingue cinco correntes de medo independentes e acompanha a evolução delas, cartografando-as. O "grande medo" precipita o armamento do povo, suscita novas revoltas agrárias e acelera a ruína do regime senhorial. Em seu artigo sobre "As multidões revolucionárias", referindo-se a Halbwachs e a Durkheim, Lefebvre (1934:246) explica a importância da mentalidade coletiva: ela é que estabelece o *laço causal* entre as condições da vida econômica, social e política e os eventos revolucionários; a história social deve atingir o conteúdo mental das classes antagonistas: "é assim que ela pode contribuir para a explicação da história política" (Lefebvre, 1934:246).

Promotor resoluto de uma história econômica e social inspirada em Jean Jaurès, Simiand, Bloch e Labrousse, Lefebvre (1951:83) nem por isso desdenha a história política. Mas, ao explicar que os qualificativos de "eventual" e de "historicizante" são "neologismos apavorantes", acrescenta: "mas, enfim, vocês compreendem que para mim a história política não é toda a história (...) a vida política é, em suma, a superfície da história, porque há uma subestrutura extremamente profunda, de importância muito grande".

Uma rejeição da história política?

Em que medida a renovação da história pela história econômica e social passa, para Febvre e Bloch, pela rejeição da história política?

A pressão "do econômico sobre a política" (Lucien Febvre)

"História ou política?" e "Política em primeiro lugar?", os dois títulos — em forma de perguntas — das resenhas de Febvre (1931 e 1934d) de um livro organizado por Hauser, *L'histoire diplomatique de l'Europe (1871-1914)*, e da *Histoire de la Russie des origines à 1918*, organizada por Seignobos, condensam um dos principais temas do combate dos *Annales* contra a história metódica. "História política" e "história eventual" são denominações polêmicas usadas muitas vezes pelos *Annales* para estigmatizar a história segundo os metódicos.

Lamenta Febvre que o papel do econômico não seja mais estudado no livro dirigido por Hauser. Para Febvre, os fatos de ordem econômica que dizem respeito aos problemas dos minérios, dos mercados comerciais, dos créditos industriais são cada vez mais importantes na política externa dos Estados e representam "essa obscura e constante pressão do econômico sobre a política", as forças ocultas que os historiadores da diplomacia desdenham. Ataca uma história que só se preocupa com a esfera político-diplomática, com a psicologia dos grandes personagens e com o jogo diplomático. Para ele, porém, os motivos dessas evoluções podem ser igualmente geográficos, econômicos, sociais ou intelectuais, e denuncia essa "perpétua abstração" de uma política externa que flutua acima das realidades concretas dos países.

Jules Isaac (autor, com Albert Malet, de manuais escolares que foram grandes sucessos editoriais até a década de 1970) debate acerca da questão das origens da guerra com Pierre Renouvin (nascido em 1893), um dos autores do manual dirigido por Hauster e criticado por Febvre. Isaac, no livro que publica em 1933 sobre essa questão (*Un débat historique. Le problème des origines de la guerre*), afirma que é preciso determinar primeiro quais são as causas profundas, as forças subjacentes, antes de chegar aos "jogos de superfície" da história diplomática (Noiriel, 1998; Landau, 1971; Kaspi, 2002). A expressão "causas profundas" já fora usada por Henri Berr (Berr, 1921, apud Becker, A. e J-J., 2003), mas é Renouvin que vai fazer da noção de "forças profundas" a noção-chave de sua concepção da história das relações internacionais, por ele desenvolvida sobretudo depois de 1945 (Noiriel, 1988, cap. 4, p. 201-205).

Polêmicas contra Seignobos

A figura que melhor representa para Febvre a história do "político em primeiro lugar" é, naturalmente, Charles Seignobos. Os textos polêmicos de Febvre dos anos 1930 contra Seignobos vão contribuir fortemente para recompor uma nova memória disciplinar, um legendário identitário dos *Annales* que separa radicalmente o antes e o depois dos *Annales* e no qual Seignobos aparecerá como o representante típico da história "eventual", a rejeitar. Bloch, entretanto, faz parte dos colaboradores do volume de homenagem a Seignobos (que foi o orientador da sua tese) publicado em 1934, e na *Apologia da história* o chama de "meu caro mestre".

Os dois textos de referência para a crítica de Seignobos feita por Febvre são: "Entre l'histoire à thèse et l'histoire-manuel. Deux esquisses récentes d'histoire en France: M. Benda, M. Seignobos" (1933c) e "Pour la synthèse contre l'histoire-tableau. Une histoire de la Russie moderne. Politique d'abord" (1934d), ambos publicados na *Revue de Synthèse* e republicados (com cortes) em *Combats pour l'histoire* (1953). Em sua correspondência, Febvre (Bloch e Febvre, 1994:357) exprime sem maquiagem o seu "pasmo" diante do livro "pré-histórico" do "pobre Seignobos". "Que Marselhesa da impotência e que pobreza", escreve a Pirenne em 1933. Febvre quer denunciar não só uma concepção da história que rejeita profundamente, mas também a influência institucional de Seignobos, sobretudo no ensino secundário.

Ambos os textos são um verdadeiro repertório de temas críticos e polêmicos contra os metódicos e a história "tradicionalista": redução da história ao evento, história-quadro e "sistema da cômoda", ignorância das realidades geográficas, econômicas, da vida material e das ciências, das artes e das letras, falta de abertura para o presente, anacronismo das falsas continuidades, passividade diante dos documentos, responsabilidade dos metódicos no descrédito da história, falta de explicação, recusa da história comparada, recusa do método estatístico, recusa das hipóteses e da colocação de problemas.

Para Febvre, a história-quadro é a do "sistema da cômoda", que expõe de maneira ritual para toda sociedade, e nesta ordem: a política, a população, a sociedade, a economia e, na "gaveta" da economia, a agricultura, a indústria e o comércio...

As críticas de Febvre contra Julien Benda e a sua "psicologia da nação" e contra a história "sincera" de Seignobos permitem-lhe ampliar as suas observações para abarcar a questão da história nacional. Contra Benda, recusa a ideia da permanência de uma vontade de se formar como nação, supostamente imutável através de 20 séculos. Pergunta Febvre: "mas como, nação? Quando surgiu a palavra?". Febvre admite certas críticas de Benda contra os historiadores; se até então eles privilegiaram a história política, diplomática e militar, é porque são passivos diante dos documentos, e estes o mais das vezes não falam diretamente dos "obscuros e anônimos". Febvre, ao contrário, convida o historiador a "ser ativo diante do desconhecido" e, se não tiver textos, tirar partido dos outros tipos de fontes não escritas. Seignobos, por seu lado, diz, porém, interessar-se pela massa e pelos fatos da vida cotidiana, mas, para Febvre, Seignobos não "pensa economicamente", ignora a história comparada; acumula os anacronismos (o camponês "fechado" em sua aldeia), as confusões (entre nobre e senhor, por exemplo), e os seus conhecimentos são estereotipados (por exemplo, sobre a habitação camponesa). Febvre também censura Seignobos por ceder à ilusão da "maravilhosa continuidade de uma história nacional" da Gália romana até a França da década de 1930. Retoma a problemática vidaliana, que se recusa a tomar a França como um dado já pronto: como é que regiões heterogêneas acabaram formando o conjunto da Gália, "prefiguração aproximativa" da França, e como é que tal conjunto se manteve? A crítica do "político em primeiro lugar" une-se à da "deificação do presente com a ajuda do passado" e da história "automática".

Na parte da resenha não incluída na reedição de 1953, Febvre é muito virulento contra Seignobos: "este livro completamente conservador e tradicionalista"; "este livro é opressivo. É desencorajador". Censura Seignobos por ter "há muito renunciado a construir com base em documentos novos para se especializar na confecção de livros didáticos e pedagógicos". Em 1939, chama o *Essai d'une histoire comparée de l'Europe* de Seignobos de "a negação mesma da história".

Mas, como explica Bertrand Müller, o artigo sobre Benda e Seignobos não é só uma crítica do lema "política em primeiro lugar", "é também uma crítica política, pois o livro de Charles Seignobos constitui para Febvre um "documento", um testemunho: o de um "espírito de pequeno burguês à francesa, muito típico". Sem dúvida, L. Febvre admirava os valores republicanos e democratas do militante pró-Dreyfus e da Liga dos Direitos do Homem que fora Charles Seignobos, mas, justamente, a confusão desses valores "radicais" — que são para ele os da "renúncia" — com a ciência transforma a história num instrumento de educação cívica, mais precisamente, faz do ensino da história um projeto político que lhe é avesso (...). A incapacidade dos historiadores "profissionais" de responder à "curiosidade" legítima de um amplo público e o abandono dessa forma de história aos historiadores "amadores" representava precisamente um dos eixos essenciais do passivo dos historiadores estabelecido por Febvre em 1938, uma das derrotas mais dolorosas da disciplina" (Müller, 1999).

A crítica da história política por Febvre não é, portanto, uma crítica da sua legitimidade, mas dos seus procedimentos e de seus conteúdos, da história política tal como se faz na maioria dos casos, separada da história econômica e social e impregnada de preguiça mental e de passividade. Uma história que já não pode pretender ser uma disciplina científica, pois não passa, segundo Febvre (1949:423), de "uma paginação cronológica, no máximo, de acontecimentos superficiais, na maioria dos casos filhos do acaso. Digamos: uma narrativa". Quando Febvre censura Seignobos por sua "repugnância" a integrar a história econômica à história geral, estigmatiza com isso a sua incapacidade de pensar *economicamente* os fatos, políticos ou não. Na homenagem que presta a Mathiez e em especial ao seu livro *La vie chère et le mouvement social sous la Terreur*, Febvre (1932b:347) ressalta a vontade que este tinha de introduzir na história política da Revolução "o dinamismo irresistível dos fatos econômicos e sociais" e lamenta que a formação de Mathiez não lhe tenha permitido abordar antes (graças à geografia vidaliana, que ele particularmente desconheceu) as realidades econômicas e sociais para promover a história a que

O MOMENTO DA HISTÓRIA-CIÊNCIA SOCIAL

Febvre aspira: "história das massas, e não de vedetes; história *vista de baixo*, e não de cima; história situada, sobretudo, no quadro indispensável, no quadro primordial das realidades econômicas". O econômico e o social devem, pois, dinamizar e renovar uma história política incapaz de dar conta das realidades "de baixo". Alain Guéry propôs, por sua vez, outra interpretação desse "abandono" do político pelos *Annales*; tratar-se-ia menos de uma reprovação do político do que da preocupação em evitar a questão do Estado, para não pôr em questão um regime republicano a que Bloch e Febvre permaneciam ligados: "era terrivelmente estreita a passagem entre a necessidade de arrancar a história do domínio, portanto da marca do político, e aquela, mais imperiosa, de fazer perdurar a democracia, cuja ideia mesma estava ameaçada em toda a Europa (sem afundar no nacionalismo nem no culto do Estado totalitário). É por isso, provavelmente, que lhe foi preferida uma estratégia de evitação" (Guéry, 1997, apud Dumoulin, 2000:296).

Em 1938, Febvre propôs um balanço da historiografia francesa em que observava: "debates de método propriamente ditos? Poucas novidades, ao que parece, à primeira vista. Como antes da guerra, o conflito continua sendo entre essas duas formas de história que Henri Berr chamava, em 1921, de *História tradicional* e de *Síntese histórica*". Para ele, mesmo se "o esforço despendido para promover a história à condição de autêntica disciplina científica não foi abandonado", a história "permanece dominada por tradições caducas, convenções sem objetivo, hipóteses ao mesmo tempo medíocres e aventurosas" (Febvre, 1938, apud Müller, 1999). Muito pouco depois, em 1941, numa carta a Ferdinand Lot, que só será publicada em 1953, é Seignobos que aventa uma constatação que só podemos aproximar da de Febvre: "tenho a impressão de que há um quarto de século, mais ou menos, o trabalho de pensamento sobre o método histórico, muito ativo a partir de 1880 e sobretudo de 1890, atingiu um ponto morto. Não li mais nada de novo, nada além de amontoados de filosofia da história, ou seja, de metafísica" (Seignobos, 1953). Mas, e esta é provavelmente a grande diferença entre os dois historiadores, para Febvre, essa constatação é acompanhada de um apelo urgente ao prosseguimento do trabalho de redefinição e de renovação da história tradicional (isto é, a dos metódicos): "é preciso saber — esta era a conclusão da minha aula inaugural no Collège de France [Febvre, 1934, reimpresso em Febvre, 1953] e será a de um brevíssimo artigo — é preciso *querer* seguir o movimento do tempo, não mais fechar-se esterilmente sobre si mesmo, organizar em grande escala essas oficinas de pesquisa e de realização que são as únicas que permitem aos historiadores satisfazerem, enfim, à demanda de seus contemporâneos e erigirem, não algumas obras-primas individuais duramente adquiridas ao preço de tantas obras medíocres, insípidas, deformadoras ou fracassadas, mas as grandes construções coletivas, amplas, arejadas e sólidas, as únicas que darão asilo a tantas curiosidades hoje sem objeto — pelo menos sem alimentos". "Seguir o movimento de seu tempo" é sobretudo, tanto para Febvre quanto para Bloch, empenhar-se em refundar a identidade da história de modo coerente com as evoluções científicas de sua época. Trata-se realmente para eles de "promover a história à dignidade de autêntica ciência" (Febvre, 1938); é assim que os *Annales* prosseguem o processo de autonomização da história como disciplina científica inaugurado no século XIX. É porque julgam que os metódicos fracassaram na defesa da história como disciplina autônoma e cientificamente legítima que Bloch e Febvre optaram por atrelar a história às ciências sociais objetivantes de filiação durkheimiana. O projeto dos *Annales* deve ser analisado como uma resposta ao desafio de deslegitimação lançado — direta ou indiretamente — à história pelas outras disciplinas científicas (quer pertençam às ciências da natureza, quer às ciências sociais). Esta estratégia intelectual precisava de uma ruptura com as escolhas teóricas e práticas unilateralmente defensivas dos metódicos. Para os *Annales*, a história deve tornar-se uma ciência social, para não mais isolar-se no campo científico. A estratégia disciplinar e profissional de Bloch e Febvre subordina-se a este objetivo intelectual.

Assim é que "social" se torna o nome genérico que designa esta história nova: a história, com os *Annales*, torna-se "a depositária do social" (Revel, 1986), como a história dos metódicos o fora do nacional, porque o social se tornou a entrada mais eficaz para reconciliar a história com a vida, para recolocá-la no terreno das realidades, para que ela esteja de acordo com as evoluções das ciências. Essa reancoragem da história no continente-ciência por parte dos *Annales* não implica, porém, abandonar o que deve garantir à história o seu lugar central nas ciências sociais: a sua plasticidade, a sua flexibilidade teórica (que pode parecer um ecletismo) própria em relação ao seu objeto e que lhe deixa uma liberdade de análise única. É essa conquista de uma nova centralidade da história no seio das ciências sociais que constitui a aposta principal do momento Braudel-Labrousse da década de 1950/1960.

Capítulo 4

~

A história social "à francesa" em seu apogeu: Labrousse/Braudel

A institucionalização das ciências sociais

Graças ao clima de abertura e de renovação que se seguiu à II Guerra Mundial, a França assistiu a uma verdadeira explosão das ciências sociais, suscitada por um Estado central preocupado com a eficácia e a racionalização. Multiplicam-se as encomendas feitas pelos organismos públicos às ciências sociais, para favorecer um crescimento planificado no âmbito de uma economia cada vez mais globalizada, que precisa do conhecimento de indicadores fornecidos por novos organismos dotados de recursos poderosos. Tornam-se elas os novos e indispensáveis operadores da boa marcha social.

Um crescimento planificado

A Frente Popular já havia criado o Centre National de la Recherche Scientifique (CNRS), que, porém, só conhecera um lento processo de desenvolvimento inicial antes da guerra. Seu verdadeiro desabrochar acontece a partir da década de 1950. Em 1945 é criado o Institut National d'Études Démographiques (Ined), sob a autoridade do Ministério da Saúde, que tem a sua própria revista, *Population*, dirigida por Alfred Sauvy. Em seguida, em 1946, é fundado o Institut Nationale de la Statistique et des Études Économiques (Insee). A estatística e a demografia tornam-se, então, instrumentos do poder político. A população de estudantes conhece um crescimento espetacular: com 76 mil efetivos em 1939, eles chegam a mais de 136 mil em 1950; dobram em 1960 e chegam a 637 mil em 1970. Essa massificação é acompanhada de novas necessidades em termos de cursos e de nomeação de professores, o que é essencialmente útil às disciplinas que parecem encarnar a novidade, e esse é em particular o caso das ciências sociais, grandes beneficiárias dessa explosão. Os métodos estatísticos triunfam em toda parte e estão na base da definição das "categorias socioprofissionais", que são a ferramenta de todos os recenseamentos de população a partir de 1954. É criado um Institut de Science Économique Appliquée (Isea), sob a direção de François Perroux, que funda, aliás, um grupo de pesquisas sobre a história quantitativa da economia francesa, dirigido por Jean Marczewski.

A sociologia organiza-se e progride com a criação pelo CNRS, em 1946, de um Centre d'Études Sociologiques (CES) presidido por Georges Gurvitch, que se tornou necessário pelo fracasso persistente dessa disciplina que não consegue o bom êxito universitário, permanecendo restrita a uma mera especialização no âmbito da filosofia. Gurvitch lança também em 1946 os *Cahiers Internationaux de Sociologie*. Em 1947, a psicologia é que ganha a independência no mundo universitário, obtendo uma licenciatura de ensino específico. Em 1948, Gurvitch, até então professor em Estrasburgo, é eleito para a Sorbonne, sinal da consagração do valor doravante reconhecido à sociologia.

Na origem dessa explosão das ciências sociais está o papel de incentivador do Estado dos organismos internacionais ligados à Unesco, que suscitam uma demanda de pesquisas, lançando estudos sociais. É por essa razão que Lucien Febvre participa, em nome das ciências sociais, de uma comissão consultiva, em 1945 e 1946, e propõe que a Unesco "se preocupe em estabelecer uma lista de questões capazes de interessar às ciências sociais" (apud Drouard, 1982:58). A Unesco multiplica as publicações e as iniciativas. Funda em 1949 as associações internacionais de sociologia e de direito comparado, bem como a Association Française de Science Politique. Os responsáveis dão ênfase ao atraso em que a França se encontra quanto às ciências sociais: "é hora de compensar o nosso atraso, conjugando os esforços dos demógrafos e dos sociólogos" (Stoetzel, 1946). Uma vontade de transformar a sociedade, de pensar o social, apoia-se no crescimento econômico do período.

Esse desabrochar das ciências sociais não se limita aos anos da Libertação, mas prossegue e se acelera até a década de 1960. O número de pesquisadores em sociologia no CNRS passa de 56 em 1960 a 90 em 1964. Podemos, então, falar de uma autêntica "política das ciências sociais" (Drouard, 1982:70) da parte de organismos tão diversos quanto o Estado, as empresas e os sindicatos. Em toda parte, a demanda social se traduz pela multiplicação de iniciativas, de pesquisas, de instituições novas. Essa sociedade das décadas de 1950/1960, que se pretende mais racional, que tem a ambição de dominar os

A HISTÓRIA SOCIAL "À FRANCESA" EM SEU APOGEU

dados econômicos e sociais na planificação do Estado, dirige-se para as ciências sociais para melhor captar o seu objeto: "o planificador pede aos sociólogos que acrescentem à planificação econômica o que lhe falta" (Gruson, 1964). Espera-se do sociólogo uma competência técnica, ele se torna um perito, um técnico especializado cujo saber pode ser imediatamente operacional para o desenvolvimento da sociedade; dele se espera um saber concreto, útil para o empresário, para o administrador, para o planificador. Esse entusiasmo pelas ciências sociais leva à sua institucionalização universitária no fim da década de 1950. São eleitos para a Sorbonne alguns professores de sociologia, de psicologia social e de psicologia. Em 1958, criam-se uma licenciatura e um doutorado de terceiro ciclo de sociologia. No mesmo ano, as faculdades de letras tornam-se faculdades de letras e de ciências humanas e, em 1959, as faculdades de direito tornam-se faculdades de direito e de ciências econômicas, sendo criada uma licenciatura de ciência econômica em 1957. A França, que só tinha em seu ativo cerca de 20 centros de pesquisa em ciências sociais em 1955, conta mais de 300 deles 10 anos depois.

Essa pressão das ciências sociais sobre a história torna-se então muito forte e vai contribuir para inflectir as orientações da escola dos *Annales*. O perigo é vivido pelos historiadores até em suas relações com o grande público, pois as ciências sociais se apoderam das grandes tiragens e monopolizam os grandes eventos intelectuais. É o momento do sucesso do *Curso de linguística geral* de Ferdinand de Saussure, que data do início do século, mas cuja tiragem, que em 30 anos não passara de 15 mil exemplares, passou a 10 mil exemplares por ano na década de 1960. A mesma explosão da *Introdução à psicanálise* de Freud, que superou os 165 mil exemplares entre 1962 e 1967, quando não passara dos 30 mil nos 30 anos anteriores. Em 1955, ocorre também a conquista do grande público por um antropólogo que se torna imediatamente célebre, Claude Lévi-Strauss, com *Tristes trópicos*.

Um New Deal *das ciências sociais*

O outro polo de impulso das ciências sociais encontra-se do outro lado do Atlântico. Na Europa do pós-guerra, não são só os dólares do Plano Marshall que afluem, mas também os métodos e técnicas de investigação das ciências sociais americanas. A sociologia empírica americana, que encontrara na França um terreno de aplicação desde a década de 1930 (Pollak, 1976), tem continuidade por intermédio de Jean Stoetzel, diretor do CES, que cria em 1945 o Institut Français d'Opinion Publique (Ifop), depois de ter-se formado com dois estágios nos Estados Unidos, no Instituto Gallup. A pesquisa em ciências sociais volta-se para e centra-se em objetivos de rentabilidade e de racionalidade, para adquirir a eficiência americana. A psicologia e a sociologia são convidadas a se tornar saberes eficazes dentro das próprias empresas, no âmbito da nova religião da década de 1950: a modernidade. Elas devem evitar os eventuais conflitos do mundo do trabalho, ao mesmo tempo em que levam ao máximo os índices de produtividade. Surge uma tecnoestrutura que precisa de um novo saber extraído das ciências sociais difundidas nas escolas especializadas em administração, que se multiplicam na época (Boltanski, 1981). As ciências sociais estão em melhor posição do que a história para satisfazer essa demanda social.

A pressão sobre a história é igualmente forte no campo universitário. Opera-se uma diferenciação que beneficia as disciplinas novas e ameaça embaralhar as cartas, inverter as posições estabelecidas, instalar uma nova hierarquia. É esse risco que os historiadores querem evitar e é ele que provoca uma reação muito enérgica, seja institucional, seja com relação à definição da disciplina histórica. Essas ciências sociais em progresso suportam cada vez menos o domínio dessas disciplinas legítimas; a sociologia, em especial, espera libertar-se da tutela filosófica; a história vê-se novamente contestada como ciência maior do social. Os historiadores, em ampla medida implantados na instituição e reconhecidos como donos de um saber legítimo, beneficiam-se também dessa mutação do pós-guerra, pois passam de menos de 3 mil em 1945 a cerca de 8 mil em 1967. Mas a velha Sorbonne demora um pouco para assimilar o desafio das jovens ciências sociais, como testemunha Daniel Roche:

> Quando reflito sobre a Sorbonne das décadas de 1950-60, onde estudei, é o que mais me impressiona agora. Não só nos entediávamos bastante porque professores de prestígio ensinavam muitas vezes uma história aborrecida, não só precisávamos aprender por nós mesmos as regras do ofício e, com o auxílio da imitação distintiva, conseguir os mecanismos da profissão junto aos melhores pedagogos, como também ainda não sentíamos muito as transformações que estavam então em jogo em nossa disciplina. Não se falava dos *Annales*, e ainda menos de Braudel. Este último, para alguns, por alusões que os mais espertos traduziam para os outros que o eram menos, fazia um pouco o papel de diabo. A vida de verdade estava em outro lugar, nas lutas políticas, nas discussões das escolas normais, nas migalhas do festim que os mais velhos traziam dos primeiros seminários da École des Hautes Études, que começava a se instalar, ou até de cursos do Collège de France, onde os mais malandros ganhavam coragem. Em suma, jovem *normalien*, já tinha muito trabalho para me situar nos programas e em outras atividades. Era testemunha sem ver nada. Uma das minhas lembran-

ças resume bem o clima da época. Ao devolver as provas de um exame trimestral, um dos assistentes que me ensinavam a história da Idade Média, hoje um mestre de prestígio, me disse: "deixe esse estilo com a escola dos *Annales*". Era para mim uma dupla descoberta, cuja ingenuidade é muito evidente: a história era, portanto, também um estilo, além das práticas de escrita, um jeito de ver e de ser, e era possível ser hostil ao que me parecia *naturalmente* uma outra riqueza, ao alcance da mão, mas que não sabíamos bem como alcançar. Não é, portanto, totalmente surpreendente que a vida política e sindical estudantil oferecesse a muitos, entre os quais eu, um terreno mais fácil de se percorrer. É ainda menos desconcertante que, no momento de escolhermos um tema de pesquisa para preparar o diploma de estudos superiores, nos tenhamos encontrado no número 62 da *rue* Claude Bernard, na casa de Ernest Labrousse (apud Rioux e Sirinelli, 1997:25-26).

Uma disciplina-farol: a demografia histórica

A embriaguez estatística do pós-guerra e o desejo de um melhor conhecimento da população permitem o surgimento de um setor especialmente dinâmico da disciplina histórica, o da demografia histórica. O Ined é, na época, um lugar de encontros fecundos entre demógrafos e historiadores. Esse campo de investigação parece ao mesmo tempo novo e promissor. Já em 1946, o historiador Jean Meuvret publica na revista do Ined, *Population*, um artigo destinado a desempenhar um importante papel inspirador na afirmação de uma história social à francesa, empenhando-se em cruzar as curvas econômicas e demográficas para esclarecer o fenômeno das crises: "Les crises de subsistances et la démographie de l'Ancien Régime".

Mas o nascimento da demografia histórica deve muito sobretudo ao desenvolvimento de um método cujo inventor foi o politécnico Louis Henry. Inicialmente, seu objetivo nada tinha a ver com preocupações históricas. Buscando compreender a evolução da fecundidade no século XX, ele precisa de certo recuo histórico e pergunta como contornar a falta de fontes disponíveis, pois busca informações sobre períodos ao longo dos quais não existia o recenseamento da população. Descobre, então, o lugar que pode permitir-lhe reconstituir o estado das populações antigas, os registros paroquiais (Henry, 1953). Pouco depois de seu artigo seminal de 1953, ele desenvolve, com a ajuda de um historiador cartista, Michel Fleury, o seu método, que consiste na análise demográfica do passado a partir da consulta das fichas familiares estabelecidas nos registros paroquiais (Fleury e Henry, 1956): é o que virá a ser chamado método de Fleury-Henry, que se tornou o modelo indispensável para toda uma geração de historiadores. Nomeado em

202 As correntes históricas na França

1960 professor na universidade de Caen, Pierre Chaunu (1994:227) matuta sobre o que vai ensinar aos seus alunos: "vou ensinar-lhes o método Fleury-Henry... A verdadeira mutação da história quantitativa foi finalmente a demografia histórica, pois pudemos contar, e a primeira coisa a fazer é, de qualquer modo, contar os homens. É um ponto crucial da história".

No mesmo momento em que Henry desenvolve o seu método, o historiador Pierre Goubert (1952) publica o seu artigo pioneiro sobre a demografia na região de Beauvais no século XVII, facilitando a abertura de um novo campo disciplinar e a exploração dessa nova fonte do historiador, os registros paroquiais. A publicação da sua tese (Goubert, 1960) atesta a fecundidade do método e permite o deslocamento do olhar do historiador para as grandes massas de um período, o século XVII, quando a historiografia clássica permanecia fascinada unicamente com Luís XIV e os fastos da corte de Versalhes. Graças à multiplicação desses trabalhos, foi grande a surpresa ao se descobrir, o que em seguida se tornou um lugar-comum, que as pessoas se casavam tarde na França do Antigo Regime, contrariamente ao que nos indicam as fontes literárias. A prática do matrimônio tardio e a redução do tempo da fecundidade que dele resulta foi o grande meio de controle dos nascimentos e se generalizou para todas as esferas da sociedade entre os séculos XVI e XVIII, a ponto de a idade das mocinhas no primeiro casamento aumentar de maneira espetacular, "claramente inferior a 20 anos no século XVI, chega a 26,5 às vésperas da Revolução e se situa até ao redor dos 30 anos nas cidades" (Poussou, 1995:328). A consulta sistemática dos registros paroquiais pelos historiadores confirma essa autêntica revolução cultural própria da época moderna e que mais tarde dará ocasião a uma grande publicação sintética, sob a direção de Jacques Dupâquier (1988).

A construção do Império Braudel

Fortemente estimulado por essa efervescência das ciências sociais, Braudel tornou-se um verdadeiro construtor de impérios; ourives em matéria de organização, preocupa-se sobretudo em consolidar e ampliar o território do historiador. Graças a ele, os *Annales* conseguem resistir sem problemas ao progresso do estruturalismo, pois têm uma base institucional cada vez mais sólida. A orientação estruturalista, que tomou como modelo as noções de estrutura formal e de arbitrariedade do signo, definidas pelo linguista Ferdinand de Saussure no início do século XX, é então retomada pelo conjunto das ciências humanas, quer por Claude Lévi-Strauss na antropologia, quer por Roland Barthes na teoria literária, quer por Jacques Lacan na psicanálise. Representa, portanto, um considerável desafio para os historiadores, tanto mais que ela privilegia as lógicas sincrônicas, à parte de todo processo de historicização. Ante esse desafio, Braudel oferece uma dupla resposta, no plano das orientações de pesquisa e no nível das posições de poder. Suzerano, Fernand Braudel trata de sagrar cavaleiros os seus vassalos e de delegar seus poderes sobre múltiplas parcelas do território sobre o qual reina soberano. Tal carisma é reconhecido por seus discípulos mais próximos, como Marc Ferro (1984:25): "ele o comandava [o seu empreendimento] como um soberano, como um chefe de Estado".

Ventos novos

Já no pós-guerra, em 1946, a revista dos *Annales* muda de nome e abandona em seu título a referência à história para passar a se chamar *Annales, Économies, Sociétés, Civilisations*. Tal mudança marca a vontade de efetuar com maior facilidade a osmose entre as diversas ciências sociais, sendo os historiadores os diretores dessa síntese. Reorganiza-se a direção da revista, em razão dos falecimentos provocados pela guerra. Passa a haver um só diretor, Lucien Febvre, mas ele se rodeia, no comitê de direção, de Fernand Braudel, que o sucederia na direção da revista já em 1947, de Charles Morazé, de Georges Friedmann e de Paul Leuilliot. Essa equipe inclui novos colaboradores vindos de diversos horizontes das ciências sociais. Aos historiadores Pierre Chaunu, Pierre Goubert, Maurice Crouzet, Claude Folhen, Maurice Lombard e Yves Renouart acrescentam-se os geógrafos Pierre Gourou, Roger Dion e André Meynier, os economistas Charles Bettelheim, Jean Fourastié etc. Conserva a revista, portanto, no pós-guerra, o seu papel aglutinador.

O bom êxito não é certo, porém, para os historiadores dos *Annales*, pois ainda resta em sua longa marcha rumo à hegemonia este concorrente difícil de se deixar anexar, tanto mais que há muito tempo tenta conquistar o seu lugar: a sociologia. Tendo fugido do nazismo, Georges Gurvitch constituiu, com efeito, em 1942, em Nova York, na universidade de língua francesa, a École Libre des Hautes Études, um instituto de sociologia. Seu objetivo é próximo ao dos *Annales*: realizar o confronto das diversas ciências sociais, mas nesse caso se trata de submetê-las à sociologia. Uma rede concorrente, formada de economistas, sociólogos e etnólogos, entre os quais Claude Lévi-Strauss, articulada no trabalho comum do outro lado do Atlântico, pode, pois, disputar com os historiadores uma posição de *leadership* no momento em que, em 1945, a Fundação Rockfeller se propõe favorecer a pesquisa em ciências sociais na Europa. Georges Gurvitch, aliás, parece superar os historiadores em velocidade, ao criar um Centre d'Études Sociologiques em março de 1946. Tem a intenção de criar uma seção de ciências sociais na EPHE, ou seja, uma 6ª seção.

A situação do pós-guerra é propícia à criação de uma 6ª seção consagrada às ciências sociais, e os sociólogos parecem estar em melhor situação para ter bom êxito em seu empreendimento. Mas a escola sociológica durkheimiana, que convida desde 1903 à unificação das ciências humanas e à elaboração de pesquisas realmente coletivas, já debilitada entre as duas guerras, vê-se um pouco decapitada no pós-guerra, pois Maurice Halbwachs morre deportado em 1945, e Marcel Mauss se aposenta de seu posto no Collège de France. A direção escapa, pois, aos durkheimianos, em proveito dos historiadores dos *Annales*. O então diretor do ensino superior, o físico Pierre Auger, que fora pesquisador na Universidade de Chicago de 1941 a 1944, tem como inspirador de seus projetos em ciências sociais o historiador Charles Morazé, membro do comitê de direção dos *Annales*. Os dois homens são complementares, pois, por um lado, Pierre Auger quer criar uma seção nova, consagrada às ciências sociais na EPHE, mas carece de créditos, que o governo francês se vê na impossibilidade de lhe conceder; por outro, Charles Morazé, secretário do Comitê Internacional de Ciências Históricas, já se beneficiara de importantes subvenções da Fundação Rockfeller. Ambos elaboram a primeira lista de diretores de estudos, entregue à fundação em 1947: "no começo, os historiadores constituíam o grupo majoritário" (Mazon, 1985:128). Essa evolução favorável aos *Annales*, pois nela nos deparamos com seus principais colaboradores, deve-se quanto ao essencial ao peso de Charles Morazé no projeto da 6ª seção. Ora, este último não só faz parte do comitê de direção da revista, como acaba de criar em 1947 a Association des Amis des *Annales*, que mais tarde terá o nome de Association Marc Bloch. Lucien Febvre, no entanto, não se deixa convencer por Charles Morazé senão no outono de 1947, quando este lhe faz compreender que, se os *Annales* não tomassem a iniciativa, Georges Gurvitch transformaria o seu Centre d'Études Sociologiques em 6ª seção: "a direção institucional das ciências sociais corre, então, o risco de cair nas mãos dos sociólogos" (Mazon, 1985:123). Antecipando-se aos sociólogos, Febvre é eleito presidente do primeiro conselho da 6ª seção, em março de 1948.

A história evolui rapidamente, como toda ciência hoje. Com muitas hesitações e passos em falso, alguns homens tentam orientar-se, cada vez mais, para o trabalho coletivo. Um dia virá em que se falará de "laboratórios de história" como realidades — e sem provocar sorrisos irônicos. Não se concebe mais o trabalho do economista sem um instrumental cada vez mais aperfeiçoado. E, portanto, sem a constituição de equipes bem treinadas, bem formadas. E, portanto, sem investigações bem articuladas. Ante esse exemplo, que os toca de perto, historiadores há que começam a despertar para uma concepção nova do seu trabalho. Uma

A HISTÓRIA SOCIAL "À FRANCESA" EM SEU APOGEU

ou duas gerações: o velho senhor em sua poltrona, atrás de fichários estritamente reservados ao seu uso pessoal e guardados com tanto ciúme contra o olho gordo dos rivais quanto uma carteira num cofre — o velho senhor de Anatole France e de tantos outros, terá terminado a sua insípida vida. Terá dado lugar ao chefe de equipe, alerta e ágil, que, dono de grande cultura, tendo sido treinado a buscar na história elementos de solução para os grandes problemas que a vida, a cada dia, coloca para as sociedades e as civilizações, saberá traçar os quadros de uma pesquisa, colocar corretamente as perguntas, indicar com precisão as fontes de informação e, feito isto, avaliar a despesa, acertar a circulação dos aparelhos, definir o número dos membros da equipe e lançar seu pessoal em busca do desconhecido. Dois meses ou três ou quatro: a colheita está terminada. Começa a elaboração. Leitura dos microfilmes, fichamento, preparação das cartas, das estatísticas, dos gráficos, confronto dos documentos propriamente históricos com os documentos linguísticos, psicológicos, étnicos, arqueológicos, botânicos etc., que podem facilitar o conhecimento. Seis meses, um ano: a pesquisa está pronta para ser entregue ao público. A pesquisa que um trabalhador isolado teria levado 10 anos sem conseguir fazê-la tão rica, nem tão vasta, nem tão convincente. Mesmo se, sobretudo, tivesse concebido a ideia em toda a sua amplidão.

"É o fim de tudo! Não há mais arte. Não há mais personalidade. Uma mecanização do saber, de novo e sempre. Uma a mais!" — Você acha? Eu, por meu lado, acho que amanhã será preciso mais inteligência, mais imaginação e amplidão de espírito — numa palavra, mais envergadura, para colocar bem uma questão tradicionalmente mal colocada — ou sobretudo para colocar enfim, pela primeira vez, uma questão que ainda ninguém colocou e que é profundamente importante para a nossa inteligência, tanto do presente pelo passado quanto do passado pelo presente. E quem, então, impedirá o questionador, o mestre de obras, de ter seu talento de escritor? E de se valer dele para pôr ao alcance de todos os resultados da investigação? (Febvre, 1949:426-427).

Braudel, o empresário

Fernand Braudel é designado por Lucien Febvre como o organizador da hegemonia dos *Annales* enquanto secretário da 6ª seção e, portanto, responsável pela organização dela; a ele também é confiada a direção do Centre de Recherches Historiques (CRH). É a partir desse centro, criado em 1949, que a prática histórica dos *Annales* conquista progressivamente uma posição hegemônica no pós-guerra: "criado pelos srs. Febvre e Braudel no prolongamento da 6ª seção, o Centre de Recherches Historiques teve um início modesto e, depois, uma expansão crescente que faz dele hoje, na área da história econômica e social, um organismo original, único ainda na França e conhecidíssimo além de nossas fronteiras" (relatório do orçamento para o exercício de 1959, apud Raphaël, 1993:6). O CRH conseguiu tornar-se o mestre de obras dos trabalhos de equipes, rompendo assim com a prática solitária do fundista, costumeira entre os historiadores. Garantiu, por outro lado, a difusão dos seus trabalhos, graças a uma rede cada vez mais sólida e ramificada, tanto no interior da França quanto no estrangeiro, onde se reencontra o espaço cultural próprio às pesquisas de Braudel sobre os países mediterrâneos, mas também outros países, em especial a Polônia, país com o qual são organizados nada menos de dois colóquios no ano universitário de 1957/1958. A difusão do Centre logo atravessa o Atlântico, e se multiplicam os contatos com os países da América Latina, entre 1957 e 1965, bem como com o mundo anglo-saxão: "os acordos da 6ª seção com a universidade de Princeton abriam caminho para um intercâmbio regular em nível de professores" (Raphaël, 1993:11).

Os recursos do Centre, porém, eram modestos no começo, em 1949. Reduzia-se a um pequeno secretariado dirigido por um arquivista-paléografo, auxiliado por dois secretários, e sua tarefa era açambarcada pelo exame de documentos de história econômica dos séculos XVI e XVII. É a importância crescente do CNRS que permite a Braudel recrutar um número cada vez maior de estagiários e de assistentes de pesquisa e alcançar, assim, a soma de uma dezena de colaboradores diretos em 1952/1953, aos quais se juntam outros pesquisadores em maior número, remunerados pelo CNRS. É a época em que é maior a influência dos centros de interesse de Braudel nas investigações desses jovens pesquisadores recrutados muito recentemente: "o programa da equipe reunida ao redor dele era a descrição concreta e completa das estruturas e conjunturas econômicas dos séculos XVI e XVII" (Raphaël, 1993:23).

Lucien Febvre apreciou com lucidez em Braudel a sua capacidade ímpar de organizador, de dirigente e a sua capacidade de ganhar a confiança do outro lado do Atlântico. Para Fernand Braudel (1986:222), a 6ª seção é um instrumento decisivo num processo mais vasto de ingestão das ciências sociais em proveito do historiador. Há até uma boa dose de canibalismo em sua estratégia: "é preciso compreender qual é a lição dos *Annales*, da escola dos *Annales*. É que todas as ciências humanas são incorporadas à história e se tornam ciências auxiliares". Fernand Braudel, homem de poder, aproveita a oportunidade, que permite realizar o agrupamento desejado pela primeira geração, dando-lhe uma base institucional. Se não foi, como ele mesmo reconheceu, um homem de revista, em compensação brilhou como construtor, edificador de uma escola. Além disso, oferecia aos americanos a garantia de uma adesão a um mundo atlântico que se separava cada vez mais da grande potência soviética continental. Se dá garantias aos americanos, nem por isso aceita a submissão a eles. Procurando economistas para a 6ª seção, defende Charles Bettelheim em 1948 e faz dele o primeiro diretor de estudos em regime de dedicação exclusiva, eleito em março de 1948. Não se pode dizer deste último, especialista em economia soviética, marxista, que corresponda ao perfil do atlantista do pós-guerra. Essa nomeação revela a independência de espírito e de política científica utilizada na 6ª seção por Fernand Braudel, que não se deixou iludir, mesmo no meio da Guerra Fria, quando as pressões se tornariam cada vez mais fortes da parte dos americanos. Ele se recusará a se separar de Jean Chesneaux e também imporá aos americanos Annie Kriegel, Claude Frioux, Georges Haupt etc. (Dumoulin, 1986b).

Em 1951, Lucien Febvre e Fernand Braudel solicitam de novo um programa de financiamento à Fundação Rockfeller. Os fundos concedidos, com efeito, foram até então modestos: só um quarto das subvenções postas à disposição do Instituto Econômico de Charles Rist. Trata-se, pois, de dar um segundo fôlego a uma 6ª seção ainda pobre, e a justificação dessa solicitação é desta vez feita abertamente em nome da prioridade dada à história. Trata-se, então, de sustentar financeiramente a organização de colóquios interdisciplinares, bem como o programa do Centre de Recherches Historiques dirigido por Fernand Braudel, que prepara toda uma série de estudos sobre os portos, os tráficos, as rotas, os intercâmbios econômicos internacionais no fim do século XV e no início do século XVI.

Fernand Braudel não desdenha, durante a década de 1950, o ensino da história nas estruturas universitárias clássicas, cuja transformação radical os *Annales* postulam. Retoma a herança dos dois pais fundadores da revista, quando haviam sem sucesso tentado modificar profundamente a *agrégation* na década de 1930, tanto mais que se encontra em melhor situação do que eles, pois é nomeado presidente do júri de *agrégation* de 1950 a 1955. Sem dúvida, nem por isso o concurso é abalado, mas seu presidente pôde valer-se da sua posição durante cinco anos como tribuna/tribunal em nome de critérios novos, que eram os dos *Annales*. Michel Vovelle (1986) conta que conheceu muitos candidatos que se apresentaram para a *agrégation* quando Fernand Braudel presidia o seu júri e aos quais ele teria dito, com uma ponta de desdém, que sua exposição não cheirava suficientemente a esterco, como Lucien Febvre criticara *La société féodale* de Marc Bloch invocando o fato de que ela não tinha suficientemente cheiro de terra. A mudança de tom, de perspectiva, é manifesta nos relatórios rituais do concurso de *agrégation*. Neles convida, em vez da sempiterna constatação do baixo nível, à transformação do ensino superior, à sua abertura para a história econômica, a uma melhor formação dos técnicos científicos, à descompartimentalização: "cada vez mais a história implica, quase estruturalmente, o conhecimento dos grandes resultados e dos métodos das ciências sociais vizinhas (e não só da geografia)" (Braudel, 1954:226-284). Alguns candidatos à *agrégation* desse período dão testemunho de uma mudança substancial, como Frédéric Mauro (apud Daix, 1995:262), que ressalta que a *agrégation* de história "deixou de ser com Braudel esta corrida de velocidade com a memória a que havíamos sido submetidos. Ele tornou a '*agreg*' mais inteligente". No entanto, fracassa em sua tentativa de renovação do mui venerável concurso. Só consegue a introdução de uma prova nova na parte oral, dedicada a uma explicação de documentos históricos.

Mas o grande projeto que leva a marca da personalidade de Fernand Braudel é apresentado ao término de seu período como presidente do júri da *agrégation*, em 1956. Ele então propõe um programa que vai dotar a 6ª seção de um objetivo científico de longa duração e garantir a esta um impulso irresistível. Esse projeto baseia-se na experiência dos *area studies* nas universidades americanas e consiste em organizar, com base nesse modelo, a pesquisa ao redor de áreas culturais. Estas devem permitir o reagrupamento dos métodos históricos, econômicos e sociológicos. Fernand Braudel fizera no fim de 1955 uma longa viagem aos Estados Unidos, para estudar a experiência desses *area studies*; voltou cético a respeito da capacidade dos pesquisadores americanos de levar a bom termo seu projeto. Para ele, faltam-lhes três dimensões fundamentais: a filosofia, a história e a geografia, que eles deixam de lado em proveito de estudos sobre o imediato. Em compensação, a tentativa deles pôde ser retomada com sucesso pelos pesquisadores franceses, no âmbito da 6ª seção da EPHE (Braudel, 1956, apud Mazon, 1985:167). Esse programa das áreas culturais é concebido em colaboração com Clemens Heller, muito cedo associado (já em 1952) a Fernand Braudel no desenvolvimento da 6ª seção. Podemos até dizer que foi este último, formado em Harvard e radicado em Paris desde 1949, que teve a ideia de adaptar o modelo americano dos *area studies* à França.

Tal programa deve não só permitir a colaboração orgânica de várias disciplinas, mas também realizar a junção entre as necessidades de compreender o mundo contemporâneo e o passado graças à espessura temporal que, na França mais do que nos Estados Unidos, os historiadores podem dar, como orquestradores das ciências humanas. O projeto recebe a adesão da Fundação Rockfeller, depois de um ano de negociações difíceis, pois em 1955 a Fundação Rockfeller propõe a Clemens Heller e Fernand Braudel condições mais duras para o financiamento; entre outras, recusa-se a financiar os trabalhos de Étienne Balazs sobre a história medieval chinesa e as pesquisas de Jean Chesneaux, que receberão fundos da Educação Nacional. O programa das áreas culturais, no entanto, vem à luz e tem um sucesso crescente, com a criação a cada ano de novos centros: ao centro dedicado à África, constituído em 1956, seguem-se os centros dedicados à Índia, em 1957, à China, em 1958, à Rússia, Europa oriental e Turquia, em 1960, e depois desta data cerca de 20 outros centros vieram à luz (Lombard, em Revel e Wachtel, 1996:115). Esse programa das áreas culturais permite um desabrochar quantitativo decisivo da 6ª seção, pois assistimos a um aumento espetacular no número de diretores de estudos: 32 em 1951, são 67 em 1957, 84 em 1961, para chegarem a 110 em 1966 (Revel e Wachtel, 1996:22). Além disso, em 1959, Fernand Braudel obtém do Ministério da Educação Nacional a criação de 60 postos de chefes de trabalhos inscritos no orçamento de 1960, sinal do bom êxito da ancoragem institucional da 6ª seção.

Essa evolução é facilitada por uma mudança de estrutura no recrutamento dos pesquisadores, que nos anos 1950 era amplamente dominado pela promoção dos docentes do secundário, ao passo que as necessidades multiplicadas do pós-guerra levam à criação de postos de pesquisador no CNRS e de assistentes nas universidades, não sendo mais obrigatório o curso clássico que leva do secundário ao superior, o que favorece, assim, a dedicação a pesquisas mais coletivas. Além disso, esse programa preparou o terreno para uma antropologia triunfante. Com 67 direções de estudos em 1958, passa a 80 em 1960, beneficiando-se de uma verdadeira política das ciências sociais da parte tanto do Estado quanto dos diversos organismos sociais, que impulsionam numerosas iniciativas. A 6ª seção parece ser o lugar mais apropriado para responder a uma forte demanda social não satisfeita pelas instituições universitárias tradicionais.

Predomínio da história econômica

Em 1960, a orientação das pesquisas caracteriza-se pelo predomínio da história econômica: "os cursos de J. Meuvret, E. Labrousse, P. Vilar, R. Romano, F. Braudel e M. Lombard tratavam de assuntos de história econômica e social do fim da Antiguidade até a Revolução" (Raphaël, 1993:19). Mas Fernand Braudel não se limita a um alcance puramente doméstico: joga a carta da influência internacional. Essa globalização das orientações dos *Annales* é perceptível no estudo comparado da distribuição geográfica das contribuições apresentadas por ocasião da homenagem a Lucien Febvre publicada em 1953 e, 20 anos depois, nos *Mélanges* em homenagem a Fernand Braudel (Hexter, 1972:495-496). Para Lucien Febvre, a zona de influência permanece bem francesa: 70 contribuições de franceses contra 15 de historiadores estrangeiros, nove dos quais italianos. Com Fernand Braudel, ao contrário, o espaço dos *Annales* ramificou-se muito:

40 contribuições da França e 50 de historiadores estrangeiros: "entre o fim da década de 1950 e o início da de 1960, assistimos, de fato, a um duplo movimento de internacionalização da cultura historiográfica francesa" (Gemelli, 1995:224). Observa Giuliana Gemelli o efeito acumulado de um movimento intelectual de que a tese de Braudel, *La Méditerranée* é ao mesmo tempo o ponto de partida e o ponto de chegada, assim como o seu acompanhamento por uma estratégia institucional precisa e ambiciosa. Na década de 1950, foram publicadas, impulsionadas por Fernand Braudel, as grandes coleções da 6ª seção: "Portos, estradas, tráficos"; "Moedas, preços, conjunturas"; "Negócios e homens de negócios"; "Homens e terras"; "Sociedades e civilizações". "O sonho de F. Simiand de um laboratório de ciência social em que um diretor supervisionaria a pesquisa" tornou-se realidade (Iggers, 1975:61).

Pode-se ver, diante desse sucesso, até que ponto as possibilidades de êxito do empreendimento de desestabilização da história levada adiante pelos estruturalistas são mínimas, apesar da moda que teve nos meios intelectuais. Os *Annales*, apoiados em sólidas defesas, resistem à nova oferta pública de compra lançada contra a história no fim da década de 1950, assim como no início do século. Fernand Braudel não se contenta em animar a 6ª seção e participa da redação do plano Longchambon, em 1958, defendido por Gaston Bergé, diretor do ensino superior. Nele propõe a criação de uma nova universidade, separada da Sorbonne e das faculdades de direito, consagrada às ciências sociais. Mas se choca com uma muralha de escudos em toda parte. Nas faculdades de direito e de letras, denuncia-se o empreendimento imperialista de Fernand Braudel. Juristas e literários unem-se por uma vez, superando as querelas intestinas, para se oporem juntos à tentativa braudeliana, que é aqui chamado de novo Luís XIV. Contestado à direita e à esquerda, acusado de ser um valete do imperialismo americano e do Plano Marshall pelo PCF, passa por revolucionário para os historiadores de direita ligados à história narrativa. Pierre Renouvin, por seu lado, denuncia o "Plano Braudel".

Fracassa sobretudo diante do *establishment* universitário. Todavia, o fracasso não o detém, e ele solicita apoio financeiro do governo e da Fundação Ford para a criação de uma Casa das Ciências do Homem. Obtém-no e pode então fundar, em 1962, esse novo laboratório de pesquisas nas dependências da antiga prisão do Cherche-Midi. Sua instalação foi especialmente trabalhosa e se traduziu por um conflito de 17 anos entre os ministérios da Justiça e da Educação Nacional. Essa criação deve muito, sem dúvida, à tenacidade de Fernand Braudel: "estou numa Casa que, sem mim, jamais teria sido construída" (Braudel, 1982). Conhecido por seus textos, Fernand Braudel terá sido antes de tudo, portanto, um construtor, mais eficiente ainda pela solidez das construções, das

A HISTÓRIA SOCIAL "À FRANCESA" EM SEU APOGEU

instituições que gerou, do que pela originalidade das teorias. Mais homem de ação do que teórico, nem por isso terá deixado de inflectir certo número de orientações dos *Annales* da primeira geração. É, por isso, um elo essencial na evolução dessa escola rumo à sua era triunfal.

Camille-Ernest Labrousse e sua escola

A história econômica e social que triunfa nesses anos do pós-guerra foi excessivamente identificada a uma corrente, a dos *Annales*, e ao seu líder, Fernand Braudel. Ora, por trás dessa aparência, o que sobretudo se impõe é o modelo de um pesquisador que já havia adquirido as suas cartas de nobreza na década de 1930, Ernest Labrousse, que se vê na posição de maestro de orquestra na Sorbonne para reger o essencial das grandes pesquisas de história social de toda uma geração que partiu com entusiasmo à cata de novas fontes analisadas a partir do modelo labroussiano. A perspectiva de Labrousse continua sendo a de esclarecimento do eventual político e em especial da Revolução Francesa, o que aliás lhe valeu a crítica de Braudel (1958:50) em seu artigo de 1958: "a sua comunicação [a de Labrousse] no Congresso Internacional de Paris, em 1948, *Comment naissent les révolutions?*, empenha-se em vincular, desta vez, um patetismo econômico de curta duração (novo estilo) a um patetismo político (velhíssimo estilo), o das jornadas revolucionárias. Eis-nos de volta ao tempo curto, e até o pescoço".

Simiand traduzido para os historiadores

Desde cedo interessado em economia política, Labrousse defendera a sua tese *Esquisse du mouvement des prix et des revenus en France au XVIIIᵉ siècle* em 1932 e fora entronizado na Sorbonne graças à sua publicação de 1943 intitulada *La crise de l'économie française à la fin de l'Ancien Régime et au début de la Révolution*. Nesse trabalho essencial, Labrousse converte-se à história e converte os historiadores à economia. Empenha-se em traduzir e tornar acessível para os historiadores de profissão o saber de economista que adquiriu ao longo de sua formação (ver Maria Novella Borghetti, 2005). Essa arte de tradutor de conceitos de uma disciplina a outra explica a repercussão de que logo se beneficia entre os historiadores, mas isso se deve também à centralidade da Revolução Francesa dentro da historiografia francesa. Leitor entusiasta dos *Annales* desde o começo, permanece, porém, à margem da história de uma revista na qual não escreve antes da década de 1940. Deve, contudo, a sua nomeação em 1938 como diretor de estudos na

4ª seção da EPHE a Marc Bloch, que apoiou a sua candidatura. O seu objetivo é integrar o longo prazo, o estudo das estruturas em sua evolução e o estudo dos eventos num mesmo conjunto, a fim de explicar a ruptura revolucionária de maneira científica. Sua pesquisa sobre a evolução dos preços e das rendas permite-lhe tornar manifesta a promoção da classe burguesa, com base na prosperidade do século XVIII, sem fugir às questões de conjuntura que provocam essas crises de abastecimento, essenciais à compreensão dos movimentos sociais. Ao correlacionar a tomada da Bastilha, em meados de julho de 1789, com o "máximo" dos preços do pão, Labrousse julga encontrar para a trama dos eventos um fator decisivo de explicação. Seu modelo pareceu tão eficiente que exerceu um verdadeiro fascínio em mais de duas gerações de estudantes, sobre os quais Labrousse exerceu uma magistratura ainda mais forte por ver-se instalado neste alto lugar da legitimidade que era a Sorbonne. A essa cátedra do Institut d'Histoire Économique da Sorbonne, por ele ocupada durante um quarto de século, entre 1945 e 1967, cumpre acrescentar as suas funções de diretor de estudos na 6ª seção da EPHE e seu papel eminente nas comissões de recrutamento do CNRS.

No começo da década de 1970, Pierre Chaunu considera que "toda a escola histórica francesa é labroussiana... O pensamento de Labrousse é de tal maneira incorporado a nossa prática da história, tratamento do material e conceitualização do discurso, que acontece de nos esquecermos da sua origem: ela se tornou indiscernível, tamanho foi o seu triunfo" (Chaunu, 1974:21-22). O modelo labroussiano consiste em assinalar os fenômenos repetitivos, para neles discernir causalidades subjacentes: "o repetido tem aqui maior valor humano do que o acidental. Em história econômica, ao contrário do que observamos em outras partes da história, tudo o que é importante é repetido" (Labrousse, 1944:171-172).

A partir de 1955, por ocasião do Congresso Internacional de Ciências Históricas, reunido em Roma, Labrousse, sem deixar de lado a dimensão econômica, que continua sendo a base fundamental do seu modelo, reorienta o campo de investigação que se oferece a ele e a seus discípulos para a história social, aderindo assim de modo ainda mais acentuado às orientações iniciais da escola dos *Annales*. Lembramo-nos, com efeito, do quanto os dois diretores da revista haviam insistido nessa famosa dimensão social para definirem a sua ambição. Nesse congresso, Labrousse dedica, com efeito, a sua comunicação ao tema das *Voies nouvelles vers une histoire de la bourgeoisie occidentale au XVIIIe et XIXe siècles (1700-1850)*. O vasto canteiro de pesquisas coletivas aberto por esse programa de enumeração, classificação e hierarquização das categorias sociais tem seu prolongamento por ocasião dos três colóquios organizados na École Normale Supérieure de Saint-Cloud, ao longo da década de 1960. O mais importante desses encontros é, aliás, consagrado à história social, às suas fontes e aos seus métodos. A introdução feita por Labrousse a esse colóquio de 1965 é especialmente representativa de sua concepção de uma história global e profundamente hierarquizada entre um nível econômico, que permite uma animação da história, e o plano das mentalidades, que condensa as resistências à mudança, com, entre eles, a dimensão central e tensa do social: "Saint-Cloud afirma, sem nenhuma hesitação, a centralidade do social... O único casamento que se busca contrair em Saint-Cloud é com a sociologia" (Caron, 1993:17).

O debate Labrousse versus Mousnier

Esse Colóquio de Saint-Cloud de 1965 é ocasião de uma clássica contenda entre as duas modalidades da história social: a da abordagem econômica e marxista defendida por Labrousse, Albert Soboul e Adeline Daumard e a da abordagem institucional defendida por Roland Mousnier. Especialista em século XVII, Mousnier é autor de uma tese defendida em 1945 que se impõe como referência: *La vénalité des offices sous Henri IV et Louis XIII*, elaborada com base na consulta do riquíssimo Fundo Séguier. À análise em termos de classes sociais que privilegia a instância econômica, Roland Mousnier opõe o fato de a hierarquia social, no século XVII, não poder ser deduzida nem de sua ancoragem profissional, nem do estado das riquezas, estando baseada fundamentalmente na estima social ligada a tal ou tal função. Deduz daí que o século XVII se baseia ainda num sistema de ordens, e não de classes. Mesmo preconizando uma história social, Mousnier privilegia então, na contracorrente da dominante economicista, a dimensão política e das representações. Os critérios de análise por ele propostos para compreender a sociedade do século XVII baseiam-se no lugar conferido à honra, à dignidade, à estima social. Ora, mais do que os negócios, a prática das armas e o serviço prestado aos príncipes são, segundo Mousnier, fatores de classificação mais pertinentes do que o lugar no modo de produção, inclusive no plano social e não somente jurídico. No colóquio de 1965, Labrousse e Mousnier dialogam sem que suas posições respectivas possam encontrar um meio de articulação, tão incomensuráveis são eles, tanto mais que ao debate metodológico se soma a dimensão altamente ideológica do confronto: "*Labrousse*: a classificação das ordens é uma classificação jurídica. *Mousnier*: não! De jeito nenhum! Nos séculos XVI e XVII, a classificação por ordens é uma realidade social, de que uma pequena parte é traduzida juridicamente" (Saint-Cloud, 1967:30). A sociedade de ordens, segundo Mousnier, está ligada sobretudo a uma questão de comportamento social entre grupos sociais e entre indivíduos que fazem parte desses grupos sociais. Distingue três principais gêneros de estratificação, cada um deles baseado num valor fundador: a sociedade de ordens baseia-se na honra, ao passo que a sociedade de castas se esteia no grau de pureza religiosa, e a sociedade de classes se funde nas relações de produção (Mousnier, 1969). Essa abordagem tende a retirar do conceito de classe o seu caráter universalizante: "ele corresponde apenas a certos tipos de hierarquia social que puderam estender-se e prolongar-se" (Mousnier, 1970:459). Essa visão da sociedade induz em Mousnier um olhar completamente oposto ao da corrente marxista quanto à leitura dos movimentos populares que marcaram o século XVII. O historiador soviético Boris Porchnev (1967:39), que trabalha com o mesmo Fundo Séguier, empenha-se em analisá-los como signos precursores da Revolução Francesa: "queremos opor um ponto de vista radicalmente diferente, centrado na questão da evolução do capitalismo dentro da França feudal e absolutista". Mousnier (1967:344), ao contrário, só vê neles furores em contraponto a movimentos retrógrados, puras expressões arcaicas, predadoras e conservadoras: "os sediciosos não atacavam a estratificação social... Não há, em suma, luta de um grupo social contra outro".

Se em 1965 as posições muito conservadoras de Mousnier dão-lhe um estatuto marginal, ele com isso evitou o naufrágio da história institucional, como observa Hervé Coutau-Bégarie (1983), impulsionando numerosos estudos sobre o funcionamento do conselho do rei, sobre a chancelaria real, sobre as guerras de religião. Presidindo o Comité Français des Sciences Historiques entre 1970 e 1975, dirigiu numerosas pesquisas sobre a estratificação social em Paris, cujos primeiros resultados apresentou em 1976 (Mousnier, 1976), e formou toda uma geração de discípulos, entre os quais Jean Jacquart, Guy Fourquin, Arlette Jouanna, André Corvisier etc.

> Os caminhos da pesquisa permanecem, assim, abertos em todas as direções. A verdade é que uma nova história social está começando, em ligação com uma história econômica renovada e uma sociologia em pleno desabrochar. E que o objeto dessa história, para além do estudo dos grupos sociais e de suas relações, é o estudo das relações entre o econômico, o social e o mental. Quem sabe descobriremos aí, entre muitas outras coisas, uma nova forma da luta entre o movimento e a resistência. O movimento é por excelência — mas nem sempre — o econômico. Ora, o social retarda-se em relação ao econômico, quando o impulso vem deste último. Inversamente, o social retarda o econômico, quando tem ele mesmo a iniciativa. Ou seja, a estrutura social é uma resistência. Mas, em relação ao social, o econômico por sua vez se retarda. E a freagem do mental é a mais forte de todas. A mentalidade de um meio muda mais lentamente do que o próprio meio. É por isso mesmo, aliás, que só podemos felicitar-

nos, como historiadores, ao vermos os nossos vizinhos sociólogos, muito numerosos hoje, colocarem o problema da resistência às mudanças. Ainda mais do que a estrutura social, resiste a estrutura mental dos diversos grupos sociais considerados em sua massa. Querem ouvir a minha confissão, já apresentada publicamente, faço questão de preveni-los, diante de outros auditórios? Pois bem, é que fizemos até agora a história dos movimentos e não fizemos o bastante a história das resistências. A aceleração da história não deve fazer com que subestimemos demais a lentidão da história. Ela bloqueia ou suspende as tomadas de consciência. Ela é a oportunidade prodigalizada às contrarrevoluções.

Finalmente, para nós — e é isto que importa — um estudo concreto de mentalidade coletiva só pode ser um estudo de mentalidade social. Estudo de mentalidade: ou seja, nesse caso, *grosso modo*, estudos dos juízos, dos sentimentos, das atitudes. Juízos mais ou menos diferenciados segundo os grupos. E segundo os problemas: podendo a diferenciação aparecer com maior ou menor força, conforme a natureza dos fatos considerados, ou antes conforme sua dominante — econômica, nacional, religiosa. Mas o resgate da mentalidade global continua sendo a nossa meta —, à qual não temos certeza de chegar. Veremos em que medida, através da história, o vínculo aparece com o grupo ou com a classe. O concreto coletivo, em graus diversos, é um concreto social. E reencontramos aqui o social no centro, com todo o seu peso (Labrousse, 1967:4-5).

Uma geração labroussiana

Labrousse, por seu lado, vê chegar a ele toda uma geração, que imediatamente recruta para fazer monografias que devem atestar a validade do seu modelo. Contando com uma tese de valor nacional, Labrousse faz com que ela seja testada pelos discípulos, que recebem, cada um, um departamento, uma capital de que devem assenhorear-se. A conjuntura marcada pela preocupação com a regionalização, bem como a nomeação dos jovens agregados nas grandes cidades do interior facilitam essa evolução historiográfica, que vê florescerem as famosas grandes teses regionais, a partir das quais a nova geração de historiadores vai começar a sua brilhante carreira.

Algumas grandes teses regionais entre 1960 e o fim da década de 1970:

❑ Pierre Goubert, *Beauvais e le Beauvaisis de 1600 à 1730* (Paris: Sevpen, 1960), reeditado com o título *Cent mille provinciaux au XVIIᵉ siècle* (Paris: Flammarion).

❑ René Baehrel, *Une croissance: la Basse-Provence rurale* (Paris: Sevpen, 1961).

❑ Georges Dupeux, *Aspects de l'histoire sociale et politique du Loir-et-Cher* (Paris: Mouton, 1962).

216   As correntes históricas na França

- Pierre Vilar, *La Catalogne dans l'Espagne moderne, recherches sur les fondements économiques des structures nationales* (Paris: Sevpen, 1962).

- Emmanuel Le Roy Ladurie, *Les paysans de Languedoc* (Paris: Sevpen, 1966).

- Pierre Deyon, *Amiens, capitale provinciale, étude sur la société urbaine au XVIIe siècle* (Paris: Mouton, 1967).

- Maurice Agulhon, *Pénitents et franc-maçons de l'ancienne Provence* (Paris: Fayard, 1968).

- Adeline Daumard, *La bourgeoisie parisienne de 1815 à 1848* (Paris: Mouton, 1969).

- Maurice Garden, *Lyon et les lyonnais au XVIIIe siècle* (Paris: Les Belles Lettres, 1970).

- Maurice Agulhon, *La République au village* (Paris: Plon, 1970).

- Paul Bois, *Paysans de l'Ouest, des structures économiques et sociales aux options politiques depuis l'époque révolutionnaire* (Paris: Mouton, 1970).

- Georges Duby, *La société aux XIe et XIIe siècles dans la région mâconnaise* (Paris: Sevpen, 1971).

- François Lebrun, *Les hommes et la mort en Anjou aux XVIIe et XVIIIe siècles. Essai de démographie et de psychologie historiques* (Paris: Mouton, 1971).

- Robert Fossier, *Histoire de la Picardie* (Toulouse: Privat, 1974).

- Alain Corbin, *Archaïsme et modernité en Limousin au XIXe siècle, 1845-1880* (Paris: M. Rivière, 1975).

- Jean-Claude Perrot, *Genèse d'une ville moderne. Caen au XVIIIe siècle* (Paris: EHESS, 1975).

- Yves Castan, *Honnêteté et relations sociales en Languedoc* (Paris: Plon, 1975).

- Philippe Joutard, *La Légende des Camisards, une sensibilité au passé* (Paris: Gallimard, 1977).

- Miche Vovelle, *Piété baroque et déchristianisation en Provence au XVIIIe siècle* (Paris: Seuil, 1978).

- Pierre Chaunu, *La mort à Paris, XVIe, XVIIe, XVIIIe siècle* (Paris: Fayard, 1978).

- Jacques Dupâquier, *La population rurale du Bassin parisien à l'époque de Louis XIV* (Paris: EHESS, 1979).

Além das pesquisas de dimensão regional, a inspiração labroussiana alimentou numerosos estudos de ordem conjuntural sobre a economia, resultantes do cruzamento dos ciclos de curta duração, os ciclos *A* e *B* de Simiand, e os ciclos de longa duração de Kondratieff. Essa história dos preços produziu trabalhos pioneiros sobre a história dos bancos, como os de Bertrand Gille (1959) e Jean Bouvier (1961). Do mesmo modo, os processos de industrialização estão no centro das preocupações dos historiadores, ao redor das noções de crescimento e surgimento de crises modernas, como é o caso da tese de Pierre Léon (1954) sobre o Dauphiné.

No entanto, como ressaltarão mais tarde Bernard Lepetit e Jean-Yves Grenier, o procedimento metodológico inicial de Labrousse transforma-se com o *labroussismo*, que tende a considerar as categorias de análise usadas para ler o real como o próprio real, numa inflexão que tende a reificar as ferramentas conceituais. Esse deslocamento torna dificilmente pensável a mudança, pois topa com uma aporia que consiste em tentar "conciliar o temporal e o atemporal, sustentando que uma economia tem a conjuntura de sua estrutura" (Grenier e Lepetit, 1989:1.352). Identificando-se o procedimento experimental com o real, ele só pode se manifestar sob forma de monografias que atestem a adequação postulada. Por outro lado, a construção do fato histórico, tal como a concebe Labrousse, decide sobre a hierarquia causal. Articula-se a ordem das dependências sobre o fato histórico primário, que constitui a evolução econômica. Os outros níveis vêm simplesmente enxertar-se no nível principal, com suas morosidades próprias: "o historiador distingue as diferentes velocidades de propagação dos fenômenos. Adiantado, o mais das vezes, sem dúvida, o fenômeno econômico; em atraso, já, a mudança social; e o mental ganha a corrida de lentidão" (Labrousse, 1980:123).

Conscientes dos limites do modelo, certos autores de teses labroussianas afastam-se aos poucos de suas pesquisas iniciais e da localidade a elas atribuída, que nem sempre corresponde ao desejo do jovem pesquisador, como revela Alain Corbin, que deve partir para as terras do Limousin: "Ernest Labrousse havia de fato distribuído as regiões, como teria feito um ministro do Interior. Nessa divisão, recebi como feudo o Limousin. Tratava-se, é claro, de aplicar o esquema 'labroussiano', de estudar as estruturas sociais e depois o movimento dos preços, da renda, do lucro e dos salários para daí deduzir os comportamentos políticos e as atitudes mentais das populações. Infelizmente, os habitantes do Limousin do século XIX quase não contavam. A mentalidade estatística não caracterizava a região" (Corbin, 1995:41). O modelo convém mais a outros espaços, como o Loir-et-Cher trabalhado por Georges Dupeux (1962:12), que pretende, graças aos métodos estatísticos e à articulação dos três níveis, econômico, social e político, oferecer uma história total desse departamento: "a exploração dos dados quantitativos permite alcançar um conhecimento numerado, afastar as impressões errôneas de fatos isolados, a generalização apressada a partir de casos considerados típicos". Como a maioria delas, essa tese labroussiana tem como objetivo testar o modelo do mestre em matéria de caracterização do que é uma crise na transição entre o mundo moderno e o mundo contemporâneo e, portanto, situar com precisão a ruptura que se opera entre o desencadeamento das crises de subconsumo, de tipo frumentário, e o de crises de superprodução, de tipo industrial. Assim, Georges Dupeux mostra como a região por ele estudada, o Loir-et-Cher, é afetada por crises de tipo misto até 1866, ao longo das quais a arremetida inflacionária sobre os preços agrícolas se conjuga com períodos de depressão da atividade industrial.

Pierre Goubert (1996:134-135), o autor da famosa tese sobre a região de Beauvais no século XVII, defendida em 1958 sob a orientação de Labrousse, retrata o seu mestre com uma admiração apaixonada:

> Ele apareceu como um deslumbramento, numa das salas mais tristes da triste Sorbonne... Eu escapava de Beauvais um dia útil para ir escutá-lo: economia, estatísticas, preços e rendas, ciclos, interciclos, movimentos de longa duração (Braudel não inventou tudo), tudo isso baseado em homens de carne — gente que vive de renda, lavradores, jornaleiros, vinhateiros sobretudo — num século XVIII rejuvenescido e como que repensado. Mais cativante ainda, se é possível, eram a frase e a fala: uma espécie de eloquência controlada, contida, porém quase calorosa.

É ainda Labrousse que propõe o tema de tese a Maurice Agulhon, acerca da geografia e da sociologia eleitorais, para estudar as origens da tradição republicana. O mesmo acontece com Michelle Perrot, que lhe propõe em 1949 um tema sobre o feminismo, que ele recusa sorrindo, para dirigi-la para as coalizões operárias na primeira metade do século XIX, que ela transformará em tese (Perrot, 1974). Michel Vovelle (1986:16) também reivindica mais a paternidade de Labrousse do que a de Braudel: "as pessoas da minha geração estavam divididas, mais do que parece, em dois grupos: os labroussianos e os braudelianos. Fui aluno de E. Labrousse porque os que tinham 20 anos na década de 1950 (eu sou de 1933 e recebi a *agrégation* em 1956) e desejavam tomar o caminho de uma história marxista ou, mais amplamente, de uma história social eram atraídos por essa abordagem labroussiana de uma história quantitativa e, ao mesmo tempo, de uma história social precisa e de apresentação científica".

Nessa geração de historiadores labroussianos, entusiasmada com o rigor quantitativo, é que encontramos, em especial depois do Colóquio de Saint-Cloud, de 1965, os que vão animar a virada para uma história mais cultural, mais antropológica, num clima em que triunfa o estruturalismo. Conservando o espaço de investigação, tais pesquisadores reorientam, então, suas interrogações, insatisfeitos com os procedimentos de classificação e hierarquização das sociografias regionais em curso. Maurice Agulhon conserva o seu jardim na região do Var, mas se debruça sobre a noção inovadora de sociabilidade e, em vez de redigir, como seu mestre esperava, uma monografia departamental, escreve *Pénitents et franc-maçons de l'ancienne Provence*. A evolução de Michel Vovelle é muito parecida. Restrito ao seu canteiro de obras provençal, ele se empenha em utilizar de outra maneira o seu material estatístico tirado dos arquivos notariais e publica *Piété baroque et déchristianisation en Provence au XVIIIe siècle*. Quanto a Michelle Perrot, longe de uma história trabalhista ligada ao culto dos seus heróis, ela amplia o estudo da gênese das greves operárias, numa autêntica antropologia social, dando ênfase ao caráter singular, espontâneo dessas greves, que se apresentam como um momento festivo que rompe com o universo rotineiro do trabalho nas fábricas.

Esse itinerário que leva, para usar a expressão de Vovelle, "do porão ao sótão", do estudo das estruturas econômicas e sociais à história das mentalidades, foi o de toda uma geração. É, aliás, impressionante constatar que no centro mesmo do império braudeliano, no mesmo momento, isto é, já no começo da década de 1960, há uma evolução parecida, apesar das reticências de Braudel ante a história das mentalidades. Enquanto na década de 1950 o ensino da 6ª seção era amplamente dominado pela economia, com os cursos de Fernand Braudel, Ernest Labrousse, Pierre Vilar, Ruggiero Romano, Jean Meuvret e Maurice Lombard, é perceptível uma inflexão no começo da década de 1960, com as nomeações de Robert Mandrou, André Aymard, Jean-Pierre Vernant, Alphonse Dupront, Jacques Le Goff, Jean Delumeau e Alberto Tenenti.

É impressionante a proximidade das orientações entre Labrousse e Braudel, para além de uma orquestração das pesquisas que se situa em dois lugares diferentes e às vezes concorrentes. Essa vontade comum de construir uma história social fortemente ancorada em seu substrato econômico desemboca num programa braudel-labroussiano, no que logo se torna um monumento da historiografia francesa da época, o símbolo mesmo dessa história social à francesa: a publicação da *Histoire économique et sociale de la France*, editada pelas PUF entre 1976 e 1982, sob a dupla direção de Braudel e de Labrousse, e que elenca todos os avanços historiográficos da década de 1960 no plano da história da economia e da sociedade francesas.

A longa duração e a pluralização do tempo

A concorrência que os historiadores sofrem da sociologia no fim da década de 1950 e na primeira metade da década de 1960 torna-se mais dura quando Lévi-Strauss, representante eminente da antropologia francesa, acaba de fazer a demonstração da força de um programa estruturalista que pretende efetuar a federação de todas as ciências humanas numa semiologia generalizada, nova ciência da comunicação humana. Em 1949, Lévi-Strauss (1949:3-4) retoma o debate entre história e sociologia no ponto em que o havia deixado François Simiand em 1903 e acrescenta: "que aconteceu desde então? Forçoso é constatar que a história se limitou ao programa modesto e lúcido que lhe era proposto e que ela prosperou neste caminho... Quanto à sociologia, o caso é diferente: não se pode dizer que ela não se desenvolveu". Segundo Lévi-Strauss, o historiador encarna um nível essencial do real, mas seu plano unicamente empírico de observação o condena a não poder criar modelos. Não pode, pois, ter acesso às estruturas profundas da sociedade, que invalidam, aliás, a dimensão diacrônica da história. O historiador está condenado, portanto, a viver na opacidade de um descritivo informe, no caos da contingência, a menos que se arme da grade de leitura do etnólogo, pois os fenômenos conscientes se interpõem como obstáculos entre o obervador e o seu objeto, ao passo que a antropologia tem por horizonte escrutar o nível inconsciente das práticas sociais.

O desafio estruturalista

A história e a etnologia estão, sem dúvida, duplamente próximas pela posição institucional e pelos métodos, e Lévi-Strauss julga que elas têm o mesmo objeto, este *outro* separado do mesmo pelas distâncias espaciais ou pela espessura temporal do passado. A distinção entre essas duas disciplinas, segundo Lévi-Strauss, situar-se-ia, portanto, entre a ciência empírica que é a história, por um lado, e a ciência conceitual que é a etnologia, por outro. Ora, só esta última pode ter acesso aos estratos inconscientes da sociedade humana. A antropologia estrutural, tal como Lévi-Strauss a concebe, é a única, portanto, que pode aventurar-se nas esferas do universo psíquico, definindo como objetivo ter acesso aos espaços mentais. Podemos avaliar a amplitude do desafio representado por tal programa para o historiador, sobretudo quando expresso pelo autor do que se tornou em meados da década de 1950 um *best-seller: Tristes trópicos* (Dosse, 1991).

Pouco depois, no âmbito de uma polêmica com Jean-Paul Sartre que é uma resposta à sua *Crítica da razão dialética*, Lévi-Strauss se torna ainda mais severo em relação à história, que ele apresenta como a expressão de um mito em *O pensamento selvagem*, em 1962. O fascínio que a história exerce sobre os filósofos é denunciado como uma tentativa de resgatar um contínuo temporal ilusório. Partidária, a história só pode ser parcial e renunciar a toda globalidade significante. A sua "pretensa continuidade histórica só se garante por meio de traçados fraudulentos" (Lévi-Strauss, 1962:345).

> Além disso, que faz o historiador quando estuda os seus documentos, senão cercar-se do testemunho de etnógrafos amadores, não raro tão distantes da cultura que descrevem quanto o pesquisador moderno dos polinésios ou dos pigmeus? Estaria menos avançado o historiador da Europa antiga se Heródoto, Diodoro, Plutarco, Saxo Gramático e Nestor tivessem sido etnógrafos profissionais, informados dos problemas, tarimbados ante as dificuldades da pesquisa, treinados na observação objetiva? Longe de desconfiar dos etnógrafos, o historiador interessado no futuro da sua ciência deveria, ao contrário, ansiar por eles.
>
> Mas é ilusório o paralelismo metodológico que se pretende traçar entre etnografia e história, para contrapô-las. O etnógrafo é alguém que recolhe os fatos e os apresenta (se for um bom etnógrafo) de acordo com exigências que são as mesmas do historiador. É papel do historiador valer-se desses trabalhos, quando observações que se escalonam por um período de tempo suficiente lho permitem; é papel do etnólogo, quando observações do mesmo tipo, referentes a um número suficiente de regiões diferentes lhe proporcionam tal possibilidade. Em todos os casos, o etnógrafo estabelece documentos que podem servir ao historiador. E se já existirem documentos, e o etnógrafo optar por integrar a substância deles ao seu estudo, acaso não deve o historiador invejar-lhe — com a condição, naturalmente, de que o etnógrafo tenha um bom método histórico — o privilégio de fazer a história de uma sociedade de que tem uma experiência vivida?
>
> É, portanto, às relações entre a história e a etnologia no sentido estrito que se reduz o debate. Propomo-nos mostrar que a diferença fundamental entre as duas não é nem de objeto, nem de meta, nem de método; mas que, tendo o mesmo objeto, que é a vida social; a mesma meta, que é um melhor entendimento do homem; e um método que varia apenas a dosagem dos procedimentos de pesquisa, elas se distinguem sobretudo pela escolha de perspectivas complementares: a história organiza os seus dados em relação às expressões conscientes, e a etnologia, em relação às condições inconscientes.
>
> Assim, a etnologia não pode permanecer indiferente aos processos históricos e às expressões mais altamente conscientes dos fenômenos sociais. Mas, se lhes presta a mesma atenção apaixonada que o historiador, é para conseguir, por uma espécie de marcha a ré, eliminar

tudo o que devem ao acontecimento e à reflexão. Sua meta é conseguir, para além da imagem consciente e sempre diferente que os homens formam de seu devir, um inventário de possibilidades inconscientes, que não existem em número ilimitado; e cujo repertório e as relações de compatibilidade ou de incompatibilidade que cada um mantém com todas as outras fornecem uma arquitetura lógica para desenvolvimentos históricos que podem ser imprevisíveis, sem nunca serem arbitrários. Nesse sentido, a célebre fórmula de Marx: "os homens fazem a sua própria história, mas não sabem que a fazem" justifica, em seu primeiro termo, a história, e no segundo, a etnologia. Ao mesmo tempo, ela mostra que os dois processos são indissociáveis.

Pois se o etnólogo dedica a sua análise principalmente aos elementos inconscientes da vida social, seria absurdo supor que o historiador os ignora. Sem dúvida, este pretende, antes de tudo, dar conta dos fenômenos sociais em função dos acontecimentos nos quais eles se encarnam, e da maneira como os indivíduos os pensaram e viveram. Mas, em sua marcha progressiva para alcançar e explicar o que pareceu aos homens como a consequência de suas representações ou de seus atos (ou das representações e dos atos de alguns deles), o historiador sabe muito bem, e cada vez mais, que deve recorrer a todo o conjunto das elaborações inconscientes (Lévi-Strauss, [1949] 1958:9-39).

A defesa da identidade historiadora

Braudel, que compreendeu bem o vigor e o perigo do desafio, contrapõe a herança de Marc Bloch e de Lucien Febvre a Claude Lévi-Strauss, mas inova ao inflectir as primeiras orientações, para deter a ofensiva estruturalista. A história da escola dos *Annales* encontrou em Braudel aquele que revitalizava a mesma estratégia, fazendo da história a ciência aglutinadora das ciências humanas, adotando o programa delas. "Fernand Braudel teve de aprofundar a sua reflexão sobre a relação da história com as ciências sociais" (Hexter, 1972:499). Fernand Braudel reconhece, aliás, a herança direta das ciências humanas em sua maneira de escrever a história. Retoma, de fato, as metodologias delas para melhor absorvê-las. Há, em primeiro lugar, a influência da escola geográfica francesa: Demangeon, de Martonne. Braudel (1977) tira do ensinamento deles a intenção de desacelerar ao máximo o ritmo da história. Da revolução das ciências sociais, retém Braudel sobretudo a necessidade de abrir as fronteiras entre as disciplinas, de derrubar as muralhas que cada uma delas edificou. É partidário da livre troca das ideias e de pessoal entre as diversas ciências humanas. A história só pode sair fortalecida desses confrontos, não duvidando Braudel de sua capacidade de assimilar e reduzir segundo um esquema que se tornou ritual.

Em sua aula inaugural no Collège de France, onde entrou em 1950, menciona estes concorrentes: "vimos nascer, renascer e se desenvolver, de 50 anos para cá, uma série de ciências humanas imperialistas" (Braudel, 1969:31). Convoca a história, no prefácio à sua tese intitulada *O Mediterrâneo*, a se manter em contato com as "ciências do homem, tão jovens, mas tão imperialistas" (ibid., p. 13). Foi dado o tom, que é o da defesa da identidade do historiador da parte de alguém que está convencido de ter a seu favor o tempo, ao defender uma disciplina tão arraigada como a história e a continuidade de uma escola que não cessa de se afirmar como dominante ante os nascimentos e renascimentos efêmeros, ante essas jovens plantas que são as outras ciências humanas; a vigilância, porém, é necessária ante as pretensões dessas disciplinas. Há, portanto, na estratégia braudeliana uma dupla linguagem, para amansar essas jovens ambições. Por um lado, ele afirma a unidade dessas ciências do homem, que em nada se diferenciariam da história: "sociologia e história são uma única e mesma aventura do espírito, não o verso e o reverso de um mesmo tecido, mas este tecido mesmo, em toda a espessura dos seus fios" (Braudel, 1969:105).

No entanto, tão logo o parceiro se rebela, deseja escapar ao domínio dos *Annales* e reivindicar em voz alta a sua independência, Fernand Braudel se apresenta para duelar com ele. É o caso dessa sociologia, rebelde à anexação. Ele denuncia as suas fraquezas teóricas: "ela tem dificuldades para definir o seu objeto. Que é a sociedade?" (Braudel, 1979, v. 2, p. 408); "o tempo dos sociólogos não pode ser o nosso; impede-o a estrutura profunda do nosso ofício" (Braudel, 1969:77). Quanto ao conceito de sociedade global de Georges Gurvitch: "ele se apresenta como uma espécie de envoltório geral do social, tão delgado quanto uma campânula de vidro transparente e frágil" (Braudel, 1979, v. 2, p. 408). O tom polêmico torna-se acerbo para conter os progressos da sociologia. Georges Gurvitch (1955), porém, pretendia superar a oposição entre estática e dinâmica social, reintroduzindo a dinâmica social compreendida como um processo constante de desestruturação e reestruturação: "a duração de uma estrutura social, portanto, não está nunca em repouso, mas é um combate, uma procissão que segue por vias tortuosas, abertas pela multiplicidade dos tempos sociais". A abordagem sociológica que reintroduz o movimento era ainda mais perigosa para a história: os territórios do historiador e do sociólogo são decididamente próximos demais para evitar relações conflituosas, e Braudel se exaspera com a sua vitalidade independente da dos *Annales*.

A resposta de Braudel a Lévi-Strauss

A resposta precisa ao desafio lançado à história por Claude Lévi-Strauss (1958) em seu artigo "Histoire et ethnologie" é dada por Fernand Braudel (1958) num outro artigo-manifesto que é publicado nos *Annales*, no mesmo ano da publicação da *Antropologia estrutural*. Durante esse ano de 1958, Braudel afirma ter tido longas discussões com Lévi-Strauss, pelo qual tem grande admiração e algum ciúme. Enquanto só mostra desprezo pela sociologia, evita entrar em polêmica frontal com Lévi-Strauss, que não ataca em nenhum momento, apesar de uma situação de concorrência teórica ainda mais áspera. Ao contrário do tratamento reservado a Georges Gurvitch, menciona a "proeza" de Lévi-Strauss de ter conseguido decifrar a linguagem subjacente às estruturas elementares de parentesco, aos mitos, às trocas econômicas (Braudel, 1969:70). O regente de orquestra Braudel, que tem o costume de olhar de cima essas jovens ciências imperialistas, aceita por uma vez abandonar sua cátedra e chega mesmo a evocar o "nosso guia", ao falar do antropólogo, sem com isso demitir-se. É sinal claro de que compreendeu a força e a atração desse discurso antropológico que também se apresenta a ele como totalizante, mas com o apoio de um aparato matemático, com modelos que lhe permitem ter acesso ao inconsciente das práticas sociais e, portanto, adquirir rapidamente, no campo das ciências sociais, uma superioridade redibitória ante a história.

Responde Braudel inovando e apropriando-se das conquistas da antropologia estrutural. Opõe-lhe o trunfo máximo do historiador: a duração, não a do par tradicional acontecimento/datação, mas a da longa duração, que condiciona até as estruturas mais imutáveis exploradas pelo antropólogo: "a proibição do incesto é uma realidade de longa duração" (Braudel, 1969:73). Reconhece a procedência da crítica de François Simiand à singularidade do acontecimento e seu caráter fútil para as ciências sociais. Propõe, portanto, reorganizar todas as ciências sociais ao redor de um programa comum, que teria como referência essencial a noção de longa duração. Ela deve impor-se a todos, e como se trata de duração, de periodização, o historiador permanece rei. Apresenta Braudel essa inflexão como uma revolução copernicana na própria disciplina histórica, o esboço de uma inversão radical de perspectivas, que deve permitir a todas as ciências do homem falarem a mesma linguagem.

> Todo trabalho histórico decompõe o tempo passado, faz escolhas entre as suas realidades cronológicas, segundo preferências e vetos mais ou menos conscientes. A história tradicional, atenta ao tempo breve, ao indivíduo, ao acontecimento, há muito nos habituou à sua narrativa precipitada, dramática, de pouco fôlego.
>
> A nova histórica econômica e social leva ao primeiro plano de sua pesquisa a oscilação cíclica e aposta em sua duração; ela se deixou levar pela miragem, pela realidade também das subidas e descidas cíclicas dos preços. Há, assim, hoje, ao lado da narrativa (do "recitativo"

tradicional), um recitativo da conjuntura, que questiona o passado por fatias grandes: dezenas, vintenas, cinquentenas de anos.

Muito além desse segundo recitativo se situa uma história de fôlego ainda mais amplo, agora de amplidão secular: a história de longa e até de longuíssima duração. A fórmula, boa ou má, tornou-se-me familiar para designar o inverso do que François Simiand, um dos primeiros depois de Paul Lacombe, batizou de história eventual. Pouco importam essas fórmulas; em todo caso, é de uma a outra, de um polo a outro do tempo, do instantâneo à longa duração que se situará a nossa discussão.

Não que estas palavras sejam de uma certeza absoluta. Vejamos a palavra evento. Eu, por minha parte, gostaria de acantoná-la, aprisioná-la na curta duração: o evento é explosivo, "nova ressoante", como se dizia no século XVI. Com sua fumaça abusiva, ele enche a consciência dos contemporâneos, mas dura pouco, mal se vê a sua chama...

À primeira vista, o passado é essa massa de fatos miúdos, uns esplendorosos, outros obscuros e indefinidamente repetidos, aqueles mesmos de que a microssociologia ou a sociometria, atualmente, fazem sua presa cotidiana (há também uma micro-história). Mas essa massa não constitui toda a realidade, toda a espessura da história, na qual pode trabalhar à vontade a reflexão científica. A ciência social tem quase horror do evento. Não sem razão: o tempo curto é a mais caprichosa, a mais enganadora das durações. (...)

Surge um novo modo de narração histórica, digamos, o "recitativo" da conjuntura, do ciclo, ou até do "interciclo", que propõe à nossa escolha uma dezena de anos, um quarto de século e, no limite extremo, o meio século do ciclo clássico de Kondratieff. Por exemplo, não se levando em conta os acidentes breves e superficiais, os preços sobem na Europa, de 1791 a 1817; baixam de 1817 a 1852: esse duplo e lento movimento de subida e de recuo representa um interciclo completo, na época, da Europa e, aproximadamente, do mundo inteiro. Sem dúvida, tais períodos cronológicos não têm um valor absoluto. Por outros barômetros, o do crescimento econômico e da renda ou do produto nacional, François Perroux nos ofereceria outros padrões, talvez mais válidos. Mas pouco importam essas discussões em andamento! O historiador dispõe certamente de um tempo novo, elevado à altura de uma explicação em que a história pode tentar inscrever-se, delimitando-se segundo marcos inéditos, segundo essas curvas e a própria respiração delas. (...)

Para além dos ciclos e dos interciclos, há o que os economistas chamam, nem sempre a estudando, de tendência secular. Ela, porém, ainda só interessa a alguns raros economistas, e suas considerações sobre as crises estruturais, não tendo passado pela prova das verificações históricas, apresentam-se como esboços ou hipóteses, mal sustentadas no passado recente, até 1929, no máximo até a década de 1870. Elas oferecem, no entanto, uma introdução útil à história de longa duração. São uma primeira chave.

A segunda, muito mais útil, é a palavra *estrutura*. Boa ou má, ela domina os problemas de longa duração. Por *estrutura* os observadores do social entendem uma organização, uma coerência, relações bastante fixas entre realidades e massas sociais. Para nós, historiadores, uma estrutura é sem dúvida montagem, arquitetura, porém mais ainda uma realidade que o tempo pouco desgasta e veicula muito longamente. Certas estruturas de vida longa tornam-se elementos estáveis de uma infinidade de gerações: elas lotam a história, atrapalham-na e, portanto, comandam o seu fluxo. Outras passam mais rapidamente. Mas todas são ao mesmo tempo esteios e obstáculos. Obstáculos, elas se assinalam como limites (*envelopes*, no sentido matemático) de que o homem e as suas experiências raramente podem libertar-se. Considerem a dificuldade de quebrar certos quadros geográficos, certas realidades biológicas, certos limites da produtividade ou até certos vínculos espirituais: os quadros mentais também são prisões de longa duração (Braudel, [1958] 1969:40-50).

Segundo Braudel, oferecem-se às ciências sociais duas maneiras de escapar à história que devem ser esconjuradas: por um lado, uma visão infratemporal, que se limita a uma atualidade cortada de toda espessura temporal; este é, segundo ele, o caso da sociologia, cujo processo é limitado demais para inquietar o historiador; em compensação, há a visão supratemporal, que tenta construir uma ciência da comunicação ao redor de estruturas atemporais. Reconhecemos aí a tentativa estruturalista, e esta interpela o historiador, questiona-o. Braudel (1969:114) responde a isso remetendo tal busca à longa duração: "tentei mostrar, não ouso dizer demonstrar, que toda a pesquisa nova de Lévi-Strauss só é coroada de sucesso quando os seus modelos navegam nas águas da longa duração". Ele se reapropria, portanto, do conceito de estrutura, que toma de Lévi-Strauss, mas tem um significado completamente diferente na economia do discurso braudeliano. Ao contrário de Lévi-Strauss, para Braudel a estrutura é arquitetura, montagem, mas apreensível numa realidade concreta, ela é observável. Sua concepção permanece fundamentalmente descritiva, fiel nisto a uma escrita tradicional da história. Ele tem, porém, o mérito de se reapropriar da noção de estrutura e de lhe dar uma dimensão temporal: "tais estruturas históricas podem ser discernidas e, de certo modo, medidas: sua duração é uma medida" (Braudel, 1979, v. 2, p. 410). Assim, em sua tese *O Mediterrâneo*, as estruturas que ele explora são a soma das redes de relações, as vias, os comércios, todas as relações que animam o espaço que ele descreve cientificamente, cujo peso relativo ele pondera. Conclui sua tese com a profissão de fé num estruturalismo histórico específico:

> Eu sou um estruturalista por temperamento, pouco entusiasmado com o evento e só razoavelmente pela conjuntura, esse agrupamento de eventos de mesmo sinal. Mas o estruturalismo de

A HISTÓRIA SOCIAL "À FRANCESA" EM SEU APOGEU

um historiador nada tem a ver com a problemática que atormenta, com o mesmo nome, as outras ciências humanas. Ele não o dirige para a abstração matemática das relações que se exprimem em funções; mas para as fontes mesmas da vida, no que ela tem de mais concreto, de mais cotidiano, de mais indestrutível, de mais anonimamente humano (Braudel, 1966, v. 2, p. 520).

A estrutura braudeliana é aparente, acessível no imediato e tem como característica comandar os outros fatos, o que confere à longa duração um primado em relação aos outros ritmos temporais e, em especial, em relação ao eventual. O procedimento de Braudel pretende-se deliberadamente acolhedor, ele integra todas as posições, para dar lugar a todos no grande laboratório das ciências humanas que superaria todas as clivagens, as fronteiras e efetuaria ao redor dos historiadores, os especialistas da duração, a unificação do campo de pesquisas.

O modelo: estrutura/conjuntura/evento

A resposta de Braudel a Lévi-Strauss e às ciências sociais em geral não se limita a contrapor-lhes a longa duração como estrutura, mas consiste em pluralizar a dimensão temporal. Já realizada em 1949 em sua tese, essa pluralização é teorizada como modelo em 1958. Decompõe-se o tempo em vários ritmos heterogêneos, que rompem a unidade da duração. Qualitativiza-se o tempo para adquirir uma inteligibilidade nova, de vários níveis. A arquitetura braudeliana articula-se ao redor de três temporalidades diferentes, três patamares diferentes: o eventual, o tempo conjuntural, cíclico e, por fim, a longa duração. Podemos, assim, distinguir patamares diferentes do tempo e defasagens entre as diversas temporalidades. Já em sua tese, ele atribui a cada uma das durações um domínio, um domicílio específico. *O Mediterrâneo* decompõe-se, assim, em três partes, três temporalidades, três domínios.

Divide-se este livro em três partes, cada uma sendo em si uma tentativa de explicação.

A primeira trata de uma história quase imóvel, a do homem em suas relações com o meio que o cerca; uma história lenta a passar e a se transformar, feita muitas vezes de retornos insistentes, de ciclos que recomeçam sem cessar. Não quis desdenhar essa história, quase fora do tempo, em contato com as coisas inanimadas, nem me contentar, a seu respeito, com essas tradicionais introduções geográficas à história, inutilmente colocadas à entrada de tantos livros, com suas paisagens minerais, suas lavras e suas flores, mostrados rapidamente e de que logo já não se trata nunca mais, como se as flores não voltassem a cada primavera, como se os rebanhos estacassem em seus deslocamentos, como se as naus não tivessem de vagar num mar real, que muda conforme as estações.

Abaixo dessa história imóvel, uma história de ritmo lento: a história estrutural de Gaston Roupnel, diríamos de bom grado, se a expressão não tivesse perdido o seu sentido pleno, uma história *social*, a história dos grupos e dos agrupamentos. Como essas vagas de fundo erguem toda a vida mediterrânea, eis o que questiono na segunda parte do meu livro, ao estudar sucessivamente as economias e os estados, as sociedades, as civilizações, tentando, enfim, para melhor esclarecer a minha concepção da história, mostrar como todas essas forças profundas estão em ação no terreno complexo da guerra. Pois a guerra, como sabemos, não é um puro terreno de responsabilidades individuais.

Terceira parte, enfim, a da história tradicional, ou seja, a história na dimensão não do homem, mas do indivíduo, a história eventual de François Simiand: uma agitação de superfície, as ondas que as marés provocam em seu potente movimento. Uma história de oscilações breves, rápidas, nervosas. Hipersensível por definição, o menor passo põe em alerta todos os seus instrumentos de medida. Mas tal como é, é a mais apaixonante, a mais rica em humanidade, a mais perigosa também. Desconfiemos dessa história ainda ardente, tal como os contemporâneos a sentiram, descreveram, viveram, ao ritmo de suas vidas, em suma, como a nossa. Tem ela a dimensão de suas cóleras, de seus sonhos e de suas ilusões. (…) Um modo perigoso, dizíamos, mas cujos sortilégios e malefícios teremos conjurado, tendo previamente definido essas grandes correntes subjacentes, não raro silenciosas, e cujo sentido só se revela se abarcarmos longos períodos de tempo. Os acontecimentos retumbantes muitas vezes não passam de instantes, manifestações desses amplos destinos e só se explicam por eles. Assim chegamos a uma decomposição da história em diversos planos. Ou, se quiserem, a distinção, no tempo da história, de um tempo geográfico, de um tempo social e de um tempo individual (Braudel, 1990:13-14).

O Mediterrâneo começa com uma "história quase imóvel" (Braudel, 1966, v. 1, p. 16), a das relações do homem com o seu meio geográfico; é aí que intervém a contribuição particular de Braudel, com a integração do espaço à temporalidade. Depois vem a história lenta, a da economia e da sociedade, e aqui ele retoma por conta própria a história dos ciclos econômicos, a contribuição da nova história econômica e social à maneira de Ernest Labrousse. E, por fim, uma história eventual, à medida do indivíduo, de oscilações breves e dramáticas, da história tradicional. Essa tripartição temporal segundo um campo específico é na verdade arbitrária, pois o político relacionado com o tempo curto pode muito bem encarnar-se numa instituição de longa duração. A geografia, pelo contrário, revela-nos, muitas vezes dramaticamente, que a mudança nem sempre se dá segundo uma escala geológica.

Essa abordagem contribui positivamente para inverter a posição da história historicizante, mas não é tão nova como pretende.

Se Braudel pluraliza a duração, nem por isso deixa de ser partidário de um projeto histórico que tem como ambição resgatar uma dialética dessas temporalidades, referi-las a um tempo único. Acontecimentos, conjunturas, longa duração permanecem solidários. Se a unidade temporal se subdivide em vários níveis, estes últimos permanecem ligados a uma temporalidade global que os reúne num mesmo todo. Ele se distancia, assim, do tempo múltiplo e sem espessura dos sociólogos, mas resta dar um conteúdo ao esquema tripartite braudeliano, substantivar as velocidades de escoamento do tempo. A duração não se apresenta mais, então, como um dado, mas como um construto. A concepção de Fernand Braudel, tripartite, é deliberadamente construída sem referência a uma teoria qualquer e se situa unicamente no plano da observação empírica.

A sucessão das três temporalidades não significa que Braudel conceda a cada uma um peso igual. Incontestavelmente, há uma temporalidade causal, fundadora da evolução dos homens e das coisas, que é a longa duração, e, como esta se refere à natureza, é esta última que desempenha o papel determinante, em última instância. Reencontramos, então, um discurso histórico no limite entre a natureza e a cultura. Se Lévi-Strauss tinha como ambição revelar os mistérios da natureza humana nesse intervalo que permite a ligação entre o biológico e o psicológico, Braudel lhe opõe a irredutibilidade da natureza física, a lentidão da temporalidade geológica.

Índice de *O Mediterrâneo e o mundo mediterrâneo na época de Felipe II* de Fernand Braudel

Tomo 1

Primeira parte: A parte do meio: I — As penínsulas: montanhas, planaltos, planícies. II — No coração do Mediterrâneo: mares e litorais. III — Os confins do grande Mediterrâneo. IV — A unidade física, o clima e a história. V — A unidade humana: estradas e cidades, cidades e estradas.

Segunda parte: Destinos coletivos e movimentos de conjunto. I — As economias: a medida do século. II — As economias: metais preciosos, moedas e preços. III — As economias: comércio e transporte.

Tomo 2

Segunda parte: Destinos coletivos e movimentos de conjunto (continuação) IV — Os impérios. V — As sociedades. VI — As civilizações. VII — As formas da guerra. VIII — À guisa de conclusão: as conjunturas.

Terceira parte: Os acontecimentos, a política e os homens. I — 1550-1559: Retomada e fim de uma guerra mundial. II — Os seis últimos anos da supremacia turca: 1559-1565. III — Nas origens da Santa Liga: 1566-1577. IV — Lepanto. V — As tréguas hispano-turcas: 1578-1584. VI — O Mediterrâneo fora da grande história.

O eventual é remetido à insignificância, mesmo que tal nível represente um terço da sua tese sobre *O Mediterrâneo*. Trata-se apenas de "agitação de ondas", "turbilhões de areia", "fogos de artifício de vaga-lumes fosforescentes", "uma decoração"... Há aí constante um estado de espírito próprio aos *Annales*, contrário à história historicizante, e a antipatia de Braudel contra o acontecimento, qualificada por Jack Hexter como "apaixonada e por vezes insensata" (Hexter, 1972:507). Ele justifica, portanto, a rejeição pelas ciências sociais do evento singular e endossa tanto as críticas de François Simiand em 1903 quanto as de Lévi-Strauss em 1962. Em vez de recolocar o evento na dinâmica das estruturas que o geraram, Braudel prefere remeter o eventual à ordem da superficialidade, da aparência, para conseguir deslocar o olhar do historiador para as evoluções lentas, as permanências. Ao mesmo tempo, é estrategicamente essencial preservar esse nível de eventualidade, para não liquidar a especificidade disciplinar da história entre as ciências sociais. Em relação às outras durações, a longa duração goza de uma situação privilegiada. É ela que determina o ritmo eventual e conjuntural e traça os limites do possível e do impossível, regulando as variáveis aquém de certo patamar. Se o acontecimento pertence à margem, a conjuntura segue um movimento cíclico, pois só as estruturas de longa duração pertencem ao irreversível. Essa temporalidade de longo fôlego oferece a vantagem de poder ser decomposta em séries de fenômenos que se repetem, de permanências que revelam os equilíbrios, uma ordem geral subjacente à desordem aparente do domínio factual. Nessa busca da permanência, confere-se um estatuto particular ao espaço, que parece ser o que melhor se conforma à noção de temporalidade lenta: "ainda mais lenta do que a história das civilizações, quase imóvel, há uma história dos homens em suas relações íntimas com a terra que os carrega e nutre" (Braudel, 1969:24). Nesse contexto, é ínfima a parte de liberdade do homem: ele está inexoravelmente preso às contingências de um meio natural, de gestos regulares que escapam à sua consciência e ao seu controle.

Braudel, como Lévi-Strauss, inverte a concepção linear do tempo que progride para um aperfeiçoamento contínuo; ele o substitui por um tempo quase estacionário, em que passado, presente e futuro não mais diferem e se reproduzem sem descontinuidade. Só a ordem da repetição é possível, ela privilegia as invariantes e torna ilusória a noção de evento: "Na explicação histórica tal como a vejo, é sempre o tempo longo que acaba prevalecendo. Negador de uma multidão de eventos" (Braudel, 1976, v. 2, p. 520).

A defesa de Braudel ao desafio lançado pela antropologia estrutural foi bem-sucedida, na medida em que a história permaneceu como a peça central no campo das ciências sociais, sem dúvida ao preço de uma metamorfose que implicou uma mudança radical. Não tendo conseguido desestabilizar os historiadores como instituição, Lévi-Strauss pode, então, aventurar-se no território deles e apropriar-se de suas velhas roupas usadas e abandonadas: "enquanto a nova história considerou que tínhamos razão em nos interessar por um monte de coisas que eles deviam levar em conta, nós começávamos a nos interessar por áreas que a nova história deixava de lado, como as alianças dinásticas, as relações de parentesco nas grandes famílias, que se tornaram atualmente uma das áreas prediletas dos jovens etnólogos. Há, portanto, uma verdadeira inversão de posições" (Lévi-Strauss apud Dosse, 1987:117). Tendo a história se tornado antropológica, a antropologia tornar-se-á histórica. Fernand Braudel terá, assim, preparado as inflexões do discurso histórico da terceira geração dos *Annales*. Ele é um elo indispensável numa evolução que permitiu abrir muito amplamente o campo visual e de pesquisa do historiador. Mas podemos perguntar-nos se, na verdade, não foi a antropologia que tomou completamente o discurso histórico desde dentro.

Vitalidade da história econômica

Crescimento, crises, rupturas: interpretações em debate

Nesse período das décadas de 1960 e 1970, duas imponentes sínteses atestam a boa saúde da história econômica. Em primeiro lugar, a publicação dirigida por Braudel e Labrousse, que realiza uma síntese da história econômica e social da França de 1450 aos dias de hoje, em quatro volumes (Braudel e Labrousse, 1977-1979): essa suma reúne em especial, ao redor dos dois responsáveis pela concepção do empreendimento, Pierre Chaunu, Richard Gascon, Emmanuel Le Roy Ladurie, Michel Morineau, Pierre Léon, Pierre Goubert, Jean Bouvier, Charles Carrière, Paul Harsin, Maurice Lévy-Leboyer, André Armengaud, André Broder, Jean Bruhat, Adeline Daumard, Robert Laurent, Albert Soboul, Piere Barral, François Caron, René Girault, Christian Gras, Michelle Perrot e Claude Willard. A segunda suma, publicada sob a direção de Pierre Léon, muda de escala para encarar a história econômica e social em escala mundial e é publicada em 1977, em seis volumes, com 3.600 páginas (Léon, 1977).

No que se refere à história moderna, a história econômica inspira-se muito fortemente nas teses de Malthus. O demógrafo terá fornecido os paradigmas essenciais que permitem dar forma à história econômica, e especialmente demográfico-rural, do período que vai de 1340 a 1720. O corte do tempo segue, então, a dupla evolução das flutuações da população e dos recursos. Reduz-se a trama histórica à existência de um ecossistema implacável, cujas duas únicas variáveis infletem o curso e revelam as rupturas. Durante os períodos de crescimento demográfico, como nos séculos XIII ou XVI, os recursos não seguem o mesmo ritmo. Decorre daí um processo de pauperização: a terra vem a faltar,

232   As correntes históricas na França

ela se fragmenta sob o efeito das partilhas, e a trilogia fomes-guerras-epidemias vem atingir uma população que começa, então, uma fase de decrescimento. É o que acontece no século XIV ou no século XVII, momentos em que a demanda baixa, o nível de vida da população melhora e o equilíbrio entre recursos e demografia é, assim, restabelecido por um período de crise. O motor da história torna-se essa mecânica de flutuações multisseculares. As transformações decisivas entre as diversas épocas são mantidas afastadas, em nome de uma semelhança quanto aos números da população. Em *L'Histoire de la France rurale*, Hugues Neveu põe no mesmo plano o início do século XIV e o fim do século XVI, na medida em que a distorção malthusiana caracteriza esses dois momentos: a população aumenta 50%, os preços e a produção também, mas não nas mesmas proporções que a população. As flutuações destas variáveis que descem e sobem se articulam sobre uma realidade imóvel. A dimensão social está ausente dessas curvas multisseculares. Do século XIV ao início do século XVIII, situamo-nos numa "economia fria". Michel Morineau contesta energicamente esse esquema. Recusa a existência de uma revolução agrícola no século XVIII, na realidade baseada na ideia de uma imobilidade do mundo rural antes dessa data: "Não raro nos maravilhamos com o século XVIII porque fazemos abstração do que se passara antes" (Morineau, 1985:356). O ecossistema impõe ao homem seus vínculos inexoráveis. A sociedade é pega nas redes de um ciclo agrário. Tal ciclo impõe não só ao homem o seu próprio ritmo, mas guia a economia, que se vê tributária do eixo central da problemática malthusiana: a evolução demográfica. Constatando que, durante esse longo período, a população francesa não se afastou dos 20 milhões, conclui-se facilmente que quanto mais se mexe, mais permanece igual, nos dois casos: 1320 ou 1680. A história econômica e social torna-se, então, a mera derivada da história demográfica. A história pode ser, assim, mais facilmente quantificada, submetida a uma equação central que relaciona uma produção estagnante e uma população flutuante.

Estende-se o território do historiador estreitamente entre as tesouras que ora se abrem, ora se fecham, segundo unicamente a relação recursos-populações, sobre uma sociedade impotente. Não há mais, então, períodos com leis específicas de funcionamento, sendo toda época medida pelo metro dessas duas únicas variáveis. Assim, no século XVI, "é a restauração do ecossistema medieval" (Le Roy Ladurie, 1978:165). O século XVIII a partir de 1720, os séculos XIX e XX até 1973 são integrados num mesmo quadro, o do crescimento. Em compensação, a crise mundial, a partir de 1973, nos faria remergulhar no ciclo multissecular dos séculos XIV a XVIII. Torna-se a lei malthusiana o alfa e o ômega da análise histórica. O aumento das rendas fundiárias, a baixa dos salários, a subalimentação, tudo se compreende por meio do crescimento demográfico: "a civilização rural, por exemplo, no século XVII, é antes de tudo uma demografia" (Le Roy Ladurie,

1973:147). Em sua tese *Les paysans de Languedoc* (Os camponeses de Languedoc), Emmanuel Le Roy Ladurie parte em busca de Marx e encontra Malthus. Ele se afasta do caminho traçado por Marc Bloch, cuja atenção se concentrara na gênese do capitalismo fundiário nos campos, no modo de divisão das terras, nas estruturas agrárias. Desloca o seu objeto na direção de outras variáveis e constantes. O personagem central da sua tese torna-se um ciclo agrário multissecular, que se estende do século XV ao início do século XVIII. A acumulação do capital que inicialmente ele procurava não comparece ao encontro, pois só as pulsações demográficas têm alguma incidência significativa. Assim, a concentração das terras no século XV não é de modo algum um início de capitalização, o esboço de uma nova sociedade, mas simplesmente o inevitável *remembramento* da terra que acompanha a contração demográfica que vai de 1350 a 1450. À fase de estiagem, em que os homens são raros, segue-se uma fase de crescimento no século XVI, que chega à maturidade no horizonte de 1600, antes de declinar no século XVII, e assim por diante até a ruptura definitiva do século XVIII, que consistiu em estabelecer práticas de regulação dos nascimentos no Ocidente, para reduzir as necessidades de uma sociedade que chega a um teto insuperável, dado o estado das técnicas.

Além de Malthus, o outro grande inspirador dessa história econômica é o economista durkheimiano François Simiand, que dedicou especial atenção à evolução dos preços e discerniu a existência de ciclos de temporalidades diferentes. Seu modelo fascinou os historiadores da época pré-industrial. Até a década de 1960, os historiadores modernistas, com Labrousse à frente, empenham-se em articular os ciclos curtos, tributários essencialmente das variações da produção cerealista, e os ciclos longos, que podem estender-se por um século inteiro, como o grande século XVI de crescimento econômico.

Um dos debates principais dos historiadores da economia francesa cristaliza-se na questão do crescimento e de suas modalidades. A renovação de perspectivas vem, neste plano, do mundo anglo-saxão. Vários historiadores britânicos e americanos ressaltam o lugar das indústrias rurais e domésticas no estabelecimento de uma produção manufatureira moderna na Europa já no século XVIII. Eric J. Hobsbawm frisa a complexidade com a qual se constitui a mão de obra propriamente industrial e alerta em 1965 contra as abordagens demasiado simplificadoras (Hobsbawm, 1968). Por seu lado, o historiador americano F. Franklin Mendels propõe o termo "protoindustrialização" para designar essa primeira fase da modernização industrial, pela qual as indústrias rurais são vistas como uma etapa prévia à Revolução Industrial (Mendels, 1972). Mendels, assim, contribui fortemente para modificar o estatuto da história econômica, que, até então, consistia em aplicar à história os conceitos macroeconômicos da contabilidade nacional keynesiana, julgando segundo os critérios dela o estado retardatário de certos setores. A nova

234   As correntes históricas na França

economia histórica empenha-se, ao contrário, em aplicar às economias do passado a teoria microeconômica e os métodos estatísticos e econométricos: "ocorreram debates sobre essa noção de etapa, e alguns historiadores contestaram o caráter generalizável do conceito, por causa dos limites observados na consideração das atividades urbanas ou nos limites do espaço analisado" (Margairaz, 1992:232). Numerosos estudos históricos interrogam a validade do modelo em quadros regionais ou em certos setores de atividade: Jean-Pierre Hirsch sobre a região de Lille; Yves Lenquin sobre a atividade das manufaturas na região de Lyon; Denis Woronoff sobre a distinção entre trabalhadores "internos" e "externos" na primeira siderurgia francesa (Woronof, 1976); Alain Dewerpe sobre a Itália setentrional (Dewerpe, 1985). Desse debate sobre as etapas da industrialização nasceu outra controvérsia sobre o suposto atraso ou não da economia francesa ao redor da ideia de ruptura, de revolução industrial ou de crescimento sustentado. O economista Rostow propõe a noção de *take off* para contrapor as sociedades tradicionais e as sociedades de consumo de massa. Essa hipótese é amplamente discutida na década de 1960. Pierre Vilar intervém durante a I Conferência Internacional de História Econômica, ocorrida em Estocolmo em 1960, para ressaltar a necessária articulação entre os estudos de caso dos historiadores e as modelizações dos economistas. Com isso, ele recusa o modelo de Rostow por sua assimilação abusiva das sociedades do século XVIII à realidade econômica contemporânea (Vilar, 1962). Alguns estudos de historiadores em escala regional permitem ressaltar a complexidade dos fatores do crescimento. É o caso do estudo de Pierre Léon (1954) sobre o Delfinado, depois vem a hora das primeiras sínteses, como a, coletiva e comparativa, realizada e dirigida por François Crouzet (1966) ou as de François Caron (1976). Resulta desses estudos a ideia de um crescimento progressivo sem *take off* para o período que vai de 1820 a 1880. Esta tese é retomada e qualificada por Jean Bouvier como "revisionista" (Bouvier, 1982). Acerca da época contemporânea do que será chamado de "as trinta gloriosas", é realizado um amplo estudo em 1963 que dá lugar à publicação pela editora Seuil, em 1972, de uma síntese que atesta um forte crescimento. Ela é obra de Jean-Jacques Carré, Paul Dubois e Edmond Malinvaud, *La croissance française. Un essai d'analyse économique causale de l'après-guerre* (O crescimento francês. Um ensaio de análise econômica causal do pós-guerra). Trata-se de compreender os motores dessa forte expansão econômica, e os autores fazem o cursor voltar à data de 1896, para adotar um procedimento historiador que possa dar espessura temporal aos fatores do crescimento.

A atenção dos historiadores volta-se também para o fenômeno das crises econômicas. É, aliás, sobre essa questão que Jean Bouvier oferece uma contribuição em 1974 à trilogia dirigida por Pierre Nora e Jacques Le Goff, *Faire de l'histoire*. Bouvier retoma nessa área os ensinamentos de Labrousse, que consagrou a sua tese ao estudo da crise, transportando o modelo labroussiano sobre o estudo da economia à época contemporânea. Bouvier (1974:30) defende uma concepção da noção de crise aberta aos outros aspectos, não econômicos: "as crises jamais foram simplesmente econômicas" e dedica a sua tese complementar ao craque da Union Générale[5] na segunda metade do século XIX, que lhe serviu de base para um estudo minucioso dos meios financeiros de Lyon. Marcel Gillet (1973), por seu lado, mostra em sua tese que as flutuações da produção carbonífera se devem tanto às vicissitudes da conjuntura econômica quanto aos movimentos sociais. O estudo das crises econômicas também se abre para a dimensão política, como no estudo de Jacques Néré sobre a ligação entre a crise industrial de 1882 e o movimento boulangista. Em compensação, os debates vão opor, na leitura das crises, os que fazem uma distinção radical entre as crises de tipo antigo e as crises contemporâneas, por um lado, e os que ressaltam, ao contrário, as numerosas formas de transição, por outro. Assim, Georges Dupeux (1962), em sua tese sobre o departamento de Loir-et-Cher, insiste na importância dos casos mistos, ligados ao mesmo tempo às crises de antigo regime e da modernidade industrial. Bertrand Gille (1959:373), cujo objeto de estudo se situa na primeira metade do século XIX, considera que as crises frumentícias já não desempenhavam um papel decisivo antes de 1848, e incrimina "o excesso de investimentos" para explicar as causas fundamentais das crises.

Jean Bouvier (1974:131-142) faz o balanço das grandes tendências da história econômica. Nela, deplora uma separação ainda demasiado grande entre os historiadores da economia e os economistas especialistas em história, bem como uma pesquisa ainda artesanal demais, mas constata, por outro lado, a fecundidade dos trabalhos em andamento, tanto no nível regional quanto nacional.

O desafio quantitativo: métodos controversos

Podemos discernir a partir da década de 1960 uma virada nos estudos de história econômica, sob o impulso de um verdadeiro desafio quantitativista. Tal orientação é definida sobretudo pelo responsável pela equipe de pesquisadores em economia histórica do Isea (Institut des Sciences Économiques Appliquées), Jean Marczewski, em sua *Introduction à l'histoire quantitative*, lançada em 1965 pela editora Droz. Essa corrente julga de maneira muito exclusiva que só pode haver história econômica a partir do momento em que se alcança uma expressão quantitativa integral. Além disso, Marczewski critica a

---

[5] Banco católico francês, falido em 1882. (N. do T.)

falta de competência da corporação dos historiadores em matéria de economia. Tais teses alimentam ao mesmo tempo a ilusão cientificista e sua embriaguez estatística, mas provocam também certo número de reações da parte dos historiadores, que as criticam, pois levam a leituras anacrônicas do passado, ao transporem categorias contábeis próprias do mundo contemporâneo. Todavia, muitos discípulos de Labrousse se deixam seduzir pelo rigor dos modelos econômicos. Tanto François Crouzet quanto Maurice Lévy-Leboyer tomam certa distância das teses de Simiand, criticado por ter reduzido a história econômica a uma mera história dos preços. A controvérsia é viva sobre este ponto, e Jean Bouvier permanece como o defensor da herança de François Simiand contra os quantitativistas. Enquanto Maurice Lévy-Leboyer censura Simiand, na *Revue Historique*, em janeiro de 1970, por ter privilegiado demais o papel dos ritmos de flutuações da massa monetária, Bouvier lhe responde com um rude "o falecido François Simiand?" nos *Annales* de setembro de 1973. Ali ele defende o núcleo racional da problemática de Simiand.

O segundo grande desafio cientificista da época tem origem no mundo anglo-saxão, com a *New Economic History*. Essa escola começou os seus trabalhos no fim da década de 1950. Para avaliar a parte de inovação tecnológica no crescimento econômico, essa equipe de pesquisadores se valeu de hipóteses contrafactuais. Robert W. Fogel empenhou-se em estudar o comércio ferroviário americano tal como teria podido ser entre 1859 e 1890, na hipótese de que os Estados Unidos não tivessem conhecido as ferrovias, medindo, assim, quais teriam sido as perdas com mais-valias fundiárias, com a alta nos custos de frete, com a sobrecarga de estocagem, com despesas de seguros etc. Fogel deduz daí que é falsa a tese clássica segundo a qual não poderia ter havido crescimento econômico da economia americana no século XIX sem estradas de ferro. Rejeitando o axioma da "indispensabilidade", avalia a parte das estradas de ferro no PIB dos Estados Unidos em apenas 5%, em 1890. Superando a estrita história econômica, a *New Economic History* investigou, segundo seus métodos, todos os grandes acontecimentos da história americana: a Independência, a Guerra de Secessão, o New Deal. Por outro lado, essa escola tem seu quadro teórico na análise neoclássica, valendo-se essencialmente de modelos econômicos aplicados às sociedades passadas e construindo hipóteses sobre as relações entre causas e efeitos.

Essas teses dão lugar a uma apresentação um tanto positiva ao público francês da parte de Maurice Lévy-Leboyer (1969) e conhecem um amplo sucesso nos Estados Unidos. São, porém, muito controvertidas na França. Marianne e Jacques Debouzy atacam sobretudo o livro de Robert W. Fogel e Stanley Engerman, publicado em 1974, sobre a escravidão nos Estados Unidos, *Time on the cross* (Debouzy, 1975). Eles mostram em que esse projeto visa sobretudo a demonstrar, por trás da quantificação, que a sorte dos escravos na América não foi tão cruel como se pensava e que aquele sistema, pelo contrário, participou ativa-

A HISTÓRIA SOCIAL "À FRANCESA" EM SEU APOGEU

mente da construção de um sistema econômico racional, de sorte que, longe de estagnado, o Sul escravagista no momento da Guerra de Secessão estava na frente, quanto à eficiência econômica, com uma eficácia da atividade agrícola 35% superior à das fazendas do Norte. Quanto à exploração sofrida pelos escravos, ela seria um mito, segundo Fogel e Engerman, que estimam que o escravo recebia 90% da renda que produzia.

> Cumpre, a este respeito, dizer uma palavra acerca da encenação estatística, que revela o quanto a apresentação dos dados está imbuída de ideologia. Assim, os autores propõem que 1,92% de todos os escravos eram vendidos a cada ano. Apresentados sob outra forma, os dados utilizados mostrariam que ao longo de uma vida de 35 anos, o escravo médio tinha 50% de chance de ser vendido pelo menos uma vez e que muito provavelmente assistiria à venda de pelo menos 11 pessoas de sua família imediata. Outro exemplo que diz respeito ao castigo da chibata infligido aos escravos na plantação Barrow. Fogel e Engerman (que afirmam, aliás, que o castigo da chibata era comum entre os trabalhadores livres de muitos países) indicam que os escravos recebiam 0,7 (sic) chicotada por ano. Ora, esse número é falso, porque calculado a partir de um número errado de escravos. Mas, o que é ainda mais importante, esse número não tem nenhum sentido — primeiro por não levar em conta a importância do chicote como instrumento de disciplina social. Depois, a questão está mal colocada. Se se perguntasse quantas vezes os escravos da plantação Barrow viam um dos seus ser chicoteado, a resposta seria: a cada quatro dias e meio. Herbert Gutman mostra bem o alcance de tal manipulação estatística, aplicando o mesmo procedimento no caso do linchamento. Usando o método de Fogel e Engerman, poderíamos dizer que em 1893 havia apenas 0,00002 linchamento por negro e por ano. Essa apresentação mascararia completamente o fato de ter havido 155 linchamentos em 1893 (Debouzy e Debouzy, 1975).

Uma história das relações internacionais em busca de profundezas

O terceiro grande mestre da história do pós-guerra é incontestavelmente Pierre Renouvin. Tanto se louvou a inflexão econômica do discurso histórico, que se formou o hábito de colocar Labrousse e Braudel do lado da modernidade e remeter Renouvin à defesa acadêmica de uma história caduca. Ora, não é nada disso, e Renouvin aparece também como um inovador que possibilita uma transformação radical do que antes da guerra era chamado de "relações internacionais". O seu impacto é tão poderoso quanto a evolução da disciplina, e ele chega a ser, como frisa Gérard Noiriel, um sintoma da tomada de controle por parte dos universitários de um setor que até então era amplamente dominado por amadores, diplomatas aposentados que relatavam sua experiência: "a passagem da

238   As correntes históricas na França

história diplomática para a história das relações internacionais ilustra um processo de profissionalização" (Noiriel, 1998:51). Com efeito, na década de 1930, *La Revue d'Histoire Diplomatique* é patrocinada por um comitê de 32 membros, nenhum dos quais é universitário. Foi Émile Bourgeois que fez essa área entrar na universidade, graças à sua eleição para a Sorbonne depois da publicação, em 1892, de seu *Manuel historique de politique étrangère*. Mas, com Émile Bourgeois, permanece ainda restrito ao plano estritamente diplomático da história-batalhas, puramente factual.

Um renovador da velha história diplomática: Pierre Renouvin

O verdadeiro fundador de uma história renovada das relações internacionais é Pierre Renouvin. Ele segue no começo do século uma dupla formação jurídica e histórica que o leva à obtenção da *agrégation* de história com a idade de 19 anos, em 1912! Convocado pelo Exército francês durante o primeiro conflito mundial, é ferido uma primeira vez em 1916 e perde o polegar da mão direita, e uma segunda vez, mais gravemente, em 1917, durante a ofensiva de Nivelle, quando perde o braço esquerdo. Em 1920, o ministro da Instrução Pública, André Honnorat, funda uma biblioteca de história da guerra, em Vincennes, e procura um jovem *agrégé* de história que tenha combatido sob a bandeira nacional. Dirige-se a Pierre Renouvin, que assume então a função de secretário-geral da Société d'Histoire de la Guerre Mondiale e de redator-chefe da *Revue d'Histoire de la Guerre Mondiale*. Encarregado de cursos na Sorbonne a partir de 1923, é eleito professor em 1931 e ali leciona até a aposentadoria, em 1964.

Seu carisma e sua base institucional são crescentes: eleito para a Académie des Sciences Morales et Politiques em 1946, torna-se deão da Faculdade de Letras em 1955 e preside a Fondation Nationale des Sciences Politiques, de 1959 a 1972. Dispõe de um enorme poder sobre a historiografia francesa, acumulando a direção da seção de história da Sorbonne, a presidência da seção de história do comitê consultivo das universidades, de que dependem as nomeações dos universitários, assim como a presidência da comissão de história do CNRS. A seu lado, tem como assistente a partir de 1945 aquele que se torna também a encarnação dessa renovação da história das relações internacionais, Jean-Baptiste Duroselle, sucessor de Renouvin na Sorbonne. O testemunho sobre a maneira como Renouvin dirigia os trabalhos dos estudantes explica, na verdade, o caráter não espetacular, um pouco subterrâneo, de sua influência: "Pierre Renouvin sempre entendeu a direção de pesquisas sob a forma de entrevistas individuais. Jamais tentou criar um seminário de alto nível" (Duroselle, 1975:503). Mas, como era o mais velho contemporâneo da Sorbonne, presidia a maior parte das bancas de tese.

Seus primeiros trabalhos, por certo, são ainda muito marcados pela função quase oficial por ele desempenhada, e a questão histórica que é colocada continua sendo, de maneira muito clássica, a de saber quais são as responsabilidades da guerra. Espera-se dele uma confirmação da responsabilidade alemã, e ele responde a essa expectativa. Conclui, portanto, o seu curso sobre as origens da guerra incriminando unicamente os alemães, cuja provocação diplomática constituída pela declaração de guerra à Sérvia foi o principal detonador, mas ele já é mais matizado do que os estudos anteriores nessa publicação de 1925, em que ressalta a necessidade de escrutar as intenções dos homens de Estado, pois, "durante uma crise diplomática, a ação dos homens de Estado é dominada por certos sentimentos e certas forças" (Renouvin, 1925:250).

As "forças profundas"

A chave da inovação é encontrada por Renouvin na noção de "forças profundas". Agem estas para esclarecer as relações entre os Estados. Ele pede, portanto, aos historiadores que cavem mais fundo e não se contentem com uma mera descrição das idas e vindas dos agentes diplomáticos. Sem, porém, eliminar o papel das personalidades nas relações internacionais, Pierre Renouvin convida os pesquisadores a se interessarem pelos movimentos da opinião pública, pelos fatores psicológicos, pelos imperativos estratégicos, bem como pela dimensão econômica das relações entre Estados. O historiador estabelece como objetivo restituir o ambiente que preside as decisões mais importantes das esferas dirigentes, e deve, pois, levar em conta a massa dos fatores que condicionam as relações internacionais, tão diversas quanto os vínculos geopolíticos, as grandes correntes das mentalidades coletivas, o jogo dos conflitos financeiros ou ainda o dos enfrentamentos ideológicos.

Segundo o seu discípulo Duroselle, depois de 1945 Renouvin se torna receptivo ao novo clima historiográfico e sofre a influência de Braudel e de Federico Chabod. Seu objetivo de compreender do modo mais profundo o sentido das decisões leva-o a defender a concepção de uma história cada vez mais global, ao redor da busca da ponderação de cada uma das influências. Assim conclui ele a sua *Introdução à história das relações internacionais*, que escreve em colaboração com Duroselle:

> o historiador, quando busca os elementos de explicação, deve examinar em cada caso, a título de hipótese de trabalho, o jogo de cada uma das influências... Reservar de antemão a uma

dessas explicações uma parte preponderante e colocar como princípio que uma dessas forças teve, permanentemente, um papel dominante seria falsear o sentido da pesquisa histórica... O único modo de evitar os erros mais crassos é, para o historiador, conservar uma constante disponibilidade de espírito (Renouvine e Duroselle, 1964:454).

O interesse exclusivo dedicado às relações entre os diplomatas dos governos é substituído por Renouvin pelas relações entre os povos. É ali que se situam as "forças profundas" em ação nas relações internacionais. Dessa noção vaga, Renouvin distingue duas áreas: a dos elementos materiais, quer geográficos, quer econômicos, e a de um conjunto mais ideal, representado pelos "temperamentos nacionais" e pelas "mentalidades coletivas".

Para compreender a ação diplomática, cumpre procurar perceber as influências que orientaram o seu curso. As condições geográficas, os movimentos demográficos, os interesses econômicos e financeiros, as características da mentalidade coletiva, as grandes correntes sentimentais, são estas as forças profundas que formaram o quadro das relações entre os grupos humanos e, em boa medida, determinam o seu caráter. O homem de Estado, em suas decisões ou em seus projetos, não pode desdenhá-las; sofre a influência delas e é obrigado a constatar os limites que elas impõem à sua ação. Quando, porém, ele possui quer dons intelectuais, quer firmeza de caráter, quer um temperamento que o leve a ultrapassar esses limites, pode tentar modificar o jogo dessas forças e utilizá-las para seus próprios fins. Ele está em condições, pela política econômica, de melhorar a exploração dos recursos naturais; tenta agir sobre as condições demográficas; empenha-se, pela imprensa e pela escola, em orientar as tendências da mentalidade coletiva; não hesita, por vezes, em tomar as iniciativas que provocam na opinião pública um ímpeto de paixão. Estudar as relações internacionais sem levar em conta as concepções pessoais, os métodos, as reações sentimentais do homem de Estado é negligenciar um fator importante, às vezes essencial.

Assim se traçam as linhas gerais de nosso trabalho.

Por um lado, estudamos como a influência das forças profundas se manifestou, de fato, nas relações internacionais há pouco mais de um século, ou seja, depois que se desenvolveram as grandes transformações econômicas, os grandes movimentos demográficos, e desde que se afirmaram com um vigor especial as formas do sentimento nacional. Tentamos, tomando por base, além dos resultados já adquiridos pela pesquisa histórica, as nossas pesquisas pessoais, mostrar, com exemplos, o jogo dessas forças, indicar as dificuldades de interpretação, apreciar o alcance destas influências.

A HISTÓRIA SOCIAL "À FRANCESA" EM SEU APOGEU

> Por um lado, examinamos, por meio de análises comparadas, que papel efetivamente desempenharam, em determinadas ocasiões, a personalidade e as ideias do homem de Estado. Que concepções ele tinha do interesse nacional? Como o seu caráter, o seu temperamento podem explicar a sua política? Em que condições foi ele levado a tomar suas decisões? Além disso, cumpre procurar entender por meio de que processos concretos as forças profundas exercem o seu impulso sobre o homem de Estado e, reciprocamente, como este tenta modificá-las.
>
> Num e noutro caso, a nossa principal preocupação foi sugerir um método de abordagem e, ao mesmo tempo, revelar os resultados adquiridos nessa área da pesquisa e as lacunas que subsistem. Gostaríamos que este trabalho pudesse servir de ponto de apoio aos pesquisadores que se empenham no estudo histórico das relações internacionais. É nesta perspectiva histórica que quisemos colocar-nos, porque assim podíamos dispor de uma base documentária que nos teria faltado se tivéssemos querido estender o nosso escopo aos aspectos imediatamente contemporâneos (Renouvin e Duroselle, 1964:1-4).

Enquanto a história diplomática na área estritamente confinada das antecâmaras dos negociadores barrava o caminho a toda abertura interdisciplinar, a história das relações internacionais, concebida como a resultante da ação subterrânea de "forças profundas", abria um vasto canteiro de obras passível de encontros dessas pesquisas na direção do conjunto do campo das ciências sociais. Em especial, essa história renovada tira seu mel das contribuições da história econômica e social. Pierre Renouvin convida, aliás, muitos dos seus discípulos a seguirem em frente na busca das relações entre o econômico e o político. Essa orientação permite a publicação de um sem-número de teses sobre esse tema entre 1967 e 1977. Nelas se investigam os elos entre os investimentos franceses nos mercados estrangeiros e a conquista colonial, ou por que os Estados Unidos entraram na guerra, os vínculos entre investimentos franceses na Rússia no fim do século XIX e a aproximação diplomática entre os dois países. As decisões parecem, então, estar na encruzilhada de fatores sob regimes de articulação tão diversos quanto os da conduta de uma política externa, de uma política de defesa, de considerações estratégicas e econômicas. A publicação desses trabalhos permite lançar novas luzes sobre o que fundamenta as relações internacionais. A outra vertente das "forças profundas" situa-se no plano dos fatores geográficos. Sem retomar as orientações da geopolítica alemã, as teses defendidas nesse campo demonstram uma nova centralidade das considerações estratégicas na análise das relações internacionais.

A principal inovação está, porém, numa outra vertente dessas "forças profundas", a das "mentalidades coletivas", da psicologia coletiva e dos meios de que dispõe o historiador para delas falar. Nesse plano, os discípulos de Renouvin são especialmente atentos aos progressos dos estudos acerca da opinião pública feitos pelos institutos de sondagem, aos métodos estatísticos, à teoria dos jogos e, portanto, globalmente, aos trabalhos do conjunto das ciências sociais, num projeto globalizante. Essa ponderação global das "forças profundas" pode valorizar esta ou aquela dimensão, conforme os diversos estudos históricos, mas, segundo Renouvin, a heterogeneidade desses diversos fatores proíbe toda hierarquização causal, variando caso por caso a influência deles.

Algumas teses e trabalhos menores dessa história diplomática contemporânea:

décadas de 1960/1970

- Remond, René. *Les États-Unis devant l'opinion publique française 1815-1852* (Saint-Just-la-Pendue: Chirat, 1962).
- Guillen, Pierre. *L'Allemagne et le Maroc de 1870 à 1905* (tese, Paris, 1967).
- Picdevin, Raymond. *Les relations économiques et financières entre la France et l'Allemagne 1898-1914* (tese, Paris, 1969).
- Pedroncini, Guy. *Le Haut commandement français et la conduite de la guerre, mai 1917-novembre 1918* (tese, Paris, 1971).
- Kaspi, André. *La France et le concours américain, 1917-1918* (tese, Paris, 1971).
- Miquel, Pierre. *Le pays de Versailles et l'opinion publique française* (1972).
- Allain, Jean-Claude. *Joseph Caillaux et la seconde crise marocaine* (tese, Paris, 1974).
- Marchasson, Yves. *La diplomatie romaine et la République Française. À la recherche d'une conciliation — 1898-1914* (1974).
- Bariety, Jacques. *Les relations franco-allemandes après la Première Guerre Mondiale* (tese, Paris, 1975).
- Nouailhat, Yves-Henri. *La France et les États-Unis, août 1914-avril 1915* (tese, Paris, 1975).
- Milza, Pierre. *Les relations franco-italiennes à la fin du XIXe siècle* (tese, Paris, 1977).
- Becker, Jean-Jacques. *1914: comment les Français sont entrés en guerre* (1977).
- Artaud, Denise. *La question des dettes interalliés et la reconstruction de l'Europe — 1917-1929* (1978).
- Duroselle, Jean-Baptiste. *La décadence. La politique étrangère de la France de 1932 à 1939* (1979).
- Girault, René. *Diplomatie européenne et impérialismes — 1871-1914* (1979).
- Joyaux, François. *La Chine et le règlement du premier conflit d'Indochine* (1979).
- Michel, Marc. *L'Appel de l'Afrique, contributions et réactions à la Première Guerre Mondiale en AOF — 1914-1919* (tese, Paris, 1979).

A história presentista e política

O reconhecido envolvimento do historiador na sua escrita fez explodir o objetivismo reivindicado pelos que definiam a história a partir do corte entre um passado fixo a ser exumado e um presente considerado posto de observação de uma possível prática científica. Essa indivisibilidade entre passado e presente fez o passado mais próximo adentrar o campo de investigação do historiador. Durante muito tempo, as interrogações da história contemporânea se concentraram num primeiro século XX, que tinha como limite os arquivos da II Guerra Mundial. Nas décadas de 1950 e 1960, o Comité d'Histoire de la Seconde Guerre Mondiale, criado em 1951 e então dirigido por Henri Michel, reúne, coleciona os testemunhos e multiplica as investigações, essencialmente orientadas para o estudo das diversas formas de resistência.

O envolvimento subjetivo do historiador

Na contracorrente das orientações dos *Annales* na década de 1950, toda uma corrente de intelectuais cristãos já levanta as questões próprias às categorias da contemporaneidade que têm repercussões especialmente fortes no interior de uma atualidade dolorosa. Assim, "o conceito de presente deve ser tomado aqui no sentido muito forte de presença no mundo" (Trebitsch, 1993:70). Essa presença real está enraizada no personalismo da década de 1930, que procura definir as responsabilidades da pessoa numa reflexão sobre o ato e o atual. Michel Trebitsch insiste com razão nos laços entre o compromisso espiritual dos principais atores da fundação futura, em 1978, do Institut d'Histoire du Temps Présent (IHTP). O próprio René Rémond mencionou a importância da sua experiência católica: "a pertença à Igreja Católica foi e continua sendo capital para mim" (Rémond apud Nora, 1987:330). Ele foi militante ativo da Jeunesse Étudiante Chrétienne (JEC) e nela exerceu importantes cargos. Quanto a François e Renée Bédarida, foram militantes ativos de *Témoignage Chrétien* (Bédarida, 1977). Esse engajamento deu-lhes uma consciência particularmente aguda da responsabilidade do historiador. A seu ver, ela não consiste numa simples resposta pontual a uma demanda social mediática. Deve ser uma "fonte de valores" (Trebitsch, 1993:71). Essa vigilância ética é tanto mais preciosa quanto maiores forem os riscos de instrumentalização, quando somos solicitados pela imediatez da necessidade de uma informação cada vez mais mediatizada.

Já na década de 1950, vem dessa corrente cristã de esquerda uma reflexão sobre uma história política e uma história do presente negligenciadas pela historiografia dominante. O contexto trágico da descolonização, da dupla guerra da Indochina e da Argélia, constitui o trauma inicial que parece firmar as bases dessa retomada necessária das solicitações do seu tempo por parte do historiador. René Rémond rejeita todas as críticas tradicionais à história muito contemporânea, ao recuo temporal necessário para a execução de um trabalho de historiador. Sua defesa inscreve-se no quadro de uma reflexão de fundo sobre o envolvimento subjetivo do historiador em seu objeto de estudo (Marrou, 1954; Ricoeur, 1955). Nesses meados da década de 1950, "estes caros professores" — como os estigmatiza Maurice Bourgès-Maunoury, qualificando assim Henri-Irénée Marrou por ter denunciado no *Le Monde* a tortura na Argélia — comprometem-se com firmeza no combate às orientações do governo. Entre esses intelectuais engajados contamos numerosos historiadores, como Pierre-Vidal Naquet, Robert Bonnaud, André Mandouze, Henri Marrou, mas também toda uma geração jovem, a da "nova esquerda" próxima de Pierre Mendès-France: Jacques Julliard, Jean-Pierre Rioux, Michel Winock etc.

A presentificação da história que disso resulta tem como efeito uma experimentação moderna da historicidade. Implica uma redefinição da eventualidade como abordagem de uma multiplicidade de possíveis, de situações virtuais, potenciais, e não mais como o consumado em sua fixidez. Apoderou-se do tempo presente o movimento, até modificar a relação moderna com o passado. A leitura histórica do evento não é mais redutível ao evento estudado, mas encarada em seu rastro, situada numa cadeia eventual. Todo discurso acerca de um evento veicula, conota uma série de eventos anteriores, o que confere toda a sua importância à trama discursiva que os une numa intriga. Essa história que parte de preocupações presentes não envolve só a abertura de um período novo, o muito próximo que se abre ao olhar do historiador. É também uma história diferente, que se busca na ruptura com o tempo único e linear e que pluraliza os modos de racionalidade. Essa é a demonstração feita por Henri-Irénée Marrou em seu livro *Do conhecimento histórico*, publicado em 1954.

> Mostraremos que a riqueza do conhecimento histórico é diretamente proporcional à da cultura pessoal do historiador: o fato já pode ser observado quanto à pré-história, onde a etnografia, ampliando a nossa experiênciada variedade das técnicas humanas, é o instrumento de cultura que torna o historiador capaz de seu objeto... Conhecimento do passado humano, conhecimento do homem ou dos homens, de ontem, de outrora, de antigamente pelo homem de hoje, o homem de depois, que é o historiador, essa definição situa a realidade da história na relação assim estabelecida pelo esforço do pensamento do historiador; podemos, assim, colocar:

$$h = \frac{P}{p}$$

A história social "à francesa" em seu apogeu

Com esta imagem, quero apenas ressaltar o fato de que, assim como na matemática a grandeza da relação é diferente de cada um dos termos relacionados, assim também a história *é a relação*, a conjunção, estabelecida pela iniciativa do historiador, entre dois planos da humanidade, passado vivido pelos homens de antigamente, o presente em que se desenvolve o esforço de recuperação desse passado em prol do homem, e dos homens de depois... Não podemos isolar, senão por uma distinção formal, por um lado um objeto, o passado, por outro um sujeito, o historiador...

Se a despojarmos desses exageros polêmicos e de suas formulações paradoxais, a filosofia crítica da história reduz-se finalmente à ênfase dada ao papel decisivo desempenhado na elaboração do conhecimento histórico pela intervenção ativa do historiador, de seu pensamento, de sua personalidade (...).

Tornou-se clássico e ainda pode ser útil, pedagogicamente, opor essa tomada de consciência, que basta para definir o que chamamos orgulhosamente de novo espírito histórico, esse princípio fundamental, às ilusões de nossos antecessores positivistas. Eles sonhavam, não creio que seja calunioso dizê-lo, alinhar a história com o que chamavam — a palavra é muito reveladora — de ciências "exatas", a física, a química, a biologia — ciências, aliás, de que tinham uma ideia muito ingênua, tão elementar que chegava a ser falsa...

A expressão é de Renan: cumpre reler *O porvir da ciência* para avaliar a trágica segurança com que os homens de 1848 enveredaram, e com isso comprometeram toda a cultura ocidental, por um caminho que hoje se revelou um impasse; se resta algum amargor em nossa voz quando evocamos esses homens que foram os nossos mestres, peço aos meus jovens leitores que avaliem as dimensões da correção que fomos obrigados a efetuar.

Para resumir a posição deles numa fórmula, por sua vez, colocaríamos:

$$h = P + p$$

Para eles, a história é Passado objetivamente registrado, mas — ai de mim! — uma intervenção inevitável do presente do historiador, algo como a equação pessoal do observador na astronomia, ou o astigmatismo do oftalmologista, ou seja, um dado parasitário, quantidade que nos deveríamos esforçar para tornar a menor possível, até torná-la desdenhável, tendendo a zero (Marrou, 1954:36-37, 51-53).

A incompletude da objetividade historiadora

Por ocasião de uma comunicação durante as jornadas pedagógicas de coordenação entre o ensino da filosofia e o da história, em 1952, Paul Ricoeur mostra que a história está ligada a uma epistemologia mista, a um entrelaçamento de objetividade e de subjetividade, de explicação e de compreensão. Dialética do mesmo e do outro distantes no tempo, confronto entre a linguagem contemporânea e uma situação remota, "a linguagem histórica é necessariamente *equívoca*" (Ricoeur, 1964:30). Considerando a necessária atenção ao eventual, ao contingente, assim como aos vínculos de estrutura, Ricoeur (ibid., p. 43) define a função do historiador, a justificação de seu trabalho, como a exploração da humanidade: "este chamado soa por vezes como um toque de despertar quando o historiador é tentado a renegar a sua intenção fundamental e ceder ao *fascínio de uma falsa objetividade:* a de uma história onde não mais haveria estruturas, forças, instituições e não mais homens e valores humanos".

Como Marrou, Ricoeur intervém, pois, muito cedo no canteiro de obras do historiador, para mostrar até que ponto este se encontra em tensão entre a objetividade necessária de seu objeto e a sua subjetividade própria. As regras mesmas que regem o ofício de historiador servem de esteio à sua demonstração, que se apoia, quanto ao essencial, na definição que dele dá Marc Bloch: "ofício de historiador: todos sabem que este título é o que Marc Bloch acrescentou à sua *Apologia da história*. Esse livro, infelizmente inacabado, contém, no entanto, tudo o que é preciso para colocar os primeiros fundamentos de nossa reflexão" (ibid., p. 25).

Recusa Ricoeur a falsa alternativa, cada vez mais cheia de possibilidades na operação historiográfica, entre o horizonte de objetivação, com sua ambição cientificista, e a perspectiva subjetivista, com a sua crença numa experiência de imediatez quanto à capacidade de proceder à ressurreição do passado. Seu objetivo é mostrar que a prática do historiador é uma prática em tensão constante entre uma objetividade para sempre incompleta e a subjetividade de um olhar crítico que deve desprender-se de parte de si mesmo, clivando-se em uma boa subjetividade, "o eu de pesquisa", e uma má, "o eu patético". Todo o esforço de Ricoeur, nesta como em outras áreas, é demonstrar que as vias de passagem para uma busca da verdade são as de desvios necessários e rigorosos. A história procede por meio de retificações análogas às da ciência física. O historiador está, ao mesmo tempo, em posição de exterioridade em relação ao seu objeto, em função da distância temporal que o afasta dele, e em situação de interioridade. Recorda Ricoeur as regras que regem esse contrato de verdade que, desde Heródoto e Tucídides, guia toda investigação histórica e funda a sua metodologia, que constitui o primeiro estrato do trabalho de elaboração, o da tentativa de explicação. Nesse primeiro nível, a subjetividade de reflexão vê-se envolvida na construção mesma dos esquemas de inteligibilidade. Já Lucien Febvre reivindicara a história como pertencente ao lado do criado, do construído. Ao contrário do ponto de vista de Michelet

A HISTÓRIA SOCIAL "À FRANCESA" EM SEU APOGEU

sobre a necessária ressurreição do passado, que passaria por uma autêntica reencarnação no "outro", por uma imediatez do emocional, Ricoeur privilegia a preocupação analítica de decomposição do passado em categorias de inteligibilidade, em séries distintas, numa busca de relações causais, em deduções lógicas que partem da teoria. Explicação e compreensão oferecem perspectivas complementares.

A incompletude da objetividade histórica torna necessária uma participação forte da subjetividade, em vários níveis. Em primeiro lugar, ela intervém pela noção mesma de escolha, explícita ou implícita, mas em todo caso inevitável, do historiador quanto ao(s) seu(s) objeto(s) de análise. O historiador formula um juízo de importância que preside à seleção dos eventos e de seus fatores. Em segundo lugar, o historiador se envolve enquanto subjetividade, pelos vínculos de causalidade que ele ressalta. Nesse plano, a prática histórica é o mais das vezes ingênua. Apoia-se Ricoeur no esforço metodológico de Braudel para dissociar causalidades de diversas ordens, graças a uma atenção particular à maneira como se desenvolve a narrativa histórica enquanto narrativa que traz consigo esquemas de explicação. Em terceiro lugar, a subjetividade do historiador se insere na distância temporal que opõe o mesmo e o outro.

O historiador tem aqui como tarefa traduzir, nomear o que não é mais, o que foi outro, em termos contemporâneos. Choca-se aí com a impossível adequação entre a sua língua e o seu objeto, o que o obriga a um esforço de imaginação para garantir a transferência necessária a um outro presente que não o seu e fazer com que ele possa ser lido pelos contemporâneos. A imaginação histórica intervém como meio heurístico essencial da compreensão. A subjetividade mostra-se como o condutor necessário para se ter acesso à objetividade. Enfim, o aspecto humano do objeto histórico torna incontornável a subjetividade, e a afirmação de Ricoeur de que "o que a história quer explicar e compreender em última análise são os *homens*" (Ricoeur, 1952:31) não deixa de evocar o que já diziam Marc Bloch e Lucien Febvre na década de 1930. Tanto quanto pela vontade de explicação, o historiador é movido pela vontade de encontro. O que anima a sua preocupação de veracidade não é tanto compartilhar a fé daqueles cuja história conta, mas efetuar esse trabalho sobre o passado, no sentido quase psicanalítico, para partir à busca do outro, numa transferência temporal que é também "um transporte a uma outra subjetividade" (ibid., p. 32).

Ricoeur denuncia a propensão de certos historiadores a afastar-se da dimensão humana de sua disciplina para encontrar os caminhos de uma objetivação de valor mais científico em fenômenos iteráveis, grandes pilares estruturais imóveis. É a direção tomada pela escola histórica francesa que está impondo-se de maneira hegemônica no plano da história científica, a corrente dos *Annales*. É esta a aposta subjacente logo percebida por Ricoeur, já em 1952. Ele procura escapar às teias de um sistematismo para conservar para a história o seu papel de intervenção no presente, de recuperação de um sentido de um tempo imanente à nossa presença no mundo. O tempo não se recorta verticalmente entre um estrato científico e um estrato ideológico, mas de maneira longitudinal, ao longo de sucessivos remanejamentos do passado. Em relação aos questionamentos do presente, a atualidade não se reduz a um instante pontual, mas se inscreve na duração como "efetuação do futuro rememorado" (Ricoeur, 1985, v. 3, p. 68). A história está aberta ao campo dos possíveis e à dimensão do agir. Nesses anos 1950, enquanto os *Annales* tendem a se retrair na direção das águas mais frias da época moderna, para ali encontrarem invariantes e permanências, é nos ambientes cristãos progressistas que encontramos esta singular atenção ao presente.

A manutenção de uma história política sensível ao evento

Enquanto o predomínio da história econômica e social, sob a égide dos *Annales*, leva os pesquisadores a concentrarem seus trabalhos no que chamamos época moderna, ou seja, do século XVI até o fim do século XVIII, a parte reservada à história contemporânea e à área política parece reduzida ao mínimo, se excetuarmos o dinamismo próprio ao estudo das relações internacionais, sob o impulso de Renouvin. A história do presente e do político encontram, entretanto, uma zona de retirada no Institut d'Études Politiques de Paris e na Universidade Paris X Nanterre. É nesses dois lugares de ensino e de pesquisa que se prepara o renascimento progressivo da história política, sob o impulso do historiador René Rémond. Nesses anos 1950 e 1960, este é um setor ainda pouco *legítimo* e marginalizado, mas a tese de Rémond, *La droite en France*, publicada em 1954, pela demonstração que ela faz do caráter plural das tradições de uma direita francesa dividida entre a sua filiação legitimista, orleanista e bonapartista, logo se tornou uma obra de referência essencial para várias gerações de historiadores que optaram por uma história política, aliás desconsiderada pela corrente dominante dos *Annales*, para a qual este continuava a ser um horizonte morto.

Uma ou várias direitas?

Direita, esquerda... a pulsação destes dois termos, indissoluvelmente ligados por sua oposição, marca com seu ritmo toda a história política da França contemporânea. Homens de direita, homens de esquerda, partidos de direita, partidos de esquerda, bloco das esquerdas, coalizão das direitas, centro-direita, centro-esquerda, o obsessivo martelar destes dois vocábulos gêmeos pontua 150 anos de lutas políticas. "Direita, esquerda, a distinção de longe a mais viva para a massa do eleitorado francês", escrevia Emmanuel Berl. As duas etiquetas rivais enfrentam-se, entrechocam-se, flamejam sobre os muros, ressoam nos pátios das escolas, exibem-se em grandes manchetes de jornal, provocam paixões, desencadeiam entusiasmos, dominam os debates, sobrevivem aos regimes, intrigam o estrangeiro, impõem-se até aos historiadores. Dado fundamental da nossa vida política, a divisão tradicional do espírito público em duas grandes tendências contrárias continua sendo hoje a chave que abre a inteligência da nossa história recente: perdida ela, esta história cai na incoerência arbitrária de uma desordem fortuita. Aboli somente esta distinção capital com um desses decretos que a nossa imaginação detém o caprichoso poder, e são 150 anos que cessam bruscamente de ser inteligíveis, como se, tendo o fio que os une subitamente se partido, os eventos partissem à deriva: na verdade, não há mais explicação possível.

Mas a que corresponde esta distinção tão fundamental, que constitui a fundação contínua da nossa evolução política? As noções mais comuns são muitas vezes as mais confusas, e as realidades mais banais, as mais rebeldes à definição. (...)

Devemos, então, concluir que esta noção de direita não passa de uma invenção arbitrária da inteligência, ou o produto interessado do cálculo político? Alguns, hoje, se aproveitam da incoerência deste monstro híbrido ou alegam a novidade das questões para afirmarem que a velha distinção entre direita e esquerda já perdeu toda razão de ser: tais noções, dizem eles, talvez tenham correspondido no passado a alguma realidade, mas hoje, vestígios arcaicos de épocas remotas, são boas só para figurar no museu. "Afora os parlamentares, mais ninguém entende o que isso quer dizer..." Conviria, portanto, abandonar tais lições, como essas chaves que não abrem mais nenhuma fechadura. Coloca-se, então, a questão: direita, esquerda, distinção permanente ou vocabulário hoje caduco?

Estas noções pretensamente caducas são o legado de uma longa história: quem sabe se o conhecimento de seu passado não dará a solução do enigma que suas presentes contradições nos propõem? Se a direita se nos mostra hoje tão complexa, tão desconcertante à observação e refratária à definição, talvez seja porque carrega os rastros de sucessivos remanejamentos, como um edifício onde cada época deixou a sua marca desencoraja inicialmente o arqueólogo que queira datá-lo. Uma imagem geral é sempre uma imagem composta; e se, em vez de pretendermos fixar uma imagem da direita de que todos os traços convêm a todos os seus estados, pedíssemos ao exame do passado que lhe devolva a sua diversidade e lhe restitua a unidade viva de seu desenvolvimento histórico? Pareceu interessante verificar esta hipótese: o presente estudo encontra a sua razão de ser e a sua justificação nesta tentativa de fazer o conhecimento do passado servir à inteligência do presente (Rémond, 1968:13-15).

Como sublinha outro historiador contemporaneísta, Jacques Julliard, que jamais abandonou o plano político da história e chegou mesmo a dirigir uma coleção "Política" nas edições Seuil, condena-se a história política num processo um pouco sumário demais. Ele assim recapitula as censuras que lhe fazem: "a história política é psicológica e ignora os condicionamentos; é narrativa e ignora a análise; é idealista e ignora o material; é ideológica e não tem consciência de sê-lo; é parcial e tampouco o sabe; apega-se ao consciente e ignora o inconsciente; é pontual e ignora a longa duração; numa palavra, pois esta palavra resume tudo no jargão dos historiadores, ela é *eventual*" (Julliard, 1974, v. 2, p. 229-230). Na verdade, esta história política da década de 1960 está em ruptura com essa visão pejorativa, segundo a qual ela estaria condenada à ingenuidade. Ela frequenta, ao contato das ciências políticas e dos estudos de opinião, a sociologia eleitoral, reencontrando a herança já antiga do cientista político André Siegfried, o direito constitucional e administrativo e, pouco a pouco, o conjunto das ciências humanas. Assim, quando René Rémond (1957) lamenta até que ponto a história do período entre as duas guerras seja "deixada de lado", ele é amplamente ouvido, e ao longo dos 20 anos seguintes são publicados numerosíssimos trabalhos sobre esse período que contribuem para uma reabilitação progressiva do objeto político.

Um historiador como Pierre Vidal-Naquet exemplifica esta vigilância do historiador diante dos desafios do presente. Seu itinerário é ainda mais notável pelo fato de ele ser "antiguizante", especialista em Grécia antiga. Mas já esta escolha era motivada por escolhas políticas, pois foi a sua aspiração democrática que o levou às plagas do nascimento da cidade na Grécia antiga. Esta especialização não o impediu de intervir em áreas da história contemporânea, toda vez que a verdade, a memória, corriam perigo. Vidal-Naquet pôs a serviço do esclarecimento do presente as suas competências de historiador da Antiguidade. Os testemunhos de seus amigos, recentemente coligidos (Hartog et al., 1998) permitem acompanhar estes engajamentos sucessivos, desde o Comitê Audin, que dá lugar à primeira publicação, em 1958, de uma longa série sobre a Guerra da Argélia: *L'affaire Audin* (1958), *Face à la raison d'État* (1962), *La torture dans la République* (1972), *Les crimes de l'Armée française* (1975). Seu grande amigo, o matemático Laurent Schwartz, que o conheceu naqueles anos de guerra sem nome, relata toda a atividade que foi a do Comitê Audin e o impacto do jornal *Vérité-Liberté* no combate contra a tortura. Este engajamento em campo sela uma amizade de mais de 40 anos: "ambos somos intelectuais que nos sentimos responsáveis pela humanidade" (apud Hartog et al., 1998:41). Este engajamento não cessa com os acordos de Évian, e Pierre Vidal-Naquet responde presente quando se trata de se erguer contra os bombardeios do Vietnã. Do mesmo modo, ele atravessa o movimento de 1968 em sintonia com a contestação estudantil. Como historiador, ele oferece ao movimento, com Alain Schnapp, um monumento indispensável à sua historicização, com a publicação já em 1969 do *Journal de la Commune Étudiante* (900 páginas). Outra vertente dos trabalhos de Pierre Vidal-Naquet leva a repensar os laços necessários entre história e memória. Na base desta relação, uma fratura pessoal, que é a da deportação de seus pais, em 1944, seu assassínio em Auschwitz-Birkenau e o longo luto que dele resulta. Este interesse crescente de Pierre Vidal-Naquet já maduro, a partir da década de 1960, pela questão do genocídio dos judeus dá lugar sobretudo à publicação da sua trilogia intitulada *Os judeus, a memória e o presente* e de seu livro contra os negacionistas, *Os assassinos da memória*. Longe de absolutizar o corte entre memória e história, o trabalho de Vidal-Naquet mostra o entrelaçamento da memória individual e coletiva como a base mesma da construção da história, feita de mesclas entre o único e o universal. Não tendo esse trabalho de memória outro horizonte senão "a verdade", como diz Jean-Pierre Vernant (apud Hartog et al., 1998:224).

A "sociabilidade" política

Um dos melhores exemplos dessa renovação da história política é fornecido por um discípulo da história social à maneira de Labrousse, que, insatisfeito com a sua chave de leitura, a ampliou com o estudo das mentalidades políticas no quadro territorial que lhe fora reservado. Maurice Agulhon, com efeito, inovou profundamente no campo da história política, ao propor o seu conceito de "sociabilidade", retomado de Fernand Benoit (1949), velho especialista na região provençal. Levantando a questão de saber por que a Provença, inclusive a rural, logo aderiu à ideologia republicana, ele encontra na noção de sociabilidade, específica para essa região, os elementos de resposta à sua interrogação. Ele se dá conta, ao mesmo tempo, ao longo de suas leituras, que a vitalidade das sociedades de ajuda mútua na segunda metade do século XIX simplesmente reproduzia a velha atividade das confrarias de penitentes no Antigo Regime (Agulhon, 1970): "a minha invenção consistiu simplesmente no amálgama que se fez quase espontaneamente em minha mente entre estes três temas de origem muito diversa: o provençal é facilmente acessível à democracia porque adota a vida social organizada; ele é chamado sociável porque essa prática da vida social organizada é incorporada no que chamamos, por facilidade, de temperamento regional; essa sociabilidade de que a vida associativa é a forma principal vem do Antigo Regime, pelo menos, e comporta constância e unidade através da diversidade dos tipos sucessivos de associação" (Agulhon apud Nora, 1987:34).

Paul Bois, por seu lado, faz a demonstração da necessária complementaridade de uma atenção à contemporaneidade e a fenômenos de longa duração na explicação dos movimentos de opinião e de suas resultantes eleitorais, quando torna visível uma linha política divisória que atravessa os departamentos do Oeste em função dos efeitos traumáticos do acontecimento 1793. Revela Paul Bois (1960) a complexidade do entrelaçamento dos tempos quando, tendo partido classicamente para fazer um quadro uniforme de um departamento tradicionalista do Oeste, como o Sarthe, no fim do século XIX, ele revela uma fronteira que separa em duas correntes o campesinato desse departamento, entre uma fração *chouanne*, no Oeste, e uma fração republicana, no Leste.

Como para Marc Bloch em *Os reis taumaturgos*, para o medievalista Georges Duby o horizonte político não é jamais distante de sua história social. É até um horizonte essencial dos seus trabalhos. É o caso, sobretudo, quando considera a sociedade feudal como uma decomposição da autoridade monárquica (Duby, 1973). A incapacidade dos reis carolíngios de enfrentarem as agressões externas provocou um esfacelamento da autoridade política, uma verdadeira dispersão do poder: fundamento das feudalidades locais sobre o fundo de um afrouxamento da autoridade central, real.

Materialismo histórico e história nova

Na década de 1950, numerosos historiadores identificaram o seu destino com o do PCF. O marxismo adentrou o ambiente historiador não exclusivamente por intermédio do PCF, mas a potência deste partido muito contribuiu para a sua difusão. Em 1952, o grupo dos aprovados no exame de *agrégation* de história que aderem ao PCF é especialmente rico em personalidades. Nele encontramos Claude Mesliand, Pierre Deyon, Jean Dautry, Jean Nicolas, François Furet, Robert Bonnaud, Jacques Chambaz, Denis Richet e Emmanuel Le Roy Ladurie. A presença de historiadores comunistas é tal que, na hora em que saíram os resultados do exame, François Furet e Jean Chesneaux, ao contarem os aprovados, comentam com bom humor no pátio da Sorbonne que seria preciso, de qualquer forma, deixar alguns lugares para os burgueses.

Até a década de 1960, é essencialmente pelo viés da história econômica que o marxismo influenciou a disciplina histórica, conjugando uma dupla referência aos *Annales* e a um marxismo aberto, como atestam as teses de Jean Bouvier sobre o Crédit Lyonnais (1961) ou ainda a de Pierre Vilar sobre a Catalunha na época moderna (1962). Seguindo a evolução geral da historiografia a partir da década de 1960, essa história marxizante não mais limita o seu campo de investigação ao econômico e prospecta o que cha-

A HISTÓRIA SOCIAL "À FRANCESA" EM SEU APOGEU 253

ma de superestruturas e que é, na verdade, o vasto domínio das mentalidades. Assim é que, a partir de 1970, o hebdomadário intelectual do PCF, *La Nouvelle Critique*, abre as suas colunas, sob a forma de entrevistas com Antoine Casanova e François Hincker, aos historiadores ao mesmo tempo inovadores e marxizantes, como Jean Bouvier, Robert Mandrou, Pierre Levêque, Guy Bois, Georges Duby etc. Essas intervenções dão lugar a uma publicação coletiva sobre a história em 1974: *Aujourd'hui l'histoire*, lançada pelas Éditions Sociales.

Entre os novos historiadores, muitos são os que conservaram como horizonte teórico o marxismo, que representou para eles sobretudo um meio de defender a ideia de uma história total, global, em busca de esquemas explicativos. Eles abordaram seu campo de pesquisas com a preocupação de adquirir uma melhor inteligibilidade da globalidade histórica, graças ao materialismo histórico. Muitos deles tentaram uma conciliação entre as orientações inovadoras da escola dos *Annales* e o marxismo.

As lições de Althusser

A penetração das teses marxistas passa sobretudo pelo brilho, na década de 1960, de Louis Althusser na École Normale Supérieure da rua d'Ulm. A grande inovação do *caïman*[6] da rua d'Ulm foi integrar Marx entre os autores estudados neste santo dos santos da reprodução das elites que é a École Normale Supérieure. Inaugura um seminário sobre o "Jovem Marx" em 1961/1962, a pedido dos alunos.

O ano letivo de 1962/1963 é dedicado por Althusser às origens do pensamento estruturalista. Nessa ocasião, ele fala de Lévi-Strauss, de Montesquieu, de Foucault. Em 1964 é que Althusser dirige o seu seminário com seus discípulos sobre a leitura coletiva do *Capital* de Marx. Esse trabalho tem imediatamente uma repercussão notável, quando, em 1965, é editado pela Maspero o livro coletivo *Ler o Capital* (Althusser, 1965a), ao mesmo tempo em que uma coletânea de artigos de Althusser, *A favor de Marx* (Althusser, 1965b).

A rua d'Ulm torna-se o duplo instrumento de contestação do aparelho universitário tradicional e do aparelho do PCF. Também nesse caso, o estruturalismo é, como para os linguistas ante a história literária clássica, usado como modo de contestação das autoridades dirigentes, cuja falta de precisão é denunciada em nome do rigor e da cientificidade. Althusser somava a esse paradigma estruturalista um Marx revisitado,

---

6 Diretor de estudos na École Normale Supérieure. A rua d'Ulm é onde se situa a ENS, no Quartier Latin. (N. do T.)

efetuando um retorno a... Marx, à maneira dos retornos a... Saussure e a... Freud. Ele tinha o sentimento exaltante de poder realizar, enfim, uma síntese filosófica capaz de dar conta das diversas formas da racionalidade contemporânea, para além das ciências sociais somente.

Se observarmos o itinerário de certos historiadores, como Georges Duby, verificamos que o seu percurso, sintomaticamente o de uma geração, o levou a superar três etapas sucessivas: partindo do econômico, ele chega ao imaginário, passando pelo estudo do social. Para ele, esses três níveis permanecem indissociáveis em sua abordagem dos tempos feudais: "Uma sociedade forma um todo. Não creio possível dissociar a política do econômico ou do cultural. É essa coalescência que obriga a recorrermos a todas as informações" (Duby, 1982). Descobrir o marxismo na classe de filosofia, em 1937, foi para ele uma contribuição que sempre considerou essencial e não deixou de confrontar com seus próprios trabalhos. A leitura na década de 1960 de Louis Althusser e de Étienne Balibar também muito o influenciou, e por muito tempo julgou operatória a noção de "determinação em última instância"; ela teve, entre outras coisas, a eficácia de incentivá-lo a iniciar o seu trabalho pelos fenômenos econômicos, não de maneira arbitrária, mas porque são para ele o que torna possível o acesso a outros níveis de uma sociedade.

Assim, segundo Duby (1973a:192), o conceito de feudalismo usado pelos historiadores marxistas é apropriado à realidade de uma sociedade medieval, em razão do caráter determinante que o feudalismo teve no desabrochar das forças produtivas e no estabelecimento de novas relações sociais: "ordena-se a sociedade feudal em duas classes, das quais uma, a dos senhores, engloba a categoria dos eclesiásticos e dos cavaleiros". A sociedade feudal é, portanto, dualista e se organiza a partir de um antagonismo ao mesmo tempo fundador e ponto de origem de sua superação. Atribui Duby também ao tipo de modo de produção a explicitação das fases de crescimento e de estagnação da economia. O desenvolvimento das forças produtivas no século VII é o corolário da passagem da escravidão para o de servidão: "o fato de terem estabelecido os antigos escravos, em pares, em fazendas de que tinham a responsabilidade permitiu-lhes criar as crianças que geravam" (Duby, 1980:170). O crescimento demográfico dessa época, com seus efeitos estimulantes no plano da produção, tem, portanto, como verdadeiro fundamento a passagem para a servidão. Explica Duby também o esboroamento da monarquia carolíngia como o efeito de um bloqueio no desenvolvimento das forças produtivas, conjunção da raridade da moeda, das trocas que obrigaram a uma organização social em entidades mais restritas, fechadas em si mesmas.

Entretanto, Duby, assim como Maurice Godelier, desconfia do esquema simplificado de uma superestrutura reflexo da infraestrutura. Ele situa, ao contrário, o objeto

A HISTÓRIA SOCIAL "À FRANCESA" EM SEU APOGEU

privilegiado da prática histórica no nível das interferências entre o mental e o material. À relação de causalidade simples, Duby prefere a noção de relações mútuas. O historiador deve, pois, ponderar o peso respectivo dos hábitos mentais e das pressões econômicas e captar suas correlações para dar conta de um período. Duby mostra, assim, que a posição nas relações de produção é, sem dúvida, fundamental, mas a ética pode também agir sobre o econômico. Na sociedade medieval, o modelo da prodigalidade do príncipe se propaga por toda a nobreza, que estimula, então, o crescimento de um artesanato de luxo e o desenvolvimento do papel dos mercadores. Nessa eventualidade, um modelo de comportamento inflecte as bases da atividade econômica. Os laços de sangue, de parentesco estão também na base de uma sociedade medieval, na qual Duby (1980:180) nota o quanto as metáforas sociais remetem sem cessar à família. O historiador deve, portanto, resgatar um real pluridimensional e interrogar tal setor da atividade humana não só a partir do que podemos conhecer dela, mas também a partir de outras dimensões do real. Assim é que a pressão fiscal na Idade Média é integrada por Duby num capítulo sobre "as atitudes mentais" e recolocada no contexto da dádiva e contradádiva de uma sociedade ainda não monetarizada. Nesse caso, o econômico não é encarado, o que seria um anacronismo, como uma atividade plenamente distinta dos outros níveis. O marxismo de Duby terá sempre um valor heurístico, jamais estará na base de um compromisso político, o que lhe permitiu escapar à vulgata staliniana.

Esforça-se Michel Vovelle (1982) por distinguir os dois conceitos: mentalidade e ideologia. A respeito da dimensão ideológica, ele se baseia na definição proposta por Althusser, em 1970, em seu artigo sobre os aparelhos ideológicos de Estado. À genealogia marxista de construção do termo de ideologia como reflexo conceptualizado de uma prática Vovelle contrapõe o fato de que a noção de mentalidade está mais ligada a um processo empírico, mais recente e mais vago. Encara as duas dimensões como complementares, o que o leva a buscar os caminhos de uma articulação difícil, tendo em vista uma "ampla superfície de recobrimento" (ibid., p. 11). Tal como a entende Vovelle, a história das mentalidades não se dá como uma maneira de substituir a abordagem em termos de ideologia, mas, ao contrário, é uma espécie de prolongamento e de ampliação possível do campo de pesquisa.

Guy Bois, outro medievalista, também prolonga o procedimento marxista numa abordagem globalizante da história. Quando estuda em sua tese a crise do feudalismo (Bois, 1976), ele a analisa não como a resultante de um mero confronto entre recursos e população, mas como uma crise global de sociedade. Preconiza Guy Bois uma metodologia alternativa ao esquema malthusiano, distinguindo três níveis de análise. Um primeiro estudo deve tratar dos grandes índices econômicos, demográficos, olhar puramente descritivo que dá conta mais dos resultados do que dos mecanismos. Depois dessa macroanálise, passamos a um segundo nível, o da microanálise. Convém, então, estudar as relações sociais, as relações de produção entre os sujeitos econômicos. Enfim, procede-se a um retorno à cronologia da evolução demográfica e econômica, para aventar hipóteses de análise sobre os fatores dessa evolução: "é só ao final deste triplo processo que serão propostas conclusões, tanto sobre o próprio sistema socioeconômico quanto sobre o movimento econômico e demográfico no período em questão" (ibid., p. 23). É nessa encruzilhada que Guy Bois situa o que ele vê como a crise do feudalismo do século XIV, que, amplificando-se, dá origem a um Estado cada vez mais centralizado como efeito de retorno sobre o político da baixa progressiva da arrecadação "que resulta da contradição maior entre a apropriação senhorial dos bens de produção e o caráter individual da produção" (ibid., p. 361). A tarefa mostra-se mais complexa, pois não se reduz a um esquema simplificador e mecanicista, e Guy Bois se insurge contra a passagem sub-reptícia de um nível descritivo a um nível explicativo "metodologicamente inaceitável" (ibid., p. 387).

Uma história antiga renovada

Na área da história antiga, os que mais renovaram os métodos de abordagem, inspirando-se em trabalhos antropológicos, de Jean-Pierre Vernant a Pierre Vidal-Naquet, passando por Marcel Détienne, Pierre Lévêque, Claude Mossé etc., afirmam também a necessidade de uma abordagem globalizante da história. Tomando o exemplo da religião na Grécia, Jean-Pierre Vernant critica a concepção tradicional, que faz dela um domínio à parte, quando para bem compreendê-la é preciso "pensar junto" tanto a política quanto a religião, a ética e a vida cotidiana. Esse é o único jeito não só de compreender as articulações essenciais de uma sociedade em seu desenvolvimento dialético, mas também o meio de evitar todo anacronismo, projeção dos nossos quadros de pensamento sobre uma sociedade cujas engrenagens eram outras. Jean-Pierre mostra como a política se instaura na Grécia e engloba todas as relações de produção. Quando se serve dos instrumentos de análise da etnologia e da antropologia, é sempre no sentido de uma historicização, de uma dinâmica, pois: "uma etnologia sem história seria algo diferente de uma espécie de turismo superior?" (Vidal-Naquet apud Nora e Le Goff, 1974, v. 3, p. 162). Moses Finley ressalta o caráter inseparável da escravidão em relação a todas as formas de instituições ou de crenças na Antiguidade greco-romana

(Finley, 1979). Esse modo de produção faz do escravo uma mercadoria como outra qualquer, com a única diferença de que se trata, como diz Aristóteles, "de uma espécie de propriedade animada". Ora, se a liberdade e a democracia nasceram na terra helênica, observa Finley que não podemos separá-las daquilo que sustenta o seu florescimento, ou seja, a generalização do uso de escravos.

O itinerário de Pierre Vidal-Naquet leva-o, como à maioria dos historiadores da sua geração, a valorizar em primeiro lugar o estudo dos fenômenos econômicos e sociais numa associação absolutamente essencial com Moses Finley. É nesse espírito que ele publica em 1972, com Michel Austin, *Économies et sociétés en Grèce ancienne*. Ele reflete, então, sobre o estatuto do escravo, que não pode ser pensado sem a sua relação com o desenvolvimento da cidadania, em categorias que não podem ser as da nossa sociedade moderna. Constata, em especial, a ausência de autonomia do econômico na época antiga. "A sua exploração histórica leva-o pouco a pouco, portanto, a refletir sobre a história das representações e do imaginário, que, com a historiografia, ia ocupar o primeiro lugar em sua obra de historiador da Grécia antiga" (Mossé, 1998:121). Ele amplia, então, o *corpus* dos seus estudos com o da tragédia grega, entendida não apenas como texto de ficção, mas como revelador das formas culturais fundamentais do mundo grego.

O debate *Vilar* versus *Althusser*

Certo número de modernistas da escola dos *Annales* situam-se na esteira do marxismo; é o caso de Michel Vovelle e de Robert Mandrou, especialistas em história das mentalidades, ou de Pierre Vilar, que não cessou, por meio do estudo da Catalunha, de buscar o melhoramento do sistema conceitual marxista. Quando Pierre Vilar trabalha sobre os teólogos espanhóis do século XVI, é para neles buscar os primeiros elementos de uma teoria macroeconômica em gestação. Pretende mostrar até que ponto a história é uma totalidade, a única síntese possível das outras ciências humanas. A referência essencial para Vilar (1982:382-425) é Marx, que, segundo ele, executa essa historicização de todos os dados da vida humana: "pensar tudo historicamente é a vocação mesma do marxismo". Por esta razão, ele se vê numa relação de proximidade e de debate com Althusser, cujo esquema global é para ele uma fonte de inspiração para a constituição de uma história total, embora se mantenha distante da noção de corte epistemológico que Althusser percebe na obra de Marx. Com efeito, com a preocupação de apresentar Marx como o portador de uma ciência nova, Althusser percebe um corte radical entre um jovem Marx ainda grudado no idealismo hegeliano e um Marx científico da maturidade.

Segundo Althusser, Marx alcança o nível científico quando consegue operar um corte com a herança filosófica e ideológica de que esteve impregnado. Estabelece, até, as fases de gestação desse processo e data com grande precisão o momento desta cesura que o faz ter acesso ao campo científico: 1845. Tudo o que precede essa data pertence às obras de juventude, a um Marx antes de Marx.

O materialismo histórico torna-se, segundo Althusser, depois desse corte, a ciência da cientificidade das ciências. Um cientificismo evidente atravessa o processo althusseriano, que só pode deixar perplexo um historiador, ainda que muito empenhado na construção de uma história marxista, como Pierre Vilar. Segundo Vilar (1982), há uma progressão do pensamento de Marx que não se situa absolutamente ao redor de um corte, noção que pertence de preferência à obra de Michel Foucault.

> Alguns gostariam de ser construtivos. Na I Conferência Internacional de História Econômica, em 1960, em Estocolmo, propus um programa compreensivo de aproximação, talvez de colaboração, entre economistas e historiadores (não é necessário esperar para empreender!). Em outra ocasião, tentei mostrar como a história do direito, tantas vezes, por tanto tempo relegada aos "especialistas", pode intergrar-se numa pesquisa de história "total". Pareceu-me também que deveríamos aplicar ao estudo do presente o modelo histórico das velhas "crises de abastecimento", caro ao meu mestre Ernest Labrousse — e completamente ignorado pela FAO, embora as "crises de abastecimento" não tenham desaparecido. Muito antes de ter expressado o meu desacordo com a imagem que Michel Foucault deu do pensamento econômico na "época clássica", julguei poder mostrar outra coisa em *Dom Quixote* — ou algo a mais — do que uma escrita errante. E que as obras-primas não devem nem ser consideradas fora do tempo, nem encerradas a cadeado em seu tempo. Pois elas se inscrevem numa *estrutura* e numa *conjuntura*.

> Conjuntura, estrutura: estes dois fundamentos da análise histórica, dialeticamente ligados, justificam, no conjunto desta coletânea, duas fidelidades sem falha. Uma, à *problemática conjuntural* de Ernest Labrousse, porque ela introduz o *tempo* na observação concreta das sociedades, sem jamais olvidar que estas têm uma estrutura (ou uma estrutura de estruturas) de que a conjuntura revela a solidez, as fraquezas, as resistências, os desgastes e com isso o grau de validade dos esquemas que ajudam a pensá-las.

> Minha outra fidelidade vai à *única teoria da história existente, a de Marx*, que cumpre usar, mesmo que seja só porque ela é a única, pois as teorias econômicas e sociológicas não marxistas evacuam a história, ao passo que a prática positivista da história proíbe pensá-la. Não creio

que o marxismo tenha sido, na minha formação de historiador, uma opção político-moral *a priori*, ainda menos uma fé cega. Minha escolha foi mais uma conclusão da minha pesquisa do que o seu ponto de partida. Meio século de observação do mundo convenceu-me que os preconceitos ideológicos, existenciais, às vezes obsessivos, informavam muito mais as construções intelectuais antimarxistas do que as construções marxistas. As *conjunturas intelectuais* traduzem um *inconsciente de classe*, em que o marxismo exerce muitas vezes um efeito de fascínio sobre os não marxistas, e a história, sobre os não historiadores. Mostro isto aqui mesmo, no que se refere à década de 1950. Também aí a crítica parecerá superar a "construção". Esta só pode mostrar o seu valor num outro tipo de trabalho. Mas uma história em construção existe, é possível. Demonstrá-lo é a única ambição desta coletânea (Vilar, 1982:8-10).

Capítulo 5

~

Expansão e fragmentação: a "nova história"

Uma "nova história"

No fim da década de 1960, sob o duplo efeito da perda de fôlego do programa estruturalista, que privilegiara sobretudo os processos sincrônicos, e do acontecimento representado por maio de 1968, os historiadores conhecem um momento que pode ser considerado uma idade de ouro, pelo sucesso de que se beneficiam junto a um público cada vez mais numeroso, que descobre, ávido, uma produção de trabalhos a que se dará o qualificativo de "nova história", mas, na verdade, não é senão a herança da escola dos *Annales*. Os historiadores desse momento particularmente fasto tiram as lições de sucesso do estruturalismo. Seu eco está ligado à capacidade de historicizar o processo dele e assim conciliar interrogações sobre as permanências, as resistências à mudança, com a preocupação renovada desde 1968 em relação ao impacto diferencial da duração.

A etnologia interior

Depois da voga da etnologia, que permitira mostrar o interesse apresentado pelas civilizações outras, surge o interesse pelo que constitui a força de resistência dessas sociedades, pelo que permanece das estruturas, dos valores delas, que parecem irredutíveis ao modelo ocidental. É a descoberta do outro, no espaço, elevado à condição de exemplo, de uma verdade humana na alteridade que relativiza o europeocentrismo. Tem o Ocidente o sentimento de não mais fazer a história humana, mas a história de uma humanidade. Para sustentar as lutas de um Terceiro Mundo que recusa essa história num combate muitas vezes radical, os intelectuais ocidentais sentem a tentação de também eles despojarem-se do passado próprio de sua sociedade e de lançarem ao mundo um olhar mais espacial do que temporal. Tal inversão favorece o discurso antropológico, tecnológico, estruturalista.

Os etnólogos voltam em sua maioria à metrópole e descobrem então as "colônias interiores" do mundo ocidental, construções resistentes às mudanças. A passividade reduz ao silêncio e à impotência. Nesse ritmo, morre o passado, e só podemos evocá-lo para tornar a enterrá-lo ou sentir uma vaga nostalgia. Assim é que os historiadores vão buscar no espaço, no presente, as sequelas, os rastros de um passado ainda visível. Descobre-se o exotismo perto de casa, no nosso meio, como revela a enquete dirigida por André Burguière (1975) em Plozévet, onde a população local bretã é assaltada por todos os pesquisadores das diversas ciências sociais, que lhes arrancam os despojos. Vemos aí o ponto de partida de uma voga da memória popular. O discurso antropológico acerca da reprodução das estruturas, das invariantes em ação nas sociedades frias, consegue adaptar-se ao clima temperado do Ocidente, não parece mais dever situar-se exclusivamente nas latitudes tropicais. Assistimos, assim, à transferência da noção de áreas culturais no espaço francês para o estudo "dos grandes traços de uma geografia do desenvolvimento e do subdesenvolvimento da França antiga, com as suas repercussões sobre a França presente" (Le Roy Ladurie apud Raphaël, 1993:43).

A orientação das pesquisas no sentido dos bloqueios, das fases de equilíbrio da sociedade reforça-se a partir da década de 1970, quando o *boom*, o crescimento, parece perder o fôlego por muito tempo e dá lugar a uma crise mundial particularmente profunda, que mergulha o mundo industrializado na recessão, na carestia e na inflação. Descobre o Ocidente os encantos discretos dos tempos antigos, de uma perdida época de ouro, da *belle époque*, de antes dos 30 anos gloriosos (1945-1975). É este tempo reencontrado que os historiadores se encarregam de reproduzir, tomando dos etnólogos seus instrumentos de análise. O reprimido torna-se portador de sentido. Tudo se torna objeto de curiosidade para o historiador, que desloca o seu olhar para as margens, para o reverso dos valores exibidos, para os loucos, as feiticeiras, os transviados... Fecha-se o horizonte do historiador sobre um presente imóvel, já não há devir: "há um sinal que considero encorajador... é o fim do progressismo" (Ariès, 1979:212). A crise da ideia de progresso acentuou o renascimento das culturas de antes da industrialização. A nova história, então, se refugiou na busca das tradições, valorizando o tempo que se repete. Essa pesquisa se faz mais pessoal, mais local, na ausência de um projeto coletivo. São deixados de lado os tempos fortes, os momentos voluntaristas da mudança, em favor de uma memória do cotidiano do homem comum. Estabelece-se uma nova topografia estética, conforme se fale de um vilarejo, das mulheres, dos imigrantes, dos marginais.

A terceira geração dos *Annales*, sensível como as outras às interrogações do presente, muda o sentido de seu discurso, desenvolvendo uma antropologia histórica. Respondendo ao desafio da antropologia estrutural, os historiadores dos *Annales* vestem mais uma vez os trajes dos rivais mais sérios e confirmam suas posições hegemônicas. O preço a pagar por essa reconversão é o abandono dos grandes espaços econômicos braudelianos, o refluxo do social sobre a civilização material ou o sociocultural. Decorre daí o nascimento de uma história nova, que Daniel Roche (1979:19) chama de "história sociocultural". A organização interna da revista dos *Annales* sofre, nesse momento, uma mudança importante, pois se substitui uma direção única que marcou a revista desde os seus inícios por uma direção colegiada, em 1969. Os dirigentes da segunda geração, Fernand Braudel e Charles Morazé, embora permanecendo no comitê de direção, passam o poder a uma diretoria composta por André Burguière, Marc Ferro, Jacques Le Goff, Emmanuel Le Roy Ladurie e Jacques Revel. A marginalização do discurso braudeliano é redobrada, portanto, pelo enfraquecimento de Braudel no plano do poder, apesar da veneração unânime de que é objeto.

Essa história sociocultural não é senão uma história que tomou emprestado o traje etnológico, o que permite a Claude Lévi-Strauss (1971) constatar: "tenho a sensação de que fazemos a mesma coisa. O grande livro de história é um ensaio etnográfico sobre as sociedades passadas". Essa história etnográfica ou essa antropologia histórica acentua ainda mais a desaceleração da duração operada por Braudel em relação ao tempo do espaço. O tempo é aqui plenamente humano, mas tão imóvel quanto a evolução geológica. A abordagem etnológica evacua a irrupção do evento em favor da permanência, do calendário repetido da gesta cotidiana de uma humanidade cujas pulsações se reduzem às manifestações biológicas ou familiares da existência: o nascimento, o batismo, o casamento, a morte. O historiador "annalista" torna-se o especialista num tempo imóvel num presente congelado, paralisado de medo diante de um devir incerto. Exprime a angústia de uma sociedade em busca de certezas, que reflui para o passado como para uma nova religião.

Sob a mudança: o passado

Podemos ver também nessa etnologização do discurso histórico da década de 1970 uma resposta a maio de 1968, uma vontade de exorcizar o evento-ruptura que pode estar na origem de descarrilamentos, mas também uma recuperação dos temas de contestação de uma sociedade de consumo que é interrogada na materialidade concreta do seu passado. Como escreve Jacques Le Goff (1980): "acho que esse sucesso [da história junto aos estudantes] se deve principalmente ao contragolpe do desencanto que se seguiu a 1968. Alguns, em 1968 e depois, tentaram fazer a história e de certa maneira fracassaram. Com isso, sentiu-se a necessidade de compreender melhor como esta se fazia. Para melhor entender como se pode mudar o curso dos acontecimentos. Compreender para transformar. Na falta de fazer a história: fazer história".

Um contexto político favorável também ajuda na inflexão do discurso histórico naquela década de 1970 do pós-gaullismo, onde se tem a imagem da mudança sem a vontade de mudança. O poder político concede, porém, algumas transformações notórias no nível da vida cotidiana, dos costumes, das relações matrimoniais, para responder às aspirações profundas defendidas, entre outros, pelo movimento feminista, onda provocada igualmente pelo movimento de 1968. O poder legisla sobre os direitos respectivos do marido e da mulher, sobre a contracepção e o aborto, sobre a maioridade aos 18 anos. O discurso historiador responde a uma transformação concreta da sociedade e dá espessura temporal a essas medidas pontuais, interrogando-se sobre o funcionamento da família, sobre o lugar e a imagem da criança, sobre o papel da disciplina, sobre as práticas anticoncepcionais dos velhos tempos. Os humildes renascem em sua singularidade, mas como um mundo à parte.

A onipresença dos meios de comunicação de massa na sociedade moderna desempenha também um papel na inflexão do discurso historiador. Ela valoriza pela comunicação oral a historiografia não escrita, a dos usos e costumes, das tradições orais. Sofrendo essas diferentes influências, a escola dos *Annales* abre, portanto, para si mesma novos horizontes na década de 1970; retoma o programa não realizado, formulado por Lucien Febvre, de estudo das sensibilidades e se abre à cultura material. O historiador ligado aos *Annales* calça as botas do etnólogo e deixa de lado o econômico, o social, a mudança.

A crise que faz sentir os seus efeitos no fim da década de 1970 transforma ainda mais a perspectiva. Como na década de 1950 o olhar se dirigia aos fundamentos do crescimento, aos avanços técnicos, ao rompimento do isolamento espacial, na década de 1970 o olhar social desloca-se para os bloqueios, as inércias, as permanências dos sistemas sociais. Assim, o número especial dos *Annales* de 1948 sobre a América Latina privilegia o crescimento brasileiro, argentino e mexicano, deixando de lado a parte andina do continente. Podemos ler ali uma visão atlântica da América Latina, que leva a uma relação cada vez mais intensa com a Europa no âmbito do desenvolvimento das trocas, das produções. Esse número de 1948 dos *Annales* permanece profundamente eurocêntrico. Os artigos da revista concentram-se no estudo dos negócios, dos portos, do comércio e na parte litorânea do continente americano, entendida como eixo do impulso europeu. Essa visão do mundo encontra o seu correspondente do outro lado do Atlântico, na Europa, com os trabalhos de Pierre Chaunu sobre Sevilha e de Pierre Vilar sobre a Catalunha, que também privilegiam as zonas e os fenômenos de crescimento. O período posterior é muito diferente, e o olhar sobre o mesmo continente sul-americano se modificou sensivelmente. A revista dos *Annales* consagrou-lhes um novo número especial em 1978. Os estudos supervisionados por Nathan Wachtel concentram-se nas permanências do império inca no quadro da colonização, nos fenômenos de aculturação, na parte andina, terrestre, da América Latina, no estudo das representações simbólicas das sociedades ameríndias e de suas transformações. A abordagem tornou-se antropológica. Percebe-se uma evolução semelhante em relação à Itália. Depois de terem privilegiado, na década de 1950, o estudo das cidades comerciais italianas, do crescimento, da troca, do capitalismo, em meados da década de 1960 os *Annales* se concentram nos freios ao desenvolvimento, no Mezzogiorno, dando ênfase ao mundo da terra, dos campos. O olhar econômico, quando subsiste, refluiu, portanto, para os bloqueios. Mas em geral a história econômica e social cedeu lugar a uma história mais cultural. Esta progride de maneira espetacular nesse período.

O estruturalismo bem temperado dos historiadores

Em 1971, a École des Hautes Études en Sciences Sociales (EHESS) instala-se na sua nova e espaçosa sede do número 54 do boulevard Raspail, e em maio do mesmo ano a nova diretoria da revista dos *Annales* publica um número especial, dedicado ao tema "História e estrutura". Ele traduz bem esta desejada reconciliação entre estes dois termos que se davam como antinômicos, como o casamento do fogo e da água. A participação, junto aos historiadores, de Claude Lévi-Strauss, Maurice Godelier, Dan Sperber, Michel Pêcheux e Christian Metz mostra que o tempo dos combates já passou e que, ao contrário, assistimos a um entendimento, a uma colaboração estreita entre historiadores, antropólogos e semiólogos. Cria-se, assim, uma vasta aliança, portadora de um ambicioso programa de pesquisas comuns nesse começo da década de 1970 e que será, com efeito, de grande fecundidade ao longo de toda a década. André Burguière, que apresenta o número, percebe bem o movimento de refluxo do estruturalismo, afetado pela grande convulsão de 1967/1968, e a oportunidade que os historiadores devem aproveitar para ganhar a parada. Defende para os historiadores o programa de um estruturalismo aberto, bem temperado, ou seja, não fechado em modelos excessivamente rígidos, ao mesmo tempo em que é capaz de demonstrar que os historiadores não se contentam em perceber o nível manifesto da realidade, como dizia Lévi-Strauss em 1958, mas também refletem sobre o sentido oculto, sobre o inconsciente das práticas coletivas, assim como os antropólogos.

Braudel já propusera a longa duração como meio de acesso à estrutura para a disciplina histórica e como linguagem comum a todas as ciências sociais. André Burguière vai mais longe, traçando as linhas de um programa de antropologia histórica que deve permitir, desta vez, instalar-se no próprio terreno dos estudos estruturais. É nesse campo privilegiado que a eficácia do método estrutural poderá desenvolver-se com maior facilidade. Os *Annales* defendem, portanto, em 1971, um estruturalismo para historiadores. André Burguière (1971:vii) chega a brandir alto e forte o estandarte: "um pouco de estruturalismo afasta a história, muito estruturalismo a traz de volta". Os antropólogos haviam lançado um desafio aos historiadores, mas a *entente cordiale* parece manifesta nesse início da década de 1970, graças à antropologização do discurso histórico.

Mergulham, então, os historiadores nas delícias da história fria, a das permanências, e a historiografia privilegia, por sua vez, a figura do "outro" em relação à imagem tranquilizadora do mesmo. Os historiadores dos *Annales*, ao defender uma história estruturalizada, têm como ambição formar esta federação das ciências humanas que Émile Durkheim desejava realizar, em proveito dos sociólogos. O primeiro efeito dessa fecundação estrutural do discurso historiador é muito evidentemente uma desaceleração da temporalidade, que se torna quase estacionária. Rejeita-se o eventual, considerado da alçada do epifenômeno ou do folhetim, para tratar exclusivamente do que se repete, do que se reproduz: "quanto ao eventual, uma harmonização dos ensinamentos de Braudel e de Labrousse leva a relegarmo-lo à margem, ou até a não nos interessarmos absolutamente por ele" (Pomian, em Le Goff, 1978:543-544). A abordagem da temporalidade privilegia mais, então, os longos espaços imóveis.

O historiador, segundo Emmanuel Le Roy Ladurie (1978:11), faz estruturalismo conscientemente, ou sem o saber, como *Monsieur* Jourdain: "desde cerca de meio século, de Marc Bloch a Pierre Goubert, os melhores historiadores franceses, sistematicamente sistematizadores, fizeram estruturalismo com conhecimento de causa, ou às vezes sem o saber, mas muitíssimas vezes sem que isso se saiba". Afirma Le Roy Ladurie na ocasião solene da sua aula inaugural no Collège de France, em 1973, a admiração que sente pelos métodos estruturalistas aplicados às regras de parentesco e às mitologias do Novo Mundo por Lévi-Strauss, a ponto de intitular a sua aula inaugural "A história imóvel". Mas se

EXPANSÃO E FRAGMENTAÇÃO

267

circunscreve a eficácia destas a outros céus, retém sobretudo para o historiador a ideia de que cumpre apreender a realidade a partir de um pequeno número de variáveis, construindo modelos de análise. Retomando a expressão de Roland Barthes, Le Roy Ladurie (ibid., p. 13) apresenta os historiadores como a "retaguarda da vanguarda", os especialistas em recuperação dos avanços realizados pelas outras ciências sociais pilotos que eles "saqueiam sem nenhum pudor". Essa constatação descreve bem esse segundo fôlego de um estruturalismo transformado e recuperado pelos historiadores. Le Roy Ladurie (ibid., p. 34) termina a sua aula inaugural com uma nota otimista em relação à disciplina histórica, que ele vê novamente triunfante: "a história, que foi durante algumas décadas de semidesgraça a pequena Gata Borralheira das ciências sociais, recupera agora o lugar eminente que lhe cabe. (…) Ela simplesmente passara para o outro lado do espelho, para nele buscar o Outro em lugar do Mesmo".

> Os teóricos do estado estacionário definiram-no como um perpétuo movimento que tende, porém, a que os estados médio e final reproduzam no essencial certos traços fundamentais do estado inicial. Essa teoria da *reprodução* também vale para o nosso ecossistema rural: apesar de imensas mudanças nas superestruturas, este, em si mesmo, se vê novamente, enfim, muito próximo (à véspera das fomes da Fronda e das de 1693 ou de 1709) do que era três séculos e meio ou quatro séculos antes, às vésperas da fome de 1315. Os parâmetros principais, demográficos, ecológicos ou até sociológicos, oscilaram nesse meio-tempo; não mudaram para valer. Quanto mais muda, mais continua a mesma coisa: em ambos os casos, 1320 ou 1680, uma população agrícola ativa, cujas dimensões globais continuam presas às mesmas normas, lavra superficialmente suas porções de terra com técnicas que mal se renovam; e com rendimentos pouco expressivos; estes são incapazes de impedir que a cada 30 anos algumas centenas de milhares de pessoas sejam vítimas diretas ou indiretas da fome... No conjunto, é sempre a impressão de estabilidade, incluindo, é claro, as transformações compatíveis, que domina até 1720: afinal, a produtividade por hectare pouco melhora em nosso período (Le Roy Ladurie, 1978:28-29).

Na escola da história fria, alguns, como François Furet (1971), já haviam encontrado o antídoto necessário para libertar-se de seu compromisso comunista. A estruturalização da história e do movimento torna-se, nesse caso, a alavanca capaz de sair do marxismo, da dialética, para substituí-los pela cientificidade quantitativa: "a história das inércias não é só uma boa disciplina, mas também uma boa terapêutica contra uma visão da historicidade herdada da filosofia das Luzes".

A naturalização de uma história de sociedades que se tornaram estáticas como as sociedades frias de Lévi-Strauss, simples máquinas de reproduzir, retoma o programa estrutural, apartado do voluntarismo histórico dominante no século XIX. Diante do esboroamento do horizonte revolucionário e das tentativas de restauração, a história reflui para o imóvel, um presente parado, cortado do antes e do depois, para justapor no espaço o Mesmo e o Outro. Essa imobilização da temporalidade pode às vezes se fazer acompanhar de uma posição política esvaziada de todo projeto, simplesmente conservadora: "esse tipo de história (dos tempos longos, do homem médio), no fundo, é uma história que reconheço de bom grado ter uma vocação conservadora" (Furet, 1971:61).

Os grandes beneficiários da voga estruturalista da década de 1960 foram, portanto, depois de 1968, os historiadores dos *Annales*, no momento em que uma reavaliação do evento, da diacronia, se tornava indispensável, uma conjuntura de refluxo, de explosão, de implosão do paradigma estrutural, superado internamente por aqueles que propunham a ideia de uma estrutura aberta, impalpável, enquanto externamente os questionamentos se tornavam cada vez mais radicais. A aventura estruturalista prossegue, então, e se transforma, tomando os caminhos da história. Os historiadores que até então só se haviam sentido tocados negativamente por uma efervescência que os remetia à empiria, tendo já, é claro, desacelerado o ritmo da duração, vão doravante pegar o bonde andando com a avidez e o triunfalismo dos retardatários.

Da história às histórias: a fragmentação

A conexão essencial pela qual a renovação das ciências sociais fertiliza na época o campo de investigação dos historiadores passa pela obra de Michel Foucault e pelas relações privilegiadas que ele mantém com Pierre Nora na editora Gallimard. O próprio título da coleção lançada em 1971 por Pierre Nora, "a biblioteca das histórias", sublinha a inflexão epistemológica realizada pelos historiadores. Esse título correspondia inteiramente à intenção de quebrar a unicidade implicada pela noção de História e queria assinalar o advento de uma feliz fragmentação. Escreve-se agora a história no plural e sem maiúscula; ela renuncia a realizar um programa de síntese, para melhor se reorganizar na direção dos múltiplos objetos que se oferecem ao seu olhar sem limites. Essa noção de história, no plural, corresponde plenamente à definição dada por Foucault da prática historiadora, na introdução de *A arqueologia do saber*. Pierre Nora elabora um texto de apresentação da coleção, muito marcado pela filosofia foucaultiana; retoma a noção de monumento e afirma, felicitando-se por isso:

Vivemos a fragmentação da história. Interrogações novas, fecundadas pelas ciências vizinhas, a ampliação para o mundo inteiro de uma consciência histórica que durante muito tempo permaneceu o privilégio da Europa enriqueceram prodigiosamente o questionário que os historiadores submetem ao passado. Ainda ontem dedicada à narração dos eventos que impressionaram os contemporâneos, à memória dos grandes homens e aos destinos políticos das nações, a história mudou os seus métodos, os seus roteiros e os seus objetos.

É por isso que se fez sentir a necessidade, ao lado da *Bibliothèque des Sciences Humaines* e no mesmo espírito, de criar para a história um lugar conforme as suas múltiplas dimensões.

A análise das economias e das sociedades prolonga-se hoje no estudo das culturas materiais, das civilizações e das mentalidades. A vida política ampliou o seu horizonte para incluir os mecanismos do poder. Os métodos quantitativos oferecem bases mais firmes para o desenvolvimento das perspectivas demográficas, econômicas, culturais. O texto não é mais o documento-rei; o não escrito — vestígios arqueológicos, imagens, tradições orais — dilata o domínio da história. O homem inteiro, com seu corpo, sua alimentação, suas linguagens, suas representações, seus instrumentos técnicos e mentais que mudam com maior ou menor velocidade, todo esse material antes negligenciado se tornou o pão dos historiadores. Ao passo que a aceleração da história acarreta, em contrapartida, uma exploração mais atenta das permanências, das inércias da história coletiva.

Subdivisão suplementar das *Bibliothèques* da editora Gallimard, esta nova coleção gostaria de se empenhar em abraçar esses movimentos. Livros clássicos e pesquisas de ponta, monografia ou tentativa de síntese, história política, social ou ideológica, a *Bibliothèque des histoires* pretende acolher todos os tipos de historiografia hoje vivos, sem outra preocupação senão refletir a grande renovação dos meios de conhecer e dos desejos de saber que agita o nosso presente (Pierre Nora, apresentação da coleção "Bibliothèque des histoires", Gallimard, 1971).

O sol não mais se põe no território do historiador

Pierre Nora e Jacques Le Goff dirigem em seguida uma trilogia que é publicada na coleção *Bibliothèque des histoires* com o título *Faire de l'histoire*. Essa enorme suma que aparece em 1974 constitui uma verdadeira carta constitucional da nova história. É o momento da contraofensiva, e os historiadores, depois de terem adotado uma postura defensiva durante o período em que os novos rebentos das novas ciências humanas monopolizavam a atenção, têm agora a intenção de açambarcar as férteis orientações dos francoatiradores; eles absorvem os seus métodos, para efetuar a renovação de uma história que deve pagar o preço da renúncia à unidade para realizar a maior dilatação possível do seu campo de experimentação. Os historiadores respondem aqui a um desafio que lhes é lançado pelas ciências sociais em geral e pela segunda geração do estruturalismo: "o campo que ela ocupava sozinha como sistema de explicação das sociedades pelo tempo é invadido por outras ciências de fronteiras maldefinidas, que ameaçam aspirá-la e dissolvê-la" (Le Goff e Nora, 1974, v. 1, p. xi). Para os autores da trilogia, a história deve salvar-se renunciando à vocação de globalidade.

Emmanuel Le Roy Ladurie (1973) intitula de "A história sem os homens" a quarta parte do seu *Territoire de l'historien I*. Ao contrário da primeira geração dos *Annales*, que não concebia outra história senão a humana e antropológica, Le Roy Ladurie (1967) considera, a partir de um estudo histórico concreto, a do clima desde o ano 1000, que "é mutilar o historiador torná-lo um especialista apenas em humanidade". Esse descentramento é totalmente essencial, para além desse estudo pontual, e Le Roy Ladurie o chama de verdadeira revolução copernicana na ciência histórica. O historiador avalia, então, a riqueza do seu ponto de vista proporcionalmente a esse descentramento que lhe permite afirmar a sua vocação científica. A fragmentação em curso da prática do historiador implica realizar, à maneira do programa estruturalista, o descentramento do que unificava o campo de investigação, a saber, o homem como sujeito transparente a si mesmo e como ator, para deslocar o projetor para as condições que pesam sobre a sua ação. Tal deslocamento permite ao historiador, bem como ao linguista ou ao antropólogo, promover um discurso que se oferece como científico na medida em que marginaliza a sua variável menos manipulável para uma história quantitativa.

A pluralização das temporalidades heterogêneas que serve de base à abordagem em série das temporalidades leva ao questionamento da ideia de uma globalidade histórica: "o tempo não é mais homogêneo e não tem mais um significado global" (Pomian, 1984:94). A história não tem de vestir luto pela história total, segundo Jacques Revel (1986b), que vê na fragmentação do saber histórico o indício de um novo espaço científico: "o horizonte não é mais o de uma história total, mas da construção totalmente articulada de objetos". Esse é o momento em que só se pensa com o computador, e o historiador vai poder alcançar a cientificidade. Assim, ele conta todos os objetos possíveis da história econômica, social ou cultural: as quantidades de trigo produzidas, o número de nascimentos, de casamentos, de falecimentos, o número de vezes em que

EXPANSÃO E FRAGMENTAÇÃO

271

a Virgem é invocada nos testamentos, o número de roubos cometidos em determinado lugar etc. Traça curvas, baliza limites, os pontos de inflexão: "no limite (...) só a história quantificável é científica" (Le Roy Ladurie, 1973:20).

Tomando nota dessas transformações em relação à geração dos fundadores, embora reivindicando a inovação primeira operada por ela, sobretudo às vésperas da celebração dos 50 anos da criação da revista, os historiadores dos *Annales* apresentam-se ao público como os portadores de uma "nova história", cujas linhas de fronteira ultrapassam, e de longe, os limites da revista e de seu primeiro círculo. A expressão é oficialmente lançada em 1978, com a publicação, pela editora Retz, de um livro coletivo de caráter enciclopédico, organizado por Jacques Le Goff e publicado com o título de *Nova história*. O caráter de dicionário, de suma recapituladora das renovações operadas desde 1929, ou seja, durante 50 anos de pesquisas, não é o único motivo dessa publicação. Estamos em plena fase triunfalista dessa escola dos *Annales*, e o chefe do empreendimento, Jacques Le Goff (1978:12), convida a novas conquistas: "entre as conquistas que a história ainda deve fazer está a da vulgarização histórica. Esse empreendimento está bem encaminhado". Nessa véspera de cinquentenário, estamos em plena autocelebração, como revelam, aliás, estas palavras triunfais de Jacques Le Goff (ibid., p. 13), quando apresenta esse "dicionário" como ao mesmo tempo um complemento a *Faire l'histoire*, publicado em 1974, e uma etapa superior: "ele se pretende, na mesma linha, um novo ato, uma nova etapa na defesa e ilustração da história nova, que está a ponto de se tornar um dos fenômenos importantes da vida científica e intelectual e da psicologia coletiva da segunda metade do século XX".

A história das mentalidades

Note-se que a noção de mentalidade não vem da disciplina histórica: é um termo tomado de empréstimo não só do uso comum da língua, mas também, no âmbito das ciências sociais, das análises do etnólogo Lucien Lévy-Bruhl (1922), que designa com a expressão "mentalidades primitivas" os comportamentos pré-lógicos e participativos das sociedades de antes da modernidade ocidental. Essa distinção entre uma mentalidade conceitual e uma mentalidade emocional é, por outro lado, retomada por psicólogos como Charles Blondel ou Henri Wallon para designarem uma fase, a do comportamento infantil, que precede e prepara a idade adulta.

Do social ao mental

A disciplina histórica apodera-se dessa noção, deslocando-se para a exploração da psique humana por meio do estudo da evolução dos comportamentos, das sensibilidades, das representações, graças à voga espetacular que conhece a noção de mentalidade. Distingue Peter Burke (1986) três características da adaptação dessa noção de mentalidade ao continente histórico. É, em primeiro lugar, a prevalência dada às ideias e crenças dos grupos e coletividades sobre as dos indivíduos. Em segundo lugar, a consideração não só das hipóteses conscientes, mas também inconscientes, e em terceiro lugar, a ênfase dada à estrutura das crenças e às suas relações mútuas, por oposição às crenças individuais. Estando essas três características bem definidas pela noção de instrumental mental, de Lucien Febvre. Essa ampliação epistemológica ainda deve ser contada no ativo da escola dos *Annales*, que incontestavelmente desempenhou nessa área um papel dinamizador. A evolução das mentalidades tornou-se o objeto privilegiado da nova história. A maioria dos historiadores das mentalidades transpôs os métodos estatísticos e as classificações que haviam contribuído para o bom êxito das pesquisas de história social. Essa transposição, não raro mecânica, das ferramentas válidas para definir as classificações profissionais na área das representações está na origem do sucesso obtido pela história das mentalidades, assim como de seus limites. Em inúmeros trabalhos, procurou-se fazer a partilha entre as determinações do real e as visões do mundo, mas com frequência sob a forma de um mero reflexo de uma posição social. Em outros estudos, as mentalidades atravessam a história sobre uma almofada de ar, como entidades independentes de qualquer contingência. Muitíssimas vezes, então, o novo historiador se contenta em transcrever a evolução das representações, a maneira como as pessoas percebem a sua época, sem se preocupar em estabelecer alguma relação entre essas representações e o que, no real, as provocou. Esse movimento de vaivém entre o mental e o social dá muitas vezes lugar a uma simples substituição, ocultação do universo social por trás do universo mental. Dirige-se o olhar para uma longa duração que não exclui as descontinuidades, mas estas só raramente se integram num todo social. A serialidade aplica-se aqui, como no caso das pesquisas de ordem demográfica, ao estudo da morte, da festa, do medo, da família... A longa duração adapta-se, nesse caso, a um nível considerado ainda mais profundo que o das configurações geográficas, a saber, o da natureza humana em seu caráter imutável.

As mentalidades: uma noção estratégica

A noção muito vaga de "mentalidade" tende a desempenhar na década de 1970 o mesmo papel estratégico que o conceito genérico de "social" na década de 1930. É uma roupa larga, que permite ao historiador colher informações nos diversos campos de investigação de que as ciências sociais irmãs se apropriaram. Por um lado, os historiadores próximos do marxismo, como Michel Vovelle, insatisfeitos com o caráter redutor de uma concepção estratificada da sociedade, encurralada entre uma infraestrutura e uma superestrutura, encontram nessa noção um jeito de se libertar de esquemas excessivamente rígidos. Encontram, aliás, nessa noção um modo de dar uma tradução historiadora às análises de Gramsci, que têm uma repercussão real em meio aos intelectuais marxistas dos anos 1970, pela ênfase dada à autonomia do nível do domínio ideológico, vinculada a uma situação de hegemonia cultural. Em segundo lugar, a abertura do canteiro de obras das mentalidades permite instalar-se no terreno mesmo do estruturalismo e dar-lhe um novo impulso em formas mais historicizadas. Por fim, a centralidade reafirmada pela noção de mentalidade da componente psicológica da ação humana escrutada em suas profundezas inconscientes permite instalar-se na proximidade da psicanálise, empenhando-se em historicizar o psiquismo humano, evitando assim a redução da disciplina histórica ao estudo dos fenômenos puramente conscientes e manifestos.

A noção de mentalidade torna-se a alavanca que permite à escola dos *Annales* conhecer a sua fase mais triunfante e a difusão nacional e internacional mais espetacular. Ela se define ao redor de três níveis de oposição. Situa-se na vertente do impessoal, do automático, mais do que do lado dos fenômenos conscientes, intencionais, regulando as práticas sociais a partir de um nível inconsciente. Em segundo lugar, ela está mais ligada ao nível psicológico do que ao plano intelectual em sua maneira de romper com a tradicional história das ideias. Em terceiro lugar, ela privilegia os fenômenos coletivos em relação às situações individuais, ao mesmo tempo em que deseja encontrar-se na articulação dessas duas dimensões.

Essas características próprias do surgimento e do bom êxito dessa noção de "mentalidade" levam os historiadores dos *Annales* a simplesmente transpor esses estudos do mental para as categorias de análise já em uso numa história econômica e social que já provou o seu valor. Elas levam a privilegiar o estudo do mental nas suas dimensões coletivas; apoderando-se os trabalhos históricos da ideia de séries, de fenômenos repetidos, que podem ser contabilizados, de séries quantitativas. Os historiadores empreendem a história do que parece não tê-la, ou seja, a soma dos hábitos do cotidiano, os comporta-

274   As correntes históricas na França

mentos, e não mais as decisões de uma ação refletida, a história do que se repete, das permanências, e não mais das rupturas, as expressões involuntárias do agir humano, e não mais as decisões conscientes, o estudo dos desqualificados, e não mais dos indivíduos. Em suma, tudo o que pode ser resgatado quanto à relação do passado com a morte, com o sexo, com o corpo, com a higiene, com a alimentação, com as relações de parentesco, graças ao estabelecimento de médias, torna-se o fértil canteiro de obras desse momento "mentalitário" da escrita historiadora.

Dá-se a virada a partir do começo da década de 1960. Nesse momento de transição, com efeito, a 6ª seção da EPHE elege sucessivamente, em 1958, Jean-Pierre Vernant para a cátedra de "pensamento social e religioso da Grécia antiga" e Robert Mandrou para a de ensino da "história social das mentalidades modernas". Em 1960, Alphonse Dupront é eleito para a cátedra de "psicologia coletiva e história da civilização europeia", e em 1962, Jacques Le Goff para a cátedra de "história e sociologia do Ocidente medieval". Em 1963, Jean Delumeau começa um curso consagrado à "história e sociologia do Ocidente moderno", e em 1965, Alberto Tenenti inaugura outro, intitulado "história social das culturas europeias". Essas nomeações dão um verdadeiro impulso à história social dos fenômenos culturais dentro do Centre de Recherches Historiques (Raphaël, 1993:36) e tornam possível o estabelecimento, em meados da década de 1960, de amplos programas de pesquisas coletivas nessa área.

Um pioneiro

Um franco-atirador, Philippe Ariès, foi um verdadeiro precursor, na França, na exploração das mentalidades. Grande apreciador de Jacques Bainville, cuja *Histoire de France* foi seu livro de cabeceira na adolescência, Ariès torna-se instrutor da École des Cadres no fim de 1941 e depois, no começo do ano de 1943, diretor do centro de documentação do Institut des Fruits et Agrumes Coloniaux: "esses anos de 1940-1943 são de importância capital em seu itinerário" (Lebrun, 2003:195), pois é o momento de sua conversão a uma história ao abrigo dos objetivos demasiado políticos, a história de Marc Bloch e de Lucien Febvre, que Ariès descobre maravilhado. Formado no Institut d'Histoire des Populations, criado durante a guerra, publica já em 1948 sua *Histoire des Populations Françaises et de leurs attitudes devant la vie*; precedendo, assim, a voga demográfica, permanece, porém, completamente ignorado pelos *Annales* até um período tardio, pois será preciso aguardar até 1964 para que ele seja citado na revista por Jean-Louis Flandrin (1964:322-329), por seu estudo chamado *A criança e a vida familiar no Antigo Regime*. Nele desenvolve uma

EXPANSÃO E FRAGMENTAÇÃO

intuição particularmente fértil, segundo a qual a contracepção provocou uma verdadeira revolução mental, no sentido de um desejo de controle da vida. Mas seu olhar permanece profundamente nostálgico quanto à sociedade tradicional de outrora. Em seu segundo livro, dedicado à criança, apresenta a ideia da infância como uma idade específica, distinta da dos adultos, como uma novidade própria da modernidade e que oferece o espetáculo, em contraste, de um antigo regime, mundo perdido de um universo fetal em que a convivialidade transcendia as separações entre as idades. Atribui Philippe Ariès (1979:136) a passagem de um modelo a outro não a uma mutação global da sociedade: ela "se explica por um fenômeno psicológico que alterou o comportamento do homem ocidental a partir do século XVIII". Encontramos no âmago dessa explicação a ideia de um inconsciente coletivo como agente ativo que determina as variações das mentalidades segundo as épocas no esquema de Philippe Ariès. Aparenta-se o seu estudo às variações sobre um único tema, o da evolução interna da ideia da infância, da família e dos comportamentos que dela decorrem. Nesse nível, a contribuição de Philippe Ariès está longe de ser desdenhável; ele abre novas direções para a pesquisa histórica, ainda que permaneça numa descrição do universo mental.

Depois dos estudos sobre as variações da cultura ocidental ante a vida, Philippe Ariès (1975 e 1977) estuda as variações dos comportamentos ante a morte. Esses estudos de psicologia coletiva tentam, mais uma vez, chegar às fundações inconscientes das práticas sociais. Não diferencia a morte católica da morte protestante, não leva em conta nem os mecanismos de transmissão da cultura dominante, nem os condicionamentos demográficos e sociais: "a meu ver, as grandes derivas que arrastam as mentalidades, atitudes diante da vida e da morte, dependem do inconsciente coletivo" (Ariès, 1975:222). Seguimos, pois, com Philippe Ariès as oscilações do inconsciente coletivo segundo mecanismos de adaptação, de reviravolta e de inversão dos significantes. O referente de base parece ser, também nesse caso, como para a família, "este mundo que perdemos", este tempo original em que supostamente reinava a felicidade. É o tempo da "morte domada" durante a Idade Média; reinava nesta idade de ouro uma grande familiaridade com a morte, que não era objeto de temor, nem para si mesmo, nem para os outros. O cemitério era o lugar de sociabilidade, onde se dançava e se comprava e vendia em meios aos cadáveres, sem que o espetáculo da morte impressionasse os vivos. O moribundo, organizador da cerimônia pública de sua própria morte, preparava-se para esse momento sem drama, em meio aos próximos. É o momento de uma morte acrônica, sem trauma, quase feliz. Para além do interesse incontestável de seu estudo, que nos revela muito sobre os comportamentos, podemos interrogar-nos sobre a legitimidade de uma visão diacrônica que abarca séculos num mesmo fôlego, ao redor de um parâmetro central, a morte, sem jamais buscar os fundamentos das suas inflexões. Philippe Ariès, aliás, não sente a necessidade de recolocar em situação essas sucessivas sensibilidades ante a morte, pois para ele não se trata senão das variações de um inconsciente coletivo que transcende o seu ambiente. Se há realmente autonomia na evolução das atitudes dos ocidentais ante a morte, podemos por isso seguir o caminho de uma independência total em relação a uma dada sociedade em suas dimensões tanto materiais quanto espirituais? As atitudes diante da morte veem-se colocadas num estado de ausência de gravidade, animadas por um dinamismo próprio e irracional.

As mentalidades segundo Georges Duby

Para além desses trabalhos pioneiros, mas isolados até meados da década de 1970, de Philippe Ariès, a história das mentalidades conhece um tal sucesso, que certo número de intervenções dos historiadores dos *Annales* tenta, diversas vezes, estabelecer as suas fronteiras e definir o seu conteúdo. O primeiro desses textos que podemos caracterizar como programas de pesquisa ou manifestos é o de Georges Duby. Historiador dos *Annales*, totalmente independente das redes, ele foi chamado, no fim da década de 1950, por um adversário declarado da escola dos *Annales,* Charles Samaran, para escrever o artigo "A história das mentalidades" na obra coletiva que Samaran dirigia: "Samaran habilmente designou um membro promissor e reputado, mas deslocado da nova história" (Boucheron, 2003:236). Ele definiu o lugar da história das mentalidades já em 1961, no livro organizado por Charles Samaran *A história e seus métodos*, publicado nas edições de La Pléiade, num momento em que esse campo mal surgia: "psicológica, a história já desde os seus primórdios se pretendeu tal" (Duby, 1961:937). Georges Duby é então muito próximo a Robert Mandrou, o que lhe permite escrever seus primeiros artigos nos *Annales* já na década de 1950. Eles publicam juntos, em 1958, uma *Histoire de la civilisation française* pela Armand Colin: "em 1954, Lucien Febvre entrou em contato com Georges Duby e lhe propôs, em colaboração com Robert Mandrou, a reformulação da *Histoire de la civilisation française* publicada em 1885-1887 por Alfred Rambaud (Poirrier, 2004:50). Georges Duby organiza imediatamente um seminário consagrado às "mentalidades medievais" na universidade de Aix-en-Provence. Ele inscreve o seu trabalho na continuidade do de Lucien Febvre, quando este definia, em 1938, as relações entre "A psicologia e a história" na *Encyclopédie Française*. Duby encara a fecundidade possível das relações entre a psicologia social da década de 1960, tal como se lhe mostra em seus estudos

EXPANSÃO E FRAGMENTAÇÃO

experimentais das relações que o indivíduo mantém com o seu grupo de pertença, e a preocupação do historiador de correlacionar o coletivo com o pessoal. O historiador topa com um impasse quando tenta investigar a psicologia interior das personalidades excepcionais, quer sejam chefes, quer santos, quer seja o rei Roberto, o Piedoso, quer o teólogo Lutero. Corre o risco de afundar sem retorno nas trevas insondáveis e pode assim encontrar, segundo Duby, no estudo dos grupos matéria mais propícia para a sua investigação e permitir, por isso mesmo, alcançar níveis mais essenciais no plano social, ainda que menos espetaculares.

Além disso, o nível do mental tem para Duby a sua temporalidade própria, que ele subdivide segundo a chave braudeliana em três ritmos: o ritmo rápido das emoções de um momento, de uma conjuntura, do boato à frase de efeito em seus ecos momentâneos; depois a evolução dos comportamentos e das crenças compartilhadas por determinado grupo social; enfim, numa duração mais longa, os quadros mentais mais resistentes às mudanças, a herança cultural, o sistema de crença ou modelo de comportamento que perdura para além do eventual. Para promover a história das mentalidades, Duby teve de desviar o olhar historiador da narração dos fatos passados, da pesquisa da veracidade dos rastros deixados a partir das genealogias, hagiografias, crônicas, para estudar, a partir dessas mesmas fontes, as representações que uma época tem de si mesma, de sua história em sua subjetividade. Retoma, nesse contexto, o conceito de instrumental mental, de Lucien Febvre, e atribui a maior importância ao estudo da linguagem, ao campo semântico, para recuperar o seu conteúdo. Ele define, ao fim de seu artigo-manifesto, o estudo dos mitos e das crenças como a tarefa atribuída ao novo historiador das mentalidades, mas não desconectado de seu substrato social, e assim Duby se inscreve numa perspectiva que corresponde ao mesmo tempo à preocupação dos historiadores marxistas de fazer a ponte entre infraestrutura e superestrutura e à de Lévi-Strauss quando estabelece os laços entre as ordens vividas e as ordens concebidas, ou seja, segundo Duby (1961), entre o real e o ritual: "comparar representações e realidades, confrontar símbolos, ritos e noções que eles (os ritos) mantêm no grupo, com as relações verdadeiras que a distribuição do poder, da riqueza e do prestígio estabelecem entre os indivíduos".

A fonte já não é a tela entre um real a resgatar e o historiador, mas se torna o objeto mesmo do tornar transparente: "tento fazer a história das formações verbais", escreve mais tarde Georges Duby (1980:136-137), que define aqui a primeira etapa necessária para conferir um estatuto ao estudo das representações, durante muito tempo desdenhado ou considerado mero reflexo. Logo acrescenta, porém, distinguindo-se de uma concepção nominalista, que "uma vez empreendida esta semiologia social, resta ver a maneira como ela se articula com as condições econômicas". Não faz, portanto, a história das mentalidades funcionar como substituto do estudo das estruturas sociais. Ele foi capaz de dar um estatuto histórico a um universo simbólico atravessado pelos conflitos internos da sociedade de que emana. Os sistemas de representação são a cada vez remetidos ao lugar do locutor. Com efeito, Duby desconfia dos grandes afrescos em série que se dedicam à evolução por uma longuíssima duração de um comportamento, de um conceito, de uma representação e cujo processo diacrônico se descola do real. O trabalho do historiador consiste, ao contrário, em confrontar sem cessar as diversas temporalidades e em evidenciar as defasagens, as discordâncias entre realidade social e representação ideológica, que não evoluem em perfeita sincronia. As mentalidades não são entendidas como um objeto suplementar que permita ao território do historiador fragmentar-se em pedaços díspares; elas tornam a exigência de recuperação de um conjunto, de uma coerência ao mesmo tempo mais difícil e mais exaltante.

O olhar que o historiador Georges Duby (1980:181) dirige à família, ao amor, ao casamento equivale a recolocar os comportamentos, as sensibilidades da época medieval nas metas contraditórias que eles representam para as categorias sociais dominantes. Assim é que ele vê na célula familiar a "bainha matricial" da sociedade medieval. As metáforas usadas na época para pensar a sociedade encontram na família o essencial de sua inspiração. Os monges são irmãos, seu chefe é o pai deles, os senhores ao redor de seu líder formam uma *mesnie* ou família... Duby (1981:23), porém, não naufraga diante dessse panfamilismo numa óptica seriada em que a família, o casamento seriam o objeto de uma análise separada dos outros aspectos do real. Ao contrário, entende o casamento como ponto de junção do material e do espiritual: "ele sustenta, por conseguinte, as infraestruturas; não é dissociável delas".

Estabelece em sua tese sobre a sociedade de Mâcon na Idade Média uma relação entre o ritmo das modificações da ordem política e o caráter mais ou menos frouxo das relações e vínculos familiares. O amor, o casamento são entendidos como apostas. Mostra como a paixão, o amor puderam ser considerados um foco de desordem a abafar, a canalizar para melhor dirigi-los para a legitimação da norma institucionalizada. O casamento teve, portanto, muito cedo como função ser um bastião da ordem. É objeto de duas visões inicialmente divergentes: a dos clérigos e a dos cavaleiros. Os clérigos da Idade Média veem no casamento o único remédio contra a fornicação e a luxúria. A união de dois seres deve excluir o prazer físico. Mas o casamento é em primeiro lugar um mal, pois supõe a união carnal, mal necessário para a reprodução da raça. Cumpre, portanto, codificá-lo, rodeá-lo de tabus estritos para o dominar e assim assentar o poder dos clérigos sobre os

EXPANSÃO E FRAGMENTAÇÃO

leigos: "o matrimônio é um instrumento de controle. Os dirigentes da Igreja serviram-se dele para enfrentar os leigos e na esperança de subjugá-los" (Duby, 1981:303). É isso o que está em jogo no século XI, aspecto maior da revolução feudal, momento em que o desaparecimento do poder político central e a fragmentação do corpo social tendem a favorecer os clérigos. Longe de substituir a sociedade medieval, o estudo de Duby sobre o casamento permite torná-la transparente. Esse mergulho no social por intermédio das mentalidades só é possível colocando-se a questão do porquê das mutações perceptíveis, superando uma abordagem puramente descritiva e relacionando os diferentes aspectos da atividade e do pensamento humanos.

A mais avançada prospecção de Duby no campo das mentalidades e que pode ser lida como a ilustração mais bem-sucedida é *As três ordens ou o imaginário do feudalismo* (1978). Retoma Duby o esquema trifuncional de Georges Dumézil (soberania, guerra, fecundidade), mas derruba a proposição de que esse esquema seria uma estrutura mental própria dos indo-europeus. Para Dumézil, no começo era o mito, ao passo que Duby considera que a estrutura propõe e a história dispõe. Desvia o olhar para o surgimento do mito no tecido histórico, a sua maior ou menor fecundidade e a sua significação nas práticas sociais em que é usado. Ora, a sociedade por ele estudada é permeada por zonas de conflito, que se deslocam e engendram representações do mundo cuja forma ou a natureza se adaptam à necessidade de estrangular os conflitos. Nesse âmbito, o ideológico desempenha um papel completamente diferente do de um mero reflexo da dominação econômica. Ele produz sentido, portanto realidade, produz o social, e desempenha até, segundo a terminologia althusseriana, um papel dominante na sociedade feudal, uma função de organização das relações de produção. A esfera ideológica desempenha nesse caso o papel do lugar da ausência, o modelo perfeito do imperfeito.

Duby resgata o surgimento do esquema trifuncional na Europa ocidental como a resultante da revolução feudal. No século IX, tendo-se dilatado o império carolíngio e sendo objeto de uma pressão exterior, assistimos a um retorno dos valores ideológicos. O sistema militar, instalado nas marcas da fronteira, passa para o centro do corpo social, dilui-se para o interior. Não mais encarna o rei o poder de declarar guerra, mas de preservar a paz. O poder político muda de objeto, pois deve ser o protetor das turbulências internas, o defensor dos lugares santos, das igrejas e dos mosteiros.

A revolução feudal precisa, portanto, de um sistema de legitimação, de um modelo também ele perfeito de representação da distribuição do trabalho social, da submissão aceita pela maioria. Ora, é nesse momento, por volta de 1025, que encontramos em dois bispos, Geraldo de Cambrai e Adalberão de Laon, a expressão de um esquema trifun-

280   As correntes históricas na França

cional da sociedade: "uns rezam, outros combatem, outros ainda trabalham" (*oratores, bellatores, laboratores*). Na ausência de poder político, os clérigos é que tentam restaurar o equilíbrio social, e a figura ternária se apresenta como o correspondente terrestre das distinções celestes. Se tal esquema permanece palavra de clérigos, sem repercussão até o fim do século XII, num período de latência, ele se impõe então aos senhores e cavaleiros, a fim de estabelecer a distinção irredutível entre as três ordens constitutivas da sociedade francesa ante a ascensão da burguesia urbana.

Essa estruturação das três ordens passa, então, do ideológico ao social, por efeito de retorno, daí seu poder criador. E quando Filipe, o Belo, recorre no início do século XIV à reunião dos estados-gerais, a ordem celeste se transformou em ordem socioprofissional: o clero, a nobreza e o Terceiro Estado, divisão que subsiste até 1789. Por esse mergulho na eficácia de uma estrutura simbólica, mostra Duby (1975:122) como podemos pensar uma sociedade a partir de uma simples mecânica do reflexo e, ao mesmo tempo, que uma estrutura simbólica deve ser estudada em seu processo de historicização: "o modelo perfeito das três ordens, ligado ao ideal monárquico, e colocando acima dos outros os chefes dos exércitos, é uma arma na polêmica contra os defensores de uma ordem nova, que eram, por um lado, os heréticos, e por outro, os monges de Cluny". Restituída à conflitualidade que assistiu ao seu surgimento, a estrutura não corresponde nesse caso, muito pelo contrário, a uma arma contra a história; ela é o objeto de uma reconciliação possível entre os dois processos que se dão inicialmente como antagônicos.

As mentalidades segundo Robert Mandrou

O segundo texto-manifesto a definir a história das mentalidades é de um pioneiro nessa área, próximo a Lucien Febvre, Robert Mandrou, encarregado de redigir o artigo "Mentalidade" para a *Encyclopaedia Universalis*, em 1968, ou seja, no momento mesmo em que essa forma de história conhece um novo interesse entre todos os profissionais. Mandrou está numa relação de muita proximidade com Georges Duby, com quem publicou em 1958 uma *Histoire de la civilisation française*. Reencontramos, pois, em seu artigo da *Encyclopaedia Universalis* a mesma preocupação de privilegiar a dimensão psicológica da história, numa perspectiva globalizante, e de identificar diversos ritmos de flutuações de mentalidades. Ele traça para a história o programa de pesquisa dos momentos de estruturação e de desestruturação dessas mentalidades que definem a articulação de conjunturas mentais dos simples climas de uma época com estruturas de duração mais longa.

Definindo um método que tem de ser tanto mais rigoroso quanto o seu objeto é difícil de delimitar, Mandrou (1968a:437), porém, exprime as mais profundas reservas com relação à psicanálise: "todo esse itinerário não implica nenhum recurso à psicanálise, que atrai os historiadores das psicologias coletivas". Segundo Mandrou, a história das mentalidades é um jeito de se chegar a uma história realmente total e dialética. Ela postula um grau de autonomia diante das determinações socioeconômicas e, portanto, não permite ao historiador contentar-se com um mero jogo de reflexos entre infraestruturas e superestruturas, mas essa forma de história está submetida a um duplo vínculo: por um lado, o dos métodos de investigação, que têm os seus recursos no campo literário, e, por outro lado, "ela deve referir-se sem cessar às evoluções mais importantes, mais solidamente estabelecidas, da história social e econômica" (ibid., p. 438).

Essa ênfase dada à história das mentalidades fez Robert Mandrou ser despedido do cargo de secretário dos *Annales* por Fernand Braudel, que não quis compartilhar a herança do mestre comum, Lucien Febvre. Ele acabava de publicar um livro pioneiro no campo da história das mentalidades, *Introduction à la France moderne, essai de psychologie historique*, em 1961, livro que Lucien Febvre lhe encomendara e deveria ser publicado em coautoria por Febvre e Mandrou, mas cuja publicação — após a morte de Febvre — traz apenas o nome de Mandrou, por imposição de Braudel, apesar de uma real elaboração comum, como atesta o apaixonante dossiê reunido na reedição de 1998 (Mandrou, 1998).

Publica Mandrou em 1968 a sua tese, dedicada à mudança radical de atitude dos magistrados diante do fenômeno da feitiçaria ao longo do século XVII. Aborda essa lenta desestruturação da perseguição judicial das manifestações de feitiçaria, que se prolonga por cerca de um século. Ao passo que os magistrados proferem sem escrúpulos as suas condenações no início do século, perseguindo os subordinados de Satanás, no fim do século todos os parlamentos renunciaram a esse tipo de acusação. Através dessa mutação, Mandrou detecta a dissolução de uma estrutura mental, situando o vetor da mudança no interior de uma cultura de elite, a dos magistrados, que se identifica com o progresso da razão.

É em relação a essa dicotomia entre uma cultura supostamente popular e uma cultura supostamente erudita que Michel de Certeau exprime reticências muito inovadoras, pois anunciam futuros questionamentos da própria noção de "mentalidade". Ao mesmo tempo em que exalta a importância do trabalho de Mandrou, ele o alerta contra o fato de que o silêncio dos arquivos não é argumento para o historiador, e que este último, prisioneiro dos únicos arquivos consultáveis, os dos saberes constituídos, não pode tirar deles deduções muito apressadas. No exato momento em que Alphonse Dupront alerta contra as categorizações apressadas praticadas na história das mentalidades e preconiza,

282 AS CORRENTES HISTÓRICAS NA FRANÇA

mais do que uma metodologia que sirva de crivo, uma atitude de prudência, de ascese, que qualifica com o nome de inocência. Essa ascese inocente é definida por Dupront (1970:387-388) num artigo pouco lido, pois publicado numa revista romena. Significa ela que o historiador seja "livre de todo pressuposto e do maior número possível dos nossos condicionamentos", e numa "disciplina mental rigorosa, ligue sem mecanizar, organize sem reconstruir, aprofunde ou enraíze sem violentar nem transplantar".

> A noção de "progresso", de que se serve R. Mandrou, duplicando-a com a de "audácia", deve ser manejada com prudência. Não podemos escalonar as posições adversas sobre uma linha em que seriam classificadas segundo a sua relação com o saber de que somos detentores (o que seria, propriamente falando, referir-se ao "progresso"). Na realidade, concepções contemporâneas se enfrentam, em função de estruturações retomadas por elas: elas se deslocam mutuamente, sem que seja possível distribuir a umas e não a outras o prêmio do "progresso". Pode haver uma capacidade de observação mais fina e mais determinante nos que ainda sonham concepções "sobrenaturalistas"; em compensação, a exclusão do diabólico pode reutilizar todas as lendas antigas, marcando-as apenas com o sinal "melancolia". É a móvel combinação destas posições que permite constatar uma mudança profunda, e raros são os pensamentos que formulam esta evolução de maneira coerente, ou seja, como um problema de *conjunto*... Deve a movimentação constatável nesta face iluminada da época clássica ser considerada o aspecto positivo e "progressista" de uma evolução? A sua face obscura, diabólica e "supersticiosa" representaria apenas o que uma sociedade rejeita, o que envelhece e vai cair. A divisão entre o que se passa à luz do dia e esta vida noturna traçaria a linha que aos poucos vai separando de um passado um futuro. A esta interpretação apressada e "cientificista" opõe-se o fato de que a feitiçaria não é só o que uma sociedade recusa *por si mesma* para dele *fazer* uma "superstição" e um arcaísmo. É, *em si*, uma massa informe, múltipla, vinda de toda parte e não raro intangível, que a contesta (Certeau, [1969] 1973:13-39).

As mentalidades segundo Jacques Le Goff

Em seguida, é a Jacques Le Goff que cabe definir o que entende por história das mentalidades no auge do sucesso desta forma de história, a saber, no interior da trilogia *Faire de l'histoire* de 1974. Definida como uma história ambígua, seu caráter impreciso dá-lhe todo o fascínio, pois assim permite ao historiador aproximar-se do etnólogo, do sociólogo e da psicologia social, todas essas relações que têm, nesses tempos em que a disciplina histórica se nutre de intenções hegemônicas, um interesse altamente estraté-

EXPANSÃO E FRAGMENTAÇÃO

gico. O caráter versátil dessa noção vaga de mental permite lavrar as terras de outras ciências sociais: "o primeiro atrativo da história das mentalidades reside precisamente na imprecisão" (Le Goff, 1974, v. 2, p. 76). Além desse interesse, a história das mentalidades permite, segundo Le Goff, sair de um economicismo estreito, segundo o qual o homem não se nutre senão de pão. Ela constitui um alhures indispensável à realização do projeto prometeico de ressurreição do passado tal como o definira Michelet no século XIX.

Mas a história das mentalidades não se define apenas pelo contato com as outras ciências humanas e pelo surgimento de uma área recalcada pela história tradicional. Ela é também o ponto de encontro de exigências opostas, que a dinâmica própria à pesquisa histórica atual força ao diálogo. Ela se situa no ponto de junção entre o individual e o coletivo, o tempo longo e o cotidiano, o inconsciente e o intencional, o estrutural e o conjuntural, o marginal e o geral.

O nível da história das mentalidades é o do cotidiano e do automático, é o que escapa aos sujeitos individuais da história porque revelador do conteúdo impessoal do pensamento deles, é o que têm em comum César e o último soldado das suas legiões, São Luís e o camponês de suas terras, Cristóvão Colombo e o marinheiro das suas caravelas. A história das mentalidades está para a história das ideias assim como a história da cultura material está para a história econômica. A reação dos homens do século XIV diante da peste, castigo divino, alimenta-se da lição secular e inconsciente dos pensadores cristãos, de Santo Agostinho a Santo Tomás de Aquino, ela se explica pelo sistema de equação doença = pecado, desenvolvida pelos eclesiásticos da alta Idade Média, mas desdenha todas as articulações lógicas, todas as sutilezas do raciocínio para conservar apenas o molde grosseiro da ideia. Assim, o utensílio de todos os dias, a roupa do pobre derivam de modelos de prestígio criados pelos movimentos superficiais da economia, da moda e do gosto. É lá que se apreende o estilo de uma época, nas profundezas do cotidiano. Quando Huizinga chama João de Salisbury de "mente pré-gótica", se lhe reconhece uma superioridade de antecipação em relação à evolução histórica pelo prefixo, pela expressão em que mente (*mind*) evoca a mentalidade, ele se torna a testemunha coletiva de uma época, como Lucien Febvre fez com um Rabelais liberto do anacronismo dos eruditos das ideias para ser devolvido à historicidade concreta dos historiadores das mentalidades.

O discurso dos homens, seja qual for o tom com que tenha sido pronunciado, o da convicção, da comoção, da ênfase, não é, o mais das vezes, senão um amontoado de ideias feitas, de lugares-comuns, de velharias intelectuais, o exutório heteróclito de destroços de naufrágios de culturas e de mentalidades de diversas origens e de diversos tempos.

Daí o método que a história das mentalidades impõe ao historiador: uma pesquisa arqueológica, primeiro dos estratos e pedaços de arqueopsicologia — no sentido em que André Varagnac fala de arqueocivilização —, mas sendo, porém, esses destroços articulados em coerências mentais, se não lógicas, a decifração, em seguida, dos sistemas psíquicos próximos da *bricolagem intelectual* pela qual Claude Lévi-Strauss reconhece o pensamento selvagem...

Assim, o que parece carente de raízes, nascido da improvisação e do reflexo, gestos maquinais, palavras irrefletidas, vem de longe e demonstra a longa repercussão dos sistemas de pensamento.

A história das mentalidades obriga o historiador a se interessar cada vez mais por alguns fenômenos essenciais da sua área: as heranças, cujo estudo ensina a continuidade, as perdas, as rupturas (de onde, de quem, de quando vem este hábito mental, esta expressão, este gesto?): a tradição, ou seja, as maneiras como se reproduzem mentalmente as sociedades, as defasagens, produtos do atraso das mentes em se adaptarem à mudança e da desigual velocidade de mudança dos diversos setores da história. Campo de análise privilegiado para a crítica das concepções lineares do serviço histórico. A inércia, força histórica capital, que pertence mais aos espíritos do que à matéria, pois esta é com frequência mais rápida do que aqueles. Servem-se os homens das máquinas por eles inventadas, conservando as mentalidades de antes dessas máquinas. Os automobilistas têm um vocabulário de cavaleiros, e os operários de fábricas do século XIX, a mentalidade dos camponeses, seus pais e avós. A mentalidade é o que muda mais lentamente. História das mentalidades, história da morosidade na história (Le Goff, 1974, v. 3, p. 80-82).

As mentalidades segundo Philippe Ariès

Em 1978, a história das mentalidades conhece o seu apogeu, com a entronização tardia de Philippe Ariès como diretor de estudos da EHESS. É a este precursor, ignorado por muito tempo, que compete a missão de redigir o artigo "História das mentalidades" na enciclopédia intitulada *Nouvelle histoire*, publicada pela editora Retz em 1978, sob a organização de Jacques Le Goff. Recorda Ariès o papel pioneiro da geração de Marc Bloch e de Lucien Febvre e o lento surgimento da história das mentalidades a partir da história demográfica. Depois do eclipse por que passou em proveito da história econômica, assiste-se a uma autêntica ressurgência: "durante a década de 1960, o reaparecimento das mentalidades abala de ponta a ponta a historiografia francesa. É um acontecimento capital" (Ariès, 1978:409). Estabelece

Ariès uma correlação entre este sucesso das mentalidades e um questionamento do iluminismo, que se exprime pela crença na beneficência do progresso científico e técnico. O homem desse fim da década de 1970 parece pedir à história o que ontem pedia à metafísica. Quanto ao conceito mesmo de mentalidade, ele serve, segundo Ariès, para compreender melhor as vias de acesso à modernidade. Ele dá alguns exemplos, com os estudos de Duby sobre o estatuto atribuído por volta do século X à economia de troca, mais próxima do que Marcel Mauss analisa como um laço fundado na dádiva e na contradádiva do que do imposto moderno. O tempo está às voltas com uma mutação essencial na Idade Média: ele se pluraliza, como mostrou Le Goff em "tempo do mercador", "tempo da Igreja", "tempo do camponês" ou ainda o do monge. Outro exemplo de mutação, próprio das pesquisas do próprio Ariès, reside na maneira como as sociedades tradicionais praticaram um sistema original de regulação demográfica que levou à generalização do casamento em idade avançada. Dos estudos demográficos, surgiram interrogações sobre os modos de controle da sexualidade no Antigo Regime. Ao contrário de Mandrou, Ariès está mais propenso a explorar as diferenciações regionais do que as sociais. A outra diferença essencial com Mandrou está no plano da relação dessa história das mentalidades com certa forma de psicanálise, não a freudiana da análise do inconsciente individual, mas da valorização de um inconsciente coletivo: "é possível que os homens de hoje sintam a necessidade de trazer à superfície da consciência os sentimentos antes escondidos numa memória coletiva profunda" (Ariès, 1978:423).

Os jogos do mental e da ideologia segundo Michel Vovelle

Em 1975, Michel Vovelle anima com Philippe Joutard um laboratório de pesquisas intitulado Centro Meridional de História Social das Mentalidades e das Culturas na Universidade de Aix-en-Provence. A intervenção teórica de Michel Vovelle (1982) na área da história das mentalidades também situa o trabalho do historiador das mentalidades no plano das articulações entre diacronia e sincronia. Sob esse aspecto, segundo Vovelle, a melhor posição vem a ser decifrar as fases dessa crise, as mutações sociais mais radicais, os movimentos tectônicos mais profundos. É nessas transições que se revela com maior evidência a passagem de um modelo mental a outro. Ao mesmo tempo em que se especializa na história das mentalidades, Vovelle não puxa a história para o lado do imutável, do imóvel. Ele faz a partilha entre a obra do historiador e a do antropólogo e dá uma definição da história das mentalidades que a integra como parte de uma história global.

Esse conceito de mentalidade recobre para ele uma dimensão mais ampla do que a de ideologia (Vovelle, 1982). O universo mental deve levar em conta o ideológico, ao mesmo tempo em que o ultrapassa, ao passo que muitíssimas vezes ele é apresentado como um magma informe, sem nenhuma articulação. A temporalidade das mentalidades evolui em geral a um ritmo mais lento do que a sociedade, como viu Marx; foi possível qualificá-la como "prisão de longa duração", como Fernand Braudel, ou como "resistência", em Ernest Labrousse, mas Vovelle (1982:93) ressalta, por outro lado, o aspecto inovador dos sistemas de representação: "inversamente, devemos falar da real criatividade deste imaginário".

É grande a complexidade nesse conjunto a reconstituir, em que o movimento é duplo, de ação e de reação entre o real e o imaginário. A cada virada essencial, verificamos uma crise global da sociedade. É o que ocorre no fim do século XVIII, tudo vacila, do econômico ao político, mas também nas atitudes ante a família, a religião e a morte. Da mesma forma, a explosão do macabro no século XV exprime a crise da sociedade feudal, e não o retorno do recalcado nem o mero efeito da peste negra. As flutuações das representações de uma sociedade estão, pois, no prolongamento, muitas vezes distorcido, às vezes harmônico, da evolução social. Assim é que Vovelle (1982:101) aborda a história das mentalidades; ela "continua sendo a linha de frente da história social", e a função do historiador consiste em "formular a interrogação, essencial para nós, da hierarquia das ações recíprocas, das causas e dos efeitos" (Vovelle, 1983:23). As mentalidades não são mais, então, consideradas formações discursivas separadas do real, mas, como formulavam Marc Bloch e Lucien Febvre, permanecem como parte integrante do estudo da sociedade.

Michel Vovelle (1982:103) preconiza um método completamente diferente do de Philippe Ariès para tornar inteligível a evolução das atitudes ante a morte. Sua chave de leitura articula-se de maneira vertical e estuda sucessivamente "a morte padecida, a morte vivida e o discurso sobre a morte". Esforça-se em diferenciar os fatores infraestruturais, tanto a evolução demográfica quanto a das estruturas econômicas e sociais, o peso relativo do indivíduo e da família da "morte padecida". No outro polo, o dos "discursos sobre a morte", ele resgata as orientações das ideologias coerentes diante da morte, o lugar delas para a Igreja, os poderes etc. Enfim, entre esses dois polos situa o nível das mentalidades da época, com a "morte vivida", numa descrição que leva em conta as diferenciações

EXPANSÃO E FRAGMENTAÇÃO

sociais. Essa chave de análise permite a Vovelle captar as convergências e distorções que aparecem nesses três níveis.

Não se pode falar de uma "morte vivida" na Idade Média sem situá-la socialmente. É o que faz Colette Beaune (1977) ao descrever os funerais dos nobres. Impõe-se uma nova chave do tempo no fim da Idade Média, no século XV, momento em que o corpo do nobre é longamente exposto no castelo, embalsamado e de rosto pintado antes de ser substituído em efígie. Essa teatralização da morte, esse gosto pelas pompas acentuam ainda o caráter não igualitário da morte. Maurice Berthe analisa, por seu lado, a dança macabra como expressão de uma manipulação ideológica para mascarar essa desigualdade cada vez mais manifesta. Assim, estudos concretos podem tomar a morte como objeto, sem com isso desconectá-la do seu enraizamento social. É o caso do estudo de Vovelle (1978:275) sobre os 20 mil testamentos provençais do século XVIII. Constata uma mutação nas mentalidades na época das Luzes: "as pompas barrocas morreram". Os pedidos de missa nos testamentos recuam pela metade, desaparece o cerimonial, a sepultura não está mais no centro das preocupações. Não se limita Vovelle a esta constatação: "que representa a evolução observada ao longo do século, sob a pressão de que fatores se produz ela, que nome, enfim, podemos dar-lhe?" (ibid., p. 305). Recusa o esquema das elites que se opõem ao povo e demonstra o papel decisivo da burguesia urbana nessa mutação das mentalidades, que contrasta com a reação defensiva dos nobres e dos notáveis: "não gostamos muito do termo 'elite', fonte de confusões e de abreviações deformadoras" (Vovelle, 1983:216). A descristianização invocada não basta, segundo Vovelle, para esgotar as razões dessa mutação, mas não podemos deixar de lado a sua análise num estudo sobre a "morte vivida". A cartografia construída por Vovelle visa a medir as reações diferenciais dos diversos departamentos ante o movimento de descristianização lançado pela Revolução Francesa. Podemos, porém, refletir hoje para saber se essas contagens quantitativas revelam realmente sinais tangíveis que permitam atestar uma descristianização em profundidade, como tenta demonstrar Vovelle, ou se são o rastro de uma relação mais interna, mais subjetiva e íntima com a fé religiosa.

Para acabar com a história das mentalidades

Com essa voga da história das mentalidades na década de 1970, certos historiadores acreditaram alcançar, enfim, o projeto de uma história total constituída pela justaposição dos estratos de análise demográficos, econômicos, psicológicos, etnológicos etc. Por trás dessa noção de totalidade enfim alcançada está a disciplina histórica, que afirmava a sua vocação hegemônica diante das outras ciências sociais proclamando em alto e bom som que tudo pertence à história. Mas a ideia de totalidade recobre também uma dimensão metodológica, segundo a qual o historiador pode ter acesso a certo número de chaves explicativas que se oferecem a ele na apreensão desse conjunto total que é a sociedade passada, tomada em bloco sob o olhar das hipóteses do historiador. A capacidade englobante da noção de mentalidade, a sua labilidade, que serve para o historiador num primeiro momento absorver cada vez mais objetos, será o objeto de críticas crescentes quanto à sua validade heurística. O historiador britânico Geoffrey E. R. Lloyd, sucessor de Finley na Universidade de Cambridge, exprime bem esse distanciamento no título de seu livro publicado na Inglaterra em 1990, *Para acabar com a história das mentalidades* (Lloyd, 1993). Por meio de determinado número de estudos de casos, ele ressalta três dificuldades próprias à avaliação da validade dessa noção de mentalidade. A primeira, essencial, é a prevalência concedida aos fenômenos estáveis, supostamente estruturais. Invocar as estruturas subjacentes levou a ignorar o fato de que é "a maneira como essas estruturas mudam com o tempo que se torna problemática" (ibid., p. 210). Tal concepção forçou os defensores da noção de mentalidade a valorizarem as análises dicotômicas, generalizando, assim, as formas de oposição maciças entre categorias sociais ou entre épocas, quando o mais pertinente seria pesquisar os processos de transição entre grupos e épocas. Da mesma maneira, ao qualificar esta ou aquela sociedade com uma mentalidade comum, corremos o risco de cometer generalizações abusivas e de subestimar as múltiplas variações individuais: "as comunidades não pensam, só os indivíduos" (Jahoda, 1982:182). Em segundo lugar, para Lloyd (1993:19), referir-se a uma mentalidade singular na verdade equivale simplesmente a redescrever os fenômenos que o historiador julga estranhos ou que necessitam de explicação, e passa o mais das vezes à margem da explicação da mentalidade mesma, que deve ser proposta. Em terceiro lugar, "quando estabelecemos analogias ou oposições entre os sistemas de crenças em geral, é essencial que os termos da comparação permaneçam idênticos". Apesar de um refluxo generalizado da noção na década de 1980, ela persiste e resiste, no entanto, em certos setores da pesquisa. Em 1988, Robert Muchembled cria uma nova revista que leva o título de *Mentalités* e publica em 1990 um livro de referência que reivindica a fecundidade da noção de mentalidade (Muchembled, 1990). Em 1998, Richard Figuier reedita pela editora Albin Michel o livro de Robert Mandrou, que se tornou um grande clássico, *Introduction à la France moderne*, acompanhado de um imponente dossiê de análises e documentos elaborado por Jean Lecuir, Philippe Joutard e Monique Cottret. Quanto a Michel Vovelle, ele mesmo inscreve as suas pesquisas na década de 1990 na nova nebulosa da história cultural, mas considera que esta última está em filiação direta com a história das mentalidades.

A antropologia histórica

Faz sucesso na década de 1970 um novo gênero, um gênero híbrido, oriundo da moda estruturalista e do segundo fôlego que lhe dá a história: a antropologia histórica. A data em que aparece a menção de um curso de "antropologia histórica" na lista dos programas da EHESS é significativa do momento do progresso institucional desse surgimento: 1976. Com esta etiqueta e nesta data "se apresentam uma dezena de seminários e 17 docentes" (Valensi e Wachtel, 1996:252). Já no ano anterior, a direção de estudos de Le Goff, que até então se intitulava "História e sociologia do Ocidente medieval", transformara-se em "Antropologia histórica do mundo medieval". Esse setor recentemente constituído não cessa, então, de se desenvolver na década de 1970, para chegar a 14 seminários em 1978-1980. Esse campo de investigação abre novos horizontes para o historiador: o estudo das sensibilidades, da cultura material a partir de uma alteridade descoberta no tempo. Impõe-se a figura do outro ao historiador, que calça as botas do etnólogo.

Os historiadores são os novos detentores do prestígio de que gozara a partir de 1960 o Laboratório de Antropologia Social de Lévi-Strauss, bem como as pesquisas dos africanistas ao redor de Georges Balandier e Maurice Godelier. Com o declínio do estruturalismo, a interrogação sobre a alteridade desloca-se progressivamente para o passado das sociedades ocidentais anteriores à modernidade. Certa quantidade de números especiais dos *Annales* atesta essa fascinação com esse novo campo de pesquisa: "Histoire biologique et société", n. 6, em 1969; "Histoire et structure", n. 3-4, em 1971; "Famille et société", n. 4-5, em 1972; "Histoire et sexualité", n. 4, em 1974; "Pour une histoire anthropologique", n. 6, 1974; "Histoire de la consommation", n. 2-3, 1975; "Autour de la mort", n. 1, 1976; "Anthropologie de la France", n. 4, 1976; "Histoire et anthropologie des sociétés andines", n. 5-6, em 1978; "Recherches sur l'Islam. Histoire et anthropologie", n. 3-4, em 1980.

A escola de antropologia histórica da Antiguidade grega

Essa busca dá origem a uma renovação do estudo da Grécia antiga, com os trabalhos de antropologia histórica de Jean-Pierre Vernant, Pierre Vidal-Naquet, Marcel Détienne, de Nicole Loraux (*EspaceTemps/Clio, Histoire, Femmes, Sociétés* — 2005) e muitos outros que questionaram a grade de leitura herdada do século XIX e ainda usada sem discernimento para ler as mentalidades da Antiguidade. Envolvido com essa perspectiva de resgate da visão do mundo específica da civilização grega, Jean-Pierre Vernant descobre a relatividade do modo de problematização que se costuma projetar a partir de uma realidade contemporânea. Muitas vezes transpomos ao passado um instrumental mental anacrônico. Vernant (1962) se dá conta, com efeito, de que não há em Platão uma palavra para exprimir a noção de trabalho. Essa ausência o leva a historicizar o seu procedimento e a descobrir que passamos do século VIII ao século VI a.C. de um universo mental a outro, o que ele estuda em seu primeiro livro.

Tendo partido em busca da noção de trabalho, Vernant encontra sobretudo a onipresença do fenômeno religioso. Helenista, ele se torna aluno e discípulo de Louis Gernet, que escrevera uma antropologia do mundo grego e cujo aspecto globalizante do procedimento, na linhagem de Marcel Mauss e de seu "fato social total", representa a ambição teórica sempre presente nos trabalhos de Vernant. A outra influência importante recebida por Vernant nesse início da década de 1950 é a do professor de psicologia histórica Ignace Meyerson, que ele conhece desde 1940 e que orienta a sua pesquisa para o homem grego, para as suas categorias de pensamento, as suas emoções, o seu "instrumental mental", para retomar uma categoria cara a Lucien Febvre.

Em 1958, Vernant analisa os mitos gregos "sob o modelo proposto por Lévi-Strauss e Dumézil. "Agi, pois", explica ele, "como estruturalista consciente e voluntário" (Vernant, 1987). Esse primeiro trabalho estruturalista acerca do mito das raças teve início com uma nota sobre a Grécia em que Dumézil colocava o problema da trifuncionalidade. Essa filiação dumeziliana é importante para Vernant, que entra na 5ª seção da EPHE em 1963 graças a Georges Dumézil, com quem mantém frequentes intercâmbios de ideias sobre essas questões, deixando, assim, a 6ª seção, onde estava desde 1958.

Em 1975, apresentado por Lévi-Strauss, Vernant faz sua entrada no Collège de France, e com ele um ramo do estruturalismo, a antropologia histórica, se vê no cume da legitimação. A psicologia/antropologia histórica por ele defendida está ligada a uma ciência do movimento, e não à vontade de encerrar a história num estatismo qualquer. Por essa razão, uma das suas referências mais importantes é Marx, por ele considerado o verdadeiro antepassado do estruturalismo, mas não o Marx de Althusser, aquele do pós-corte epistemológico, do processo sem sujeito, uma vez que o sujeito é justamente o objeto privilegiado da sua atenção.

EXPANSÃO E FRAGMENTAÇÃO

Engloba Vernant todos os aspectos da vida dos gregos para pensá-los conjunta-mente, não encarando a sua área predileta de pesquisa, a religião, como uma entidade separada, muito pelo contrário. Assim é que ele analisa uma instância pouco presente nos estudos estruturais, a organização política, cujo advento ele estuda graças às re-formas de Clístenes em Atenas. A organização gentílica é substituída pelo princípio territorial na nova organização da cidade: "o centro traduz no espaço os aspectos de homogeneidade e de igualdade, não mais os de diferenciação e de hierarquia" (Vernant, 1971, t. 1, p. 209). A este novo espaço instaurado pela *pólis* corresponde uma outra relação com a temporalidade, assim como a criação de um tempo cívico. Esse duplo trabalho de homogeneização para ir ao encontro das divisões, facções e clientelas rivais que enfraquecem a cidade está evidentemente na base de uma reviravolta completa das categorias do homem grego. O advento da filosofia grega, da razão, não decorre, portanto, como pensa Lévi-Strauss, de puros fenômenos contingentes; ela é realmente "filha da cidade" (Vernant, 1971, v. 2, p. 124).

Vernant faz escola, como prova a publicação, em 1979, de *La cuisine du sacrifice en pays grec*, sob direção sua e de Marcel Détienne. Os autores interrogam, então, a vida cotidiana dos gregos, suas práticas culinárias, à maneira de Lévi-Strauss, não por exo-tismo, mas para melhor perceber o modo de funcionamento da sociedade grega, para a qual o sacrifício é obra de pacificação, de domesticação da violência. Nessa sociedade democrática, o sacrifício é obra de todos, mas nos limites da cidadania, que se limita ao sexo masculino. As mulheres são excluídas desse rito, bem como da condição de cidadãs. Se elas se apoderam dos instrumentos sacrificiais, é para transformá-los em armas mor-tíferas, castradoras. O corte da carne consumida cabe, portanto, ao homem, que serve as porções à esposa. O significado do sacrifício oferece, assim, um acesso privilegiado à sociedade grega em sua interioridade, e Lévi-Strauss (1979:174-175) vê nesses trabalhos uma grande analogia com as suas próprias constatações sobre os mitos americanos: "os trabalhos de Jean-Pierre Vernant, Pierre Vidal-Naquet e Marcel Détienne parecem mos-trar que há na mitologia grega certos níveis em que ela se encontra quase no mesmo pé que o pensamento americano".

Quantificar o cultural

A EHESS, laboratório dos *Annales*, graças ao seu centro de pesquisa histórica, reflete bem essa evolução na direção da antropologia histórica. Em geral, a história econômica e social cede lugar a uma história dos fenômenos culturais. Esta faz progressos espetaculares no último período. A pesquisa de Jack Hexter (1972), realizada durante o ano letivo de 1972/1973, já chegava à constatação de um crescimento do peso da história e do declínio da economia. Na época, a parte da história entre as 11 disciplinas da escola elevava-se a 35%. A tendência acentuou-se, pois ela ocupa cerca de 40% dos seminários durante o ano letivo de 1985/1986. Quanto à economia, que dispunha de 18 seminários em 1972 contra 34 dos historiadores, estagnou com 19 seminários contra 75 dos historiadores em 1986. Confirma-se o seu declínio em proveito da antropologia histórica. Símbolo significativo dessa mutação profunda, a eleição a 29 de junho de 1985 de um antropólogo para a presidência da escola: Marc Augé, que sucede durante dois mandatos de cinco anos a François Furet. Ainda que o novo presidente da escola considere que a sua eleição, depois da dinastia dos historiadores ligados aos *Annales*, não seja uma virada radical, ele não deixa de reconhecê-lo: "apesar de tudo, tenho um jeitão de papa polonês" (Augé, 1986). O enfraquecimento do econômico é duplicado por uma recuperação da história dos fenômenos culturais no interior do discurso antropológico.

A etnologização do procedimento dos historiadores dos *Annales* tornou-se possível graças à articulação de seus objetos com as categorias em uso na história econômica e social. O primeiro setor a beneficiar-se é a elaboração de uma antropologia da família, que se situa no prolongamento direto dos estudos de demografia histórica da década de 1960 (Burguière em Bédarida, 1995:171-185). É nessa perspectiva que o nível das mentalidades, dos comportamentos, se beneficia das operações quantitativas já em uso na demografia ou nas séries de preços e rendas. Este objeto, que era a área predileta do qualitativo, vê-se domesticado pelo estudo quantitativo, que guia os seus roteiros e privilegia, como no caso da demografia, a longa duração. Por outro lado, os historiadores demonstravam, assim, interesse pelo vasto campo de descoberta da antropologia estrutural: o parentesco. A evidenciação do casamento tardio como método de regulação dos nascimentos pressupunha transformações decisivas no âmbito familiar, quer na relação com a criança, como mostrou Ariès, quer também nas regras de aliança e de sucessão. Abre-se, em seguida, o questionário do historiador, logicamente, para o âmbito mais vasto de um universo social que ultrapassa o da família, para tomar como objeto as diversas práticas sociais das cerimônias, dos rituais sociais mais diversos, do nascimento à morte. O mérito essencial desses estudos terá sido o de "desnaturalizar os comportamentos sexuais, neles apontando mudanças de estilo e de normas" (Burguière em Bédarida, 1995:181).

Alguns trabalhos de antropologia histórica das décadas de 1970 e 1980 que tinham como tema o parentesco

- Duby, G. *La société aux Xe et XIIe siècles dans la régiona mâconnaise* (Paris: Sevpen, 1971).
- Gouesse, J. Parenté, famille et mariage en Normandie aux XVIIe et XVIIIe siècles (*Annales ESC*, 1972).
- Duby, G. *Guerriers et paysans, VIIe -XIIe siècles. Premier essor de l'économie européenne* (Paris: Gallimard, 1973), existe tradução brasileira: *Guerreiros e camponeses* (São Paulo, 1980).
- Le Roy Ladurie, E. *Montaillou, village occitan* (Paris. Gallimard, 1975), existe tradução brasileira: *Montaillou, povoado occitânico* (São Paulo, 1997).
- Rossiaud, J. Prostitution, jeunesse et société dans les villes du sud-est à la fin du Moyen Age (*Annales ESC*, 2, 1976).
- Veyne, P. La famille et l'amour sous le Haut-Empire romain (*Annales ESC*, 1, 1978).
- Herlihy, D.; Klapisch, Ch. *Les toscans et leurs familles* (Paris: EHESS, 1978).
- Segalen, M. *Amours et mariage dans l'ancienne France* (Paris: PUF, 1981).
- Le Brás, H.; Todd, E. *L'invention de la France* (Paris: Hachette/Livre de Poche, 1981).
- Claverie, E.; Lamaison, P. *L'impossible mariage. Violence et parenté en Gévaudan, XVIIe, XVIIIe et XIXe siècles* (Paris: Hachette, 1982).
- Collomp, A. *La maison du père. Famille et village en Haute-Provence aux XVIIe et XVIIIe siècles* (Paris: PUF, 1983).
- Rousselle, A. *Porneia. De la maîtrise du corps à la privation sensorielle, IIe-IVe siècle de l'ère chrétienne* (Paris: PUF, 1983), existe tradução brasileira: *Porneia — sexualidade e amor no mundo antigo* (São Paulo, 1983).
- Gélis, J. *L'arbre et le fruit. La naissance dans l'Occident moderne, XVe-XIXe siècle* (Paris: Fayard, 1984).
- Delille, G. *Famille et propriété dans le Royaume de Naples (XVe-XIXe siècles)*. (Paris; Rome: École Française de Rome, 1985).
- Segalen, M. *Quinze générations de Bas-Bretons. Mariage, parentèle et société dans le pays bigoudin sud, 1720-1980* (Paris: PUF, 1985).
- Burguière, A. Pour une typologie des formes d'organisation domestique de l'Europe moderne (XVIe-XIXe siècle) (*Annales ESC*, 3, mai/juin. 1986).
- Burguière, A.; Klapisch, Ch.; Segalen, M.; Zonabend, F. (Dirs.). *Histoire de la famille* (Paris: A. Colin, 1986. 2v.).
- Ariès, Ph.; Duby, G. (Dirs.). *Histoire de la vie privée* (Paris: Seuil, 1987), existe tradução brasileira: *História da vida privada* (São Paulo, 1990).
- Klapisch, Ch. *La maison et le nom* (Paris: EHESS, 1990).

294   As correntes históricas na França

A história das mentalidades é o objeto ideal a opor a Lévi-Strauss por seu aspecto integrador. Conceito vago, abrange muitas dimensões diferentes. Aos que relegam a história a uma mera descrição dos fenômenos conscientes, respondem os *Annales* com a constituição dessa história das mentalidades que tem como fundamento o nível inconsciente das práticas sociais, o pensamento coletivo e automático de uma época ou de um grupo social. Esse conceito de mentalidade nos *Annales* é inicialmente mais próximo do estudo das representações coletivas (herança tripla de Durkheim, Lévy-Bruhl e Jean Piaget) do que do intelecto, ao contrário do conceito de ideologia, que ele contém e ultrapassa. De substantivo, a história é rebaixada à condição de adjetivo. A questão do pesquisador é, então, o modo do funcionamento, mais do que o porquê da mudança. A ênfase é dada às continuidades. A escola dos medievalistas franceses adota esse novo olhar, sob a dupla influência das escolas alemã (Werner, 1983) e anglo-saxônica (Brown, 1985). Decorre daí uma minoração das rupturas e um deslocamento do social para as representações. Alguns abandonam, assim, o conceito vago de mentalidade, para adotar esquemas e modelos da antropologia. É o caso dos medievalistas, como Jean-Claude Schmitt, que, ao estudar o suicídio, parte de um artigo de antropologia sobre a ideia de morte de Marcel Mauss (Schmitt, 1976). Do mesmo modo, a inspiração é antropológica em Michel Sot (1978), em seu estudo do episcopado pós-carolíngio, a partir das *gesta episcoporum*: "o que, finalmente, mais vai informar a minha abordagem e o que a vem informando de alguns anos para cá é a presença da antropologia".

A promoção da civilização material

O trabalho etnográfico da história tem como efeito "a promoção da civilização (ou cultura) material" (Le Goff, 1972:241). Os *Annales* tomam a sociedade francesa como Lévi-Strauss se apoderou das sociedades primitivas em *O pensamento selvagem*, com a diferença de que se trata do passado. Os conceitos de antropologia histórica ou de cultura material não raro representam um trabalho descritivo que deixa de lado uma dimensão dos primórdios dos *Annales*: a história-problema. Encontra-se no centro do discurso "annalista" uma descrição da vida cotidiana, tanto material quanto mental, da gente comum das sociedades passadas, definitivamente aparentada à história positiva em seu aspecto factual, simplesmente em outro campo, fora do político. A repetição, ou o hábito, é uma das suas bases essenciais, "hábitos físicos, gestuais, alimentares, afetivos, hábitos mentais" (Burguière, 1978:45). A história da cultura material tem a vantagem de fazer renascer o homem desaparecido sob os escombros das séries sobrepostas da demografia e das curvas econômicas de longa duração: "de tanto estudarmos o preço dos grãos, às vezes nos

EXPANSÃO E FRAGMENTAÇÃO

esquecemos de quem os consumia" (Pesez, 1978:130). Trata-se do homem-consumidor de objetos materiais e culturais, não do homem produtor desses objetos, não do homem que age sobre o seu ambiente. O aspecto descritivo dessa história é, aliás, reivindicado por seus autores: "permanecemos ainda no plano descritivo, na coleta dos fatos" (ibid., p. 129). Não se trata, pois, realmente de uma articulação com os outros níveis do real. Jean-Michel Pesez pede mais autonomia para o estudo dos fatos da cultura material em relação aos fatos sociais subjacentes e cuja presença o estudo muitíssimas vezes mascarou. Seu pedido é satisfeito por um pesquisador de ponta em matéria de novos objetos e que defende uma história do gosto: Jean-Louis Flandrin. Ele a inscreve na esteira dos trabalhos de Jean-Jacques Hemandiquer sobre a história da alimentação (Hemandiquer, 1970). Os comportamentos à mesa passam, portanto, do campo de observação etnológico ao olhar de uma história antropologizada.

O iniciador, o verdadeiro precursor na prospecção da cultura material, considerado "annalista" *avant la lettre*, é Norbert Elias, que publicou o seu livro sobre a evolução dos costumes em 1939. Sua história gira ao redor de uma tese central: quer demonstrar o progresso, desde a Idade Média, no controle cada vez maior do homem ocidental sobre o seu corpo. O interesse dos *Annales* concentra-se na descrição dos costumes, das competências e das etiquetas feita por Norbert Elias. A progressão de alto a baixo na sociedade do pudor, da autodisciplina, a rejeição das manifestações do corpo, a distanciação progressiva em relação a ele são características da vida cotidiana que correspondem plenamente ao espírito dos *Annales*.

Quando escreve *Montaillou*, Le Roy Ladurie relata a vida cotidiana do pastor médio do século XIV numa aldeia isolada do Haut-Ariège e tenta ressuscitar este grande ausente, este grande mudo da história que é o homem comum. Pretende resgatar as práticas correntes no universo de representação da época deles. São perceptíveis rupturas discursivas segundo os períodos: a doença era, no tempo de Molière, representada como um corpo mau infiltrado num corpo são. O objetivo da medicina era, portanto, extirpar o mal por meio de sangrias. As refeições eram, então, a oportunidade de contrabalançar o risco das enfermidades, absorvendo-se bons alimentos em quantidade, engolindo-se o máximo possível. A cultura material permite uma abertura nova do campo histórico, com a condição de historicizar as suas descobertas. Essa historicização do material etnográfico é realizada, por exemplo, por Jean-Paul Aron (1974) quando mostra como a arte da mesa, o consumo ostentatório nos restaurantes, torna-se um lugar de interesse privilegiado para a burguesia, imitando nisto a aristocracia e exibindo pelo refinamento de seus pratos a sua distinção em relação ao povo. Afirma-se aí o burguês no acúmulo físico do perecível.

Cultura erudita/cultura popular

O progressivo desaparecimento do evento, o fim de todo motor da história, a monografia etnográfica de uma sociedade fixa tornavam necessário para os historiadores "annalistas" fazer renascer uma abordagem dinamizante do real, para especificar o processo historiador em face das outras ciências sociais. A área cultural, valorizada, onipresente nos estudos "annalistas" da década de 1970, funciona articulando-se sobre uma clivagem entre cultura erudita e cultura popular: "o historiador faz-se antropólogo, sobretudo quando a oposição entre cultura erudita e cultura popular é tomada como eixo da problemática" (Ricoeur, 1983:156). O conflito social e político entre dominantes e dominados reflui, portanto, para o cultural, numa área em que a evolução moderna e o progressismo só podem vir dos dominantes, da cultura erudita, que drena o todo social por trás dela. Essa clivagem, na leitura histórica, permite reintroduzir certa dialética interna ao funcionamento da duração, mas para proveito exclusivo das elites sociais. Por outro lado, essa oposição é formal, pois essas duas culturas, em numerosos trabalhos "annalistas", estão longe de ser externas uma à outra.

Nem por isso o nível das representações culturais deixa de estar simplesmente destacado das divisões sociais, refletindo as divisões próprias entre grupos sociais. A área cultural, criadora do social, torna-se objeto de conflitos, lugar das contradições, núcleo de inteligibilidade de uma sociedade. A nova dialética preconizada opõe o tempo e a cultura do povo, imutável, incapaz de se desligar de seus hábitos, tempo repetitivo, etnográfico, ao tempo e à cultura das elites, criador, dinâmico, fonte da inovação e, portanto, da história. A capacidade de mudança não se encontra mais no social, mas no cultural; é ali que a história pode renascer e ultrapassar a descrição etnográfica de uma repetição do mesmo. Segundo Le Roy Ladurie, a mudança está essencialmente no mundo cultural. Um belo dia, é a cultura que vira tudo de cabeça para baixo. A clivagem cultura erudita/cultura popular tornou-se, pois, o lugar de resgate das sociedades do passado.

Le Roy Ladurie (1969:367) contrapõe em seus camponeses do Languedoc o mundo urbano, em que a alfabetização progride, em que se renuncia à violência e a religião deixa de estar no primeiro plano, às massas camponesas, à cultura oral marcada pela "violência primitiva ou por um fanatismo religioso com sintomas neuróticos". Haveria, portanto, uma cultura intemporal, próxima da natureza, da bestialidade e, ao seu lado, uma cultura erudita. O cultural é que cria o social, o movimento encontra-se do lado da elite, e a inércia, do lado popular. Parece insuperável o corte entre estes dois mundos, estas duas culturas estrangeiras uma à outra, apesar da proximidade no tempo e no espaço. Por trás

EXPANSÃO E FRAGMENTAÇÃO

de uma mesma clivagem, veem-se duas sensibilidades: uma se esteia na cultura das elites, portadoras de progresso — é a leitura que dela faz Le Roy Ladurie —; a outra se debruça amargamente sobre os escombros de uma cultura popular perdida — é o olhar nostálgico de Philippe Ariès.

Adapta-se mal, porém, esse corte à realidade histórica, pois o que é exumado como elemento de uma cultura popular tem na verdade, o mais das vezes, sua origem na cultura erudita. A adequação estabelecida entre certa cultura e o povo permanece factícia, pois tal cultura é em geral proposta ou imposta pelas classes dominantes, em formas degradadas, específicas, destinadas ao povo, mas que não firmam raiz nas camadas populares. Esta cesura é ainda mais simplificadora porque as noções de "povo" ou de "elite" abrangem categorias muito mais complexas. As ressalvas ao uso desse esquema são, porém, numerosas. Num texto coletivo, Michel de Certeau, Jacques Revel e Dominique Julia (1970) exprimem as suas reservas:

É óbvio que, por meio da crítica de Soriano, é o nosso lugar que nos impomos definir. Onde estamos, a não ser na cultura erudita? Ou, se quiserem: existe a cultura popular nalgum lugar que não seja o ato que a suprime? É claro, por outro lado, que a nossa agressividade postula, menos imediatamente, talvez, mas com a mesma segurança que o progressismo confiante dos nossos autores, um tipo de relação política e social na qual a relação da cultura popular com a cultura erudita poderia não ser de mera hierarquização, mas uma espécie de democracia cultural, cuja utopia não é senão o contratipo da violência que exercemos. Se recusarmos a distinção elite/povo, que nossos trabalhos admitem sem problema no limiar da pesquisa, não poderemos ignorar que um ato escrito (o nosso, portanto), uma intenção não poderiam suprimir a história de uma repressão, nem pretender seriamente fundar um tipo novo de relação: reservar-se a profecia política é a última astúcia do saber. Será, aliás, que podemos pensar uma organização nova no interior da cultura que não fosse solidária de uma mudança na relação das forças sociais?

É exatamente isto que o historiador — é, afinal, o *nosso* lugar — pode indicar aos analistas literários da cultura. Por função, ele expulsa estes últimos de um pretenso estatuto de puros espectadores, manifestando-lhes em toda parte a presença dos mecanismos sociais de escolha, de crítica, de repressão, recordando-lhes que é sempre a violência que funda um saber. A história está nisto, mesmo se não é senão isto, o lugar privilegiado em que o olhar se inquieta. Seria vão, porém, esperar de um questionamento político uma alforria das culturas, um desabrochar enfim liberto, uma espontaneidade liberada, como desejavam ambiguamente os primeiros folcloristas. Ensina-nos a história das velhas partilhas que nenhuma delas é

298   As correntes históricas na França

indiferente, que toda organização pressupõe uma repressão. Simplesmente, não é certo que tal repressão deva sempre ser feita segundo uma distribuição social hierárquica das culturas. Cabe à experiência política viva ensinar-nos o que ela pode ser, se soubermos lê-la, não é mau recordá-lo no momento em que se levantam as questões prementes de uma política e de uma ação culturais.

Mais tarde, Philippe Joutard (1977) mostra que a lenda dos *Camisards*, embora se esteie numa tradição oral, foi criada, difundida por contadores, por profissionais e se alimentou de fontes escritas. A análise social deve ser especialmente precisa, pois o mais das vezes é nas falhas das estruturas sociais que o intermediário cultural age com maior eficácia. Há lugares especializados na difusão cultural, oficiais como a Igreja ou a escola, oficiosos como o velho botequim, tão combatido pela Igreja, pois era o lugar de uma outra cultura, não controlada.

A história seriada

A inflexão por que passa a escola dos *Annales* na década de 1970 leva a uma autêntica fragmentação da história, que é escrita no plural, com letra minúscula. Não é a História, mas as histórias. Trata-se da história deste ou daquele fragmento de real e não mais da História do real. Assim sublinha Pierre Nora essa ruptura epistemológica em relação à ambição primeira dos historiadores na apresentação da sua coleção: "vivemos a fragmentação da história". Enriquecimento dos horizontes históricos? Sem dúvida, a multiplicação dos objetos novos, a dilatação do território parecem sinais de boa saúde da história. Mas ao querer absorver todas as ciências sociais, o historiador corre o risco de nelas perder a especificidade e o interesse do seu olhar, a saber, a sua capacidade de síntese, a que ele parece renunciar. Por trás do expansionismo do discurso histórico parece haver uma confissão de impotência, preço a pagar por atirar em todas as direções.

É num mundo cada vez menos coerente, fundado em singularidades, que se desenvolve uma história fragmentada, efeito de uma mudança de perspectiva da função historiadora. Tal historiador não procura mais compreender a totalidade do real. Não mais se trata de articular num todo racional os múltiplos objetos da história. Há, sim, nessa área uma ruptura fundamental com as ambições de Marc Bloch, Lucien Febvre ou Fernand Braudel. Como o campo de investigação do historiador se inscreve na duração, ela é que sofre todo um trabalho de desconstrução. Fraciona-se o tempo único em temporalidades heterogêneas.

O luto pela história total

Sob a influência da possível quantificação do material histórico, graças ao computador, propôs-se uma abordagem nova do tempo do histórico, a história seriada, assim chamada por Pierre Chaunu. Nasceu ela da possível seriação de fatos pertencentes a conjuntos homogêneos, cujas flutuações podem ser medidas na escala de sua própria temporalidade. Nessa fase, o tempo não é mais homogêneo e não tem mais significação global. Krzysztof Pomian (1984:94) conceitualiza essa evolução na direção da pluralidade temporal, felicitando-se pelo abandono por parte do historiador de toda cronosofia, de toda direção preestabelecida: "são os processos estudados que, por seu desenrolar-se, impõem ao tempo uma determinada topologia". Segundo Jacques Revel, a história não deve vestir luto pela história total. Considera que a fragmentação do saber histórico está ligada à existência de um espaço científico diferente daquele em que operaram os *Annales* entre as décadas de 1930 e 1960. A história total só teria validade num plano estritamente programático, mas, ao passar à experimentação, a totalidade se fragmenta numa miríade de objetos singulares a especificar, a construir. Para Jacques Revel, essa inflexão do discurso histórico é a ruptura mais fundamental com o período Bloch-Febvre-Braudel, que não cessaram de proclamar a função totalizante da história.

Em *A arqueologia do saber*, Michel Foucault aplaude a mutação epistemológica que se efetua na história com a escola dos *Annales*. Reconhece nela a ruptura com a história continuísta por ele teorizada já em *As palavras e as coisas* e que ele aplica a análises históricas concretas, sobre a clínica, a loucura, a prisão, a sexualidade. Reencontramos aí a mesma recusa do pensamento do uno, do centro, do todo significante e racional: "uma descrição global concentra todos os fenômenos ao redor de um centro único — princípio, significação, espírito, visão de mundo, forma de conjunto; uma história geral desdobraria, ao contrário, o espaço de uma dispersão" (Foucault, 1969:19). Não visa Foucault, portanto, à síntese global, preferindo a esta os fragmentos do saber, as instituições e práticas discursivas que estuda enquanto tais, como elementos que introduzem a descontinuidade histórica. Suas direções de pesquisas dão à escola dos *Annales* o essencial do *corpus* teórico das orientações da época. Depois de ter feito o herói da cultura ocidental descer do pedestal — o homem, o sujeito —, Foucault se vê às voltas com o historicismo, a história como totalidade, como referente contínuo. Devemos evitar todas "as continuidades irrefletidas pelas quais organizamos de antemão o discurso que pretendemos analisar" (ibid., p. 36).

A história deve renunciar à elaboração de grandes sínteses e se interessar, ao contrário, pela dispersão dos saberes. A história não seria mais a descrição de uma evolução, noção tomada da biologia, nem o balizamento de um progresso, noção ético-moral, mas análise das transformações múltiplas em ação, localização, na tripla filiação epistemológica de Koyré, Bachelard e Canguilhem, da inspiração literária com Blanchot, Bataille, Klossowski e, enfim, da inspiração estruturalista, das múltiplas descontinuidades históricas. O fim da continuidade historiadora é o corolário necessário de um despojamento do sujeito no sentido nietzschiano de uma verdadeira dessubjetivação para se tornar uma palavra vinda de fora: "o ser humano não tem mais história, ou antes, já que ele fala, trabalha e vive, ele se encontra em seu ser próprio, totalmente embaraçado em histórias que não lhe são nem subordinadas, nem homogêneas... O homem que aparece no início do século XX é desistoricizado" (Foucault, 1966:380). A consciência de si dissolve-se no discurso-objeto, na multiplicidade de histórias heterogêneas. A unidade temporal não aparece mais senão como um jogo factício, ilusório. Ele, contudo, não escapa à história, pois a toma como campo essencial dos seus trabalhos. As descontinuidades que ele localiza, porém, na medida em que evacua toda forma de evolucionismo, são figuras enigmáticas. Trata-se de verdadeiros surgimentos, dilaceramentos, cujas modalidades e lugar são notados, sem se colocar realmente a questão de sua gênese. É um trabalho de questionamento do tradicional continuísmo histórico: "tal tarefa implica que seja questionado tudo o que pertence ao tempo, tudo o que nele se formou... de modo que apareça o rasgo sem cronologia e sem história de onde provém o tempo" (ibid., p. 343). A descontinuidade aparece, então, em sua singularidade, não redutível a um sistema de causalidade, na medida em que está cortada de suas raízes.

> Na verdade, são os mesmos problemas que se colocaram aqui e ali, mas provocaram na superfície efeitos inversos. Podemos resumir esses problemas numa palavra: o questionamento do *documento*. Nada de mal-entendidos: é muito evidente que, desde que existe uma disciplina como a história, servimo-nos de documentos, interrogamo-los, interrogamo-nos sobre eles; perguntamo-lhes não só o que queriam dizer, mas se diziam mesmo a verdade e com que direito podiam pretendê-lo, se eram sinceros ou falsos, bem informados ou ignorantes, autênticos ou alterados. Mas cada uma dessas questões e toda essa grande inquietude crítica apontava para um mesmo fim: reconstituir, a partir do que dizem esses documentos — e por vezes com meias-palavras —, o passado de que emanam, desaparecido já há muito; o documento era sempre tratado como a linguagem de uma voz agora reduzida ao silêncio — seu rastro frágil, mas por sorte decifrável. Ora, por uma mutação que não data de hoje,

EXPANSÃO E FRAGMENTAÇÃO

mas que ainda provavelmente não está terminada, a história mudou a sua posição em relação ao documento: ela assume como tarefa principal não interpretá-lo, não determinar se diz a verdade e qual é o seu valor expressivo, mas trabalhá-lo internamente e elaborá-lo: ela o organiza, o recorta, o distribui, o ordena, o divide em níveis, estabelece séries, distingue o que é pertinente do que não o é, baliza elementos, define unidades, descreve relações. O documento, portanto, não é mais para a história essa matéria inerte por meio da qual ela tenta reconstituir o que os homens fizeram ou disseram, o que se passou e de que só permanece o rastro: ela procura definir no mesmo tecido documental unidades, conjuntos, séries, relações. É preciso desligar a história da imagem com que por muito tempo ela se deleitou e pela qual ela encontrava a sua justificação antropológica: a de uma memória milenar e coletiva que se valia de documentos materiais para reencontrar o frescor de suas lembranças; ela é o trabalho e o desenvolvimento de uma materialidade documental (livros, textos, narrativas, registros, atas, edifícios, instituições, regulamentos, técnicas, objetos, costumes etc.) que apresenta sempre e em toda parte, em toda sociedade, formas quer espontâneas, quer organizadas de remanescências. O documento não é o feliz instrumento de uma história que seria em si mesma e de pleno direito memória; a história é certa maneira, para uma sociedade, de dar estatuto e elaboração a uma massa documental de que ela não se separa.

Digamos, para resumir, que a história, em sua forma tradicional, tratava de "memorizar" os *monumentos* do passado, de transformá-los em documentos e de fazer falarem esses rastros que, por si mesmos, com frequência não são verbais ou dizem em silêncio outra coisa que não aquilo que dizem; atualmente, a história é o que transforma os *documentos* em *monumentos* e, ali onde decifrava rastros deixados pelos homens, ali onde se tentava reconhecer de maneira subjacente o que eles haviam sido, abre uma massa de elementos que cumpre isolar, agrupar, tornar pertinentes, relacionar, constituir como conjuntos. Tempo houve em que a arqueologia, como disciplina dos documentos mudos, dos rastros inertes, dos objetos sem contexto e das coisas deixadas pelo passado, tendia à história e só ganhava sentido pelo resgate de um discurso histórico; poderíamos dizer, jogando um pouco com as palavras, que a história, atualmente, tende à arqueologia — à descrição intrínseca do monumento (Foucault, 1969:13-15).

Construir séries

O processo de Foucault implica, portanto, romper com a busca de um sistema de causalidade demasiado coercitivo. Ele o substitui pelo fracionamento causal, um polimorfismo que torna impossível toda instância global do real, toda totalidade a resgatar:

"não estamos e não temos de nos colocar sob o signo da necessidade única" (Foucault, 1980:46). Ele cruza, assim, o pensamento que Raymond Aron (1948:316) exprime já em 1948 em sua *Introduction à la philosophie de l'histoire*: "não há um primeiro motor do movimento histórico total". O discurso histórico não terá outro valor senão parcial, local e individual. Foucault (1969:15) recorta o real em fatias de análise, de que cada série tem seu ritmo próprio, as suas rupturas significantes fora do contexto geral: "o problema agora é constituir séries". Cada uma delas constitui uma entidade específica, com uma cronologia própria. Não há mais centro, mas estratos. Não há mais motor numa evolução, mas descontinuidades em revoluções. O discurso historiador deve limitar-se à descrição do objeto, da série, torna-se arqueologia do saber. Esse retorno ao descritivo, essa rejeição da totalidade inteligível assumem, porém, um discurso eminentemente científico para decompor o material histórico. Os termos foucaultianos de série, descontinuidade, *corpus*, conjunto, campos, sistema de relação, de transformação provêm de uma região particular do saber científico: a matemática, a lógica física e a filiação epistemológica da história das ciências. Mas não obstante um aparato linguístico tomado das ciências exatas, essa abordagem da história não dá lugar a nenhuma possibilidade de racionalização global do real. Torna-se Foucault (1971:57) o teórico do que se transformou no credo da terceira geração dos *Annales*, a história seriada: "o importante é que a história não considera um evento sem definir a série de que faz parte". Foucault, decerto, ao privilegiar as descontinuidades, parece estar em contradição com a história imóvel de Emmanuel Le Roy Ladurie. Trabalha no sentido de uma eventualização, ao passo que a corrente historiográfica dominante tende a marginalizar o peso, o papel do evento.

Nessa história seriada, o documento não é mais recebido passivamente, mas se torna monumento por construir a partir do recorte no tecido documental de conjuntos, de relações, de unidades. Mas a história perde a sua função globalizante. A pluralização da história operada por Foucault inscreve-se na filiação de Nietzsche, que propusera, em suas *Considerações intempestivas,* à ambição objetiva da história a alternativa de uma genealogia que perseguisse o seu reverso, numa relação constitutiva entre saber e poder (Foucault, 1971). A história tal como a entendem Nietzsche e Foucault opõe-se termo a termo às três modalidades platônicas. O uso da história como reconhecimento é por eles substituído pelo uso destrutor e paródico da realidade; a história como continuidade, pelo uso dissociativo e negador de identidade; e, por fim, a história-conhecimento pelo uso desqualificador de verdade: "trata-se de fazer da história uma contramemória e de nela abrir, por conseguinte, uma forma do tempo completamente diferente" (Foucault, 1971:167). Daí o debate tenso de Foucault com os historiadores no livro organizado por

Michelle Perrot (1980) intitulado *Vigiar e punir*. Foucault (1980:50) diz aos historiadores e em especial ao seu contraditor, Jean Léonard, que eles têm uma ideia demasiado estreita do real histórico, que tem o defeito de não integrar em seu campo de investigação os sonhos, produções imaginárias e outras dimensões simbólicas, que são "fragmentos de realidade que induzem efeitos específicos de real".

No ponto de partida dessa história seriada: a história econômica, mas esta se abriu a outras dimensões da história humana. As mentalidades, a psicologia social, o afetivo entraram sem problemas no tratamento seriado, o que é chamado de terceiro nível. É este o itinerário da história seriada: "do porão ao sótão", para retomar a expressão de Michel Vovelle. Essa seriação, embora apoiando-se em técnicas mais científicas — a contagem, o computador —, produz estudos descritivos, empíricos, em que, na ausência de uma busca de um sistema causal que torne inteligível a totalidade, faz-se agir esta ou aquela causalidade de maneira mecânica e arbitrária. Essa indiferenciação dos sistemas de causalidade é possível na medida em que as séries evoluem independentemente umas das outras. Na base dessa fragmentação se encontra o descentramento do sujeito como transparente a si mesmo, que não é mais considerado sujeito ativo, na base da evolução histórica, incapaz de dominar o todo da sua história. Alain Besançon (1971:71) ataca a "miragem de uma totalidade histórica", que foi a da sua geração. Deixando de lado as continuidades de uma evolução histórica, os historiadores concentram-se nas descontinuidades entre séries parciais de fragmentos de história. À universalidade do discurso histórico eles opõem a multiplicação de objetos em sua singularidade, saídos da exclusão em que o poder os mantinha; o louco, a criança, o corpo, o sexo conseguem, assim, a sua desforra contra o mundo da razão que os dissimulara.

A embriaguez estatística

Esse estudo do comportamento desviante é paradoxalmente reivindicado no momento mesmo em que o discurso historiador se pretende mais científico. Para Pierre Chaunu, tudo começa com essa história seriada, quantitativa. Há um antes e um depois cuja linha divisória é definida pelo computador, que remete os trabalhos antigos ao domínio da arqueologia. A fórmula de Emmanuel Le Roy Ladurie (1973:13-14): "o historiador de amanhã será programador ou não mais será" revela bem essa crença absoluta nos poderes miraculosos do instrumento tecnológico. Le Roy Ladurie, ao propor o método americano aos historiadores franceses, é quem melhor teoriza a negação do historiador como operador de um trabalho interpretativo: "o historiador é como um mineiro sub-

304   As correntes históricas na França

terrâneo. Ele vai buscar no fundo da terra os dados e os traz de volta à superfície, para que outro especialista, economista, climatologista, sociólogo, os explore" (ibid., p. 14). Contar e contar de novo e sempre, este é o quinhão do historiador, seja a quantidade de trigo produzida em tal região, seja o número de invocações à Virgem nos testamentos de tal aldeia, seja o número de furtos cometidos em tal lugar: "no limite (...) só a história quantificável é científica" (ibid., p. 20). Le Roy Ladurie retoma aqui quase literalmente o ponto de vista mais antigo de François Furet e Adeline Daumard (1959:676): "cientificamente falando, não há história social senão quantitativa". Esse deslumbramento com o computador vai, é claro, acentuar a propensão à fragmentação da história, à seriação. Mas não é possível contar tudo, e portanto o historiador se concentra num território restrito, para poder traduzi-lo em equações. O outro efeito, perverso, do emprego do computador é privilegiar a repetição dos fenômenos de mesma natureza, portanto a longa duração, permanente, imóvel. A inércia que caracteriza o que chamamos "sociedades frias" define, então, a civilização ocidental. O emprego maciço dos números, dos mapas e dos diagramas pela nova história exerce certo número de funções. Além da contribuição em termos de melhor conhecimento do passado, ele tem uma função retórica: "a presença de um aparato quantitativo confere aos textos da nova história o *look* do texto científico, assim como as citações e as notas lhes conferem o *look* do texto erudito" (Carrard, 1998:166). A vontade de legitimação científica está em ação, com o uso de dados quantitativos como modo identitário de um grupo profissional de historiadores que marca com isso a sua diferença e o seu ingresso no mundo científico, sua ruptura definitiva com a retórica.

> Em suma, a história-narrativa é a reconstrução de uma experiência vivida sobre o eixo do tempo: reconstrução inseparável de um mínimo de conceitualização, mas tal conceitualização nunca é explicitada. Ela se esconde no interior da finalidade temporal que estrutura toda narrativa como seu sentido mesmo.
>
> Ora, o que me parece caracterizar a evolução recente da historiografia é o recuo talvez definitivo dessa forma de história, sempre florescente no plano das produções de grande consumo, mas cada vez mais abandonada pelos profissionais da disciplina. Parece-me que passamos, sem que nem sempre o soubéssemos, de uma história-narrativa a uma história-problema, ao custo de mutações que podem ser assim resumidas:
>
> 1) o historiador renunciou à imensa indeterminação do objeto do seu saber: o tempo. Não tem mais a pretensão de contar o que se passou ou mesmo o que se passou de importante na história da humanidade ou de parte dela. Está consciente de que escolhe, nesse passa-

EXPANSÃO E FRAGMENTAÇÃO

305

do, aquilo de que fala e que, ao fazer isto, coloca para esse passado questões seletivas. Ou seja, ele constrói o seu objeto de estudo, delimitando não só o período, o conjunto dos eventos, mas também os problemas colocados por tal período e tais eventos e que ele terá de resolver. Não pode, portanto, escapar a um mínimo de elaboração conceitual explícita: a pergunta certa, um problema bem colocado são mais importantes — e mais raros! — do que a habilidade ou a paciência de revelar um fato desconhecido, mas marginal;

2) ao romper com a narrativa, o historiador rompe também com seu material tradicional: o evento único. Se em vez de descrever uma vivência única, fugitiva, incomparável, procura explicar um problema, ele precisa de fatos históricos menos vagos do que os que encontra já constituídos com esse nome na memória dos homens. Ele tem de conceitualizar os objetos de sua investigação, integrá-los numa rede de significação e, por conseguinte, torná-los, senão idênticos, pelo menos comparáveis num dado período de tempo. O privilégio da história quantitativa é oferecer o caminho mais fácil — mas não o único — para esse tipo de trabalho intelectual;

3) ao definir o seu objeto de estudo, o historiador deve também "inventar" as suas fontes, que não são geralmente apropriadas, tais quais, ao seu tipo de curiosidade. Pode acontecer, é claro, de ele ter acesso a certo pacote de arquivos que não só será utilizável tal qual, mas ainda o conduzirá às ideias, a uma conceitualização nova ou mais rica. É uma das bênçãos do ofício. Mas acontece com maior frequência o contrário. Ora, o historiador que procura colocar e resolver um problema deve encontrar os materiais pertinentes, organizá-los e torná-los comparáveis, permutáveis, para poder descrever e interpretar o fenômeno estudado a partir de certo número de hipóteses conceituais;

4) daí a quarta mutação do ofício de historiador. As conclusões de um trabalho são cada vez menos separáveis dos procedimentos de verificação que as sustentam, com os vínculos intelectuais que eles acarretam. A lógica particularíssima da narração, do *post hoc, ergo propter hoc*, não é mais adequada a esse tipo de história do que aquela, também tradicional, que consiste em generalizar o singular. Aparece aqui o espectro da matemática: a análise quantitativa e os procedimentos estatísticos, com a condição de serem adaptados ao problema e judiciosamente executados, estão entre os mais rigorosos métodos de "teste" dos dados (Furet, 1982:76-77).

Alguns, porém, expressam certas reservas ante o que Michel de Certeau (1987:77-78) chama de "ilha afortunada", que permite ao historiador pensar que pode fazer a historiografia romper as suas relações ancestrais com a retórica para enfim ter acesso, graças a essa "embriaguez estatística", a uma cientificidade enfim incontestável e definitiva. Quanto a Georges Duby (1980:53), ele evoca "a ilusão da cientificidade" dada pela quantificação, pelo tratamento aritmético. Com essa vasta decomposição do real no plano das descrições, é o renascimento de um neopositivismo que busca a lei por trás da repetição, próximo do fascínio pelo fato bruto, pelo eventual como ponto de partida e único nível de inteligibilidade, que atraíra a escola francesa do fim do século XIX. Esse método seriado traduz uma dupla impotência: a do historiador, de poder aspirar a uma visão global, e a do homem que age na história, esquartejado entre séries que lhe escapam; ele perdeu toda eficácia, toda capacidade de agir sobre o real.

Recortar-se-ia a história, portanto, em camadas estratigráficas independentes umas das outras, como as séries, numa realidade cumulativa, onde ao longo do tempo cada etapa da história de uma sociedade se coloca sobre a anterior, num processo contínuo que protege do movimento, da perturbação, sofrendo apenas, no máximo, uma erosão diferencial. A seriação do campo histórico tem como efeito dar a cada objeto uma independência. Desprendido das contingências do concreto, o objeto decola, existe em si. Esse objeto, liberto das cadeias, aparece então muitas vezes como uma figura atemporal. Mesmo se se acompanham as suas flutuações na duração, estas jamais dependem do substrato que lhe permite existir, e os laços com os outros níveis se tornam insignificantes.

Muito contribuiu para essa adesão sem recuo ao mito estatístico a preocupação de responder ao desafio de cientificidade das outras ciências sociais, mais novas, mais inovadoras, à maneira de Simiand ou Labrousse. Todos os historiadores, de qualquer opção epistemológica, foram convocados a postar-se sob o estandarte da escola dos *Annales*, para juntos enfrentarem, fazerem valer o número e a maior antiguidade diante dos sociólogos, economistas, demógrafos, linguistas etc. Esse contra-ataque disciplinar consistiu essencialmente em se apoderar dos métodos e dos atributos das ciências sociais para deles se apropriar. Tal estratégia parece ser bem-sucedida para uma história que na época dava as cartas na EHESS, diante das ciências sociais estupefatas. Clio adotou o computador, a série, logo o rigor matemático. Pôde, assim, rejuvenescer e apresentar-se diante de um público habituado à renovação, como uma nova história. Clio tornou-se uma musa acolhedora e celebrada.

Nicole Fresco elaborou um estudo quantitativo dos autores citados nos três volumes de *Faire de l'histoire*. Mostra ela até que ponto a história se abriu às outras ciências sociais: Michel Foucault, Lucien Febvre e Louis Althusser são citados seis vezes; Max Weber, Claude Lévi-Strauss, Fernand Braudel, Emmanuel Le Roy Ladurie, cinco vezes; Marx e Freud, quatro vezes; em seguida vêm Raymond Aron e Paul Veyne, três; e Michelet, duas vezes. Ou seja, cinco historiadores em 12 autores, e não com a frequência mais alta, num

EXPANSÃO E FRAGMENTAÇÃO

livro de historiadores sobre a história. Essa abertura para as linguagens das outras ciências sociais inaugura ricos horizontes, mas tal empréstimo de seus métodos é pago com o alto preço da decomposição da unidade temporal própria do historiador, da diluição da história nas outras disciplinas. Quem ganhou nessa disputa? A disciplina histórica parece sair vencedora quanto ao seu novo prestígio, mas se o preço de tal vitória é a negação do que funda o seu saber, pode muito bem ser que se trate de uma vitória de Pirro. A serialidade tem a tendência de reduzir, com efeito, o trabalho historiador a dois níveis. Ela apaga a singularidade das estruturas sob a série eventual e, por outro lado, não resolve o problema da passagem de uma série a outra.

Da história da religião à antropologia do crer

O crer como componente do "fato social total"

O religioso como objeto das ciências sociais na França foi inicialmente o objeto de estudo dos sociólogos, no início do século. Inaugurada por Émile Durkheim e continuada por Marcel Mauss, nasceu assim uma sociologia do religioso, que encarava o fenômeno religioso como constitutivo do "fato social total". Decorreu daí um primeiro deslocamento, que permite passar do estudo do religioso prescrito para o religioso vivido, área de investigação privilegiada que uma sociologia triunfante adotara então: "o estado da religiosidade francesa poderia ser analisado, sem dúvida, da mesma maneira como os estatísticos estudam o estado da moralidade por meio das estatísticas morais e criminais": este é o programa de pesquisa definido em 1903 por Marcel Mauss (1903:212-214). Mais tarde, em 1931, o jurista Gabriel Le Bras, na esteira de André Siegfried, sugere uma renovação dos estudos de história religiosa, empreendendo uma grande investigação sobre as práticas religiosas na França contemporânea. Essa investigação acerca do catolicismo vivido interessa vivamente os ambientes clericais, inquietos diante do avanço espetacular da secularização e preocupados em avaliar a descristianização no espaço nacional. Assim é que as primeiras cartografias das práticas religiosas são obra do cônego Fernand Boulard, em 1947. O interesse que as ciências sociais dedicam a esse trabalho é mais tardio. Em 1944/1945, Gabriel Le Bras realiza, com alguns membros da Société d'Histoire de l'Église de France, uma ampla investigação sobre as visitas pastorais, mas só a partir de 1954 se constitui ao redor dele o primeiro laboratório de pesquisa consagrado na França à sociologia das religiões.

Os historiadores, porém, não haviam ignorado esse campo. A institucionalização de uma história das religiões data, com efeito, de fins do século XIX, sendo contemporânea da profissionalização da história. Com efeito, em 1880 é criada a primeira cadeira de história das religiões no Collège de France, e em 1886 é inaugurada uma 5ª seção dedicada à história das religiões na École Pratique des Hautes Études. No entanto, se essas duas instituições são prestigiosas, não deixam de ser muito marginais em escala nacional. Tais iniciativas, aliás, não suscitam o entusiasmo geral e provocam até vivas polêmicas com os eclesiásticos, que veem essas tentativas com muita desconfiança, considerando-as ataques de um Estado laico contra a religião. A maioria dos primeiros titulares dessas cátedras, protestantes liberais, não é muito apta a tranquilizá-los. Entretanto, são publicados trabalhos de fôlego, como a *Histoire du catholicisme en France*, sob a direção de André Latreille, entre 1957 e 1963, ou a *Histoire générale du protestantisme*, de Émile Léonard, entre 1961 e 1964. Algumas cadeiras universitárias são consagradas a essa área de pesquisa, como a de Henri-Irénée Marrou na Sorbonne sobre a antiguidade cristã ou a de Charles-Henri Pouthas, que estuda a vida religiosa do século XIX. O essencial das pesquisas concentra-se, então, na historicização dos quadros instituídos da Igreja, quer se trate da história do papado, das grandes ordens religiosas, das paróquias e bispados. Destaca-se também em alguns desses estudos o exame da dimensão política, quer na articulação do religioso com o evento revolucionário, quer na relação mais geral dos cristãos com os poderes laicos.

A corrente dos *Annales*, desde o começo, e sob a influência durkheimiana, mostrara um vivo interesse por essa área, a julgar pelos trabalhos de Marc Bloch e de Lucien Febvre, cujos estudos históricos situam o religioso no centro de suas investigações, quer com o problema da descrença no século XVI, com Lutero, quer ainda com os *Reis taumaturgos*. Depois de uma fase economicista, só na década de 1970 esse setor de pesquisa tem um verdadeiro desabrochar, aproveitando-se do favor de que goza a história das mentalidades. Debruçam-se os historiadores, então, sobre os discursos e as práticas das igrejas, para compreenderem as atitudes diante da vida e da morte e para além das bases do consenso social. A história do religioso conhece, portanto, um sucesso crescente, para culminar, no plano editorial, com a publicação, entre 1988 e 1992, de quatro volumes da *Histoire de la France religieuse*, sob a dupla organização de Jacques Le Goff e René Rémond.

No momento do sucesso inconteste da história das mentalidades, o religioso foi mesmo um objeto de estudo dos historiadores dos *Annales*, mas mais como sintoma de outra coisa do que como objeto propriamente integral: "interrogamos os fenômenos religiosos em função do que eles podem ensinar-nos acerca de certo estatuto social, en-

EXPANSÃO E FRAGMENTAÇÃO

309

quanto justamente essas teologias *fundavam* a sociedade para os contemporâneos" (Julia, 1974:140). Assim, quando Le Goff estuda o apostolado das ordens mendicantes nos séculos XIII a XV — os dominicanos e franciscanos —, seu objetivo é assinalar as etapas da urbanização da França medieval e servir-se da evolução das mentalidades como lugar de observação. Quando Pierre Vilar estuda os teólogos espanhóis do século XVI, é para neles perceber o surgimento de uma teoria econômica. Aos poucos, porém, o campo religioso foi ganhando autonomia, para representar o objetivo mesmo dos estudos dos historiadores que, inspirando-se na sociologia das práticas religiosas, se voltaram para o estudo da vivência religiosa, das representações religiosas: "a história religiosa passou de uma história das instituições e das doutrinas a uma *História vivida do povo cristão*, para retomar o título de um livro coletivo (organizado por Jean Delumeau)" (Langlois e Vauchez, 1995:315).

Aparecem na década de 1960 os primeiros trabalhos de historiadores fortemente influenciados por essa renovação sociológica da abordagem do fenômeno religioso. As principais teses do período são as de Jeanne Ferté (1962), Christiane Marcilhacy (1963), Louis Pérouas (1964), Fernand Charpin (1964) e Jacques Toussaert (1963). Por outro lado, a atenção concentra-se também nos períodos de crise, de mutação, como é o caso da tese de Émile Poulat (1962). Cumpre ressaltar, no entanto, que esses títulos inovadores "não se devem a historiadores universitários" (Langlois, 1987:95). Mas a universidade começa a se tornar mais receptiva a essa área de pesquisa. A Sorbonne acolhe em 1958 o Centro de Pesquisa sobre a Civilização da Europa Moderna. O deão Latreille funda em Lyon um Centre de Recherche d'Histoire Religieuse em 1962, enquanto o Institut Catholique de Paris cria outro, em 1963. Aliás, foi em Lyon que Michel Vovelle (1973) defendeu em 1971 a sua tese sobre a descristianização na Provença do século XVIII. Por seu lado, a EPHE beneficia-se desse aumento de interesse: a 5ª seção da EPHE cria sete cadeiras novas sobre a história do cristianismo entre 1957 e 1964. Quanto à 6ª seção, este setor é representado em especial pelos seminários de Gabriel Le Bras, Alphonse Dupront e Émile Poulat, aos quais cumpre acrescentar aqueles em que a religião, embora não sendo o objeto exclusivo, não deixa de ter uma dimensão primordial, com os seminários de Jean Delumeau, Robert Mandrou e Jacques Le Goff. A pesquisa iniciada por Gabriel Le Bras acerca das visitas pastorais "ganha oficialmente corpo em 1968" (Langlois, 1987:96) e dá lugar em 1977 à publicação de um primeiro *Répertoire des visites pastorales*. Esse amplo trabalho de pesquisa permite o acesso às fontes necessárias das grandes teses de história diocesana da década de 1970: as de Robert Sauzet (1975), Marc Vénard (1977) e Louis Chatelier (1981) para a época moderna, e as de Gérard Cholvy (1973) e Yves Saint-Hilaire

310   As correntes históricas na França

(1977) para a época contemporânea. O período da década de 1970 assinala-se por uma participação crescente dos universitários nessa área. Traduz-se essa evolução no plano institucional, em especial com a criação, no CNRS, do Groupe de Recherche Coordonnée (Greco) nº 2 de história religiosa moderna e contemporânea, em 1977. Dirigido por Jean Delumeau e depois por Bernard Plongeron, ele contava com até 235 pesquisadores e 15 equipes de pesquisa em 1986.

O Grupo de la Bussière

Um grupo informal muito contribuiu, de maneira subterrânea, para a renovação da história religiosa: o Grupo de la Bussière, do nome da abadia que acolhia as reuniões anuais desses pesquisadores da história das religiões, que tinham como particularidade ultrapassar o famoso corte entre períodos para compreender melhor o fenômeno religioso, confrontando assim os trabalhos dos medievalistas, modernistas, contemporaneístas e alguns especialistas em história antiga. Nascido em 1958, esse grupo começa sendo uma "reunião de amigos interessados em história religiosa, numa época em que a universidade pouco espaço lhe dava; o grupo foi aos poucos se ampliando, até contar hoje uma centena de membros" (Sot, 1983:14). O grupo, portanto, pretendia desde o começo preencher um vazio, mas a iniciativa tomada por esse pequeno número de ex-alunos da École Normale Supérieure também tinha por motivação a insatisfação com a história religiosa oficial e a vontade de renová-la em profundidade. A preocupação inicial com a modernização e a abertura às contribuições das ciências humanas acentua-se ainda com a chegada ao grupo, em 1967, de Michel de Certeau, que traz a essa área da história o interesse pela semiótica, pela psicanálise e pela etnologia. Fiel a esses encontros anuais durante os anos 1970, Michel de Certeau tem ao seu lado os historiadores da nova geração que serão os chefes da renovação do campo de estudos religiosos: Jacques Le Brun, Étienne Fouilloux, Hervé Martin, Dominique Julia, Michel Sot, André Vauchez e muitos outros.

Dessa renovação nasceu uma história do religioso centrada na vivência da crença. Levando em conta a secularização e o desencanto próprios da modenidade, a reintegração do religioso no horizonte do conhecimento procede por trilhas desclericalizadas e se traduz por uma verdadeira revalorização do religioso como cultura essencial nos departamentos universitários. Contando com os ensinamentos da fenomenologia, essa nova história do religioso concede aos modos de apropriação do sagrado uma importância capital. É dada uma nova atenção ao *corpus* religioso dos manuais dos confessores, dos sermões, dos livros de devoção, das narrativas hagiográficas e dos rituais, para perceber

EXPANSÃO E FRAGMENTAÇÃO

311

melhor a vivência religiosa dos grupos sociais que não tinham acesso à palavra escrita. A atenção à textualidade, à diversidade dos gêneros discursivos, permitiu a multiplicação dos estudos lexicais e das análises semióticas.

Um francoatirador: Alphonse Dupront

Um papel pioneiro foi desempenhado na definição de uma antropologia do crer pelo historiador Alphonse Dupront, que dirigiu um seminário dedicado a esse campo na École des Hautes Études, de 1960 a 1988. Em 1974, definia ele, em *Faire de l'histoire*, a antropologia religiosa como o "conhecimento — ou ciência — do homem religioso" (Dupront, 1974:105), opondo-se à tendência acentuada da modernidade para a grande divisão que tem como efeito separar o religioso das outras formas da existência. A uma história puramente factualista, Dupront contrapõe o estudo das metamorfoses de um desejo como o que marcou toda a história ocidental ao redor da ideia de cruzada, tema da sua tese, defendida em 1956 e publicada em 1997 (Dupront, 1997).

Por ocasião da defesa de tese, o desentendimento entre Gabriel Le Bras e Dupront é indício do deslocamento operado por este último, que se vê censurado por encarar a cruzada de maneira excessivamente ideal, valorizando o seu caráter de mito, em detrimento do seu substrato sociológico. Aquilo a que visa Dupront é um campo de investigação mais amplo do que a estrita história do religioso, assumindo como objetivo historicizar, para além dos recortes cronológicos entre períodos, as transformações das manifestações do sagrado. O sagrado nos introduz, segundo Dupront, a uma tensão própria da sociedade que se encontra no coração mesmo de um objeto que recusa o tempo e, portanto, a história. Ele, porém, nos leva direto à história, por suas manifestações singularizantes. A energética sacral é, assim, continuamente conduzida à eventualidade de um sentido sempre aberto: "na cruzada, uma dinâmica da 'passagem', ao mesmo tempo energética de domínio dos elementos e posse das chaves entre os dois mundos, ao mesmo tempo que terapia do pânico coletivo" (Dupront, 1974:125).

Dupront (1987) também dirige uma ampla investigação a respeito das peregrinações na França contemporânea que permite conceber, graças ao resgate dessa prática, que o *homo religiosus* tende inteiramente a uma meta que participa de um movimento cujo caráter eclesial não é senão suplementar e cujos lugares sacralizados enraízam o corpo do peregrino. Separado da história das mentalidades, Alphonse Dupront optou "por um procedimento que visa a reencontrar o 'elã vital' da cruzada, por meio da potência existencial de seu mito" (Julia, 1998:49).

Derradeira e evidente abordagem em que a história continua indispensável para uma antropologia do sagrado, a consciência e o processamento do singular. Para a história, afinal, só há o singular: outra maneira de chamá-la de ciência do relativo. Na verdade, no campo da história, o singular impõe-se tanto pela unidade, fato único, obra ou criação individual, a vida de um homem, quanto pelo quantitativo e pela massa. Não concluamos daí que ele seja qualidade: seria um paralelismo parcializante. É somente uno, e isto basta. Como tal, ele se impõe e se torna objeto. A necessária reverência do historiador no reconhecimento do objeto tem certa analogia, talvez até parentesco ou surgimento numa mesma fonte, com o processo de encontro com o objeto sagrado. Ambos, pelo menos, exprimem um comércio individual de participação. Nesse sentido, não dos menores, a história é educadora: sua escola do objeto ilumina a leitura da experiência sacral e possivelmente alimenta a riqueza interpretante de quem vivencia esta última. Mesmo que seja descobrindo no objeto as sacralizações implícitas da espessura da duração. Conhecimento do singular, a história é inteligibilidade do pânico, sem a menor alteração nem racionalização deste. Ciência do que foi, ela abre à presença plena do que é. Terapia mental de primeira importância para toda tentativa de explorar as potências da condição humana — o que é a antropologia mesma. No encontro sacral, conaturalmente imanente de eterno, a história, justamente por ser recusada como parece ser na vida do instante, esta outra presença de eterno na vida da história humana, se vê implícita, mas necessariamente presente. No que se refere ao individual, não parece haver sagrado possível sem uma impregnação difusa, ou seja, uma realidade da história.

Ao que devemos acrescentar, mesmo enfrentando as aparências do truísmo, que a história, na medida em que conhece singularmente, busca a raiz. O que é pelo menos exibir na duração, ato elementar pelo qual o "porquê" se transfere ao "como" e pode, no conteúdo deste, encontrar resposta. Enfim, mais evidentemente ainda, o próprio de uma história sacral é ser tecida de eventos ou de fatos que podemos chamar de sem amanhã, logo eminentemente singulares e que, no entanto, vão prolongar-se em consequências infinitas. Por memorialização e transmissão coletiva, com as narrativas cosmogônicas, essa explicação do existir que faz explodir toda duração criadora. Ou então por inserção e recepção na vida do tempo. Assim é com a Encarnação crística: há o Cristo histórico; há a fixação evangélica, com um bom século de intervalo; há a elaboração do mistério, do qual uma leitura deve ser a aceitação do extratemporal no temporal: o extraordinário gênio do cristianismo, já foi dito, é o consentimento divino ao tempo dos homens e ao mesmo tempo a dramatização humano-divina desse tempo. A consumação do mistério é evento, singularidade histórica e uma maior potência ou virtude do mistério, sem dúvida, de se "eventualizar". Quanto mais único for o evento, mais ele se faz mistério e traz em si a possibilidade de marcar o tempo. O exemplo

EXPANSÃO E FRAGMENTAÇÃO

313

exigiria uma análise de outra profundidade. Baste colocar aqui que a Anunciação é um evento situado no tempo, pois senão não teria havido na confiabilidade humana Encarnação; que o evento singular transcende o tempo e o comanda. Com o Mistério, portanto, estamos na presença de uma dramática das relações tempo/eternidade: o que parece ser, afinal, a graça única de todo evento singular, sobretudo na medida em que se torna sacralizante. A fuga para fora do tempo é não raro trazida pelo único. Que este seja anúncio de graças ou promessa de retorno. No que se refere a uma antropologia do sagrado, não era possível omitir a sua incomensurável potência, ainda insuficientemente medida. E o único, no campo do conhecimento humano, é a caça predileta da história, com a condição de que esta vivencie o despojamento espiritual indispensável para reconhecê-lo, situá-lo, analisá-lo. Pois o único é nenhum outro; não há nenhuma abordagem possível do seu segredo, se a descoberta primeira não for feita (Dupront, 1974:134-135).

Em busca da linguagem mística: Michel de Certeau

A virada hermenêutica favorece ao mesmo tempo essa atenção ao texto e à pluralidade interpretativa. A publicação, depois de anos de pesquisa erudita, por Michel de Certeau de *La possession de Loudun* (1970) e de *la Fable mystique* (1982) exemplifica essa renovação. Essa busca do sentido através da análise do discurso místico e de uma crise paroxística no meio do século XVII constitui a tentativa de uma história do crer, do ato de crer em seus signos objetivados e seus deslocamentos. O historiador é confrontado com o enigma da mística, da mesma maneira que o homem era colocado na Antiguidade diante do enigma da esfinge. Certeau recusa o ponto de vista tradicional, que rejeita a mística para os lados da mentalidade primitiva ou que a reduz a uma tradição marginal das diversas igrejas. Ele a situa, ao contrário, no coração da modernidade, como manifestação ao mesmo tempo tangível e intangível da experiência da modernidade na execução da dissociação entre o dizer e o fazer.

As expressões da mística devem ser estudadas, segundo ele, em sua dupla inscrição no *corpus* do texto, na própria linguagem mística, como rastro do que Jean-Joseph Surin chamava de "ciência experimental", assim como no próprio corpo alterado dos místicos: "não basta referir-se ao corpo social da linguagem. O sentido tem como escrita a letra e o símbolo do corpo. O místico recebe de seu corpo próprio a lei, o lugar e o limite da sua experiência" (Certeau, 1985). No interior mesmo deste ausente, deste outro irredutível que o místico dá a pensar, define-se com Michel de Certeau uma nova antropologia ou história do crer.

314   AS CORRENTES HISTÓRICAS NA FRANÇA

Essa orientação está subjacente no interior da vitalidade nova que ganhou ao longo da década de 1980 a história religiosa na França, que foi bem-sucedida, depois de ter por muito tempo sido mantida sob tutela, em obter sua fixação na universidade, com a multiplicação dos centros de pesquisa, tanto em Paris quanto no interior da França, "em Aix-Marseille, Lille, Lyon, Montpellier, Nancy, Poitiers, Rennes, Saint-Étienne (CER-COR), Estrasburgo, Tours" (Langlois e Vauchez, 1995:322).

Os questionamentos do romance nacional

No pós-guerra, a situação do ensino da história não se modificou muito. O quadro intangível da história lavissiana, construído ao redor da glorificação da pátria, que tanto sucesso teve desde o fim do século XIX, perpetua-se apesar dos ventos novos que sopram no clima da libertação. Sem dúvida, assistimos a certas veleidades de transformação do sistema escolar, com o plano Langevin-Wallon, que não teve, de fato, muitos resultados. O contexto é, então, muito propício para afirmar em alto e bom som a voz da França no concerto das nações, para fazer esquecer as páginas sombrias de Vichy e restabelecer os laços com o antigo império francês, transformado em União Francesa. As diretrizes de 1945 indicam que a lição de história "é também uma lição de moral, de civismo e de patriotismo" (Luc, 1987:151).

A sobrevivência da história à Lavisse

A história instrumentalizada para forjar o espírito nacional e patriótico tem, portanto, alguns belos anos pela frente, e a ação transformadora se limita a intervir apenas no plano pedagógico. Multiplicam-se, com efeito, na década de 1950, os textos de enquadramento, para dar maior espaço aos documentos, à pedagogia ativa, a fim de reduzir a parte ainda predominante do curso magistral. Mas a fragilidade dos meios não permite mudar os métodos de ensino e as diretrizes permanecem letra morta nesses anos em que as turmas giram ao redor de 40 alunos. No âmbito dessas classes superlotadas, o ensino da história segue invariavelmente o roteiro de uma interrogação preliminar de cerca de 15 minutos, durante a qual um aluno recita a lição anterior, e de um curso magistral de cerca de 40 minutos. Com isso, a competência exigida é saber entreter um auditório, e Charles Diehl, presidente do júri de *agrégation*, aprecia assim os candidatos: "a dicção é razoável, frequentemente monótona, sem vida, pouco estimulante".

Expansão e fragmentação

O manual Malet e Isaac, lançado no começo do século, continua a dominar a paisagem editorial. Difunde uma concepção da história herdada de Lavisse, muito centrada na França, ao redor do Estado-nação e de uma abordagem muito estritamente factualista, a das histórias-batalhas que fizeram a grandeza da França. Toda a cronologia gira, portanto, ao redor da celebração dos reinados sucessivos dos primeiros capetianos até os últimos Bourbons, passando pelo estudo das rupturas intermitentes do tecido nacional durante a Fronda, a Revolução Francesa de 1789 e depois em 1830, 1848, 1871. O fenômeno da guerra é amplamente privilegiado e leva de um só fôlego das primeiras cruzadas até as guerras coloniais, passando pelo grande momento napoleônico.

Alguns responsáveis, porém, têm consciência do atraso da história ensinada em relação aos avanços realizados no campo da história erudita. Gustave Monod, nomeado por Paul Langevin diretor do ensino secundário no pós-guerra, escreve em suas memórias, em 1965: "abordamos um dia, na casa de Paul Langevin [o problema do ensino da história] (...) Lucien Febvre estava presente e anotei o essencial das ideias trocadas. No começo, houve unanimidade na condenação do que já se chamava história eventual, a que preenche muito mais os manuais do que as memórias de nossas crianças" (Monod, 1965:10). É, porém, finalmente o imobilismo que prevalece. Durante as "Jornadas de Estudos das Civilizações e da Pedagogia da História", ocorridas de 13 a 15 de julho de 1947, nota-se, porém, a participação de Lucien Febvre, Maurice Piganiol, Georges Lefebvre e Ernest Labrousse, que ressaltam a necessidade de ampliar o horizonte da história ensinada, mas as decisões que daí resultam permanecem firmemente apegadas aos grandes roteiros anteriores, nem tanto em razão do peso dos diversos conservadorismos (Citron, 1977) quanto da adequação que se perpetua fundamentalmente nesse pós-guerra entre a função de uma história patriótica e a missão pela qual a França se sente responsável no plano internacional.

É só com a reforma dos programas de 1957 que uma modificação notável dos programas leva em conta as evoluções historiográficas, com a introdução, em 1962, na última série do secundário, do estudo das civilizações do mundo contemporâneo. A noção de civilização é retomada de Fernand Braudel, que foi o inspirador dessa transformação e publica em 1963 a primeira edição de um manual intitulado *Grammaire des civilisations* (1987). Nele reencontramos os temas da longa duração braudeliana, articulados ao redor da noção de civilização que aparece no subtítulo da revista *Annales ESC* desde 1946: "o novo programa de história das últimas séries levanta difíceis problemas. Apresenta-se como uma explicação do mundo atual tal como ele se revela, em termos não raro obscuros, tal como podemos compreendê-lo à luz múltipla de uma história que não despreza

316 — AS CORRENTES HISTÓRICAS NA FRANÇA

nenhuma das ciências sociais vizinhas: geografia, demografia, economia, sociologia, antropologia, psicologia etc. Escolher, com efeito, as grandes civilizações como "quadros inteligíveis" do mundo atual é superar o movimento rápido da história tal como a seguireis, de 1914 a 1962. É convidar-nos a refletir sobre certa história de respiração lenta, 'de longa duração'. As civilizações são com certeza personagens à parte, cuja longevidade supera o entendimento" (Braudel, 1987:25-27). Esse enxerto do programa "annalista" na disciplina histórica lecionada choca-se com numerosas resistências e logo se revela um fracasso. Muito rapidamente essa parte do programa é dissociada das matérias capazes de ser objeto de perguntas no *baccalauréat*, que se reduzem à parte cronológica: de 1914 a 1945. Os professores, que já têm dificuldades para "fechar" o programa, logo deixam de lado, portanto, essa parte civilizacional.

A descolonização abala o mito nacional

Mas a grande ruptura vem de fora da disciplina. Com efeito, o desaparecimento do Império francês, a emancipação de toda a África negra francesa nesse começo da década de 1960, o fim da Guerra da Argélia em 1962, o imperativo de se voltar para a Europa, todas essas perturbações modificam profundamente o estatuto do Estado-nação, que é de fato reduzido a uma posição mais modesta. O "mito nacional" vê-se profundamente abalado, perdendo as suas bases históricas. Assiste-se ao auge da explosão escolar da década de 1960, a progressão da escolaridade obrigatória até 16 anos, que leva cada faixa etária a seguir pelo menos o primeiro ciclo do ensino secundário no quadro dos colégios de ensino secundário (CES), criados em 1963 pela reforma Fouchet. A democratização do ensino, na medida em que provoca modificações quanto à natureza do público escolar, tem um efeito retroativo sobre a hierarquia dos valores escolares em termos de disciplinas, contribuindo para a marginalização das disciplinas literárias, das humanidades clássicas em proveito de um fortalecimento da matemática e das disciplinas científicas em geral.

A "dessacralização da literatura" (Albertini, 1992:152) por isso provocada tem evidentemente efeitos sobre a disciplina escolar que é a história. Objeto ao mesmo tempo de descrédito e de críticas cada vez mais virulentas, a história ensinada padece do descrédito geral que atinge as disciplinas cujo aprendizado tem uma base essencialmente mnemônica. O aumento do interesse pelas experiências pedagógicas nesses anos 1960 questiona frontalmente o caráter exclusivamente magistral do ensino da história. Ao mesmo tempo, a contestação abrange, nesses tempos de radicalização da juventude escolarizada, o conteúdo desses ensinamentos e o caráter caduco do "mito nacional". Toda uma nova

Expansão e fragmentação

geração que acaba de viver a Guerra da Argélia e a geração seguinte, que nasce para a consciência política com a oposição à Guerra do Vietnã, não podem nem ensinar nem receber sem crítica o discurso lavissiano de glorificação de Carlos Martel, dos cruzados e dos colonizadores. Manifesta-se, pois, uma imperiosa vontade de reforma na década de 1960, ao longo da qual "os horrores da descolonização e as tomadas de consciência por ela provocadas são um fator importante no questionamento crítico dos conteúdos do ensino da história" (Citron, 1998:24-25).

A ebulição de 1968

O movimento de maio de 1968 amplifica as diversas formas de contestação, tanto entre os pedagogos quanto no plano ideológico, e os programas de história são particularmente incriminados. Por terem sido os mais surdos às diversas evoluções, sofrem de inanidade em toda parte. No movimento de maio de 1968 assistimos, então, a uma profusão de correntes alternativas que interpelam a disciplina, preconizando outra relação entre presente e passado e se apresentando como vetores de um pensamento crítico. Lançada em 1971, em reação direta contra o conteúdo dos manuais escolares, a revista *Le Peuple Français* assume como objetivo tornar a partir dos arquivos e dos fatos. Pretende opor à história oficial uma contra-história, a história dos componentes populares, camponeses e operários da nação, à parte das instituições.

Um pouco mais tarde, em 1975, se constitui um grupo de historiadores insatisfeitos com a história acadêmica, ao redor de Jean Chesneaux, em Paris VII, para a criação dos *Cahiers du Forum Histoire*, que define vários objetivos: a crítica da história dominante, fazer prevalecer um trabalho político na história e defender todas as iniciativas e experiências de história efetuadas fora dos especialistas da instituição histórica. O que dará lugar, entre outras coisas, a um engajamento ao lado dos habitantes de Millau, na luta que travam na época os camponeses do Larzac. Constituiu-se o *Forum Histoire* com base numa crítica ideológica da função historiadora. Essa corrente pretendia substituir a ideia de trabalhar sobre este ou aquele assunto pela de "trabalhar com...", e ao mesmo tempo operar uma desmistificação, num processo de suspeita generalizada em relação a todo discurso dominante, no presente ou no passado.

Um terceiro lugar de contestação nasce em 1975 com a revista *Les Révoltes Logiques*, dirigida pelo filósofo Jacques Rancière, lugar constitutivo de outra relação com a história para certo número de historiadoras, como Arlette Farge ou Geneviève Fraisse. Na origem dessa iniciativa se acha a formação de um centro de pesquisa sobre as ideo-

318   As correntes históricas na França

logias da revolta. O objetivo é reencontrar a palavra operária, libertando-a da de seus porta-vozes organizados, empenhando-se em resgatar as quebras, as fugas da história massificante de um movimento social percebido através de suas organizações. Esforça-se essa corrente por reencontrar itinerários singulares, ressaltar as contradições, a dinâmica de uma palavra esquecida ou usada para fins instrumentais. Mais do que preconizar uma história alternativa, essa revista empenha-se em ativar certo número de representações, situando-se na articulação dos discursos e das práticas, na perspectiva de resgatar lógicas singularizantes, no plano dos procedimentos de subjetivação.

O estatuto da história na França é, com efeito, paradoxal. Por um lado, a lenda, a mitologia nacional consagrada pela escola, uma sucessão cronológica organizada ao redor dos grandes eventos e dos grandes personagens moldam o que cremos ser a trama do passado. Por outro lado, trabalhos e pesquisas levam, sobre pontos precisos, a novas perspectivas e suscitam um olhar distanciado e crítico sobre as ordenações precedentes. Uma história, "nova" ou diferente, levanta questões, propõe resultados, certamente dispersos e descontínuos, mas que, pensando bem, questionam a representação do passado que a escola vem há um século transmitindo aos franceses e nos é imposta como nossa "memória coletiva".

Por que esse contraste, essa contradição entre a história-recordação da escola primária e a importante produção mediática de uma história-pesquisa que não pode inscrever-se nessa "ordem cronológica natural" da história escolar? Uma liga misteriosa, uma alquimia secreta fundiram, na consciência coletiva francesa, história e mitologia nacional.

Como desembaraçar a história da lenda, como reconhecer na "história da França" o tecido de brilho indefinidamente variado que entrecruza eventos, grupos, personagens, movimentos, sonhos? E como repensar um passado de que apreendemos somente rastros, inseparáveis das trilhas pelas quais chegaram até nós? Até os grandes historiadores, com exceção de alguns silenciosos, deram a entender, num passado recente, que a história na escola só podia ser a história da França, o grande afresco cronológico tradicional, organizado ao redor dos personagens-símbolos do poder do Estado. Força do hábito, apego sentimental a suas lembranças da infância ou tabu do inconsciente, pelo qual o laço entre história escolar e a nação seria intocável? Mas será que Vercingetorix, Clóvis, Carlos Martel, Carlos Magno, Hugo Capeto, São Luís, Duguesclin, Joana d'Arc, Richelieu, Luís XIV, Robespierre, Napoleão, Jules Ferry etc. podem pretender por toda a eternidade o estatuto de colunas da história, e será que são realmente os heróis positivos da memória coletiva dos franceses de origem tolosana, provençal, bretã, bearnesa, corsa, judia, protestante, antilhana, muçulmana etc.?

Pelo silêncio ou pelo consentimento tácito, os historiadores conservam o fosso entre pesquisa e transmissão do lendário, e a cronologia secular permanece como a ordem indiscutível e preestabelecida do passado. Sem dúvida, alguns bloqueios, separações institucionais, conflitos de poder explicam em parte a defasagem entre as pesquisas e a história ensinada, as escleroses que dela resultam. Mas a educação histórica em nosso país e o imaginário francês que ela conserva padecem sobretudo da inexistência de uma consciência historiográfica. É flagrante a ausência, na França, da ideia de que a história tenha uma "história". Cremos na história com H maiúsculo. O passado, contudo, transmite-se sob roupagens que variam segundo as épocas; a configuração de uma narrativa é marcada por impressões ideológicas flutuantes, colorações imaginárias; nenhuma explicação jamais reflete completamente o seu objeto. A história da França continua sendo, para a maioria dos franceses, o que ela era no fim do século passado: ao mesmo tempo ciência e liturgia. Descrevendo o passado "verdadeiro", ela tem como função e como definição ser a narrativa da nação: são indissociáveis história e nacionalismo (Citron, 1987:8-9).

Por outro lado, os que sugeriam renovar profundamente os conteúdos não são realmente ouvidos. É o caso de um grupo de historiadores que forma uma rede chamada *Enseignement 70* e se agrupa ao redor de Jacques Bourraux, Jean Lecuir e Suzanne Citron. Esse grupo tem a iniciativa, com o apoio do decano da inspeção, Louis François, das jornadas de estudos sobre o ensino da história, da geografia e da instrução cívica, realizadas de 10 a 14 de dezembro de 1968 no Centro de Estudos Pedagógicos de Sèvres, mas as suas conclusões permaneceram letra morta (Citron, 1998:27).

Nesse tempo forte de crise do pós-1968, a disciplina histórica perde pé como disciplina fundamental no ensino. Em 1969, ela é relegada à condição de uma das opções possíveis no âmbito das disciplinas de iniciação, no ensino primário. A ausência de um verdadeiro discurso alternativo no plano histórico mergulhou os professores primários numa grande confusão, a ponto de muitos deles simplesmente abandonarem o ensino da disciplina. Se a resistência da disciplina é mais bem garantida no secundário, certo número de decisões não deixa de simbolizar um visível recuo, como o desaparecimento da história como matéria sujeita a exame escrito no *baccalauréat* ou sua eliminação nas últimas séries das escolas técnicas.

As roupas novas da Reforma Haby

A confusão ante a questão de saber qual conteúdo a história deve abranger e qual a função da disciplina desemboca na definição de novos programas no âmbito mais global da Reforma Haby, em 1977. A significativa reviravolta dos programas de história consiste em se inspirar nas orientações novas da escola dos *Annales* e em lhes dar um prolongamento no ensino secundário. Vê-se a disciplina histórica integrada num conjunto mais amplo, o das ciências sociais, que tenta uma aproximação, em especial com a iniciação à economia. Isso provoca uma redução dos conteúdos e uma ênfase em práticas e métodos ativos, que levam em conta as reflexões das correntes pedagógicas.

No plano do conteúdo, é evidente a influência das orientações dos *Annales*, pela ênfase dada pelas diretrizes à longa duração, às permanências na história, à vontade de romper com o *continuum* da narrativa histórica em proveito de uma visão deliberadamente fragmentada da história, que se desdobra no estudo de uma série de quadros estáticos, de tempos fortes, como o de Atenas no século V ou de Roma no século II, e o estudo dos grandes temas diacrônicos, como a agricultura através dos tempos na sexta série (*sixième*) ou os transportes através dos séculos na quinta série (*cinquième*). A parte eventual é consideravelmente reduzida, seguindo nisso as orientações de Braudel, para quem "o evento é o inimigo das ciências humanas" e chamado de mero "folhetim". Os momentos de transição e de revolução são reduzidos ao mínimo num programa totalmente desarticulado, que não tem mais capacidade estruturante, renunciando à própria ideia de globalidade histórica. Os manuais que apresentam esses novos programas nutrem-se de demografia histórica e da história das mentalidades da escola dos *Annales*. Mas, se não é direto o vínculo entre os planejadores dessa reforma e os universitários dos *Annales*, a renovação e o caráter triunfal dessa escola serviu incontestavelmente de modelo para a busca de uma melhor adequação entre a história erudita e a história ensinada.

Capítulo 6

~

Uma crise da história?
(as décadas de 1980/1990)

"Crise de identidade e das práticas" para os *Annales*, "anarquia epistemológica", "crise da inteligibilidade historiadora", "obsessão memorial", "virada crítica": expressões todas elas que buscam dar conta da singularidade do momento historiográfico dos anos 1980/1990 na França, resumida pela temática da *crise da história* (Noiriel, 1996).

Mas podemos igualmente caracterizar o período — ao redor da ideia geral de recomposição — pela afirmação de projetos historiográficos fortes, em particular o de uma história política renovada, a constituição de uma história do tempo presente, recém-chegada à paisagem historiográfica francesa, as redefinições da história social, a promoção da história cultural, uma nova função social da história ao redor das temáticas da memória e da identidade, uma prática mais razoável da interdisciplinaridade, o desenvolvimento da historiografia ou ainda uma reflexão epistemológica renovada sobre velhos questionamentos acerca da objetividade, da intenção de verdade ou do regime de conhecimento próprio da história. Como, então, articular as ideias de crise e de recomposições historiográficas?

A multiplicação, a partir do fim da década de 1970, das críticas ao modelo historiográfico dos *Annales* (o da "nova história" e também o do momento Braudel-Labrousse) pode servir de ponto de partida para se analisar a dinâmica das recomposições historiográficas da época.

Do "retorno à narrativa" à "virada crítica"

Já em 1974, em *Faire de l'histoire*, Le Goff e Nora se perguntam se não chegou para a história a "hora do refluxo e da redefinição discreta". O próprio Braudel (1978) exprime já na década de 1970 o seu desacordo — que se tornará cada vez mais forte até o seu falecimento, em 1985 — com as orientações dos seus sucessores no comando dos *Annales* e, em particular, com a história das mentalidades.

Declínio dos Annales?

O tempo dos "retornos"

Dois textos desempenharam, já no início da década de 1980, um papel particularmente importante, por sua repercussão entre os historiadores franceses, no questionamento do modelo historiográfico dos *Annales*. O primeiro, um artigo do historiador Lawrence Stone, publicado em 1979 na revista inglesa *Past and Present*, é traduzido em *Le Débat* (revista dirigida por Pierre Nora e Marcel Gauchet) em 1980, sob o título "Retorno à narrativa ou reflexões sobre uma nova velha história". O segundo é uma contribuição do historiador italiano Carlo Ginzburg — um dos principais representantes da "corrente" italiana da *micro-história* —, publicado em 1979 e também traduzido em 1980 em *Le Débat* com o título "Signes, traces, pistes. Racines d'un paradigme de l'indice".

Constata Stone em muitos historiadores uma corrente de fundo que os faz voltar "a uma maneira de narração", ou seja, a um modo de escrita da história que consiste em organizar a matéria segundo a ordem contínua da cronologia. Esse "retorno à narrativa" assinala um deslocamento dos interesses dos historiadores:

> Das circunstâncias que cercam o homem vamos para o homem nas circunstâncias; quanto aos problemas estudados: do econômico e do demográfico para o cultural e o afetivo; quanto às fontes primordiais de influência: da sociologia, da economia e da demografia para a antropologia e a psicologia; quanto ao assunto: do grupo para o indivíduo; quanto aos modelos explicativos da mutação histórica: do estratificado e do unicausal para o comunicante e o multicausal; quanto ao método: da quantificação do grupo para o exemplo individual; quanto à organização: da analítica para o descritivo; e quanto à noção que se tem do papel do historiador: do científico para o literário (Stone, 1980).

Explica Stone esse deslocamento pelo fracasso do que chama de "história científica", de que distingue três espécies: o modelo econômico marxista, o modelo "ecológico-demográfico francês" (isto é, a história social dos *Annales*) e os métodos cliométricos americanos (a *New Economic History*). Para Stone, o quantitativismo, o dispositivo hierárquico das três instâncias para pensar as sociedades, o determinismo unicausal econômico e demográfico levaram os historiadores a um impasse: a história científica é um mito. O "retorno à narrativa" enraíza-se, pois, segundo ele, no fracasso da história "científica" e de suas pretensões explicativas.

Ginzburg, por seu lado, propõe em 1979 chamar a atenção dos historiadores para o surgimento silencioso, em fins do século XIX, de um modelo epistemológico diferente do modelo — a que chama *galileano* — das ciências naturais: "o paradigma indiciário." Uma realidade opaca pode ser decifrada pela análise dos rastros e indícios que deixou. Ao contrário das ciências galileanas, a história permanece intrinsecamente ligada à individualização: "o conhecimento histórico é indireto, indiciário e conjectural", qualitativo (sendo a ciência galileana quantitativa), e esse tipo de conhecimento implica dispor os fatos segundo uma sequência narrativa. Ginzburg vincula, pois — ao contrário de Stone —, o modo de conhecimento histórico por meio de rastros e a sua escrita, que é uma narração.

> O que mudou, em compensação, ao longo de quase dois milênios e meio, são os termos da polêmica, e essa mudança foi de par com as profundas transformações sofridas pelas noções de "rigor" e de "ciência". Evidentemente, a cesura decisiva nesse sentido é constituída pelo surgimento de um paradigma científico baseado na física de Galileu, mas se revelou mais duradouro do que esta última. Embora a física moderna não possa definir-se como "galileana" (mesmo que não tenha renegado Galileu), a significação epistemológica (e simbólica) de Galileu para a ciência em geral permaneceu intacta. Ora, é claro que o grupo de disciplinas que chamamos de indiciárias (inclusive a medicina) não satisfaz de modo algum os critérios de cientificidade que podemos deduzir do paradigma de Galileu. Trata-se, com efeito, de disciplinas eminentemente qualitativas, que têm como objeto casos, situações e documentos individuais, enquanto individuais, e é precisamente por esse motivo que alcançam resultados que conservam uma margem aleatória irredutível; basta pensar no peso das conjecturas (o termo mesmo vem da divinação) na medicina ou na filologia, e não somente na mântica. A ciência galileana tinha um caráter muito diferente e poderia adotar a divisa escolástica *individuum est ineffabile* (não podemos falar do individual). O uso da matemática e o método experimental implicam, com efeito, respectivamente a quantificação dos fenômenos reiteráveis, ao passo que a perspectiva individualizante excluía por definição a segunda e só admitia a primeira com funções auxiliares. Tudo isso explica por que a história jamais conseguiu tornar-se uma ciência galileana. Foi exatamente no século XVIII que o enxerto de métodos das antiguidades no tronco da historiografia revelou indiretamente as longínquas origens indiciárias desta última: elas haviam permanecido ocultas durante séculos. Esse ponto de partida não mudou, apesar das relações cada vez mais estreitas que unem a história

às ciências sociais. A história permaneceu uma ciência social *sui generis*, irremediavelmente ligada ao concreto. Ainda que o historiador não possa referir-se, de maneira explícita ou implícita, a séries de fenômenos comparáveis, a sua estratégia cognitiva, assim como os seus códigos de expressão permanecem intrinsecamente ligados à individualização (seja o indivíduo um grupo social ou toda uma sociedade). Nesse sentido, o historiador pode comparar-se ao médico que se vale dos quadros nosográficos para analisar a doença específica daquele determinado doente. Como o do médico, o conhecimento histórico é indireto, indiciário e conjectural (Ginzburg, 1989:153-154).

A narrativa, tema polêmico e crítica anticientificista

Os dois artigos visam — segundo modalidades diferentes — questionar um modelo de cientificidade para a história calcado demais no das ciências da natureza. O tema da narrativa torna-se aos poucos, a partir da década de 1970, um argumento ao mesmo tempo polêmico e crítico para questionar os modelos cientificistas em história (Revel, 1995). Desse ponto de vista, são as proposições de Ginzburg — mais do que as de Stone — que melhor se inscrevem numa reflexão iniciada já no começo da década de 1970, em particular no mundo anglo-saxão, acerca da narrativa e da escrita da história.

Em *Tempo e narrativa* (1983-1985), Paul Ricoeur lembra que, depois do eclipse da narrativa na historiografia dos *Annales*, a revalorização da narrativa e de seus recursos de inteligibilidade para a história foi iniciada na década de 1960, no âmbito da filosofia analítica anglo-saxônica, a partir das críticas do modelo nomológico de explicação histórica e em seguida pelos teóricos "narrativistas" de língua inglesa. Entre os trabalhos de historiadores estrangeiros, cumpre reservar um lugar especial ao historiador americano Hayden White, que escreve, em 1973, *Metahistory, the historical imagination in nineteenth-century Europe*. Hayden White chama a história de artefato literário (*a literary artifact*), e a narrativa histórica, de "ficção verbal". Questiona, assim, o corte entre história e narrativa, entre história e ficção, que é constitutivo da história-ciência. Essas teses, comentadas e criticadas, principalmente nos Estados Unidos, permanecem pouco conhecidas na França entre os historiadores até o fim da década de 1980 (*History and Theory*, 1980; Momigliano, 1981).

Na França, porém, Roland Barthes (1993:163) coloca, desde 1967, a questão: "será que a narração dos acontecimentos passados difere realmente (...) da narração imaginária, tal como podemos encontrá-la na epopeia, no romance, no drama?". Da mesma forma, no fim da década de 1960, Foucault (1968), no âmbito do que chama *arqueologia do saber*, propõe analisar a história como discurso a partir de noções, como as de "eventos

UMA CRISE DA HISTÓRIA? 325

enunciativos", "eventos discursivos" ou ainda "formação discursiva". Em 1971, Paul Vayne (1995), historiador da Antiguidade próximo dos *Annales*, reivindicando explicitamente a autoridade de Max Weber e de Raymond Aron, observa que a história não é uma ciência, não explica e não tem método: é "um romance verdadeiro", não é senão uma *narrativa verídica*. Para ele, a história é "uma intriga, uma mistura muito humana e muito pouco científica de causas materiais, fins e acasos", é uma simples descrição. Esse livro não foi bem acolhido pelos historiadores franceses. A maioria deles permanecia, na época, não só apegada a um modelo historiográfico constituído contra a história-narrativa (Furet, 1982) que identificava mais ou menos narrativa e literatura, narrativa e arte, mas também marcada por certo empirismo histórico tradicionalmente desconfiado em relação à filosofia. Ora, Veyne mobiliza uma quantidade desconcertante de referências filosóficas — aristotélicas, alemãs, americanas — em sua maioria desconhecidas dos historiadores franceses (Revel, 1995; Noiriel, 1996).

Provavelmente as mesmas razões explicam por que as proposições epistemológicas de Michel de Certeau acerca da escrita da história também permaneceram isoladas na paisagem historiográfica francesa da década de 1970, ainda que ele estivesse ligado aos historiadores mais em evidência dos *Annales* da época. Nota Certeau (1972) que Veyne se alia às reflexões de Roland Barthes e de Michel Foucault ao abordar a história como um discurso e que ele "faz ressurgir a relação da narratividade com o *eu* locutor". Certeau participa do trabalho coletivo *Faire de l'histoire* de 1974, com um texto que abre a coletânea, "Operation historique", de que propõe uma versão ampliada em seu livro *L'écriture de l'histoire*, editado em 1975. Ele ali define a operação histórica como "a combinação de um lugar social, de 'práticas científicas' e de uma escrita". Ele dá sequência às suas análises da história como "misto" — ou meio-termo — entre ciência e ficção em seus textos ulteriores (Certeau, 1987; Dosse, 2002).

Mas todas essas análises sobre a narrativa — "as espinhas no flanco", para retomar a expressão utilizada por Arlette Farge (1995) para referir-se a Foucault, Veyne, Certeau etc. — receberam pouca atenção ou não foram compreendidas por muitos historiadores franceses da época. Será preciso aguardar a recepção, pelos historiadores, de *Tempo e narrativa*, de Paul Ricoeur (1983-1985), no fim da década de 1980 e sobretudo na de 1990, para que a minoria de historiadores que dirigem os debates epistemológicos na disciplina adaptem tais questionamentos ao contexto francês.

Os outros "retornos" anunciados na história são os do evento (já em 1972 pela revista *Communications*), do político, da biografia, do indivíduo ou do nacional. Esses temas, que haviam sido desqualificados ou deixados de lado pelos *Annales*, completam, com o da fragmentação e esmigalhamento, o questionamento da "nova história" e, mais amplamente, a dos *Annales*.

Depois do livro pioneiro de Paul-Murray Kendall, *Louis XI*, traduzido em francês em 1974, as biografias como as de Filipe, o Belo, de Jean Favier, em 1978, ou de Luís XIII, de Pierre Chevallier, em 1979, os artigos de Jean-Noël Jeanneney, "Vive la biographie", em 1979, e do próprio Jacques Le Goff, em 1981, sobre São Luís, assim como o dossiê de *L'Histoire* (em 1980) "Faut-il brûler Claude Manceron?" — com intervenções de Braudel e de Le Roy Ladurie — podem ser interpretados como sinais de que já no fim da década de 1970 os indivíduos recuperavam seus privilégios na história (Dosse, 2005). Mas a temática dos "retornos" concentra sobretudo a ideia de um retorno da balança historiográfica para a história política, deixada de lado pelos *Annales*. O "retorno do político" torna-se a expressão privilegiada para se dar conta da promoção de uma "nova história política".

A "nova história" da "terceira geração" dos *Annales* faz, por outro lado, o papel de ré no âmbito dos debates muito acirrados sobre a crise do ensino da história no fim da década de 1970 e no início da década de 1980.

Dúvidas internas aos *Annales*

Diante das críticas e dos questionamentos externos, embora evitando entrar muito abertamente em polêmicas, a revista dos *Annales* responde, em primeiro lugar, pela negação de qualquer crise ou pela recusa das críticas. Multiplicam-se, contudo, as dúvidas, as interrogações e os afastamentos a partir de fins da década de 1970 dentro do grupo dirigente da revista e entre os historiadores que lhe são próximos.

Em 1979, os *Annales* dedicam um dossiê ao cinquentenário da revista; o texto de abertura do dossiê recusa toda pretensão dos *Annales* a qualquer hegemonia e constata que "a atomização do campo histórico é de novo um problema". No mesmo número, tanto André Burguière quanto Jacques Revel criticam a ideia de que os *Annales* constituam uma "escola" unificada, para defender a de um movimento, de uma rede, de uma sensibilidade e a existência de vários "paradigmas" sucessivos nos *Annales*. Jacques Revel (1985), diante da Société de Philosophie, reconhece que "uma crise de identidade que não é mais possível dissimular" atinge a disciplina.

O próprio Braudel constata em 1985 "a enorme fissura" entre ele e os seus sucessores, que, segundo ele, abandonam toda perspectiva de história total (apud Dosse, 1987:157),

UMA CRISE DA HISTÓRIA? 327

ao passo que vários eminentes historiadores "annalistas" se distanciam das evoluções da "nova história".

François Furet — figura importante dos *Annales* e que presidiu a EHESS de 1977 a 1985 —, num artigo de 1981, de título sugestivo, "En marge des *Annales*. Histoire et sciences sociales", lamenta a "epistemologia do esmigalhamento" e a busca indefinida de novos objetos da "nova história". É uma verdadeira certidão de óbito dos *Annales* que ele elabora, ao propor que elas não representam mais do que uma "hegemonia de influência e reputação, não uma escola de pensamento; e tampouco, provavelmente, um espírito geral comum" (ibid., p. 8) e questiona a oposição entre a velha história narrativa e a história "que se chama a si mesma de nova". Distancia-se de maneira decisiva tanto da história econômica e social quanto das orientações da "nova história".

Em 1987, na nota de abertura para a sua *Histoire de France* publicada pela editora Hachette, com Furet, Le Roy Ladurie e Agulhon, Duby anuncia que o projeto deles se concentra na política. Tem algo de desconcertante esse retorno a uma história política um tanto tradicional da parte de "annalistas" tão eminentes... (Dosse, 1988; Rémond, 1992). No mesmo ano, ele afirma: "estamos no fim de alguma coisa (...). Tenho a sensação de certa falta de fôlego" (apud Dosse, 1997:ii).

Tanto a cena polêmica e crítica do debate epistemológico e historiográfico quanto a paisagem fragmentada da historiografia francesa, que invocam a autoridade dos *Annales* em seu favor no fim da década de 1970, não devem ocultar outra cena, a das práticas históricas de pesquisas inovadoras em história social e cultural. Estas, embora aliás alimentando os debates em curso dentro da disciplina, propõem nesses anos 1980 superações e vias de saída da história social labroussiana e da história das mentalidades.

Redefinições da história social, renovações da história econômica: uma nova "sensibilidade teórica"?

Um dos aspectos do fim do isolamento teórico da historiografia francesa durante a década de 1980 é a maior atenção dada pelos historiadores franceses às contribuições das historiografias estrangeiras. O recurso aos procedimentos inovadores de outras ciências sociais permanece — mais classicamente — um recurso importante para os historiadores. Sair da história social labroussiana e da história das mentalidades (inclusive em sua versão antropologizada) torna-se um dos principais objetivos dessas novas práticas. Já em 1966, o modelo labroussiano de monografias regionais era questionado por Jacques Rougerie (1966), que colocava a pergunta: "convém departamentalizar a história da França?" Philippe Minard (2002) recentemente lembrou as críticas — algumas delas muito precoces — dirigidas à história econômica e social de filiação labroussiana por historiadores anglo-saxões, críticas que foram durante muito tempo praticamente ignoradas na França. Cita principalmente David Landes, que, já em 1950, questionava o modelo labroussiano de crise, e Robert Brenner, que, por ocasião da publicação da tese de Le Roy Ladurie (*Os camponeses de Languedoc*), rejeitou em particular o peso excessivo concedido ao fator demográfico num esquema de tipo malthusiano e a tendência a reduzir ao mínimo o papel das relações de poder e das relações de classe entre os atores do "mercado" (Brenner, 1976, apud Minard, 2002:151).

Thompson, micro-história e Alltagsgeschichte

Para a história social, o livro do historiador marxista inglês Edward Palmer Thompson, *A formação da classe operária inglesa* (1963) logo se torna uma referência. Alguns trechos (traduzidos em francês) haviam sido apresentados em 1980 por Patrick Fridenson na revista *Le Débat*, mas o livro é traduzido tardiamente na França, em 1988. Uma segunda fonte de renovação da história social é constituída pelos trabalhos da micro-história italiana. Um artigo de caráter programático sobre a micro-história, de Carlo Ginzburg e Carlo Poni (1981), é publicado em *Le Débat*. Para a França, devem ser considerados sobretudo dois autores: Carlo Ginzburg, cujo livro *O queijo e os vermes. O universo de um moleiro friulano do século XVI* é traduzido em 1980, e Giovanni Levi, de cujo livro *A herança imaterial* aparece em 1989 uma tradução francesa (*Le pouvoir au village*), com um prólogo muito denso (significativamente intitulado "A História rente ao chão") de Jacques Revel, que se transforma no divulgador dessa corrente historiográfica na França.

Esses trabalhos têm em comum romperem com a história social labroussiana, com a história quantitativa e seriada e com a história das mentalidades. E. P. Thompson — que permanece num processo de macro-história social — não define a classe operária por componentes objetivos (função econômica, nível de riqueza etc.); segundo ele, a classe operária não é uma coisa, mas uma relação histórica que se encarna em homens e contextos reais, um "processo ativo executado por agentes".

Da parte dos historiadores da micro-história, a atenção prioritária é dada aos indivíduos ou aos pequenos grupos (comunidades aldeãs, grupo de famílias), aos temas do privado, do pessoal e da vivência, às estratégias individuais dos atores, muitas vezes inacessíveis às abordagens macro-históricas. A ideia de uma racionalidade específica dos atores na utilização e transformação do mundo social, o vínculo privilegiado com a an-

Uma crise da história?

tropologia, que fornece ao historiador um quadro de referência conceitual, o projeto de uma "prosopografia da massa" ou ainda a noção "de excepcional normal" (proposta por Edoardo Grendi para significar que um documento excepcional pode ser mais revelador do que uma série estatística) são temas e noções que se distanciam das propostas da macro-história social e da história das mentalidades (Grendi, 1996). O social não é mais estudado "como um objeto dotado de propriedades, mas como um conjunto de inter-relações móveis no interior de configurações em constante adaptação" (Revel, 1989).

No começo da década de 1980, afirma-se também na Alemanha uma corrente historiográfica próxima dos métodos da micro-história: a *Alltagsgeschichte* (história do cotidiano). Em ruptura com a "história social" então dominante na Alemanha (uma história dos processos sociais globais e das estruturas), a *Alltagsgeschichte*, que tira as suas referências conceituais de E. P. Thompson ou da obra do antropólogo americano Clifford Geertz, privilegia a análise da vivência, das realidades "de baixo", da "gente comum" e o estudo das interações entre os indivíduos. Ela concede a primazia ao ator e ao conceito de cultura definida como a produção "de seres sociais ativos que tentam dar sentido ao mundo que os cerca e interpretá-lo em função da lógica e da organização de sua ação" (Lipp, 1995). O livro de referência, organizado por Alf Lüdtke, *História do cotidiano*, editado em 1989, foi traduzido para o francês em 1994. Quase paradoxalmente, para uma história que se proclamava essencialmente social, encontramos em todas essas críticas contra a história de filiação labroussiana um viés muito nítido para a reabilitação das relações sociais entre atores e, de um modo mais geral, da dinâmica social, em ruptura com o primado dos fatores "objetivos" de estrutura e de reprodução sociais (o que é designado pelo termo "objetivismo").

A construção histórica e social das categorias

Além da questão das escalas de análise, muito bem resumida pela ideia de uma passagem do macro ao micro, dois destes temas constituem elementos de nítida ruptura com a história social de inspiração labroussiana e se tornam objetivos importantes da recepção desses trabalhos na França. São três questões (em parte ligadas): a dos atores sociais considerados sujeitos ativos, a do uso das categorias predeterminadas para a análise dos grupos sociais (o que é designado pela expressão "reificação das categorias") e — em terceiro lugar — a do papel das representações na construção das identidades sociais.

Do lado francês, Antoine Prost — considerado um dos principais representantes da corrente formada ao redor da revista *Le Mouvement Social*, que conserva para os fatores sociais um lugar central na explicação histórica — explicita essas preocupações no balanço que faz da história de filiação labroussiana. "E eis que acontece uma reviravolta importante: em vez de serem dados, do exterior, por um conjunto de condições econômicas e/ou técnicas (condições de trabalho, níveis de riqueza etc.), os grupos sociais aparecem como construídos pelas representações coletivas da época. Vemos com a obra de Alain Corbin ou com Jean-Louis Robert: levando às últimas consequências a sua tese, seríamos levados a dizer que os operários parisienses da Grande Guerra são definidos não pelas estruturas econômicas e sociais, mas pelos discursos que os militantes têm sobre a classe trabalhadora, discurso completamente carregado de juízos de valor, tanto sobre os adversários de classe quanto sobre os mesmos proletários. De certa maneira, no princípio era o ético. Ou, ainda, a história social torna-se a história das representações sociais" (Prost, 1993; Jean-Louis Robert, 1995).

Vai no mesmo sentido o balanço da história social labroussiana feito por Jacques Revel (1996:38-39), que fala de outro lugar institucional (a EHESS) e faz parte do grupo dirigente dos *Annales*:

> Ao mesmo tempo, a natureza das identidades sociais voltou ao centro das discussões entre historiadores. No programa labroussiano da década de 1950, podemos notar hoje uma tendência acentuada à institucionalização dos atores sociais coletivos numa óptica funcionalista. A base para isso era geralmente fornecida por uma descrição empírica, fundada na exploração de um conjunto documental que permitia contar, classificar e hierarquizar. A partir daí, a identidade do grupo podia ser considerada certa e devia ser objeto de especificações e detalhamentos ulteriores. A presunção de existência podia, assim, ser aos poucos tida como uma evidência (observemos, aliás, que dessa indecisão aceita a pesquisa em história social durante muito tempo tirou uma louvável abertura, assim como uma notável eficácia). Já praticamente não é mais possível, hoje, aceitar nem a homogeneidade do social, nem a consistência das identidades como fatos evidentes. Assim se explica, sem dúvida, que a constituição e a interpretação das taxinomias e a construção das identidades tenham sido campos privilegiados do debate e da pesquisa desde o começo da década de 1980. O trabalho dos sociólogos desempenhou aqui um papel determinante, quer tenha sido executado a partir de uma crítica das grandes nomenclaturas socioprofissionais em vigor (A. Desrosières, L. Thévenot), quer da análise intensiva da formação contemporânea de um grupo social (L. Boltanski). Do lado dos historiadores, trabalhos como os de R. Descimon, sobre a burguesia parisiense nos séculos XVI e XVII, de S. Cerutti, sobre a identidade corporativa no espaço urbano do Antigo Regime, ou de M. Gribaudi, sobre o problema, aparentemente clássico, da constituição da classe operária, traduzem bem certas prioridades da reflexão atual.

Uma crise da história?

Última característica, que permite evocar sumariamente as inflexões recentes dessa reflexão: a atenção dada aos mecanismos processuais. Trata-se aqui menos de reabilitar o estudo da mudança social em contraste com uma historiografia mais atenta aos sistemas estáveis, do que de uma escolha inseparável das considerações que precedem, e que ilustra (entre algumas outras) a fortuna, tardia, de autores tão diferentes como E. P. Thompson e N. Elias. De modos que podem ser muito diferentes, procura-se apreender a construção das identidades sociais como o produto de um conjunto de interdependências atadas dentro de um espaço de relações. Ali onde uma divisão funcional do espaço social podia ignorar as estratégias e as representações que as orientam, a consideração dos processos de formação torna-se mais atenta aos recursos de que os atores dispõem, aos vínculos e aos obstáculos que lhes são impostos e que desenham a configuração perpetuamente mutável no interior da qual devem situar-se e agir. Não é de admirar que os historiadores encontrem neste ponto a reflexão elaborada no mesmo momento por certos sociólogos e economistas e que insiste nas convenções a partir das quais se regra o jogo social e se constroem as identidades dos que são seus protagonistas (Gribaudi, 1987).

Outro exemplo do afastamento em relação à história social "clássica" e de seu "esquecimento dos atores", o de Jean-Claude Perrot, que, em sua tese sobre Caen no século XVIII (Perrot, 1975), utiliza em sua análise "a interpretação dos contemporâneos sobre a estratificação e a classificação social de sua própria cidade" (Cerutti, 1990). Sobre estas questões, Carlo Ginzburg, por seu lado, insistiu na necessidade de não separar, no trabalho do historiador, o nível da linguagem dos atores sociais e o nível da linguagem de descrição e de análise do pesquisador; é justamente a "tensão" entre esses dois níveis que, segundo ele, o historiador deve administrar (Ginzburg, 2004b).

A questão das categorias é particularmente pertinente para a história da estatística, onde o encontro entre historiadores e estatísticos foi frutuoso; como frisa Alain Desrosières (1996): "a relação entre a história e a estatística vai muito além da história serial, que se empenha em pesquisar e ordenar estatísticas ligadas a áreas previamente delimitadas. Ela se dá de maneira mais ambiciosa num confronto das problemáticas respectivas da história das ciências e da estatística". Tornamos a encontrar o processo "construcionista" relativo às categorias da análise social nos trabalhos de Alain Desrosières e Laurent Thévenot (1988) sobre a história das categorias profissionais ou ainda nos trabalhos que tratam do "nascimento do desempregado", de Christian Topalov (1994), e sobre a "invenção do desemprego", de Robert Salais, Nicolas Baverez e Bénédicte Reynaud (1999). Todos esses autores ressaltam o caráter social e construído das categorias de classificação social, seu caráter de convenções, particularmente reveladores da "formação do social".

Há aí uma "clara ruptura com a maneira clássica como as ciências sociais quantitativas utilizam números que supostamente exprimem coisas que existem independentemente das convenções que as fundam" (Insee, 1977).

Um primeiro balanço dessas interrogações e redefinições da história social pode ser tentado a partir do colóquio de janeiro de 1989, organizado pelo Institut d'Histoire Moderne et Contemporaine. Na análise por ele proposta das mudanças de método que vêm ocorrendo há 15 anos na história social, Christophe Charle distingue evoluções significativas: a passagem da macro à micro-história social, que melhora os "elos entre os fenômenos observados", o abandono do substancialismo das categorias (a ideia de que elas refletem coisas estabilizadas), sua necessária contextualização e seu caráter performativo. Observa ele ainda o emprego "relacional e relativista" da noção de estratégia (tomada de empréstimo aqui sobretudo do sociólogo Pierre Bourdieu) para melhor levar em consideração os atores sociais (Charle, 1993).

Sair da história das mentalidades

A ideia de uma necessária historização das categorias é um dos temas que certos historiadores da "nova história", da história das mentalidades, na primeira fila dos quais Roger Chartier, tiram da obra do historiador alemão Norbert Elias (1973, 1975) — que, fugindo da Alemanha nazista, se estabeleceu na Grã-Bretanha em 1933. Chartier apresenta explicitamente o recurso às noções de *configuração* e de *processo* propostas por Elias como um jeito de sair da história das mentalidades e de todos os "modelos que se fundam nas noções de estratos, de instâncias, de níveis..." (Chartier, 1993a) e, portanto, do modelo labroussiano. Chartier quer repensar as relações entre sistemas de representações e posições sociais, sem reduzir os primeiros às segundas.

A partir do debate provocado pelo livro de Robert Mandrou (1985) sobre a Biblioteca Azul,[7] Chartier rompe com um modelo baseado na oposição cultura popular/cultura erudita. Defende — próximo, neste ponto, da obra de Daniel Roche (1979) — uma história sociocultural das práticas, dos empregos plurais e das apropriações dos objetos culturais, numa filiação reivindicada com as abordagens de Michel de Certeau. Ao contrário da história das mentalidades, que partia dos grandes recortes sociais, Chartier propõe-se ir dos fatos culturais às configurações sociais e abandonar a ideia de chave social e profissional dada de antemão.

---

[7] Termo usado para designar livrinhos de literatura popular, de capa azul e em papel de má qualidade, vendidos em feiras na França do século XVII ao XIX. (N. do T.)

Chartier (1982) participa no início da década de 1980 dos debates acerca das críticas dirigidas à história das mentalidades "à francesa" por trabalhos anglo-americanos que visam a construir uma nova história cultural (Hunt, 1989) no âmbito do que se convencionou chamar o *linguistic turn*. Os partidários do *linguistic turn*, na esteira sobretudo das teses de Hayden White, propõem que a realidade social só pode ser apreendida pela linguagem, como um conjunto de "práticas discursivas", independentemente de toda referência exterior à linguagem (Eley, 1992). Os debates acerca do livro do historiador Robert Darnton, *O grande massacre dos gatos e outros episódios da história cultural francesa*, publicado na França em 1985, permitem a Chartier diferenciar-se dos historiadores que se referem à antropologia cultural — ou interpretativa — do americano Clifford Geertz, uma das principais referências teóricas da história cultural anglo-americana (Sewell Jr., 1997). Nesses debates, Chartier (1985a) critica a definição de cultura como "universo simbólico", "como um conjunto de textos", que Darnton toma de Geertz. Para Chartier, não podemos considerar igualmente "como texto tanto o documento escrito, único rastro de uma prática antiga, quanto esta prática mesma", e cumpre manter a distinção — que ele toma de Foucault e de Certeau — entre práticas discursivas e práticas não discursivas. Por outro lado, ele ressalta os empregos diferenciados dos símbolos pelos atores sociais (Chartier, 1985b). Num processo de fidelidade crítica para com a herança da história das mentalidades, Chartier, com historiadores como Jacques Revel e Dominique Julia, passa "de uma separação radical entre o real e as suas representações a uma definição das representações do mundo social como constitutivas do próprio social e como instrumentos e objetivos das lutas que ali se travam" (Chartier, 1996:81). Estas redefinições e estes novos recursos teóricos, porém, não dizem respeito apenas à história social, mas marcam igualmente a história econômica.

Perda de fôlego ou renovações da história econômica?

A perda de fôlego de uma história econômica "mais ligada a descrições numéricas do que aos resultados" (Barjot, 2002a) é geralmente reconhecida na historiografia francesa. Mesmo se a história quantitativa "não está mais na moda" e se "o número já perdeu parte de sua capacidade heurísitca", essa história mudou muito (Grenier, 1995a:2002). A história econômica passa, depois de uma tentação de desligamento da história social, por importantes renovações a partir da década de 1980, que é preciso, evidentemente, relacionar com as evoluções historiográficas gerais que dirigem a atenção dos historiadores

334   As correntes históricas na França

para os atores, o local, as representações e o qualitativo. Reencontramos, por exemplo, a insistência na necessidade de levar em conta as representações sociais dos atores num historiador da economia como Jean-Pierre Hirsch: "gostaríamos, assim, de lembrar o interesse de uma pesquisa, menos praticada pelos historiadores, sobre os discursos e as representações que condicionam ou acompanham o desenvolvimento econômico", escreve ele (Hirsch, 2001). A temática da historicização das categorias de análise caracteriza, pois, os desenvolvimentos da história econômica (Hirsch, 1991; Perrot J.-C., 1992).

Para romper tanto com o quantitativismo duro da "cliometria" quanto com o modelo *standard* da economia neoclássica, que postula um cálculo otimizador e utilitarista de um agente individual racional, a própria pesquisa econômica operou "uma contextualização mais intensa das suas análises, sobretudo ao especificar a dinâmica das relações interindividuais" (Menger, 2001). A história econômica, em ressonância com estas inflexões, deu uma atenção maior aos trabalhos dos sociólogos e de economistas mais sensíveis às condições sociais e históricas dos atos econômicos. Nessa perspectiva, é dada ênfase às "condições sociais prévias, às normas, às regras tacitamente aceitas que constituem o quadro comum que permite a troca" (Minard, 2002). Trabalhos como os da "escola da regulação" (Boyer e Saillard, 1995) ou os da corrente das convenções (Orléan, 1994) tornaram-se, assim, recursos para os historiadores da economia. Robert Boyer, economista, principal representante dos "regulacionistas", defende, assim, novas alianças entre a economia e a história. Referindo-se aos trabalhos econômicos sensíveis em particular "à historicidade das trajetórias sociotécnicas" que visam a "compreender a lógica do funcionamento das instituições, das convenções e das normas" e a superar a análise "de mecanismos de mercados puros", ele explica: "simetricamente, acumulam-se os estudos provindos dos sociólogos, de especialistas em ciências políticas, que mostram de maneira convincente que os mercados, ainda que de concorrência pura e perfeita, são instituídos por procedimentos que mobilizam o poder e a influência de certos grupos sociais; (...) o historiador deveria sentir-se à vontade em pesquisas que ressaltam a multiplicidade das lógicas e das formas de coordenação, assim como a variabilidade das relações da economia com o que se convencionou chamar o social, o político" (Boyer, 1989).

A história econômica estendeu, assim, as suas curiosidades para novos objetos: a história das empresas (Fridenson, 2001), a história econômica regional, a história dos serviços, a história das relações econômicas internacionais, o Estado (Margairaz, 1991), os mercados e a história da inovação são exemplos da vitalidade dessa renovação historiográfica (Barjot, 2002b). Num balanço feito em 2000, Jean-Pierre Daviet retém, por seu lado, três temáticas para caracterizar as evoluções recentes da história econômica: a interação entre ciências, técnicas e inovação na dinâmica social; a temática do modelo de crescimento, observando que as pesquisas recentes sobre este tema levam mais em conta os fatores políticos, as estratégias das elites, os conflitos de poder, a cultura; e a temática do retorno ao ator. "Desconstruímos, por assim dizer, os grandes agregados que são o capitalismo, a burguesia, a classe trabalhadora, o Estado, para redescobrirmos que é preciso interessar-nos pelos homens, para reconstruirmos melhor, em seguida, conjuntos de contornos mais permeáveis e mutáveis", escreve Jean-Pierre Daviet. Daí, justamente, o sucesso da prosopografia, "a pesquisa sobre os itinerários de vida, os percursos, trajetórias e destinos familiares" (Daviet, 2000). Por seu lado, no balanço que fazem da história econômica do século XIX, Patrick Verley e Jean-Luc Mayaud (2001) conservam quatro temáticas principais: as interrogações sobre "a mundialização, a globalização, a existência ou não de especificidades nacionais", que impedem de fazer uma "história econômica encerrada no interior das fronteiras"; a questão das escalas e em primeiro lugar a da articulação entre a microeconomia e a macroeconomia, mesmo se constatam uma "antipatia certa pelas abordagens globalizantes"; um "deslocamento de uma história da oferta para uma história da adequação entre a oferta e a demanda" e o privilégio concedido "aos processos de mercado como reguladores do funcionamento da economia"; a ruptura "com a referência implícita a um modelo mecanicista de *homo economicus* comum à tradição clássica e marxista" e a promoção da temática de atores que enfrentam situações de incerteza e dispõem de margens de liberdade.

Podemos, portanto, reter que nesses dois "balanços" reencontramos o tema da "reabilitação dos atores", comum a diversas ciências sociais e que seria uma característica importante de uma nova cultura teórica.

Uma nova cultura teórica em ciências sociais?

O conjunto desses trabalhos muito diversos não é, sem dúvida, redutível a um modelo teórico unificado. Eles fazem parte, porém, de uma *sensibilidade teórica* emergente nas ciências sociais, da qual os historiadores das novas gerações participam e que os leva a um distanciamento e, para muitos, a uma ruptura com as abordagens excessivamente objetivistas — as do marxismo, do estruturalismo e do funcionalismo. Duas características principais e ligadas podem ser citadas para caracterizar essa nova espécie de

336   As correntes históricas na França

problemas e de questões: o *construtivismo social* e a centralidade da ação (que podemos designar como abordagem *pragmática*). Esses anos veem o surgimento de uma nova configuração de trabalhos em ciências sociais, para os quais as realidades sociais são analisadas como construções históricas dos atores individuais e coletivos, e não como naturais ou dadas de uma vez por todas (Corcuff, 1995), e que reabilitam a centralidade da ação, da comunicação, a intencionalidade dos atores e a dimensão interpretativa da análise. Os usos muito diversificados desses temas oriundos de elaborações já velhas, como a etnometodologia, a fenomenologia ou a teoria da ação, recompõem a cultura teórica de numerosos pesquisadores em ciências sociais — inclusive em história (*Raisons pratiques*, 1990, 1991; *EspacesTemps*, 1992). É essa nova cultura teórica que buscam caracterizar os diversos diagnósticos em termos de "viradas", sejam elas "descritivas", "pragmáticas", "interpretativas" ou ainda "hermenêuticas" (Quéré, 1992; Dosse, 1995a).

A radicalização das críticas contra os Annales e o lançamento da "virada crítica"

A releitura da historiografia dita positivista contribui para desgastar o legendário de legitimação dos *Annales* reivindicado pela "nova história", retificando a imagem negativa por muito tempo dominante dos historiadores metódicos proposta pelos *Annales* (Carbonell, 1976a; Carbonell e Livet, 1983; Noiriel, 1989).

Em 1983, Hervé Couteau-Bégarie publica *Le phénomène "nouvelle histoire"*, com o subtítulo *Stratégie et idéologie des nouveaux historiens*; segundo ele, a posição hegemônica ocupada pela *nova história* explica-se em ampla medida por uma estratégia de conquista do poder intelectual, de conquista de postos na universidade, na indústria editorial, nos meios de comunicação de massa. Mas o livro de François Dosse *L'histoire en miettes: des "Annales" à la "nouvelle histoire"* (1987) e o texto de Marcel Gauchet publicado em *Le Débat* em 1988, "Changement de paradigme en sciences sociales?", marcam, sem dúvida nenhuma, a radicalização dessas críticas contra as evoluções da "nova história" e contra as opções historiográficas da "terceira geração" dos *Annales*.

Num tom marxizante adotado na época, Dosse analisa os aspectos institucionais da hegemonia dos *Annales*, reinscrevendo-a nos sucessivos contextos políticos e sociais. Denuncia sobretudo o abandono do projeto inicial de história total pelo "núcleo dominante" dos *Annales* da "nova história". Ao mesmo tempo, defende com vigor a reabilitação do evento, sem, porém, inscrever-se numa lógica de restauração da história "eventual":

> Para que a história torne a ser ciência da mudança, como a chamava Marc Bloch, precisa romper com o discurso "annalista" dominante do tempo imóvel, com a visão passadista do

UMA CRISE DA HISTÓRIA?

historiador que se previne contra toda veleidade de transformação, apresentando um mundo social dotado de uma respiração natural, regular e imutável. Tornando-se etnológica, a história negou-se, vai de encontro ao seu próprio fundamento: a duração, com os seus ritmos lentos e rápidos, as suas perturbações. O renascimento de um discurso histórico passa pela ressurreição do que foi rejeitado desde o início da escola dos *Annales*. Esse recalque do evento conduz a história pelo caminho da diluição do que funda a sua especificidade, a sua função (Dosse, 1997:258).

A expressão "história em migalhas" fez muito sucesso, mas o livro de Dosse seria alvo de uma rejeição sistemática da parte dos principais representantes dos *Annales*, que evitam cuidadosamente citá-lo de maneira explícita (Dosse, 1997).

A originalidade do texto de Marcel Gauchet de 1988 consiste em associar os dois temas, o do "retorno do político" e o da "mudança de paradigma nas ciências sociais", reabilitando o papel do ator individual. Segundo Gauchet, o "paradigma crítico" dominou amplamente as ciências sociais até então; ele designa com isso indiferentemente os modelos marxistas, estruturalistas e funcionalistas que fazem do ator um "efeito" dos vínculos sociais e das estruturas. Diagnostica um retorno da "parte explícita e refletida da ação", que levaria a uma "reavaliação do papel do ator individual" e da natureza do político considerado "o nível mais englobante" da organização das sociedades. Essa análise é o objeto de uma rejeição muito clara da parte de certos historiadores "annalistas", como Chartier (1989), que vê nisso o retorno de uma filosofia idealista do sujeito livre, ignorante do peso dos vínculos sociais, bem como um ataque que visa a separar a história das ciências sociais.

A reação mais virulenta à recepção, em forma de evitação ou de recusa das críticas pelos *Annales*, é a de Le Goff (1988). Denuncia os "dadores de lição", "esses médicos improvisados que vão à cabeceira da história nova para declará-la doente..." (François Dosse é o mais visado por estes anátemas). Para Le Goff, se há crise da história, ela se deve ao seu sucesso mesmo e a uma crise mais ampla das ciências sociais, e de modo nenhum às orientações da "nova história". No entanto, no balanço que faz das evoluções historiográficas na França, Le Goff (2002) reconhece que entre as críticas dirigidas na década de 1980 contra os *Annales*, as de François Dosse são "as mais interessantes", em especial a que conclamava os *Annales* a "reencontrar um discurso de história global".

Numa versão menos polêmica, Bernard Lepetit, historiador da idade moderna especialista em história urbana e secretário de redação dos *Annales*, resume bastante bem, no número da revista de jan./fev. 1988, a estratégia defensiva, feita de denegações de

338 As correntes históricas na França

propostas restritas de renovação, adotada pelos *Annales* até a "virada crítica". Reconhece o texto os "rendimentos decrescentes" do método quantitativo e a dúvida que cresce. Enumera os novos paradigmas interpretativos concorrentes, que demonstram a aversão pelo modelo historiográfico dos *Annales*, como a hermenêutica, certa antropologia cultural ou uma "ciência conjectural dos indícios". Ricoeur, Geertz e Ginzburg não são, porém, citados nominalmente.

É, pois, no momento em que a intensidade das críticas é mais forte e em que a crise de identidade é sentida mais duramente pela equipe de direção da revista (Burguière, 1990) que esta responde, iniciando um projeto de recomposição, por ela anunciado com algum espalhafato em abril de 1988 e chamado de "virada crítica". Bernard Lepetit, brutalmente falecido em 1996, desempenhou um papel importante na definição das novas orientações.

Uma "virada crítica" dos *Annales*

História e ciências sociais. Uma virada crítica? (1988)

Chegou a hora de mostrar as cartas. Não se trata de estabelecer o inventário definitivo de uma situação que não cessa de mudar à nossa frente, menos ainda de fazer a constatação global de um fracasso. Trata-se de tentar, a partir das experiências adquiridas e das que estão em andamento, extrair alguns pontos de referência, traçar algumas linhas de conduta para práticas rigorosas e inovadoras em tempos de incerteza. (...)

Novos métodos. Queremos chamar a atenção para duas questões importantes: as escalas de análise e a escrita da história. Certas propostas desenvolvidas pela micro-história, depois de um longo período de atenção exclusiva aos processos globais e às estruturas de conjunto, obrigam a uma salutar ginástica intelectual. Obrigam, em especial, a explicitar e a discutir as formas da adequação entre o tamanho dos objetos de estudo, as modalidades de observação e as problemáticas. Do indivíduo ao grupo e à sociedade, do local ao global, como garantir a articulação entre os níveis de observação e definir as modalidades das necessárias generalizações? Em outra direção, como estabelecer as condições de ajustamento e de confronto dos resultados e, mais fundamentalmente, desenvolver um comparatismo cuja necessidade não cessou de ser proclamada, mas cuja aplicação continua sendo a exceção?

Tais preocupações remetem necessariamente a uma interrogação sobre as capacidades demonstrativas da história e, inseparavelmente, à sua escrita. Para o historiador, provar não é só fazer um uso correto da crítica documentária e das técnicas de análise; a relação entre a natureza das hipóteses e a dos elementos de sua verificação é, talvez, mais essencial. Sobre essa questão, a disciplina — em sua variante quantitativa ou em sua versão mais literária — tem os seus hábitos e convenções retóricas. Pode ela contentar-se com elas ou deve dar lugar a outras formas de argumentação? Como pode controlar os usos e os efeitos de uns e de outros? Convém levar a sério as formas de escrita histórica. Esta tem as suas tradições, fortemente arraigadas; é sensível também, a cada época, às sugestões das formas exteriores, narrativas em particular. Há meio século, a escolha de objetos inéditos, o primado do número e da série a renovaram profundamente, sem que se tenha dado muita atenção a isto, sem que se tenha buscado avaliar tais transformações. Também nesse caso, as coisas mudam à nossa frente: alguns experimentam soluções inéditas de maneira mais resoluta. O exercício, porém, não é livre. Como fazer com que não se perca de vista a exigência de demonstração?

Novas alianças. Não tornaremos a nos referir aqui às relações tradicionais que permitiram à história encontrar, sucessiva ou simultaneamente, inspiração na geografia, na sociologia ou na antropologia. (...) Como praticamos — ou não praticamos — a interdisciplinaridade: sob que formas as interrogações cruzadas, com que limites e para quais resultados?

(...) Os *Annales*, por outro lado, jamais pretenderam ser únicos. Em especial no estrangeiro, assumiram outras formas as tentativas de resposta às questões que aqui colocamos. Nós também as solicitamos e lhes faremos eco, para que elas contribuam, vindo romper com os nossos hábitos, para este trabalho de análise e de proposta.

Nem balanço, nem exame de consciência. Não nos parece ter chegado a hora de uma crise da história, cuja hipótese é aceita por alguns de modo excessivamente cômodo. Temos, em contrapartida, a convicção de participarmos de uma rodada de distribuição de cartas, ainda confusa, que cumpre definir para exercermos amanhã o ofício de historiador. Temos a ambição de apreender, no momento mesmo em que ocorre, uma virada crítica.

Os *Annales* (*Annales ESC*, Paris, A. Colin, 1988, n. 2).

O texto anuncia um número consagrado à "virada crítica" e publicado em nov./ dez. 1989. Este se intitula "História e ciências sociais. Uma virada crítica", com um texto introdutório assinado *Les Annales*: "Façamos a experiência". É difícil encontrar coerência nas diversas contribuições do número de nov./dez. 1989.

Giovanni Levi, *Os usos da biografia* — Jean-Yves Grenier e Bernard Lepetit, *A experiência histórica. Acerca de C. E. Labrousse* — Robert Boyer, *Economia e história: rumo a novas alianças* — Marcel Roncaloyo, *História e geografia: os fundamentos de uma complementa-*

ridade — Gérard Noiriel, *Para uma abordagem subjetivista do social* — Patrick Fridenson, *As organizações: um novo objeto* — Jochen Hoock, *Dimensões analíticas e hermenêuticas de uma história historiadora do direito* — Alain Boureau, *Propostas para uma história restrita das mentalidades* — Roger Chartier, *O mundo como representação*.

Os textos de apresentação assinados *Les Annales* e o artigo de Yves-Jean Grenier e Bernard Lepetit sobre Labrousse são, com certeza, os mais representativos das novas orientações desejadas pelos promotores da "virada crítica". Esses textos marcam uma ruptura com as reações precedentes, integram ao programa de renovação por eles proposto parte das críticas dirigidas contra os *Annales*, mas na medida em que elas permanecem compatíveis com a defesa da identidade ameaçada dos *Annales*. Essa "virada crítica" é, num primeiro momento, um "dispositivo de resseguro identitário" (Delacroix, 1995), e os *Annales* continuam a rejeitar a "reutilização dos velhos temas" do narrativo, do evento, do político, da biografia. O "tempo de incerteza" para a história é analisado mui classicamente como um aspecto de uma crise geral das ciências sociais, ela própria devida à decadência dos paradigmas dominantes (marxismos e estruturalismos) e ao fracasso da interdisciplinaridade selvagem das décadas de 1960/1970, que debilitou as identidades disciplinares.

São questionados sobretudo dois elementos: a longa duração e o quantitativismo. A longa duração porque bloqueou a análise da mudança social, e a quantificação porque, ao dar prioridade ao estudo das estruturas em relação às relações, foi acompanhada de uma reificação das categorias; as descrições eram feitas a partir de recortes sociais predeterminados. Reconhece-se a fossilização da história social de filiação labroussiana (Grenier e Lepetit, 1989). É patente a reviravolta epistemológica sobre essas questões: a tradição de história social de dominante objetivista — a do primado concedido às determinações sociais — é questionada pelos próprios *Annales*. Por outro lado, torna-se central a questão dos atores; as noções de estratégias, de negociação, de convenções, de incerteza são, assim, julgadas "dignas de ser pensadas". Outros temas completam essa renovação do programa "annalista" proposto pela "virada crítica": a reabilitação da dimensão interpretativa da história, a consideração de certas contribuições da antropologia, como a metáfora do social como texto, a complementaridade das "escalas de análise" (entre micro e macroanálise), a redefinição da interdisciplinaridade em ruptura com o "empréstimo selvagem" e a hegemonia de uma disciplina.

A "virada crítica" constitui também, para os *Annales*, um jeito de intervir no debate sobre o tipo de cientificidade para a história, reaberto por Stone e Ginzburg: são rejeitados tanto o "positivismo insulso" quanto a "história retórica". A reflexão desejada pelos *Annales* acerca da escrita da história não significa a aceitação da "historia-retórica" e das teses dos partidários do *linguistic turn* anglo-americano, que reduzem a história a uma atividade de interpretação de textos fechados em si mesmos. Mas os *Annales* também rejeitam o "positivismo insulso" (próximo aqui do *labroussismo*), que ignora os processos de construção social da realidade e postula que as categorias sejam uma cópia do real.

A "virada crítica" é, portanto, ao mesmo tempo uma resposta aos questionamentos dos *Annales* e uma apropriação crítica e seletiva de práticas consideradas inovadoras em história e em outras ciências sociais. Reconhecemos, sem que sejam citadas nominalmente, as contribuições já mencionadas de E. P. Thompson, do "construtivismo social", da micro-historia, da antropologia cultural (Geertz), da hermenêutica (Ricoeur), da corrente da sociologia pragmática (Boltanski e Thévenot, 1987). Os *Annales* constroem com a "virada crítica" um *quadro conceitual de referência* composto, mas que se mantém na corrente principal das inovações teóricas nas ciências sociais. A "virada crítica" propõe, pois, de certa maneira, um programa de "saída da crise". Essa iniciativa parece criar, num primeiro momento, mais ou menos um "consenso" no grupo dos *Annales*. Ela, de fato, pode permitir aos *Annales* voltar a controlar o debate historiográfico que em boa medida lhe escapava até então. Num segundo momento — que se pretende em continuidade com as primeiras orientações da "virada crítica" —, Bernard Lepetit (mais uma vez como o principal animador) propõe, no início da década de 1990, um modo especial de pôr em prática essas orientações, que deve constituir o "ponto de partida de um novo momento historiográfico" e estabelecer como objetivo mais ambicioso uma reglobalização historiográfica pelo social. Para Lepetit, tal projeto participa de uma sensibilidade teórica emergente nas ciências sociais, que ele chama de "pragmática" — no sentido que lhe conferem as teorias da ação (Ladrière, Pharo e Quéré, 1993). Trata-se, então, de colocar os *Annales* num processo que o mesmo Lepetit define como a "cristalização de um novo paradigma" pragmático: "parece que é ao redor desse paradigma da ação (…) que é possível recompor (…) a prática do historiador" (Lepetit, 1996). É também nesta nova perspectiva que a "virada crítica" propõe redefinir e relegitimar a identidade do historiador a partir do que a singulariza dentro das ciências sociais: "a exploração dos mecanismos temporais" (*Annales*, 6, 1989; Grenier e Lepetit, 1995) e, mais precisamente, pela vontade de "compreender os regimes de historicidade em sua diversidade" (*Annales*, 1, 1994). A noção de regime de historicidade, entendida sobretudo como relação social com o tempo, seria a noção que melhor traduziria a modalidade historiadora de uma "virada histórica" que atingiria, então, as ciências sociais. Essa "virada histórica" seria, segundo os dois autores, mais pertinente do que uma "virada linguística" diagnosticada por outros e que uma parte do grupo dirigente dos *Annales* quer, então, ajudar a desqualificar (Grenier e Lepetit, 1995).

Esta orientação traduz-se pelas mudanças de subtítulo da revista em 1994, que passa a ser *Annales, Histoire, sciences sociales*, e pela entrada no comitê de direção dos economistas Laurent Thévenot e André Orléan, bem como dos historiadores Jean-Yves Grenier, Jocelyne Dakhlia e Michael Werner. É este segundo momento da "virada crítica" que não goza de unanimidade dentro da revista.

As recomposições historiográficas contemporâneas à prova da recepção da "virada crítica" dos *Annales*

A pragmática está na moda: descobre-se que os homens estão antes de tudo ocupados em resolver negócios. O termo "moda" não é pejorativo. Não denuncia de antemão o caráter efêmero de uma atenção particular, mas designa o processo autossustentado e auto-organizado de elaboração de uma referência comum. A economia, a sociologia, a antropologia ou a linguística tomam hoje certa distância do estruturalismo, e até mesmo da explicação causal, para, umas e outras, prestarem atenção na ação situada e relacionar a explicação da ordenação dos fenômenos com seu mesmo desenrolar-se. À linguística saussuriana opõem a semântica das situações; contra as determinações pelo *habitus*, insistem na pluralidade dos mundos da ação; a racionalidade substancial dos atores econômicos é recusada em nome das convenções e da racionalidade procedimental; a antropologia estrutural é contestada pelo estudo das modalidades e dos efeitos da provação historicizada das culturas. Em várias disciplinas se elaboram, assim, os questionamentos que, aproximados uns dos outros, manifestam a cristalização de um novo paradigma.

Convém, todavia, que a história participe do movimento? Militam neste sentido muitas razões. Em primeiro lugar, todos esses esquemas analíticos compartilham com a história tal como a entendemos um postulado comum. Eles veem nas modalidades de arranjo do social e nas práticas interindividuais e coletivas que as fazem praticar a origem da compreensão do social. A sociedade não dispõe, para organizar as suas estruturas do momento ou regular as suas dinâmicas, de nenhum ponto fixo exterior e que lhe seja transcendente. Ela produz as suas próprias referências e constitui para si mesma seu próprio motor. É, para a análise, ao mesmo tempo objeto e princípio de explicação. Em seguida, mesmo se a escala cronológica das histórias contadas varie consideravelmente, os modelos que as põem em prática contribuem para uma mesma "virada histórica" (sem dúvida muito mais característica do momento epistemológico presente do que um *linguistic turn* mais amplamente debatido em outros lugares). Seria pelo menos paradoxal que os historiadores não dessem atenção a ela. Enfim, a novidade das ligações internas que essas propostas estabelecem e das configurações de referências intelectuais que elas organizam obriga-as a se justificarem. Há no frescor analítico desses modelos que estão como em estado nascente ocasiões para um uso crítico, oportunidades para uma apropriação livre, ao contrário das transposições mecânicas, para aplicação, do *prêt-à-penser* dos esquemas teóricos ossificados. A possibilidade de uso inventivo da norma é ainda maior, por esta estar pouco definida e se elaborar ao longo mesmo do jogo científico. Eis aí o que pretendemos fazer: participar do jogo e ao mesmo tempo propor uma reformulação do projeto historiográfico (Lepetit, 1995a:14-15).

A obra coletiva *Les formes de l'expérience. Une autre histoire sociale*, organizada por Bernard Lepetit, pretende-se uma das aplicações das orientações da "virada crítica". No texto de abertura da coletânea, texto que reivindica um caráter normativo, Lepetit observa a cristalização de um novo paradigma nas ciências sociais (economia, sociologia, antropologia, linguística) por ele chamado de *pragmático*, para significar que as novas orientações se empenham em analisar o mundo social em termos de "ação situada", de "pluralidade dos mundos da ação", interessando-se antes de tudo pelas práticas dos atores. Duas correntes emergentes das ciências sociais da década de 1980 constituem, porém, os recursos históricos privilegiados por Lepetit: a sociologia pragmática das "cidades" de Luc Boltanski e Laurent Thévenot (1991) e a "economia das convenções" (Orléan, 1994). Duas noções em particular são retomadas e relacionadas: a de *convenções* e a de *competências* dos atores. As "convenções" definidas como "representações coletivas que ganham corpo em organismos, instituições, regras jurídicas" são produzidas pelas interações sociais e organizam o acordo e o intercâmbio social. Considera-se que os atores sociais têm competências de interpretação do mundo social e são capazes de se mover em diversos mundos de ação (é a contribuição da sociologia das "cidades") para ajustar seu comportamento às situações. Trata-se, pois, de articular os dois processos, o das convenções e o que valoriza as competências dos atores sociais. Sem voltar a uma concepção do ator como sujeito livre, esse processo indica um afastamento da noção de *habitus* desenvolvida por Bourdieu (1973, 1981), ou seja, do esquema da interiorização dos vínculos sociais externos aos atores e que tornam estes últimos incapazes de apreender as verdadeiras razões de seu comportamento.

Les formes de l'expérience rejeita a abordagem objetivista das análises de estruturas, postuladamente estáveis, e desenvolve uma abordagem mais subjetiva, mais individualizante, mais interessada nas estratégias, nas situações, nos processos. Nesta perspectiva, o procedimento quantitativo pode, porém, conservar um papel de dispositivo de segurança no controle do valor do discurso histórico (Grenier, 1995a).

Como na *micro-história*, a questão do lugar a atribuir na análise do mundo social à experiência e às interpretações dos mesmos atores é completamente central nos deslocamentos conceituais operados pela "virada crítica" e por *Les formes de l'expérience*. Lepetit (1995b) propõe, assim, reler a história da disciplina desde 1945 com base no critério da ausência dos atores; constata que o momento Labrousse-Braudel e o momento "nova história" têm ambos em comum *o esquecimento do ator*.

A coletânea *Jogos de escala. A experiência da microanálise*, dirigida por Jacques Revel (1996), pode ser considerada uma das outras modalidades de aplicação da "virada crítica" para reabilitar a experiência dos atores sociais, próxima nisto de *Formes de l'expérience*. Revel, principal introdutor na França da *micro-história* italiana, quer mostrar toda a importância desta corrente nas renovações em curso. Nesta coletânea, o elo privilegiado é o da história com a antropologia. A questão que dá coerência ao conjunto das intervenções é a da escala de análise: "que acontece se, por hipótese, modificarmos as condições da observação e da análise que elas possibilitam?". Constata Revel a existência de duas posições essenciais quanto às relações entre abordagens micro e macroanalíticas: a primeira, que se vale da variação de escala como recurso para a "construção de objetos complexos" e para levar em conta "a estrutura folheada do social", e a segunda, que postula que os processos fundamentais se operam em nível micro, que se torna o nível privilegiado da análise.

O livro *Les formes de l'expérience* foi recebido de maneira muito crítica por Antoine Prost (1996b), um dos principais representantes da história social de "polo universitário", que julga que o discurso teórico está ali muitas vezes afastado do concreto das coisas. A acolhida é igualmente um tanto negativa da parte de partidários do *linguistic turn*, como o historiador inglês Gareth Stedman Jones (1998). Segundo ele, a coletânea permanece muito marcada pela tradição positivista de filiação durkheimiana, pela adesão integral a uma concepção da história como ciência social e pela conservação da separação entre história política e história social, que são características próprias da historiografia francesa por ele rejeitadas. O "processo de reavaliação crítica da tradição dos *Annales*" descrito em *Les formes de l'expérience* permaneceria incompleto e inconvincente. Os próprios *Annales* (1998) fizeram questão de precisar, em sua resposta a Gareth Stedman Jones, que

UMA CRISE DA HISTÓRIA?

345

Les formes de l'expérience não traduzem a "nova linha intelectual da revista", lembrando a pluralidade de aplicações possíveis da "virada crítica". Entre a indiferença irônica dos defensores da nova história política (Sirinelli, 1998a), a rejeição em nome de um empirismo histórico tradicional (Prost), a desqualificação como sociologismo agravado (G. S. Jones) e a prudência dos mesmos *Annales*, a recepção da "virada crítica" e das suas orientações é um revelador das relações de força e dos debates que permeiam a história social e, de um modo mais amplo, toda a disciplina. O que está em jogo nestes debates ainda se concentra na questão da saída e/ou da recomposição do modelo da história-ciência social, durante tanto tempo defendido — e regularmente reconfigurado — pelos *Annales*.

Depois do falecimento acidental de Bernard Lepetit em 1996, as incertezas quanto à posteridade das orientações da virada crítica cresceram a ponto de podermos legitimamente perguntar "que fim levou a 'virada crítica'?" (De Baecque, 1999). Todavia, as propostas de Bernard Lepetit, de reglobalização historiográfica pelo social, vão ser retomadas e energicamente tematizadas por Paul Ricoeur.

De fato, Paul Ricoeur levou a sério a reformulação por Bernard Lepetit (1996) de um projeto historiográfico global ao redor do paradigma da ação situada. Retomando as propostas de Lepetit, Ricoeur (2000) empenha-se em demonstrar a fecundidade dessa reglobalização historiográfica pelo social, em continuidade crítica com a tradição dos *Annales*. Ele toma muito claramente posição contra o abandono da pertença da história às ciências sociais e propõe como princípio de "remembramento do campo histórico" adotar, com Bernard Lepetit, "a instauração, nas sociedades consideradas, do elo social e das modalidades de identidade a ele ligadas" como objeto pertinente do discurso histórico. Ricoeur trata diversas vezes, em *A memória, a história, o esquecimento*), desse recentramento historiográfico necessário proposto ao redor dessa temática das identidades sociais, para sair, escreve ele, "da situação de dispersão da história do último terço do século XX" (Ricoeur, 2000:278). É essa temática global de "retorno" ao social, de "retorno" à sociedade analisada como "categoria da prática social" (esta última expressão é tomada de Bernard Lepetit) que deve servir de referente para redefinir a identidade historiadora. Insiste Ricoeur em particular na fecundidade heurística da análise dos modelos temporais da ação, dos diversos sentidos do tempo empregados pelos atores sociais, que permite, segundo ele, tornar a trabalhar com as categorias temporais propriamente historiadoras que exprimem a ruptura e a mudança social. Tendo essas categorias temporais sido desqualificadas durante muito tempo, observa Ricoeur (2000:288), pela "ênfase dada às estruturas consideradas quase imóveis", trata-se agora de privilegiar o presente dos atores sociais, categoria temporal operatória da ação.

Cumpre, enfim, observar que um dos eixos do programa de pesquisa proposto pela aplicação pragmática da "virada crítica" dos *Annales*, a temática dos "regimes de historicidade", é retomado e desenvolvido agora por muitos historiadores, entre os quais François Hartog; o livro que este último dedicou a este tema constitui uma das contribuições mais inovadoras à reflexão epistemológica em história nestes últimos anos (Hartog, 2003).

A "virada crítica", em todo caso, constituiu um momento-chave na transição historiográfica das décadas de 1980-1990 na França. Marcou o fim do período de crise aberta do modelo historiográfico até então dominante, aquele defendido e sucessivamente reconfigurado pelos *Annales*. Estes iniciam, então, a partir da "virada crítica", um trabalho — ainda em andamento e cheio de incertezas — de renovação e de redefinição de suas orientações, que assinala um distanciamento decisivo em relação a um determinismo socioeconômico elevado à condição de fator explicativo principal.

Mas, para além desses questionamentos e polêmicas, as redefinições da história social são outras tantas respostas ao dinamismo da história política.

As renovações da história política

Os *Annales* e a "nova história" não permaneceram, é claro, completamente à parte do "retorno" da história política; mas esse interesse pela história política permaneceu limitado. Já em 1971, Le Goff reflete sobre a "recuperação recente da história política" e ressalta as suas renovações a partir das contribuições da sociologia e da antropologia acerca da noção de poder. Defende uma *antropologia política*, no prolongamento dos trabalhos de história que se referem à simbólica política e, em particular, de *Os reis taumaturgos* de Bloch. Mas Le Goff (1971) não deixa de recordar, ao mesmo tempo, que a história política tradicional, denunciada pelos *Annales*, continua sendo "um cadáver que ainda é preciso matar".

Em 1974, Pierre Nora, por sua vez, em *Faire de l'histoire*, propõe uma contribuição a título de *a priori*, distante das orientações dos *Annales*: *o retorno do evento*. Por outro lado, ele inaugura na École des Hautes Études uma direção de estudos por ele intitulada "história do presente". Mas se Nora (1974) considera que a problemática do evento está intimamente ligada à especificidade de uma história contemporânea, para ele o evento que retorna é o evento difundido pelos meios de comunicação de massa, muito distante do evento da histórica política tradicional. Na mesma coletânea, *Faire de l'histoire*, Jacques Julliard (1974) constata que a história política pode dar "uma contribuição essencial à interpretação global da mudança". Na enciclopédia da *Nouvelle histoire* de 1978, o artigo de Jean Lacouture, "L'histoire immédiate", é uma defesa vigorosa da história "do presente". Em 1979, os próprios *Annales* convocam a reabordar o "problema do político" a partir dos debates sobre a Revolução Francesa (os trabalhos de Furet) e das reflexões sobre o totalitarismo. Mas é o projeto de uma "nova história política", defendido pelos historiadores agrupados ao redor de René Rémond, que mais se aproveita do recuo dos *Annales*.

A "nova história política": um projeto de história global?

Por uma história política, publicado em 1988, consagra o "alvará de soltura" da reclusão historiográfica que atingia a história política denunciada pelos *Annales*. Nos dois textos de abertura e de conclusão, de caráter programático, intitulados *Une histoire présente* e *Du politique*, René Rémond (1988) observa que o descrédito da história política se deve à crítica devastadora dos *Annales*, que a rejeitara como eventual e anedótica, subjetivista e individualista. Para Rémond, a "ressurreição" da história política não é uma desforra das tendências conservadoras da historiografia, e sim uma nova etapa no desabrochar da reflexão que a história faz sobre si mesma; a expressão "retorno" é, portanto, discutível e ambígua. Enumera Rémond (1988, 1992) certo número de fatores externos (o que ele chama também de "a lição da história") à disciplina que explicariam o retorno do político: a experiência das guerras, a importância crescente das relações internacionais, o peso das individualidades excepcionais (são citados Churchill e Gorbatchev), as crises da economia liberal, o desenvolvimento das políticas públicas e, de modo geral, o crescimento das competências do Estado. A estes fatores externos cumpre somar certas "conivências internas à disciplina", uma evolução do ambiente ideológico. Em ruptura com o determinismo socioeconômico, impôs-se a ideia de que as escolhas políticas não são "o mero decalque das relações de força entre categorias profissionais". Mais diretamente, Jean-François Sirinelli (1995:307), historiador contemporaneísta especialista em intelectuais, afirma que "a revivescência da história política (...) integra-se num movimento de retorno ao sujeito agente, depois do refluxo da vaga do estruturalismo" e do "recuo progressivo da influência do marxismo nas ciências humanas e sociais".

Essa história política reivindica uma tradição historiográfica que abrange, entre outros, Seignobos, injustamente desacreditado, André Siegfried, fundador da geografia eleitoral, Albert Thibaudet ou ainda Georges Weill. O trabalho seminal de Rémond, *La droite en France*, lançado em 1954 — recentemente acolhido pelos *Annales* —, é um marco forte da história dessa história. Mas, com a preocupação de integrar parte da contribuição dos *Annales* e da "escola labroussiana", são também enaltecidos os trabalhos de historiadores como Alain Corbet e, sobretudo, Maurice Agulhon. Os trabalhos de Annie Kriegel (1974) sobre o comunismo são também muitas vezes reivindicados como precursores. As instituições que ampararam essa renovação são a Fondation Nationale des Sciences Politiques e a Universidade de Paris X Nanterre, cujo papel é comparado ao desempenhado pela EHESS para a história econômica e social.

Rémond dá ênfase, por outro lado, ao papel nessa renovação dos contatos com outras ciências sociais, como a sociologia, o direito público, a psicologia social e, sobretudo, a ciência política, em particular para o estudo do fato eleitoral e para o estudo dos partidos.

Uma das maiores preocupações dessa "nova história política" é operar uma relegitimação do objeto político, ao definir *o* político como o "lugar de gestão da sociedade global", que recapitula os outros níveis da realidade. Essa concepção *do* político como o nível mais englobante das sociedades funda a reivindicação da história política como história total.

Essa redefinição do objeto visa também a demonstrar que essa história política integrou as contribuições mais férteis da história econômica e social e da historiografia dos *Annales*, como os métodos quantitativos e o recurso à linguística, mas também a reflexão sobre a pluralidade das temporalidades, tão característica das propostas braudelianas. A história política pretende manejar todos os tipos de tempos históricos, tanto o instantâneo quanto o extremamente lento. Trata Rémond à parte a questão do evento, que não se reduz ao evento político e que, segundo ele, cumpre reavaliar. Mas a atenção que a história política dedica ao evento não deve levar a reduzi-la à história narrativa. O evento, para Rémond, lembra o peso da contingência, do imprevisível na história; permite ao historiador não ceder às racionalidades retrospectivas (tema que Raymond Aron já havia desenvolvido em 1938).

> Porque o político é o lugar de gestão da sociedade global, ele comanda em parte as outras atividades; define o estatuto, regulamenta o exercício delas. A lei autoriza ou proíbe, incentiva ou entrava. Os créditos públicos suscitam, assistem, favorecem. (…) O historiador do político não reivindica como objeto de sua atenção preferencial uma hegemonia; não pretende que tudo seja político, nem terá a imprudência de sustentar que o político tenha sempre a primeira e a última palavra, mas constata que o político é o ponto em que conflui a maioria das atividades e que ele recapitula as outras componentes do conjunto social. (...)

> Quem sabe se uma razão oculta, talvez inconsciente, pela qual os historiadores mantêm a história política sob suspeita não é que ela perturbe? Ela desconcerta os esforços de explicação por uma causalidade um pouco mecânica. A política não segue um desenvol-

UMA CRISE DA HISTÓRIA?

vimento linear: é feita de rupturas que parecem acidentes à inteligência organizadora do real. O evento inopinadamente introduz ali o imprevisível: é a irrupção do inesperado, portanto do inexplicado, por mais esforços que os historiadores façam para o absorver e o integrar numa sucessão lógica. Na política, há mais nos efeitos do que nas causas, ou, para falar mais exatamente, não encontramos nos antecedentes tudo o que deles sairá: é a parte da contingência. Decerto ela existe por toda parte: não é menor na ordem cultural: o aparecimento de um gênio literário ou artístico, o surgimento de uma filosofia nova escapam igualmente à explicação pelos precedentes, mas em política isso é o ordinário da história. O político é o ponto de maior convergência de séries causais, e a sua complexidade o torna mais difícil ainda de decifrar. O evento é a derrota de certa racionalidade, mas nem por isso a confusão da inteligência. O evento ou, com mais forte razão, a crise, que é um paroxismo do evento, tem também a característica de ser irreversível; modifica irremediavelmente o curso das coisas. Ao contrário das utopias dos reacionários, que sonham em reatar a cadeia dos tempos ou de tornar a fechar os parênteses, não se volta no curso da história: as cesuras são definitivas. É por isso que os eventos políticos são fundadores das mentalidades: o evento une uma geração, e a sua lembrança permanecerá até o último momento uma referência carregada de afetividade, positiva ou negativa, até que, com o seu desaparecimento, ele se perde na inconsciência da memória coletiva, onde continuará, porém, a exercer alguma influência insuspeitada.

Porque recapitula os outros níveis da realidade, o político é uma das expressões mais altas da identidade coletiva: exprime-se um povo pela maneira de conceber, de praticar, de viver a política tanto quanto pela literatura, pelo cinema ou pela cozinha. A sua relação com a política revela-o tanto como os seus outros comportamentos coletivos. (...) O que às vezes chamamos de cultura política e que resume a singularidade do comportamento de um povo não é um elemento entre outros da paisagem política: é um poderoso revelador do etos de uma nação e do gênio de um povo (Rémond, 1988:385-387).

A "nova história política" pretende-se nova também pelos objetos e pelos temas que privilegia. As noções retidas são em particular as de rede, de meio (Prochasson, 1992), de geração (Charle, 1986; Sirinelli, 1986) e de representação, que invade então a historiografia francesa. Mas é a noção de *cultura política* que é, com uma insistência toda particular, apresentada como a que concentra melhor a novidade dessa história política; ela tem o estatuto de noção identitária. Definida como "potente revelador do etos de uma nação e do gênio de um povo" (Rémond, 1988) ou, de maneira mais vaga, como "o conjunto das

350

representações que une um grupo humano", a cultura política permite a essa corrente integrar-se no movimento de deslizamento da história na direção das *representações* e da história cultural, cuja autoridade reivindica cada vez mais. Os trabalhos sobre a opinião (Becker, 1977, 1988; Laborie, 1988a, 1988b), os imaginários sociais e as memórias, sobre as sensibilidades políticas e os "horizontes ideológicos" (Sirinelli e Vigne, 1992), são apresentados nessa perspectiva como exemplares do cruzamento entre o político e o cultural.

Em 1984, Jean-Pierre Rioux cria com alguns historiadores dessa corrente a revista *Vingtième Siècle*, que se pretende uma revista do contemporâneo, atenta às questões mais importantes do político e do ideológico.

Um livro coletivo editado em 1998, *Axes et méthodes de l'histoire politique*, organizado por Serge Berstein e Pierre Milza, que reúne as comunicações de um colóquio organizado pela equipe de *Pour une histoire politique*, explica a diversidade dos períodos abordados no quadro da história política, dos seus questionamentos e dos seus métodos (Berstein e Milza, 1998). Além dos trabalhos de história contemporânea, estão presentes pesquisas referentes à história romana, à história grega, ao período medieval, ao período moderno, mas também às histórias soviética, da Itália ou da Espanha.

A "nova história política" na década de 1990 pode, assim, reivindicar o dinamismo e a fecundidade dos seus trabalhos empíricos de pesquisa, que cobrem todos os períodos da história (certamente com uma predileção pela história contemporânea), um legendário de filiação e de combates, uma memória disciplinar reconstruída, que integra à sua maneira a história "annalista", lugares institucionais, revistas, um papel que se pretende motor na inovação historiográfica (com a história cultural) e na reflexão epistemológica (sobre o tempo, o indivíduo etc.). Ela dispõe, portanto, de numerosos trunfos para reivindicar certa centralidade nas recomposições historiográficas em andamento.

A "nova história política" pode, outrossim, somar ao seu ativo já considerável a constituição de um novo campo da história, para o qual ela muito contribuiu: "a história do tempo presente".

A história do tempo presente

É criado em 1978, por decisão do primeiro-ministro e do CNRS, um laboratório próprio dentro do CNRS, o Institut du Temps Présent (IHTP), que dá continuidade aos trabalhos do Comitê de História da II Guerra Mundial (integrado ao IHTP em 1980) e que tem como vocação desenvolver os estudos sobre a história recente da França e dos países estrangeiros. François Bédarida, historiador contemporaneísta especialista em

Uma crise da história?

Grã-Bretanha, é ao mesmo tempo o fundador e o primeiro diretor do IHTP até 1991. Ele evoca os seus primórdios:

> À frente do nº 1 do *Boletim do IHTP* figurava um editorial por mim orgulhosamente intitulado "Uma nova oficina de Clio". Com efeito, a hora era do espírito criativo, da inovação, da audácia de uma aventura intelectual coletiva. Não que o IHTP fosse o único a encarnar a mudança de *Zeitgeist* ocorrida — ou, se preferirem, a virada epistemológica —, que caracteriza a segunda metade da década de 1970 e explica em boa medida o seu nascimento: o retorno triunfal da história e da memória, uma busca ansiosa da identidade, a crise dos paradigmas das ciências sociais, enfim, um presente cheio de incertezas sobre si mesmo e sobre o futuro, num mundo que não sabia mais se iria desembocar em Prometeu ou em Pandora. Mas, em razão da alta missão confiada ao IHTP pelos poderes públicos — o CNRS em primeiro lugar, mas também o primeiro-ministro —, incumbia-lhe uma pesada responsabilidade.
>
> É verdade que a história do tempo presente, longe de sair já armada do cérebro do rei dos deuses, se inscrevia numa longa tradição que data de Heródoto e de Tucídides e é ilustrada ainda de maneira brilhante em nosso século pelo Marc Bloch de *L'étrange défaite*. Antepassados de prestígio, cartas de nobreza autenticadas por toda a Europa, uma herança multissecular: o IHTP nascente beneficiava-se da presença de numerosas fadas ao redor do berço.
>
> Apesar de tudo, o parto foi duro, e a primeira infância, agitada. Só depois de vários anos o barco, afastando-se da zona de tempestade, adentrou águas mais calmas (Bédarida, 1993a:392-393).

Num primeiro momento, "a história do tempo presente" deve defender a sua legitimidade científica, respondendo a duas objeções recorrentes: aquela que diz respeito à impossibilidade de consultar os arquivos recentes e a da objetividade inacessível, por falta de recuo.

Os debates acerca das fontes e da objetividade logo foram superados. Com outros, Rémond resume bem os argumentos em favor dessa superação:

> Por mais fortes que sejam, essas duas objeções não são dirimentes. Para a história recente, existe todo tipo de outras fontes documentais além dos arquivos públicos e que não estão sujeitas às mesmas normas: arquivos particulares, de partidos, de sindicatos, de associações, de empresas, sem mencionar a contribuição inestimável do impresso, imprensa, publicações de debates parlamentares, literatura cinza, recenseamentos de toda espécie, nem os recursos cada vez mais volumosos e cada vez mais bem repertoriados do audiovisual, as sondagens de opinião e os testemunhos — recolhidos por via oral ou escrita — dos atores ou das tes-

352   As correntes históricas na França

temunhas. Para falar a verdade, o historiador que trabalha com o tempo presente está mais ameaçado pela superabundância do que pela penúria.

Quanto à objetividade, além de a experiência demonstrar que o distanciamento não a garante necessariamente, pois as paixões provocadas pela Revolução Francesa ainda não se extinguiram, ela é menos uma consequência quase mecânica do recuo do que um efeito da capacidade que o historiador tem de fazer calar preconceitos e prevenções. Inversamente, a distância priva o historiador de testemunhos insubstituíveis e dificulta o entendimento das mentalidades e dos comportamentos de um tempo diferente (Rémond, 1995:250).

Retomando questionamentos fundamentais acerca do tempo, das fontes ou, ainda, da objetividade, o IHTP constituiu uma espécie de "laboratório epistemológico" para a história política, é claro, mas também para toda a disciplina.

Sobre a questão do tempo, as análises de Ricoeur constituem para os promotores dessa corrente um recurso privilegiado. Assim é que Denis Peschanski, Michel Pollak e Henry Rousso (1991), que organizaram o livro coletivo *Histoire politique et sciences sociales*, pretendem articular seu projeto a uma reflexão renovada acerca do tempo, com base nos trabalhos de Ricoeur referentes à narração e ao evento. Rejeitam a oposição entre tempo curto e tempo longo e retomam o esquema proposto por Ricoeur, da passagem do evento "infrassignificado" (que seria o "momento metódico") ao quase desaparecimento do eventual (que seria o momento *"Annales"*) e depois ao retorno contemporâneo do evento "sobressignificado", como produto de uma narrativa, de representações. O próprio Ricoeur (1993:37) defende os trunfos epistemológicos da "história do tempo presente", que "desfataliza" a história, permitindo, em especial, ao historiador estar atento "ao que permanece virtual no presente, ao que nele ainda está aberto ao possível".

A noção de *tempo presente*, portanto, impôs-se a outras, como a de *história contemporânea* ou a proposta por Jean Lacouture de *história imediata*, mas as discussões e propostas acerca da definição da especificidade da "história do tempo presente" não dissipam completamente as incertezas sobre o seu programa.

Será preciso reter como critério de delimitação do tempo presente a existência de testemunhas vivas? A "história do tempo presente" abrange então uma sequência histórica marcada por duas balizas móveis: a montante, ela ascende até os limites da duração de uma vida humana, e a jusante, é delimitada pela fronteira, não raro delicada de se situar, entre o momento presente — "a atualidade" — e o instante passado (Peschanski, Pollak e Rousso, 1991). A questão das fontes orais (Vodman, 1992) sem dúvida provocou querelas metodológicas, mas a prática da "história oral" participou da renovação da reflexão epistemológica historiadora, tornando "evidente a interdependência entre os materiais

UMA CRISE DA HISTÓRIA?

de pesquisa, os métodos de processamento de dados e a interpretação que deles pode ser feita" (Pollak, 1987; Deschamps, 2001). Outra particularidade: o historiador do tempo presente lida com processos não terminados (é a "ignorância do dia seguinte"). Expõe-se, pois, aos riscos da previsão, que não pode evitar ao estudar processos não fechados, como o ilustrou eloquentemente a historiografia da URSS antes de 1989 (Hobsbawm, 1993). Mas a desvantagem da "ignorância do dia seguinte" geralmente se transforma em vantagem para os historiadores do tempo presente, que muitas vezes tomam de Ricoeur o argumento da "desfatalização". O tempo presente definido segundo esses critérios é, portanto, um período móvel que se desloca com o desaparecimento progressivo das testemunhas e o encerramento dos processos em curso.

Será preciso reter um "evento-matriz" como a II Guerra Mundial para abrir o tempo presente (Azéma, 1993)? Ou devemos reter como data inicial 1917 (a Revolução Russa)? Desde os acontecimentos de 1989, por outro lado, coloca-se a questão do marco terminal. Em que medida os anos 1989-1991, que marcam o fim do mundo bipolar, abrem um novo presente ou remetem para mais longe no passado as datas iniciais do tempo presente (Frank, 1993; Berstein, 1993)? Não constitui a periodização de um "século XX curto" (1914-1991) dividido em "era das catástrofes", "era do reerguimento" depois de 1945 e a era final da "nova época das crises mundiais" proposta por Eric Hobsbawm também uma maneira de sabotar a legitimidade cronológica de um tempo presente ou pelo menos um modo de reduzi-lo ao passado imediato, ou seja, pós-1989 (Hobsbawm, 1994a)?

Além desses problemas de delimitação cronológica, quais são as características que singularizariam o tempo presente em relação aos outros períodos? Para Ricoeur (1993), por exemplo, o nosso tempo presente "permanece marcado pelo horrível" e, em primeiro lugar, pela "solução final". O historiador do tempo presente lida com a memória viva, a dos seus contemporâneos, cujas "apostas ardentes pesam com todo seu peso sobre seu trabalho" (Frank, 1993) e com assuntos "referentes à legitimidade da sociedade em que vivemos" (Schnapper, 1993). Essa caracterização muitas vezes utilizada assinala uma dependência maior em relação às necessidades de legitimação pela história que provêm das instituições ou dos atores sociais coletivos (o que se convencionou chamar de *demanda social*). Confrontada na primeira fila com a "oscilação memorial" e identitária a partir da década de 1970 (analisada por Pierre Nora), com as interrogações e as dúvidas sobre os "passados que não passam" (Vichy em primeiro lugar), "a história do tempo presente" singulariza-se então como gestão historiadora de usos sociais e das instrumentalizações dos passados incompletamente transformados em história e da memória ainda não arrefecida. Mas essa "sensibilidade" à demanda social, reivindicada pelos historiadores do tempo presente, não fragiliza sua vontade de fazer uma história tão científica como as outras? Gérard Noiriel (1999) critica, assim, as "relações contraditórias que a história do tempo presente mantém com a demanda social" e denuncia "a importância extrema assumida pela lógica da perícia" nos historiadores do tempo presente, que "tende a transformar a história numa espécie de juiz supremo que distribui os elogios e as reprimendas". Sobre esta questão, os historiadores do tempo presente, depois de terem reivindicado como uma especificidade a sua relação com a demanda social e a função de perícia, aos poucos operaram, à medida que se confirmava a institucionalização dessa história, uma verdadeira "normalização epistemológica", para reafirmar o primado da função de conhecimento da história sobre todas as outras funções, e em particular sobre a sua função social (Delacroix, 2004).

A "nova história política" e a "história do tempo presente" não são as únicas vias de renovação da história política: a história conceitual do político e a "história social do político" também participam dessa renovação.

A história conceitual do político e a história social do político

A história conceitual do político

Esta corrente da história política tem o mesmo enraizamento institucional que a história dos *Annales*: a EHESS. O estudo do político, depois dos ensinamentos de Raymond Aron na década de 1960, ganha impulso na EHESS na década de 1970, com as eleições dos historiadores próximos dos *Annales* Jacques Ozouf, Pierre Nora e Jacques Julliard, e de dois filósofos, Claude Lefort (direção de estudos: "os problemas do político") e em seguida, em 1980, Cornélius Castoriadis ("os regimes sociais contemporâneos"). A publicação em 1978, por Furet, de *Pensar a Revolução Francesa* constitui outro marco importante para a história dessa corrente.

Mais amplamente, contribuiu para a formação de uma *história conceitual do político* a aproximação progressiva das problemáticas de análise do político por historiadores, filósofos, antropólogos (Rosanvallon, 1986).

Os promotores dessa história do político ligam explicitamente o seu surgimento ao contexto do meio e do fim da década de 1970, marcada particularmente pela crise do marxismo — o "efeito Soljenitsin" — e a reflexão sobre o totalitarismo. Observa Rosanvallon (1996:301): "os eventos e a questão do totalitarismo unem-se à grande transformação cultural que é a do esgotamento do marxismo na cultura política e nas das ciências sociais". As já citadas análises de Gauchet (1988) sobre a mudança de paradigma em ciências sociais constituem uma teorização dessa transformação cultural.

Com a Revolução Francesa (Furet), o totalitarismo — staliniano — constitui um dos objetos privilegiados de reflexão na gênese dessa história política conceptualizante. Em 1976, é publicado um número da revista *Esprit* consagrado ao "retorno do político" e outro a "Revolução e totalitarismo": Marcel Gauchet, Claude Lefort e François Furet aí participam. O principal lugar de sociabilidade intelectual da nova corrente é o seminário político dirigido por Furet a partir de 1977. Rompe Furet, então, com a história econômica e social "annalista", excessivamente impregnada — segundo ele — de marxismo. Em 1985, ele cria o Institut Raymond Aron, que, além da gestão dos papéis de Raymond Aron, ministra ensinamentos reunidos sob a rubrica de filosofia política.

François Furet contra a interpretação da Revolução

Desde o trabalho redigido com Denis Richet (1965) contra a interpretação social e marxizante (dita "jacobina") da Revolução Francesa e a noção de "revolução burguesa", Furet não cessou de desenvolver (na esteira da historiografia crítica anglo-saxônica) uma interpretação que se baseia na *autonomia do político em relação ao social*. O processo revolucionário é uma dinâmica política e ideológica autônoma que cumpre conceptualizar e analisar enquanto tal. Os conflitos de poder durante a Revolução não refletem interesses de classe. Ele concede em seus trabalhos cada vez mais espaço às interpretações políticas e conceptualizantes da Revolução propostas por historiadores do século XIX, como Edgar Quinet, Alexis de Tocqueville e Augustin Cochin.

O político, mas também o elemento simbólico, o imaginário, as representações do poder e a ideologia constituem os fatores decisivos da dinâmica revolucionária segundo Furet (1978:85): a Revolução "confere à política um excesso de significados simbólicos". Trabalha cada vez mais com o rastro da Revolução, com a sua pegada e, portanto, com a sua historiografia, herança e posteridade (Nora, 1997a). As teses de Furet e da sua "escola crítica" participam, portanto, da reviravolta geral da historiografia francesa, do econômico e social para o político e cultural — a simbólica, a ideologia e o imaginário revolucionários (Vovelle, 1988). Ao analisar a Revolução a partir de seu "centro conceptual", Furet propõe uma versão radical dessa reviravolta, que rompe em particular com as tradicionais alianças da história dos *Annales* com as ciências sociais objetivantes e de filiação durkheimiana. Segundo Mona Ozouf (2003), não há, porém, na história política praticada por Furet, descrédito incondicional contra a história social: "a história política

356   As correntes históricas na França

tal como a entende Furet engloba também o social, pois é no palco totalmente posto a limpo pela revolução que se instalam agora as oposições sociais".

Se seguirmos a apresentação em forma de balanço que dela faz Rosanvallon em 1996, a história conceitual do político pretende-se claramente separada da história política definida por René Rémond, que se limitaria ao estudo da vida política enquanto esfera particular da atividade social. Apesar do distanciamento da história conceitual do político com os *Annales*, Rosanvallon situa-a mais numa perspectiva de prolongamento dos *Annales* do que numa lógica de ruptura com eles. A noção de cultura política é também uma noção crucial para essa história. O objeto da história conceitual do político, segundo o mesmo autor, é compreender a formação e a evolução das racionalidades políticas, ou seja, os sistemas de representação que comandam a maneira como uma época, um país ou os grupos sociais conduzem a sua ação e encaram o porvir. Mas essas representações resultam de um trabalho permanente de reflexão da sociedade sobre si mesma; também a história conceitual do político pretende ser uma *história reflexiva*, ao fazer a história "do trabalho operado pela interação permanente entre a realidade e a sua representação" (Rosanvallon, 1996:307).

A história dos conceitos sociopolíticos

Outra abordagem do discurso sociopolítico a partir da escola francesa de análise do discurso pode ser chamada de "conceitual" num sentido diferente das de Furet ou de Gachet. Essa abordagem do político, nascida do cruzamento da história e da linguística e desenvolvida em particular a partir da análise interdisciplinar da linguagem proposta por Michel Pêcheux na década de 1970 (Pêcheux, 1990; Schöttler, 1994:93-96), diz respeito até então sobretudo ao período revolucionário na França; ela se pretende uma história da "invenção do espaço político" no século XVIII. Os trabalhos de Jacques Guilhaumou (1992, 1998, 2002), de Régine Robin (1973), de Maurice Tournier (1997), de Denise Maldidier (1979, 1994), de Sophie Wahnich (1997) e — do lado da historiografia anglo-saxônica — de, por exemplo, Keith Michael Baker (1993), um dos defensores do *linguistic turn*, são representativos da diversidade dessa abordagem linguística da cultura política. Além dos procedimentos próprios da análise do discurso (Maingueneau, 1991), os trabalhos de Michel Foucault, a pragmática e a linguística dos atos de fala (Austin, 1970; Searle, 1969), os defensores dessa história dos conceitos sociopolíticos à francesa se valem em especial dos trabalhos do filósofo Jürgen Habermas (1978) sobre o espaço público, os da história dos conceitos (*Begriffsgeschichte*) e da semântica histórica de Reinhard Koselleck (Lüsebrink e Reichardt, 1994), da hermenêutica de Paul Ricoeur, bem como dos trabalhos da história do discurso ao redor de John Greville, Agard Pocock e de Quentin Skinner (Vincent, 2003; Dosse, 2003). Jacques Guilhaumou (1993) cita, assim, Keith Michael Baker, que define a cultura política como o "conjunto dos discursos e das práticas simbólicas pelas quais indivíduos e grupos enunciam reivindicações". Ao contrário da maioria dos historiadores franceses que "dramatizam o impacto do *linguistic turn*", Jacques Guilhaumou pretende levar a sério esse movimento de redefinição "linguística" da história intelectual e "associar a análise do discurso pelo lado da história à 'virada linguística'" (Guilhaumou, 2000). O grande empreendimento dicionarista do *Manual dos conceitos políticos e sociais fundamentais na França de 1680 a 1820* (em alemão) permite, assim, travar um diálogo permanente entre a *Begriffsgeschichte* alemã e as correntes francesas da história das representações e da análise do discurso, acentuando "uma história pragmática e cultural dos conceitos que associa cada vez mais as fontes iconográficas aos textos" (Guilhaumou, 2000).

A história social do político

Outra corrente mais informal de história do político, que podemos chamar de *história social do político* (Noiriel, 1998), apresenta-se mais explicitamente como uma superação-renovação da história social clássica e da história das mentalidades num processo crítico em relação à separação entre político e social que durante muito tempo "marcou profundamente o modo de escrita da história"(Riot-Sarcey, 1998).

Esse nome pode, com efeito, servir para reunir os historiadores que estudam o político continuando a se colocar sob a autoridade da história social e da história das mentalidades, ainda que a maioria deles se tenha distanciado do "labroussismo" em favor de uma história sociocultural do político. Também nesse caso, essa corrente participa amplamente do distanciamento em relação ao econômico e social, na direção de realidades menos materiais para o estudo do político.

A obra de Maurice Agulhon constituiu como que uma matriz para essa corrente muito pouco institucionalizada e muito diversificada. Escreve Antoine Prost (1997a:136) acerca de *Pénitents et franc-maçons de l'ancienne Provence* de Agulhon (1968): "os historiadores da minha geração sentiram um choque ao lê-lo: era não só legítimo, mas possível e fecundo interessar-se por outros fenômenos sociais que não os rendimentos, os modos de vida e o trabalho. De repente, uma dimensão nova vinha enriquecer a história religiosa e a história política". Ao ressaltar o papel da sociabilidade meridional (cuja forma principal é a vida associativa) na politização das populações rurais do Var, sublinhando a análise do simbólico, das imagens e da "emblemática nacional" para a história política (o estudo das representações de Marianne), Agulhon (1988), próximo dos métodos etnológicos, revela a sua vontade de acabar com a barreira que muitas vezes separava a história do cotidiano da história política, demonstrando que em certas regiões o político se incorporou à cultura e conseguiu "entrar nos costumes".

No dossiê em forma de balanço da história social por ela proposta em 2002 (intitulado "A história social em movimento", *Le Mouvement Social*, revista onde se exprimem historiadores que reivindicam uma continuidade crítica com a história social clássica), afirma querer antes de tudo desenvolver uma história social do político. O editorial do número precisa que "se trata de apreender os vários níveis de exposição ao político que a sociedade urbana ou rural fornece aos indivíduos e às famílias e os recursos que eles têm ou não à disposição — memória, representações, religiões, corpos intermediários, associações, formas diretas de defecção ou de tomada da palavra no sentido de Albert Hirschman" (Fridenson, 2002).

Parte dos trabalhos que podemos ligar à história social do político é marcada por uma nova relação com a sociologia. Gérard Noiriel é um dos que defenderam precocemente a necessidade e a fecundidade desses laços renovados justificando o que chama uma sócio-história do político, não raro próxima, pelos interesses e pelos métodos, da sociologia historica do político (Déloye, 1997). Em *Le creuset français. Histoire de l'immigration XIXe-XXᵉ siècles*, constata Noiriel (1988:61) que as questões centrais do pensamento sociológico só tiveram muito pouca repercussão entre os historiadores. Refere-se à *sociologia compreensiva* de Max Weber, em amplíssima medida ignorada, segundo ele, pela escola histórica francesa, para escorar o seu estudo histórico da imigração, que "exige a desconstrução da nação enquanto entidade coletiva, em proveito de uma abordagem que parte dos indivíduos". Noiriel (1991) propõe para o seu projeto de história social do político apoiar-se nas ferramentas fornecidas pela sociologia e em especial pela sociologia do Estado, de Elias. Para ele, "a história da imigração desemboca, assim, numa sócio-história do político (no sentido amplo), que não tem por fim acrescentar um andar à famosa trilogia economias, sociedades, civilizações, mas deveria permitir revisitar toda a história das sociedades contemporâneas, mostrando como a progressiva institucionalização da vida social virou de cabeça para baixo ao mesmo tempo as identidades individuais e as identidades de grupo" (Noiriel, 1993:116).

Quanto à tentativa mais ambiciosa de delimitar o que seria uma disciplina autônoma na encruzilhada da história com a sociologia, chamada de sócio-história (Guibert e Jumel, 2002), a construção de sua identidade teórica e sua institucionalização — de que depende a sua legitimidade científica — permanecem em ampla medida em andamento e ainda não se separam nitidamente das de suas duas disciplinas de referência.

O questionamento e o "declínio dos *Annales*" (Hunt, 1986) e a "virada política da história" não resumem a conjuntura historiográfica dos anos 1980/1990. Ao redor dos temas da memória, da identidade e do nacional que permeiam já uma parte das análises sobre as "mudanças de paradigmas" e das produções da história política renovada, ocorre uma outra convergência de trabalhos, de reflexões e de debates históricos, que coloca em seu centro as relações entre a memória, a identidade e a história e configura o que Nora chama de "momento-memória" da sociedade e da historiografia francesa — que é igualmente um momento-identidade.

A história sob o risco da memória e da identidade

A constituição de uma *história da memória* pode ser vinculada às evoluções internas da disciplina e às diversificações da história das mentalidades: história das representações do passado, ela é uma das facetas da *história das representações*. Mas o relacionamento do tema da memória com os do "retorno ao nacional" e do "retorno da identidade" provoca uma reflexão acerca das novas relações entre história, memória e identidade. Essa temática é que funda a renovação da abordagem histórica da França por um dos projetos historiográficos mais fortes do período, *Les lieux de mémoire*, obra coletiva organizada por Pierre Nora (1984-1992).

O tema da memória foi, por outro lado, no âmbito da "história do tempo presente", um dos vetores de choque retroativo dos "passados que não passam". O processo de autonomização da memória em relação à história assume um viés mais radical quando memórias singulares, grupais, comunitárias põem em dúvida a historicização da memória nacional (a que é ensinada e transmitida pelas instituições) acerca de episódios do passado nacional que foram ocultados ou instrumentalizados por serem crises importantes da unidade e da identidade nacionais, como o período de Vichy.

A constituição de uma história da memória

Já em 1978, Nora — em sua contribuição sobre a "memória coletiva" à enciclopédia *La nouvelle histoire* — constata a proliferação rápida das memórias coletivas, as dos grupos que procuram compensar o desenraizamento histórico do social e a angústia com o futuro pela valorização de um passado que não era, até então, vivenciado como tal: "escreve-se a história agora sob a pressão das memórias coletivas", aventa ele (p. 400).

O tema da invasão das práticas memoriais na sociedade francesa foi aos poucos tornando-se um *tópos* historiador dos anos 1980/1990: "tempo das raízes", depois voga da genealogia, Ano do Patrimônio (1980), mania comemorativa (tendo como caso clássico o Bicentenário da Revolução Francesa), multiplicação dos museus, obsessão com o "conservar tudo" etc., tudo isso é apresentado como prova dessa invasão memorial (Boutier e Julia, 1995).

Cronologicamente, sem dúvida a afirmação de memórias alternativas, sobretudo regionalistas e operárias, que questionam a memória nacional moldada — e controlada — pela história desde o século XIX (o "romance nacional" de filiação lavissiana) é que abre nos anos do pós-1968 esse *momento-memória*. O quase abandono do nacional e a desqualificação da história política pelos *Annales* até o fim da década de 1980 sem dúvida contribuíram para essa crise do "romance nacional francês".

O desenvolvimento, difícil na França, da "história oral" é também em parte fundado na vontade de recolher as narrativas de vida, as memórias olvidadas dos anônimos e dos excluídos da história, dos grupos dominados, sem rastros escritos maciços para propor uma história "vista de baixo" (Joutard, 1988).

Uma história dos usos do passado nos presentes sucessivos

Em todos esses exemplos, o que ocorre é realmente o processo de um questionamento da história por memórias coletivas que transmitem passados desdenhados ou maltratados pela história dominante, mesmo se isso não leva, na França, a autênticas histórias alternativas, comparáveis à *public history* nos Estados Unidos, aos *history workshops* na Inglaterra ou à *Alltagsgeschichte* (história do cotidiano) na Alemanha.

Uma das apostas do *momento memorial* é precisamente a passagem dessas memórias do estatuto de materiais e de fontes para os historiadores ao estatuto de *objetos enquanto tais*, para constituir uma história da memória — e não para retificar a história pelas contribuições dessas memórias. Torna-se a memória uma componente das representações coletivas de um grupo (Prost, 1977; Joutard, 1985). Essa mudança de estatuto historiográfico da memória é acompanhada de um movimento de despolitização das memórias, expresso por Philippe Joutard (1983:246):

> A história oral é outra história? Também quanto a isso temo parecer um tanto incerto. Se esperarmos ver na história oral um meio de estabelecer uma contra-história, uma história alternativa que se oponha à história dominante e oficial, correremos o risco de nos decepcionar. Decerto a história oral dá a palavra aos silenciosos da história. Não raro ela apresenta o reverso do cenário, mas um reverso do cenário que não corresponde necessariamente às esperanças "progressistas" (…).

UMA CRISE DA HISTÓRIA?

O grande mérito da história oral é revelar realidades que talvez encontrássemos espalhadas na imensidão do escrito, mas impossíveis de distinguir, se já não estivermos sensibilizados. (...) Quem não ouviu essas vozes que nos vêm do passado não pode compreender o fascínio exercido pela pesquisa oral. Esse lugar carnal é, definitivamente, um dom ao qual não renunciamos facilmente quando amamos a história.

A memória, porém, não pode ser tratada como uma representação incrustada num passado radicalmente outro: é uma representação que tem uma eficácia no presente (Nora, 1992a). Na linhagem das análises de Maurice Halbwachs (1925, 1997), durante muito tempo sem posteridade historiadora, a memória coletiva é entendida como uma reconstrução, um remanejamento das representações do passado pelos grupos e pelas sociedades, a partir de suas necessidades presentes: a história da memória coletiva é uma *história dos usos do passado nos sucessivos presentes*. Na genealogia e na afirmação, na França, de uma história da memória, *Le syndrome de Vichy de 1944 à nos jours*, de Henry Rousso (1987), tem sem dúvida o valor de um marco de referência. Mas são hoje muitos os trabalhos que instituem as memórias como objetos históricos de pleno direito. Por exemplo, é referindo-se a Halbwachs que Nathan Wachtel (1990) e Lucette Valensi (1992) explicitam seu programa de pesquisa sobre as memórias reprimidas, dando especial ênfase à ideia de "reelaborações sucessivas":

Por nosso lado, desenvolvemos este programa meditando sobre as memórias reprimidas, a dos grupos acossados, a das minorias religiosas, a dos ambientes dominados que não tinham acesso ao escrito, ao passo que os antropólogos registravam tradições e arquivos orais. Tais pesquisas não pretendiam apenas pôr em prática técnicas inéditas e fornecer aos historiadores novos corpos de documentos. O material assim coletado exigia, como toda fonte histórica, o exame crítico de sua confiabilidade, e assim passamos a estudar as condições sob as quais se constituem a tradição oral, as modalidades e os procedimentos de sua transmissão: portanto, importava menos seu conteúdo propriamente dito do que as suas reelaborações sucessivas em função de contextos mutáveis. Este deslocamento de perspectiva transformava a fonte em objeto de pesquisa: uma vez que toda memória (individual ou coletiva) tem uma história, o interesse recaía essencialmente na história dessa memória, tratada não enquanto reflexo do passado, mas como representação de um passado constantemente reinterpretado e que faz parte da realidade presente. Modificamos, assim, o questionário inicial, nele inscrevendo o esquecimento, a mentira, a fabulação e a mistificação. E, para concluir, nós o subvertemos, procedendo à desconstrução da memória nacional (o que fazem, no caso francês, os historiadores reunidos por Pierre Nora em *Les lieux de mémoire*) ou lendo as narrativas de origem das sociedades tribais, não como lembranças compartilhadas, mas como cartas sociológicas: invocar os antepassados não é contar uma história, mas falar do presente, definir solidariedades, alianças e oposições estáveis. As velhas nações, sob este aspecto, recorrem afinal às mesmas astúcias exóticas que as sociedades antigas (Valensi e Wachtel, 1996:272).

Na origem do empreendimento editorial *Les lieux de mémoire*, há a constatação feita por Nora da ruptura entre história e memória nacional, que resulta da crise do "mito nacional francês" e se traduz por um uso do passado imprevisível, demasiado dependente dos imperativos do presente e "transfigurado pela atividade memorial" (Nora, 1994). *Les lieux de mémoire* podem ser lidos como uma tentativa de reinstaurar um uso do passado controlado pelos historiadores.

Os lugares de memória: do nacional ao patrimonial

Os sete volumes sucessivos dos *Lieux de mémoire* dividem-se em três tomos: *La République* (1984), *La Nation* (3 volumes, 1986), *Les France* (3 volumes, 1992). Cumpre distinguir entre as contribuições da centena de historiadores convidados — entre as quais a de Nora — e os textos mais programáticos de Nora, que enquadram essas contribuições e dão coerência e sentido ao empreendimento (Garcia, 2000c). As orientações do próprio projeto evoluíram entre 1984 e 1992. Lucette Valensi (1995:1273) nota que, tendo partido de um projeto de "desconstruir a história nacional, as suas representações e as suas mitologias", *Les lieux de mémoire*, que se pretendiam inicialmente o "anti-Lavisse", acabam como "monumento neolavissiano à glória da identidade francesa".

A mera consulta do índice de *Lieux de memóire* basta para avaliar a diversidade dos temas tratados e a fecundidade do trabalho. Aqui vai parte dos temas abordados, tomados ao acaso em cada um dos três conjuntos: As três cores, O Panteão, *A volta da França por duas crianças*, o 14 de julho, o muro dos federados (*La République*). A *histoire de France* de Lavisse (P. Nora), A hora dos *Annales*, *Le tableau de la géographie de la France* de Vidal de La Blache, O Hexágono, Guizot e as instituições de memória, Morrer pela pátria, Verdun, o Louvre, o Collège de France, A *khâgne*[8] (*La Nation*). Francos e gauleses, Franceses e estrangeiros, A direita e a esquerda, Port-Royal, A linha Saint-Malo-Genebra, A geração (P. Nora), A empresa, A conversação, O café, *Em busca do tempo perdido* de Marcel Proust, As vidas operárias, A torre Eiffel, Liberdade-Igualdade-Fraternidade, Joana d'Arc, O rei, Paris, O gênio da língua francesa (*Les France*).

---

[8] Classe preparatória à Ecole Normale Supérieure. (N. do T.)

Uma história "ao quadrado"

A noção matriz do conjunto é, naturalmente, a de *lugar de memória*. Seu sucesso não se limita ao campo da pesquisa, pois a expressão entra no dicionário *Le Grand Robert de la langue française* de 1993 e se torna de uso corrente. O projeto é inicialmente o de um inventário dos lugares em que a memória nacional se encarnou, lugares materiais e concretos, mas também abstratos e intelectualmente construídos, um inventário dos elementos simbólicos do patrimônio memorial de uma comunidade (Nora, 1992b). De 1884 a 1992, Nora passa do balizamento dos lugares de memória evidentes, que se dão como tais, aos objetos que são elaborados *pela própria operação histórica* como lugares de memória. *Les lieux de mémoire* oscilam entre um programa de pesquisa empírica acerca de uma classe de objetos simbólicos chamados lugares de memória e um outro jeito de fazer história, aplicável, no limite, a todo objeto, o que Nora chama (com Marcel Gauchet) de uma *história simbólica "ao quadrado"*.

Essa *história simbólica* defendida por Nora (e que não é, sem dúvida, compartilhada por todos os colaboradores do livro) se baseia numa reflexão acerca da natureza dos objetos estudados. Para Nora (1984c:xli), os "lugares de memória não têm referentes na realidade. Ou melhor, são para si mesmos seu próprio referente, signos que só remetem a si mesmos, signos em estado puro". A França dos *Lieux de mémoire* é em primeiro lugar uma realidade simbólica. Do mesmo modo, maio de 1968, para Nora, não foi senão "o recapitulativo puramente simbólico" do legendário de todas as revoluções. Escreve ainda: "o evento só tem sentido comemorativo" (Nora, 1992a:980). Esse tipo de análise não abre a porta "para uma deriva desrealizadora (...) que dissolveria a noção mesma de evento?" (Zancarini-Fournel, 1995).

Essas posições podem parecer próximas das do *linguistic turn*, mas em *Comment écrire l'histoire de France?* (1992b:20) ele precisa a sua concepção do simbólico: "o lugar de memória pressupõe logo de saída o encontro de duas ordens de realidades: uma realidade tangível, por vezes material (...) e uma realidade puramente simbólica, que traz consigo uma história". O simbólico permite fazer o vínculo entre as condições materiais das sociedades e as produções mais elaboradas da cultura. O simbólico não é um patamar acrescentado às instâncias clássicas do econômico, do social e do mental, pois toda realidade é *também* simbólica. Essa concepção do objeto histórico desemboca numa história não dos próprios eventos, do passado tal como se passou, mas de suas "reutilizações permanentes, seus usos e seus abusos", uma história ao "quadrado" (ibid., p. 24). Marcel Gauchet (1999:137) a designa também como uma história *reflexiva*, "que assume a espessura do discurso histórico constituído acerca de um problema ou de um objeto, ou então a estratificação material deles, previamente apreendida pelo historiador".

Não podemos, então, perguntar-nos com Patrick Garcia se "ao investigarem apenas a dimensão simbólica, ao atentarem demasiado exclusivamente ao que produzem os historiadores, as análises de Pierre Nora não concedem o lugar que lhes cabe nas práticas sociais, inclusive enquanto práticas simbólicas "instituintes" (Cornélius Castoriadis). A *mise en abyme* pode levar a uma desrealização da história, que passaria, então, a ser apenas um jogo de espelhos onde as representações se refletem ao infinito" (Garcia, 2000b).

Nora reencontra o projeto de história total dos *Annales*, mas, ao contrário destes últimos, é o político que se torna o instrumento de uma história mais englobante. Propõe, por outro lado, uma releitura da história da disciplina, recortada por "descontinuidades" que coincidem com as mais importantes perturbações políticas e sociais que marcaram a sociedade francesa desde o fim do século XIX. A *descontinuidade crítica* dos historiadores metódicos está ligada à derrota de 1870. A *descontinuidade cultural* dos *Annales* vem após a guerra de 1914 e a crise de 1929. A *descontinuidade etnológica* da história das mentalidades e da "nova história" pode ser aproximada do fim da Guerra da Argélia e da publicação da *História da loucura* de Foucault. Nora (1992b:27) chama o momento dos anos 1980/1990 de *descontinuidade historiográfica*, que se mantém "no cruzamento de vários fenômenos (...): as repercussões políticas e nacionais do pós-de Gaulle, as consequências da ideia revolucionária e os efeitos de choque da crise econômica". O desenvolvimento recente de uma história da história participa dessa descontinuidade historiográfica contemporânea (Bourdé e Martin, 1983).

Uma história da "nova era da consciência histórica"

Essa história do momento-memória se situa no segundo grau porque traduz uma nova era da consciência histórica. Está adaptada a uma modificação profunda da relação social com o tempo — ou seja, do regime de historicidade (Hartog e Lenclud, 1993). A crise do mito nacional, segundo Nora, provocou uma ruptura da continuidade do tempo histórico expresso pela noção de progresso. A história ao primeiro grau (positivista, neste sentido) devia dar conta dessa continuidade. Rompe-se a solidariedade do passado, do presente e do futuro. O futuro tornou-se imprevisível e incontrolável, "infinitamente aberto e contudo sem porvir"; o que foi agravado pelos choques da crise do fim da década de 1970. O passado agora nos é dado como radicalmente outro, opaco: é este "mundo de que estamos separados para sempre". O presente já não é a passarela entre passado e futuro, tornou-se um "presente dilatado" que é — quase — o único responsável pelo sentido da experiência temporal: a "solidariedade do passado e do futuro foi substituída pela solidariedade do presente e da memória" (Nora, 1992a:1009). Essa análise funda a vontade de Nora de implicar a história na reconquista e na recuperação da coerência de um tempo histórico fragmentado sob o impacto do choque memorial (Hartog, 1995a). Quanto a este ponto, Nora está próximo das análises da experiência do tempo histórico propostas por Reinhart Koselleck (1990) a partir das noções de *horizonte de expectativa* (que designa todas as expectativas em relação ao futuro) e de *campo de experiência* (que exprime a persistência do passado no presente) e dos comentários que dela faz Ricoeur (1983-1985) acerca da hermenêutica da consciência histórica. Segundo Ricoeur, é a dissociação progressiva entre "campo de experiência" e "horizonte de expectativa" que provoca o "esquartejamento" do presente entre um passado perdido e um futuro cada vez mais incerto.

> Identidade, memória, patrimônio: as três palavras-chave da consciência contemporânea, as três faces do novo continente da cultura. Três palavras vizinhas, com conotações fortes, carregadas de múltiplos sentidos, que se chamam e se apoiam uns aos outros. Identidade remete a uma singularidade que se escolhe, uma especificidade que se assume, uma permanência que se reconhece, uma solidariedade a si mesmo que se experimenta. Memória significa ao mesmo tempo lembranças, tradições, costumes, hábitos, usos e cobre um campo que vai do consciente ao semi-inconsciente. E patrimônio passou abertamente do bem que se possui por herança ao bem que nos constitui. Três palavras que se tornaram circulares, quase sinônimas e cuja aproximação traça uma nova configuração interna, outra forma de economia do que justamente se tornou impossível chamar de outra maneira senão de "identidade".
>
> Havia, pois, antigamente uma história nacional e memórias particulares; hoje, há uma memória nacional, mas cuja unidade é feita de uma reivindicação patrimonial dividida, em permanente fracionamento e busca de coesão. Por um lado, esse álbum de família descoberto há 30 anos com ternura e piedosamente enriquecido com todos os achados de sótão, imenso repertório de datas, de imagens, de textos, de figuras, de intrigas, de palavras e até de valores, amplamente integrado ao consenso ideológico e político e cujo poder outrora mítico se tornou mitologia familiar, sobre o qual se debruçam por sua vez os historiadores. Por outro, grupos para quem a "memória", ou seja, na verdade, repitamo-lo, a recuperação de sua história desempenha papéis muito diferentes, mas sempre constitutivos de sua "identidade", isto é, de sua existência (Nora, 1992a:1.010-1.011)

Reencontra Nora (1994) ao fim do percurso de *Lieux de mémoire* a clássica oposição de que partira entre a memória, identitária e deformante, e a história, universalizante e objetivante. Seu projeto é uma tentativa obstinada de reconquistar pela história o passado sob o domínio da memória para "reconduzi-lo à prosa de sua verdade histórica". Ao instalar numa posição central a ligação natural entre memória e identidade, propõe aos historiadores remodelar uma identidade nacional em crise. As formulações de Nora sobre este ponto são espantosamente prescritivas: os historiadores são "instados a se adaptar" ao remanejamento do sentimento nacional que "dita imperativamente o retorno sobre o nacional". Tal remanejamento, escreve ele ainda, "nos curva ao dever de memória" (Nora, 1992b:31). Essa seção (que se torna predominante em *Les France*) do projeto foi a mais criticada. A identificação da França com seus *lugares de memória* seria um jeito de continuar a tradição francesa da sacralização da nação, que subestimaria a pluralização da memória nacional para dela reter só a regulação estatal (Willaime, 1988; Englud, 1994; Schrader, 1994).

Esse remanejamento da consciência nacional pela história, ao mesmo tempo constatado mas sobretudo desejado, é resumido por Nora (1995) numa fórmula: a passagem de um nacionalismo agressivo (do tipo do século XIX) a um "nacionalismo amoroso", ou até ao "fortalecimento de uma nação sem nacionalismo". A França não é mais uma grande potência colonial, as velhas formas de consciência nacional não mais convêm e devem adaptar-se a essa mudança de estatuto do país. Nora (1993) relaciona essa virada capital da consciência coletiva com as mutações econômicas, políticas e sociais do país da "segunda Revolução Francesa" analisada por Henri Mendras (1988): inícios da crise, fim da base camponesa e cristã mantida na França durante mais tempo do que em outros lugares, fim do velho mundo operário, dupla decadência do gaullismo e do comunismo, exaustão da ideia revolucionária, passagem da condição de grande potência estatal e imperial à de potência democrática mediana.

Essa transição marca a passagem, a partir de meados da década de 1970, do nacional ao patrimonial, "de uma consciência nacional unitária a uma consciência de si de tipo patrimonial". O Ano do Patrimônio em 1980 e o Bicentenário da Revolução evidenciam a *patrimonialização* da história. A evolução da comemoração na França revela o predomínio do modelo memorial no lugar do modelo histórico, enquanto gestão do passado: "o fato mesmo de comemorar a Revolução era mais importante do que a Revolução que se comemorava" (Nora, 1992a:991). O apego ao patrimônio e à cultura torna-se para Nora o substrato da nova consciência nacional.

Essa análise da "patrimonialização" do sentimento nacional serve amplamente de referência às orientações dos novos programas de história para o ensino secundário que surgem a partir de 1995.

Da "crise do ensino de história"ao "destino patrimonial"

O declínio da história no ensino secundário (em termos de horários, de lugar em certos concursos etc.) e a "reforma dos cursos de iniciação" no primário, que fizera a história deixar de constar entre as "matérias de iniciação", haviam já no começo da década de 1970 inquietado numerosos docentes de história. O debate público acerca da crise do ensino da história lançado pelo artigo de Alain Decaux de 1979 no *Figaro Magazine*, "Não ensinam mais a história aos seus filhos", desencadeia uma série de reações, de colóquios, de encontros, de dossiês de imprensa de que participam políticos de todos os matizes e personalidades da sociedade civil. A responsabilidade da "nova história", estrutural e antieventual, é questionada por alguns no que seria o enfraquecimento do ensino dos marcos históricos tradicionais: cronologia, grandes personagens, narrativas e história nacional. Esse debate público culmina com a intervenção do novo presidente (socialista) da República, François Mitterrand, que exprime ante o Conselho dos Ministros, em agosto de 1982, os seus receios de que as "carências da história" não levem à perda de memória coletiva das novas gerações. Como nota Jacques Revel, o debate manifesta realmente uma "crise da identidade histórica francesa"; demonstra, segundo ele, "um profundo abismo entre as expectativas, não raro confusas, de uma França que continua a buscar, tateante, garantias, consolos, razões nas profundezas do tempo, por um lado, e, por outro, a velha narrativa nacional (…) que a escola transformara, durante um século, no instrumento privilegiado do aprendizado cívico" (Revel, 1999a).

Estabelece-se um compromisso em 1984, durante o colóquio de Montpellier (Citron, 1998). Os relatórios oficiais da época acerca do ensino da história (relatório de René Girault de 1983, relatório de Philippe Joutard em 1989) são intensamente marcados pela problemática da identidade, da memória coletiva e da herança cultural: o ensino das balizas históricas deve visar a reconstruir nos alunos um sentimento de pertença compartilhada. Os novos programas de 1985 caracterizam-se por uma reafirmação da história nacional, da noção de marco cronológico e sublinham as finalidades cívicas do ensino da história-geografia. Essa orientação abertamente cívica passa por uma nova etapa com os programas de 1995. Os textos de introdução aos programas e seus documentos de acompanhamento introduzem, ao lado das tradicionais finalidades intelectuais, cívicas e culturais, as *finalidades patrimoniais*. Do mesmo modo, devem ser privilegiados os documentos ditos patrimoniais, definidos como "rastros e obras que as gerações precedentes já leram, que elas gratificaram com um sentido". O ensino da história deve inscrever o aluno numa herança e numa cultura, fornecer-lhe uma "memória racional", para lhe permitir

368   As correntes históricas na França

forjar a sua identidade. A apropriação de uma identidade cultural funda a construção da comunidade nacional. Essa problemática patrimonial é claramente uma problemática que vincula a memória transmitida pela escola e a construção identitária nacional e quer redefinir uma história ensinada do momento-memória e do momento-identidade da França do fim da década de 1990 (Delacroix e Garcia, 1998). Seguiremos a análise de Patrick Garcia e Jean Leduc, que notam que "é o questionamento [do] maravilhoso nacional que está na origem da mais grave crise atravessada pelo ensino da história na virada da década de 1970. A finalidade que podemos chamar de patriótica desde então evoluiu consideravelmente. (...) Em eco às teses desenvolvidas por Pierre Nora, menos que uma memória rica em novas promessas, a história da França é hoje vista como um patrimônio que permite fundar uma identidade comum, patrimônio concebido ele mesmo como elemento de uma cultura europeia. Se, portanto, a escala e o conteúdo realmente mudaram, sobretudo desde os programas de 1995, nem por isso a suposta virtude integradora deixou de ser um lugar-comum, ou mesmo a última justificativa do ensino da história" (Garcia e Leduc, 2003:275-276).

Esse desvio patrimonial do ensino da história é também uma resposta ao abalo da história nacional pelo choque retroativo dos "passados que não passam".

A história ante os "passados que não querem passar"

Síndrome de "Vichy" e provocações negacionistas

Em 1973 é publicado *La France de Vichy* do historiador americano Robert Paxton, que demonstra que Vichy procurara a colaboração com a Alemanha e desenvolvera um projeto político e ideológico próprio (em particular antissemita) que nada devia às coerções da ocupação alemã. O livro teve forte impacto na comunidade dos historiadores franceses, é o ponto de partida de um novo questionamento da historiografia dominante, que fazia sobretudo de Vichy um "mero apêndice do ocupante", ou até um "escudo" (Peschanski, 1997). O livro participa mais amplamente de um novo questionamento de uma visão do passado da ocupação que ressaltava ao mesmo tempo os sofrimentos compartilhados dos franceses e a França resistente. Em 1971, o filme de Marcel Ophuls, *A dor e a piedade*, ao sublinhar o aspecto "guerra civil" do período, marca o ponto de partida dessa reviravolta da memória da ocupação. A questão da sorte dos judeus e da participação de Vichy na "solução final" logo passa a ocupar um lugar central nesse questionamento.

Annette Wieviorka (1992) estudou a memória patriótica da deportação que se instaura na França nos anos do pós-guerra e reúne todas as vítimas do nazismo (inclusive os

UMA CRISE DA HISTÓRIA?

"deportados raciais") na categoria única de deportados. O despertar da identidade judaica — num contexto que não se reduz ao contexto nacional — é que permite a afirmação de uma memória judaica específica do genocídio. Esta memória judaica constitui, então, uma incitação a uma nova historização do passado de Vichy.

Em 1980, Pierre Vidal-Naquet (historiador especialista em Grécia antiga) escreve na revista *Esprit* "Un Eichmann de papier". Trata-se de uma resposta aos escritos "revisionistas" que desde o começo da década de 1970 iniciaram uma verdadeira campanha para questionar a realidade do genocídio perpetrado pelos nazistas contra os judeus e os ciganos, negando em especial a existência das câmaras de gás. Recusando-se a discutir com esses falsificadores — que é melhor chamar de *negacionistas* —, ele intervém, porém, para fazer como historiador "a anatomia de uma mentira" e denunciar os *assassinos da memória* (1981, 1991).

Nesse contexto é que Henry Rousso (1987) publica *Le syndrome de Vichy*, que marca uma etapa decisiva na afirmação de uma história da memória. Ele analisa as diferentes manifestações e vetores da memória coletiva de Vichy e propõe uma periodização própria para esta memória desde 1944, distinguindo quatro fases principais: "O luto inacabado" (1944-1954); "Os recalques" (1954-1971); "O espelho quebrado" ("O retorno do reprimido") (1971-1974) e "A obsessão", depois de 1974.

Que estejam as nossas sociedades atentas a conservar o passado, a dele exumar os aspectos mais difíceis, não é em si um problema, pelo contrário. O que é problema são as modalidades pelas quais a memória hoje se exprime no campo social e, mais ainda, os objetivos perseguidos por aquelas e aqueles que fizeram da memória um valor, por vezes até uma espécie de religião laica. "Há um grau de insônia, de ruminação, de senso histórico, para além do qual o ser vivo se vê abalado e finalmente destruído, quer se trate de um indivíduo, quer de um povo, quer de uma civilização", escreveu Nietzsche. O excesso de passado, que é tanto um efeito quanto uma causa da ideologia da memória, parece-me à reflexão algo pelo menos tão preocupante quanto a denegação do passado. Os dois são, aliás, os sintomas invertidos de uma mesma dificuldade em assumir este último, portanto em enfrentar o presente e em imaginar o futuro. Podemos propor numerosas razões para explicar este fenômeno, e falo aqui mais com intuições do que com a possibilidade de oferecer uma interpretação sólida.

Se a obsessão do passado se manifesta sob o modo da memória, e não simplesmente por um interesse maior pela história dos historiadores ou pela tradição no sentido clássico, é sem dúvida por causa da redefinição dos contornos do espaço público. Vemo-lo sobretudo na questão das minorias, quer sexuais — na primeira linha das quais a emergência das mulheres como categoria singular —, religiosas ou étnicas, quer regionais ou locais. Assim é que novos grupos ou novas entidades, quer reais, quer fruto de um novo sistema de representações sociais, e cujas fronteiras são mais ou menos fáceis de definir, vêm reivindicando há muitos anos, e de modo inédito, um lugar no espaço público de que julgam, com ou sem razão, terem sido afastados. Este assalto da cena pública pelos excluídos da história se manifesta quase sempre não só por uma ação política, mas também, o que vai de par, por uma reapropriação de um passado, de uma história específica, pensada como singular e distinta da história geral, por exemplo, da história nacional. É, então, mais a memória, ou seja, a tradição viva, por exemplo, a tradição oral, que é solicitada pela história no sentido clássico do termo, pois precisamente esta teria ou tem efetivamente ocultado a parte específica de certos atores. A maior parte do tempo, esta identidade reencontrada ou que se procura deve fundamentar a sua ação por um enraizamento mais ou menos justificado, mais ou menos reinventado, num passado, numa duração que assim lhe oferecem certa legitimidade (Rousso, 1998:30-31).

Do dever de memória aos "abusos da memória"

O dever de memória, que faz da memória um valor, transformado em "religião laica", torna-se um empreendimento sistemático de reivindicação identitária de minorias (sexuais, religiosas ou étnicas) e de suspeita em relação à pesquisa histórica. Este militantismo da memória, que diz respeito em especial à memória judia do genocídio, leva Rousso a escrever com Éric Conan (jornalista do *L'Express*) *Vichy, un passé qui ne veut pas passer* (1994) para marcar seu distanciamento dessa deriva memorial. Para Rousso, o dever de memória tornou-se uma "militância de inquisição retroativa", um ritual infantil que denuncia os historiadores oficiais que impediriam o acesso aos arquivos "proibidos", pois comprometedores (Combe, 1994), ao passo que, ressalta Rousso, na França da década de 1990 a cumplicidade de Vichy na "solução final" é reconhecida, historiada, comemorada e ensinada. Contra esta sacralização da memória, Rousso recorda a função crítica da história e seu papel de distanciamento, que lhe permite ser menos dependente dos objetivos políticos, comunitários e identitários que se escondem por trás do dever de memória. Essas análises de Rousso aliam-se às de François Bédarida (1993b) e Philippe Joutard (1998), que escreve: "é necessário promover um autêntico dever de história, que parte da memória, dela se nutre, mas sabe tomar a distância necessária em relação a ela".

Em *Les abus de la mémoire* (1995), Tzvetan Todorov se preocupa com uma corrida à "vitimização" das diferentes comunidades que sofreram no passado massacres em massa (como as comunidades judia e negra nos Estados Unidos). A invocação da memória dos crimes de massa visa, segundo ele, a conquistar o estatuto de vítima, social e simboli-

Uma crise da história?

camente vantajoso. Na mesma perspectiva, Jewan-Michel Chaumont (1997) analisou a "concorrência das vítimas" nos ambientes de memória: deportados judeus contra deportados resistentes, judeus contra ciganos, homossexuais contra políticos... O debate sobre a singularidade ou a unicidade da "solução final" cada vez mais central na história da II Guerra Mundial nos Estados Unidos desde o fim da década de 1960 está, para Chaumont, no centro dessa concorrência comunitária pela reivindicação da condição de vítima mais vítima do que as outras, por ele analisada como uma luta pelo reconhecimento.

É realmente sob a pressão das memórias que os historiadores tentam redefinir a responsabilidade do historiador ante uma demanda de fidelidade memorial que os questiona. Historiadores como Rousso, Bédarida ou Joutard deram respostas que articulam uma consideração das demandas de memória pela história e uma (re)historização crítica da memória. Depois de ter reconhecido o papel de incitação à história desempenhado pela memória, eles recordam a função crítica da história ante a deriva inquisitorial ou ritualizante da memória. Depois de ter reconhecido o papel de incitação à história desempenhado pela memória, eles evocam a função crítica da história ante o viés inquisitorial ou ritualizante da memória. Mais recentemente, ante a "explosão do testemunho" referente à terrível experiência dos campos de concentração nazistas, Annette Wieviorka (1998) constata que o testemunho se tornou "um imperativo social que faz da testemunha um apóstolo e um profeta". Como, então, pergunta ela, "construir um discurso histórico coerente, se ele é constantemente oposto a outra verdade, que é a da memória individual", a da palavra da testemunha, da realidade vivida? Há realmente um conflito, uma tensão entre vítimas-testemunhas portadoras de memória e muitos historiadores; será preciso, porém, pergunta ela, que estes últimos declarem "guerra contra a memória e contra as testemunhas" para "disputar com elas o campo editorial"? Annette Wieviorka defende, ao contrário, a coexistência dos trabalhos históricos com os testemunhos; o historiador, acrescenta ela, só tem o dever de exercer a sua profissão, mesmo se esses trabalhos são instrumentalizados pelos portadores de memória ou pela instância política.

Ricoeur (1998, 2000) propõe sair dessa oposição de um modo que reconheça à memória uma função mais positiva em relação à história. Se a história efetua realmente um trabalho crítico em relação à memória demasiado complacente consigo mesma, a memória permite ao historiador superar uma visão puramente retrospectiva do passado e reencontrar o passado como um presente que foi. A memória permite ao historiador lembrar-se de que os homens de antigamente tinham um "futuro aberto" (reencontramos o tema caro a Ricoeur da desfatalização da história). Ricoeur não quer, portanto, opor a fidelidade da memória à verdade da história, mas instala o historiador na dialética dessas

372 As correntes históricas na França

duas intenções complementares que se reforçam mutuamente. Não há fidelidade memorial sem verdade histórica e não há história sem referência à memória, que permite reencontrar "as promessas não cumpridas do passado". O que é outro jeito de articular para a história um imperativo de verdade, um imperativo ético (representado pela fidelidade da memória) e um imperativo de ação (o projeto).

A multiplicação das polêmicas memoriais

A multiplicação das controvérsias e polêmicas acerca de grandes figuras da Resistência nas décadas de 1980/1990 constitui outro lugar de prova das relações entre memória e história. Pierre Vidal-Naquet (1993) responde às acusações levantadas contra Jean Moulin de ter sido um espião soviético — sem nenhuma prova historicamente admissível — por um jornalista dito "de investigação histórica". Em 1997, Lucie e Raymond Aubrac, duas grandes figuras da Resistência, que haviam sido gravemente questionados no caso da prisão de Jean Moulin, desejam responder ante os historiadores e outros membros da Resistência. O confronto patrocinado pelo jornal *Libération* transforma-se num processo dos dois resistentes. Alguns historiadores se interrogam publicamente sobre a confusão de gêneros entre historiadores e acusadores e falam de perda de controle da situação (Prost, 1997b; Andrieu et al., 1997). Inversamente, outros historiadores julgam que tal confronto estava em conformidade com a prática dos diálogos científicos (Jeanneney, 1997, 1998). Para Rousso (1998), que participa do confronto e para quem a acusação de traição não tem fundamento, houve da parte do casal Aubrac uma tentativa de instrumentalização da história pela memória; não se pode, segundo ele, escrever uma história científica da Resistência quando se quer ao mesmo tempo conservar o seu valor edificante e preservá-la como memória heroica. Não se pode escrever a história "tendo como objetivo defender este ou aquele valor, é a escrita mesma da história (...) que é um valor em si..." (Rousso, 1998:137). Para Laurent Douzou (2005), esse confronto colocou sobretudo a questão crucial do estatuto da testemunha e demonstrou "como é frágil a relação que se estabelece entre atores e historiadores".

Essa ligação entre escrita da história e juízo ético também está no centro dos debates historiográficos acerca da "solução final" (Bédarida, 1997). A historiografia francesa durante muito tempo desdenhou o estudo da "solução final", e vários analistas propõem que os *Annales* e seu culto do antieventual sejam em parte responsáveis por esse atraso (Valensi, 1993). Numerosas revistas dão hoje conta dos debates historiográficos e das polêmicas acerca do nazismo, da *Shoah* (termo cada vez mais usado para designar a "soução final"), de Vichy, da Resistência. Os historiadores franceses puderam, assim, tomar conhecimento com facilidade e participar, por exemplo, dos debates acerca da "querela dos historiadores alemães" ou do livro de Daniel J. Goldhagen (*Os carrascos voluntários de Hitler — o povo alemão e o Holocausto*, 1997), que propôs uma nova versão da tese da responsabilidade coletiva do povo alemão, refutada por muitos historiadores, tanto estrangeiros quanto franceses (*Le Débat*, 1997; Solchany, 1997).

A "querela dos historiadores alemães" (*Historikerstreit*) que se desenvolve na Alemanha no fim da década de 1980 une as questões da identidade nacional alemã, da memória e da interpretação da "solução final". A denúncia por parte do filósofo Jürgen Habermas, em 1986, das teses de Ernst Nolte, Michael Stürmer e Andreas Hillgruber como "tendências apologéticas" é o ponto de partida da "querela" (Habermas, 1988). O que nela está em jogo é o papel das representações do passado — nesse caso, do passado nazista — e seu uso na recomposição da identidade nacional. Ainda que seja contestável unir os três autores e que a "querela" tenha muitas outras coisas em jogo, trata-se realmente, para os três autores, de revisar a interpretação do passado nazista para reintegrá-lo na consciência histórica alemã e acabar com a culpabilidade "insuperável" da Alemanha. Esta reintegração supõe que esse passado nazista seja relativizado, para que a culpabilidade alemã não seja mais única: os crimes nazistas e, em primeiro lugar, a "solução final" devem poder ser comparados a outros crimes de massa igualmente monstruosos, cometidos fora da Alemanha e em especial na URSS. O núcleo da "querela" é constituído pelas teses de Nolte sobre a anterioridade cronológica e lógica dos crimes comunistas e sobre o "crime preventivo" de Hitler, que é, para Nolte, uma resposta em parte "racional" às ameaças de destruição que a URSS e os judeus teriam feito pesar sobre a Alemanha. O Gulag, "genocídio de classe", é o original; Auschwitz, "genocídio de raça", é a cópia, propõe Nolte (1988). Tais teses provocaram debates extremamente exaltados e foram amplamente criticadas, como tentativa de banalização do genocídio (*Devant l'histoire*, 1988).

O desmoronamento da URSS em 1989/1990 e o acesso a arquivos até então fechados reanimam a discussão sobre a natureza do regime soviético e os debates historiográficos já muito desenvolvidos entre os partidários da teoria do totalitarismo, na linhagem das análises de Hannah Arendt (1972), e os representantes da historiografia dita "revisionista" (nesse caso, revisionismo nada tem a ver com negacionismo) da URSS, que frisam em particular a autonomia dos processos sociais em relação ao empreendimento estatal (Werth, 1996; Kershaw, 1992, 1996).

Tanto as teses de Nolte sobre o nexo causal entre Gulag e Auschwitz quanto a retomada dos debates acerca do totalitarismo soviético definem o quadro intelectual de

374 AS CORRENTES HISTÓRICAS NA FRANÇ.

uma nova polêmica muito difundida pelos meios de comunicação de massa acerca da memória comunista na França no fim da década de 1990. Já em 1996, o livro do historiador tcheco Karel Bartosek (*As confissões dos arquivos*), ao questionar a integridade e a sinceridade de Arthur London, grande figura de dirigente comunista, vítima da repressão stalinista na Tchecoslováquia e autor de *A confissão*, desencadeara uma primeira polêmica, tendo como objeto o questionamento da memória comunista e progressista oriunda da experiência antifascista. Em *O passado de uma ilusão* (1995), dedicado à ilusão comunista, Furet saúda a fertilidade do trabalho comparativo de Nolte, mas rejeita a tese do vínculo causal entre crimes comunistas e crimes nazistas. Defende a ideia de um antifascismo (histórico e historiográfico) manipulado pelos comunistas franceses, que visava a ocultar os crimes do regime soviético.

Esse procedimento é radicalizado — e com isso muda de natureza — por Stéphane Courtois (1998) em sua introdução ao *O livro negro do comunismo. Crimes, terror, repressão*. Invocando um dever de história e de memória, ele retoma a comparação defendida por Nolte entre os crimes comunistas e nazistas, para afirmar a natureza intrinsecamente criminosa do comunismo. O livro desencadeia uma polêmica complicada pela desaprovação das posições de Courtois por dois dos principais colaboradores do livro, Nicolas Werth, responsável pela parte soviética, e Jean-Louis Margolin, pela parte asiática (Margolin e Werth, 1997). Como no caso das polêmicas acerca da Resistência, aquela provocada pelo *O livro negro do comunismo* é muito representativa da invasão do espaço das discussões científicas entre historiadores pelas polêmicas memoriais, as exigências editoriais, as instrumentalizações políticas que desestabilizam a comunidade historiadora francesa, agravando a sua fragmentação. Mais geralmente, na França, a hostilidade a tudo o que pode lembrar um pró-comunismo durante muito tempo poderoso pode também explicar que as escolhas propriamente ideológicas pesem de maneira significativa sobre certos debates historiográficos. As dificuldades encontradas pelo livro do historiador inglês Eric Hobsbawm (*Era dos extremos*) para encontrar um editor na França — em parte por causa de seu engajamento filorrevolucionário — constituem outro testemunho dos riscos de uma ideologização crescente (de que a polêmica memorial não é senão uma das formas) dos debates de história contemporânea.

Na França, outros "passados que não passam", outras "batalhas de memória" também participam da desestabilização da história — e de suas renovações — pela memória; trata-se, sobretudo, das memórias relativas ao passado colonial da França (Bancel, Blanchard e Vergès, 2003) e, em primeiro lugar, da memória da Guerra da Argélia, que permaneceu durante tanto tempo uma "guerra sem nome" (Stora, 1991). Uma guerra transmitida por

UMA CRISE DA HISTÓRIA? 375

um mosaico de memórias, que justapõe e opõe — entre outras coisas — uma memória da ocultação e do silêncio, da parte oficial francesa, a uma memória do sofrimento e da perda, da parte dos *pieds-noirs*,[9] uma memória da imigração argelina na França, essencialmente limitada ao meio familiar, a uma memória instrumentalizada e confiscada para a legitimação do regime, da parte oficial argelina (Manceron e Remouan, 1993). Recentemente, foi a questão da prática da tortura pelo Exército francês na Argélia (Branche, 2001) que se tornou central nesse "retorno" do passado argelino. Mas a atenção da opinião pública e da mídia se deslocou para a designação de culpados individuais — e em especial para o general Aussaresses (2002), que admitira ter cometido vários assassínios — mais do que para uma investigação geral da guerra travada na Argélia. A questão da tortura ainda não levou nem a autênticos debates sobre o lugar do passado colonial na Argélia e na França, nem à busca de avanços historiográficos; ao contrário, ela se acompanhou da repetição dos confrontos da época da Guerra da Argélia (Branche, 2005). O trabalho de historização — livre das pressões memoriais e dos objetivos identitários — desse passado argelino da França ainda está, em boa medida, por fazer (Harbi e Stora, 2004).

Acerca da imigração, Noiriel (1998a) assinala a distância entre as contribuições já importantes dos trabalhos históricos e a integração ainda muito marginal dessas contribuições ao ensino, que permanece um dos vetores principais da memória coletiva nacional. O que está em jogo na transmissão dessas memórias "difíceis" ou desdenhadas é especialmente importante para o ensino. Como integrar o ensino dos "passados que não querem passar" a um ensino que pretende privilegiar a transmissão de uma memória comum que visa a valorizar, segundo a expressão mesma dos programas, os "elementos de convergência dentro da sociedade"?

A história no fim da década de 1990: o pluralismo interpretativo

Uma reflexão renovada sobre o enraizamento e a função social da história

O laço explicativo entre sociologia do ofício e evoluções historiográficas permanece quanto ao essencial um problema aberto. O livro de Gérard Noiriel *Sur la "crise" de l'histoire* (1996) concede um lugar central à sociologia da comunidade de historiadores, aos fatores geracionais, aos objetivos institucionais e de poder para dar conta da multipli-

---

[9] Habitantes de origem europeia da Argélia que foram obrigados a deixar o país após a independência, em 1962. (N. do T.)

cação dos discursos sobre o tema da crise da história e propõe analisar a disciplina sob o triplo aspecto de atividades de *saber*, de *memória* (isto é, de transmissão) e de *poder*.

O artigo de Daniel Roche publicado em 1986 na revista *Vingtième Siècle* (número de out./dez.), "Les historiens d'aujourd'hui. Remarques pour un débat", pode ser considerado uma espécie de ponto de partida da retomada aberta do debate dos historiadores sobre a dimensão propriamente profissional e social de seu trabalho.

Na contracorrente da opinião dominante sobre a boa saúde da história na época, Roche constata inicialmente a oposição entre uma minoria de docentes do superior e de pesquisadores e uma maioria de professores de liceu e de colégio, o bloqueio da mobilidade interna entre os dois ambientes, em razão da fraqueza dos postos oferecidos e do aumento do número de postulantes depois das consideráveis contratações da década de 1960. O bloqueio das carreiras, a lentidão na renovação natural, num contexto de crescimento muito veloz dos efetivos estudantis, são ainda agravados pela mediocridade (a "mendicantização") das condições materiais nas universidades e o peso das tarefas administrativas assumidas pelos universitários. Roche chama a atenção, por outro lado, para o crescente papel de legitimação concedido aos meios de comunicação de massa: "hoje é preciso estar em *Apostrophes*, nas colunas do *Libération*, do *Figaro* e de *L'Observateur* (isto é, *Le Nouvel Observateur*)" para ter acesso à notoriedade, constata ele. Para Roche, a encomenda regulada pelo público e o ambiente editorial pervertem a pesquisa. Esse texto de Roche será seguido das reações de vários historiadores (*Vingtième Siècle*, 1987) sobre problemas importantes que a disciplina continua enfrentando nos anos seguintes: o recrutamento, a crise da função universitária e a relação do historiador com a "demanda social" (nesse caso, a demanda editorial). A especialização crescente fortalece ainda o sentimento de fragmentação da comunidade.

Dez anos mais tarde, as análises das mutações do ofício de historiador confirmam, no conjunto, e desenvolvem as constatações de Roche (Charle, 1995; Boutier e Julia, 1995; Langlois, 1995; Prost, 1996a). Noiriel (1996), por seu lado, ressalta a crise de sucessão provocada pelo desaparecimento da geração longa dos historiadores que se beneficiaram da expansão do pós-guerra e pela chegada de uma nova geração sem verdadeiros projetos coletivos. Ele vê nessa crise de sucessão uma das explicações da "crise" da história. Antoine Prost (1996a:44) traça um mapa da fragmentação da profissão entre "três polos de influência desigual que desenham como um triângulo do bairro latino": o polo universitário, o mais poderoso; a EHESS, reforçada pelo CNRS, ligado aos *Annales*; e grandes instituições, como a École Française de Rome, mas sobretudo o Institut d'Études Politiques de Paris, apoiado pela Fondation des Sciences Politiques. Estes polos, "que não são, é claro, estanques", dispõem cada qual de meios de publicação, de redes de influência, de clientelas.

UMA CRISE DA HISTÓRIA?

O controle da produção histórica por necessidades determinadas fora das lógicas autônomas de pesquisa, pela *demanda social de história*, mostra também o lugar crescente ocupado pelos historiadores nos meios de comunicação de massa a partir da década de 1970.

A noção de demanda social de história permanece ainda vaga e é usada em contextos de análise muito diferentes. Abrange fenômenos muito diversos; as *demandas memoriais* — já examinadas anteriormente — e as demandas editoriais são alguns deles, é claro. A existência de um duplo mercado de história, um erudito e acadêmico e o outro dito de "grande público", é velha; ela traduz a separação entre dois tipos de história. Ora, nota Christophe Charle (1995) durante a década de 1970, tudo muda com a midiatização da história universitária. O bom êxito da revista de vulgarização científica *L'Histoire*, lançada em 1978, onde escrevem alguns universitários, atestaria a amplidão do fenômeno. Contudo, depois dos "15 anos gloriosos" (1975-1990) da edição histórica, a economia dual nesse campo é antes confirmada: os ventos amainam, os trabalhos científicos de pesquisa (sobretudo as teses) têm dificuldade para encontrar um editor, e são os livros de vulgarização e os manuais que recebem tratamento prioritário da parte das editoras (Rieffel, 1995).

Steven L. Kaplan (1993) (historiador americano especialista em história francesa do século XVIII), no rigoroso balanço por ele traçado do Bicentenário da Revolução Francesa (*Adieu 89*), compara-o com o *Historikerstreit* na Alemanha. O lugar central dos historiadores, as repercussões dos debates históricos nos meios de comunicação de massa e na opinião, o interesse pela memória e seus modos de funcionamento, a tentação de recorrer a fórmulas simplistas para se dirigir ao grande público, inaceitáveis segundo os cânones universitários, são, por exemplo, comuns aos dois fenômenos. É a fronteira entre atividade de comemoração e atividade científica que se vê embaralhada pelos historiadores. A concorrência entre François Furet e Michel Vovelle (representante da historiografia "jacobina" marxizante) não pode ser reduzida às polêmicas comuns entre escolas historiográficas; ela mostra, segundo Kaplan, que a distinção entre história e política se vê praticamente abolida.

Christophe Charle (1995) fala das respostas ambíguas dos historiadores às demandas vindas da sociedade e do Estado e dos perigos de novas cadeias de dependência. Mesmo que elas só atinjam uma fração dos historiadores, ele se pergunta se podemos falar de uma nova função social da história, que tende a questionar a autonomia da história como disciplina científica. Do mesmo modo, julga Prost (1996a) que a contaminação do juízo científico pelo juízo mediático seja um risco real.

A análise do papel dos historiadores durante o bicentenário pode, no entanto, permitir superar a constatação inquieta das instrumentalizações da história pela demanda social, para se repensar o vínculo entre função de conhecimento e função social da história; para Patrick Garcia (1995:116) — que estuda as práticas sociais de comemoração durante o bicentenário —, os historiadores "devem refletir acerca dos motivos dessa demanda, historizar sua própria ação e pensar seu papel na eclosão de novas escalas políticas e de novas maneiras de pensar o ser-junto".

Mas até que ponto e como os historiadores devem envolver-se no reconhecimento do papel social de sua disciplina? Em fins da década de 1990, as respostas dos historiadores a essa pergunta não são unânimes.

Tornou-se, de fato, mais aguda a questão da responsabilidade social dos historiadores na década de 1990. Os historiadores são cada vez mais solicitados, inclusive para testemunhar em tribunais. Em 1998, o processo de Maurice Papon, ex-secretário-geral de prefeitura regional sob Vichy, acusado de cumplicidade em crimes contra a humanidade, evidencia as divergências entre os historiadores solicitados para testemunhar no processo. Para Rousso (1998), que se recusa, então, a testemunhar, há confusão entre três registros muito distintos: o da justiça, o da memória nacional e o da história. A intenção de verdade da história não pode ser subordinada às lógicas judiciárias ou memoriais.

Rousso (2000b) observa ademais que as condições de uma "perícia histórica" não estão reunidas no que diz respeito à intervenção dos historiadores nos tribunais franceses; estes últimos são convocados como "testemunhas", há a obrigação de respeitar a oralidade dos debates, e os historiadores citados não podem ter acesso aos autos. "Esses peritos, que aliás não são peritos, testemunham, portanto, sobre aquilo de que não foram testemunhas", nota com certo humor Olivier Dumoulin (2003). No caso do processo Papon, lembra Rousso que o tribunal considera os historiadores não como "peritos", mas como "atores" do processo; há realmente uma confusão, inaceitável segundo ele, entre as missões da justiça e da história. Antoine Prost (2000) vai no mesmo sentido quando constata o retorno de uma historiografia por ele chamada de "judiciária", ou seja, uma historiografia "que constrói, de fato, suas narrativas como os requisitórios ou discursos de defesa e estabelece como objetivo pronunciar sentenças". Segundo Prost, o retorno dessa historiografia judiciária teria sido provocado pela reabilitação do evento e do político. Comparando o trabalho do juiz com o do historiador — comparação que Carlo Ginzburg (1997) já revisitara —, insiste Prost (2000:294) na relação muito diferente com a testemunha nos dois casos e na divergência existente entre os objetivos perseguidos pelo juiz e pelo historiador: "o questionamento do historiador é mais aberto, mais geral, e lida mais com os contextos do que com os atos". Ele se preocupa, ademais, com a possibilidade, para o historiador, de passar a um juízo de valor; o historiador faz, então, de "seu saber o fundamento de um poder", um poder que se torna ainda mais inquietante pela audiência que a mídia costuma dar aos juízos dos historiadores. Em todo caso, Prost

(2000:299) conclama os historiadores a recusarem a história judiciária e as narrativas demasiado simples para tentarem restituir a complexidade da história, não esquecendo que "não há compreensão histórica sem conhecimento dos contextos em que os atores se determinam". A questão dos papéis respectivos do juiz e do historiador no processo complica-se, porém, no caso dos processos por crime (ou cumplicidade no crime) contra a humanidade, pois, como nota Yann Thomas (1998), "está o historiador tão distante do juiz, quando o desenho que traça do 'contexto' das ações que ele se proíbe de julgar serve justamente a qualificar tais ações como criminosas?". Jean-Clément Martin (1998), por seu lado, observa que o historiador deve combinar "seu trabalho científico — que necessita de total liberdade — e seu papel social — que implica a responsabilidade". Para ele, a separação nítida entre juiz e historiador não é radical; o trabalho do historiador tem inevitavelmente um alcance moral e ideológico que faz com que a sua tarefa "encontre aí certas ressonâncias com as do juiz"; estando juízes e historiadores, deste ponto de vista, implicados na fabricação do elo social.

Na síntese por ele proposta sobre o "papel social do historiador", Olivier Dumoulin (2003) põe à prova de sua investigação a hipótese de que a justificação da atividade historiadora se refere cada vez mais ao papel social do historiador, papel que modificaria "as bases epistemológicas e deontológicas do empreendimento historiador". É essa tensão — crescente — entre justificação pelo papel social e justificação pela produção científica de conhecimentos que balizaria as novas metas do ofício de historiador.

Vários debates históricos da época convergem para a questão da verdade. Os historiadores das décadas de 1980/1990 enfrentam a necessidade — recorrente na história da disciplina — de defender a autonomia da história e, portanto, de reafirmar a sua intenção contra a redução da história à ficção, as falsificações negacionistas, as derivas memoriais, as instrumentalizações sociais e políticas da história. É ao redor dessa retomada do projeto de objetividade constitutivo da história que se articula a redefinição de uma identidade epistemológica comum.

Uma "era epistemológica"da historiografia francesa? (Pierre Nora)

Um consenso epistemológico: o imperativo de verdade da história contra o relativismo

O tema da narrativa e da escrita da história foi privilegiado pelos partidários do *linguistic turn* anglo-americano para desenvolver um ponto de vista relativista sobre o conhecimento histórico, ou seja, um ponto de vista que recusa toda pretensão à objetividade e à verdade das proposições históricas. Roger Chartier (1993b) foi quem mais contribuiu para denunciar as consequências relativistas do *linguistic turn* e para construir, assim, um adversário teórico privilegiado para a historiografia francesa. Chartier, ao mesmo tempo que reconhece a importância da parte do simbólico nas relações sociais (daí seu emprego da noção de representação), recusa que a formação das classes sociais ou os conflitos sociais sejam apenas produtos da linguagem. A lógica das práticas é, para ele, irredutível à dos discursos (posição que ele toma de Michel de Certeau). No processo de "sobretextualização" (*overtextualization*) ou de "pantextualização" (*pantextualization*) do *linguistic turn*, Chartier denuncia a confusão entre história e ficção e, portanto, o abandono de toda intenção de verdade para a história, que continua sendo, segundo ele, um conhecimento "dominado pelo mesmo passado, através das mediações dos rastros que ele deixou" (Chartier, 1998c).

Essa posição contrária ao *linguistic turn* parece majoritária entre os historiadores franceses (Prost, 1996a; Bédarida, 1998). Ela se esteia nas análises mais complexas sintetizadas por Ricoeur em *Tempo e narrativa* acerca das contribuições e dos limites das correntes narrativistas para a reflexão histórica. Na França, a tradução histórica dessas análises reteve até então sobretudo as propostas sobre a questão do relativismo e da verdade, e menos as pistas de reflexão sobre os procedimentos de escrita e a poética da história (Carrard, 1998). Reencontramos, por exemplo, essas dificuldades históricas para articular a narrativa e o saber científico, para explorar os "usos cognitivos da narrativa" (Revel, 1999a), na recepção histórica um tanto reservada dos trabalhos de Jacques Rancière (1992), que propõe abordar a história em termos de *poética do saber*, ou seja, como um "estudo do conjunto dos procedimentos literários pelos quais um discurso se subtrai à literatura, assume um estatuto de ciência e o significa".

O livro de título ambicioso de três colegas americanos, Joyce Appleby, Lynn Hunt e Margaret Jacob, *Telling the truth about history* (1994), une uma reflexão sobre a exaustão das grandes narrativas unificadoras históricas americanas em razão das reivindicações do multiculturalismo, uma análise das relações da disciplina com as ciências sociais e os pensamentos filosóficos, e uma vontade de refundar o conhecimento histórico a partir de uma *new theory of objectivity*. Esta é definida como a relação dialética entre um sujeito cognoscente e um objeto exterior, e se empenha em articular duas proposições: por um lado, o reconhecimento da existência de critérios objetivos que permitam discriminar "*between valid and invalid assertions*"; por outro, a constatação da pluralidade das interpretações aceitáveis. O "*practical realism*" assim defendido esforça-se por aliar a objetividade verificável do conhecimento (que exclui as proposições ou construções inaceitáveis) com a diversidade das narrações e explicações admissíveis.

Em texto publicado num número da revista *Diogène* organizado por François Bédarida sobre a responsabilidade do historiador, Ricoeur (1994), dando sequência à sua reflexão, mostra que a história, embora pertença por sua escrita à classe das narrativas, não é apenas narrativa ou ficção. Para ele, apesar do contrassenso cometido com frequência acerca do seu trabalho, a intencionalidade histórica é fundamentalmente uma intencionalidade de conhecimento. Daí a pergunta: sob que condições é possível esse conhecimento? Ricoeur coloca o problema das condições de possibilidade do que chama um "realismo crítico do conhecimento histórico", que enraíza a possível compreensão da alteridade, passada ou contemporânea, no pedestal comum de experiências compartilhadas pelo historiador e por aqueles cuja história escreve. A "verdade" da história é, assim, garantida de maneira fenomenológica pela "dependência mesma do fazer do historiador em relação ao fazer dos agentes históricos". Os agentes históricos e os historiadores compartilham um campo de práticas e de experiências suficientemente comum para que, apesar das descontinuidades e das diferenças, o conhecimento dos primeiros pelos segundos seja possível. É a presença mesma do passado no presente que o torna cognoscível: "os historiadores situam-se primeiro como herdeiros em relação ao passado, antes de se colocarem como mestres artesãos das narrativas que fazem do passado. Esta noção de herança pressupõe que, de certa maneira, o passado se perpetue no presente e assim o afete" (Chartier, 1998:42).

A recepção e a leitura dos trabalhos de Ricoeur por historiadores começam realmente no fim da década de 1980 (Dosse, 1995a, 1995b; Farge, 1997). Tal apropriação permitiu integrar à reflexão dos historiadores o tema da narrativa, sem adotar as posições relativistas que lhe são classicamente associadas. Ricoeur (1994), ao mesmo tempo em que afirma que a história é inseparável da narrativa (a "identidade narrativa" da história), defende, com efeito, muito claramente o projeto de objetividade da história e a sua intenção de verdade contra a identificação da história com a ficção, feita por Hayden White. Propõe as noções de "representância" ou de "lugar-tenência" para pensar a relação da narrativa histórica com o passado real, o "ter sido" do evento passado, e para restabelecer na história o primado da intenção referencial. A noção de "realismo crítico" do conhecimento histórico por ele proposta pode servir aos historiadores para qualificarem uma epistemologia que, ao mesmo tempo em que se afasta da ideia de uma coincidência entre o real e o conhecimento, mantém a capacidade da história de dar conta cientificamente de uma realidade exterior ao discurso.

Uma das razões do bom êxito dessa apropriação historiadora (sem dúvida desigual) está também ligada ao trabalho executado por Ricoeur (1983-1985), que não é uma "metanarrativa" filosófica a mais sobre a história, pois se esteia numa leitura aprofundada das próprias produções históricas. A sua análise de *O Mediterrâneo* de Braudel tornou-se uma referência já clássica para demonstrar que a narrativa não desaparecera realmente da historiografia francesa (Hartog, 1995). Nela ele demonstra como uma narrativa complexa — uma narrativa, portanto — é mantida por Braudel. Este inventa um novo tipo de trama que conjuga estruturas, ciclos e eventos para dar conta do declínio do Mediterrâneo como "herói coletivo da história mundial".

Como os de Ricoeur, os trabalhos do sociólogo Jean-Claude Passeron também são uma referência teórica para os historiadores. *O raciocínio sociológico. O espaço não popperiano do raciocínio natural* (1991) de Passeron é objeto de uma circulação informal mas intensa no meio dos historiadores (Lepetit, 1993; Revel, 1999b). A partir do caráter histórico de todas as ciências sociais, Passeron defende para elas um regime de cientificidade diferente do das ciências naturais. Definidas como ciências empíricas, "linguagens de descrição do mundo", as ciências sociais não podem pôr as suas proposições à prova da refutação — a "falsificação", segundo a terminologia do filósofo e epistemólogo Karl Popper (1959). A prova empírica nas ciências sociais em que a experimentação é impossível opera-se por exemplificação, e seus conceitos são sempre historicamente contextualizados. Podem os historiadores encontrar nessas proposições um conjunto de argumentos para redefinir a *autonomia epistemológica* da história, mantendo o caráter de pesquisa empírica de sua disciplina. Por outro lado, Passeron, que define as ciências sociais como teorias da interpretação, desempenha talvez um papel de difusor de uma obra durante muito tempo pouco utilizada pelos historiadores franceses, a de Max Weber (Noiriel, 1998b). Para Passeron, ao contrário das ciências da natureza, as ciências sociais não são disciplinas que funcionam sob o regime da sucessão dos paradigmas e das revoluções científicas no sentido de Thomas S. Kuhn (1983). A história das ciências sociais não deve ser entendida como a de um saber cumulativo, mas como a coexistência e a sucessão de várias "linguagens teóricas de descrição" que definem uma pluralidade teórica.

Além da apropriação crítica histórica dos trabalhos de Ricoeur e de Passeron, o lugar central que a noção de *prova* vem reconquistando na reflexão dos historiadores (Ginzburg, 1993, 1997, 2004; Hobsbawm, 1994b) e a definição do trabalho do historiador como trabalho de *argumentação* (Prost, 1996b) mostram a vontade de numerosos historiadores de explicitar positivamente os critérios que permitem ter a história como um conhecimento verdadeiro (Prost, 1999; Chartier, 1999). Como escreve também Krzysztof Pomian (1999): "a prova é constitutiva da história desde o aparecimento desta" e "a obrigação de fornecer provas define, por assim dizer, a natureza mesma" do ofício do historiador e é o que separa, justamente, a história da ficção.

No fim da década de 1990, há um consenso mínimo entre a maioria dos historiadores franceses acerca da necessária intenção de verdade da história que muito deve ao combate historiador contra as falsificações negacionistas. Segundo Antoine Prost (1996a:287), "o consenso efetivo da corporação [estabelece-se] a meio caminho entre a certeza cientificista do início do século e o relativismo que hoje é de bom-tom ostentar. A história fala a verdade; mas as suas verdades não são absolutas". François Bédarida (1998) também defende, à sua maneira, a mesma convicção: contra o relativismo (a "Cila pós-modernista") e os que se contentam em se ater aos documentos e aos fatos (a "Caribde neopositivista"), a regra de veracidade deve continuar sendo, segundo ele, a regra básica do historiador. Mas esse consenso mínimo, que se pretende em tensão entre neopositivismo e relativismo, conserva a parte de indeterminação que caracteriza a *epistemologia prática* da maioria dos historiadores, e pode igualmente indicar um recuo defensivo em direção da metodologia. François Hartog (1998) aventa, assim, que, preso entre as duas ameaças complementares do negacionismo e do relativismo do *linguistic turn*, "o historiador se recentrou no método crítico, se não fez um recuo na direção dele".

Uma sensibilidade renovada para a questão da historicidade

A segunda característica da conjuntura epistemológica recente na história é o fortalecimento da temática da historicidade e da relação com o tempo. Esta nova sensibilidade em relação ao tempo, no "sentido da diacronia" nas ciências sociais (por vezes chamada de "virada histórica"), que se mostrou em especial por uma série de reflexões de tipo epistemológico (Leduc, 1999; Zawadzki, 2002; Hartog, 2003:221, nota 5), pode parecer trivial para os historiadores. Mas esse interesse renovado dos historiadores pela temática da historicidade indica antes de tudo que a reafirmação da identidade disciplinar, num contexto de dúvidas e de renovações, passa por esta referência ao tempo; significa também que a tentação da história "imóvel" foi mesmo superada. Seria o fim da "ideologia continualista" mencionada por Jean Chesneaux (1996), o questionamento do projeto braudeliano que "visa a pôr as sociedades 'ao abrigo' do tempo em movimento". As categorias de ruptura, mudança, evento e processo tornam a ser "adequadas de se pensar" para os historiadores.

Podemos relacionar essa característica com uma outra dimensão da obra de Ricoeur que também se tornou um recurso para a reflexão historiadora: aquela que diz respeito à análise do tempo, do evento e à hermenêutica da consciência histórica.

É no contexto dos prolongamentos da "virada crítica" que Bernard Lepetit (1995) desenvolve uma nova reflexão acerca da natureza temporal dos fenômenos sociais. Tal reflexão constitui outra dimensão do programa de pesquisa iniciado com sua coletânea *Les formes de l'expérience* (1995), que se pretende um trabalho de "especificação histórica" das orientações da "virada crítica" dos *Annales*. Observa Bernard Lepetit que levar em conta a relação dos atores com o tempo induz, assim, a colocar a carga temporal da história *nos* presentes, os de hoje e os de ontem, que o historiador deve restituir. O passado é "um presente que desliza", aventa ele; nele encontramos — como em Nora — o predomínio da categoria de presente, única operatória para o trabalho do historiador (a história é sempre escrita a partir do presente). Bernard Lepetit analisa sobretudo os modelos temporais em ação nas teorias da auto-organização, da irreversibilidade, na sociologia pragmática (Boltanski e Thévenot) e na economia das convenções, para revisar, em proveito da história, "os usos aprendidos das categorias temporais" (Lepetit, 1995a). Nos trabalhos de René Thom (analisados precocemente de um ponto de vista historiador por Krzysztof Pomian, 1984) ou de Ilya Prigogine e Isabelle Stengers, nos de Jean-Pierre Dupuy, nos usos da noção de irreversibilidade na economia (Boyer, Chavance e Godard, 1991), ele vê recursos — eles mesmos a recompor — para superar o que considera as aporias dos sistemas temporais da história econômica e social clássica. Denuncia Lepetit em particular o determinismo demasiado rígido, induzido pela evidenciação das covariações de regularidades macroeconômicas, para defender uma perspectiva segundo a qual o futuro é determinado pelo encaminhamento temporal dos processos (é a noção de *path dependency*), mas não previsível.

Se Lepetit (1995a) retoma de Ricoeur a ideia de uma perda contemporânea do sentido do presente, "esquartejado entre um passado que não desejamos reduzir ao idêntico e um futuro indiscernível", ele se afasta, porém, quanto ao mesmo tema, da atitude historiográfica de Nora, que ele chama de "história especulativa". Ao método deste último, ele prefere uma atitude inspirada pela moral da ação de Ricoeur, que consiste ao mesmo tempo em assumir projetos determinados e modestos, para impedir "a fuga do horizonte de expectativa", e em reencontrar as potencialidades não realizadas do passado (é o tema da desfatalização). Ele torna a encontrar, portanto, a questão da função social da história a partir de uma análise do regime contemporâneo de historicidade.

A noção de "regime de historicidade" (já assinalada acerca da "virada crítica" dos *Annales*) é um bom indicador da preocupação reforçada (e amplamente compartilhada) entre os historiadores de se referirem prioritariamente à historicidade considerada fator explicativo importante dos fenômenos sociais.

Sem dúvida, Jacques Revel (2000) observa que a noção de regime de historicidade está na moda entre os historiadores e que se trata de uma "noção plástica", ainda não estabilizada, explicando que ela não constitui unanimidade; sua origem e base institucionais (os *Annales*, a EHESS) são, talvez, fatores que não facilitam a sua apropriação. Com as reflexões de Bernard Lepetit, são os trabalhos de um historiador, François Hartog, e de um etnólogo, Gérard Lenclud, que mais contribuíram para a tematização da noção. Essa tematização foi operada principalmente a partir dos trabalhos do antropólogo Marshall Sahlins, de Koselleck e Ricoeur, e de Pierre Nora (Hartog e Lenclud, 1993; Hartog, 2003). Para os dois autores, trata-se "de analisar de maneira comparativa as diversas formas de consciência histórica, de experiência semântica da história, de construção conceitual do tempo humano". Da obra de Marshall Sahlins (Hartog 1983, 1995a, 2003; Lenclud, 1991), eles retêm em especial a superação da dicotomia clássica entre estrutura e evento, com a noção de "estrutura da conjuntura", que Marshall Sahlins (1989) define como "a realização de fato das categorias culturais num contexto histórico particular, tal como se exprime na ação interessada dos agentes históricos". O regime de historicidade é, então, definido como uma "forma culturalmente determinada de relação com o passado" que se exprime "na ação interessada dos agentes". Esta definição é bastante próxima da de historicidade proposta por Claude Lefort (1952): a historicidade é, segundo ele, "a relação geral que os homens mantêm com o passado e com o futuro".

Os trabalhos ligados à hermenêutica da consciência histórica constituem um segundo polo de referência para esse trabalho de elaboração da noção de "regime de historicidade". Na década de 1980, os trabalhos filosóficos acerca da noção de historicidade voltam a se constituir como recursos de trabalho para alguns historiadores, sobretudo por intermédio de Koselleck e Ricoeur. Mas se trata também da recepção (sem dúvida ainda limitada) de trabalhos até então pouco conhecidos dos historiadores, como os de Walter Benjamin (Proust, 1999), Franz Rosenzweig ou Gershom Sholem (Mosès, 1992), que defendem todos eles uma "concepção descontinuísta da historicidade, privilegiando o caráter irredutível do evento", com um "tempo do hoje (...) saído do continuísmo progressivo" e do determinismo (Dosse, 2000). Acerca da apropriação dos trabalhos de Koselleck, são, de maneira seletiva, as noções de "campo de experiência" (o passado que pode ser rememorado) e de "horizonte de expectativa" (o futuro atualizado) propostas por Koselleck (1979) e retomadas por Ricoeur (1983-1985), bem como o elo entre tempo e narrativa (analisado por Ricoeur, 1983-1985), que parecem ter sido sobretudo retidos e retrabalhados para elaborar mais completamente a noção de "regime de historicidade". Estas referências permitem ampliar também o campo de significação da noção, que pode ser entendida como sinônimo de "cultura social do tempo", ou até de "consciência de si de uma sociedade". Com a integração e a "tradução" historiadora das contribuições de Koselleck, a noção é então entendida como relação — variável — entre a experiência e a expectativa. Tais análises estão hoje muito difundidas entre os historiadores, sobretudo a que diz respeito à historicidade moderna, caracterizada pela dissociação crescente entre experiência e expectativa. O terceiro polo de referência é constituído pelos trabalhos sobre a memória, em especial os de Nora, já abordados. François Hartog (1995, 2003) analisa os *Lieux de mémoire* como um sintoma de crise do regime de historicidade moderno, comandado pelo futuro (que Hartog chama de "futurismo"). O novo regime de historicidade (chamado de "presentismo") seria caracterizado por uma nova configuração do tempo histórico, com um futuro "obscuro e ameaçador" doravante imprevisível, um passado entregue à sua estranheza que cessou de ser significante e um sobreinvestimento no presente, que, segundo Nora (1993), se teria tornado a "categoria de nossa compreensão de nós mesmos", ou ainda, segundo Hartog, "nosso único horizonte".

Formulada a partir de nossa contemporaneidade, a hipótese do regime de historicidade deveria permitir o desenvolvimento de um questionamento historiador sobre as nossas relações com o tempo. Historiador, no sentido de que ele se dá em vários tempos, instaurando um vaivém entre o presente e o passado ou, melhor, alguns passados, eventualmente muito distantes, tanto no tempo quanto no espaço. Este movimento é a sua única especificidade. Partindo de diversas experiências do tempo, o regime de historicidade pretender-se-ia uma ferramenta heurística, que ajuda a apreender melhor, não o tempo, todos os tempos ou a totalidade do tempo, mas principalmente momentos de crise do tempo, aqui e ali, quando vêm, justamente, perder sua evidência as articulações do passado, do presente e do futuro. Não é isto, antes de tudo, uma "crise" do tempo? Seria, assim, um modo de iluminar, quase de dentro, as interrogações de hoje sobre o tempo, marcado pela equivocidade das categorias: estamos diante de um passado esquecido ou demasiado lembrado, de um futuro que quase desapareceu do horizonte ou de um porvir sobretudo ameaçador, de um presente continuamente consumido na imediatidade ou quase estático e interminável, senão eterno? Seria também um jeito de lançar certa luz sobre os muitos debates, aqui e ali, sobre a memória e a história, a memória contra a história, sobre o nunca bastante ou já demasiado patrimônio.

Operatória no espaço de interrogação assim produzido, a noção valeria por e para esses movimentos de ida e volta. Se do tempo cada ser, desde sempre, tem uma experiência, não visamos aqui a levá-lo em conta como inteiro, indo do mais vivenciado ao mais elaborado, do mais íntimo ao mais compartilhado, do mais orgânico ao mais abstrato. A atenção, convém repetir, dirige-se antes de tudo e sobretudo às categorias que organizam essas experiências e permitem dizê-las, mais precisamente às formas ou aos modelos de articulação dessas categorias ou formas universais, que são o passado, o presente e o futuro. Como, segundo os lugares, os tempos e as sociedades, essas categorias, ao mesmo tempo de pensamento e de ação, são postas em prática e vêm a tornar possível e perceptível o estabelecimento de uma ordem do tempo? De que presente, visando a que passado e a que futuro, se trata aqui ou ali, ontem ou hoje? A análise concentra-se, portanto, num aquém da história (como gênero ou disciplina), mas toda história, seja qual for, enfim, seu modo de expressão, pressupõe, remete a, traduz, trai, amplia ou contradiz uma ou mais experiências do tempo. Com o regime de historicidade, tocamos, assim, numa das condições de possibilidade da produção da história: segundo as relações respectivas do presente, do passado e do futuro, certos tipos de história são possíveis e outros, não.

O tempo histórico, segundo Reinhart Koselleck, é produzido pela distância que se cria entre o campo de experiência, por um lado, e o horizonte de expectativa, por outro lado: é gerado pela tensão entre ambos. É essa tensão que o regime de historicidade se propõe esclarecer, é com essa distância que trabalham estas páginas. Mais exatamente ainda, com os tipos de distância e os modos de tensão. Para Koselleck, a estrutura temporal dos tempos modernos, marcada pela abertura para o futuro e pelo progresso, é caracterizada pela assimetria entre a experiência e a expectativa. Desde o fim do século XVIII, essa história pode ser esquematizada como a de um desequilíbrio que não parou de crescer entre os dois, sob o efeito da aceleração. De sorte que a fórmula "Quanto mais tênue é a experiência, maior se torna a expectativa" poderia resumir essa evolução. Ainda em 1975, Koselleck refletia sobre o que poderia ser um "fim" ou uma saída dos tempos modernos. Não se caracterizaria ela por uma fórmula do tipo: "Quanto maior é a experiência, mais prudente e aberta a expectativa"?

Ora, desde então não se impôs uma configuração razoavelmente diferente? Aquela, ao contrário, de uma distância que se tornou máxima entre o campo de experiência e o horizonte de expectativa, no limite da ruptura. Assim, a geração do tempo histórico parece como suspensa. Daí, talvez, essa experiência contemporânea de um presente perpétuo, inalcançável e quase imóvel, que busca apesar de tudo produzir para si mesmo seu próprio tempo histórico. Tudo se passa como se não houvesse senão o presente, uma espécie de vasto lago agitado por um incessante entrechocar-se de ondas. Convém, então, falar em fim ou em saída dos tempos modernos, ou seja, desta estrutura temporal particular ou do regime moderno de

388　　　　As correntes históricas na França

historicidade? Nada sabemos ainda sobre isso. Em crise, com certeza. É a este momento e a esta experiência contemporânea que chamo de presentismo (Hartog, 2003:26-28).

Seria, portanto, o quadro geral de apreensão do histórico que teria mudado; o presentismo, com a ameaça de uma perda de toda operatividade do futuro, ter-se-ia tornado o horizonte insuperável de nossa historicidade. As análises de François Hartog continuam sendo ainda, em ampla medida, propostas para um programa de pesquisas a ser posto à prova empiricamente; um programa a que Bernard Lepetit também aspirara, lamentando a raridade das pesquisas empíricas acerca dos "modelos temporais dos atores passados" e das modalidades "de presentificação dos passados" (ele citava como exceções as análises de Jacques Le Goff sobre o tempo medieval e, é claro, as de Koselleck). A fertilidade heurística da noção, porém, foi confirmada desde então, e muitos outros historiadores começaram a "fazer trabalhar" a noção de historicidade e de regime de historicidade. Entre estes últimos, podemos citar Marcel Detienne (2000), que, a partir de Marshall Sahlins, de Hartog e de Lenclud, propõe "pôr em perspectiva os regimes de historicidade", retendo três questões: "reflexões gerais sobre a memória e sua relação com o pensamento historiador. Segundo, a análise do que é a mudança: as representações, os diferentes modelos mais especificamente estabelecidos na Grécia arcaica. Último ponto, o passado, as diversas maneiras *de dizer, de pensar, de construir o passado, e as dificuldades* de inventar e definir um passado distante e *in se*, em si". Outro uso historiador da noção, o que dela faz Jean-Clément Martin (2000); na continuidade de seus trabalhos sobre a Vendeia como "região-memória", a noção de regime de historicidade permite-lhe gerir melhor as "dificuldades teóricas e práticas de tratar aquele-que-não-esquece" para explorar uma nova relação com o tempo que reconfigura ao mesmo tempo história, memória e esquecimento. Podemos citar também Henry Rousso (2000) — em suas análises de contextualização da história do tempo presente —, Bertrand Müller (1997) — em seus trabalhos de história das ciências sociais — ou ainda os defensores da sócio-história (Audren, Kott, Lilti, Offenstadt e Van Damme, 2003), que se valem todos eles da noção como de uma ferramenta heurística. Um colóquio ocorrido em 2003 sobre "Os usos políticos da história" e organizado pelo *Centre d'histoire sociale du XXe siècle* refere-se explicitamente (ainda que com certa prudência) à problemática dos regimes de historicidade em seu texto de apresentação: "considera-se que as concepções da história e do tempo que reivindicavam a dinâmica do progresso e a linearidade do tempo foram abaladas por diversos fatores que vêm conjugando seus esforços há cerca de um quarto de século (...). Tais asserções são hoje tidas como uma espécie de evidência, quase lugares-comuns.(...)

Qual seria, então, a eficácia social dessa nova relação com a história e com o tempo?" (Tartakowsky, 2002). Indiquemos mais uma área em que a noção vem adquirindo um estatuto epistêmico central, o da *história cruzada*, defendida e tematizada em particular por Michael Werner e Bénédicte Zimmermann (2004). A história comparada (Granjon, Racine e Trebitsch, 1997) e o estudo das transferências culturais (Espagne, 1994; Aprile, 2000) deu, sem dúvida nenhuma, novo impulso à história cultural. Mas é justamente para superar os "limites do comparatismo em história cultural" que Michael Werner e Bénédicte Zimmermann privilegiam "o posicionamento da história cruzada em relação à comparação e ao estudo das transferências". Referindo-se explicitamente aos trabalhos de Koselleck, os dois autores caracterizam a história cruzada como um "processo de historicização do objeto", que indica a exigência de uma reflexividade nova nas ciências sociais. Trata-se sobretudo de investigar "os laços, materializados na esfera social ou simplesmente projetados, entre diferentes formações historicamente constituídas", de "repensar, no tempo histórico, as relações entre a observação, o objeto de estudo e os instrumentos analíticos postos em prática". Este programa de pesquisa (que já conta com numerosos estudos empíricos) visa, assim, a retomar "mais uma vez as discussões ocorridas, nos últimos anos, sobre a comparação, as transferências e, de um modo mais geral, as interações socioculturais"; participa, pois, também da "virada cultural" da historiografia francesa (Werner e Zimmermann, 2004:16).

"Tentação da epistemologia"
(F. Hartog) ou relações pacificadas entre história e filosofia?

Os exemplos destas apropriações historiadoras de propostas teóricas vindas da filosofia e da sociologia indicam, talvez, uma evolução ainda a confirmar da atitude dos historiadores em relação à filosofia e à reflexão epistemológica. Parte dos historiadores com maior participação nos debates teóricos defendem relações pacificadas entre história e filosofia (Chartier, 1987). Mas o grupo de historiadores franceses que intervêm *explícita e regularmente* sobre as questões de ordem epistemológica desde a década de 1980 é mal conhecido e mereceria uma investigação sobre a sua sociologia, sobre os conteúdos das teses presentes e sobre as formas dos intercâmbios (ou de ignorância recíproca...) entre os seus membros.

Gérard Noiriel (1996, 2003), por seu lado, prefere manter certa distância, em conformidade com a tradição historiadora, dos debates filosóficos sobre as relações entre conhecimento e realidade ou sobre o objeto da história, para os quais, segundo ele, os historiadores não são competentes (Scott, 1998; Guilhaumou, 1998). Vê na "deriva teoricista" tomada pela vanguarda interdisciplinar dos historiadores-epistemólogos da década de 1970 (a geração Veyne-Certeau) um abandono da reflexão sobre a história centrada nas questões práticas da pesquisa (defendida por Marc Bloch) e uma das causas principais da fragmentação da comunidade dos historiadores e do sentimento de crise que a invadiu. Noiriel (1998) chama também a atenção para o contraste existente entre as análises de natureza epistemológica, que anunciam viradas, e a estabilidade das áreas de estudo quando as examinamos a partir das teses defendidas. No mesmo sentido, Gauchet (1999) duvida da existência de autênticas rupturas (inclusive epistemológicas) em história e desconfia de que por trás da "retórica belicosa" das rupturas haja, mais fundamentais, evoluções historiograficamente tranquilas, ordenadas pela busca de uma ampliação do objeto histórico e das fontes a interrogar. Quando Jacques Revel (1999b) se interroga sobre o risco de permanecer nos debates de princípio, exprime também ele reticências muito compartilhadas na comunidade de historiadores em entrar muito a fundo no debate puramente epistemológico; mas é o mesmo Jacques Revel (2002) que redige uma contribuição sobre as ciências históricas numa coletânea dedicada à epistemologia das ciências sociais... Cumpre assinalar também a vontade de muitos historiadores de fazer um uso mais razoável dos recursos teóricos propostos por outras ciências sociais; é o caso (já mencionado) das propostas de Bernard Lepetit, que "põem para trabalhar" noções vindas da sociologia pragmática ou dos usos históricos dos trabalhos de Pierre Bordieu, sobretudo na história social, por Christophe Charle (1999). São velhas as polêmicas sobre a utilidade ou a inutilidade da reflexão epistemológica e metodológica nas ciências sociais e na história, mas como observa Jean-Claude Passeron (2001): "é absurdo o projeto, sempre renascente, de um trabalho teórico *prévio* à investigação"; se é que existiu, o tempo das intervenções epistemológicas normativas — que Noiriel rejeita — são águas passadas... Há, talvez, para o historiador, uma "tentação da epistemologia", que seria uma "epistemologia para tempos de incerteza" (Hartog, 2000), mas não seria melhor constatar uma vontade de maior reflexividade da parte de muitos historiadores (Offenstadt, 2004), que não os desvia automaticamente da pesquisa empírica e que preenche sobretudo uma função necessária de reafirmação profissional e de refundação identitária. Ou seja, pode uma disciplina científica funcionar e permanecer autônoma sem um mínimo de princípios básicos que singularizem as suas práticas de conhecimento e traduzam *uma epistemologia prática* compartilhada pela maioria de seus membros? Deste ponto de vista, a posição mais recente de Noiriel (2003:15-16), que, ao mesmo tempo que afirma que "os discursos sobre a história não são história", defende a necessidade do que ele chama de "política da ciência", para "examinar as justificativas dadas por nós [os historiadores] às nossas práticas", parece mais aberta a esse processo reflexivo de esclarecimento epistemológico das práticas. Embora permanecendo fiéis à sua tradição disciplinar de desconfiança em relação a toda teorização normativa, os historiadores podem muito bem retomar por sua conta a epistemologia modesta de descrição das práticas de pesquisa proposta por Gilles-Gaston Granger (2004) ou Jean-Claude Passeron. "É só como tarefa de descrição empírica, tão empírica como a das outras ciências empíricas, e não no sentido, costumeiro nos países anglo-saxões, de "filosofia das ciências", que tento praticar uma análise 'epistemológica', cuja única justificação é a utilidade prática que ela oferece aos pesquisadores no controle de seu trabalho discursivo" (Passeron, 2001). Tratar-se-ia, então, de meditar mais completamente acerca do papel que pode desempenhar a reflexão epistemológica na disciplina histórica (Grenier, 2001; *EspacesTemps*, 2004) para desenvolver uma "reflexão teórica em confronto permanente com novos objetos empíricos estudados diretamente" (Charle, 1999:15).

Uma convergência historiográfica rumo à história cultural?

O que primeiro impressiona na paisagem historiográfica francesa contemporânea é a pluralidade das práticas, das histórias. Classicamente, essa pluralidade é justificada pelas divisões em áreas de objetos distintos (o econômico, o social, o político, o cultural), mas as bases institucionais também devem ser levadas em conta. Alain Corbin (1995) observa, assim, que as divisões tradicionais da disciplina — história econômica, social, política etc. — são heranças do século XIX e que a configuração assim produzida se congelou; todo questionamento dessas divisões se choca com interesses institucionais. Mais fundamentalmente, porém, será que essa pluralidade não reflete o regime de pluralismo interpretativo característico das ciências sociais (Passeron, 1991)? Podemos, assim, perguntar-nos se o fim da situação — excepcional — de dominação paradigmática dos *Annales* não inaugurou também a reintegração da história nesse regime comum de *pluralidade teórica*, pluralidade esta que é "constitutiva do estatuto lógico dos conceitos históricos" (Passeron, 1994).

Como traçar, então, um mapa racional das correntes historiográficas contemporâneas? Segundo que critérios? No estabelecimento de tal mapa aparece também a questão da reconstituição de modelos historiográficos de vocação globalizante.

Podemos tentar, num primeiro momento, extrair as características comuns à maioria das práticas historiadoras, que é justamente o que tentam determinar todas as análises em termos de "viradas" (quer a chamem de interpretativa, culturalista, hermenêutica etc.).

Além de uma sensibilidade nova para os atores, a historicidade, a mudança social, a temática da constituição das identidades sociais, sensibilidade cada vez mais compartilhada nas ciências sociais e já mencionada, podemos constatar, em termos de objetos ou de território, uma queda generalizada para o cultural, para os objetos simbólicos. Essa tendência revela-se sobretudo na moda das noções de representação e de cultura que atinge praticamente todos os tipos de história. A amplitude desse deslocamento para o cultural pode, pois, constituir um dos critérios de individualização de correntes historiográficas, ao redor da questão da autonomia do cultural (essencialmente em relação ao social).

Provavelmente a inflexão cultural da historiografia só é recente para os contemporaneístas, pois ela já existia muito antes na história antiga e medieval, como ressalta Dominique Kalifa (2001); de qualquer modo, é ao redor do cultural que se elaboram (ainda que confusamente e às vezes com muita imprecisão) tentativas de reglobalização historiográfica que se pretendem mais ou menos alternativas ao modelo da história social "clássica"; é aí que reside, talvez, a "novidade" da história cultural.

Que identidade para a história cultural?

Impõe-se uma primeira constatação: a abordagem cultural (ou "culturalista") renovou profundamente a análise dos objetos históricos tradicionais e os questionamentos do historiador; sendo provavelmente o exemplo mais eloquente o da Guerra de 1914-1918, com o emprego da noção de "cultura de guerra", definida como um *corpus* de representações do conflito cristalizado num autêntico sistema, que dá à guerra a sua significação profunda" (Audoin-Rouzeau e Becker, 2000). Stéphane Audouin-Rouzeau e Annette Becker aventam que essa cultura de guerra seria particularmente "indissociável do ódio em relação ao adversário". Uma das ideias centrais dessa historiografia cultural da I Guerra Mundial é que "a Guerra Mundial foi em ampla medida gerada, em sua violência radical, pela mesma cultura de guerra: esta não seria uma consequência da guerra, mas sua verdadeira matriz" (Audouin-Rouzeau e Becker, 1994). Uma das principais metas dessa renovação historiográfica, portanto, é a inversão da hierarquia dos fatores de explicação entre o cultural e os outros fatores, em particular os fatores diplomáticos, ou, numa perspectiva marxista, os fatores econômicos e sociais, durante muito tempo considerados primordiais. Tal meta foi talvez prejudicada pelos debates e polêmicas desencadeadas por esses trabalhos que se valem das noções de cultura de guerra e de brutalização (esta última noção foi tomada de empréstimo do historiador George L. Mosse) e pelas respostas divergentes dadas à pergunta: por que os combatentes resistiram por tanto tempo?

Entre os defensores da explicação pelo consentimento à "cultura de guerra" (Stéphane Audoin-Rouzeau, Annette Becker) e os partidários da explicação pelos constrangimentos e pela coerção exercida contra os combatentes (Frédéric Rousseau, Rémy Cazals), o debate ganhou de fato características de polêmica (Rousseau, 1999; Cazals, 2002; *Le Mouvement Social*, 1999, avr./juin 2002). Mais fundamentalmente, Antoine Prost e Jay Winter (2004:222) observam que "uma cultura de guerra nacional é ao mesmo tempo evidente e insuficiente para dar conta da maneira como diferentes grupos sociais resistem às pressões da guerra e compreendem tanto a natureza do conflito quanto a contribuição que lhe fazem". Trata-se, portanto, para os dois autores, de não ignorar as bases sociais dos fenômenos culturais.

A fertilidade heurística da abordagem pelo cultural é — em todo caso — pouco duvidosa. O que se pode debater é mais a questão da legitimação, teórica, institucional e até social, de uma história que se pretende cultural: em que medida esta questão já está superada e em que medida se pode falar de uma identidade epistemológica estável para essa história? (Ory, 2004; Poirrier, 2004).

Inscreve-se cada vez mais, sem dúvida, a história cultural francesa nos intercâmbios internacionais, mas podemos, com Philippe Poirrier (2004), aventar a hipótese de um desenvolvimento em ampla medida "endógeno" da história cultural na França, na década de 1980, a partir da história das mentalidades. E, como escreve Philippe Poirrier: "a afirmação da história cultural foi — já na década de 1970 —, para certos historiadores, uma estratégia que visava a sair dos paradigmas de uma história econômica e social de cores fortemente quantitativistas".

As mais inovadoras correntes estrangeiras da história cultural e intelectual só têm ainda, no começo da década de 2000, um impacto relativamente limitado na França. Quer a *new cultural history* americana (Hunt, 1989), quer os *cultural studies* (Matellart e Neveu, 2003), quer a história intelectual de Pocock e Skinner, quer ainda a história dos conceitos (*Begriffsgeschichte*) — já mencionadas —, os trabalhos dessas correntes mal começam a ser conhecidos, difundidos e "trabalhados" na França. François Dosse propôs recentemente uma análise do florescimento dessa "nova história intelectual" em seus possíveis caminhos de construção; "contextualismo, intencionalismo, hermenêutico, conceitual, sociográfico, político etc.", nenhum dos quais, explica ele, deve ser rejeitado (Dosse, 2003). Mas se trata mais da demarcação de um canteiro de obras ainda em boa medida por desenvolver na França, do que de um balanço de uma estabilização paradigmática. De qualquer forma, o desabrochar da história cultural na França tem com que desanimar toda tentativa de apresentar uma razoável e ordenada visão dela.

Essa diversidade da história cultural deve-se provavelmente antes de tudo à multiplicidade de seus objetos (Poirrier, 2004), que podem até delimitar verdadeiras subdisciplinas especializadas (contribuindo, assim, para reforçar a impressão de fragmentação dada por essa história). É o caso da história da educação, da história do livro, da história da arte (com as suas especializações em cinema, música, literatura, pintura, arquitetura etc.!), da história da mídia, da história dos intelectuais ou ainda da história das ciências e da história das mulheres...

Alain Corbin, constatando essa diversidade, defende até a impossibilidade de definir uma identidade estável para a história cultural:

"São várias as histórias culturais atualmente elaboradas: a dos objetos culturais, das instituições culturais, dos atores que as animam, dos sistemas que regem o funcionamento delas, das práticas culturais e dos conjuntos de normas que as ordenam, a das ideias, dos saberes e de sua distribuição... e não vemos bem como os próprios especialistas que têm justamente como objeto analisar as instâncias e os mecanismos de legitimação poderiam decretar hoje as divisões desse saber e também proceder às exclusões" (Corbin, 1997:114).

A dificuldade de fixar uma identidade estável para a história cultural também se deve a metas propriamente institucionais. Alain Corbin (1995), mais uma vez, expõe claramente esse tipo de problema: "o que bloqueia hoje a aventura historiadora é o fato de o campo histórico ter sido há pouco dividido segundo uma configuração que se congelou, reificou. Quem questiona essa configuração ameaça implicitamente a existência de equipes institucionalizadas e a distribuição dos créditos. Propor novos recortes, novas denominações que contradigam as delimitações existentes é do âmbito da agressão. Por exemplo, a história das representações é uma noção que se choca de frente com as taxinomias habituais. A reação de defesa é, então, a seguinte: reconhece-se que é verdade que a história das representações é importante. É preciso, portanto, criar centros de história das representações, subentendendo que assim se poderá continuar a fazer história social, história econômica com toda a tranquilidade. A história dos séculos XIX e XX é o resultado dessa configuração bloqueada do campo da pesquisa histórica; dizê-lo é um truísmo".

Ao fim de sua análise da institucionalização da história cultural, Philippe Poirrier (2004), por seu lado, ressalta "a fragilidade persistente dessa institucionalização" que "é sem dúvida amparada pela estrutura mesma da escola histórica francesa. Para simplificar — e portanto caricaturar um pouco — a École des Hautes Études en Sciences Sociales (EHESS) e a universidade ajudam a construir em concorrência uma definição da história cultural. Essa configuração muitas vezes escapa ao observador estrangeiro, que lê a historiografia francesa apenas pela perspectiva dos *Annales*".

Para Pascal Ory (2004), ao contrário, já passou o tempo da "ambiguidade conceitual" e da "incerteza intelectual"; a delimitação da história cultural não levanta problemas particulares e tampouco a sua legitimação científica. Ele a define como uma modalidade da história social circunscrita aos fenômenos simbólicos, uma *história social das representações* e mais como um olhar do que como um território bem delimitado. Entre essa "história social das representações" e a história social de Antoine Prost, definida como "história das representações sociais", há realmente convergência para o sociocultural, ainda que os lugares respectivos do social e do cultural possam ser diferentes para cada um deles.

Se o cultural invadir todo o campo historiográfico francês, parece também que o social "resiste" e permanece uma referência obrigatória para — quase — toda definição da história cultural. Philippe Poirrier (2004) insiste neste problema: "a questão da articulação entre a história cultural e a história social é recorrente e com certeza constitui o coração do debate sobre a validade da história cultural. Na realidade, muitos pesquisadores — acho que a maioria — escolheram, nestes últimos anos, combinar, mais do que opor, as diferentes abordagens". Esta referência à história social sem dúvida não tem o mesmo significado e a mesma "intensidade" para essas diversas correntes, mas, cada qual à sua maneira e em função de sua própria genealogia, essas histórias do momento "culturalista" da historiografia francesa se pretendem histórias *socio*culturais.

Por isso essas definições deslocam a legitimação da história cultural como disciplina autônoma para os lados da análise da história sociocultural e de sua capacidade de propor um modelo historiográfico globalizante.

Podemos, portanto, medir a centralidade recente do cultural, interpretando-o decerto como um projeto de reglobalização historiográfica pelo cultural, mas também, mais modestamente, analisando-o como uma nova etapa da extensão do território do historiador no sentido das representações (depois das mentalidades). A história cultural assim definida apareceria então menos como uma área determinada do que como uma etapa do "alongamento do questionário" do historiador (expressão tomada de Paul Veyne) que integra as representações (Urfalino, 1998). Alongamento que encontra os mesmos questionamentos — sobretudo em relação aos atores e à noção de representação — que os da história social renovada e os das ciências sociais (Prost, 1998).

Como, então, medir a contribuição própria dessa tentativa de globalização historiográfica ao redor do sociocultural?

Ao mesmo tempo que reconhecemos a grande heterogeneidade da chamada história cultural, podemos propor, a partir de Michel Trebitsch (1989), um recorte de vocação heurística da tendência da historiografia francesa para o cultural segundo três grandes áreas de questionamento, três culturas teóricas, três posicionamentos institucionais diferentes e três projetos de intenções globalizantes desiguais: uma galáxia central da história sociocultural, ela mesma muito diversificada (em especial em suas bases institucionais e em suas especializações); a história "ao quadrado" do conceitual e do simbólico (Furet, Nora, Gauchet); e a "nova história política e cultural" (Rioux, Sirinelli). Entre o "sociocultural" das histórias que reivindicam para si uma continuidade crítica (e até muito crítica!) com a história social "clássica", a "história simbólica" e conceitual em ruptura com todo determinismo social e o "político-cultural" de ambição globalizante mais acentuada, na esteira das renovações da história política, o leque de configurações é sem dúvida amplo... Mas aventamos a hipótese de que a concorrência de paradigmas (ou seja, a capacidade para cada uma dessas correntes de propor uma reglobalização historiográfica) ocorre principalmente entre esses projetos historiográficos, tendo como objetivo maior a questão da pertença da história às ciências sociais.

A galáxia central da história sociocultural

A galáxia central da historiografia francesa — ou, ainda, a "disciplina que rege o saber histórico em seu conjunto", para retomar uma expressão de Krzysztof Pomian (1999) — continua sendo a história sociocultural, por mais diversificada que seja. Deste ponto de vista, essa galáxia central — à qual pertencem as "viradas críticas" dos *Annales*, já abordadas nesta parte — visa mais seguramente a uma reglobalização pelo social, mas um social reconfigurado (por assim dizer "culturalizado") por uma melhor observação da "ligação entre o real, suas representações e a interpretação das representações" (Perrot, J.-C., prefácio a Lepetit, 1999:8).

Duas histórias relativamente autônomas, a história das ciências e a história das mulheres, ilustram bem essa centralidade do sociocultural nas renovações historiográficas recentes.

A história das mulheres: de uma história social a uma história sociocultural?

A história das mulheres é o termo genérico usado na França para designar o campo historiográfico que desenvolve uma análise sexuada dos fenômenos históricos e uma *women's history* ou *gender history* pós-estruturalista (Scott, 1991). A história do seu desenvolvimento na França foi feita recentemente por Françoise Thébaud (1998a). A corrente metódica bem como a dos *Annales* retiraram as mulheres de seus centros de interesse e das

UMA CRISE DA HISTÓRIA? 397

produções históricas, assim como do ofício de historiador. Desde o seu surgimento no começo da década de 1970, na esteira da segunda vaga do feminismo, a história das mulheres inicialmente esteve ligada a uma história social ainda constituída em ampla medida ao redor da história do movimento operário. Prolongando os estudos dos sociólogos, a questão do trabalho ocupou, portanto, durante muito tempo o lugar central. Nessa filiação, os primeiros trabalhos consagrados à relação das mulheres com o sindicalismo evidenciaram a dicotomia entre a massa das mulheres, vítimas e subjugadas, e uma minoria de rebeldes, organizadoras de greves (Perrot, 1978; Zylberberg Hocquart, 1978). À história operária do trabalho feminino seguiu-se uma história dos ofícios femininos, ligada à história da família. Com efeito, primeiro pelo viés da demografia e, depois, do da antropologia, a história das mulheres explorou as questões do corpo, da maternidade, da sexualidade e da educação (Knibiehler, 1997). A primeira tese de Estado defendida sobre o assunto foi, em 1976, a de Françoise Mayeur acerca do "Ensino secundário das moças sob a Terceira República". No dicionário da *Nouvelle histoire*, em 1978, aparece um artigo "mulheres" (Cécile Dauphin). Esta primeira etapa cumulativa de uma história no feminino permitiu questionar categorias e dicotomias: natureza/cultura, trabalho/família, privado/público. A partir das questões canônicas do trabalho das mulheres e da maternidade, a evolução, na esteira dos estudos anglo-saxões acerca do *gender* (Scott, 1988), deu-se no sentido de uma história das relações entre os sexos, articulando práticas e representações — no caso do cinema, ver Burch e Sellier (1996). A história das mulheres permitiu, assim, desenvolver pesquisas comparativas entre Estados-previdência e lógicas políticas desenvolvidas, assim como a história dos feminismos interrogou as histórias nacionais (Klejman e Rochefort, 1989; Cohen e Thébaud, 1998). Superando os questionamentos da história social, a história das mulheres abre, assim, caminho a uma história mais complexa, que atravessa e articula os diversos campos da história clássica, levando em consideração processos e níveis de representação. A publicação, entre 1991 e 1992, sob a direção de Georges Duby e Michelle Perrot, dos cinco volumes da coleção "História das mulheres" é uma síntese dos trabalhos realizados na área nos últimos 20 anos. Sua história é pontuada por encontros-balanços historiográficos: desde o primeiro seminário, realizado em 1973 na Universidade de Paris VII por iniciativa de Michelle Perrot, Françoise Bock e Pauline Schmitt, com o título "Têm as mulheres uma história?", até o título do último colóquio reunido em Rouen, em 1997, "É possível uma história sem as mulheres?" (1998), passando pelo primeiro colóquio nacional "Mulheres, feminismo, pesquisa" (Toulouse, 1982) e o primeiro encontro-balanço de etapa, "É possível a história das mulheres?" (Perrot, 1984). Estas auscultações regulares do avanço das pesquisas e das problemáticas permitem refletir sobre o modo como a história das mulheres participa integralmente tanto do balanço crítico que a história faz de si mesma quanto da discussão epistemológica e historiográfica hoje em curso na França. A interrogação sobre o uso de diversas distâncias focais de observação e a atenção dada aos atores sociais, a afirmação tanto do sujeito quanto das identidades são, entre outras coisas, parte integrante da discussão atual. Atenta à literalidade dos textos, à questão das linguagens — como mostra mui concretamente a questão da feminização da língua, dos títulos e nomes de profissão —, a história das mulheres, história ao mesmo tempo social e cultural, atravessa, assim, os diversos campos de estudo da história geral contemporânea: "esta história contra a qual se erguem as barreiras da instituição universitária e cujo fim foi tantas vezes decretado é, na verdade, encruzilhada, confluência de todas as interrogações atuais, laboratório de inovações" (Corbin, 1998). A criação em 1995 da revista *Clio, Histoire, Femmes et Sociétés* — dirigida por Françoise Thébaud e Michelle Zancarini-Fournel — adota como objetivo difundir as novas pesquisas e as discussões em andamento tanto na França quanto no estrangeiro.

Os recentes debates na França giram ao redor das seguintes perguntas: Deve-se abandonar a história das mulheres em proveito da história do gênero? É a história dos gêneros apenas uma história dos poderes e das hierarquias? O gênero precede o sexo ou inversamente, e como apreciar historicamente o sexo biológico?

Caracterizou-se a França, portanto, por um uso tardio do termo gênero por parte das historiadoras e historiadores especialistas na história das mulheres, ainda que a apropriação do conceito tenha sido na França mais precoce do que o uso da palavra. O conceito de gênero implica que não há sexo só feminino e torna visível os homens como indivíduos sexuados. Joan Scott iniciou um debate por vezes polêmico com os historiadores sexuais — entre as quais Louise Tilly (1990), acusada de ter esquecido a realidade sociopolítica das mulheres ou de sair dos territórios da disciplina histórica.

O número 6 da revista *Genèses*, intitulado "Mulheres, gênero, história" (1991), seguido pela revista *Clio, Histoire, Femmes et Sociétés* (n. 10, 1999), que introduz o termo *gênero* num título que joga com os diversos sentidos dessa palavra (*genre*, em francês): "Femmes travesties: un 'mauvais' genre", e de maneira mais explícita, um ano mais tarde, em "Le genre de la nation" (n. 12, 2000) permitem aclimatar o termo. O ano de 2002 é o da consagração da palavra: na Universidade de Rennes 2 se reúne o primeiro colóquio de história que apresenta o termo sem ambiguidades: "O gênero ante as mutações, da Idade Média aos dias de hoje" (Capdevila et al., 2003); *Vingtième Siècle. Revue d'Histoire* publica um número

UMA CRISE DA HISTÓRIA?

399

especial, "Histoire des femmes, histoire des genres" (juil,/sept. 2002), ao passo que *Le Mouvement Social* (jan./mars 2002) ainda prefere como título "Féminin et masculin".

O estudo histórico da construção das identidades sexuadas não é equivalente a uma reflexão sobre o gênero que leva à análise dos problemas de significação da divisão entre masculino e feminino. A história dos homens e da masculinidade, que Ute Frevert (1998) prefere chamar de "história dos gêneros", produziu seus primeiros trabalhos na França tomando como ponto de observação situações conjunturais, como o serviço militar e a guerra, ou analisando a crise da identidade masculina (Roynette, 2000; Rauch, 2000). A história do gênero também se propõe articular as diversas categorias explicativas, como as de pertença nacional ou religiosa, de faixa etária, de orientação sexual ou ainda de "raça" — que na França se prefere designar pelo termo também ambíguo e discutível de "etnia". O gênero também permite refletir sobre as identidades múltiplas dos indivíduos e dos grupos, sobre a maneira como essas identidades são conferidas ou reivindicadas conforme as conjunturas históricas e como desenham configurações mutáveis e contraditórias.

Algumas historiadoras acusam a história do gênero de esquecer a história das mulheres e a dominação masculina. A preocupação de tornar visíveis figuras femininas individuais ou coletivas continua ainda sendo atual. Historiadoras como Arlette Farge e outras criticam, por outro lado, análises consideradas simplistas e convidam a trabalhar com o encontro entre homens e mulheres, encontro que não é marcado apenas pela dominação (Dauphin e Farge, 1997 e 2001). Também propõem elas não evitar o estudo de figuras femininas durante muito tempo consideradas negativas. As historiadoras-antropólogas frisam, por fim, que a problemática do poder e da hierarquia não exaure a questão da relação entre os sexos; parece-lhes igualmente importante a pesquisa sobre os territórios do masculino e do feminino, a qual revela o sentido dos aspectos inconscientes das nossas próprias práticas (Fine, 2002). Na esteira de Thomas Laqueur (1992), alguns trabalhos recentes ressaltaram que o corpo também tem uma história e desconstroem "a invenção do natural" pelas ciências e pela filosofia a partir do século XVIII (Gardey e Löwy, 2000). Desenvolve-se paralelamente a história das sexualidades e das práticas transgênero, com os questionamentos vindos do pensamento *queer* (Butler, 1990). Mas a distinção sexo/gênero continua ainda congelada na divisão entre natureza e cultura. Daí a importância das pesquisas atuais, que através da história das ciências tentam escrever a história da dissociação entre sexo e gênero (Löwy e Rouch, 2003). Joan Scott (2001) denuncia hoje o uso rotineiro da palavra gênero como mero sinônimo de sexo ou de mulheres, bem como o retorno vigoroso de um pensamento biologizante e os efeitos perversos de uma distinção entre o gênero e o sexo que não se preocupa com a historicidade

400 AS CORRENTES HISTÓRICAS NA FRANÇA

do sexo biológico e de sua bicategorização. Na França, porém, a disciplina histórica sem dúvida ainda precisa das virtudes heurísticas do conceito de gênero.

A história das ciências: a construção social dos fatos de ciência

Os recentes desenvolvimentos da história das ciências e das técnicas privilegiam o estudo das práticas científicas e de suas condições sociais, reivindicando filiação com os *science studies of knowledge* anglo-americanos e com a antropologia das ciências e das técnicas de Bruno Latour e Michel Callon (Pestre, 1992, 1995; Brian, 1995; Pestre e Cohen, 1998). As orientações dos trabalhos neste campo são muito diversas, mas podemos reter a sua ideia comum, de que os fatos de ciência são inteiramente sociais, construídos e negociados pelos atores, e não dependem, portanto, da pura pesquisa desinteressada do verdadeiro oculto sob a aparência dos fenômenos (*Le Débat*, n. 102, 1998). Na França, o Centre Alexandre Koyré, subvencionado pela EHESS, pelo CNRS e pelo Musée National d'Histoire Naturelle, coordena programas de pesquisa e cursos sobre a história das ciências exatas, das ciências humanas e das ciências e técnicas. Por outro lado, a *Revue de Synthèse* dá cada vez mais espaço aos trabalhos de história das ciências. Como explica Éric Brian, essa renovada história das ciências pretende superar tanto a explicação dos fatos de ciência pelo contexto (o chamado procedimento externalista) quanto a clássica história dos conteúdos e das ideias (o chamado procedimento internalista): "procuraremos segurar as duas pontas, tanto mais que identificamos de passagem o princípio das variações que fazem passar de um registro ao outro: a eventual autonomia das práticas científicas estudadas tal como é ou foi socialmente constituída" (Brian, 1994:27). Ao mesmo tempo que recusa o reducionismo sociológico, segundo o qual todo fato de ciência se explicaria pelos interesses sociais por ele satisfeitos, Dominique Pestre, que muito contribuiu para "traduzir" para a história as contribuições da sociologia e da antropologia das ciências, nem por isso deixa de considerar os enunciados científicos como práticas sociais. "A história das ciências deve, portanto, ser uma história das ações 'que convêm', para retomar a expressão felicíssima de Laurent Thévenot, uma história das práticas materiais socialmente negociadas e que fazem sentido para os diversos atores, uma história das práticas sociais materialmente vinculadas a gestos e objetos, uma história da aculturação dos fazeres e dos dizeres ao redor de aparelhagens e de gestos" (Pestre, 1996:40). Trata-se de defender uma história social das ciências e das produções intelectuais, mas sem recorrer a uma causalidade social externa às práticas de interpretação e de construção dos atores. Também neste caso se trata de romper com um objetivismo demasiado estrito e de acabar com o "esquecimento dos atores".

A história social do polo Mouvement Social: "social e cultural, indissociavelmente" (Antoine Prost)?

"Social e cultural, indissociavelmente", a fórmula de Antoine Prost poderia caracterizar bastante bem os historiadores que se recusam mais energicamente a pensar o cultural separado do social. Posição igualmente bem exprimida por Jean-Yves Mollier: a história cultural não poderia dispensar a história social — ao contrário, ela é social de ponta a ponta — de que ela se alimenta para explicar os comportamentos, as representações dos homens e suas maneiras de interpretar o mundo" (Mollier, 2001, apud Poirrier, 2004:36). Esta posição que defende uma história social renovada, em particular pela consideração do papel das representações, também é defendida por Annie Fourcaut (especialista em história social urbana), que, ao mesmo tempo em que convida a "aceitar a hipótese de que a compreensão histórica do jogo dos atores sociais passa pela decifração de seus dispositivos simbólicos", propõe ver na consideração e na análise das representações como que "uma resposta da historiografia francesa ao *linguistic turn*, bem como um modo de renovar a história social" (apud Poirrier, 2004:269).

Esta corrente de história social, muito diversificada, permanece muito viva na França (Prost, 1996b; Noiriel, 1998), em particular ao redor da revista *Le Mouvement Social* e da principal instituição dessa história social renovada, o Centre d'Histoire Sociale du XXe siècle (CHS), ligado à Universidade de Paris I.

Alain Corbin (1992) é com frequência considerado um dos que mais contribuíram para deslocar o interesse dos historiadores sociais para as representações. Na charneira entre o social e o cultural, explora em seus trabalhos a área dos imaginários sociais, das "culturas sensíveis", dos sistemas de emoções e dos sentimentos paroxísticos: uma história dos odores, dos sons, do imaginário do espaço, das representações da paisagem e dos comportamentos coletivos paroxísticos (*Le village des cannibales*, 1990). Corbin pretende assim, com suas pesquisas, ilustrar e defender "a existência e a validade de uma história da sensibilidade, pois esta implica detectar a configuração do que é vivenciado e do que não pode sê-lo numa cultura num determinado tempo" (Alain Corbin, 1991a).

Para Corbin, "historiador do sensível" (2000), entre o social e o sensorial os laços não são mais de determinação simples, mas de duas mãos: "a hierarquia dos sentidos decretada ordena e reflete ao mesmo tempo a que funciona dentro da sociedade. A maneira como os indivíduos fazem uso do tato, do olfato, do paladar, da audição e da visão permite distinguir: os que desafiam permanentemente a inércia da matéria, que têm a experiência da labuta desgastante, que são aptos espontaneamente a sentir na carne o

402   As correntes históricas na França

prazer animal, nascido do contato; e os que, ajudados pelo aprendizado e pelo hábito do comércio social e pela dispensa do trabalho manual, sabem gozar da beleza do objeto, demonstrar delicadeza, submeter o instinto dos sentidos afetivos, deixar o cérebro estabelecer uma distância temporal entre o desejo e sua satisfação. O equilíbrio decretado do uso dos sentidos funda a lógica das divisões sociais, desenha em profundidade e legitima as hierarquias decisivas" (Corbin, 1990).

Mas as reticências contra o que constituiria uma autonomização completa do cultural (das representações) em relação às bases sociais continuam sendo de rigor para esta corrente de história social; é o que exprime bem Jean-Luc Pinol na resenha que faz de um livro organizado por Jean-Louis Robert e Danielle Tartakowsky (1999):

> Através da maioria dos textos corre uma interrogação sobre a relação entre história social e representações, entre história social e história simbólica. Jean-Louis Robert e Danielle Tartawowsky notam explicitamente isso na apresentação do livro, rejeitando uma história das representações que seja completamente autônoma: "Como as representações não são inatas e se constituíram historicamente porque eram um problema social ou político e uma tradução complexa de um encontro do real e do imaginário... não poderemos contentar-nos com uma história das representações" (Pinol, 2000, apud Poirrier, 2004:269).

Estas reticências estão em ressonância com as de Carlo Ginzburg (1997), quando este último nota que o "sucesso exagerado" da noção de representação é correlativo à ascensão do ceticismo e do relativismo em história, ascensão esta que ele atribui às posições dos defensores do *linguistic turn*, que, precisamente, cortam as representações de todo laço com as realidades sociais de referência. Lembra ele que "a análise das representações não pode fazer abstração do princípio de realidade". Inversamente, Ricoeur (2000:292, 303), ao mesmo que também alerta, como Ginzburg, contra o "esquecimento do referente", ressalta as vantagens heurísticas da noção de representações em relação à de mentalidades: "ao contrário, portanto, da ideia unilateral, indiferenciada e maciça de mentalidade, a ideia de representação exprime melhor a plurivocidade, a diferenciação, a temporalização múltipla dos fenômenos sociais". Acrescenta ele que a noção de representação é, no trabalho do historiador, "o objeto privilegiado da explicação/compreensão, no plano da formação dos laços sociais e das identidades que são o que está em jogo neles". Notemos também que a análise das representações sociais ou coletivas não é exatamente uma novidade: foi central no projeto durkheimiano, depois reutilizada e redefinida pelos *Annales* antes de seu retorno triunfal na historiografia francesa. A genealogia desse tra-

Uma crise da história?

tamento historiador da noção de representação coletiva não pode ser ignorada pelos que querem utilizá-la (Boureau, 1995).

As discussões sobre o estatuto da história cultural entrecruzam, portanto, duas questões epistemológicas fundamentais para a história: a pertença da história às ciências sociais e a autonomia dos discursos e das representações em relação às realidades de referência (é a questão da diferença entre história e ficção, já mencionada). Sobre este último ponto, porém, a questão não tem na França a importância que adquiriu na historiografia anglo-saxônica. Trata-se para o historiador francês menos de uma verdadeira questão epistemológica suscetível de mudar os quadros conceituais e metodológicos de seus trabalhos, do que uma ampliação — afinal muito clássica — do objeto histórico na direção do simbólico. Como no caso da questão da narrativa, já mencionada, para a maioria dos historiadores franceses a questão das representações serve para diferenciar-se do *linguistic turn*; ela não parece ter, até então, mudado significativamente as práticas de pesquisa na França. Esta instrumentalização, portanto, continua ainda sendo sobretudo uma operação de demarcação em relação ao que é qualificado como perigo relativista ou cético (o que também é designado pelo termo, bem pouco usado na França, de pósmodernismo).

As outras propostas estruturadas em forma de programa de pesquisa em história social encontram as mesmas questões, sobretudo a da saída de um determinismo demasiado estrito pelos vínculos sociais externos (o modelo objetivista), a da articulação entre práticas e representações ou ainda a da articulação entre o coletivo e o individual. A revista *Génèses. Sciences Sociales et Histoire* é muito representativa desses questionamentos; nascida em 1990 com vistas a uma nova interdisciplinaridade para inaugurar práticas renovadas da história como ciência social, ela pretende em especial aliar o procedimento empírico dos historiadores e o uso das ferramentas teóricas e metodológicas das ciências sociais (Noiriel, 1998).

Como sugere Arlette Farge (1995:297), para manter a sua posição e a sua autonomia, a história social não deve também, ante as vontades globalizantes da história política e o deslocamento geral da historiografia na direção do cultural (de que participa a história social), recompor um espaço intelectual "que não torne de novo rígidas as coisas, mas construa questões, modos de análise e de narração que respondam às inquietações do tempo?"

As propostas e os trabalhos da história sociocultural representada principalmente na EHESS, ao mesmo tempo que defendem o pluralismo das práticas de pesquisa, ilustram uma outra vontade de renovar a história social, redefinindo o lugar e o papel das representações e do cultural.

404   As correntes históricas na França

A história sociocultural das representações e das práticas

A história social das representações e das práticas, que se situa na continuidade crítica da história social clássica dos *Annales*, constitui o segundo maciço dessa história sociocultural; ela se individualiza sobretudo pelo seu arraigamento institucional na EHESS e pela personalidade de Roger Chartier. Ela sustenta em especial o enraizamento social de toda cultura, seu enraizamento num grupo, ao mesmo tempo em que rompe com o encadeamento das causalidades lineares do econômico ao mental, passando pelo social, que era o do esquema labroussiano das instâncias hierarquizadas. Com efeito, a cultura torna-se o que demarca os grupos sociais. Nesta perspectiva, a história cultural não pode ser instituída como domínio completamente autônomo (Prost, 1997).

Chartier (1994:126), que defende essa história social das representações e das práticas culturais, pôde propor de maneira um pouco provocativa passar de uma história social da cultura a uma história cultural do social: "as práticas aparentemente mais objetivamente econômicas ou mais imediatamente sociais são construídas a partir de esquemas, de juízos culturais". Propõe pensar conjuntamente os vínculos sociais que pesam sobre os atores, por um lado, e por outro a consciência, a capacidade de invenção desses mesmos atores, para superar a oposição clássica subjetivismo/objetivismo. Sem negar as formas de invenção consciente, ele defende, reivindicando a herança de Elias, o primado dos vínculos sociais. Contra os partidários do *linguistic turn*, ele sustenta a ideia da existência de propriedades sociais objetivas, exteriores ao discurso (Chartier, 1992). Ia no mesmo sentido a sua denúncia, em 1989, das posições de Gauchet, que qualifica como "o retorno de uma filosofia do sujeito que recusa a força das determinações coletivas e dos condicionamentos sociais" no número da "virada crítica" dos *Annales*. Dez anos mais tarde, num confronto com Gauchet acerca do mesmo assunto, reconhece que a posição deste último não é tão distante da sua, que ele assim define: "os atores jamais são completamente ignorantes das interdependências que limitam sua capacidade de invenção e das estratégias que desenvolvem — o que não quer dizer que as conheçam inteiramente" (Chartier, 1999:166). Por outro lado, deu continuidade à sua reflexão sobre a noção de representação a partir dos trabalhos de Louis Marin sobre a *Lógica* de Port-Royal (1975) ou *Le portrait du roi* (1981). Para compreender como opera a representação do rei, Marin privilegia o sentido político da noção de representação, entendida como delegação ou substituição: a representação é o que torna presente uma ausência, o retrato do rei representa a ausência do corpo histórico do rei. O conceito de representação serve, assim, para designar as formas visíveis graças às quais os poderes propõem uma imagem de si

Uma crise da história?

mesmos. Chartier encontra nestas reflexões um recurso para repensar as relações do poder político com as representações sociais e, mais geralmente, as relações dos indivíduos ou dos grupos com o mundo social, sem se fechar na análise semiótica sem historicidade e superando a abordagem da história das mentalidades. "Representações coletivas" não é o novo nome para mentalidades; a noção visa a dar conta ao mesmo tempo das construções simbólicas dos grupos sociais, das práticas que manifestam uma identidade social e das instituições que atestam de maneira estável a existência destes grupos (Chartier, 1989, 1994). As posições de Chartier ilustram as dificuldades de manter um trabalho de "fidelidade crítica à tradição dos *Annales*" ante os argumentos dos adversários do determinismo sociológico e da história-ciência social e ante a inflexão cultural da historiografia.

Podemos ligar a essa corrente de história das representações e das práticas que reivindicam fidelidade crítica à herança da história das mentalidades os trabalhos de Daniel Roche e de Georges Vigarello. O primeiro desenvolveu uma "história social da cultura material e intelectual", ressaltando "a história social das apropriações" e os consumos culturais: "o campo desta história social e cultural gostaria de situar-se na encruzilhada dos questionamentos e dos problemas da história dos modelos culturais, das ideias e das mentalidades, gostaria de conservar as suas ambições globais e exaustivas, enquanto permanece consciente dos limites e das insuficiências delas. Rejeitando a história elitista, que privilegia os grandes, as grandes obras, não pretende excluí-los, apesar de sua posição destacada pelas tradições estabelecidas na hierarquia dos saberes" (Roche, 1984). "Uma segunda opção metodológica consistirá em explorar menos a sucessão mecanicista ilustrada pela conhecida metáfora "do porão ao sótão" do que o estudo das interações complexas. Assim, passaremos de uma história do social a uma história mais ampla, em que a cultura tece, do mesmo modo que os laços e os choques sociais, um mundo em que se entrecruzam realidades e representações. A história da França das Luzes transforma-se na história da maneira como homens e ambientes se apropriaram diversamente de estruturas mentais e de valores culturais, num permanente confronto dos horizontes econômicos e sociais, ponto de ancoragem de sua mesma existência" (Roche, 1993, apud Poirrier, 2004:28). Georges Vigarello (1985, 1993), por seu lado, estuda as práticas corporais, "da história das sensações à das normas, dos exercícios de saúde a seu contrário — os 'consumos excessivos'—, das técnicas de cuidado do corpo às práticas esportivas" (Chartier, em Revel e Wachtel, 1996).

Outros trabalhos e programas de pesquisa em história social estão próximos das orientações que ressaltam as competências dos atores, a construção social das categorias, a ação situada e a contextualização das interpretações. Arlette Farge, por exemplo, historiadora da modernidade especialista em comportamentos modernos, desenvolveu uma reflexão original, que une a questão da escrita da história à dos atores considerados como "seres falantes". Ela optou por trabalhar em particular com os arquivos de polícia do século XVIII, para apreender a irrupção da palavra da gente comum, a fim de reconstruir, a partir dessas palavras ditas, as "maneiras de pensar, de imaginar, de ver do homem do povo, assim como as formas de sociabilidade e de comportamentos civis e políticos" (Farge, 1997:71).

A história "ao quadrado" do simbólico: acabar com o "determinismo sociológico"?

Em relação a essas variantes da história sociocultural que entrecruzam segundo modalidades diferentes o cultural e o social, a história "simbólica" e conceitual defendida por Nora e Gauchet pretende-se em ruptura como todo "determinismo sociológico". Até que ponto se trata de uma ruptura com a história social?

Marcel Gauchet (1999:139), que defende a reconquista de uma história global pela política, reivindica para a história "ao quadrado", reflexiva, por ele representada, com Nora, o nome de história cultural, na falta de termo melhor, explica ele. Uma história cultural que amplia o seu campo ao mesmo tempo para as expressões mais elaboradas da cultura e dos saberes (a alta cultura) e para as "disposições cognitivas que permitem aos atores mover-se no interior de uma cultura". Para Gauchet, essa convocação a uma historicização das obras de pensamento não significa, porém, um retorno à "ficção de um sujeito dotado da clara posse de seus pensamentos e do domínio de seus projetos" (ibid., p. 141). Ele insiste neste último ponto: "reconhecer a consistência das razões que orientam os atores não significa atribuir-lhes a completa consciência de todos os seus detalhes e circunstâncias. O sistema de ideias mais organizado ainda comporta uma opacidade essencial para seu próprio autor". Gauchet vê esta dupla ampliação em curso na história política da Revolução Francesa, estudada como evento filosófico ou ainda na abordagem das guerras de religião de Denis Crouzet (1990), que situa no centro do seu estudo o movimento do religioso mesmo e a dinâmica das crenças. "A história cultural, neste sentido, é muito mais do que a história do 'instrumental mental' cara a Lucien Febvre: é a história das disposições cognitivas que permitem aos atores mover-se no interior de uma cultura. Ela está ligada a uma história da domesticação do animal simbólico" (Gauchet, 1999:139). Para Gauchet, a noção de representação (central em Chartier) é vaga e equívoca demais: ela pode ser utilizada, segundo ele, para distinguir "dos fins e dos valores que eles perseguem, as representações meditadas e teorizadas que os atores do domínio polí-

UMA CRISE DA HISTÓRIA?

tico assumem" (ibid., p. 140). Deste ponto de vista, a noção de representação permanece, segundo ele, na órbita do "determinismo sociológico" (isto é, de filiação durkheimiana) por ele rejeitado e que não pode dar conta da parte refletida da conduta dos atores. Se ele critica igualmente as histórias que se limitam à explicação dos fatos de pensamento pelos contextos que as histórias das ideias cultivam um "internalismo anti-histórico", Gauchet evita excluir a história social. A totalização pelo político por ele preconizada pretende-se também uma "história social mais compreensiva", na medida em que o político é o que preenche a função de "estruturação simbólica" de um conjunto social (ibid., p. 145-146); tratar-se-ia, por assim dizer, de uma história política e conceitual do social. De qualquer forma, na paisagem historiográfica francesa do início do século XXI, essa história conceitual e simbólica continua sendo, provavelmente, o único projeto historiográfico alternativo que pode ser interpretado como uma tentativa de pensar e de praticar uma história que não mais reivindica ser uma história-ciência social.

Ante a diversidade (a fragmentação?) da galáxia da história sociocultural e ante a história simbólica "dessociologizada", as propostas mais ambiciosas e mais dinâmicas para a história social são, nos últimos tempos, as dos defensores da nova história política, que desejam associar as renovações da história política e o "olhar cultural", sem hostilidade de princípio contra a história social. Deste ponto de vista, essa história participa também da vasta galáxia central do "sociocultural", mas com ambições globalizantes talvez mais acentuadas do que as outras correntes.

A "nova história política e cultural": um modelo historiográfico global?

Para dar sequência aos avanços inovadores da história política, Jean-François Sirinelli (1998b) propõe uma aliança entre a "jovem história cultural e a história política rejuvenescida", que, explica ele, não deve excluir a história social. Jean-Pierre Rioux é explícito sobre este ponto: considera "que 'sociocultural' é um pleonasmo, pois nenhuma história pode construir um objeto que não seja social" (Rioux, 1987, apud Poirrier, 2004:36). Definindo a história cultural como "o estudo das formas de representação do mundo dentro de um grupo humano", Sirinelli (1995) resolve realmente as ambiguidades e o caráter pouco nítido de uma definição tão ampla? Reencontramos a mesma problemática muito englobante (que pode lembrar a imprecisão muitas vezes atribuída à noção de mentalidades) na apresentação da quarta capa da *Histoire culturelle de la France* por ele dirigida juntamente com Rioux (1997/1998): "como, ao longo dos séculos, os que habitavam os limites da França atual se representavam o mundo que os rodeava?", perguntam eles. Em seu conjunto, esta abordagem leva pouco em consideração os trabalhos

408   As correntes históricas na França

de história cultural como os de Chartier, assim como os dos historiógrafos estrangeiros — em especial a historiografia anglo-americana — e só integra marginalmente as contribuições das ciências sociais, como a antropologia cultural (Cuche, 1996).

Mas essa abordagem continua sendo a tentativa mais vigorosa de esclarecimento epistemológico e metodológico para a história cultural; ela explicitou sobretudo os seus objetivos na coletânea coletiva *Pour une histoire culturelle* dirigida por Jean-François Sirinelli e Jean-Pierre Rioux (1997). Há nesta coletânea a ambição de demonstrar que a problemática cultural pode ser operatória em todo o território do historiador; é o que a diversidade (heterogeneidade?) das contribuições e dos autores pretende, sem dúvida, traduzir.

O texto de apresentação de Rioux apresenta a história cultural como "um campo e um olhar" historiadores do "tempo das representações". Esta última caracterização é ambígua: significa que o nosso é o tempo das representações? Ou se trata de designar uma evolução silenciosa da historiografia francesa, que teria pagado as suas dívidas com a macro-história social para tomar o caminho das representações?

Para Jean-Pierre Rioux, as "margens seguras" da história são: a história das políticas e instituições culturais; a história das mediações e dos mediadores; a história das práticas culturais; e a história dos signos e símbolos exibidos. Caracterizam estas indicações de amplo espectro um campo ou um olhar específicos e coerentes e, mais ainda, podem com o tempo propor um modelo historiográfico alternativo? Em todo caso — e para além das intenções ostentadas por seus promotores —, é provavelmente este último projeto de história cultural que tem as ambições globalizantes mais acentuadas.

Ao cabo desta tentativa de ordenação das modalidades da inflexão cultural da historiografia francesa, embora levemos em conta as tentativas recentes de esclarecimento, parece-nos que podemos manter a sua interpretação mais "modesta" — já mencionada — em termos de ampliação do objeto histórico na direção do simbólico. Ainda seguiremos, portanto, Philippe Urfalino (1998:120), quando propõe que a história cultural seria "antes o nome provisório de um vasto campo de escavações, aberto pelo declínio dos grandes modelos explicativos e o enriquecimento da caixa de ferramentas do historiador". No mesmo sentido, Philippe Poirrier (2004) e Jean-Yves Mollier (2002b) chamam a história cultural de "disciplina-encruzilhada", explicando, porém, que "o horizonte da síntese deve continuar sendo um objetivo" e que tanto para a história cultural quanto para qualquer outra história "a compreensão das sociedades continua a ser o campo de estudos de referência". Numa versão mais polêmica, Christophe Charle (1999) exprime a mesma preocupação quando reflete sobre a influência do "etnologismo dominante e do 'todo cultural'" que "leva à perda do cuidado generalizador de nossa prática histórica".

Nem por isso esta ampliação do questionário historiador na direção das representações deixa de obliterar as velhas clivagens ordenadas a partir da questão da pertença da história ao campo das ciências sociais. Podemos, então, perguntar-nos se esse "nome provisório" [de história cultural] não pode ser, porém, o de história social (renovada) ou o de história... pura e simplesmente?

Conclusão

O momento das duas últimas décadas do século XX cruzou o fim da dominação — mesmo relativa — de um modelo historiográfico, o dos *Annales*, que soubera traduzir-se em vários paradigmas sucessivos, e a afirmação de recomposições historiográficas que para muitos se empenham em integrar as contribuições das renovações das ciências sociais, em particular sobre a "questão dos atores" e sobre a das modalidades da construção das identidades sociais. São as respostas dadas a estas questões que balizam, quanto ao essencial, os problemas envolvidos na saída de um modelo de inteligibilidade de filiação durkheimiana e de dominante objetivista que fora aos poucos adotado pela maioria dos historiadores franceses (sem nunca ser exclusivo) desde a virada do século. Esse momento das duas primeiras décadas do século XX é também um momento *reflexivo* para a história na França: "os historiadores começam a pensar seriamente sobre os conceitos que utilizam. Debruçam-se sobre a história mesma de sua disciplina em suas múltiplas variações" (Editorial, *EspacesTemps*, 1995). É talvez essa reflexividade acentuada que contribuiu para nutrir o sentimento de uma crise da história.

A análise das recomposições historiográficas em curso revela, porém, linhas de partilha ainda indecisas, mas que fazem com que tornem a funcionar antigas clivagens ao redor da relação da história com as ciências sociais; a vontade de legitimar e de praticar a história como ciência social permanece um dos principais critérios de inteligibilidade para se pensar a conjuntura historiográfica do fim do século XX e do início do século XXI na França. Mas esta questão, sempre central para a história, foi em ampla medida reconfigurada — na virada do século XXI — ao redor de um novo espaço de problemas e de questionamentos, referentes principalmente às questões dos atores sociais e de suas competências de interpretação do mundo social, à questão das modalidades da construção das identidades sociais, à da historicidade constitutiva do social e também à da articulação das representações e das práticas. E, para terminar, sobre este ponto seguiremos a análise de Paul Ricoeur (2000:232): "sob este aspecto, a história social não é um setor entre outros, mas o ponto de vista sob o qual a história escolhe o seu campo, o das ciências sociais", uma história, acrescenta ele, cujo objeto total é a mudança social. O que é um modo de reencontrar outra inflexão maior das práticas históricas recentes, aquela que se deve a uma reflexão renovada sobre o papel social do historiador e à "questão da relação entre valor e conhecimento" (Bernard Lepetit).

Bibliografia

AGUET, Jean-Paul; BERTRAND, Müller. "Combats pour l'histoire" de L. Febvre na *Revue de Synthèse Historique* (1905-1939). *Revue Suisse d'Histoire*, n. 35, 1985.

AGULHON, Maurice. *La République au village.* Les populations du Var de la Révolution à la IIe Republique. Paris: Plon, 1970.

_____. *Histoire vagabonde.* Paris: Gallimard, 1988. v. 1. Ethnologie et politique.

ALBERTINI, Pierre. *L'École en France XIXe-XXe siècle.* Paris: Hachette, 1992.

ALTHUSSER, Louis. *Lire le Capital.* Paris: Maspero, 1965a. Edição brasileira: *Ler o Capital.* Rio de Janeiro: Zahar, 1975.

_____. *Pour Marx.* Paris: Maspero, 1965b.

AMALVI, Christian (Dir.). *Les lieux de l'histoire.* Paris: Armand Colin, 2005.

ANDLER, Charles. [1932]. *La vie de Lucien Herr.* Paris: Maspero, 1977.

ANDRIEU, Claire et al. Tribuna assinada por Christian Bougeard, Laurent Dauzou, Robert Frank, Jean-Marie Guillon, Pierre Laborie, François Marcot, Robert Mencherini, Denis Peschanski, Jacqueline Sainclivier e Serge Wolikow em *Libération*, 25 juil. 1997.

APRILE, Sylvie. Translations politiques et culturelles: les proscrits français et l'Angleterre. *Genèses, Sciences Sociales et Histoire*, n. 38, mars 2000.

ARENDT, Hannah. *Les origines du totalitarisme.* Paris: Seuil, 1972. Edição brasileira: *As origens do totalitarismo.* São Paulo: Companhia das Letras, 1989.

ARIÈS, Philippe. *Essai sur l'histoire de la mort en Occident*. Paris: Seuil, 1975. Edição brasileira: *História da morte no ocidente*. Rio de Janeiro: Ediouro, 2003.

_____. *L'homme devant la mort*, Paris: Seuil, 1977.

_____. L'histoire des mentalités. In: LE GOFF, Jacques et al. (Dirs.). *La nouvelle histoire*. Paris: Retz, 1978.

_____. *L'historien de dimanche*. Paris: Seuil, 1979.

ARON, Jean-Paul. *Le mangeur au XIXe siècle*. Paris: Denoël, 1974.

ARON, Raymond. *Introduction à la philosophie de l'histoire*. Paris: Gallimard, 1948.

AUDOIN-ROUZEAU, Stéphane; BECKER, Annette. Vers une histoire culturelle de la Première Guerre mondiale, *Vingtième Siècle. Revue d'histoire*, n. 41, jan./fev. 1994.

_____. *14-18, retrouver la guerre*. Paris: Gallimard, 2000.

AUDREN, Frédéric; KOTT, Sandrine; LILTI, Antoine; OFFENSTADT, Nicolas; VAN DAMME, Stéphane. Temps, histoire et historicité: un point de vue historien. In: LABORIER, Pascale; TROM, Danny (Dirs.). *Historicités de l'action publique*. Paris: PUF, 2003.

AUGÉ, Marc. Autoportrait d'un indigène. *EspacesTemps*, n. 34/35, 1986.

Aujourd'hui l'histoire. Paris: Éditions Sociales, 1974.

AULARD, Alphonse. Leçon d'ouverture du cours sur la Révolution Française. *La Révolution Française*, v. 10, jan./juin 1886.

_____. *Le culte de la Raison et le culte de l'être suprême*. Paris: Alcan, 1892.

_____. *Études et leçons sur la Révolution Française*. Paris: Alcan, 1893.

AUSSARESSES, Paul. *Services spéciaux, Algérie 1955-1957*. Paris, Perrin, 2001.

AUSTIN, John L. *Quand dire c'est faire*. Paris: Seuil, 1970.

AYMARD, Maurice. Histoire et comparaison. In: ATSMA, Hartmut; BURGUIÈRE André (Dirs.). *Marc Bloch aujourd'hui*. Histoire comparée & sciences sociales. Paris: L'École des Hautes Études en Sciences Sociales, 1990.

AZÉMA, Jean-Pierre. La Seconde Guerre Mondiale matrice du temps présent. In: *Écrire l'histoire du temps présent*. Paris: CNRS, 1993.

BAECQUE, Antoine de. Où est passé le 'tournant critique? *Le Débat*, n. 104, mars/avr. 1999.

BACZKO, Bronislaw. Vandalisme. In: FURET, François; OZOUF, Mona. *Dictionnaire critique de la Révolution Française*. Paris: Flammarion, 1988. Edição brasileira: *Dicionário crítico da Revolução Francesa*. Rio de Janeiro: Nova Fronteira, 1989.

BIBLIOGRAFIA

_____. *Comment sortir de la Terreur*. Thermidor et la Révolution. Paris: Gallimard, 1989.

BAKER, Keith Michael. *Au tribunal de l'opinion*. Essais sur l'imaginaire politique au XVIIIe siècle. Paris: Payot, 1993.

BANCEL, Nicole; BLANCHARD, Pascal; VERGÈS, Françoise. *La République coloniale*. Essai sur une utopie. Paris: Albin Michel, 2003.

BARJOT, Dominique (Dir.). *Historiens & Géographes*, dossiê "Introduction: Où va l'histoire économique?", n. 378, 2002a.

_____. Où va l'histoire économique? *Historiens & Géographes*, n. 380, 2002b.

BARTHÉLÉMY, Dominique. Marc Bloch. In: SALES, Véronique (Dir.). *Les historiens*. Paris: Armand Colin, 2003. Edição brasileira: *Os historiadores*. São Paulo: Unesp, 2011.

BARTHES, Roland. *Michelet*. Paris: Seuil, 1954.

_____. Le discours de l'histoire. *Social Science Information*, v. 6, n. 4, 1967.

BARUCH, Marc-Olivier. L'historien et la justice. Les enseignements du procès Papon. In: *L'histoire aujourd'hui*. Auxerre: Sciences Humaines, 1999.

BEAUNE, Colette. Mourir noblement à la fin du Moyen Âge. In: *La mort au Moyen Age*. Strasbourg: Istra, 1977.

_____. *Naissance de la nation France*. Paris: Gallimard, 1985.

BECKER, Annette; BECKER Jean-Jacques. Pierre Renouvin. In: SALES, Véronique (Dir.). *Les historiens*. Paris: Armand Colin, 2003. Edição brasileira: *Os historiadores*. São Paulo: Unesp, 2011.

BECKER, Jean-Jacques. *1914. Comment les Français sont entrés dans la guerre*. Paris: Fondation Nationale des Sciences Politiques, 1977.

_____. L'opinion. In: RÉMOND, René (Dir.). *Pour une histoire politique*. Paris: Seuil, 1996. Edição brasileira: *Por uma história política*. Rio de Janeiro: FGV, 2003.

BÉDARIDA, François. Temps présent et présence de l'histoire. In: *Écrire l'histoire du temps présent*, Paris, CNRS, 1993a.

_____. La mémoire contre l'histoire. *Esprit*, n. 7, juil. 1993b.

_____. (Dir.). *L'histoire et le métier d'historien en France, 1945-1995*. Paris: Maison des Sciences de l'Homme, 1995.

_____. La Shoah dans l'histoire. *Esprit*, n. 8-9, aôut/sept. 1997.

_____. L'historien régisseur du temps? Savoir et responsabilité. *Revue Historique*, n. 605, jan./mars, 1998.

BÉDARIDA, Renée. *Les armes de l'esprit*: témoignage chrétien, 1941-1944. Paris: Ouvrières, 1977.

BENDA, Julien. Le préjugé de l'histoire. *Nouvelles Littéraires*, 14 juil. 1934.

BÉNICHOU, Paul. *Le temps des prophètes*. Doctrines de l'âge romantique. Paris: Gallimard, 1977.

BENOIT, Fernand. *La Provence et le Comtat venaissien*. Paris: Gallimard, 1949.

BERDOULAY, Vincent. *La formation de l'école française de géographie (1870-1914)*; Paris: Bibliothèque Nationale, 1981.

BERGÈS, Louis. Le Comité des travaux historiques et scientifiques; l'école des Chartes. In: AMALVI, Christian (Dir.). *Les lieux de l'histoire*. Paris: Armand Colin, 2005.

BERNARD, Claude. [1865]. *Introduction à la médecine expérimentale*. Paris: Garnier-Flammarion, 1966.

BERR, Henri. Sur notre programme. *Revue de Synthèse Historique*, v. 1, 1900.

_____. Théoriciens allemands. *Revue de Synthèse Historique*, v. 10, 1905.

_____. Histoire traditionelle et synthèse historique. *Revue de Synthèse Historique*, v. 22, 1911.

_____. *La guerre allemande et la paix française*. Essai de psychologie historique. Paris: La Renaissance du livre, 1919. v. 1: Le germanisme contre l'esprit français.

_____. L'esprit de synthèse dans l'enseignement supérieur. I. L'Université de Strasbourg. *Revue de Synthèse Historique*, v. 32, n. 94-96, 1921.

_____. L'esprit de synthèse dans l'enseignement supérieur. II. L'Université de Strasbourg, vue d'Allemagne. *Revue de Synthèse Historique*, v. 34, n. 100-102, 1922.

_____. Pour la science. *Revue de Synthèse Historique*, v. 40, n. 118-120, 1925.

_____. Au bout de trente ans. I. Coup d'oeil en arrière. *Revue de Synthèse Historique*, v. 50, n. 148-150, 1930.

BERSTEIN, Serge. L'historien et le contemporain. In: *Écrire l'histoire du temps présent*. Paris: CNRS, 1993.

_____; MILZA, Pierre (Dirs.). *Axes et méthodes de l'histoire politique*. Paris: PUF, 1998.

BERTHELOT, René. Intervention au cours du débat de la séance du 30 mai 1907. *Bulletin de la Société Française de Philosophie*, 1907.

BESANÇON, Alain. *Histoire et expérience du moi*. Paris: Flammarion, 1971.

BIARD, Agnes; BOUREL, Dominique; BRIAN, Éric (Dirs.). *Henri Berr et la culture du XXe siècle*. Paris: Albin Michel, 1997.

BIBLIOGRAFIA

BLANCHARD, Pascal; LEMAIRE, Sandrine (Dirs.). *Culture impériale 1931-1961*. Paris: Autrement, 2004.

BLOCH, Étienne. L'expérience de la Première Guerre Mondiale. In: DEYON, Pierre: RICHEZ, Jean-Claude; STRAUSS, Léon (Dirs.). *Marc Bloch, l'historien et la cité*. Strasbourg: Presses Universitaires de Strasbourg, 1997.

BLOCH, Marc. *Rois et serfs — un chapitre d'histoire capétienne*. 1920. Reed. Paris: La Boutique de l'histoire, 1996.

_____. Réflexions d'un historien sur les fausses nouvelles de la guerre. *Revue de Synthèse Historique*, v. 33, 1921a. Reeditado em Bloch (1995).

_____. Sur les programmes de l'enseignement secondaire. *Bulletin de la Société des Professeurs d'Histoire*, nov. 1921b. Reeditado em Bloch (1995).

_____. *Les rois thaumaturges*. Étude sur le caractère surnaturel attribué à la puissance royale, particulièrement en France et en Angleterre. Strasbourg, 1924. Reed. Paris: Gallimard, 1983. Edição brasileira: *Os reis taumaturgos — o caráter sobrenatural do poder régio, França e Inglaterra*. São Paulo: Companhia das Letras, 1993.

_____. Mémoire collective, tradition et coutume à propos d'un livre récent. *Revue de Synthèse Historique*, v. 40, 1925. Reeditado em Bloch (1995).

_____. Pour une histoire comparée des sociétés européennes. *Revue de Synthèse Historique*, v. 46, 1928. Reeditado em Bloch (1995).

_____. Una analyse de la vie économique. *Revue de Synthèse Historique*, v. 51, 1931.

_____. L'erreur collective de la "grande peur" comme symptôme d'un état social. *Annales HES*, v. 5, 1933. Reeditado em Bloch (1995).

_____. Le salaire et les fluctuations économiques à longue période. *Revue Historique*, v. 173, 1934. Reeditado em Bloch (1963, v. 2).

_____. Une introduction à la recherche historique. *Annales HES*, v. 8, 1936.

_____. Que demander à l'histoire? *Centre Polytechnicien d'Études Économiques*, n. 34, jan. 1937. Reeditado em Bloch (1995).

_____. Technique et évolution sociale: réflexions d'un historien. *Europe*, n. 185, 1938. Reeditado em Bloch (1963, v. 2).

_____. *La société féodale*: la formacion des liens de dépendance. Paris: Albin Michel, 1939.

_____. *La société féodale*: les classes et le gouvernement des hommes. Paris: Albin Michel, 1940.

_____. Aux origines de notre société rurale. *Mélanges d'histoire sociale*, v. 2, 1942.

_____. *Létrange défaite, témoignage écrit en 1940*. Paris: Société des Éditions "Franc-Tireur", 1946. Reed. Gallimard/Folio-Histoire, 1990. Edição brasileira: *A estranha derrota*. Rio de Janeiro: Zahar, 2011.

_____. Les transformations des techniques comme problème de psychologie collective. *Journal de Psychologie Normale et Pathologique*, v. 41, jan./mars, 1948. Reeditado em Bloch (1963, v. 2).

_____. *Apologie pour l'histoire ou métier d'historien*. Paris: Armand Colin, 1949. Reed. Paris: A. Colin, 1993. Edição brasileira: *Apologia da história ou o ofício do historiador*. Rio de Janeiro: Zahar, 2002.

_____. *Mélanges historiques*. Paris: Serge Fleury/EHESS, 1983. 2 v.

_____. *Histoire et historiens*. Paris: Armand Colin, 1995.

_____. *Écrits de guerre 1914-1918*. Paris: Armand Colin, 1997.

_____; FEBVRE, Lucien. *Correspondance*. Paris: Fayard, 1994. v. 1.

_____; _____. [1937]. Pour le renouveau de l'enseignement historique: le problème de l'agrégation. In: BLOCH, Marc. *Histoire et historiens*. Paris: Armand Colin, 1995.

BLONDEL, Charles. *Introduction à la psychologie collective*. Paris: Armand Colin, 1924.

BOIS, Guy. *Crise du féodalisme*: économie rurale et démographie en Normandie au début du XIVe siècle au milieu du XVIe siècle. Paris: Fondation des Sciences Politiques, 1976.

BOIS, Paul. *Paysans de l'Ouest*. Des structures économiques et sociales aux options politiques depuis l'époque révolutionnaire dans la Sarthe. Le Mans: Vilaire, 1960.

BOLTANSKI, Luc. America, America. Le plan Marshall et l'importation du management. *Actes de la Recherche en Sciences Sociales*, n. 38, mai 1981.

_____; THÉVENOT, Laurent. *De la justification*. Les économies de la grandeur. Paris: Gallimard, 1991.

BORGHETTI, Maria Novella. L'histoire à l'épreuve de l'experience statistique: l'histoire économique et le tournant des années 30, *Revue d'Histoire des Sciences Humaines*, n. 6, 2002.

BORGHETTI, Maria Novella. *L'oeuvre d'Ernest Labrousse*. Genèses d'un modèle économique. Paris: EHESS, 2005.

BORKENAU, Franz. Fascisme et syndicalisme. *Annales HES*, n. 28, mai 1934.

_____. Un essai d'analyse historique: la crise des partis socialistes dans l'Europe contemporaine. *Annales HES*, n. 34, juil. 1935.

BIBLIOGRAFIA

417

BOUCHERON, Patrick. *Georges Duby*. In: SALES, Véronique (Dir.). *Les historiens*. Paris: Armand Colin, 2003. Edição brasileira: *Os historiadores*. São Paulo: Unesp, 2011.

BOULAINVILLIERS, Henri de. *Essai sur la noblesse de France contenant une dissertation sur son origine et son abaissement*. Amsterdam, 1732.

BOURDÉ, Guy; Martin Hervé. *Les écoles historiques*. Paris: Points/Seuil, 1983.

BOURDEAU, Louis. *L'histoire et les historiens*. Paris: Alcan, 1888.

BOURDIEU, Pierre. *Esquisse d'une théorie de la pratique*. Précédé de trois études d'ethnologie kabyle. Genève: Droz, 1972.

_____. In: _____. *Questions de sociologie*. Paris: Minuit, 1980.

BOUREAU, Alain. La compétence inductive. Un modèle d'analyse des répresentations rares. In: LEPETIT, Bernard (Dir.). *Les formes de l'expérience*. Une autre histoire sociale. Paris: Albin Michel, 1995.

BOUTIER, Jean; JULIA, Dominique. Ouverture: à quoi pensent les historiens? *Autrement*, n. 150-151, jan. 1995.

BOUVIER, Jean. *Naissance d'une banque*: le Crédit Lyonnais de 1863 à 1882. Paris: Flammarion, 1961.

_____. Des crises économiques. In: NORA, Pierre; LE GOFF, Jacques (Dirs.). *Faire de l'histoire*. Paris: Gallimard, 1974. v. 2: Nouvelles approches.

_____. Tendances actuelles des recherches d'histoire économique et sociale en France. In: *Aujourd'hui l'histoire*. Paris: Éditions Sociales, 1974.

_____. *Histoire économique et sociale de la France*, Paris: PUF, 1982.

_____. François Simiand, la statistique et les sciences humaines. In: _____. *L'historien sur son métier*. Études économiques, XIXe-XXᵉ siècles. Paris: Archives Contemporaines, 1989.

BOYER, Robert. Économie et histoire. Vers de nouvelles alliances? *Annales ESC*, n. 6, 1989.

_____; CHAVANCE, Bernard; GODARD, Olivier (Dirs.). *Les figures de l'irréversibilité en économie*. Paris: École des Hautes Études en Sciences Sociales, 1991.

BRANCHE, Raphaëlle. *La torture et l'armée pendant da guerre d'Algérie, 1954-1962*. Paris: Gallimard, 2001.

_____. *La guerre d'Algérie*: une histoire apaisée? Paris: Points/Seuil, 2005.

_____. *Rapport préliminaire sur les sciences humaines au Ministère de l'Éducation Nationale*. 1956.

_____. Histoire et sciences sociales. La longue durée. *Annales ESC*, n. 4, p. 725-753, oct./dec. 1958.

_____; Resenha de *Beauvais et le Beauvaisis de 1600 à 1730* de Pierre Goubert. *Annales ESC*, juil./ aôut. 1963.

_____. *La Méditerranée et le monde méditerrnéen à l'époque de Philippe II*. Paris: Armand Colin, 1966. 2 v.

_____. *Écrits sur l'histoire*, Paris: Flammarion, 1969. Edição brasileira: *Escritos sobre história*. São Paulo: Perspectiva, 2007.

_____. Entretien. *L'Express*, 22 nov. 1971.

_____. Intervenção nos "Lundis d'histoire". *France-Culture*, 3 jan. 1977.

_____. En guise de conclusion. *Review*, v. 3-4, 1978.

_____. *Civilisation matérielle, économie et capitalisme*. Paris: Armand Colin, 1979. 3 v. Edição brasileira: *Civilização material, economia e capitalismo*. São Paulo: Martins Fontes, 2009. 3 v.

_____. Ya-t-il une nouvelle histoire? Debate Fnac, 7 mars 1980.

_____. Les 80 ans du "pape" des historiens. *L'Histoire*, n. 48, sept. 1982.

_____. Intervenção na TF1, 22 aôut, 1984a.

_____. Une vie pour l'histoire. *Magazine Littéraire*, n. 212, nov. 1984b.

_____. *La dynamique du capitalisme*. Paris: Arthaud, 1985.

_____. *Une leçon d'histoire*. Paris: Arthaud-Flammarion, 1986a.

_____. *L'identité de la France*. Paris: Flammarion, 1986b.

_____. *Grammaire des civilisations*. Paris: Arthaud-Flammarion, 1987.

BRAUDEL, Fernand. Rapport du concours 1953. *Bulletin de l'Association des Professeurs d'Histoire-Géographie*. 1954.

_____. [1949]. *La Méditerranée et le monde méditerranéen à l'époque de Philippe II*. Paris: Armand Colin, 1990.

_____; LABROUSSE, Ernest (Dirs.). *Histoire économique et sociale de la France*. Paris: PUF, 1977-1979. 4 v.

BRIAN, Eric. *La mesure de l'État*. Administrateurs et géomètres au XVIIIe siècle. Paris: Albin Michel, 1994.

BIBLIOGRAFIA

_____. Le livre des sciences est-il écrit dans la langue des historiens. In: LEPETIT, Bernard (Dir.). *Les formes de l'expérience*. Une autre histoire sociale. Paris: Albin Michel, 1995.

BROWN, Peter. *Genèse de l'antiquité tardive*. Paris: Gallimard, 1983.

_____. *La société et le sacré dans l'antiquité tardive*. Paris: Gallimard, 1985.

BUONARROTI, Philippe. [1828]. *La conspiration pour l'égalité dite de Baboeuf.* Paris: Éditions Sociales, 1957.

BURCH, Noel; SELLIER, Geneviève. *La Drôle de guerre des sexes du cinéma français, 1930-1956*. Paris: Nathan, 1996.

BURGUIÈRE, André. Histoire et structure. *Annales ESC*, n. 3-4, 1971.

_____. *Bretons de Plozévet*. Paris: Flammarion, 1975.

_____. L'anthropologie historique. In: LE GOFF, J. (Dir.). *La nouvelle histoire*. Paris: Retz, 1978.

_____. Histoire d'une histoire: la naissance des *Annales*. *Annales ESC*, nov.-déc. 1979.

_____. La notion de "mentalités" chez Marc Bloch e Lucien Febvre: deux conceptions, deux filiations. *Revue de Synthèse*, n. 111-112, juil./déc. 1983.

_____. (Dir.). *Dictionnaire des sciences historiques*. Paris: PUF, 1986a.

_____. L'histoire sociale des *Annales*: une définition empirique. In: *Historiens et sociologues aujourd'hui*. Journée d'études annuelles de la Société Française de Sociologie, Lille I, 14-15 juin 1984. Paris: CNRS, 1986b.

_____. De la compréhension en histoire. *Annales ESC*, jan./fev. 1990.

BURKE, Edmund. [1790]. *Réflexions sur la Révolution en France*. Paris: Authentica, 1988.

BURKE, Peter. Strenghts and weaknesses of the history of mentalities. In: *History of European ideas*. 1986. v. 7.

_____. *The French historical revolution*. The Annales School, 1929-1989. Stanford: Stanford University Press, 1990. Edição brasileira: *A escola dos Annales (1929-1989)* — a revolução francesa da historiografia. São Paulo: Unesp, 2003.

BURRIN, Philippe. *La France à l'heure allemande*. Paris: Seuil, 1995.

BUTLER, Judith. *Gender trouble*: feminism and the subversion of identity. London: Routledge. 1990.

BUZZI, Stéphane. Georges Lefebvre (1874-1959), ou une histoire sociale possible. *Le Mouvement Social*, juil./sept. 2002.

CABANEL, Patrick. Jules Michelet. In: SALES, Véronique (Dir.). *Les historiens*. Paris: Armand Colin, 2003. Edição brasileira: *Os historiadores*. São Paulo: Unesp, 2011.

CANDAR, Gilles; PLUET-DESPATIN, Jacqueline. Introduction. In: FEBVRE, Lucien. *Lettres à Henri Berr*. Paris: Fayard, 1997.

CAPDEVILLA, Luc et al. (Dirs.). *Le genre face aux mutations*. Masculin et féminin du Moyen Âge à nos jours. Rennes: Presses Universitaires de Rennes, 2003.

CARBONELL, Charles-Olivier. *Histoire et historiens*. La mutation idéologique des historiens français. Toulouse: Privat, 1976a.

_____. La naissance de la *Revue Historique*. *Revue Historique*, n. 518, mai/juin 1976b.

_____. L'histoire dite positiviste en France. *Romantisme*, n. 21-22, 1978.

_____; LIVET, Georges (Dirs.). *Au berceau des Annales*. Toulouse: Presses de l'Institut d'Études Politiques, 1983.

CARON, François. La stratégie des investissements en France aux XIe et XXe siècle. *Revue d'Histoire Économique et Sociale*, v. 54, n. 1, 1976.

_____. Introductions générale. De Saint-Cloud à Ulm. In: Christophe, C. (Dir.). *Histoire sociale, histoire globale?* Paris: La Maison des Sciences de l'Homme, 1993.

CARON, Pierre. La société d'histoire moderne (1901-1904). *Revue de Synthèse Historique*, v. 8, 1904.

_____; SAGNAC, Philippe. L'état actuel des études d'histoire moderne en France. *Revue d'Histoire Moderne et Contemporaine*, 1902.

CARRARD, Philippe. *Poétique de la nouvelle histoire*. Le discours historique en Frace de Braudel à Chartier. Lausanne: Payot, 1998.

CASTELLI-GATTINARA, Enrico. *Les inquiétudes de la raison*. Épistémologie et histoire en France dans l'entre-deux-guerres. Paris: Vrin-EHESS, 1998a.

_____. Épistémologie, histoire et histoire des sciences dans les années 1930. 2. Une rencontre manquée au début des *Annales*. *Revue de Synthèse*, jan./mars 1998b.

_____. Épistémologie, histoire et histoire des sciences dans les années 1930. 1. L'étrange théâtre. *Revue de Synthèse*, jan./mars 1998c.

CAZALS, Rémy. 1914-1918: Osez penser, osez écrire. *Genèses*, n. 46, mars 2002.

CERTEAU, Michel de. La possession de loudun. Paris: Gallinard, 1970.

BIBLIOGRAFIA

_____. Une épistémologie de transition: Paul Veyne. *Annales ESC*, nov./dèc. 1972.

_____. *L'Écriture de l'histoire*. Paris: Gallimard, 1975. Edição brasileira: *A escrita da história*. Rio de Janeiro: Forense, 2008.

_____. *La fable mystique*. Paris: Gallimard, 1982.

_____. Mystique. In: *Encyclopedia Universalis*. Paris: Corpus 12, 1985.

_____. *Histoire et psychanalise entre science et fiction*. Paris: Gallimard/Folio-Essais, 1987.

CERUTTI, Simona. *La ville et les métiers*. Naissance d'un langage corporative. Turin, XVIIe — XVIIIe siècles). Paris: EHESS, 1990.

CHARLE, Christophe. *Les élites de la République*: 1880-1900. Paris: Fayard, 1987.

_____. (Dir.). *Histoire sociale, histoire globale?* Paris: Maison des Sciences de l'Homme, 1993a.

_____. Micro-histoire sociale et macro-histoire sociale. Quelques réflexions sur les effets des changements de méthode depuis quinze ans en histoire sociale. In: _____. (Dir.). *Histoire sociale, histoire globale?* Paris: Maison des Sciences de l'Homme, 1993b.

_____ *La République des universitaires*. Paris: Seuil, 1994a.

_____. Les universités germaniques. Du mythe fondateur à l'histoire sociale. *Histoire de l'Éducation*, n. 62, mai 1994b.

_____ Être historien en France: une nouvelle profession? In: BÉDARIDA, François (Dir.). *L'histoire et le métier d'historien en France, 1945-1995*. Paris: Maison des Sciences de l'Homme, 1995.

_____. Histoire sociale et sociologie, *Le Bulletin de la S.H.M.C.* — dossier "Les historiens et la sociologie de Pierre Bourdieu", n. 3 e 4, (suplément à la *Revue d'Histoire Moderne et Contemporaine*), tome 46, 1999.

CHARMES Xavier. *Le comité des travaux historiques et scientifiques (histoire et documents)*. Paris: Imprimerie Nationale, 1886. 3 v.

CHARPIN, Fernand. *Pratique religieuse et formation d'une grande ville*. Le geste du Baptême et sa signification en sociologie religieuse. Paris: Centurion, 1964.

CHARTIER, Roger. Intellectual history of sociocultural history? The French trajectoires. In: LaCAPRA, Dominick; KAPLAN, Steven L. *Modern European intellectual history*. Ithaca: Cornell University Press, 1982.

_____. Dialogue à propos de l'histoire culturelle (avec Pierre Bourdieu et Robert Darnton). *Actes de la Recherche en Sciences Sociales*, n. 59, sept. 1985a.

_____. Text, symbols, and frenchness. *Journal of Modern History*, v. 57, n. 4, 1985b.

_____. L'histoire ou le récit véridique. In: *Philosophie et histoire*, Paris: Centre Georges Pompidou, 1987.

_____. Le monde comme répresentation. *Annales ESC*, n. 6, nov./déc. 1989.

_____. Elias: une pensée des relations. *EspacesTemps*, n. 53-54, 1993a.

_____. Quatre questions à Hayden White. *Storia della Storiografia*, n. 24, 1993b.

_____. L'histoire culturelle aujourd'hui. *Genèses*, n. 15, mars 1994.

_____. L'histoire culturelle. In: REVEL, Jacques; WACHTEL, Nathan (Dirs.). *Une école pour les sciences sociales*. Paris: Cerf/École des Hautes Études en Sciences Sociales, 1996.

_____. La vérité entre histoire et fiction. In: DE BAECQUE, Antoine; DELAGE, Christian (Dirs.). *De l'histoire au cinema*. Bruxelles: Complexe, 1998a.

_____. *Au bord de la falaise*, Paris: Albin Michel, 1998b. Edição brasileira: *À beira da falésia*: a história entre certezas e inquietude. Porto Alegre: EdUFRGS, 2002.

_____. Writing the practices. *French Historical Studies*, v. 21, n. 2, 1998c.

_____. Histoire, littérature et pratiques — dossiê "Inquiétudes et certitudes de l'histoire". *Le Débat*, n. 103, jan./fév. 1999.

CHATEAUBRIAND, François René de. *Études ou discours historiques sur la chute de l'Empire romain*. Paris: Eugène et Victor Penaud Frères, 1831.

_____. [1797]. *Essai sur les révolutions*. Paris: Gallimard, 1978. (Col. La Pléiade.)

CHATELIER, L. *Tradition chrétienne et renouveau catholique dans l'ancien diocèse de Strasbourg (1650-1770)*. Paris: Ophrys, 1981.

CHAUMONT, Jean-Michel. *La concurrence des victimes*. Génocide, identité, reconnaissance. Paris: La Découverte, 1997.

CHAUNU, Pierre. Conjoncture, structures, systèmes de civilisation. *Conjoncture économique, structures sociales*. Hommage à Ernest Labrousse. Paris, Mouton, 1974.

_____. *Séville et l'Atlantique (1904-1650)*. Paris, Sevpen, 1975.

_____. *L'Instant éclaté*: entretiens. Paris: Aubier, 1994.

CHERVEL, André. *Histoire de l'agrégation*. Paris: Kimé, 1993.

CHESNEAUX, Jean. *Habiter le temps: passé, présent, future*. Paris: Bayard, 1996.

CHOLVY, Gerard. *Religion et société au XIXe siècle, le diocèse de Montpellier*. Lille III, 1973.

BIBLIOGRAFIA

CITRON Suzanne. Positivisme, corporatisme et pouvoir dans la société des professeurs d'histoire de 1910 à 1947. *Revue Française de Sciences Politiques*, n. 4-5, aôut/oct. 1977.

_____. Chronique d'une impossible reforme. *EspacesTemps*, "Histoire/géographie, 1. L'arrangement", n. 66-67, 1998.

CLAVAL, Paul. *Essai sur l'évolution de la géographie humaine*. Paris: Les Belles Lettres, 1964.

COHEN Yolande; THÉBAUD, Françoise (Dirs.). *Féminismes et identités nationales*. Lyon: CNRS, 1998.

COHEN, Yves; PESTRE, Dominique. Présentation. *Annales HSS*, juil./oct., 1998.

COLLIOT-THÉLÈNE, Catherine. *Max Weber et l'histoire*. Paris: PUF, 1990.

COMBE, Sonia. *Archives interdites*. Les peurs françaises face à l'histoire contemporaine. Paris: Albin Michel, 1994.

CONAN, Eric; ROUSSO, Henry. *Vichy, un passé qui ne passe pas*. Paris: Fayard, 1994.

CONDORCET. [1793]. *Esquisse d'un tableau historique des progrès de l'esprit humain*. Paris: Éditions Sociales, 1971.

CONSTANT, Benjamin. [1797]. *Des effets de la terreur*. Paris: Champs Flammarion, 1988.

CORBIN, Alain. *Archaïsme et modernité en Limousin au XIXe siècle, 1845-1880*. Paris: Marcel Rivière, 1975.

_____. La *Revue Historique*: analyse de contenu d'une publication rivale des *Annales*. In: CARBONELL, Charles-Olivier; LIVET, Georges (Dirs.). *Au berceau des Annales*. Stratégie et idéologie des nouveaux historiens. Paris: Économica, 1983.

_____. Histoire et anthropologie sensorielle. *Anthropologie et sociétés*, n. 14, 1990.

_____. *Le temps, le désir et l'horreur. Essais sur le dix-neuvième siècle*. Paris: Aubier, 1991.

_____. Le vertige des foisonnements. Esquisse panoramique d'une histoire sans nom. *Revue d'Histoire Moderne et Contemporaine*, v. 39, jan./mars 1992.

_____. Désir, subjectivité et limites, l'impossible synthèse. *EspacesTemps*, "Le temps réflechi", n. 59-60-61, 1995.

_____. Du Limousin aux cultures sensibles. In: RIOUX Jean-Pierre; SIRINELLI, Jean-François (Dirs.). *Pour une histoire culturelle*. Paris: Seuil, 1997.

_____. Preface à THEBAUD, Françoise In: *Écrire l'histoire des femmes*. Fontenay/Saint-Cloud: ENS Editions, 1998.

_____. *Historien du sensible*: entretiens avec Gilles Heuré. Paris: La Découverte, 2000.

CORCUFF, Philippe. *Les nouvelles sociologies*. Paris: Nathan-Université, 1995.

COURTOIS, Stéphane et al. *Le livre noir du communisme*. Crimes, terreur, répression. Paris: Robert Laffont, 1998. Edição brasileira: O livro negro do comunismo. Crimes, terror, repressão. Rio de Janeiro: Bertrand Brasil, 1999.

COUSIN, Victor. [1828]. *Cours de philosophie*. Introduction à la philosophie de l'histoire. Paris: Fayard, 1991.

COUTAU-BÉGARIE, Hervé. *Le phénomène "nouvelle histoire"*. Stratégie et idéologie des nouveaux historiens. Paris: Economica, 1983.

CROUZET, Denis. *Les guerriers de Dieu*: la violence au temps des troubles de religion vers 1525-vers 1610. Seyssel: Champ Vallon, 1990.

_____. Lucien Febvre. In: SALES, Véronique (Dir.). *Les historiens*. Paris: Armand Colin, 2003. Edição brasileira: *Os historiadores*. São Paulo: Unesp, 2011.

CROUZET, François. Angleterre et France au XVIIIe siècle: analyse comparée des deux croissances économiques. *Annales ESC*, v. 21, n. 2, mars/avr. 1966.

CUCHE, Denys. *La notion de culture dans les sciences sociales*. Paris, La Découverte, 1996.

DAIX, Pierre. *Braudel*. Paris: Flammarion, 1995.

DANCEL Brigitte. *Enseigner l'histoire à l'école primaire de la IIIe République*. Paris: PUF, 1996.

DARNTON, Robert. *Le grand massacre des chats*: attitudes et croyances dans l'ancienne France. Paris: Robert Laffont, 1985. Edição brasileira: *O grande massacre de gatos e outros episódios da história cultural francesa*. Rio de Janeiro: Graal, 2010.

DAUPHIN, Cécile. *Séduction et sociétés*. Approches historiques. Paris: Seuil, 2001.

DAVIET, Jean-Pierre. *Histoire économique, histoire des entreprises: nouvelles problématiques*. 2000. Disponível em: < www.aphgcaen.free.fr >.

DEBEIR, Jean-Claude. Le long terme dans l'histoire économique: comparaison avec E. Labrousse. In: GILLARD, Lucien; ROSIER, Michel (Dirs.). *François Simiand (1873-1935)*. Sociologie — Histoire — Économie. Amsterdam: Archives contemporaines, 1996.

DEBOUZY, Marianne; DEBOUZY, Jacques. La *new economic history*, splendeurs et misères d'une nouveauté. *Politique Aujourd'hui*, nov./déc. 1975.

BIBLIOGRAFIA

DELACROIX, Christian. La falaise et le rivage. Histoire du "tournant critique". *EspacesTemps*, "Le temps réfléchi", n. 59-60-61, 1995.

_____. Demande sociale et histoire du temps présent, une normalisation épistémologique. *Espaces-Temps*, "L'opération épistémologique", n. 84/85/86, 2004.

_____; GARCIA, Patrick. L'inflexion patrimoniale: l'enseignement de l'histoire au risque de l'identité. *EspacesTemps*, "Histoire/géographie, 1. L'arrangement", n. 66-67, 1998.

DÉLOYE, Yves. *Sociologie historique du politique*, Paris: La Découverte, 1996.

DELUMEAU, Jean. *La peur en Occident*. Paris: Fayard, 1978. Edição brasileira: *História do medo no ocidente*. São Paulo: Companhia das Letras, 1989.

DEMANGEON, Albert. [1903]. Géographie. Notre programme. Un divorce en perspective. *EspacesTemps*, "Histoire/géographie, 1. L'arrangement", n. 66-67, 1998.

DENEUIL-CORMIER, Anne. *Augustin Thierry*. L'histoire autrement. Paris: Publisud, 1996.

DESCHAMPS, Florence. *L'historien, l'archiviste et le magnétophone*. De la constitution de la source orale à son exploitation. Paris: Comité pour l'histoire économique et financière de la France, 2001.

DESROSIÈRES, Alain; THÉVENOT, Laurent. *Les catégories socio-professionnelles*. Paris: La Découverte, 1988.

DESROSIÈRES, Alain. *La politique des grandes nombres*. *Histoire de la raison statistique*. Paris: La Découverte, 1993.

_____. La statistique entre le langage de la science et celui de l'action ou comment discuter l'indiscutable?, *Correspondances*. Institut de recherche sur le Magreb contemporain, n. 39, 1996.

DETIENNE, Marcel. *Comparer l'incomparable*. Paris: Seuil, 2000.

Devant l'histoire. Les documents de la controverse sur la singularité de l'extermination des Juifs par le régime nazi. Paris: Cerf, 1988.

DEVILLE, Gabriel. Thermidor et le Directoire (1794-1799). In: JAURÈS, Jean (Dir.). *Histoire socialiste de la Révolution Française*. Paris: J. Rouff, 1904.

DEWERPE, Alain. *L'industrie aux champs*. Essai sur la proto-industrialisation en Italie septentrionale 1800-1880. Rome: École Française de Rome, 1985.

DOSSE, François. *L'histoire en miettes:* des "Annales" à la "nouvelle histoire. Paris: La Découverte, 1987 (Agora-Pocket, 1997; La Découverte, 2005). Edição brasileira: *A história em migalhas* — dos Annales à nova história. Bauru/SP: Edusc, 2003.

_____. Les historiens sont tombés sur la tête. *Libération*, 28 jan. 1988.

_____. *Histoire du structuralisme*. Le champ du signe. Paris: La Découverte, 1991.

_____.Continuités et discontinuités du paradigme des *Annales*. In: BALDNER, Jean-Marie et al. (Dirs.). *L'histoire entre épistémologie et demande sociale*. Créteil: IUFM, 1994.

_____. *L'empire du sens*. L'humanisation des sciences humaines. Paris: La Découverte, 1995a.

_____. Paul Ricoeur révolutionne l'histoire. *EspacesTemps*, "Le temps réfléchi", n. 59-60-61, 1995b.

_____. [1987]. *L'histoire en miettes*: des "Annales" à la "nouvelle histoire". Paris: La Découverte, 1997.

_____. La ressource géographique en histoire. *EspacesTemps*, "Histoire/géographie, 2. Les promesses du désordre", n. 68-69-70, 1998.

_____. *L'histoire*. Paris: Armand Colin, 2000.

_____. *La marche des idées*. Histoire des intellectuels — Histoire intelectuelle. Paris: La Découverte, 2003.

_____. *Le pari biographique*. Écrire une vie. Paris: La Découverte, 2005a.

_____. De l'usage raisonné de l'anachronisme. *EspacesTemps*/CLIO, n. 87/88, 2005b.

DOUZOU, Laurent. *La Résistance française: une histoire périlleuse*. Paris: Points-Seuil, 2005.

DROUARD, Alain. Réflexions sur une chronologie. Le développement des sciences sociales en France de 1945 à la fin des années soixante. *Revue Française de Sociologie*, jan./mars, v. 23, 1982.

DROYSEN, Johann Gustav. [1857]. *Précis de théorie de l'histoire*. Paris: Le Cerf, 2002.

DUBOS, J.-A. *Histoire critique de l'établissement de la monarchie française dans les Gaules*. 1742.

DUBY, Georges. *La société aux XI et XII siècles dans la région mâconnaise*. Paris: Armand Colin, 1953.

_____. L'histoire des mentalités. In: SAMARAN, Charles (Dir.). *L'Histoire et ses méthodes*. Paris: Gallimard/Encyclopédie de La Pléiade, 1961.

_____. *Guerriers et paysans*, Paris: Gallimard/Tel, 1973a.

_____. *Le dimanche de Bouvines*. Paris: Folio-Histoire, 1973b.

_____. Preface. In: BLOCH, Marc. *Apologie pour l'histoire ou métier d'historien*. Paris: Armand Colin, 1974.

BIBLIOGRAFIA

427

_____. Histoire-société-imaginaire. *Dialectiques*, n. 10-11, 1975.

_____. *Les Trois Ordres ou l'Imaginaire du féodalisme*. Paris: Gallimard, 1978.

_____. *Dialogues*. Entretiens avec Guy Lardreau. Paris: Flammarion, 1980.

_____. *Le chevalier, la femme et le prêtre*. Paris: Hachette, 1981.

_____. L'exercice de la liberté. *Magazine Littéraire*, n. 189, nov. 1982.

_____. Le plaisir de l'historien. In: NORA, Pierre (Dir.) *Les lieux de mémoire*. Paris: Gallimard, 1987.

_____. *L'histoire continue*. Paris: Odile Jacob, 1991.

_____; WALLON, Armand (Dir.). *Histoire de la France rurale*. Paris: Seuil, 1975. 4 v.

DUMOULIN, Olivier. *Profession historien, 1919-1939*. Un "métier" en crise? Paris, EHESS, 1983. ms.

_____. Les *Annales d'Histoire Économique et Sociale* face au problème de l'enseignement de l'histoire. *Revue d'Histoire Moderne et Contemporaine*, 1984.

_____. La professionnalisation de l'histoire en France (1919-1939). In: *Historiens et sociologues aujourd'hui. Journée d'études annuelles de la Société Française de Sociologie*, Lille I, 14-15 juin 1984. Paris: CNRS. 1986a.

_____. Un entrepreneur des sciences de l'homme. *EspacesTemps*, "Braudel dans tous ses états", n. 34-35, 1986b.

_____. Changer l'histoire. Marché universitaire et innovation intelectuelle à l'époque de Marc Bloch. In: ATSMA, Hartmut; BURGUIÈRE, André (Dirs.). *Marc Bloch aujourd'hui*. Histoire comparée & sciences sociales. Paris: École des Hautes Études en Sciences Sociales, 1990.

_____. Comment on inventa les positivistes. In: BALDNER, Jean-Marie et al. (Dirs.). *L'histoire entre épistémologie et demande sociale*. Créteil: IUFM, 1993a.

_____. Histoire et historiens de droite. In: SIRINELLI, Jean-François (Dir.). *Histoire des droites en France*. Paris: Gallimard, 1993b. v. 2.

_____. Le style national de l'historiographie. *EspacesTemps*, n. 59/60/61, 1995.

_____. Les noces de l'histoire et de la géographie. *EspacesTemps*, "Histoire/géographie, 1. L'arrangement", n. 66-67, 1998.

_____. *Marc Bloch*. Paris. Presses de Sciences Po, 2000.

_____. *Le rôle social de l'historien. De la chaire au prétoire*. Paris: Albin Michel, 2003.

DUPARQUIER, Jacques (Dir.). *Histoire de la population française*. Paris: PUF, 1988. 4 v.

DUPEUX, Georges. *Aspects de l'histoire sociale et politique du Loir-et-Cher*. Paris: Mouton, 1962.

DUPRONT, Alphonse. D'une histoire des mentalités. *Revue Roumaine d'Histoire*, v. 9, 1970.

_____. Anthropologie religieuse. In: LE GOFF, Jacques; NORA, Pierre (Dirs.). *Faire de l'histoire*. Paris: Gallimard, 1974. v. 2.

_____. *Du sacré*. Croisades et pèlerinages. Images et langages. Paris: Gallimard, 1987.

_____. *Le mythe de croisade*. Paris: Gallimard, 1997. 4 v.

DURKHEIM, Émile. Preface. *Année Sociologique*, n. 1, 1898.

_____. Intervention lors de la séance du 28 mai 1908. *Bulletin de la Société Française de Philosophie*, 1908.

_____. [1898]. Représentations individuelles et représentations collectives. In: _____. *Sociologie et Philosophie*. Paris: PUF, 1974a.

_____. [1911]. Jugements de valeur et jugements de réalité. In: _____. *Sociologie et Philosophie*. Paris: PUF, 1974b.

_____. [1901]. *Les règles de la méthode sociologique*. Paris: PUF, Quadrige, 1993.

DUROSELLE, Jean-Baptiste. Pierre Renouvin (1893-1974). *Revue d'Histoire Moderne et Contemporaine*, v. 22, oct./déc. 1975.

EHRARD, Jean; PALMADE, Guy. *L'histoire*. Paris: Armand Colin, 1965.

ELEY, Geoff. De l'histoire sociale au "tournant linguistique" dans l'historiographie américaine des années 80. *Genèses*, n. 7, 1992.

ELIAS, Norbert. [1939]. *La civilisation des moeurs*. Paris: Calmann-Lévy, 1973.

_____. [1939]. *La dynamique de l'Occident*. Paris: Calmann-Lévy, 1975.

ENGLUD, Steven. De l'usage de la nation par les historiens, et réciproquement. L'histoire des âges récents. *Politix*, n. 26, 1994.

ESCUDIER, Alexandre, Épistémologie croisées? L'impossible lecture des théoriciens allemands de l'histoire autour de 1900. In: WERNER, Michael; ZIMMERMAN, Bénédicte. *Le genre humain*. Paris: Seuil, 2004.

EspacesTemps. "Ce qu'agir veut dire", n. 49/50, 1992.

EspacesTemps. "Le rendez-vous allemand", n. 53/54, 1993.

BIBLIOGRAFIA

EspacesTemps. "Le temps réfléchi", n. 59/60/61, 1995.

EspacesTemps. L'opération épistémologique. n. 84/85/86, 2004.

EspacesTemps. Les voies traversières de Nicole Loraux. 2005.

ESPAGNE, Michel. Sur les limites du comparatisme en histoire culturelle. *Génèses, sciences sociales et histoire.* sèpt. n. 17, 1994.

FARGE, Arlette. L'histoire sociale. In: BÉDARIDA, François (Dir.). *L'histoire et le métier d'historien en France, 1945-1995.* Paris: Maison des Sciences de l'Homme, 1995.

_____. *Des lieux pour l'histoire.* Paris: Seuil, 1997.

FAUQUET, Eric. *Michelet ou la gloire du professeur d'histoire.* Paris: Cerf, 1990.

FEBVRE, Lucien. *Philippe II et la Franche-Comté*: la crise de 1567, ses origines et ses conséquences; étude d'histoire politique, religieuse et sociale. Paris: Champion, 1911.

_____. L'histoire dans le monde en ruines. *Revue de Synthèse Historique,* v. 30, n. 88, 1920.

_____. *La Terre et l'évolution humaine.* Introduction géographique à l'histoire. Avec Lionel Bataillon. Paris: La Renaissance du Livre, 1922. (Col. L'évolution de l'humanité.) Reed. Paris: Albin Michel, 1970.

_____. Le problème de la géographie humaine: à propos d'ouvrages récents. *Revue de Synthèse Historique,* v. 35, n. 103-105, 1923.

_____. *Un destin:* Martin Luther. Paris: Rieder, 1928a. Reed. Paris: PUF/Quadrige, 1988.

_____. À propos de: Prosper Boissonnade, *Le socialisme d'État: l'industrie et les classes industrielles en France pendant les deux premiers siècles de l'ère moderne. Revue Critique d'Histoire et de Littérature,* n. 12, 1928b. Reeditado em Febvre, 1962.

_____. Histoire, économie et statistique. *Annales HES,* v. 2, n. 8, 1930. Reeditado em Febvre, 1962.

_____. Histoire ou politique? Un problème d'orientation. *Revue de Synthèse Historique,* v. 1, 1931. Reeditado em Febvre, 1992.

_____. Resenha de Marc Bloch, Les caractères originaux de l'histoire rurale française. *Revue Historique,* n. 169, 1932a.

_____. Albert Mathiez: un tempérament, une éducation. *Annales HES,* v. 4, n. 18, 1932b. Reeditado em Febvre, 1992.

_____. De l'histoire-tableau, essais de critique constructive: deux chapitres d'histoire commerciale; A. Colbert et la manufacture; B: Le commerce français à Seville aux XVIe et XVIIe siècles. *Annales HES,* v. 5, n. 21, 1933a. Reeditado em Febvre, 1962.

_____. Une gigantesque fausse nouvelle: la grande peur de juillet 89. *Revue de Synthèse*, v. 5, n. 1, 1933b. Reeditado em Febvre, 1962.

_____. Entre l'histoire à thèse et l'histoire manuel; deux esquisses récentes d'histoire de France: M. Benda, M. Seignobos. *Revue de Synthèse*, v. 5, n. 3, 1933c. Reeditado em Febvre, 1992.

_____. De 1892 à 1933: examen de conscience d'une histoire et d'un historien. *Revue de Synthèse*, v. 7, n. 2, 1934a. Reeditado em Febvre, 1992.

_____. Capitalisme et Reforme. *Foi et Vie*, v. 57, 1934b. Reeditado em Febvre, 1962.

_____. Fondations économiques, superestructure philosophique: une synthèse. *Annales HES*, v. 6, n. 28, 1934c. Reeditado em Febvre, 1962.

_____. Une histoire politique de la Russie moderne: histoire-tableau ou synthèse historique?. *Revue de Synthèse*, v. 7, n. 1, 1934d. Reeditado em Febvre, 1992.

_____. Un debat de méthode: technique, sciences et marxisme. *Annales HES*, n. 36, 1935. Reeditado em Febvre, 1962.

_____. De Spengler à Toynbee: quelques philosophies opportunistes de l'histoire. *Revue de Métaphysique et de Morale*, v. 43, n. 4, 1936a. Reeditado em Febvre, 1992.

_____. Pour une histoire dirigée. Les recherches collectives et l'avenir de l'histoire. *Revue de Synthèse*, v. 11, 1936b. Reeditado em Febvre, 1992.

_____. Psychologie et histoire. *Encyclopédie française*, v. 8, 1938. Reeditado em Febvre, 1992.

_____. La société féodale. *Annales HES*, v. 2, n. 1, 1940. Reeditado em Febvre, 1962.

_____. La sensibilité et l'histoire: comment reconstituer la vie affective d'autrefois? *Annales HES*, v. 3, n. 1-2, 1941a. Reeditado em Febvre, 1992.

_____. La société féodale: une synthèse critique. *Annales HES*, v. 3, n. 3-4, 1941b. Reeditado em Febvre, 1962.

_____. *Le problème de l'incroyance au XVIe siècle*. La religion de Rabelais. Paris: Albin Michel, 1942. Edição brasileira: *O problema da incredulidade no século XVI — a religião de Rabelais*. São Paulo: Companhia das Letras, 2009.

_____. [1942-1943]. *Michelet et la renaissance. Cours de 1942-1943 au Collège de France*. Paris: Flammarion, 1982.

_____. Propos d'initiation: vivre l'histoire. *Mélanges d'Histoire Sociale*, v. 3, 1943. Reeditado em Febvre, 1992.

BIBLIOGRAFIA

_____. *Autour de l'Heptaméron*: amour sacré, amour profane. Paris: Gallimard, 1944. Reed. Gallimard/Idées, 1971.

_____. Face au vent. Manifeste des "Annales" nouvelles. *Annales ESC*, n. 1, 1946. Reeditado em Febvre, 1992.

_____. *Marc Bloch et Strasbourg*: souvenirs d'une grande histoire. Mémorial des années 1939-1945. Paris: Belles Lettres, 1947. Reeditado em Febvre, 1992.

_____. Vers une autre histoire. *Revue de Métaphysique et de Morale*, v. 58, n. 3-4, 1949. Reeditado em Febvre, 1992.

_____. La Méditerranée et le monde méditerranéen. *Revue Historique*, 1950. Reeditado em Febvre, 1992.

_____. Hommage à Henri Berr. De la *Revue de Synthèse* aux *Annales. Annales ESC*, v. 7, 1952. Reeditado em Febvre, 1992.

____. *Combats pour l'histoire*, Paris: Armand Colin, 1953. Reed. Agora/Pocket, 1992.

____. *Pour une histoire à part entière*. Paris: Sevpen/École Pratique des Hautes Études, 1962. Reed. École des Hautes Études en Sciences Sociales, 1982.

____. *Honneur et patrie*. Paris: Perrin, 1996.

_____. *Lettres à Henri Berr*. Paris: Fayard, 1997.

FERMIGIER, André. Mérimée et l'inspection des monuments historiques. In: NORA, Pierre (Dir.). *Les lieux de mémoire*. Paris: Gallimard, 1986. v. 2: La Nation.

FERRO, Marc. Le laboratoire des *Annales. Magazine Littéraire*, nov., 1984.

FERTÉ, Jeanne. *La vie religieuse dans les campagnes parisiennes (1622-1695)*. Paris: Vrin, 1962.

FINE, Agnès. Histoire des femmes et anthropologie des sexes. Poursuite du débat ouvert en 1986. *Clio, Histoire, Femmes et Sociétés*, n. 16, 2002.

FINK, Carole. *Marc Bloch*. Une vie au service de l'histoire. Lyon: Presses Universitaires de Lyon, 1997.

FINLEY, Moses. *Esclavage antique et idéologie moderne*. Paris: Minuit, 1979. Edição brasileira: *Escravidão antiga e ideologia moderna*. Rio de Janeiro: Graal, 1991.

FLANDRIN, Jean-Louis. Enfance et société. *Annales ESC*, v. 19, 1964.

_____. *Famille, parenté, maison, sexualité dans l'ancienne société*. Paris: Hachette, 1976.

FLEURY, Michel; HENRY, Louis. *Des registres paroissiaux à l'histoire de la population*. Manuel de dépouillement et d'exploitation de l'état civil ancien. Paris: Ined, 1956.

FOUCART, Bruno. Viollet-le-Duc et la restauration. In: NORA, Pierre (Dir.). *Les lieux de mémoire*. Paris: Gallimard, 1986. v. 2: La Nation.

FOUCAULT, Michel. *Les mots et les choses*. Paris: Gallimard, 1966. Edição brasileira: *As palavras e as coisas*. São Paulo: Martins Fontes, 2007.

_____. Réponse au cercle d'épistémologie. In: _____. *Dits et écrits*. Paris: Gallimard, 1968. v. 1.

_____. *L'archéologie du savoir*. Paris: Gallimard, 1969. Edição brasileira: *Arqueologia do saber*. Rio de Janeiro: Forense, 2008.

_____. Nietzsche, la généalogie, l'histoire. In: *Hommage à Hyppolite*. Paris: PUF, 1971.

_____. Il faut défendre la société. In: *Cours au Collège de France*. Paris: Hautes Études/Gallimard/ Seuil, 1976. Edição brasileira: *Em defesa da sociedade*. São Paulo: Martins Fontes, 2000.

_____. La poussière et le nuage. In: PERROT, Michelle. *L'Impossible prison*. Paris: Seuil, 1980.

FRANK, Robert. Preface. In: *Écrire l'histoire du temps présent*. Paris: CNRS, 1993.

FREVERT, Ute. Service militaire et histoire du genre en Allemagne au XIXe siècle. In: SOHN, Anne-Marie; THELAMON, Françoise. *L'Histoire sans les femmes est-elle possible?* Paris: Perrin/ Université de Rouen, 1998.

FRIDENSON, Patrick. Les apports de l'histoire des entreprises. In: Pouchet, Amélie (Dir.). *Sociologies du travail: quarante ans après*. Paris: Elsevier, 2001.

_____. Notre nouvelle place dans l'atelier de l'histoire sociale e culturelle, *Le Mouvement Social*, n. 200, jui./sep. 2002.

FRIEDMANN, Georges. Apprentissage et main d'oeuvre en France. Faits et problèmes de 1938. *Annales d'Histoire Sociale*, n. 1, jan. 1939.

FUETER, Édouard. *Histoire de l'historiographie moderne*. Paris: Alcan, 1919.

FUGLER, Martin. Fondateurs et collaborateurs de la *Revue de Synthèse Historique* (1900-1910). In: BIARD, Agnes; BOUREL, Dominique; BRIAN, Éric (Dirs.). *Henri Berr et la culture du XXe siècle*. Paris: Albin Michel, 1997.

FURET, François. L'histoire et l'homme sauvage. In: *L'historien entre l'ethnologie et le futurologue*. Paris: Mouton, 1972.

_____. *Penser la Révolution Française*. Paris: Gallimard, 1978. Edição brasileira: *Pensar a Revolução Francesa*. São Paulo: Paz e Terra, 1989.

_____. En marge des *Annales*. Histoire et sciences sociales. *Le Débat*, n. 17, déc. 1981.

Bibliografia

433

_____. La naissance de l'histoire. In: *L'atelier de l'histoire*. Paris: Flammarion, 1982a.

_____. De l'histoire-récit à l'histoire-problème. In: *L'atelier de l'histoire*. Paris: Flammarion, 1982b.

_____. *Marx et la Révolution Française*. Paris: Flammarion, 1986a.

_____. *La gauche et la révolution au milieu du XIXe siècle*. Edgar Quinet et la question du Jacobinisme 1865-1870. Paris: Hachette, 1986b.

_____. *Le passé d'une illusion*. Essai sur l'idée communiste au XXe siècle. Paris: Laffont/Calmann-Lévy, 1995. Edição brasileira: *O passado de uma ilusão*: ensaios sobre a ideia comunista no século XX. São Paulo: Siciliano, 1995.

_____; DAUMARD, Adeline. Méthodes de l'histoire sociale. Les archives notariales et la mécanographie. *Annales ESC*, v. 14, 1959.

_____; OZOUF, Mona (Dirs.). *Dictionnaire critique de la Révolution Française*. Paris: Flammarion, 1988.

_____; RICHET, Denis. *La Révolution Française*. Paris: Hachette, 1965.

FUSTEL DE COULANGES, Numa Denys. De la manière d'écrire l'histoire en France et en Allemagne. *Revue des Deux Mondes*, 1 sept. 1872.

_____. *Histoire des institutions de l'ancienne France*. Paris: Hachette, 1888.

GARCIA, Patrick. Entendez-vous dans nos communes? La signification des pratiques mémorielles. *EspacesTemps*, "Le temps réfléchi", n. 59-60-61, 1995.

_____. L'espace géographique et les historiens. In: LEVY, Jacques; LUSSAULT, Michel (Dir.). *Logiques de l'espace, esprit des lieux*. Paris: Belin, 2000a.

_____. *Le Bicentenaire de la Révolution Française*. Pratiques sociales d'une commémoration. Paris: CNRS, 2000b.

_____. Les lieux de mémoire: une poétique de la mémoire?. *EspaceTemps*, n. 74/75, 2000c.

_____; LEDUC, Jean. *L'enseignement de l'histoire en France de l'Ancien Régime à nos jours*. Paris: Armand Colin, 2003.

GARDEY, Delphine; LÖWY, Ilana (Dir.). *L'invention du naturel*. Les sciences et la fabrication du féminin et du masculin. Paris: Archives Contemporaines, 2000.

GAUCHET, Marcel. Les *Lettres sur l'histoire de France* d'Augustin Thierry. In: NORA, Pierre. (Dir.). *Les lieux de mémoire*. Paris: Gallimard, 1986. v. 2: *La Nation*.

_____. *Philosophie des sciences historiques*. Paris: Presses Universitaires de Lille, 1988a.

_____. Benjamin Constant. In: FURET, François; OZOUF, Mona. *Dictionnaire critique de la Révolution Française*. Paris: Flammarion, 1988b.

_____. Mme de Staël. In: FURET, François; OZOUF, Mona. *Dictionnaire critique de la Révolution Française*. Paris: Flammarion, 1988c.

_____. Changement de paradigme en sciences sociales? *Le Débat*, v. 50, 1988d.

_____. L'élargissement de l'objet historique, dossiê "Inquiétudes et certitudes de l'histoire". *Le Débat*, n. 103, jan.-fev. 1999.

_____. *Philosophie des sciences historiques*. Le moment romantique. Paris: Seuil, 2003.

GEMELLI, Giuliana. *L'Encyclopédie française* e l'organizazione della cultura nella Francia tra le due guerre. *Passato e Presente*, v. 11, 1986.

_____. *Fernand Braudel*. Paris: Odile Jacob, 1995.

GENGEMBRE, Gerard. *La Contre-Révolution ou l'histoire desesperante*. Paris: Imago, 1989.

GÉRARD, Alice. *La Révolution Française, mythes et interprétations, 1789-1970*, Paris: Flammarion, 1970.

_____. Histoire et politique. La *Revue Historique* face à l'histoire contemporaine. *Revue Historique*, n. 518, mai/juin. 1976.

_____. La vision de la défaite gauloise dans l'enseignement secondaire. In: VIALLANEIX, Paul; EHRARD, Jean (Dirs.). *Nos ancêtres les Gaulois*. Publications de la Faculté de Lettres et Sciences Humaines de l'Université de Clermont-Ferrand II, 1982.

_____. À l'origine du combate des *Annales*: positivisme universitaire et système universitaire. In: CARBONELL, Charles-Olivier; LIVET, Georges (Dirs.). *Au berceau des Annales*. Stratégie et idéologie des nouveaux historiens. Paris: Économica, 1983.

_____. L'enseignement supérieur en France de 1800 à 1914. In: AMALVI, Christian. *Les lieux de l'histoire*, Paris: Armand Colin, 2005.

GERBOD, Paul. À propos des manuels scolaires. In: *Colloque national sur l'histoire et son enseignement*. Paris: Ministère de l'Éducation Nationale, 1984.

GILLE, Bertrand. *La Banque et le Crédit en France de 1815 à 1914*, Paris: PUF, 1959.

GILLET, Marcel. *Les charbonnages du nord de la France au XIXe siècle*. Paris: Mouton, 1973.

GINZBURG, Carlo. Prefácio. In: BLOCH, Marc. *I re taumaturghi*. Torino: Einaudi, 1973.

BIBLIOGRAFIA

_____. *Mythes, emblèmes, traces*. Morphologie et histoire. Paris: Flammarion, 1980a. Edição brasileira: *Mitos, emblemas, sinais* — morfologia e história. São Paulo: Companhia das Letras, 1989.

_____. *Le fromage et les vers*. L'univers d'un meunier du XVIe siècle. Paris: Aubier, 1980b. Edição brasileira: *O queijo e os vermes*. São Paulo: Companhia das Letras, 2006.

_____. Preface. In: VALLA, Lorenzo. *La donation de Constantin*. Paris: Les Belles Lettres, 1993.

_____. *Le juge et l'historien*. Lagrasse: Verdier, 1997.

_____. L'historien et l'avocat du diable. *Genèses*, n. 54, 2004.

_____; PONI, Carlo. La micro-histoire. *Le Débat*, n. 17, déc. 1981.

GIRAULT, René. *L'histoire et la géographie en question*. Rapport remis au ministre de l'Éducation Nationale. Paris: Ministère de l'Éducation Nationale, 1983.

GISLAIN, Jean-Jacques; STEINER, Philippe. *La sociologie économique*: 1890-1920. Paris: PUF, 1995.

GLOTZ, Gustave. Réflexions sur le but et la méthode de l'histoire. *Revue Internationale de l'Enseignement*, v. 54, 1907.

GODECHOT, Jacques. La commission d'histoire économique et sociale de la Révolution. In: CARBONELL, Charles-Olivier; LIVET, Georges (Dirs.). *Au berceau des Annales*. Stratégie et idéologie des nouveaux historiens. Paris: Économica, 1983.

GOLDHAGEN, Daniel Jonah. *Les bourreaux volontaires d'Hitler*. Les allemands ordinaires et l'Holocauste. Paris: Seuil, 1997.

GOUBERT, Pierre. En Beauvaisis. Problèmes démographiques du XVIIe. siècle. *Annales ESC*, v. 7, 1952.

_____. *Beauvais et le Beauvaisis de 1600 à 1730*. Paris: Sevpen, 1960.

_____. *Un parcours d'historien*. Paris: Fayard, 1996.

GOULEMOT, Jean-Marie. *Le règne de l'histoire*. Discours historiques et revolutions XVIIe-XVIIIe siècles. Paris: Albin Michel, 1996.

GRANGER, Gilles-Gaston. La spécificité des actes humains. *EspacesTemps*. n. 84/85/86, 2004.

GRANJON, Marie-Christine; RACINE, Nicole; Trebitsch Michel (Dirs.). *Histoire comparée des intellectuels*. Paris: IHTP, 1977.

GRENDI, Edoardo. Repenser la micro-histoire? In: REVEL, Jacques (Dir.). *Jeux d'échelles*. La micro-analyse à l'expérience. Paris: Hautes Études/Gallimard/Seuil, 1996.

GRENIER, Jean-Yves. L'histoire quantitative est-elle encore nécessaire? *Autrement*, n. 150-151, jan. 1995a.

_____. A proposito delle nuove *Annales*. *Rivista di Storia della Storiografia Moderna*, n. 1/3, 1995b.

_____. Du bon usage du modèle en histoire. In: GRENIER, Jean-Yves; GRIGNON, Claude; MENGER, Pierre-Michel. *Le modèle et le récit*. Paris: Maison des Sciences de l'Homme, 2001.

_____. Le chiffre et le modèle: histoire et modélisation. *Historiens & Géographes*, n. 378, 2002.

_____; LEPETIT, Bernard. L'expérience historique. À propos de C.-E. Labrousse. *Annales ESC*, n. 6, nov./déc. 1989.

GRUSON, Claude. Planification économique et recherche sociologique. *Revue Française de Sociologie*, 1964.

GUERREAU, Alain. *Le féodalisme*. Un horizon théorique. Paris: Le Sycomore, 1980.

GUÉRY, Alain. L'historien, la crise et l'État. *Annales, HSS*, mars/avr. 1997.

GUIBERT, Joël; JUMEL, Guy. *La socio-histoire*. Paris: Armand Colin, 2002.

GUILHAUMOU, Jacques. À propos de l'analyse du discours: les historiens et le "tournant linguistique". *Langage et Société*, n. 65, sept. 1993.

_____. *Le parole des sans*. Les mouvements actuels à l'épreuve de la Revolution Française. Fontenay-aux-Roses: ENS, 1998.

_____. De l'histoire des concepts à l'histoire linguistique des usages conceptuels. *Génèses*, n. 38, mars, 2000.

_____. *Sieyès et l'ordre de la langue*. L'invention de la politique moderne. Paris: Kimé, 2002.

_____; MALDIDIER, Denise. Courte critique pour une longue histoire. *Dialectqieus*, n. 26, 1979.

_____; _____; ROBIN, Régine. *Discours et archive*. Expérimentations en analyse de discours. Liège: Mardaga, 1994.

GUILLAND, Antoine. *L'Allemagne nouvelle et ses historiens*. Paris: Alcan, 1899.

GUIOMAR, Jean-Yves. Le *tableau de la géographie de la France* de Paul Vidal de La Blache. In: NORA, Pierre (Dir.). *Les lieux de mémoire*. Paris: Gallimard, 1986. v. 2: *La Nation*.

GUIZOT François. *Du gouvernement de la France depuis la Restauration et du ministère actuel*. Paris: Ladvocat, 1820.

_____. [1828]. *Cours d'histoire moderne*: histoire de la civilisation en Europe. Paris: Hachette, Pluriel, 1985.

BIBLIOGRAFIA

_____. [1826-1856]. *Histoire de la Révolution d'Angleterre*. Préface de Laurent Theis. Paris: Robert Laffont/Bouquins, 1997.

GURVITCH, Georges. Le concept de structure sociale. *Cahiers Internationaux de Sociologie*, v. 19, dec. 1955.

HABERMAS, Jürgen. Une manière de liquider les dommages (les tendances apologétiques dans l'historiographie contemporaine allemande). In: *Devant l'histoire*. Les documents de la controverse sur la singularité de l'extermination des Juifs par le régime nazi. Paris: Cerf, 1988.

HALBWACHS, Maurice. "Le problème de la géographie humaine à propos d'ouvrages récents" de Lucien Febvre. *Annales Sociologiques*, 1925a.

_____. *Les cadres sociaux de la mémoire*. Paris: Alcan, 1925b.

_____. Max Weber: un homme, une oeuvre. *Annales HES*, v. 1, 1929.

_____. Chicago, expérience ethnique. *Annales HES*, v. 4, 1932.

_____. *La mémoire collective*. Paris: Albin Michel, 1997. Edição brasileira: *A memória coletiva*. São Paulo: Centauro, 2004.

HALPHEN, Louis. *L'histoire en France depuis cent ans*. Paris: Armand Colin, 1914.

_____. Les historiens français et la science historique allemande. *Scientia*, 1924.

_____. France. In: *Histoire et historiens depuis cinquante ans*. Méthodes, organisation et résultats du travail historique de 1876 à 1926. Paris: Alcan, 1927.

_____. *Introduction à l'histoire*. Paris: PUF, 1946.

HARBI, Mohammed; STORA, Benjamin (Dirs.). *La guerre d'Algérie, 1954-2004, la fin de l'amnésie*. Paris: Laffont, 2004.

HARTOG, François. *Le XIXe siècle et l'histoire*. Le cas Fustel de Coulanges. Paris: PUF, 1988.

_____. Marshall Sahlins et l'anthropologie de l'histoire. *Annales ESC*, n. 6. 1983.

_____. Les anciens, les modernes, les sauvages ou le 'temps' des sauvages In: BERCHET, Jean-Claude (Dir.). *Chateaubriand. Le tremblement du temps*, Toulouse: Le Mirail, 1994.

_____. Temps et histoire. Comment écrire l'histoire de France? *Annales HSS*, nov./déc. 1995a.

_____. L'art du récit historique. *Autrement*, n. 150-151, jan. 1995b.

_____. L'historien et la conjoncture historiographique. *Le Débat*, nov./déc. 1998.

_____. La tentation de l'épistémologie? *Le Débat*, n. 112, nov./déc. 2000.

_____. *Régimes d'historicité*. Présentisme et expériences du temps. Paris: Seuil, 2003.

_____; LENCLUD, Gerard. Régimes d'historicité. In: DUTU, Alexandre; DODILLE, Norbert (Dirs.). *L'état des lieux en sciences sociales*. Paris: L'Harmattan, 1993.

_____; SCHMITT, Pauline; SCHNAPP, Alain (Dirs.). *Pierre Vidal-Naquet, un historien dans la cite*. Paris: La Découverte, 1988.

HAUSER, Henri. L'enseignement de l'histoire économique. *Revue Historique*, sept./déc. 1931.

HEILBRON, Johann. Les métamorphoses du durkheimisme, 1920-1940. *Revue Française de Sociologie*, v. 37, mars/apr. 1985.

HEMARDINQUER, Jean-Jacques. *Pour une histoire de l'alimentation*. Paris: Armand Colin, 1970.

HENRY, Louis. Une richesse démographique en friche: les registres paroissiaux. *Population*, v. 2, 1953.

HERUBEL, Jean-Pierre V. M. The *Annales movement* and its historiography: a selective bibliography. *French Historical Studies*, v. 18, n. 1, 1993.

HERY, Évelyne. *Un siècle de leçons d'histoire*. L'histoire enseignée au lycée 1870-1970. Rennes: PUR, 1999.

HEXTER, Jack. F. Braudel and the monde braudélien. *Journal of Modern History*, n. 4, 1972.

HILAIRE,Yves-Marie. *Une chrétienté au XIXe siècle?* La vie religieuse des populations du diocèse d'Arras (1840-1914). Lille III, 1977.

HILDESHEIMER, Françoise. Les Archives nationales. In: AMALVI, Christian (Dir.). *Les lieux de l'histoire*. Paris: Armand Colin, 2005.

HIRSCH, Jean-Pierre. *Les deux rêves du commerce*. Entreprise et institution dans la région lilloise, 1760-1840. Paris: EHESS, 1991.

_____. Retour sur l'ancien esprit du capitalisme. *Revue d'Histoire du XIXe Siècle*, n. 23, 2001.

History and Theory. Metahistory: six critiques, Dec. 1980.

HOBSBAWM, Eric J. 1968, *The Pelican economic history of Britain*. From 1750 to present day. Industry and empire. London: Penguin, 1968.

_____. Un historien et son temps présent. In: *Écrire l'histoire du temps présent*. Paris: CNRS, 1993.

_____. *Age of extremes:* The short twentieth century, *1914-1991*. London: Michael Joseph, 1994a. Edição brasileira: Era dos extremos. O breve século XX, 1914-1989. São Paulo: Companhia das Letras, 2000.

BIBLIOGRAFIA

_____. L'historien entre la quête d'universalité et la quête d'identité. *Diogène*, n. 168, 1994b.

HOOCK, Jochen. Deux naissances en Allemagne. *EspacesTemps*, "Histore/géographie, 2. Les promesses du désordre", n. 68/69/70, 1998.

HUMBOLDT, Guillaume de. [1821]. *Les tâches de l'historien*. Lille: Presses Universitaires de Lille, 1985.

HUNT, Lynn (Ed.). *The new cultural history*. Los Angeles: University of California Press, 1989. Edição brasileira: A nova história cultural. São Paulo: Martins Fontes, 2001.

_____. French history in the last twenty years: the rise and the fall of the *Annales* paradigm. *Journal of Contemporary History*, v. 21, n. 2, apr. 1986.

HUSSON, Édouard. La controverse Goldhagen en France. *Francia*, 25/3, 1999.

IGGERS, Georg G. *New directions in European historiography*. Middletown: Wesleyan University Press, 1975.

INSEE. *Pour une histoire de la statistique*. Paris: Economica, 1977.

JACQUES, Jean. *Berthelot autopsie d'un mythe*. Paris: Belin, 1987.

JAHODA, G. *Psychology and anthropology*. A psychological perspective. London, 1982.

JAURÈS, Jean. [1903-1908]. *Histoire socialiste de la Révolution Française*. Paris: Éditions Sociales, 1972. v. 6: Le gouvernement révolutionnaire.

JEANNENEY, Jean-Noël. Vive la biographie. *L'Histoire*, n. 13, juin 1979.

_____. La demande sociale en question. *Le Monde de l'Éducation*, n. 253, nov. 1997.

_____. *Le passé dans le prétoire*. L'historien, le juge et le journaliste. Paris: Seuil, 1998.

JONES, Gareth Stedman. Une autre histoire sociale? *Annales HSS*, n. 2, mars/apr. 1998.

JOUTARD, Philippe. *La légende des camisards*: une sensibilité au passe. Paris: Gallimard, 1977.

_____. *Ces voix qui nous viennent du passé*. Paris: Hachette, 1983.

_____. *Rapport de la mission de réflexion sur l'enseignement de l'histoire, la géographie, les sciences sociales*. 1989. ms.

_____. La tyrannie de la mémoire. *L'Histoire*, n. 221, mai 1998.

JULIA, Dominique. Histoire religieuse. In: LE GOFF, Jacques; NORA, Pierre (Dirs.). *Faire de l'histoire*. Paris: Gallimard, 1974. v. 2.

_____. L'historien et le pouvoir des clés. *Le Débat*, n. 99, 1988.

JULLIAN, Camille. *Extraits des historiens français du XIXe siècle*. Paris: Hachette, 1897.

_____. Augustin Thierry et le mouvement historique sous la Restauration. *Revue de Synthèse Historique*, v. 13, 1906.

JULLIARD, Jacques. La politique. In: LE GOFF, Jacques; NORA, Pierre (Dirs.). *Faire de l'histoire*. Paris: Gallimard, 1974. v. 2.

KALIFA, Dominique. Les embarras de l'historien. *Belphegor*, n. 1, nov. 2001.

KAPLAN, Steven L. *Adieu 89*. Paris: Fayard, 1993.

KAREL, Bartosek. *Les aveux des archives*. Paris-Prague, 1948-1968. Paris: Seuil, 1996.

KASPI, André. *Jules Isaac*. Paris: Plon, 2002.

KERSHAW, Ian. *Qu'est-ce que le nazisme?* Problèmes et perspectives d'interprétation. Paris: Gallimard/Folio-Histoire, 1992.

_____. Retour sur le totalitarisme: le nazisme et le stalinisme dans une perspective comparative. *Esprit*, dossier "Le totalitarisme: un cadavre encombrant", n. 1-2, jan./fev. 1996.

KLEJMAN, Laurence; ROCHEFORT, Florence. *L'égalité en marche*. Le féminisme sous la troisième republique. Paris: Fondation Nationale des Sciences Politiques, 1989.

KNIBIEHLER, Yvonne. *La révolution maternelle depuis 1945*. Femme, maternité, citoyenneté. Paris: Perrin, 1997.

KOSELLECK, Reinhart. [1979]. *Le futur passé*: contribution à la sémantique des temps historiques. Paris: EHESS, 1990. Edição brasileira: *Futuro passado*: contribuição à semântica dos tempos históricos. Rio de Janeiro: Contraponto/PUC-RJ, 2006.

_____. *L'expérience de l'histoire*. Paris: Hautes Études/Gallimard/Seuil, 1997.

KRIEGEL, Annie. *Communismes au miroir français*. Paris: Gallimard, 1974.

KUHN, Thomas S. *La structure des révolutions scientifiques*. Paris, Champs-Flammarion, 1983.

L'Histoire, n. 21, mars 1980. Dossier "Faut-il brûle Claude Manceron?".

LABORIE, Pierre. *L'opinion publique et les représentations de la crise d'identité nationale, 1936-1944, Toulouse*. Paris: Éditions du Seuil, 1988a.

_____. De l'opinion publique à l'imaginaire social, *Vingtième Siècle, Revue d'Histoire*, n. 18, avr./juin, 1988b.

BIBLIOGRAFIA

LABROUSSE, Camille-Ernest [1933]. *Esquisse du mouvement des prix et des revenus en France au XVIIIe siècle*. Paris: Archives Contemporaines, 1984.

_____. Entretien avec Christophe Charle. *Actes de la Recherche en Sciences Sociales*, n. 32/33, avr./juin 1980.

_____. [1944]. *La crise de l'économie française à la fin de l'ancien régime et au début de la Révolution*. Paris: PUF, 1990.

LACOMBE, Paul. *De l'histoire considérée comme science*. Paris: Hachette, 1894.

LACOSTE, Claudine. Les Gaulois d'Amédée Thierry. In: VIALLANEIX, Paul; EHRARD, Jean (Dirs.). *Nos ancêtres les Gaulois*. Faculté de Lettres et Sciences Humaines de l'Université de Clermont-Ferrand II, 1982.

LADRIÈRE, Paul; PHARO, Patrick; QUÉRÉ, Louis. *La théorie de l'action*. Le sujet pratique en débat. Paris: CNRS, 1993.

LADURIE, Emmanuel Le Roy. *Histoire du climat depuis l'an mil*. Paris: Flammarion, 1967.

_____. *Les paysans de Languedoc*. Paris: Champs/Flammarion, 1969.

_____. *Le territoire de l'historien*. Paris: Gallimard, 1973. v. 1.

_____. L'histoire immobile. In: *Le territoire de l'historien*. Paris: Gallimard, 1978. v. 2.

LAMARTINE, Alphonse de. [1847]. *Histoire des girondins*. Paris: Plon, 1984. 2 v.

LAMPRECHT, Karl. La méthode historique en Allemagne. *Revue de Synthèse Historique*, v. 1, 1900.

LANDAU, Lazare. Jules Isaac, un historien engagé. *Bulletin de la Société d'Histoire Moderne*, 1971.

LANGLOIS, Charles-Victor. L'histoire au XIXe siècle. In: *Questions d'histoire et d'enseignement*. Paris: Hachette, 1902.

_____. L'agrégation d'histoire et la préparation professionnelle à l'enseignement de l'histoire. In: *Conférences du musée pédagogique*. Paris: Imprimerie Nationale, 1907.

_____; SEIGNOBOS, Charles. [1898]. *Introduction aux études historiques*. Préface de Madeleine Rebérioux. Paris: Kimé, 1992. Edição brasileira: *Introdução aos estudos históricos*. São Paulo: Renascença, 1946.

LANGLOIS, Claude. Trente ans d'histoire religieuse. *Archives des sciences sociales des religions*, v. 63, n. 1, 1987.

_____. Les effets en retour de l'édition sur la recherche. *Autrement*, n. 150-151, jan. 1995.

_____; VAUCHEZ, André. L'histoire religieuse. In: BÉDARIDA, François (Dir.). *L'histoire et le métier d'historien en France, 1945-1995*. Paris: Maison des Sciences de l'Homme, 1995.

LAQUEUR, Thomas. *La fabrique du sexe*. Essai sur le corps et le genre en Occident. Paris: Gallimard, 1992.

LAVISSE, Ernest. *L'enseignement supérieur en France*. État actuel — projets de reforme. Paris: Hachette, 1879.

_____. Histoire. In: BUISSON, Ferdinand. *Dictionnaire de pédagogie*. Paris: Hachette, 1882.

_____. *Questions d'enseignement national*. Paris: Armand Colin, 1885.

_____. *Études et étudiants*. Paris: Armand Colin, 1890a.

_____. *Enseignement secondaire*. Instructions, programmes et règlements. Paris: Imprimerie nationale, 1890b.

_____. *Un ministre nommé Duruy*. Paris: Armand Colin, 1895a.

_____. *Deuxième année d'histoire de la France*. Paris: Armand Colin, 1895b.

_____. *Discours aux étudiants pronincés devant l'A.G.E. de Paris*. Paris: Armand Colin, 1910.

Le Débat, n. 93, jan./fév. 1997. Dossier "Les allemands, l'antisémitisme et l'extermination" (Omer Bartow, Daniel Jonah Goldhagen, Josef Joffe, Fritz Stern, Rogbert S. Wistricht).

LE GOFF, Jacques. Is politics still the backbone of history? *Dedalus*, Winter, 1971.

_____. L'histoire et l'homme quotidien. In: *L'historien entre l'ethonologue et le futurologue*. Paris: Mouton, 1972.

_____. L'histoire des mentalités. Une histoire ambigüe. In: LE GOFF, Jacques; NORA Pierre (Dirs.). *Faire de l'histoire*. Paris: Gallimard, 1974a. v. 3.

_____. Les Moyen Âge de Michelet. In: *Pour un autre Moyen Age*. Paris: Gallimard, Quarto, 1974b.

_____. Faire comprendre le changement des sociétés. *Le Monde de l'éducation*, mai 1980.

_____. Saint-Louis a-t-il existé? *L'Histoire*, n. 40, déc. 1981.

_____. Préface. In: BLOCH, Marc. *Les rois thaumaturges*. Paris: Gallimard, 1983.

_____. Préface. In: *La nouvelle histoire*. Bruxelles: Complexe, 1988.

_____. L'histoire. In: *L'histoire, la sociologie et l'anthropologie*, Paris: Odile Jacob, 2002.

_____; NORA Pierre (Dirs.). *Faire de l'histoire*. Paris: Gallimard, 1974.

BIBLIOGRAFIA 443

LEBRUN, François. Philippe Ariès. In: SALES, Véronique (Dir.). *Les historiens*. Paris: Armand Colin, 2003. Edição brasileira: *Os historiadores*. São Paulo: Unesp, 2011.

LEDUC, Jean. *Les historiens et le temps*. Conceptions, problématiques, écritures. Paris: Points/Seuil, 1999.

_____. L'école des Hussards noirs et la République des professeurs d'histoire. In: Amalvi, Christian. *Les lieux de l'histoire*. Paris: Armand Colin, 2005.

_____ et al. *Construire l'histoire*. Paris: Bertrand-Lacoste, 1994.

LEFEBVRE, Georges. Foules historiques. Les foules révolutionnaires. In: *La foule*. Paris: Centre International de Synthèse, 1934. Reeditado em Lefebvre, 1988.

_____. Pour une histoire économique et sociale. 1939. Reditado em Lefebvre, 1978.

_____. Objet et méthode de l'histoire économique et sociale. 1940. Reeditado em Lefebvre, 1978.

_____. Avenir de l'histoire. *Revue Historique*, n. 401, jan./mar. 1947. Reeditado em Lefebvre, 1978.

_____. La synthèse en histoire. *Bulletin de la Société d'Histoire Moderne*, oct./nov. 1951. Reeditado em Lefebvre, 1978.

_____. Sur le métier d'historien, *Revue Historique*, juil./sept. 1953. Reeditado em Lefebvre, 1978.

_____. *Réflexions sur l'histoire*. Paris: François Maspéro, 1978.

LEFORT, Claude. [1952]. Sociétés sans histoire et historicité. In: _____. *Les formes de l'histoire*. Paris: Gallimard, 1978.

_____. *La cité des vivants et des morts*. Préfaces et introductions de Jules Michelet. Paris: Belin, 2002.

LEFORT, Isabelle. *La lettre et l'esprit*. Géographie scolaire et géographie savante en France 1870-1970. Paris: CNRS, 1992.

LENCLUD, Gérard. Le monde selon Sahlins. *Gradhiva*, n. 9, 1991.

LÉON, Pierre. *La naissance de la grande industrie en Dauphiné (fin du XVIIe siècle-1869)*. Gap: Louis-Jean, 1954.

_____. *Histoire économique et sociale du monde*. Paris: Armand Colin, 1977.

LEPETIT, Bernard. Présentation. In: Histoire et modélisation. *Annales ESC*, jan./fév., n. 1, 1988.

_____. Une logique du raisonnement historique. *Annales ESC*, sept./oct. 1993.

_____. Histoire des pratiques, pratique de l'histoire. Le présent de l'histoire. In: LEPETIT, Bernard (Dir.). *Les formes de l'expérience*. Une autre histoire sociale. Paris: Albin Michel, 1995a.

_____. L'histoire prend-elle les acteurs au sérieux? *EspacesTemps*, "Le temps réfléchi", n, 59-60-61, 1995b.

_____. (Dir.). *Les formes de l'expérience*. Une autre histoire sociale. Paris: Albin Michel, 1995c.

_____. Une autre histoire sociale. *Correspondances*, Institut de recherche sur le Maghreb contemporain, n. 40, avr. 1996.

LEPETIT, Mathieu. Un regard sur l'historiographie allemande: les mondes de l'Alltagsgeschicthte, *Revue d'Histoire Moderne et Contemporaine*, avr./juin 1998.

LEROUX, Robert. *Histoire et sociologie en France*. De l'histoire-science à la sociologie durkheimienne. Paris: PUF, 1998.

Les sciences sociales en France. Enseignement et recherche, 1937. Centre d'études de politique étrangère. Travaux des groupes d'études. Paris: Paul Hartmann, 1937.

LETERRIER, Sophie-Anne. *Le XIXe siècle historien*. Anthologie raisonnée. Paris: Belin, 1997.

LEVASSEUR, Émile; HIMLY, Auguste. *Bulletin administratif du ministère de l'Instruction publique des cultes et des beaux arts*, n. 265, 17 nov. 1871.

LEVI, Giovanni. *Le pouvoir au village*: la carrière d'un exorciste dans le Piémont du XVIIe siècle. Paris: Gallimard, 1989.

LÉVI-STRAUSS, Claude. Histoire et ethnologie. *Revue de Métaphysique et de Morale*, n. 3-4, 1949.

_____. *Anthropologie structurale*. Paris: Plon, 1958.

_____. L'anthropologie sociale devant l'histoire. *Annales ESC*, juil./aôut 1960.

_____. *La pensée sauvage*. Paris: Plon, 1962.

_____. Intervention. *France-Culture*, jan. 1971.

_____. Entretien avec Raymond Bellour (1972). In: BELLOUR, Raymond (Dir.). *Claude Lévi-Strauss*. Paris: Gallimard/Idées, 1979.

LÉVY-BRUHL, Lucien. *La mentalité primitive*. Paris: Alcan, 1922.

LÉVY-LEBOYER, Maurice. La New Economic History, *Annales E.S.C.*, sept./oct. 1969.

LINDENBERG, Daniel. *Les années souterraines, 1937-1947*. Paris: La Découverte, 1990.

BIBLIOGRAFIA

_____; MEYER, Pierre-André. *Lucien Herr, le socialisme et son destin*. Paris, Calmann-Lévy, 1977.

LIPP, Carola. Histoire sociale et *Alltagsgeschichte*. *Actes de la Recherche en Sciences Sociales*, n. 106-107, 1995.

LLOYD, Geoffrey. *Pour en finir avec les mentalités* (1990), Paris, La Découverte, 1993.

LÖWY, Ilana; ROUCH, Hélène (Dirs.). La distinction entre sexe et genre. Une histoire entre biologie et culture. *Les Cahiers du Genre*, 2003.

LUC, Jean-Noël. Une réforme difficile: un siècle d'histoire à l'école élémentaire (1887-1987). *Historiens et géographes*, n. 306, 1987.

LÜDTKE, Alf (Dir.). *Histoire du quotidien*. Paris: Maison des Sciences de l'Homme, 1994.

LÜSEBRINK, Hans-Jürgen; REICHART, Rolf. Histoire des concepts et transferts culturels. Note sur une recherché. *Genèses*, n. 14, 1994.

_____; _____; SCHIMITT, Eberhard (Dirs.). *Handbuch politisch-sozialer Grundbegriffe in Frankreich, 1680-1820*. München, Oldenburg, fasc. 1-20, 1985-2000.

LYON, Bryce. *Henri Pirenne, a biographical and intellectual study*. Gand: E. Story/Scientia, 1974.

_____. Marc Bloch: did he repudiate *Annales* history?. *Journal of Medieval History*, v. 11, 1985.

_____; LYON, Mary. *The birth of Annales history*: the letters of Lucien Febvre and Marc Bloch to Henri Pirenne (1921-1935). Bruxelles: Commission Royale d'Histoire, 1991.

MAINGUENEAU, Dominique. *L'analyse du discours*. Introduction aux lectures de l'archive. Paris: Hachette, 1991.

MANCERON, Gilles; REMAOUN, Hassan. *D'une rive à l'autre*. La Guerre d'Algérie de la mémoire à l'histoire. Paris: Syros, 1993.

MANDROU, Robert. L'histoire des mentalités. *Encyclopedia Universalis*, v. 8, 1968a.

_____. *Magistrats et sorciers en France au XVIIe siècle*: une analyse de psychologie historique. Paris: Plon, 1968b.

_____. *De la culture populaire aux XVIIe et XVIIIe siècle*. Paris: Imago, 1985.

_____. *Introduction à la France moderne*: 1500-1640. Essai de psychologie historique. Paris: Albin Michel, 1998.

MARCILHACY, Christiane. *Le diocèse d'Orléans sous l'épiscopat de Mgr Dupanloup (1849-1878)*. Paris: Plon, 1963.

MARGAIRAZ, Michel. *L'État, les finances et l'économie*. Paris: Comité pour l'Histoire Économique et Financière de la France, 1991.

_____. *Histoire économique XVIIIe-XXe siècles*. Paris: Larousse, 1992.

MARGOLIN, Jean-Louis; WERTH, Nicolas. Communisme: retour à l'histoire. *Le Monde*, 14 nov. 1997.

MARIN, Louis. *La critique du discours*. Études sur la logique de Port-Royal et les Pensées de Pascal. Paris: Minuit, 1975.

_____. *Le portrait du roi*. Paris: Minuit, 1981.

MARROU, Henri-Irénée. *De la connaissance historique*. Paris: Seuil, 1954.

MARTIN, Jean-Clément. *La Vendée de la mémoire: 1800-1980*. Paris: Seuil, 1989.

_____. *Contre-Révolution, Révolution et Nation en France 1789-1799*. Paris: Points-Seuil, 1998a.

_____. La démarche historique face à la vérité judiciaire. Juges et historiens. *Droit et Société*, n. 38, 1998b.

_____. Histoire, mémoire et oubli. Pour un autre régime d'historicité. *Revue d'Histoire Moderne et Contemporaine*, v. 47, n, 4, oct./déc. 2000.

MARX, Karl. [1852]. *Le 18 Brumaire de Louis Bonaparte*. Paris: Éditions Sociales, 1969. Edição brasileira: *O 18 de brumário de Luís Bonaparte*. São Paulo: Boitempo, 2011.

_____. [1854]. Lettre à Friedrich Engels, 27 juil. 1854. In: _____. *Correspondance*. Paris: Éditions Sociales, 1986a.

_____. [1870]. Lettre à César de Paepe, 14 sept. 1870. In: FURET, François. *Marx et la Révolution Française*. Paris: Flammarion, 1986b.

_____; ENGELS, Friedrich. [1847]. *Manifeste du parti communiste*. Plus *Principes du communisme* de Engels et *Profession de foi communiste*. Paris: Éditions Sociales, 1972.

MASTROGREGORI, Massimo. Histoire critique et mémoire nationale. *Cahiers Marc Bloch*, n. 5, 1997.

MATHIEZ, Albert. *Jacobinisme et bolchevisme*. Paris: Librairie de l'Humanité, 1920.

_____. *La Révolution Française*. Paris: Armand Colin, 1922.

_____. [1910]. Robespierre et le culte de l'Être suprême. In: _____. *Études sur Robespierre*. Paris: Éditions Sociales, 1973a.

_____. [1920]. Pourquoi sommes-nous robespierristes? In: _____. *Études sur Robespierre*. Paris: Éditions Sociales, 1973b.

BIBLIOGRAFIA

MATTELART, Armand; NEVEU, Erik. *Introduction aux cultural studies*. Paris: La Découverte, 2003.

MAUSS, Marcel. Esquisse d'une théorie de la magie. *L'Année Sociologique*, v. 7, 1903.

MAZON Brigitte. *Aux origines de l'École des Hautes Études en Sciences Sociales*: le rôle du mécénat américain, 1920-1960. Paris: Cerf, 1988.

MENDELS, Franklin. Proto-industrialization, the first phase of the industrialization process. *Journal of Economic History*, v. 33, n. 1, mar. 1972.

MENDRAS Henri. *La Seconde Révolution Française*. Paris: Gallimard, 1988.

MENGER, Pierre-Michel. Les temps, les causes et les raisons de l'action. In: GRENIER, Jean-Yves; GRIGNON, Claude; MENGER, Pierre-Michel. *Le modèle et le récit*. Paris: Maison des Sciences de L'homme, 2001.

MICHELET, Jules. [1819]. *Examen de* La vie des hommes illustres *de Plutarque*. In: _____. *Oeuvres completes*. Paris: Flammarion, 1971a. v. 1.

_____. [1825]. *Tableau chronologique d'histoire moderne*. In: _____. *Oeuvres completes*. Paris: Flammarion, 1971b. v. 1.

_____. [1831a]. *Histoire romaine*. In: _____. *Oeuvres completes*. Paris: Flammarion, 1972a. v. 2.

_____. [1831b]. *Introduction à l'histoire universelle*. In: _____. *Oeuvres completes*. Paris: Flammarion, 1972b. v. 2.

_____. [1833]. *Histoire de France*. In: _____. *Oeuvres completes*. Paris: Flammarion, 1974a. v. 4.

_____. [1869]. Préface à *L'histoire de France*. In: _____. *Oeuvres completes*. Paris: Flammarion, 1974b.

_____. [1841]. *Histoire de France*. In: _____. *Oeuvres completes*. Paris: Flammarion, 1974c. v. 6.

_____. [1847]. *Histoire de la Révolution Française*. Paris: Robert Laffont/Bouquins, 1979a. 2 v.

_____. [1868]. Préface. In: *Histoire de la Révolution Française*. Paris: Robert Laffont/Bouquins, 1979b. v. 1.

MIGNET, François. *Histoire de la Révolution Française depuis 1789 jusqu'à 1814*. Paris: Didot, 1892.

MINARD, Philippe. Les recherches récentes en histoire économique de la France de l'époque moderne (XVIe-XVIIIe siècles). *Historiens & Géographes*, n. 378, mai 2002.

MOLLIER, Jean-Yves. *La lecture et ses publics*. Essais d'histoire culturelle. Paris: PUF, 2002a.

_____. Histoire culturelle. In: Aron, Paul; Saint-Jacques, Denis; Vila Alain (Dirs.). *Dictionnaire du littéraire*. Paris, PUF, 2002b.

MOMIGLIANO, Arnaldo. The rethoric of history and the history of rethoric: on Hayden White's tropes. *Comparative Criticism*, v. 3, 1981.

MONOD, Gabriel. [1874]. *De la possibilité d'une réforme de l'enseignement supérieur*. Paris: Ernest Leroux, 1876a.

_____. Du progrès des sciences historiques en France depuis le XVIe siècle. *Revue Historique*, n. 1, 1876b.

_____. *La vie et la pensée de Michelet 1789-1852*. Paris: Champion, 1923.

MONOD, Gustave. Souvenirs et perspectives. *Cahiers Pédagogiques*, n. 56, nov. 1965.

MONTLOSIER, François Reynaude. *De la monarchie française, depuis son établissement jusqu'à nos jours*. Paris: H. Nicolle, 1814.

MOREAU, Pierre. *L'histoire en France au XIXe siècle*. État des travaux et esquisse d'un plan d'études. Paris: Les Belles Lettres, 1935.

MORINEAU, Michel. *Pour une histoire économique vraie*. Lille: Presses Universitaires de Lille, 1985.

MOSÈS, Stéphane. *L'ange de l'histoire*. Rosenzweig, Benjamin, Scholem. Paris: Seuil, 1992.

MOSSÉ, Claude. Rencontre avec M.I. Finley: l'histoire économique et sociale dans l'oeuvre de Pierre Vidal-Naquet. In: HARTOG, François; SCHMITT, Pauline; SCHNAPP, Alain (Dirs.). *Pierre Vidal-Naquet, un historien dans la cite*. Paris: La Découverte, 1998.

MOULINIER, Pierre. *La naissance de l'étudiant moderne (XIXe siècle)*. Paris: Belin, 2003.

MOUSNIER, Roland. *La vénalité des offices sous Henri IV et Louis XIII*. Rouen, 1945.

_____. *Fureurs paysannes*. Les paysans dans les révoltes du XVIIe siècle. Paris: Calmann-Lévy, 1967.

_____. *Les hiérarchies sociales de 1450 à nos jours*. Paris: PUF, 1969.

_____. Le concept de classe et l'histoire. *Revue d'Histoire Économique et Sociale*, v. 48, n. 4, 1970.

_____. *La stratification sociale à Paris aux XVI et XVIIIe siècle*. Paris: PUF, 1976.

MUCCHIELLI, Laurent. Psychologie et sociologie en France, l'appel à un territoire commun: vers une psychologie collective (1890-1940). *Revue de Synthèse*, n. 3-4, 1994.

_____. Aux origines de la nouvelle histoire. *Revue de Synthèse*, n. 1, 1995a.

BIBLIOGRAFIA

_____. Une lecture de Langlois et Seignobos. *EspacesTemps*, "Le temps réfléchi", n. 59-60-61, 1995b.

_____. *La découverte du social*. Paris: La Découverte, 1998.

MUCHEMBLED, Robert. *Sociétés, cultures et mentalités dans la France modern*. Paris: Armand Colin, 1990.

MÜLLER, Bertrand. *Bibliographie des travaux de Lucien Febvre*. Paris: Armand Colin, 1991.

_____. Introduction. In: BLOCH, Marc; FEBVRE, Lucien. *Correspondance*. Paris: Fayard, 1994. v. 1: 1928-1933.

_____. Lucien Febvre et la politique du compte rendu. In: CLAVIEN, Alain; MÜLLER, Bertrand (Dirs.). *Le goût de l'histoire et des hommes*. Mélanges offerts au professeur Jean-Pierre Aguet. Éditions de l'Aire, 1996.

_____. Lucien Febvre et Henri Berr: de la synthèse à l'histoire-problème. In: BIARD, Agnes; BOUREL, Dominique; BRIAN, Éric (Dirs.). *Henri Berr et la culture du XXe siècle*. Paris: Albin Michel, 1997a.

_____. L'entre-deux-guerres à la lumière de la correspondance Marc Bloch-Lucien Febvre. In: DEYON, Pierre; RICHEZ, Jean-Claude; STRAUSS, Léon (Dirs.). *Marc Bloch, l'historien et la cite*. Strasbourg: Presses Universitaires de Strasbourg, 1997b.

_____. Le passé au présent. Tradition, mémoire et histoire dans les sciences sociales. *Les Annuelles*, n. 8, 1997c.

_____. Histoire traditionnelle et histoire nouvelle: un bilan de combat de Lucien Febvre. *Genèses*, n. 35, 1999.

_____. Introduction. In: BLOCH, Marc; FEBVRE, Lucien. *Correspondance, III. Les* Annales *en crises 1938-1943*. Paris: Fayard, 2003a.

_____. *Lucien Febvre, lecteur et critique*. Paris: Albin Michel, 2003b.

MÜLLER, Bertrand (Dir.). *L'histoire entre mémoire et épistémologie*. Autour de Paul Ricoeur. Lausanne: Payot, 2005.

_____; SCHÖTTLER, Peter, 1995. Faut-il brûler Lucien Febvre? *Le Monde*, 8 fév., 1995.

NICOLET, Claude. *L'idée républicaine en France*. Essai d'histoire critique. Paris: Gallimard, 1982.

NOIRIEL, Gerard. *Le creuset français*. Histoire de l'immigration XIXe-XXe siècles. Paris: Seuil, 1988.

_____. Pour une approche subjectiviste du social. *Annales ESC*, nov./déc. 1989.

_____. *La tyrannie du national*. Le droit d'asile en Europe 1793-1993. Paris: Calmann-Lévy, 1991.

_____. Les enjeux pratiques de la construction de l'objet. L'exemple de l'immigration. In: CHRISTOPHE, C. (Dir.). *Histoire sociale, histoire globale?* Paris: La Maison des Sciences de l'Homme, 1993.

_____. *Sur la "crise" de l'histoire*. Paris: Belin, 1996.

_____. *Qu'est-ce que l'histoire contemporaine?* Paris: Hachette/Supérieur, 1998a.

_____. Max Weber et le sens des limites. *Genèses*, n. 32, sept. 1998b.

_____. *Les origines républicaines de Vichy*. Paris: Hachette, 1999.

_____. *Penser avec, penser contre*. Itinéraire d'un historien. Paris: Belin, 2003.

NOLTE, Ernst. Un passé qui ne veut passer. Conférence qui, une fois écrite, ne put pas être prononcé. In: *Devant l'histoire*. Les documents de la controverse sur la singularité de l'extermination des Juifs par le régime nazi. Paris: Cerf, 1988.

NORA, Pierre. La mémoire collective. In: LE GOFF, J. (Dir.). *La nouvelle histoire*. Paris: Retz, 1978.

_____. Lavisse, instituteur national. In: _____. *Les lieux de mémoire*. Paris: Gallimard, 1984a. v. 1: *La Republique*.

_____. Le *Dictionnaire de pédagogie* de Ferdinand Buisson. Cathédrale de l'école primaire. In: _____. *Les lieux de mémoire*. Paris: Gallimard, 1984b. v. 1: *La Republique*.

_____. La fin de l'histoire-mémoire. In: _____. *Les lieux de mémoire*. Paris: Gallimard, 1984c. v. 1: *La Republique*.

_____. L'*Histoire de France* de Lavisse. In: _____. *Les lieux de mémoire*. Paris: Gallimard, 1986. v. 2: *La Nation*.

_____. *Essais d'égo-histoire*. Paris: Gallimard, 1987.

_____. L'ère de la commémoration. In: _____. *Les lieux de mémoire*. Paris: Gallimard, 1992a. v. 3: *Les France*.

_____. Comment écrire l'histoire de France? In: _____. *Les lieux de mémoire*. Paris: Gallimard, 1992b. v. 3: *Les France*.

_____. De l'histoire contemporaine au présent historique In: _____. *Écrire l'histoire du temps présent*. Paris: CNRS, 1993.

_____. La loi de la mémoire. *Le Débat*, n. 78, jan./fév. 1994.

BIBLIOGRAFIA

_____. La nation sans nationalisme. *EspacesTemps*, "Le temps réfléchi", n. 59-60-61. 1995.

_____. François Furet dans *Le Débat. Le Débat*, n. 96, sept./oct. 1997a.

_____. (Dir.). [1984-1992]. *Les lieux de mémoire*. Paris: Quarto/Gallimard, 1997b. v. 1: *La Republique*. v. 2: *La Nation*. v. 3: *Les France*.

NORDMAN, Daniel. La géographie, oeil de l'histoire. *EspacesTemps*, "Histoire/géographie, 1. L'arrangement", n. 66-67, 1998.

OEXLE, Otto Gehrard. Marc Bloch et la critique de la raison historique. In: ATSMA, Hartmut; BURGUIÈRE, André (Dirs.). *Marc Bloch aujourd'hui*. Histoire comparée et sciences sociales. Paris: École des Hautes Études en Sciences Sociales, 1990.

OFFENSTADT, Nicols (Dir.). *Les mots de l'historien*. Toulouse: Presses universitaires du Mirail, 2005.

ORLÉAN, André. *Analyse économique des conventions*. Paris: PUF, 1994.

ORY, Pascal. L'histoire culturelle de la France contemporaine. Question et questionnement. *Vingtième Siècle, revue d'histoire*, n. 16, oct./déc. 1987.

_____. Le Centenaire de la Révolution Française. La preuve par 89. In: NORA, Pierre. *Les lieux de mémoire*. Paris: Gallimard, 1984. v. 1: *La Republique*.

_____. *L'histoire culturelle*. Paris: PUF, 2004.

OZOUF, Mona. *La fête révolutionnaire (1789-1799)*. Paris: Gallimard, 1976.

_____; FURET, François. In: SALES, Véronique (Dir.). *Les historiens*. Paris: Armand Colin, 2003. Edição brasileira: *Os historiadores*. São Paulo: Unesp, 2011.

OZOUF, Jacques; OZOUF, Mona. Le tour de la France par deux enfants. Le petit livre rouge de la Republique. In: NORA, Pierre. *Les lieux de mémoire*. Paris: Gallimard, 1984. v. 1: *La Republique*.

PASSERON, Jean-Claude. *Le raisonnement sociologique*. L'espace non-poppérien du raisonnement naturel. Paris: Nathan, 1991. Edição brasileira: O raciocínio sociológico. O espaço não popperiano do raciocínio natural. Petrópolis: Vozes, 1995.

_____. De la pluralité théorique en sociologie: théorie de la connaissance sociologique et théories sociologiques. *Revue Européenne des Sciences Sociales*, n. 99, 1994.

_____. Logique et schématique dans l'argumentation des sciences sociales. *Revue Européenne des Sciences Sociales*, n. 107, 1997.

_____. Formalisation, rationalité et histoire. In: GRENIER, Jean-Yves; GRIGNON, Claude; MENGER, Pierre-Michel (Dirs.). *Le modèle et le récit*. Paris: Maison des Sciences de L'homme, 2001.

PAXTON, Robert. *La France de Vichy 1940-1944*. Paris: Seuil, 1973.

PÊCHEUX, Michel. *L'inquiétude du discours*, Paris: Cendres, 1990.

PÉROUAS, Louis. *Le Diocèse de La Rochelle de 1648 à 1724*. Paris: Sevpen, 1964.

PERROT, Jean-Claude. *Genèse d'une ville moderne*: Caen au XVIIIe siècle. Paris: École des Hautes Études en Sciences Sociales, 1975.

_____. *Une histoire intellectuelle de l'économie politique, XVIIe-XVIIIe siècles*. Paris: EHESS, 1992.

PERROT, Michelle. *Les ouvriers en grève*. France 1871-1890. Paris: Mouton, 1974.

_____. (Dir.). Travaux de femmes dans la France du XIXe siècle. *Le Mouvement Social*, n. 105, out-déc. 1978.

_____. *L'impossible prison*. Paris: Seuil, 1980.

_____. *Une histoire des femmes est-elle possible?* Marseille: Rivages, 1984.

PESCHANSKI, Denis. *Vichy 1940-1944*. Contrôle et exclusion. Bruxelles: Complexe, 1997.

_____; POLLAK, Michael; ROUSSO, Henry (Dir.). *Histoire politique et sciences sociales*. Bruxelles: Complexe, 1991.

PESEZ, Jean-Michel. L'histoire de la culture matérielle. In: LE GOFF, J. (Dir.). *La nouvelle histoire*. Paris: Retz, 1978.

PESTRE, Dominique. Pour une histoire sociale et culturelle des sciences. Nouvelles définitions, nouveaux objets, nouvelles pratiques. *Annales HSS*, mai/juin 1995.

_____. Les "Social Studies of Science" et leurs effets sur le travail historique. *Raison Présente*, n. 119, 1996.

POIRRIER, Philippe. *Les enjeux de l'histoire culturelle*. Paris: Seuil, 2004.

POLLAK, Michael. La planification des sciences sociales. *Actes de la Recherche en Sciences Sociales*, juin 1976.

_____. Pour un inventaire. *Les Cahiers de l'IHTP*, "Questions à l'histoire orale", n. 4, juin 1987.

POMIAN, Krzysztof. *L'ordre du temps*. Paris: Gallimard, 1984.

BIBLIOGRAFIA

453

_____. L'heure des *Annales*. In: NORA, Pierre. *Les lieux de mémoire*. Paris: Gallimard, 1986. v. 2: *La Nation*.

_____. Francs et Gaulois. In: NORA, Pierre. *Les lieux de mémoire*. Paris: Gallimard, 1992a. v. 3: *Les France*.

_____. Les archives. In: NORA, Pierre. *Les lieux de mémoire*. Paris: Gallimard, 1992b. v. 3: *Les France*.

_____. *Sur l'histoire*. Paris: Gallimard/Folio/Histoire, 1999.

POPPER, Karl. *Misère de l'historicisme*: Paris: Plon, 1959. Edição brasileira: *A miséria do historicismo*. São Paulo: Edusp, 1980.

PORCHNEV, Boris. *Les soulèvements populaires en France au XVIIe siècle*. Paris: Champs/Flammarion, 1972.

POULOT, Dominique. Alexandre Lenoir et les Monuments français. In: NORA, Pierre. *Les lieux de mémoire*. Paris: Gallimard, 1986. v. 2: *La Nation*.

_____. *Musée, nation, patrimoine 1789-1815*. Paris: Gallimard, 1997.

POUSSOU, Jean-Pierre. La démographie historique. In: BÉDARIDA, François. (Dir.). *L'histoire et le métier d'historien en France, 1945-1995*. Paris: Maison des Sciences de l'Homme, 1995.

PROCHASSON, Christophe. Histoire intellectuelle/Histoire des intellectuels: le socialisme français au début du XXe siècle. *Revue d'Histoire Moderne et Contemporaine*, n. 39-3, juil./sept. 1992.

_____. *Les intellectuels, le socialisme et la guerre, 1900-1938*. Paris: Seuil, 1993.

_____. Henri Berr et les durkheimiens. In: BIARD, Agnes; BOUREL, Dominique; BRIAN, Éric (Dirs.). *Henri Berr et la culture du XXe siècle*. Paris: Albin Michel, 1997.

PROST, Antoine. *Les Anciens Combattants et la société française, 1914-1939*. Paris: Presses de la Fondation Nationale des Sciences Politiques, 1977.

_____. Pour une histoire sociale du temp présent. In: IHTP, *Écrire l'histoire du temps présent*. Paris: CNRS, 1993.

_____. Seignobos reviste. *Vingtième Siècle, revue d'histoire*, n. 43, juil./sept. 1994.

_____. *Douze leçons sur l'histoire*. Seuil/Points-Histoire, 1996a. Edição brasileira: *Doze lições sobre história*. Belo Horizonte: Autêntica, 2009.

_____. Histoire, vérités, méthodes. Des structures argumentatives de l'histoire", dossier "Histoires et historiens". *Le Débat*, n. 92, nov./déc. 1996b.

_____. Où va l'histoire sociale? *Le Mouvement Social*, n. 174, jan./mar. 1996c.

_____. Sociale et culturelle indissociablement. In: RIOUX Jean-Pierre; SIRINELLI, Jean-François (Dirs.). *Pour une histoire culturelle*. Paris: Seuil, 1997a.

_____. Les historiens et les Aubrac: une question de trop. *Le Monde*, 12 juil. 1997b.

_____. Mais comment donc l'histoire avance-t-elle?" dossier "Inquiétudes et certitudes de l'histoire. *Le Débat*, n. 103, jan./fév. 1999.

_____. L'historien, le juge, le témoin et l'accusé. In: BRAYARD, Florent (Org.). *Le génocide des Juifs entre procès et histoire, 1943-2000*. Bruxelles: Complexe, 2000.

_____; WINTER, Jay. *Penser la guerre*. Un essai d'historiographie. Paris: Seuil, 2004.

PROUST, Françoise. *L'histoire à contretemps*. Le temps historique chez Walter Benjamin. Paris: Le Cerf, 1999.

QUÉRÉ, Louis. Le tournant descriptif en sociologie. *Current Sociology*, v. 40, n. 1, 1992.

QUINET, Edgar. [1865]. *La Révolution*. Préface de Claude Lefort. Paris: Belin, 1987.

Raisons pratiques, 1, 1990. Pharo Patrick e Quéré Louis (Dirs.). "Les formes de l'action".

Raisons pratiques, 2, 1991. Petit Jean-Luc (Dir.). "L'événement en perspective".

RANCIÈRE, Jacques. *Les noms de l'histoire*. Essai de poétique du savoir. Paris: Seuil, 1992.

_____. Le concept d'anachronisme et la vérité de l'historien. *L'inactuel*, n. 6, 1996.

RANKE, Léopold von. [1854]. Comment il faut entendre le terme de progrès dans l'histoire. In: CARBONELL, Charles-Olivier; WALCH, Jean (Dirs.). *Les sciences historiques de l'antiquité à nos jours*. Paris: Larousse, 1994.

RAPHAËL, Lutz. The present as challenge for the historian. The contemporary world in the *Annales ESC*, 1929-1949. *Storia della Storiografia*, n. 21, 1992.

_____. Le Centre de Recherches Historiques de 1949 à 1975. *Cahiers du Centre de Recherches Historiques*, 10 avr. 1993.

_____. *Die Erben von Bloch und Febvre*. Annales *Geschichtsschreibung und* Nouvelle Histoire *in Frankreich 1945-1980*. Stuttgart: Klette-Cotta, 1994.

_____. Une espèce de petite révolution culturelle — Marc Bloch, Les *Annales d'Histoire Économique et Sociale* et l'actualité. In: DEYON, Pierre; RICHEZ, Jean-Claude; STRAUSS, Léon (Dirs.). *Marc Bloch, l'historien et la cité*. Strasbourg: Presses Universitaires de Strasbourg, 1997.

BIBLIOGRAFIA

RAUCH, André. *Le Premier sexe*. Mutations et crise d'identité masculine. Paris, Hachette, 2000.

RAULFF, Ulrich. *Ein Historiker im 20. Jahrhundert:* Marc Bloch. Frankfurt: M. S. Fischer, 1995.

REBÉRIOUX, Madeleine. Histoire, historiens et dreyfusisme. *Revue Historique*, n. 518, 1976.

_____. Le débat de 1903: historiens et sociologues. In: CARBONELL, Charles-Olivier; LIVET, Georges (Dirs.). *Au berceau des Annales*. Stratégie et idéologie des nouveaux historiens. Paris: Économica, 1983.

REIZOV, Boris Georgievitch, *L'historiographie romantique française 1815-1830*. Moscou, Éd. en langues étrangères, 1930.

RÉMOND, René. Plaidoyer pour une histoire délaissée. La fin de la IIIe République. *Revue Française de Sciences Politiques*, n. 7, p. 253-270, 1957.

_____. Du politique. In: _____ (Dir.). *Pour une histoire politique*. Paris: Seuil, 1988.

_____. Le retour du politique. In: CHAUVEAU, Agnes; TÉTART, Philippe (Dir.). *Questions à l'histoire des temps présents*. Bruxelles: Complexe, 1992.

_____. L'histoire contemporaine. In: BÉDARIDA, François (Dir.). *L'histoire et le métier d'historien en France, 1945-1995*. Paris: Maison des Sciences de l'Homme, 1995.

RENAN, Ernest. L'instruction publique jugée par les allemands. *Questions contemporaines*, 1, 1849.

_____. Les études savantes en Allemagne. *Questions contemporaines*, 1, 1857.

_____. [1882]. *Qu'est-ce qu'une nation?* Paris: Pocket, 1992.

_____. [1890]. *L'avenir de la science, 1849/1890*. Paris: Garnier/Flammarion, 1995.

RENOUVIN, Pierre. *Les origines immédiates de la guerre (28 juin-4 août 1914)*. Paris: Alfred Costes, 1925.

_____. *Histoire des relations internationales*. Paris: Hachette, 1953-1958. 8 v.

_____; DUROSELLE, Jean-Baptiste. *Introduction à l'histoire des relations internationales*. Paris: Armand Colin, 1964.

REVEL, Jacques. Les paradigmes des *Annales*. *Annales ESC*, nov./déc. 1979.

_____. Sur la "crise" de l'histoire aujourd'hui. *Bulletin de la Société Française de Philosophie*, n. 4, oct./déc, 1985.

_____. "L'histoire sociale dans les *Annales:* une définition empirique. In: *Historiens et sociologues aujourd'hui, Journée d'études annuelles de la Société Française de Sociologie*, Lille I, 14-15 juin 1984. Paris: CNRS,1986a.

_____. Une oeuvre inimitable. *EspacesTemps*, Braudel dans tous ses états, n. 34-35, 1986b.

_____. L'histoire au ras du sol. In: LEVI, Giovanni. *Le pouvoir au village*: la carrière d'un exorciste dans le Piémont du XVIIᵉ siècle. Paris: Gallimard, 1989.

_____. Ressources narratives et connaissance historique. *Enquête*, n. 1, 1995.

_____. Psychologie historique et histoire des mentalités. In: *Pour une psychologie historique*. Écrits en hommage à Ignace Meyerson. Paris: PUF, 1996a.

_____. (Dir.). *Jeux d'échelles*. La micro-analyse à l'expérience. Paris: Hautes Études/Gallimard/ Seuil, 1996b. Edição brasileira: *Jogos de escala*: a experiência da microanálise. Rio de Janeiro: FGV, 1998.

_____. Le moment Berr. In: BIARD, Agnes; BOUREL, Dominique; BRIAN, Éric (Dirs.). *Henri Berr et la culture du XXᵉ siècle*. Paris: Albin Michel, 1997.

_____. Au pied de la falaise: retour aux pratiques. Dossier "Inquiétudes et certitudes de l'histoire". *Le Débat*, n. 103, jan./fév. 1999a.

_____. Le fardeau de la mémoire. Correspondances. *Institut de Recherches sur le Maghreb contemporain*, n. 55, mars/avr. n. 55, 1999b.

_____. Pratiques du contemporain et régimes d'historicité. *Le Genre Humain*, n. 35, 2000.

_____; WACHTEL, Nathan (Dirs.). *Une école pour les sciences sociales*. Paris: Cerf/École des Hautes Études en Sciences Sociales, 1996.

REY, Abel. Une opposition de tendances dans la science des "temps modernes". *Revue de Synthèse*, v. 2, 1931.

RICHARD, Nathalie. *L'invention de la préhistoire*. Paris: Pocket, 1992.

_____. Coup d'État politique et révisions historiographiques: des conséquences du 2 Décembre sur la philosofie de l'histoire. In: APRILE, Sylvie et al. *Comment meurt une République*. Autour du 2 Décembre 1851. Paris: Créaphis, 2004a.

_____. Analogies naturalistes: Taine et Renan. *EspacesTemps*, n. 84/85/86, 2004b.

RICKERT, Heinrich. Les quatre modes de "l'universel" dans l'histoire. *Revue de Synthèse Historique*, v. 2, 1901.

BIBLIOGRAFIA

RICOEUR, Paul. Objectivité et subjectivité en histoire. *Journées pédagogiques de coordination entre l'enseignement de la philosophie et celui de l'histoire*, Sèvres, Centre International d'Études Pédagogiques, déc. 1952. Reeditado in: _____. *Histoire et vérité*. Paris: Seuil, 1964.

_____. *Temps et récit*. Paris: Seuil. 1985. 3 v. Reed. Points-Seuil, 1991. Edição brasileira: *Tempo e narrativa*. São Paulo: Martins Fontes, 2011. 3 v.

_____. Remarques d'un philosophe. In: *Écrire l'histoire du temps présent*. Paris: CNRS, 1993.

_____. Histoire et rhétorique. *Diogène*, n. 168, 1994.

_____. Histoire et mémoire. In: DE BAECQUE, Antoine; DELAGE, Christian (Dirs.). *De l'histoire au cinema*. Bruxelles: Complexe, 1998.

_____. *La mémoire, l'histoire, l'oubli*. Paris: Seuil, 2000. Edição brasileira: *A memória, a história, o esquecimento*. Campinas/SP: Unicamp, 2008.

RIEFFEL, Rémy. Les historiens, l'édition et les média. In: BÉDARIDA, François. (Dir.). *L'histoire et le métier d'historien en France, 1945-1995*. Paris: Maison des Sciences de l'Homme, 1995.

RIGNOL, Loïc. Augustin Thierry et la politique de l'histoire. Genèse et principes d'un système de pensée, *Revue d'Histoire du XIXe Siècle*, n. 25, 2002.

RIOT-SARCEY, Michèle. *Le réel de l'utopie. Essai sur le politique au XIXe siècle*. Paris: Albin Michel, 1998.

RIOUX, Jean-Pierre; SIRINELLI, Jean-François (Dirs.). *Pour une histoire culturelle*. Paris: Seuil, 1997.

_____; _____. (Dirs.). *Histoire culturelle de la France*. Paris: Seuil, 1997/1998. 4 v.

ROBERT, Jean-Louis. *Les Ouvriers, la Patrie et la Révolution*. Paris (1914-1918). Besançon: Annales Littéraires de L'Université de Besançon, 1995.

_____; TARTAKOWSKY, Danielle (Dirs.). *Paris, le peuple XVIIIe-XXe siècles*, Paris: Sorbonne, 1999.

ROBIN, Régine. *Histoire et linguistique*, Paris: Armand Colin, 1973.

ROCHE, Daniel. De l'histoire sociale à l'histoire socio-culturelle. *Mélanges de l'École française de Rome*, Paris, v. 91, 1979.

_____. *La France des Lumières*. Paris: Fayard, 1993.

_____. *Histoire des choses banales*. Paris: Fayard, 1997.

_____; GOUBERT, Pierre. *Les français et l'Ancien Régime*. Paris: Armand Colin, 1984. v. 2: Culture et société.

ROSANVALLON, Pierre. *Le moment Guizot*. Paris: Gallimard, 1985a.

_____. Le Gramsci de la bourgeoisie. In: GUIZOT, François. *Cours d'histoire moderne:* histoire la civilisation en Europe. Paris: Hachette, Pluriel, 1985b.

_____. Pour une histoire conceptuelle du politique. *Revue de Synthèse*, n. 1-2, jan./juin 1986.

_____. Le politique. In: REVEL, Jacques; WACHTEL Nathan. (Dirs.). *Une école pour les sciences sociales*. Paris: Cerf/École des Hautes Études en Sciences Sociales, 1996.

ROUGERIE, Jacques. Faut-il dépatamentaliser l'histoire de France? *Annales ESC*, v. 21, 1965.

ROUSSEAU, Frédéric. *La guerre censurée:* une histoire des combattants européens de 14-18, Paris: Seuil, 1999.

ROUSSEAU, Jean-Jacques. [1754]. *Discours sur l'origine et les fondements de l'inégalité parmi les hommes*. Paris: Éditions Sociales, 1977.

ROUSSO, Henry. *Le syndrome de Vichy 1944-198...*, Paris: Seuil, 1987.

_____. *La hantise du passé*. Paris: Textuel, 1998.

_____. L'histoire du temps présent, vingt ans après. *Bulletin de l'IHTP*, n. 75, 2000a.

_____. Juger le passé? Justice et histoire en France. In: BRAYARD, Florent (Dir.). *Le génocide des juifs entre procès et histoire, 1943-2000*. Bruxelles: Complexe, 2000b.

ROYNETTE, Odile. *Bons pour le service*. L'expérience de la caserne en France à la fin du XIXe siècle. Paris: Belin, 2000.

SAHLINS, Marshall. *Des îles dans l'histoire*. Paris: Gallimard/Le Seuil, 1989. Edição brasileira: *Ilhas de história*. Rio de Janeiro: Zahar, 2003.

SAINT-CLOUD, Colloque. [1965]. *L'histoire sociale, sources et methods*. Paris: PUF, 1967.

SALAIS, Robert; BAVEREZ, Nicolas; REYNAUD, Bénédicte. *L'invention du chômage*. Histoire et transformation d'une catégorie en France des années 1890 aux années 1980. Paris: PUF/Quadrige, 1999.

SAMARAN, Charles (Dir.). *L'histoire et ses méthodes*. Paris: Gallimard/Encyclopédie de La Pléiade, 1961.

SAUZET, Robert. *Les visites pastorales dans le diocèse de Chartres pendant la première moitié du XVIIe siècle*. Rome, 1975.

BIBLIOGRAFIA

SCHMITT, Jean-Claude. Le suicide au Moyen Age. *Annales ESC*, jan. 1976.

SCHNAPPER, Dominique. Le temps présent entre histoire et sociologie. In: *Écrire l'histoire du temps présent*. Paris: CNRS, 1993.

SCHÖTTLER, Peter. *Lucie Varga*. Les autorités invisibles. Une historienne autrichienne aux *Annales* dans les années trente. Paris: Cerf, 1991.

_____. Mentalités, idéologies, discours. Sur la thématisation socio-historique du troisième niveau. In: LÜDTKE, Alf (Dir.). *Histoire du quotidian*. Paris: Maison des Sciences de L'Homme, 1994.

_____. Marc Bloch et Lucien Febvre face à l'Allemagne nazie. *Génèse*, n. 21. déc. 1995.

SCHRADER, Fred E. Comment une histoire nationale est-elle possible? *Génèses*, n. 14, jan. 1994.

SCOTT, Joan W. Genre: une catégorie utile d'analyse historique. *Les Cahiers du GRIF*, "le genre de l'histoire", n. 37-38, 1988.

_____. Women's history. In: BURKE, Peter (Dir.). *New perspectives in historical writing*. The Pennsylvania State University Press, 1991.

_____. A crisis in history? On Gérard Noiriel's *Sur la "crise de l'histoire"*. *French Historical Studies*, v. 21, n. 3, 1998.

_____. Millenial fantasies: the future of gender in the 21st century. In: Honegger, Claudia; ARNI, Carole (Hg.). *Gender*. Die Tücken einer Kategorie. Beiträge zum Symposion anlässlich der Verleihung des Hans-Sigrist-Preises 1999 der Universität Bern an Joan W. Scott. Zürich: Chronos, 2001.

SEARLE, John. *Les actes de langage*. Paris: Hermann, 1969.

SÉE, Henri. Remarques sur l'application de la méthode comparative à l'histoire économique et sociale. *Revue de Synthèse Historique*, v. 10, dec. 1923.

_____. *Matérialisme historique et interprétation économique de l'histoire*. Paris: Marcel Giard. 1927.

_____. *Science et philosophie de l'histoire*. Paris: Félix Alcan, 1928.

SEIGNOBOS, Charles. [1881]. L'enseignement de l'histoire dans les universités allemandes. In: *Études de politique et d'histoire*. Paris: PUF, 1934.

_____. *La méthode historique appliquée aux sciences sociales*. Paris: Félix Alcan, 1901.

_____. *L'histoire dans l'enseignement secondaire*. Paris: Armand Colin, 1906.

_____. Intervention lors de la séance du 30 mai 1907. *Bulletin de la Société Française de Philosophie*, 1907.

_____. Intervention lors de la séance du 28 mai 1908. *Bulletin de la Société Française de Philosophie*, 1908.

_____. [1907]. L'enseignement de l'histoire comme instrument d'éducation politique. In: *Études de politique et d'histoire*. Paris: PUF, 1934.

_____. [1933]. *Histoire sincère de la nation française*. Paris: PUF, 1982.

_____. La dernière lettre de Charles Seignobos à Ferdinand Lot, *Revue Historique*, fasc. 1, 1953.

SEWELL, J. R.; William, H. Geertz and history: from synchrony to transformation. *Representations*, n. 59, Summer, 1997.

SEWELL, William H. Marc Bloch and the logic of comparative history. *History and Theory*, n. 2, 1967.

SIEGEL, Martin, Henri Berr et la *Revue de Synthèse Historique*. In: CARBONELL, Charles-Olivier; LIVET, Georges (Dirs.). *Au berceau des Annales*. Stratégie et idéologie des nouveaux historiens. Paris: Économica, 1983.

SIEYES, Emmanuel Joseph. [1789]. *Qu'est-ce que le Tiers-état?* Paris: Champs-Flammarion, 1988.

SIMIAND, François. Intervention lors de la séance du 31 mai 1906. *Bulletin de la Société Française de Philosophie*, 1906.

_____. *Statistique et expérience*. Remarques de méthode. Paris: Rivière, 1922.

_____. Notes sur notre classement des travaux économiques. *L'Année Sociologique*, 1925a.

_____. Monnaie et faits monétaires: Quelques remarques sur la récente littérature monétaire. *L'Année Sociologique*, 1925b.

_____. *Le salaire, l'évolution sociale et la monnaie*. Essai de théorie expérimentale du salaire. Paris: Alcan, 1932.

_____. [1903]. *Méthode historique et science sociale*. Paris: Archives Contemporaines, 1987a.

_____. [1909]. Géographie humaine et sociologie. In: *Méthode historique et science sociale*. Paris: Archives Contemporaines, 1987b.

SIRINELLI, Jean-François. [1986]. *Génération intellectuelle*. Khâgneux et normaliens dans l'entre-deux-guerres. Paris: Fayard, 1988.

BIBLIOGRAFIA

_____. L'histoire politique. In: BÉDARIDA, François. (Dir.). *L'histoire et le métier d'historien en France, 1945-1995.* Paris: Maison des Sciences de l'Homme, 1995.

_____. Pour une histoire culturelle du politique. *Vingtième Siècle, revue d'histoire*, n. 57, jan./mar. 1998a.

_____. De la demeure à l'agora. Pour une histoire culturelle du politique. In: BERSTEIN, Serge; MILZA, Pierre (Dirs.). *Axes et méthodes de l'histoire politique.* Paris: PUF, 1998b.

_____; VIGNE, Eric. Des droites et du politique. In: SIRINELLI, Jean-François (Dir.). *Histoire des droites en France.* Paris: Gallimard, 1992. v. 1.

SISMONDI, Jean-Charles Léonard de. *Histoire des Français.* Paris: Trecittel et Wurtz, 1821.

SOLCHANY, Jean. De la régression analytique à la célébration médiatique: le phénomène Goldhagen. *Revue d'Histoire Moderne et Contemporaine*, v. 44, juil./sept. 1997.

SOT, Michel. Charlemagne et Godelier. *EspacesTemps*, n. 7, 1978.

_____. *Pratiques de la confession.* Paris: Cerf, 1983.

STAËL, madame de. [1818]. *Considérations sur la Révolution Française.* Préface de Godechot Jacques. Paris: Taillandier, 1983.

STEINER, Philippe. Note à propos de la théorie de l'action sous-jacente au dilemme productiviste-répartition. In: GILLARD, Lucien; ROSIER, Michel (Dirs.). *François Simiand (1873-1935).* Sociologie — histoire — économie. Amsterdam: Archives Contemporaines, 1996.

STICHWEH, Rudolph. La structuration des disciplines dans les universités allemandes au XIXe siècle. *Histoire de l'Éducation*, n. 62, 1994.

STOETZEL, Jean. Sociologie et démographie. *Population*, n. 1, jan. 1946.

STONE, Lawrence. Retour au récit ou réflexions sur une nouvelle vieille histoire. *Le Débat*, n. 4, 1980.

STORA, Benjamin. *La gangrène et l'oubli.* Paris: La Découverte, 1991.

SURATTEAU, Jean-René. Les historiens, le marxisme et la naissance des *Annales*: l'historiographie marxiste vers 1929: un mythe? In: CARBONELL, Charles-Olivier; LIVET, Georges (Dirs.). *Au berceau des Annales.* Stratégie et idéologie des nouveaux historiens. Paris: Économica, 1983.

TACKETT, Timothy. *Par la volonté du peuple.* Comment les députés de 1789 sont devenus révolutionnaires. Paris: Albin Michel, 1997.

TAINE, Hippolyte. *Histoire de la littérature anglaise.* Paris: Hachette, 1863.

_____. [1875]. *Origines de la France contemporaine.* Paris: Robert Laffont/Bouquins, 1986.

TARTAKOWSKY, Danielle. Présentation. *Bulletin du CHS*, Paris, 1/Panthéon- Sorbonne, n. 25, 2002.

TESNIÈRE, Valéry. L'histoire aux éditions Alcan (1874-1939). *Vingtième Siècle, revue d'histoire*, oct./déc. 1990.

THÉBAUD, Françoise. *Écrire l'histoire des femmes*. Fontenay-aux-Roses: ENS, 1998.

THEIS, Laurent.Guizot et les institutions de mémoire. In: Nora, Pierre (Dir.). *Les lieux de mémoire*. Paris: Gallimard, 1986. v. 2: La nation.

THIERRY, Amédée. *Histoire des Gaulois depuis les temps les plus reculés jusqu'à l'entière soumission de la Gaule à la domination romaine*. Paris: Sautelet, 1828. 3 v.

THIERRY, Augustin. *Essai sur l'histoire de la formation et des progrès du tiers état*. Paris: Garnier, 1850.

_____. [1827]. Lettres sur l'histoire de France. In: _____. *Oeuvres completes*. Paris: Garnier, 1867a.

_____. [1834]. Dix ans d'études historiques. In: *Oeuvres completes*. Paris: Garnier, 1867b.

_____. [1840]. *Récits des temps mérovingiens*. Paris: Complexe, 1995.

THIERS, Adolphe. [1823]. *Histoire de la Révolution Française*. Paris: Furne, Jouvet et Cie., 1872.

THIESSE, Anne-Marie. *Ils apprennaient la France*. L'exaltation des régions dans le discours patriotique. Paris: Maison des Sciences de l'Homme, 1997.

THOMAS, Yann. La vérité, le temps, le juge et l'historien. *Le Débat*, nov.-déc. 1998.

THOMPSON, Edward Palmer. *La formation de la classe ouvrière anglaise*. Paris: Hautes Études/ Gallimard/Seuil, 1988. Edição brasileira: *A formação da classe operária inglesa*. São Paulo: Paz e Terra, 1987. 3 v.

TILLY, Louise. Genre, histoire des femmes et histoire sociale. *Genèses*, n. 2, déc. 1990.

TOCQUEVILLE, Alexis de. [1856]. *L'ancien régime et la Révolution*. Paris: Gallimard/Folio, 1986. Edição brasileira: *O antigo regime e a revolução*. São Paulo: Martins Fontes, 2009.

TODOROV, Tzvetan. *Les abus de la mémoire*. Paris: Arléa, 1995.

TOPALOV, Christian. *Naissance du chômeur, 1880-1910*, Paris: Albin Michel, 1994.

TOUBERT, Pierre. [1931]. Préface. In: BLOCH, Marc. *Les caractères originaux de l'histoire rurale française*. Paris: Armand Colin, 1988.

TOURNIER, Maurice. *Des mots en politique*. Propos d'étymologie sociale. Paris: Klincksieck, 1997.

Bibliografia 463

TOUSSAERT, Jacques. *Le sentiment religieux en Flandre à la fin du Moyen-Âge*. Paris: Plon, 1963.

TREBITSCH, Michel. Promesses et problèmes de l'histoire culturelle. In: *Débuter dans la recherche historique*. Paris: Histoire au présent/La boutique de l'histoire/Publications de la Sorbonne, 1990.

_____. La quarantaine et l'an 40. Hypothèses sur l'étymologie du temps présent. In: *Écrire l'histoire du temps présent*. Paris: CNRS, 1993.

URFALINO, Philippe. L'histoire culturelle: programme de recherche ou grand chantier. *Vingtième Siècle, revue d'histoire*, n. 57, jan./mars 1998.

VALENSI, Lucette. *Fables de la mémoire*. La glorieuse bataille des trois rois. Paris: Seuil, 1992.

_____. Présence du passé, lenteur de l'histoire. *Annales ESC*, mai/juin 1993.

_____. Histoire nationale, histoire monumentale. *Les lieux de mémoire, Annales HSS*, nov./déc. 1995.

_____. WACHTEL, Nathan. L'anthropologie historique. In: REVEL, Jacques; WACHTEL, Nathan (Dirs.). *Une école pour les sciences sociales*. Paris: Cerf/'École des Hautes Études en Sciences Sociales, 1996.

VALÉRY, Paul. *Regards sur le monde actuel*. Paris: Stock, 1931.

VALLÈS, Jules. [1881]. *Le bachelier*. Paris: Garnier/Flammarion, 1970.

VÉNARD, Marc. *La vie religieuse dans la province ecclésiastique d'Avignon*. Paris, 1977. ms.

VERLEY, Patrick; MAYAUD, Jean-Luc. Introduction. Nouvelles approches en histoire économique. *Revue d'Histoire du XIXe Siècle*, n. 23, 2001.

VERNANT, Jean-Pierre. *Les origines de la pensée grecque*. Paris: PUF, 1962. Edição brasileira: *As origens do pensamento grego*. Rio de Janeiro: Difel, 1977.

_____. [1965]. *Mythe et pensée chez les Grecs*. Paris: Maspero, 1971. 2 v.

_____. Entretien avec Judith Miller. *L'âne*, jan./mars 1987.

_____. *La traversée des frontiers*. Paris: Seuil, 2004.

_____. [1971]. *Comment on écrit l'histoire*. Paris: Points/Seuil, 1996. Edição brasileira: *Como se escreve a história*. Brasília: UnB, 1995.

VIALLANEIX, Paul. *Michelet, les travaux et les jours*. 1798-1874. Paris: Gallimard, 1998.

VIDAL DE LA BLACHE, Paul. [1903]. *Tableau de la géographie de la France*. Paris: La Table Ronde, 1994.

VIDAL-NAQUET, Pierre. *Les Juifs, la mémoire et le présent*. Paris: Maspéro, 1981. Reed. Paris: Points-Essais, 1995.

_____. *Les assassins de la mémoire*. "Un Eichmann de papier" et autres essais sur le révisionnisme. Paris: La Découverte-1991. Reed. Paris: Points-Essais, 1995.

_____. *Le trait empoisonné*. Réflexions sur l'affaire Jean Moulin. Paris: La Découverte, 1993.

VIGARELLO, Georges. *Le propre et le sale*. L'hygiène du corps depuis le Moyen Âge. Paris: Seuil, 1985.

_____. *Le Sain et le malsain*. Santé et mieux-être depuis le Moyen Âge. Paris: Seuil, 1993.

VILAR, Pierre. *Une histoire en construction*: approche marxiste et problématiques conjoncturelles. Paris: EHESS/Gallimard/Seuil, 1982.

_____. Croissance économique et analyse historique, *Première Conferénce Internacionale d'Histoire Économique* (Stockholm, 1960). Paris: Mouton, 1962.

VINCENT, Julien. Concepts et contextes de l'histoire intellectuelle britannique: l'"École de Cambridge" à l'épreuve. *Revue d'Histoire Moderne et Contemporaine*, n. 50, 2003.

VOLDMAN, Danièle (Dir.). Définitions et usages des sources orales. *Les Cahiers de l'IHTP*, n. 21, nov. 1992.

_____. La place des mots, le poids des témoins. In: *Écrire l'histoire du temps présent*. Paris: CNRS, 1993.

VOLNEY, Constantin-François de Chasseboeuf. [1795]. Leçons d'histoire. In: NORDMAN, Daniel (Dir.). *L'école normale de l'an III*. Leçons d'histoire, de géographie, d'économie politique. Volney, Buache de La Neuville, Mentelle, Vandermonde. Paris: Dunod, 1994.

VOVELLE, Michel. *Piété baroque et déchristianisation en Provence au XVIIIe siècle*. Paris: Seuil, 1978.

_____. Les peurs dans l'Occident. *L'Histoire*, n. 22, avr. 1980.

_____. *Idéologies et mentalités*. Paris: Maspero, 1982. Reed. Paris: Folio-Histoire, 1992. Edição brasileira: *Ideologias e mentalidades*. São Paulo: Brasiliense, 1987.

_____. *La mort et l'Occident*. Paris: Gallimard, 1983.

_____. Plutôt labroussien que braudelien. *EspacesTemps*, n. 34-35, 1986.

_____. Un siècle d'historiographie révolutionnaire. In: _____ (Dir.). *L'État de la France pendant la Révolution (1789-1799)*. Paris: La Découverte, 1988.

BIBLIOGRAFIA

_____. *Combats pour la Révolution*. Paris: La Découverte/Société d'Études Robespierristes, 1993.

_____. Ma géographie, *EspacesTemps*, "Histoire/géographie, 2. Les promesses du désordre", n. 68-69-70, 1998.

WACHTEL, Nathan. *Le retour des ancêtres:* les indiens Urus de Bolivie, XXe-XVIe siècles (essai d'histoire régressive). Paris: Gallimard, 1990.

WAHNICH, Sophie. *L'impossible citoyen*. L'étranger dans le discours de la Révolution française. Paris: Albin Michel, 1997.

WALCH, Jean. Une rupture épistémologique dans l'historiographie? *Romantisme*, n. 20-21, 1978.

_____. *Les maîtres de l'histoire 1815-1850* (Augustin Thierry, Mignet, Guizot, Thiers, Michelet, Edgar Quinet). Paris: Champion, 1986.

WALLON, Henri. *Principes de psychologie appliquée*. Paris: Armand Colin, 1930.

WERNER, Karl-Ferdinand. *Histoire de France*. Paris: Fayard, 1983. v. 1.

WERNER, Michael; ZIMMERMANN, Bénédicte (Dirs.). *De la comparaison à l'histoire croisée*. Le genre humain. Paris: Seuil, 2004.

WERTH, Nicolas. Totalitarisme ou révisionnisme? Histoire soviétique, une histoire en chantier. *Communisme*, "La question du totalitarisme", n. 47-48, 1996.

WESSEL, Marleen. Honneur ou Patrie? Lucien Febvre et la question du sentiment national. *Genèses*, n. 25, 1996.

_____. Portrait d'une présence. *Cahiers Marc Bloch*, n. 5, 1997.

WHITE, Hayden. *Metahistory:* the historical imagination in nineteenth-century Europe. Baltimore: Johns Hopkins University Press, 1973.

WIEVIORKA, Annette. *Déportation et génocide*. Entre la mémoire et l'oubli. Paris: Plon, 1992. Reed. Hachette/Pluriel, 1995.

_____. *L'ère du témoin*. Paris, Plon, 1998

WILLAIME, Jean-Paul. De la sacralisation de la France. *Lieux de mémoire* et imaginaire national. *Archives Sociales des Religions*, n. 66, juil./set. 1988.

WOLFF, Denis. Une rupture non consommée. *EspacesTemps*, "Histoire/Géographie, 1. L'arrangement", n. 66-67, 1998.

WOLIKOW, Claudine. Aulard et la transformation du cours en chaire d'histoire de la Révolution Française à la Sorbonne. *Annales Historiques de la Révolution Française*, n. 4, 1991.

WORONOFF, Denis. Le monde ouvrier de la sidérurgie ancienne: note sur l'exemple français. *Le Mouvement Social*, n. 97, oct-déc. 1976.

ZANCARINI-FOURNEL, Michelle. Soixante-huit: le chantier continue. *EspacesTemps*, "Le temps réfléchi", n. 59-60-61, 1995.

ZAWADSKI, Paul (Dir.). *Malaise dans la temporalité*. Paris: Sorbonne, 2002.

ZOLA, Émile. *Le roman experimental*. Paris: Charpentier, 1890.

ZYLBERBERG HOCQUART, Marie-Hélène. *Féminisme et syndicalisme*. Paris: Anthropos, 1978.

Índice onomástico

A

Aftalion, A., 178
Aguet, J.-P., 144
Agulhon, M., 216, 218, 219, 251, 327, 348, 357, 358
Albertini, P., 316
Allain, J.-C., 242
Althusser, L., 253, 254, 255, 257, 258, 290, 306
Amalvi, Ch., 143
Andler, C., 126
Andrieu, C., 372
Anquetil, L. P., 36, 37
Aprile, S., 389
Arendt, H., 373
Áries, P., 262, 274, 275, 276, 284, 285, 286, 292, 293, 297
Aristóteles, 257
Armengaud, A., 231
Aron, J.-P., 295
Aron, R., 163, 172, 302, 306, 325, 348, 354, 355
Artaud, D., 242
Audoin-Rouzeau, S., 392, 393
Audren, F., 388
Augé, M., 292
Auger P., 204
Aulard, A., 117, 118, 119, 120, 122, 123, 134
Aussaresses, P., 375

Austin M., 257, 356
Aymard, A., 219
Aymard, M., 148
Azéma, J.-P., 353

B

Babeuf, G., 22, 59
Bachelard, G., 300
Bacon, R., 72
Baczko, B., 20, 55
Baecque, A. de, 345
Baehrel, R., 215
Bainville, J., 274
Baker, K. M., 356, 357
Balandier, G., 289
Balazs, É., 208
Balibar, É., 254
Bancel, N., 374
Barante, P. de, 15, 29, 32, 40, 47
Barère de Vieuzac, B., 17, 19
Bariety, J., 242
Barjot, D., 333, 334
Barral, P., 231
Barruel, A., 55
Barthélémy, D., 186
Barthes, R., 22, 44, 46, 48, 50, 202, 267, 324, 325
Bartosek, K., 374

Bataille, G., 300

Baulig, H., 144

Baverez, N., 331

Beaune, C., 37, 287

Becker, A., 192, 392, 393

Becker, J.-J., 192, 242, 350

Bédarida, F., 243, 292, 350, 351, 370, 371, 372, 380, 381, 383

Bédarida, R., 243

Bémont, C., 137

Benda, J., 141, 193

Benda, M., 192

Bénichou, P., 54

Benjamin, C., 55

Benjamin, W., 385

Benoit, F., 251

Berdoulay, V., 111

Bergé, G., 210

Bergès, L., 33

Bergson, H., 147, 165

Berl, E., 249

Bernard, C., 72, 201

Bernheim, E., 125, 129

Berr, H., 111, 125, 133, 134, 135, 137, 138, 139, 143, 144, 145, 149, 151, 152, 153, 177, 185, 192, 195

Berstein, S., 350, 353

Bert, P., 106

Berthe, M., 287

Berthelot, M., 52, 72, 100, 106

Berthelot, R., 125

Besançon, A., 303

Bettelheim, C., 203, 207

Biard, A., 143

Bière, G., 94

Blanc, L., 62, 67

Blanchard, M., 178

Blanchard, P., 374

Blanchard, R., 179

Blanchot, M., 300

Bloch, É., 140

Bloch, G., 116, 133

Bloch, J., 177

Bloch, M., 135, 140, 141, 142, 143, 144, 145, 148, 149, 150, 151, 152, 153, 154, 155, 156, 157, 158, 159, 160, 161, 162, 163, 164, 165, 166, 168, 169, 170, 171, 172, 173, 174, 175, 176, 177, 178, 179, 180, 181, 182, 184, 185, 186, 187, 188, 190, 191, 192, 193, 195, 196, 204, 207, 212, 222, 233, 246, 247, 252, 266, 274, 284, 286, 298, 299, 308, 336, 346, 351, 390

Blondel, C., 144, 152, 177, 186, 190, 271

Bock, F., 397

Böckh, A., 79

Bois, G., 253, 255, 256

Bois, P., 216, 252

Boissonnade, P., 178, 179

Boissy d'Anglas, 55

Boltanski, L., 200, 330, 341, 343, 384

Bonald, L. de, 55

Bonnaud, R., 244, 252

Borghetti, M. N., 183, 211

Borkenau, F., 157, 158

Bossuet, 52,

Boucher de Crèvecoeur de Perthes, J., 80

Boucheron, P., 276

Bouglé, C., 127, 134, 163

Boulainvilliers, H. de, 16, 26, 99

Boulard, F., 307

Bourdé, G., 364

Bourdeau, L., 125, 126

Bourdieu, P., 332, 343

Boureau, A., 340, 403

Bourgeois, É., 238

Bourgès-Maunoury, M., 244

Bourraux, J., 319

Boutier, J., 360, 376

Boutmy, É., 106

Bouvier, J., 182, 183, 216, 231, 234, 235, 236, 252, 253

Boyer, R., 334, 340, 384

Branche, R., 375

Braudel, F., 177, 196, 200, 202, 203, 205, 206, 207, 208, 209, 210, 211, 218, 219, 222, 223, 224, 226, 227, 228, 229, 230, 231, 237, 239, 247, 263, 266, 281, 286, 298, 299, 306, 315, 316, 320, 321, 326, 344, 382

Brémond, 177

Brenner, R., 328

Brian, É., 400

ÍNDICE ONOMÁSTICO

Broder, A., 231
Brouillet, P.-A., 72
Brown, P., 294
Bruhat, J., 231
Buchez, P., 58, 59
Buisson, F., 113
Buonarroti, P., 59
Burch, N., 397
Burguière, A., 70, 186, 188, 262, 263, 265, 266, 292, 293, 294, 326, 338
Burke, E., 16
Burke, P., 272
Burrin, P., 154
Butler, J., 399
Buzzi, S., 179

C

Cabanel, P., 44
Cachin, M., 123
Callon, M., 400
Camus, A., 18, 36
Candar, G., 160
Canguilhem, G., 300
Capdevila, L., 398
Capeto, H., 38, 318
Carbonell, C.-O., 69, 70, 81, 82, 144, 336
Carcopino, J., 163
Caron, F., 213, 231, 234
Caron, P., 93, 94, 95, 123
Carrard, P., 304, 380
Carré, J., 234
Carrière, C., 231
Casanova, A., 253
Casimir-Périer, J. P. P., 89
Castan, Y., 216
Castelli Gattinara, E., 141, 172, 173
Castoriadis, C., 354, 364
Cazals, R., 393
Certeau, M. de, 11, 47, 281, 282, 297, 305, 310, 313, 325, 332, 333, 380, 390
Chabod, F., 239
Chambaz, J., 252
Champollion, J.-F., 80
Charcot, J.-M., 72

Charle, C., 74, 75, 332, 349, 376, 377, 390, 391, 408
Charpin, F., 309
Chartier, R., 332, 333, 337, 340, 380, 381, 383, 389, 404, 405, 406
Chateaubriand, F. R. de, 17, 20, 21, 22, 24, 27, 32, 35, 38, 40, 51
Chatelier, L., 309
Chaumont, J.-M., 371
Chaunu, P., 202, 203, 212, 216, 231, 265, 299, 303
Chavance, B., 384
Chavaray, É., 118
Chervel, A., 90
Chesneaux, J., 207, 208, 252, 317, 383
Cholvy, G., 309
Citron, S., 315, 317, 319, 367
Claval, P., 148
Claverie, É., 293
Clemenceau, G., 13, 118
Cochin, A., 355
Cohen, Y., 400
Cohen, Yolande, 397
Collingwood, R. G., 69
Colliot-Thélène, C., 159
Collomp, A., 293
Combe, S., 370
Commynes, P. de, 40
Comte, A., 24, 70, 78, 126
Conan, É., 370
Condorcet, 18, 20
Constant, B., 55
Copérnico, N., 72
Corbin, A., 179, 216, 217, 330, 391, 394, 398, 401, 402
Corcuff, P., 336
Corvisier, A., 214
Cottret, 288
Courtois, S., 374
Cousin, V., 29, 35, 52, 53, 54
Coutau-Bégarie, H., 214
Crouzet, D., 166, 406
Crouzet, F., 234, 236
Crouzet, M., 203
Cuche, D., 408
Cuvier, G., 80

D

Daix, P., 208
Dancel, B., 114
Danton, 119, 120
Darnton, R., 333
Darwin, C., 80
Daumard, A., 213, 216, 231, 304
Daunou, F., 18, 36
Dauphin, C., 397, 399
Dautry, J., 252
Daviet, J.-P, 334, 335
Davy, G., 152
Debeir, J.-C., 184
Debouzy, M. et J., 236, 237
Decaux, A., 367
Delacroix, C., 340, 354, 368
Delille, G., 293
Déloye, Y., 358
Delumeau, J., 219, 274, 309, 310
Demangeon, A., 111, 149, 150, 179, 222
Deneuil Cormier, A., 24
Deschamps, F., 353
Desrosières, A., 330, 331
Détienne, M., 256, 289, 291, 388
Deville, G., 123
Dewerpe, A., 234
Deyon, P., 216, 252
Diehl, C., 314
Dilthey, W., 124
Dion, R., 203
Dosse, F., 111, 148, 164, 166, 179, 220, 231, 325, 326, 327, 336, 337, 357, 381, 385, 393
Douzou, L., 372
Dreyfus, A., 69, 80, 100, 112, 128, 159, 194
Drouard, A., 198
Droysen, J.-G., 78, 79, 101
Dubois, P., 234
Dubos, J.B., 16, 26
Duby, G., 115, 188, 216, 252, 253, 254, 255, 276, 277, 278, 279, 280, 285, 293, 306, 327, 397
Dumézil, G., 279, 290
Dumoulin, O., 88, 91, 108, 110, 125, 142, 143, 157, 159, 161, 186, 195, 207, 378, 379
Dupâquier, J., 202, 216

Dupeux, G., 215, 217, 218, 235
Dupront, A., 219, 274, 281, 282, 309, 311, 313
Dupuy, J.-P., 384
Durkheim, É., 91, 104, 122, 125, 126, 127, 129, 133, 146, 148, 159, 191, 266, 294, 307
Duroselle, J.-B., 238, 239, 240, 241, 242
Duruy, V., 34, 73, 74, 75, 82, 87, 106

E

Ehrard, J., 37
Eley, G., 333
Elias, N., 295, 331, 332, 358, 404
Engerman, S., 236, 237
Engels, F., 146
Englud, S., 366
Epinois, H. de L', 81
Escudier, A., 79, 125
Espagne, M., 389
Espinas, G., 150
Esquiros, A., 59

F

Fagniez, G., 82
Farge, A., 317, 325, 381, 399, 403, 405, 406
Faure, M., 109
Favier, J., 326
Febvre, L., 14, 15, 70, 111, 134, 135, 137, 138, 139, 140, 141, 142, 143, 144, 145, 146, 147, 148, 149, 150, 151, 152, 153, 154, 155, 156, 157, 158, 159, 160, 161, 162, 163, 164, 165, 166, 168, 169, 170, 171, 172, 173, 174, 176, 177, 178, 179, 180, 181, 182, 184, 185, 186, 187, 188, 189, 190, 191, 192, 193, 194, 195, 196, 198, 203, 204, 205, 206, 207, 209, 222, 246, 247, 264, 272, 274, 276, 277, 280, 281, 283, 284, 286, 290, 298, 299, 306, 308, 315, 406
Fénelon, 118
Fermigier, A., 35
Ferro, M., 203, 263
Ferry, J., 67, 87, 106, 318
Ferté, J., 309
Finguier, R., 288
Fine, A., 399

ÍNDICE ONOMÁSTICO

Fink, C., 140
Finley, M., 256, 257, 288
Flandrin, J. L., 274, 295
Flaubert, G., 35, 177
Fleury, M., 201, 202
Fogel, 236, 237
Folhen, C., 203
Fossier, R., 216
Foucart, B., 35
Foucault, M., 27, 253, 258, 268, 299, 300, 301, 302, 303, 306, 324, 325, 333, 356, 364
Fouchet, C., 316
Fougères, M. (pseudônimo de M. Bloch), 154
Fouilloux, É., 310
Fourastié, J., 203
Fourcaut, A., 401
Fourquin, G., 214
Fraisse, G., 317
François, J., 242
François, L., 319
Frank, R., 353
Fresco, N., 306
Freud, S., 199, 254, 306
Frevert, U., 399
Fridenson, P., 328, 334, 340, 358
Friedmann, G., 156, 177, 180, 203
Frioux, C., 207
Froissard, 40, 47
Fueter, É., 17
Fugler, M., 134
Furet, F., 15, 23, 34, 35, 66, 119, 252, 267, 268, 292, 304, 305, 325, 327, 347, 354, 355, 356, 374, 377, 396
Fustel de Coulanges, N. D., 73, 80, 81, 88, 91, 95, 96, 98, 99, 100, 104, 126, 139, 175

G

Galileu, 72, 323
Garcia, P., 21, 34, 91, 106, 362, 364, 368, 378
Garden, M., 216
Gardey, D., 399
Gascon, R., 231
Gauchet, M., 14, 15, 28, 40, 51, 55, 322, 336, 337, 355, 363, 390, 396, 404, 406, 407

Geertz, C., 329, 333, 338, 341
Gélis, J., 293
Gemelli, G., 153, 210
Gengembre, G., 55
Gérard, A., 58, 106, 108, 117
Gérard, O., 106
Gerbod, P., 34
Gernet, L., 152, 290
Gibbon, E., 29
Gille, B., 216, 235
Gillet, M., 235
Ginzburg, C., 140, 322, 323, 324, 328, 331, 338, 341, 378, 382, 402
Girault, R., 231, 242, 367
Gislain, J.-J., 182
Glotz, G., 114, 178
Godard, O., 384
Godechot, J., 121
Godelier, M., 254, 265, 289
Goldhagen, D., 373
Goubert, P., 202, 203, 215, 218, 231, 266
Gouesse, J., 293
Gourou, P., 203
Gramsci, A., 32, 273
Granet, M., 152
Granger, G.-G., 391
Granjon, M.-C., 389
Gras, C., 231
Grégoire, abbé, 19
Gregório de Tours, 40, 43, 99
Grendi, E., 329
Grenier, J.-Y., 217, 333, 340, 341, 342, 344, 391
Gruson, C., 199
Guerreau, A., 154
Guéry, A., 195
Guibert, J., 358
Guilhaumou, J., 356, 357, 390
Guilland, A., 76, 77
Guillen, P., 242
Guiomar, J.-Y., 110
Guizot, F., 21, 22, 23, 28, 29, 30, 31, 32, 33, 35, 44, 52, 54, 64, 73, 82, 97, 362
Gurvitch, G., 198, 203, 204, 223, 224

H

Habermas, J., 356, 373
Haby, R., 319, 320
Halbwachs, M., 127, 144, 145, 147, 150, 156, 158, 168, 181, 186, 187, 191, 204, 361
Halphen, L., 78, 105, 134, 137, 138, 149, 153
Hamel, E., 62
Harbi, M., 375
Harsin, P., 231
Hartog, F., 16, 22, 73, 80, 96, 98, 99, 250, 251, 346, 364, 365, 382, 383, 385, 386, 388, 389, 390
Haupt, G., 207
Hauser, H., 129, 130, 150, 153, 178, 181, 182, 191, 192
Havet, E., 93
Hegel, G. W. F., 52, 68, 78
Heilbron, J., 158, 159
Heller, C., 208
Henry, L., 201, 202
Herder, J.G., 52, 53
Herlihy, D., 293
Heródoto, 221, 246, 351
Herr, L., 126
Hery, É, 88, 113
Hexter, J., 209, 222, 230, 291
Hillgruber, A., 373
Himly, A., 109
Hincker, F., 253
Hirsch, J.-P., 234, 334
Hirschman, A., 358
Hobsbawm, E., 233, 353, 374, 382
Honnorat, A., 238
Hoock, J., 109, 340
Hugo, V., 59, 117
Huizinga, 283
Humboldt, W. von, 77, 78, 124
Hunt, L., 333, 359, 380, 393

I

Iggers, G. G., 170, 210
Isaac, J., 192

J

Jacob, M., 380
Jacquart, J., 214

Jahoda, G., 288
Jaurès, J., 120, 121, 122, 123, 191
Jeanneney, J.-N., 326, 372
Jones, G. S., 344, 345
Jouanna, A., 214
Joutard, P., 216, 285, 288, 298, 360, 367, 370, 371
Joyaux, F., 242
Julia, D., 297, 309, 310, 311, 333, 360, 376
Jullian, C., 14, 23, 37, 56, 57, 74, 79, 93, 115, 177
Julliard, J., 244, 250, 346, 354
Jumel, G., 358

K

Kalifa, D., 392
Kaplan, S. L., 377
Kaspi, A., 192, 242
Kendall, P.-M., 326
Kershaw, I., 373
Klapisch, C., 293
Klejman, L., 397
Klossowski, P., 300
Knibiehler, Y., 397
Kondratieff, 216, 225
Koselleck, R., 16, 21, 79, 357, 365, 385, 386, 387, 388, 389
Kott, S., 388
Koyré, A., 300, 400
Kriegel, A., 207, 348
Kuhn, T. S., 71, 382

L

La Fayette, 24, 60, 61
Laborie, P., 350
Labrousse, C.-E., 121, 123, 181, 182, 183, 184, 191, 196, 201, 209, 211, 212, 213, 215, 217, 218, 219, 228, 231, 233, 234, 236, 237, 251, 258, 266, 286, 306, 315, 321, 340, 344
Lacan, J., 202
Lacombe, P., 125, 129, 134, 137, 185, 225
Lacoste, C., 29
Lacouture, J., 347, 352
Ladrière, P., 341
Lafargue, P., 120

ÍNDICE ONOMÁSTICO

Lamaison, P., 293
Lamartine, A. de, 58
Lamprecht, K., 124, 125
Landau, L., 192
Landes, D., 328
Langevin, P., 144, 314, 315
Langlois, C.-V., 70, 74, 92, 93, 100, 101, 102, 103, 104, 106, 111, 116, 131, 134, 149
Langlois, C., 309, 314, 376
Laqueur, T., 399
Latour, B., 400
Latreille, A., 308, 309
Laurent, R., 231
Lavisse, E., 34, 73, 74, 75, 76, 79, 87, 88, 89, 90, 91, 100, 106, 107, 109, 110, 112, 113, 114, 116, 117, 120, 314, 315, 362
Lavoisier, A. L., 71
Le Bras, G., 144, 307, 309, 311
Le Bras, H., 293
Le Brun, J., 310
Le Goff, J., 14, 49, 140, 187, 219, 234, 256, 263, 264, 266, 269, 270, 271, 274, 282, 283, 284, 285, 289, 294, 308, 309, 321, 326, 337, 346, 388
Le Roy Ladurie, E., 216, 231, 232, 233, 252, 262, 263, 266, 267, 270, 271, 293, 295, 296, 297, 302, 303, 304, 306, 326, 327, 328
Lebrun, F., 216, 274
Lecuir, J., 288, 319
Leduc, J., 21, 34, 91, 106, 368, 383
Lefebvre, G., 123, 144, 162, 163, 179, 184, 190, 191, 315
Lefort, C., 111, 354, 355, 385
Lemonnier, H., 116
Lenclud, G., 364, 385, 388
Lênin, 180
Lenoir, A., 19, 20
Léon, P., 217, 231, 234
Leonard, É., 308
Leonard, J., 303
Lepetit, B., 217, 337, 338, 340, 341, 342, 343, 344, 345, 382, 384, 385, 388, 390, 396, 410
Leriche, R., 177
Leroux, R.,
Leterrier, S.-A., 36
Leuilliot, P., 203

Levasseur, É., 109
Lévêque, P., 253, 256
Levi, G., 328, 340
Lévi-Strauss, C., 199, 202, 203, 220, 221, 222, 223, 224, 226, 227, 229, 230, 231, 253, 263, 265, 266, 268, 277, 284, 289, 290, 291, 294, 306
Lévy-Bruhl, L., 177, 186, 271, 294
Lévy-Leboyer, M., 231, 236
Liard, L., 90, 92
Lilti, A., 388
Lindenberg, D., 126, 154
Lipp, C., 329
Littré, M. P. É., 126
Livet, G., 144, 336
Lloyd, G., 288
Lombard, M., 203, 209, 219
London, A., 374
Longchambon, H., 210
Loraux, N., 289
Loubet, É., 89
Löwy, I., 399
Luc, J.-N., 314
Luchaire, A., 117
Luciano, 118
Lüdtke, A., 329
Lüsebrink, H.-J., 357
Lyon, B., 177

M

Mabillon, dom J., 32, 39
Mably, G. Bonnot de, 22, 26
Maingueneau, D., 356
Maistre, H., 94
Maistre, J., 55
Maldidier, D., 356
Mâle, É., 177
Malet, A., 192
Malinvaud, E., 234
Malthus, 231, 233
Manceron, C., 326
Manceron, G., 375
Mandouze, A., 244
Mandrou, R., 219, 253, 257, 274, 276, 280, 281, 282, 285, 288, 309, 332

Marcel, É., 26
Marchasson, Y., 242
Marcilhacy, C., 309
Marczewski, J., 198, 235
Margairaz, M., 234, 334
Margolin, J.-L., 374
Marin, L., 404
Marion, M., 178
Marrou, H.-I., 69, 244, 245, 246, 308
Martin, H., 310, 364
Martin, J. C., 55, 379, 388
Martonne, E. de, 222
Marx, K., 22, 27, 68, 121, 124, 125, 146, 180, 222, 233, 253, 254, 257, 258, 286, 290, 306
Maspero, G., 115, 253
Masson, P., 178
Mastrogregori, M., 141
Mathiez, A., 94, 122, 123, 178, 194
Mauro, F., 208
Mauss, M., 127, 145, 146, 147, 177, 204, 285, 290, 294, 307,
Mayaud, J.-L., 335
Mazon, B., 204, 208
Meillet, A., 152, 177
Mendels, F., 233
Mendès France, P., 244
Mendras, H., 366
Menger, P.-M., 334
Mercier, S., 16
Mérimée, P., 35
Mesliand, C., 252
Metz, C., 265
Meuvret, J., 163, 201, 209, 219
Meyer, P., 81
Meyer, P.-A., 126
Meyerson, É., 172, 173
Meyerson, I., 290
Meynier, A., 203
Mézeray, F. Eudes de, 26, 36, 37
Michel, H., 243
Michel, M., 242
Michelet, J., 14, 20, 22, 32, 33, 34, 35, 39, 40, 41, 42, 44, 45, 46, 47, 48, 49, 50, 51, 52, 53, 54, 59, 60, 61, 62, 63, 64, 67, 71, 79, 84, 91, 96, 118, 121, 177, 246, 283, 306

Mickewicz, A., 35
Mieli, A., 144
Mignet, F., 22, 32, 50, 56, 57, 60, 61, 62, 64
Milza, P., 242, 350
Minard, P., 328, 334
Miquel, P., 242
Mirabeau, 26
Mitterrand, F., 367
Molé, L. M., 15
Mollier, J.-Y., 401, 408
Momigliano, A., 324
Mommsen, T., 79
Monod, Gabriel, 15, 46, 74, 76, 81, 82, 83, 84, 85, 87, 89, 99, 106, 134, 151
Monod, Gustave, 315
Montesquieu, 253
Montlosier, F. R. de, 25, 26
Monzie, A. de, 153
Morazé, C., 177, 203, 204, 263
Moreau, P., 14, 16
Morineau, M., 231, 232
Mosès, S., 385
Mossé, C., 256, 257
Mossé, G. L., 392
Mougin, H., 157
Moulinier, P., 90
Mousnier, R., 213, 214
Mucchielli, L., 126, 140
Muchembled, R., 288
Muller, B., 144, 145, 153, 154, 155, 156, 157, 158, 160, 161, 164, 190, 194, 195, 388

N

Napoleão, 36, 318
Néré, J., 235
Neveu, E., 393
Neveu, H., 232
Nicolas, J., 252
Nicolet, C., 87
Niebhur, B., 79
Nietzsche, F., 302, 369
Noiriel, G., 69, 70, 79, 90, 108, 116, 179, 192, 237, 238, 321, 325, 336, 340, 354, 357, 358, 375, 376, 382, 389, 390, 401, 403

ÍNDICE ONOMÁSTICO

Nolte, E., 373, 374
Nora, P., 14, 88, 91, 113, 116, 117, 234, 243, 251, 256, 268, 269, 270, 298, 321, 322, 346, 353, 354, 355, 359, 361, 362, 363, 364, 365, 366, 368, 379, 384, 385, 386, 396, 406
Nordman, D., 109
Nouailhat, Y.-H., 242

O

Offenstadt, N., 388, 390
Oosterhoff, J.-L., 179
Ophuls, M., 368
Orléan, A., 334, 342, 343
Ory, P., 118, 393, 395
Ozouf, J., 109, 354
Ozouf, M., 21, 96, 355

P

Palmade, G., 37
Paris, G., 81, 110, 118
Pariset, G., 144
Passeron, J.-C., 382, 390, 391
Pasteur, L., 52, 72, 106
Paxton, R., 368
Pêcheux, M., 265, 356
Pedroncini, G., 242
Pérouas, L., 309
Perrin, C.-E., 144
Perrot, J.-C., 216, 331, 334, 396
Perrot, M., 218, 219, 231, 303, 397
Perroux, F., 198, 225
Peschanski, D., 352, 368
Pesez, J.-M., 295
Pestre, D., 400
Peyrat, A., 66, 67
Pfister, C., 137
Pharo, P., 341
Piaget, J., 294
Piganiol, A., 144
Piganiol, M., 315
Pinol, J.-L., 402
Pirenne, H., 140, 145, 148, 150, 152, 156, 177, 184, 185, 193

Plongeron, B., 310
Pluet-Despatin, J., 160
Plutarco, 91, 221
Pocock, J. G. A., 357, 393
Poincaré, H., 172
Poirrier, P., 276, 393, 394, 395, 401, 402, 405, 407, 408
Pollak, M., 199, 352, 353
Políbio, 96
Pomian, K., 156, 266, 270, 299, 383, 384, 396
Poni, C., 328
Popper, K., 382
Porchnev, B., 214
Pouchet, F.-A., 52
Poulat, É., 309
Poulot, D., 17, 19, 20
Poussou, J.-P., 202
Pouthas, C.-H., 308
Prévost-Paradol, L. A., 96
Prigogine, I., 384
Prochasson, C., 134, 158, 349
Prost, A., 69, 105, 329, 330, 344, 345, 357, 360, 372, 376, 377, 378, 380, 382, 383, 393, 395, 401, 404
Proudhon, P. J., 177
Proust, F., 385
Proust, M., 362

Q

Quéré, L., 336, 341
Quicherat, J., 32
Quinet, E., 23, 35, 44, 52, 53, 63, 64, 65, 66, 67, 355

R

Rabaut Saint-Étienne, J. P., 17
Racine, N., 389
Rambaud, A., 34, 116, 276
Rancière, J., 45, 166, 317, 380
Ranke, L. von, 76, 77, 78, 79, 81, 124, 170
Raphael, L., 158, 206, 209, 262, 274
Ratzel, F., 147
Rauch, A., 399

Raulff, U., 140
Rebérioux, M., 100, 128
Regnault, J.-B., 17
Reichardt, R., 357
Reizov, B., 27
Rémond, R., 242, 243, 244, 248, 249, 250, 308, 327, 347, 348, 349, 351, 352, 356
Renan, E., 74, 106, 108, 175, 177, 245
Renard, G., 178
Renaudet, A., 177
Renouart, Y., 203
Renouvin, P., 192, 210, 237, 238, 239, 240, 241, 242, 248
Revel, J., 134, 189, 196, 209, 263, 270, 297, 299, 324, 325, 326, 328, 329, 330, 333, 344, 367, 380, 382, 385, 390, 405
Rey, A., 144, 169, 173, 189
Reynaud, B., 331
Richard, N., 63, 80, 100
Richet, D., 252, 355
Rickert, H., 124, 125
Ricoeur, P., 244, 245, 246, 247, 248, 296, 324, 325, 338, 341, 345, 352, 353, 357, 365, 371, 380, 381, 382, 384, 385, 402, 409
Rieffel, R., 377
Rignol, L., 27
Riot-Sarcey, M., 357
Rioux, J.-P., 201, 244, 350, 396, 407, 408
Rist, C., 150, 178, 207
Robert, J.-L., 330, 402
Robespierre, 48, 55, 58, 62, 63, 67, 119, 121, 122, 123, 318
Robin, r., 356
Roche, D., 200, 263, 332, 376, 405
Rochefort, F., 397
Romano, R., 209, 219
Roncaloyo, M., 340
Rosanvallon, P., 30, 32, 354, 356
Rosenzweig, F., 385
Rossiaud, J., 293
Rouch, H., 399
Rougerie, J., 328
Rousseau, F., 393
Rousseau, J.-J., 16, 58, 98
Rousselle, A., 293

Rousso, H., 352, 361, 369, 370, 371, 372, 378, 388
Roux, P.-C., 59
Royer-Collard, P. P., 33
Roynette, O., 399
Rude, F., 29

S

Sagnac, P., 116
Sahlins, M., 385, 388
Saillard, Y., 334
Saint-Hilaire, Y., 309
Saint-Simon, 24
Saint-Just, 62
Salais, R., 331
Salvandy, N. A., 34
Samaran, C., 276
Sartre, J.-P., 220
Saussure, F. de, 199, 202, 254
Sauvy, A., 197
Sauzet, R., 309
Schmitt, J.-C., 294
Schmitt, P., 397
Schnapp, A., 251
Schnapper, D., 353
Schöttler, P., 152, 154, 157, 356
Schrader, F. E., 366
Schwartz, L., 250
Scott, J., 390, 396, 397, 398, 399
Scott, W., 31, 41, 42
Searle, J., 356
Sée, H., 172, 178, 180, 185
Ségalen, M., 293
Seignobos, C., 70, 74, 75, 76, 92, 93, 100, 101, 102, 103, 104, 105, 106, 111, 112, 113, 114, 116, 128, 129, 131, 132, 133, 134, 140, 142, 152, 153, 163, 174, 191, 192, 193, 194, 195, 347
Sellier, G., 397
Sewell, W. H., 148
Sewell, Jr, W. H., 333
Siegel, M., 134
Siegfried, A., 150, 250, 307, 347
Sieyes, E. J., 25, 26, 99
Simiand, F., 70, 111, 125, 126, 128, 129, 130, 131, 133, 134, 140, 145, 147, 158, 159, 165, 166, 169,

ÍNDICE ONOMÁSTICO

174, 177, 178, 179, 181, 182, 183, 184, 186, 191, 210, 211, 216, 220, 224, 225, 228, 230, 233, 236, 306
Simmel, G., 124
Sion, J., 152, 177, 179
Sirinelli, J.-F., 201, 345, 347, 349, 350, 396, 407, 408
Sismondi, J.-C. de, 38
Skinner, Q., 357, 393
Soboul, A., 213, 231
Solchany, J., 373
Soriano, M., 297
Sot, M., 294, 310
Spengler, O., 189
Sperber, D., 265
Staël, madame de, 55
Steiner, P., 182
Stendhal, 177
Stengers, I., 384
Stichweh, R., 75
Stoetzel, J., 198, 199
Stone, L., 322, 323, 324, 341
Stora, B., 374, 375
Stürmer, M., 373
Suratteau, J.-R., 180

T

Tackett, T., 17
Taine, H., 50, 73, 95, 96, 97, 100, 118, 119, 121, 123, 126
Tarde, G., 126
Tartakowsky, D., 389, 402
Tenenti, A., 219, 274
Tesnière, V., 142
Thébaud, F., 396, 397, 398
Thévenot, L., 330, 331, 341, 342, 343, 384, 400
Thibaudet, A., 347
Thierry, Amédée, 25, 29
Thierry, Augustin, 20, 22, 23, 24, 25, 26, 27, 28, 31, 32, 33, 37, 38, 39, 40, 41, 42, 43, 44, 47, 51, 53, 54, 83, 99
Thiers A., 22, 28, 32, 56, 57, 58, 59, 60, 61, 62, 64, 88
Thiesse, A.-M., 109, 110

Thom, R., 384
Thomas, A., 152, 156, 158
Thomas, Y., 379
Thompson, E. P., 328, 329, 331, 341
Tucídides, 77, 246, 351
Tilly, L., 398
Tocqueville, A. de, 64, 65, 355
Todd, E., 293
Todorov, T., 370
Topalov, C., 331
Toubert, P., 184
Tournier, M., 356
Toussaert, J., 309
Trebitsch, M., 243, 389, 395

U

Urfalino, P., 395, 408

V

Valensi, L., 289, 361, 362, 372
Valéry, P., 141
Vallès, J., 35
Van Damme, S., 388
Varagnac, A., 284
Varga, L., 152, 157, 158
Vauchez, A., 309, 310, 314
Velly, P., 22, 26, 36, 37, 38
Vénard, M., 309
Vergès, F., 374
Verley, P., 335
Vernant, J.-P., 219, 251, 256, 274, 289, 290, 291
Veyne, P., 293, 306, 325, 390, 395
Viallaneix, P., 14, 20, 48, 49
Vico, G., 44, 52, 53, 54
Vidal de la Blache, P., 110, 111, 116, 117, 147, 177, 362
Vidal-Naquet, P., 244, 250, 251, 256, 257, 289, 291, 369, 372
Vigarello, G., 405
Vigne, É., 350
Vilar, P., 142, 209, 216, 219, 234, 252, 257, 258, 259, 265, 309
Villemain, A.-F., 29, 32

Vincent, J., 357
Viollet-le-Duc, E. E., 35
Volney, 36, 38
Voltaire, 15, 22, 49
Vovelle, M., 119, 207, 216, 218, 219, 255, 257, 273, 285, 286, 287, 288, 303, 309, 355, 377

W

Wachtel, N., 209, 265, 289, 361, 362, 405
Wahnich, S., 356
Waitz, G., 99
Walch, J., 23, 40, 71
Wallon, H., 152, 177, 180, 186, 189, 190, 271, 314
Weber, M., 124, 159, 168, 306, 325, 358, 382
Weill, G., 347
Werner, K.-F., 294,
Werner, M., 342, 389
Werth, N., 373, 374
Wessel, M., 141, 154, 161
White, H., 324, 333, 381
Wieviorka, A., 368, 371
Willaime, J.-P., 366

Winter, J., 393
Willard, C., 231
Windelband, W., 124, 125
Winock, M., 244
Winter, J., 393
Wolf, F. A., 79
Wolff, D., 111
Wolikow, C., 120
Worms, R., 126
Woronoff, D., 234

X

Xénopol, A. D., 134

Z

Zancarini-Fournel, M., 363, 398
Zawadzki, P., 383
Zimmermann, B., 389
Zola, É., 72, 89
Zonabend, F., 293
Zylberberg Hocquart, M.-H., 397

Esta obra foi produzida nas
oficinas da Imos Gráfica e Editora na
cidade do Rio de Janeiro